人民文库 第二辑

宋代地域经济

（增订本）

程民生｜著

人民出版社

责任编辑：杨美艳　翟金明

图书在版编目（CIP）数据

宋代地域经济/程民生著. —增订本. —北京：人民出版社，2023.3
（人民文库.第二辑）
ISBN 978－7－01－024215－6

Ⅰ.①宋…　Ⅱ.①程…　Ⅲ.①经济地理-中国-宋代　Ⅳ.①F129.9

中国版本图书馆 CIP 数据核字（2022）第 113283 号

宋代地域经济（增订本）
SONGDAI DIYU JINGJI

程民生　著

人民出版社 出版发行
（100706　北京市东城区隆福寺街 99 号）

北京新华印刷有限公司印刷　新华书店经销

2023 年 3 月第 1 版　2023 年 3 月北京第 1 次印刷
开本：710 毫米×1000 毫米 1/16　印张：29
字数：460 千字

ISBN 978－7－01－024215－6　定价：99.80 元

邮购地址 100706　北京市东城区隆福寺街 99 号
人民东方图书销售中心　电话（010）65250042　65289539

出 版 前 言

1921 年 9 月,刚刚成立的中国共产党就创办了第一家自己的出版机构——人民出版社。一百年来,在党的领导下,人民出版社大力传播马克思主义及其中国化的最新理论成果,为弘扬真理、繁荣学术、传承文明、普及文化出版了一批又一批影响深远的精品力作,引领着时代思潮与学术方向。

2009 年,在庆祝新中国成立 60 周年之际,我社从历年出版精品中,选取了一百余种图书作为《人民文库》第一辑。文库出版后,广受好评,其中不少图书一印再印。为庆祝中国共产党建党一百周年,反映当代中国学术文化大发展大繁荣的巨大成就,在建社一百周年之际,我社决定推出《人民文库》第二辑。

《人民文库》第二辑继续坚持思想性、学术性、原创性与可读性标准,重点选取 20 世纪 90 年代以来出版的哲学社会科学研究著作,按学科分为马克思主义、哲学、政治、法律、经济、历史、文化七类,陆续出版。

习近平总书记指出："人民群众多读书，我们的民族精神就会厚重起来、深邃起来。""为人民提供更多优秀精神文化产品，善莫大焉。"这既是对广大读者的殷切期望，也是对出版工作者提出的价值要求。

文化自信是一个国家、一个民族发展中更基本、更深沉、更持久的力量，没有文化的繁荣兴盛，就没有中华民族的伟大复兴。我们要始终坚持"为人民出好书"的宗旨，不断推出更多、更好的精品力作，筑牢中华民族文化自信的根基。

人民出版社

2021 年 1 月 2 日

自　序

　　《宋代地域经济》从 1992 年出版到现在,已经 30 年了。一代人的期间,学界宿儒大作迭出,新秀硕果累累,拙作早已成过眼云烟。那么,为什么还要增订再版呢?

　　缘由有以下几点。其一是学无止境,一个课题、一本书、一篇论文,可以永远探究修改,正所谓真理只能无限接近,而不可穷尽。这是我的第一本书,当年写时还是博士生,年少气盛,浅陋浮躁;而今年逾花甲,心静气平,规范有循,至少可以纠正一些硬伤和技术性错误,遮挡一下汗颜吧? 其二是不止一位学界朋友认为这是我的"成名作"(?),有此建议,给了我借口和勇气。其三是 20 多年来一直没有间断过收集相关史料,有不少积累。故有此书。想当初,经济史是热门,开宋史年会时,撰写经济史的学者常要分两个组讨论,而今研究者不多,连一个组也勉强。此书之再出,是赶了个晚集呢,还是凑了个冷门呢? 其实,做学问只问耕耘,不问收获,管它世态冷热干什么?

　　有必要交代一下原书的出版"简史"。原版由河南大学出版社于 1992 年出版,列入"宋代研究丛书",是我的第一本书。后来,河南大学出版社又于 1996 年第二次印刷,1999 年第三次印刷时还换了封面。海峡对岸也有了反应,台湾云龙出版社 1995 年出版了繁体字版,列入"中国史研究丛书",2002 年又第二次印刷。1999 年,台湾昭明出版社也出版了繁体字版,列入"昭明文史丛书",但自始至今没打招呼,没寄样书,更别提稿费了。作为作者,我是数年后在我校图书馆书目卡片柜中查资料时,才偶然看到了这本书的目录,先是大吃一惊,继之哭笑不得。后托多位港台朋友几次代为购买而未果,直到 2017 年,中国文化大学的曹文瀚君才艰难地在台湾的地摊上淘到一本赠我,正所谓敝帚自珍也。尽管如此,也要感谢"昭明文史丛书"的错爱。

大概是还有点新意吧,原书引起了一些师友关注,好心地发表了书评。诸如孙建民先生的《莽原又见一耕新——评程民生〈宋代地域经济〉》[《信阳师范学院学报(哲学社会科学版)》1993 年第 4 期],华伦先生的《北宋时期经济重心南移了吗?——评程民生〈宋代地域经济〉》(《中国经济史研究》1994 年第 3 期),常木先生的《〈宋代地域经济〉评介》(《中国史研究》1994 年第 1 期)。台湾方面,则早有梁庚尧先生的《宋代南北的经济地位——评程民生著〈宋代地域经济〉》[《新史学》第 4 卷第 1 期(1993 年 3 月)]。这些先生从不同角度评价了拙作,或推介,或褒扬,或批评,使我的脸色一阵红一阵白,津津汗水也是冷热交加。尤其是批评,促进了反思,强化了修订的念头。借此机会,向他们致以崇高的敬意和衷心的感激!《河南日报》(1993 年 5 月 17 日第 7 版)、《文献》(1993 年第 3 期)、《中国经济史研究》(1993 年第 2 期)等报刊,还刊发了书讯。另外,据不完全统计,拙作陆陆续续被学界各种论著引用了 200 余次。他们也是应好好感谢的。

如今呈现在诸师友面前的,是增订本。首先要确认的是,增订不是重写,不能推倒重来,还要原来的框架、原来的理念、原来的基本观点。故而,有些地方虽然不满意,有些引用的材料旧了,大的方面也只好依然如故,不能大动。增(确切地讲是增删,但增多删少),指的是对史料和论述的补充完善。原版电脑统计不计本版取消的地名索引及出版说明,总 217000 字,增订本新补了 18 万余字,占本版全书的 46%,而删改、更新者难计。订,指的是修订,包括修改、订正、调整、现代学术规范的落实与补充等,一些论断也根据史料予以更改。再回首,发现原书千疮百孔,令人汗颜,此版聊有弥补,原版可焚乎?或惠存以为教训可也。

常言道:活到老学到老。身已老矣,奈学问有限何?矧才识浅薄乎?锲而不舍者,尽心而已。谨以此书为矢的,重唤学界对宋代经济史的关注。

目　　录

绪　论 ……………………………………………………………… 1

第一章　宋代各地区的生产环境 …………………………………… 10

　　第一节　政区划分及地位的差别 ……………………………… 10

　　第二节　各路自然环境概述 …………………………………… 15

　　第三节　社会生产的历史背景和时代环境 …………………… 70

　　第四节　社会生产力的分布 …………………………………… 80

第二章　宋代农业的地域特征 ……………………………………… 102

　　第一节　农田水利建设 ………………………………………… 102

　　第二节　粮食种植业的地域状况 ……………………………… 124

　　第三节　经济作物的分布 ……………………………………… 158

　　第四节　畜牧业和渔业的分布 ………………………………… 187

第三章　宋代手工业的地域分布 …………………………………… 205

　　第一节　矿冶及金属制造业 …………………………………… 205

　　第二节　纺织染色业 …………………………………………… 222

　　第三节　盐、酒、矾制造的地域分布 ………………………… 242

　　第四节　陶瓷业 ………………………………………………… 257

　　第五节　文具制造业 …………………………………………… 260

　　第六节　其他手工业的分布 …………………………………… 273

第四章　宋代各地商业及物资流通 ···························· 283

　　第一节　区域市场的结构及特点 ························ 283

　　第二节　商税额反映的各地商业 ························ 288

　　第三节　各地区的官方物资流通 ························ 293

第五章　宋代各地财政特点与地域性经济政策 ·············· 302

　　第一节　西北地区财政状况与特点 ···················· 302

　　第二节　京东与京西财政状况与特点 ·················· 324

　　第三节　南方诸路财政状况与特点 ···················· 330

　　第四节　上供钱物反映的各地财政辨析 ················ 336

　　第五节　经济政策的地域差异及影响 ·················· 338

第六章　宋代地域经济的历史变化 ························ 350

　　第一节　北宋地域经济的演变 ························ 350

　　第二节　南宋南方经济的衰退趋势 ···················· 374

总　论　宋代地域经济特征及地位 ························ 408

附　录　宋今地名对照表 ······························ 418

参考文献 ·· 437

后　记 ·· 457

绪　　论

　　中国历史宛若一条波澜壮阔的长河,研究历史首先注意的是俯瞰其来龙去脉的走势和波浪的前进,这是宏观通史;接着就要在其中的一段,观察其宽度、水质和变化,这是断代史研究。那么,这段河道的横断面、不同方位和层次如何呢? 这种形式之一则是断代的地域性研究。

　　宋代是中国历史上一个重要朝代,尤以其辉煌的经济成就在世界历史上占有突出地位。宋代经济史的研究,是宋史研究的基础工程,包括对宋代经济基础、生产力和生产方式的研究,部门经济的研究,经济变化的研究。此外,还须有地域经济的研究,因为不同地区有不同的经济特点,这种研究与前者是互为基础的重要课题,正是本书的主旨。史学当然是时间的科学,同时也是空间的科学。在经济地理学界和历史地理学界,属于历史经济地理,本书则是历史学的研究,故笔者自称之为地域经济,以示区别。

一、地理环境作用的理论问题

　　研究地域性的经济历史,首先碰到的是地理环境的作用问题。摆在人们面前的有两种认识:一是地理环境对人类社会具有决定性作用;二是地理环境对人类社会不起重要作用。这两种观点各执一偏,显然都是不科学的。本书对此作以下五点认识。

　　其一,地理环境是最基本的客观存在。地形、气候、水土、资源等是人类生存的基本条件,对人类社会起着重要作用,对人类生存起着决定作用。而在同一社会形态中,不同的地理环境对不同地区的经济状况起主要作用。地理环境决定着不同的生产资料和生活资料、劳动方式和生活方式、劳动率、劳动力结构,劳动时间分配、产品等,从而形成天然的、最基本的社会分工。

其二,关于地理环境与历史进程问题,也即空间和时间的关系问题,是地理环境作用争执的焦点。同一空间可有不同的社会形态演变,同一时间也在不同空间出现不同的社会形态。地理环境对历史进程一般而言不起决定作用,但对同一时间中不同空间的发展程度,却有决定作用。例如荒漠高寒地区,很难达到江南温润肥沃带来的繁荣,除非发生沧海桑田的地理变迁。

其三,地理环境不仅是个自然范畴,也是一个历史范畴,随着人类社会的发展,也会发生不同程度的变化。这些变化分两个方面:一是纯地理的变化,如沧海桑田的变迁、土质的变化、农田水利的建设对自然的改造等;二是人类发挥主观能动性的非地理性变化,如交通对地区距离、相互关系的调节等。也就是说,人类不是完全被动地受地理环境的约束,随着社会生产力的发展,可在一定程度上摆脱其约束。地理环境对社会经济的作用,在社会发展的各个阶段各不相同,不能静止地看待地理环境及作用。

其四,不同地区的地理条件是相对的,不是绝对的。不能孤立地看待一定地区的地理环境,而要看到其内在的和外在的相互联系;不能只看地理环境,还要看其劳动者。地理环境只提供了经济发展的可能性,并不提供现实性,地理环境的质量只有同劳动者的质量共同发挥优势,才能成为真正的优势。优良的地理环境会有副作用,它使人类产生依赖性,丧失了劳动发展动力;不良的地理环境却有某种激励作用,它使人类发展主观能动性;如果居民足够勤劳智慧,则可以将自然环境由不良改造成优良。再者,土地、资源的质量和数量,可以相互补充。

其五,历史问题必须历史对待。即便是自然环境,也不能以我们熟悉的现代地理状况、经济地理布局来看待历史,这一点尤为重要。从两宋之际的1127年算起,距今已有890余年的历史,一些自然环境足以发生巨大的变化。以现代环境和观念理解历史,"以今度古"的惯性思维导致认识偏差,形成的思维定式常常会误解史料。例如提到"竹林七贤",现代人立即想到温润青翠的南国竹林,其实所谓竹林就在太行山南麓、现河南西北部的焦作。这让许多人吃惊,连大师一级的史学家也曾质疑过这点。陈寅恪先生曾断言:"寅恪尝谓外来之故事名词,比附于本国人物事实,有似通天老狐,醉则见尾。如袁宏《竹林名士传》、戴逵《竹林七贤论》、孙盛《魏氏春秋》、臧荣绪《晋书》及唐修《晋书》等所载嵇康等七人,固皆支那历史上之人物也。独七贤所游之'竹林',则为假托佛教名词,即'Velu''Veluvana'之译语,乃释迦牟尼说法处,历代所译经典皆有记载,而法显(见《佛国记》)玄奘(见《西域记》)所亲历之地。"[①]显然,他首先认定北方不会有竹林,才有此考论。其实宋代此地(孟州)尚有"小江南"之誉,竹林密布,至今仍有竹林。又如张择端《清明上河图》中有支小型骆驼队引起了学者的普遍关注,学术界和社会上几乎已成定论,即属于西域客商,大前提是骆驼来自西域,因为现代内地除了动物园见不到骆驼。其实在宋代北方,骆驼是常见的大牲口,无论官方还是百姓都大量饲养役使。[②] 地理环境以及附着的动植物,古今差异较大,以现代之心度古代之腹,往往会造成误差。

总之,肯定地理环境的客观存在,重视其作用,同时又不能迷信地理环境,是为指导本书的理论基础和基本方法。

二、宋代地域经济的史料问题

史学以史料为基础。我们所面临的一个困难是,宋代地域经济的史料分布很不平衡,呈现着东南地区多、北方地区少的明显差异。

东南地区经济的史料十分丰富,尤以两浙为多。宋代现存并刊行的地方志有29种,两浙就有22种,江东有3种,福建也有2种。南方其他地方虽无方志传下,但湖南有《岳阳风土记》,广南有《岭外代答》《桂海虞衡志》

---

① 陈寅恪:《三国志曹冲华佗传与佛教故事》,《寒柳堂集》,上海古籍出版社1980年版,第161页。
② 程民生:《〈清明上河图〉中的驼队是胡商吗——兼谈宋朝境内骆驼的分布》,《历史研究》2012年第5期。

等,也集中了不少史料。此外,《方舆胜览》《舆地纪胜》等总志,所记载的也大部分是南方地区。再者,宋代在南方地区又延续了150余年,所积累的资料自然比北方丰富。南方士大夫所著文集,在现存宋人文集中占了大半,对本地的记载也比北方多。

而北方除了东京开封以外,有关史料较少。西北三路由于是边防重地,是宋史的主要舞台,史料相对比北方其他地区来说多些,但也是以财政史料为主。而京东地区作为重要经济区,连这一优势也不具备,有关史料在北方最少。陕西虽有《长安志》《雍录》等书,然而所记主要是前代之事,《四库全书》仅将其列入古迹之属,而不列入方志类。这就意味着,宋代北方连一部地方志也没有传下。方志的流传与分布之多寡,对地区研究十分重要。方志所记地方经济史料,既详细又系统,很小的事物,由于郑重的、详细的记载也变得重要了。为粉饰太平、显示地方官的政绩,编纂者有意无意地夸示,都使这些地方的经济状况有了一重虚光。方志的这种特色人所周知,其自身也明言:"凡志必载其地产甚详,盖有取乎九州所有皆聚此书之义,非专呈博眩奇。"①编者与读者虽心照不宣,但研究者必须警觉。宋代北方没有方志传下,是北方经济研究的损失,也有损于北方经济地位。在史部、集部、子部书中,对宋代北方的记述,则主要偏重于军事、政治、赡军活动。北方籍官员,武人所占比例较大,整体上著作少于南方,"东南多文士,西北饶武夫,风声气俗,从古则然"②。而且由于文风不同,北方人所记地方史料也少。宋孝宗曾言:"北方之文豪放,其弊也粗;南方之文缜密,其弊也弱。"③豪放则不拘小节,缜密便叙述具体。更值得注意的是北方文人不善于自夸家乡,京东人晁补之就坦言:"东北俗椎鲁,虽信美,或不知择而居,居之或不爱,爱而不以语人,语人而不能夸以大之,故皆不显。"④自己的家乡尽管富饶美丽,但既不萌偏爱之心,又没有夸耀之意,故不能哗然于世,留传于

---

① 孙应时纂修,鲍廉增补,(元)卢镇续修,陈其弟校注:《至正重修琴川志》卷九《叙产》,方志出版社2013年版,第88页。

② 黄公度:《知稼翁集》卷下《送郑少齐赴严州序》,《景印文渊阁四库全书》第1139册,台湾商务印书馆1986年版,第602页。

③ 佚名撰,孔学辑校:《皇宋中兴两朝圣政辑校》卷五八,淳熙七年六月丙戌,中华书局2019年版,第1335页。

④ 晁补之:《鸡肋集》卷三〇《拱翠堂记》,《景印文渊阁四库全书》第1118册,第621页。

史,使人们对北方经济状况产生模糊印象和认识。相比之下,南方人爱夸耀乡土风物,如江西人欧阳修,"为爱江西物物佳,作诗尝向北人夸"①。这是我们应当注意的问题。

不言而喻,在史料的数量上,南方经济史料就先声夺人了。所以,在本书中,对北方经济的论述,史料或许会琐碎些,又由于过去对北方经济研究很少,也不得不多用些精力。从比较角度考虑,本书以北宋为主,南宋情况除专节研究外,有关时效性不强如土质等地理环境的南宋时期的南方史料,在北宋部分也有引用。

三、有关研究状况

历史经济地理或经济史的地域性研究,可以说是一门古老而又年轻的学科。中国从《尚书·禹贡》开始,就有绵延不断的记述和研究。18 世纪后期,西方也形成了人文地理学和经济地理学,以后又出现分支——区域经济学。20 世纪 40 年代形成的一个法国史学流派——年鉴学派,倡导"空间史学"。现代国内对经济地理学的研究也蓬勃兴起,而随着地方经济的开发以及地方志编纂高潮的掀起,人们越来越重视对地方经济的研究,对历史研究提出了新任务。史学界对历史地域经济研究也不断增强,尤以对明清两代的研究最为活跃。

宋代地域经济的研究虽薄弱,但并非空白。就地区经济史或区域经济史而言,成果颇丰。关于地域差异问题研究的认识,日本学者早有关注。1987 年,斯波义信指出:"近年来对空间差异研究的关心与日俱增,这是显而易见的事。"他举例如桑原骘藏教授的《从历史上看南北中国》(1925)为最早,另有加藤繁教授的《从经济史方面看中国北方与南方》(1944)等。"从具备历史地理学、经济地理学、社会地理学、经济人类学、社会心理学等社会科学有关学科基础知识的研究者的眼光来看,确认事象的差异,承认若干参数间是有意复合的关系,考虑到其制度体

---

① 欧阳修著,李逸安点校:《欧阳修全集·居士集》卷一四《寄题沙溪宝锡院》,中华书局 2001 年版,第 236 页。

系的系列功能,在注意相关变数方面,尽力找出其生成与变化的道理就很必要。由此而言,空间差异提出的挑战与其说来自这种研究基础,还不如说问题产生于其本身。"氏著《宋代江南经济史研究》就是这方面的代表作。①

中国学者也多有探讨。1934 年冀朝鼎写成了英文版的《中国历史上的基本经济区与水利事业的发展》,1936 年在伦敦出版。原序中的第一句话就是:"本书提出了基本经济区这样一个重要的概念,这对了解中国经济史是大有裨益的。"全书的主旨是:"定义基本经济区的概念,研究中国的水利与经济区划的地理基础,以及简要地探索中国历史上基本经济区的转移等方面的问题。"②

具体到宋朝,张家驹的研究最早也最系统。先后发表有《宋室南渡前夕的中国南方社会》(1936)、《宋代造船工业之地理分布》(1942)、《宋代社会中心南迁史》(1946)等论著,以《两宋经济重心的南移》一书为代表,提出了影响深远的中国经济重心在南宋时期完成转移的观点。③ 郑学檬《中国古代经济重心南移和唐宋江南经济研究》④,对有关问题作了进一步研究。杜瑜的《中国经济重心南移——唐宋间经济发展的地域差异》⑤,从新角度涉及诸多宋代地域经济问题,指出在"安史之乱"以后的很长一段时期内,北方经济依然发展很强劲,而南方还有很多地方尚待开发。这三部著作,把中国经济重心南移问题聚焦到唐宋,基本确认了宋代是经济重心完成南移的时期。

专题研究,以韩茂莉《宋代农业地理》、方健《南宋农业史》为突出。⑥

---

① [日]斯波义信,虞云国校:《宋代江南经济史研究》,方健、何忠礼译,江苏人民出版社 2001 年版,第 6、7、8 页。

② 冀朝鼎:《中国历史上的基本经济区与水利事业的发展》,朱诗鳌译,中国社会科学出版社 1981 年版,第 12、13 页。

③ 张家驹:《两宋经济重心的南移》,湖北人民出版社 1957 年版。

④ 郑学檬:《中国古代经济重心南移和唐宋江南经济研究》,岳麓书社 1996 年版。

⑤ 杜瑜:《中国经济重心南移——唐宋间经济发展的地域差异》,五南图书出版股份有限公司 2005 年版。

⑥ 韩茂莉:《宋代农业地理》,山西古籍出版社 1993 年版;方健:《南宋农业史》,人民出版社 2010 年版。

区域经济研究更活跃。研究最多的地区是江南①，具体地区最多的是两浙②，四川经济也有专著出版③，其次关于两广④、淮南⑤、江西⑥、湖北、湖南⑦、陕西⑧、河北⑨、东京开封⑩、福建⑪等地的经济状况，也有专题文章、专著问世。总体上看，对宋代北方地区的研究较少。

这些地域经济研究无疑有一定的深入性，但也不可避免地存在着局限性。这些地区在宋代全国中的经济地位如何？与外地关系如何？由于没有比较，就难以作出准确的评价。而且由于乡土观念和对本课题重要性的偏

---

① 如龙登高：《宋代东南市场研究》，云南大学出版社 1994 年版；[日]斯波义信：《宋代江南经济史研究》，方健、何忠礼译，江苏人民出版社 2001 年版；陈国灿：《宋代江南城市研究》，中华书局 2002 年版；于海平：《宋代江南手工业发展研究》，中国矿业大学出版社 2014 年版；等等。

② 方如金、赵瑶丹：《试论宋代两浙路社会经济的发展及其在全国的领先地位》，《温州大学学报》2002 年第 3 期；陈国灿：《宋代两浙路的市镇与农村市场》，《浙江师大学报》2001 年第 2 期；俞垣淊：《北宋前期太湖流域赋税之研究》，中国文化大学出版部 1988 年版；王一胜：《宋代以来金衢地区经济史研究》，社会科学文献出版社 2007 年版；等等。

③ 贾大泉：《宋代四川经济述论》，四川省社会科学院出版社 1985 年版；林文勋：《宋代四川商品经济史研究》，云南大学出版社 1994 年版；等等。

④ 曾昭璇、曾宪珊：《宋代珠玑巷迁民与珠江三角洲农业发展》，暨南大学出版社 1995 年版；关履权：《宋代广州的海外贸易》，广东人民出版社 2013 年版；郎国华：《从蛮裔到神州：宋代广东经济发展研究》，广东人民出版社 2006 年版；等等。

⑤ 王曾瑜：《宋元时代的淮南经济述略》，中国社会科学院历史所隋唐宋金元史研究室编：《隋唐辽宋金元史论丛》第一辑，紫禁城出版社 2011 年版；张勇：《宋代淮南地区经济开发若干问题研究》，中国社会科学出版社 2019 年版。

⑥ 许怀林：《试论宋代江西经济文化的大发展》，《江西师院学报》1980 年第 4 期；吴旭霞：《宋代江西手工业的生产力与生产关系》，《江西社会科学》1995 年第 1 期；刘锡涛、萧云岭：《宋代江西农业经济发展概述》，《井冈山师范学院学报》2002 年第 3 期。

⑦ 宋传银：《宋代湖北人口与经济》，《湖北大学学报（哲学社会科学版）》1998 年第 4 期；朱瑞熙、徐建华：《十至十三世纪湖南经济开发的地区差异及其原因》《十至十三世纪湖南地区的经济开发》，载朱瑞熙：《暻城集》，华东师范大学出版社 2001 年版；周方高：《关于宋代湖南农业经济发展的几个问题》，《中国农史》2013 年第 4 期。

⑧ 杨德泉、苟西平：《北宋关中社会经济试探》，载邓广铭等主编：《宋史研究论文集》（一九八四年年会编刊），浙江人民出版社 1987 年版；江天健：《北宋陕西路商业活动》，花木兰文化出版社 2010 年版；等等。

⑨ 程龙：《北宋粮食筹措与边防——以华北战区为例》，商务印书馆 2012 年版；米玲：《宋代以来定州经济发展研究》，人民出版社 2017 年版。

⑩ 有关开封经济的论著颇多，以周宝珠的《宋代东京研究》（河南大学出版社 1992 年版）为代表。

⑪ 徐晓望：《论宋代福建经济文化的历史地位》，《东南学术》2002 年第 2 期；张栋斌：《宋代福建农业经济地理研究》，福建师范大学硕士学位论文，2009 年。

爱,不同程度地存在着夸大所研究地区经济状况的现象。

业师漆侠先生的力作《宋代经济史》,首次从宏观高度对综合区域经济进行了开拓性研究,在劳动人口的分布、主要地区的农田水利建设和农业生产经营方式、单位面积亩产量、手工业布局、区域性市场的形成及划分诸方面,作出了富有价值的论述。本书就是在此基础上,对宋代地域经济作一专门的、比较系统的综合研究。由于角度不同,所以涉及一些新问题,有一些新看法。

四、选题的意义

为什么要选择这样一个角度来研究宋代经济史呢?

经济是社会的基础,地理环境又是经济的基础。要深刻、全面地了解宋代历史和千姿百态的社会经济,就必须对其地域经济状况有具体的、全方位的认识。

宋代经济发达,这是基本史实。但就地域经济而言,则不能一概而论,各地区发展不平衡的现象千差万别,十分明显。经济发达这一整体形势,不能掩盖也不能代表许多地区经济落后的状况。那么,参差不齐的发展水平呈何种状态? 各自的独特之处是什么? 各自的地位如何? 这是一般经济史涉及不到的内容。经济发展的普遍性,包括了地域经济的特殊性,但代表不了特殊性。了解地域经济的特殊性,则会丰富整体经济的普遍性。所以,一般经济史的研究,并不是地域经济史的总和。

经济史与地域经济史的研究,表现为一般与个别,全体与局部,共性与个性的差异关系。地域经济的研究,改变了通常所理解的一维时间观念,借用了位置空间诸观念,使经济史研究由定时到定位,变平面为立体,可能有面目一新之感。

笔者的研究尝试汲取经济地理学、统计学和农业科技等知识,采用分门别类的和综合比较的方法,集中系统地研究宋代这一历史时期内各地区经济的发展状况,在国内中国古代史学界是新方式和新思路的初步探索。同时,对经济地理学界来说,本书的研究是经济地理研究的历史延伸,为其提供了宋代历史这一段的经济地理状况。再者,地域经济史的研究有较强的实用性,以农业为例,其生产经验与科学技术的一个重要特点就是具有实践上的长期性和发展上的相对稳定性,从而具有较强的历史继承性和借鉴性。本书的研究,对现代地方经济的开发,确定正确的长时段的发展战略,或许也有一定的现实意义。

第 一 章

宋代各地区的生产环境

第一节　政区划分及地位的差别

宋代地方行政的区划,主要以山川等自然地理为基准,例如江东、江西,湖南、湖北,广东、广西,河东、河北,陕西等即是;另有以政治地理为基准,如京东、京西即是。研究地域经济,有必要先介绍其依托的行政地理。按说地域经济与行政区划不是一个概念,但二者有十分密切的联系。行政地理的划分,一般是以经济地理或地域经济为基础的,至少就宋代而言正是如此。宋代类似地方一级行政区划的路,全称是"转运使司路",而转运使司的首要职责就是财政经济:"经度一路财赋,而察其登耗有无,以足上供及郡县之费。"①个别政区的调整,主要也是由于经济因素。安州就是一例。"安州在唐隶淮南,入本朝属荆湖北路,景祐间忽入京西",原因"止以京西缺财用为言",即是为了增强京西路的经济实力做出的调整。当时处于宋夏战争期间,京西路位于后方多有军需调发,"西鄙用师,官科橐驼、黄牛,皆非山川所出而俗所未尝用者,于是人情厌苦不安。康定初,左丞范雍自延安谪守,乃会常人之课,以钱五万缗岁输京西漕司,复还安州于湖北,朝廷从之。

---

① 《宋史》卷一六七《职官志七》,中华书局 1977 年版,第 3964 页。

民既德公,多立生祠。然岁课仅足以支费,而京西之输是增赋也。"①其分出与复还,完全是财经利益在主导。所以研究宋代地域经济,仍需以政区为空间区划。

地方区划相对稳定,间因时而变,宋代地方一级区划也有一个演变过程,总体趋势是收缩细分,由大到小。宋初因循了唐代的道作为地方一级区划,宋太宗太平兴国二年(977)调整,形成了以全国土地形势为基本划分标准的十五个转运司路,宋真宗咸平四年(1001)又析为十七路,天禧四年(1020)改为十八路。经过以后的不断分合调整,到宋神宗元丰八年(1085),定全国为二十三路一府,是年颁布的《元丰九域志》,即依据这一区划编制而成,《宋史·地理志》也以此为基础。本书在研究过程中,确定具体的以二十三路一府为行政区划,笼统的以北宋持续最久的十八路一府为地区区划。这就是通常所讲的:开封府、京东路(行政区分东、西二路)、京西(行政区分南、南二路)、河北路(行政区分东、西二路)、陕西路(行政区分永兴军、秦凤二路)、河东路、淮南路(行政区分东、西二路)、江南东路、江南西路、荆湖北路、荆湖南路、两浙路、福建路、成都府路、梓州路、利州路、夔州路、广南东路、广南西路。十八路一府的地区区划,即使在实行二十三路一府行政区划时,宋人仍旧照用。按古今通用的以淮河、秦岭为南方与北方的界线,本书以开封府、河北路、京东路、京西路、陕西路、河东路六地为北方地区,以淮南路、两浙路、江东路、江西路、福建路、湖北路、湖南路、广东路、广西路、成都府路、梓州路、利州路、夔州路十三地为南方地区。

以二十三路一府为准,各路面积大小相差很大。除了开封府界以外,最小的路是成都府路,面积仅为 54818 平方公里。最大的路是广南西路,面积为 238146 平方公里,是成都府路的四倍多。② 就一般法则来讲,面积小的路分多是人口密集之地,如成都府路;而面积大的路分多是边远地区和山区,如广西、广东、河东、江西、湖北等,未开发之地多,土旷人稀,故辖区面积广大。也即人口是最基本的标准,其次是辖区,这是合乎行政实际的。

路数多少的变化,主要是北方路分的分合不常。之所以常把北方行政

---

① 王得臣撰,俞宗宪点校:《麈史》卷上《利疚》,上海古籍出版社 1986 年版,第 21 页。
② 袁震:《宋代户口》,《历史研究》1957 年第 3 期。

区缩小，乃是因为宋朝的政治重心、军事重心在此，经济活动主要也在此，而转运司主要是从财政经济角度设立的，所以需要较细致的划分，以分担繁重的事务。

同是地方一级路分，地位却大不相同，正像担任的同是转运使，政治地位、经济待遇不同一样。宋真宗有诏云："河北、河东、陕西转运使副，按行边陲，经度军费，比之他路，甚为劳止，其月俸可给实钱。"①西北三路因地处边防，责任重大、工作繁忙，月俸不打折扣。对各路主要官员数量的设置也不相同。在行使十八路时，"其京东、京西、河北、河东、陕西、淮南、两浙诸路各置（转运）使、副，余路不置副"②，显然这七路是重要路分，事务繁重，故而设置转运副使。其中尤以西北三路最重要，朝廷所选任的州县地方官员多是精明强干之臣："河北、河东、陕西路供给边备，其知州、通判、幕职、州县官……铨选年六十以下强干者充。"③既有年龄限制，又有能力要求。进而在个人品质上也有要求，例如庆历年间，朝廷"改新知怀州、司勋员外郎周越知台州，河北都转运按察使言越素贪浊，而怀州路当冲要，宜择人以代之也"④。有贪污前科者，被拒绝到河北任职。元祐元年（1086）诏："今后差知西京、大名、应天、成都、太原、永兴、成德军，秦、延、青、郓、杭、瀛、定、庆、渭、熙、广、桂州，并待制已上人，如未至上件职任，曾任正提刑已上，即权；余并权发遣。"⑤全国有十九州郡应由高官出任长官，级别、资历不够的只能是"权知""权发遣"，即宋政府最为重视之地，其中北方十五州郡，南方仅成都府、杭州、广州、桂州四地路级首府。而岭南的两广地区地位最低："其山海荒阔，列郡数十，皆为下州，朝廷命吏，常以一县视之，故其守无城，其戍无兵。"⑥因为荒凉，其州官的地位仅如县官。

重要路分不但选官标准高，而且设官数量多。庞元英记载了元丰时诸

---

① 李焘：《续资治通鉴长编》卷五五，咸平六年六月辛酉，中华书局2004年版，第1201页。

② （清）徐松辑，刘琳、刁忠民、舒大刚、尹波等校点：《宋会要辑稿·食货》四九之一，上海古籍出版社2014年版，第7093页。

③ 李焘：《续资治通鉴长编》卷六一，景德二年十二月乙酉，第1378页。

④ 李焘：《续资治通鉴长编》卷一四五，庆历三年十一月癸酉，第3496页。

⑤ 李焘：《续资治通鉴长编》卷三七〇，元祐元年闰二月丁巳，第8955页。

⑥ 欧阳修著，李逸安点校：《欧阳修全集·居士集》卷二五《集贤校理丁君墓表》，中华书局2001年版，第391页。

路除幕职判、司、簿、尉等官外的文武职事官大约人数①，兹以人数多少为序
列表如下。

表1-1　元丰年间各路官员数量表

路名	官员数量及序位		路名	官员数量及序位	
陕西路	522	1	广东路	161	11
河北路	420	2	成都路	158	12
京西路	308	3	湖北路	153	13
京东路	307	4	梓州路	150	14
淮南路	305	5	利州路	142	15
两浙路	301	6	湖南路	120	16
河东路	270	7	福建路	114	17
江东路	194	8	夔州路	111	18
广西路	168	9	开封府界	50	19
江西路	164	10	总计	4118	

　　地方官人数的多少，表明统治力量的大小和事务的多少，这无疑是依据
各地政治、军事、经济地位确定的(开封府例外)。基本规律是：越往南官员
越少。领土的大小也起些作用，如广西虽在各方面地位都不及成都、广东等
路，但其面积最为广袤，所以官员数量多于上述二路。在此，一个引人注目
的现象是：人口多少几乎不起什么作用。福建在元丰年间户数之多居全国
第四位，但在官员的设置上并不受重视，在上表中仅居第十七位。夔州路是
公认的经济最落后地区，官员设置也是最少的，则正好印证了其在朝廷心目
中的地位。

　　如果说上列表中所说明的各路地位尚属推测的话，那么我们从元祐二
年(1087)文彦博所上《自来除授官职次序》中，可看到明确的地位顺序：

　　　　转运使有路分轻重远近之差：河北、陕西、河东三路为重路，岁满多
　　任三司副使，或任江淮都大发运使；发运使任满，亦充三司副使；成都路

---

　　①　庞元英撰，金圆整理：《文昌杂录》卷五，《全宋笔记》第2编第4册，大象出版社2006年
版，第175页。

次三路,任满亦有充三司副使或江淮发运使;京东、西、淮南又其次;江南东、西、荆湖南、北、两浙路又次之;二广、福建、梓、利、夔为远小。已上三等路分转运使、副任满,或就移近上次等路分,或归任省府判官,渐次擢充三路重任,以至三司副使。提点刑狱则不拘路分轻重。①

从上可看出三个规律:其一,重路、次路、远小路三等转运使路分的划分,是以经济和经济活动为轻重之标准的,同是路级监司的提点刑狱等则不存在这个位序。其二,位序是以轻重为主,远近所起作用甚小。如成都府路越过紧靠京师的京东、西路而为一等路分即可证明;夔州路近于成都路,却又列为最后也可证明。其三,经济方面的轻重,是以国防经济为主。如河东路在经济状况上当然不能与两浙相提并论,但其为沿边路分,是对峙契丹和西夏两国的国防门户,财政经济活动繁多,故为一等路分,远重于两浙。

根据前引史料,十八路可做如下排列,共分为三等五个级别。

表1-2　宋代各路等级表

等级	路名
一等一级 一等二级	河北路　陕西路　河东路 成都府路
二等一级 二等二级	京东路　京西路　淮南路 江东路　江西路　湖南路　湖北路　两浙路
三等	广东路　广西路　福建路　梓州路　利州路　夔州路

从宋人明确的划分,可看出其重北轻南的倾向。路分的轻重,无疑是宋政府重视程度的反映,在一定程度上也表现了当时各路的地位,并对诸路的发展变化产生影响。因为官员数量的多少、地位的高低、经验的多少、能力的大小,对统治的得当与否、地方政策的制定实施、组织社会生产、赈济灾荒保护生产力和调度财物等方面产生直接作用。如李觏所言:

---

①　文彦博著,申利校注:《文彦博集校注》卷二九《奏除改旧制》,中华书局2016年版,第789—790页;另外,范祖禹:《范太史集》卷二二《转对条上四事状》也有类似内容:"初为监司者,先自远路,渐擢至京东西、淮南。其资望最深、绩效尤著者,乃擢任陕西、河东、河北三路及成都路。自三路及成都召为三司副使,其未可辍者或与理副使资序;自副使除待制,出为都转运使。夫自初为监司,至三路及三司副使者,其人年劳已深,经历已多,缘边山川道路、甲兵钱谷,皆所谙知,故帅臣有阙,可备任使,中才之人,亦能勉强。"(《景印文渊阁四库全书》第1100册,第272—273页)

> 伏惟国家重西北而轻东南。臣何以知之？彼之官也特举，此之官也累资。敛于此，则莫知其竭；输于彼，则唯恐不支。官以资则庸人并进，敛之竭则民业多隳。为贪为暴，为寒为饥。[1]

这是社会经济的政治环境，作为上层建筑的政权结构对经济基础的反作用。南方官员数量少而质量低，意味着统治不严密而政治难以清明，比较有利于小范围的个体经济存在，不利于大范围的经济发展，不能为大利却能为大患。北方官员数量多、素质高，意味着统治严密，立法苛细，事务繁多，能兴大利也会带来大患。二者都可以说是利害参半。若从宏观角度而言，北方稍优于南方。因为宋政府既重视北方自然也包括关心、促进其经济发展，加大农田水利等方面的投资力度。如熙宁时王安石所说："今天下财用足则转给陕西无难者。但以米谷难于运致，故惟陕西农事欲经制尔。"[2]不久又"论熙河粮斛事，欲以逐路财赋付经略使自营，然卒不行，上以农事为急"[3]；"又论河北事，安石以为募兵不如民兵，籴米不如兴农事"[4]，即可证明这点：只有重视发展其农业，才能保障边防驻军的粮草供应，从而巩固国防。

第二节　各路自然环境概述

地球上自然环境千差万别，无论是地质、地貌、土壤、气候都不尽相同。现代农业科学告诉我们，农业的地域分异规律的自然条件是：其一，与太阳光照位置不同而形成的纬度地带性差异，反映为热量条件的差异；其二，与海洋距离不同而形成的经度地带性差异，反映为水分条件的差异；其三，因海拔高度不同而形成的垂直地带性差异，反映为热量条件和水分条件的差异。作为经济存在和变化的最基本的客观条件，在北宋大约 2504987 平方公里的国土上，自然环境的差别最明显地表现在南方与北方的差别，其次是

---

[1]　李觏撰，王国轩点校：《李觏集》卷一《长江赋》，中华书局 2011 年版，第 2 页。
[2]　李焘：《续资治通鉴长编》卷二四四，熙宁六年四月丁酉，第 5943 页。
[3]　李焘：《续资治通鉴长编》卷二四八，熙宁六年十一月癸亥，第 6049 页。
[4]　李焘：《续资治通鉴长编》卷二六二，熙宁八年四月甲子，第 6375 页。

东方与西方的差别。空间距离越远,差别越大。南北差别以温度与湿度最突出,南方多暖、北方多寒,南方多水、北方多旱;东西差别主要是海拔高低,以沿海与内陆的地形差异最突出,东方多平原,西方多山地。

一、气候差异

气候资源是人类赖以生存的基本条件,可为人类直接或间接地利用。气候在经济中作用尤为重大,为人类物质生产提供原材料和能源,有必要首先做一简单介绍。

宦游南北的苏过,以河东、广南为例,对南北方气候作过对比:

> 余蜀人也,少游三晋之间矣。秋冬之交,朔风萧条。山童泽枯,堕指折胶。阴山之雪,三岁不消。故其生实瘠而不癯,畜驯强而不干。人亦刚而多勇,寿而硕坚。……而五岭之南,夷獠杂居。天卑地溽,山盘水纡,恶溪肆流,毒雾蒸嘘。昼避蝮虺,夜号鼪鼯。草木冬花,霖潦长濡。星隐于气,日见于晡。故其多重腿之病,寒热中肤。①

南北方气候的巨大差异以及影响,使所有生物都有不同的生命现象,对居民身体、观念以及社会经济具有决定性的作用。

北方的气候条件比南方有较大的差距,尤其在热量上表现最明显。一般认为北宋处于我国气象史上第三个寒冷期的开始,确切地讲是从北宋后期开始,平均气温低于现代。在西北,有的地方寒冷期很长。宋神宗元丰年间,一位官员于五月二十六日到达陕西岷州的黑松林,感到"寒甚,换绵衣毛褐絮帽乃可过。每岁四月、七月常大雪三二尺,至是,林雪犹未消"②。初夏的四月还在降雪,仲夏的五月下旬因气温低仍有积雪未化,而初秋的七月就又开始降雪,一年中的寒冷期大约持续九个月。长久的寒冷气候,严重影响着农业生产,物候现象势必迟缓。如陕西仪州"地接陇山,节气常晚,至仲夏,花木始开"③。在这一特殊地区,节气晚了一个季度。对于一些农作

---

① 苏过著,舒大刚、蒋宗许等校注:《斜川集校注》卷七《志隐》,巴蜀书社1996年版,第479页。

② 庞元英撰,金圆整理:《文昌杂录》卷二,第133页。

③ 乐史撰,王文楚等点校:《太平寰宇记》卷一五〇《仪州》,中华书局2007年版,第2909页。

物而言,生长期因而须延长。仍以陕西为例,"陕西沿边地苦寒,种麦周岁始熟,以故黏齿不可食"[1]。农业的生产时间虽然延长了,但劳动时间却缩短了,因为在漫长的冬季,人们难以从事野外农作,麦面质量也差。种植业只能一季生产。

这些例子都在陕西沿边,北方大部分地区并不是如此严重。但与气候炎热的南方比起来,整体上无疑是相形见绌的。南方热量充沛,夏季漫长,具备了农作物生长期短、农业劳动时间长的优良条件,极有利于经济发展。

农业生产一般是靠天吃饭,有赖于风调雨顺。各地区对降雨量和降雨时间的要求不同,自然气象规律也不相同,宋代内陆与沿海地区乃至完全相反。"江淮春夏之交多雨,其俗谓之梅雨也,盖夏至前后各半月。或疑西北不然。"[2]梅雨季节是东南地区特有的连阴雨气候现象。庄绰对宋代西北与东南的气象做过具体比较,他写道:

> 西北春时率多大风而少雨,有亦霏微。……至秋则霜霎苦雨,岁以为常。二浙四时皆无巨风。春多大雷雨,霖霎不止。至夏为"梅雨",相继为"洗梅"。以五月二十日为"分龙",自此雨不周遍,犹北人呼"隔辙"也。迨秋,稻欲秀熟,田畦须水,乃反亢旱。余自南渡十数年间,未尝见至秋不祈雨。此南北之异也。[3]

西北地区春季降雨量小,不利于作物苗期生长,而秋季的多雨,对庄稼已经没有太大的补益了。东南可以得到"春雨贵如油"之利,但"春多大雷雨",超过了需求限量,反而成了灾害;到了秋季水稻需要雨水时,却常有干旱之虞,乃是双重的不利。陈师道说:"浙西地下积水,故春夏厌雨。谚曰:'夏旱修仓,秋旱离乡。'浙东地高燥,过雨即干,故春得雨即耕,然常患少耳。"[4]浙西的情况,进一步证实了庄绰的记载;浙东山区地理环境特殊,在需要春季多雨时,却偏偏很少了。在生产力不发达的情况下,天公不尽如人意,使人们难以摆脱自然规律的捉弄。

---

[1]　庄绰撰,萧鲁阳点校:《鸡肋编》卷上,中华书局1983年版,第16页。

[2]　陈长方撰,许沛藻整理:《步里客谈》卷下,《全宋笔记》第4编第4册,大象出版社2008年版,第13页。

[3]　庄绰撰,萧鲁阳点校:《鸡肋编》卷中,第80—81页。

[4]　陈师道撰,李伟国校点:《后山谈丛》卷三,中华书局2007年版,第44页。

限于史料,我们无法对各地的气候做全面叙述,有些零星资料,总嫌琐碎。通过以上两个有代表性的地区对比可知,气候对社会生产尤其是农业生产有着重大影响,对各地劳动生产率和生产结构提出了不同的任务。以气温而言,"维持一定数量的人的生活所需要的劳动量,在气候寒冷的地方最大,在气候炎热的地方最小。因为前一种地方与后一种地方相比,人们不仅需要较多的衣服,而且土地也必须耕作得更好"①。北方寒冷期长,不仅作物生产时间长,劳动时间短,而且生活成本高:居民的住房墙壁需足够宽厚,门窗要严实,服装要厚重,饮食要摄取更多的热量。这样,对建筑业、畜牧业、纺织业及原料的生产就要有所侧重,农田耕作也需更下功夫,并注意积累资金建造保暖性能良好的住房。南方地区的居民在这方面的要求相对少一些,除了一些地区的水稻种植以外,生产、生活成本比北方低,劳动时间长,生产导向就会较多地向多种经营发展。降雨量在时间和空间上的分布不均,又使北方农田水利事业以引水浇灌为主,南方则以排水、贮水为主。

二、各路的经济地理

下面逐路介绍各地的经济地理状况,以便对宋代地域经济有一个基础性的认识。

(一)开封府界

宋神宗时,李清臣对开封经济地理有过概括:"气得中和,土号衍沃,麻菽果谷百物之饶,可以毕给往来之众。"②所言基本属实,但不免夸张。开封府界的地理环境可以用三个主要特点来概括。一是地处平原,地势空旷平坦,略无丘阜,所谓"四战之地"。地势低下,有"祥符地卑多水患"之虞。③ 二是水陆交通极为发达,仅通航的主要河流就有汴河、蔡河、五丈河、金水河。水陆

---

① 《资本论》第一卷,人民出版社 2018 年版,第 588 页注(7)。

② 李清臣著,杨倩描点校:《李清臣文集》卷四《重修都城记》,河北大学出版社 2017 年版,第 41 页。

③ 晁补之:《晁宗简改葬记》,何新所编著:《新出宋代墓志碑刻辑录(北宋卷)六》,文物出版社 2019 年版,第 179 页。

交通连接各地,成为"八荒争凑,万国咸通"①的中心。三是土层薄,土质劣。多属黄河冲积的细沙,且盐碱严重,原因主要是地下水位高,"都城土薄水浅,城南穿土尺余已沙湿"②,沙壤之中有机质不多,肥力不足,而且结构疏松,风吹即扬,常常是"风吹沙度满城黄"③,所谓"十年客京洛,衣袂多黄尘"④。不利于水土保持,更不利于环境卫生和精密制造业。

为了环境的改善和发展林业经济,宋政府十分重视开封林业的发展,鼓励甚至强制人户种树。如天圣二年(1024)正月,朝廷指示开封府:"委令佐劝诱人户栽植桑、枣、榆、柳,如栽种万数倍多,委提点司保明闻奏,各与升差使。"⑤以提拔为诱饵,调动地方官组织民众植树造林的积极性。平原地区民间种植最广泛的就是桑、枣等经济林木,其他如榆、柳等树也很普遍。如襄邑多白榆,"迢迢汴水吞窈冥,白榆多于天上星"⑥,田野上密密麻麻布满了白榆。陈留一带多柳树,"柳林行不尽,想见行春时"⑦,柳树林的面积很辽阔。刘敞在开封乘船从蔡河往陈州的路上,"舟行过林樾,密树相排挤"⑧,两岸树林密布。在平原地区,林木众多意味着自然环境优良。经过不懈努力,随着人口的增多,城郊到北宋末年发生很大变化,如孟元老言:"大抵都城左近,皆是园圃,百里之内,并无闲地。"⑨蓬勃发展的主要是园林花木业和蔬菜业,方圆百里再也没有荒芜之地,沙尘有所收敛。

京城的这种自然环境,经济地理位置十分优越,经济发展有着广阔的区域基础,极有利于商业和手工业,但粮食种植业没有优势。同时,由于凉爽多沙,水草丰美,有利于畜牧业:"中牟以西,地广沙平,尤宜牧马","汴河以

① 孟元老著,伊永文笺注:《东京梦华录笺注》,中华书局2006年版,"序"第1页。
② 杨亿口述,黄鉴笔录、宋庠整理,李裕民辑校:《杨文公谈苑·土厚水深无病》,上海古籍出版社2012年版,第147—148页。
③ 王安石著,秦克、巩军标点:《王安石全集》卷七六《读诏书》,上海古籍出版社1999年版,第582页。
④ 邢居实:《寄陈履常》,吕祖谦编,齐治平点校:《宋文鉴》卷二〇,中华书局1992年版,第288页。
⑤ (清)徐松辑,刘琳、刁忠民、舒大刚、尹波等校点:《宋会要辑稿·食货》一之二一,第5952页。
⑥ 刘弇:《龙云集》卷七《早发襄邑》,《景印文渊阁四库全书》第1119册,第120页。
⑦ 陈与义:《陈与义集》卷三《赴陈留》,中华书局2007年版,第192页。
⑧ 刘敞撰,逯铭昕点校:《彭城集》卷四《自蔡河至陈州》,齐鲁书社2018年版,第51页。
⑨ 孟元老著,伊永文笺注:《东京梦华录笺注》卷六《收灯都人出城探春》,第613页。

南县邑,长陂广野,多放牧之地"。① 宋真宗时,京城四郊的草地全部开放:
"诏京城四郊禁围草地,悉纵民耕垦畜牧。"②这促进了民间畜牧业发展。如
京城之北,"乃官民放养羊地"③,专用于放羊。位于开封西北的牟驼岗,靖
康时有官马二万匹④,显然有着广袤的草地。在京师的西部、北部、南部都
有草地,发展畜牧业的条件比较优良,而京城浩大的肉食消费也刺激着畜牧
业的发展。

作为百万人口的大都会,生鲜蔬菜必须依赖近郊生产,不可远致。因而
有大量菜农,如宋初的"汴老圃纪生,一鉏芘三十口。病笃,呼子孙戒曰:
'此二十亩地,便是青铜海也。'"⑤20 亩菜地产出高额利润,足以养活 30 口
人的大家庭。

既然畜牧业和蔬菜业是近郊的重要产业,粮食种植业退居其次,这就必
须大量漕运外地粮食,以供应朝廷和驻军。

作为全国政治、经济、文化的中心,开封城市经济最为繁盛。富商云集,"京
城资产,百万者至多,十万而上,比比皆是"⑥。商业资本极为雄厚。如东角楼
附近的界身巷,是金银彩帛交易的中心,店铺"屋宇雄壮,门面广阔,望之森
严。每一交易,动即千万,骇人闻见"⑦。宋初有"天下九福"之说,京师就占
了"钱福、眼福、病福、屏帏福"四项⑧。富贵荣华,花天酒地,无与伦比。

开封府十余个属县的经济地理较好。尉氏有片 4800 顷低洼的膏腴农
田,曾被惠民河泛滥毁坏。宋仁宗时,地方官将积水排泄,"水涸地沃,亩率
收一钟"⑨,单位亩产量高达 1 钟即 5 石,实属难得。尉氏西南的朱家曲镇,

---

① 杨侃:《皇畿赋》,吕祖谦编,齐治平点校:《宋文鉴》卷二,第 21 页。
② 李焘:《续资治通鉴长编》卷九〇,天禧元年八月壬戌,第 2076 页。
③ 孔偁:《宣靖妖化录》,(明)陶宗仪:《说郛三种》(百卷本)卷四三,上海古籍出版社 2012
年版,第 2 册,第 700 页。
④ 杨仲良:《皇宋通鉴长编纪事本末》卷一四五《金兵下》,《宛委别藏》,北京图书馆出版社
2003 年版,第 4538 页。
⑤ 陶谷撰,郑树声、俞钢整理:《清异录》卷上《青铜海》,《全宋笔记》第 1 编第 2 册,大象出
版社 2003 年版,第 17 页。
⑥ 李焘:《续资治通鉴长编》卷八五,大中祥符八年十一月己巳,第 1956 页。
⑦ 孟元老著,伊永文笺注:《东京梦华录笺注》卷二《东角楼街巷》,第 144 页。
⑧ 陶谷撰,郑树声、俞钢整理:《清异录》卷上《九福》,《全宋笔记》第 1 编第 2 册,第 22 页。
⑨ 宋祁:《景文集》卷三五《尉氏县吕明府创修泄水渠颂》,《景印文渊阁四库全书》第 1088
册,第 309 页。

"居民繁杂，宛然如江乡"。欧阳修有诗称赞道："桑柘田畴美，渔商市井通。"[1]农业与商业也很繁荣。鄢陵同样发达。孔武仲从南方刚进入鄢陵，就感到"驿道夷平桑柘美，人言从此属皇州"。又云："连天皆秫黍，盖水有莲荷。"[2]北宋末，陈留地方政府募民开垦碱卤之地，使2000顷瘠地"尽为膏壤"。[3] 长垣的社会经济状况颇佳，宋真宗曾亲临该县，称赞"民物甚蕃，亦佳邑也"[4]。即指人口众多，物产丰富。西边的中牟县"当国西门，衣冠往来之冲也，地瘠民贫，赋役烦重"[5]。虽然位于交通要道，但土质不良而赋役繁多，境况并不佳。

（二）京西

这里是京师的腹地，主要地区位于黄淮平原，而西部则多山，东部则多水。总的情况是西部不如东部，南部不如北部，也即京西南路整体上不如京西北路。正史中对京西的有关介绍是这样的："东暨汝、颍，西被陕服，南略鄢、郢，北抵河津。丝、枲、漆、纩之所出……然土地褊薄，迫于营养……唐、邓、汝、蔡率多旷田。"[6]此言除了指出京西生产纺织品以外，给人们留下了一派荒凉贫瘠的印象，实际上是以点带面，有失偏颇了。

辽阔的京西各地情况有很大的差异，京西南路的经济地理与上述介绍接近。此地大部分是山区，西南地区许多地方未经有效开发。如位于大巴山北麓的房州，山林四塞，"束于群山，可耕之地什三，而膏腴无几"[7]，土地资源匮乏。有的地方如随州，土地质量很差，"山泽之产无美材，土地之贡无上物……地既瘠枯，民给生不舒愉"[8]。土壤贫瘠，物产贫乏，百姓生活比

---

① 欧阳修著，李逸安点校：《欧阳修全集·居士集》卷一〇《朱家曲》，第160页。

② 孔武仲：《入鄢陵界》《鄢陵界中》，孔文仲、孔武仲、孔平仲著，孙永选校点：《清江三孔集》，齐鲁书社2002年版，第120、126页。

③ 李弥逊：《筠溪集》卷二四《龙图阁直学士右通奉大夫致仕叶公墓志铭》，《景印文渊阁四库全书》第1130册，第819页。

④ 李焘：《续资治通鉴长编》卷四五，咸平二年十二月乙卯，第970页。

⑤ 《宋史》卷二九九《石扬休传》，第9930页。

⑥ 《宋史》卷八五《地理志一》，第2117页。

⑦ 陈造：《江湖长翁集》卷二五《上涮剑洞龙书》，《景印文渊阁四库全书》第1166册，第324页。

⑧ 欧阳修著，李逸安点校：《欧阳修全集·居士外集》卷一三《李秀才东园亭记》，第933页。

较艰辛。位于秦巴腹地的金州洵阳县、汉阴县,咸平年间"率皆人户雕疏,路岐荒僻,词讼绝少,租赋甚微"①。人口稀少,生产微弱,非常荒凉。即使在不少平原地带,也确实长期抛荒,到宋仁宗时才渐渐得到开发。如熙宁七年(1074)的金州,"政平岁丰,士民康乐"②。社会经济有所进步。

汝州地处嵩山、伏牛山之间,经济地理状况如欧阳修云:"汝山西南险,平地犹硗确。汝树生拥肿,根株浸溪壑。""君嗟汝瘿多,谁谓汝土恶。"③水土不佳,且造成严重的地方病。汝州从北宋中期兴起:"国初,京西多旷土,宝元、康定间,特轻其赋,募民垦辟,岁久地无遗利,而民益富饶。"④宝元二年(1039),欧阳修"自邓至汝阴,道出田间,由巨欣桥而西,秋稼甚盛"⑤。则是汝州以及南邻邓州的农业发展状况。韩维等人在当地看到"村间桑柘春,川阔牛羊暮"⑥。宋徽宗时的慕容彦逢说:"汝为州,当嵩山之阳,萦带汝水,土脉膏腴。旁近郡旱潦不登,汝辄丰稔。以故民力优裕……宾旅自远至,视其闾里,愉愉舒缓,谓之乐郊。"⑦已是一片地沃多产的乐土,决不是人们想象的那样荒凉贫瘠。陈渊在当地也看到"桑阴盖地牛羊困,麦秀漫山鸟雀肥";又说襄城:"人烟盛乐土,草树亦精产。"⑧可见日臻富庶的景象。北宋末年的唐州方城县,"最为诸路会口,井邑亦甚繁富。"⑨位于交通要道,城市经济发达。均州"风物美秀,泉甘土肥",乃"鱼稻之乡",而且"桑麻蔽山","民俗相安,尽是桑麻之野;江流所溉,亦为鱼稻之乡"。⑩ 水土丰美,物

① 李焘:《续资治通鉴长编》卷四八,咸平四年二月壬戌,第1048页。
② 陈师道:《后山居士文集》卷一四《忘归亭记》,上海古籍出版社1984年版,第649页。
③ 欧阳修著,李逸安点校:《欧阳修全集·居士集》卷三《汝瘿答仲仪》,第47页。
④ 葛胜仲:《丹阳集》卷二四,附章倧:《宋左宣奉大夫显谟阁待制致仕赠特进谥文康葛公行状》,《景印文渊阁四库全书》第1127册,第661页。
⑤ 欧阳修著,李逸安点校:《欧阳修全集·书简》卷七《与谢舍人二通》二,第2467页。
⑥ 韩维:《南阳集》卷二《泛汝联句》,《景印文渊阁四库全书》第1101册,第525页。
⑦ 慕容彦逢:《摛文堂集》卷一二《香山天宁观音禅院新塑大阿罗汉记》,《景印文渊阁四库全书》第1123册,第439页。
⑧ 陈渊:《默堂先生文集》卷二《汝州道中呈遵道》;《自入襄城即有山水之兴路中稍有赓唱因呈遵道》,《四部丛刊》三编,上海书店出版社1936年版,第73、75页。
⑨ 徐梦莘:《三朝北盟会编》卷八八,靖康二年三月二十九日,上海古籍出版社1987年版,第655页。
⑩ 祝穆撰,祝洙增订,施和金点校:《方舆胜览》卷三三《均州》,中华书局2003年版,第953、594页。

产丰富。邓州穰县农业发达：“穰下故都今善蕃，沃衍千里多丰年。”①最南端的郢州，“其土饶粟麦”②，至少粮食种植业是发达的。

京西南路南端汉水两岸的襄州，有着良好的经济地理。北宋中期的欧阳修有诗赞道：“嗟尔乐哉襄阳人，万屋连甍清汉滨。语言轻清微带秦，南通交广西峨岷。罗縠纤丽药物珍，枇杷甘橘荐清尊。磊落金盘烂璘璘，槎头缩项昔所闻。黄橙捣薤香复辛，春雷动地竹走根。锦苞玉笋味争新，风林花发南山春。掩映谷口藏山门，楼台金碧瓦鳞鳞。岘首高亭倚浮云，汉水如天泻沄沄。斜阳返照白鸟群，两岸桑柘杂耕耘。”③无论是土地还是物产、交通条件、城市面貌，都比较优越。其中的邓城、谷城为富裕之地，“汉旁之民，惟邓、谷为富县”，颇为贪官所垂涎。④

京西北路的自然条件整体上较好。其中心地区洛阳，“泉甘土沃，风和气舒，自昔至今，人乐居之。青山出于屋上，流水周于舍下，竹木百花茂美”⑤，至少就洛阳城而言，水土优良，植被茂密，乃风水宝地，宋之西京。其植被尤以花木竹子为胜，如“洛最多竹，樊圃棋错。包箨榯笋之赢，岁尚十数万缗，坐安候利，宁肯为渭川下？”⑥但农业状况则属于一般：“河南虽赤县，然征赋之民户才七八千，田利之入率无一钟之亩。人稀，土不膏腴，则少争讼。幸而岁不大凶，亦无逋租。”⑦农田谈不上肥沃也不贫瘠，农业生产处于中游。属县伊阳，有“山林之胜，田野之广，子平下里，尤为沃衍”，有河东移民在此致富。⑧ 有着优良的自然环境。

孟州位于太行山以南，“得太行障其后，故寒稍杀，地暖……且山水清

---

① 范仲淹著，李勇先、王蓉贵校点：《范仲淹全集·范文正公文集》卷三《依韵和安陆孙司谏见寄》，四川大学出版社 2002 年版，第 56 页。

② 王象之编著，赵一生点校：《舆地纪胜》卷八四《郢州》，浙江古籍出版社 2012 年版，第 1121 页。

③ 欧阳修著，李逸安点校：《欧阳修全集》卷七《乐哉襄阳人送刘太尉从广赴襄阳》，第 108 页。

④ 欧阳修著，李逸安点校：《欧阳修全集》卷二八《大理寺丞狄君墓志铭》，第 428—429 页。

⑤ 李复著，魏涛点校整理：《李复集》卷六《游归仁园记》，西北大学出版社 2015 年版，第 68 页。

⑥ 欧阳修著，李逸安点校：《欧阳修全集·居士外集》卷一四《戕竹记》，第 936 页。

⑦ 欧阳修著，李逸安点校：《欧阳修全集·居士外集》卷一四《东斋记》，第 935 页。

⑧ 钱处厚：《秦宰墓志》，何新所编著：《新出宋代墓志碑刻辑录（北宋卷）六》，第 173 页。

远似江南"，故而有"小江南"的美誉①。所属的济源："县辟人事少，土肥风物殊……竹不减淇水，花仍似洛都。"②土地肥美，风光秀丽。孟州氾水县的李诚庄很有名气，"方圆十里，河贯其中，尤为膏腴"③，是氾水河两岸的沃土。

南部的蔡州"土风甚美"④，是自然条件良好之地，有"允为剧郡，赋舆错出，实异庶邦"之誉。⑤ 北宋中期，刘敞通判蔡州时，曾"凿池开河，以利灌溉"⑥，发展农田水利事业。宋英宗时吕公著知蔡州，"导水泉溉田，易军营草舍以瓦，修孔子庙，荐举孝行，善政甚多"⑦。农业生产得到推进。欧阳修言其地："惟古豫之名邦，控长淮之右壤，土风深厚，物产丰饶。"⑧司马光言："蔡州封部阔远，户口繁庶，土饶山林，素多盗贼，地望之重，过于寿州，牧守之任，尤须择人。"⑨秦观也言："汝南风物甚美。"⑩都表明了当地社会经济状况良好。据苏轼诗称赞这里的水稻盛况云："上蔡（引按：此泛指蔡州）有良田，黄沙走清渠。罢亚百顷稻，雍容十年储。"所属新息："昔年尝羡任夫子，卜居新息临淮水。怪君便尔忘故乡，稻熟鱼肥信清美。竹陂雁起天为黑，桐柏烟横山半紫。"⑪任氏是四川眉州人，在此山清水秀的鱼米之乡乐不思蜀了。宋徽宗时的苏过也赞颂道："淮蔡山川美，民淳足鱼稻。"⑫蔡州山

---

① 周密撰，吴企明点校：《癸辛杂识·别集》上《汴梁杂事》，中华书局1988年版，第218页。

② 司马光撰，李文泽、霞绍晖校点：《司马光集》卷一四《寄题济源李少卿章园亭》，四川大学出版社2010年版，第437页。

③ 魏泰撰，李裕民点校：《东轩笔录》卷八，中华书局1983年版，第92页。

④ 陆佃：《陶山集》卷一三《蔡州到任谢两府启》，《景印文渊阁四库全书》第1117册，第159页。

⑤ 司义祖整理：《宋大诏令集》卷一五九《升蔡州为淮康军诏》，中华书局1962年版，第601页。

⑥ （明）李贤等：《明一统志》卷三一《汝宁府·名宦·刘敞》注，《景印文渊阁四库全书》第472册，第789页。

⑦ （清）田文镜：《雍正河南通志》卷五六《名宦·汝宁府》，《景印文渊阁四库全书》第537册，第326页。

⑧ 欧阳修著，李逸安点校：《欧阳修全集·表奏书启四六集》卷五《蔡州谢上表》，第1412页。

⑨ 司马光撰，李文泽、霞绍晖校点：《司马光集》卷一九《论张叔詹知蔡州状》，第553页。

⑩ 秦观著，徐培均笺注：《淮海集笺注》卷二五《汝水涨溢说》，上海古籍出版社2000年版，第831页。

⑪ 苏轼撰，（清）王文诰辑注，孔凡礼点校：《苏轼诗集》卷一五《答任师中、家汉公》；卷二〇《过新息留示乡人任师中》，中华书局1982年版，第756、1021页。

⑫ 苏过著，舒大刚、蒋宗许等校注：《斜川集校注》卷三《送八弟赴官汝南》，第177页。

川的秀美和鱼稻的丰足，得到了以上三位成都府路眉州人的共同羡慕。政和六年(1116)，京西北路提举常平司迁移至此①，某种意义上成为一路的经济中心之一。

许州也是沃区，如其首县长社，"田园极膏腴，豪吏多殖产其中"②，有势利者争相购买这里的田产。该州尤以出产葱著名，有谚云："汝州风，许州葱"③，应当是言其葱棵大。但其属县舞阳境况较差，主要是土质不良、地势低洼，"舞阳地薄，民多逃"，"舞阳地下，岁大雨河决辄涝"。④ 多遭水灾，生产艰难，居民被迫外流。

值得特别介绍的是颖州，这里是京西最富庶的地方之一："地濒淮、颖，厥土良沃，水泉鱼稻之美，甲于近甸。言卜居者，莫不先之。故自庆历以来，贤士大夫往往经营其处，以为闲燕之地。"⑤与洛阳相比，虽然地理位置稍逊，但自然条件优越，农业经济地理状况远过之。陆佃也称赞道："汝阴山水之郡，最为京西鱼稻之乡，地本赡腴，民无捐瘠，追胥不扰，赋敛以时，第遵奉于教条，自妥安于里俗。"⑥实为生产、生活双优良的乐土。欧阳修尤其钟情于此，熙宁元年(1068)载道："昨过颖尾，盖十五六年不到矣。而风气之变，物产益佳，巨蟹鲜虾，肥鱼香稻，不异江湖之富。"⑦又云除了肉食不如开封外，"酒则绝佳于旧日。巨鱼鲜美，虾蟹极多，皆他郡所无。以至水泉、蔬果，皆绝好。诸物皆贱。闲居之乐，莫此若也"⑧。因而写有多篇思颖诗，念念不忘，退休后终于如愿定居在颖州。

---

①　程俱著，徐裕敏点校：《北山小集》卷一九《京西北路提举常平司新迁公宇记》，人民文学出版社2018年版，第363页。

②　孙觌：《鸿庆居士集》卷三三《故右朝散大夫直秘阁提举江州太平观朱公墓志铭》，《景印文渊阁四库全书》第1135册，第335页。

③　沈括撰，胡静宜整理：《梦溪笔谈》卷二四《杂志一》，《全宋笔记》第2编第3册，大象出版社2006年版，第178页。

④　黄庶：《伐檀集》卷上《送真长书记知舞阳》，《景印文渊阁四库全书》第1092册，第767页。

⑤　苏颂著，王同策、管成学、严中其等点校：《苏魏公集》卷六一《少府监致仕王君墓志铭》，中华书局1988年版，第935页。

⑥　陆佃：《陶山集》卷七《颖州谢上表》，《景印文渊阁四库全书》第1117册，第114页。

⑦　欧阳修著，李逸安点校：《欧阳修全集·书简》卷二《与吴正肃公(长文)十三通·十三(熙宁元年)》，第2377页。

⑧　欧阳修著，李逸安点校：《欧阳修全集·书简》卷一〇《与大寺丞(发)十一通·三(治平四年)》，第2531页。

历史名郡陈州，农田土质较好，有"厥田惟上"之说，①为种植业发展提供了优良条件，与许、邓等州都是亩产三斛即三石的高产田。② 陈州有一特色经济，即大面积种植牡丹："洛阳牡丹之品，见于花谱，然未若陈州之盛且多也。园户植花，如种黍粟，动以顷计。"③陈州牡丹的名气不及洛阳，但被当作经济作物，种植面积远大于洛阳，有专业的"园户"，已是产业化的规模经营。由此带动起花卉经济，晚年居住在州治淮阳的张耒有诗云："淮阳三月桃李时，街头时有卖花儿。"④时令鲜花的零售，是花卉经济的具体表现，不限于牡丹。宋真宗时，陈州长官张咏有诗赞扬了当地风貌云："蜀中春艳世间殊，比并陈园恐未如。数里花光浮暖日，六街尘净见香车。翻空雅乐催欢处，人格新诗上板初。方信承平无一事，淮阳闲杀老尚书。"⑤他曾两次担任成都府长官，认为尽管四川的春花人间少有，却比不上陈州。其城市的整洁，居民的欢乐，反映着社会经济状况较好。地理环境不利因素是由于地势低下，多罹水灾，导致土质有所恶化。宋仁宗时，据从颍州到西邻陈州的欧阳修沿途所见，"自过界沟，地土卑薄，桑柘萧条，始知颍真乐土，益令人眷眷尔"⑥。其载固然有偏爱颍州的主观因素，但陈州与之相比确有差距。官府不断兴修水利设施，疏导积水。

至于北部平原地区的滑州、郑州，则是贫瘠之地。滑州是一片平沙旷野，"地无尺木，沙如掌平"⑦，作为黄泛区，自然植被稀少，环境不佳。由于濒临黄河，多有灭顶之灾。熙宁五年（1072）滑州报告说："本州自天禧河决后，市肆寂寥，地土沙薄，河上差科频数，民力凋敝。"⑧适应灾后情况，当年

① 宋祁：《景文集》卷一《陈州瑞麦赋》，《景印文渊阁四库全书》第1088册，第5页。

② 马端临撰，上海师范大学古籍研究所、华东师范大学古籍研究所点校：《文献通考》卷七《田赋考七》，中华书局2011年版，第76页。

③ 张邦基撰，孔凡礼点校：《墨庄漫录》卷九《陈州牛氏缕金黄牡丹》，中华书局2002年版，第251页。

④ 张耒撰，李逸安、孙通海、傅信点校：《张耒集》卷一六《二月十五日》，中华书局1990年版，第266页。

⑤ 张咏著，张其凡整理：《张乖崖集》卷三《游赵氏西园》，中华书局2000年版，第27页。

⑥ 欧阳修著，李逸安点校：《欧阳修全集·书简》卷四《与张职方三通·一（皇祐二年）》，第2409页。

⑦ 陈郁撰，赵维国整理：《藏一话腴》甲集卷上，《全宋笔记》第7编第5册，大象出版社2016年版，第9页。

⑧ 李焘：《续资治通鉴长编》卷二三七，熙宁五年八月辛巳，第5759页。

朝廷废滑州降为白马县。元丰四年(1081)又恢复为州,说明历时九年境况有所好转。郑州虽然地当东京、西京之间,但相当落后。景祐元年(1034),郑州由于"车传旁午,民间阜蕃,固可以充奉寝园,辅宁都甸",朝廷下诏"郑州宜升为节镇"。① 经济上的"车传旁午,民间阜蕃",应指州城交通便利、居民众多而比较富裕,导致行政地位的提升。但此记载可能有所夸张,整体经济仍很落后,宋神宗时,因"地狭民贫,不能输役",朝廷一度将其废州为县。② 宣和元年(1119),郑州等地的卤麤之地,"悉垦为田",③种植面积扩大了许多,农业获得了较大的发展,经济状况有所好转。不过,据北宋后期的诗中所云,其州城"南北更无三座寺,东西只有一条街。四时八节无筵席,半夜三更有界牌"④。除了官方驿递繁忙外,城市建设及其经济竟别无他长,甚至可以称作萧条。其西边的荥阳县同样如此:"荥阳当孔道,地瘠民贫。"⑤交通便利对其经济并没有带来多少积极的影响。

　　京西情况大致如此。此外还需指出一个奇怪现象:京西怀抱东、西京这两个大都市,自身的土地、气温、水文等在北方地区都有得天独厚之处,但自魏晋以来至北宋的八百年间,从未形成区位优势,大都市的带动力和巨大的市场没有形成其地理环境的优越之处。再者,宋代土地兼并严重、失地农民将近半数,位于中心地带的京西却长时期地广人稀,自愿来垦荒者不多,未能起到吸纳失地流民、缓解兼并的作用。这一少见的"京西现象"究竟是怎么回事?欧阳修曾指出:"自京以西,士之不辟者,不知其数,非土之瘠而弃也,盖人不勤农,与夫役重而逃尔。"⑥归之于懒惰和役重。进一步深究,当与经济学上的"虹吸效应"有关,即一个中心城市吸收了周边的各种资源要素,越做越强,但"溢出效应"较弱,和周边的差距会越来越大,也即周边地区的发展后劲不足。

---

① 司义祖整理:《宋大诏令集》卷一五九《升郑州为节镇诏》,第601页。参见(清)徐松辑,刘琳、刁忠民、舒大刚、尹波等校点:《宋会要辑稿·方域》五之二二,第9364页。

② 邹浩:《道乡集》卷三五《中大夫直龙图阁知青州军州事王公墓志铭》,《景印文渊阁四库全书》1121册,第475页。

③ 《宋史》卷一八二《食货志下四》,第4434页。

④ 庄绰撰,萧鲁阳点校:《鸡肋编》卷上,第17页。

⑤ 周紫芝:《太仓稊米集》卷七〇《钱随州墓志铭》,《景印文渊阁四库全书》第1141册,第496页。

⑥ 欧阳修著,李逸安点校:《欧阳文忠公集·居士集》卷四五《通进司上书》,第641页。

(三)京东

位于京师东部的京东地区,"西抵大梁,南极淮、泗,东北至于海,有盐铁丝石之饶……睢阳当漕舟之路,定陶乃东运之冲……兖、济山泽险迥,盗或隐聚。营丘东道之雄,号称实衍,物产尤盛。登、莱、高密负海之北,楚商兼凑"①。概括地指出了京东自然环境的优越性:山海兼备,交通便利,物产丰富。就农田质量而言,也是优良的,"京东土地沃饶"②,山东"膏腴之地"③等,即是客观评语。

具体而言,京东的整个中部地区自然条件最好,具有代表性。如青州:"荣带山岳,控引川渎,气候高爽,风物榛盛,雅俗杂处,修涂四达。富焉庶焉,东夏之都会也。"④欧阳修也言:"全齐旧壤,负海奥区。民俗富完,而凿井耕田各安其业。"⑤无论是山水资源、气候、物产还是交通、农田水利,都显示出其优越性,自古以来都是重要的经济区域。再如沂州:"其民杂有桑麻之业,其田兼备鱼稻之饶。为守之贵,仕宦之美。"⑥土地肥沃,而且水源充足,适宜多种作物生长,被士大夫认为是外任的善地美差,且有"海沂大邦,民物繁富"之称。⑦潍州即前边说的"营丘",尤为富饶。苏轼在一首诗中曾予以高度评价:"昔年罢东武,曾过北海县(引注:潍州首县)。白河翻雪浪,黄土如蒸面。桑麻冠东方,一熟天下贱。"⑧可见,此地的肥沃、富庶,仅仅是一个县的实力,可以和南宋时的"苏湖熟,天下足"之誉相比美。潍州的南邻是密州,也多沃土。苏轼有诗云:"自从拾舟入东武(引注:密州在东魏时为东武郡,故以为别称),沃野便到桑麻川。"⑨一派桑麻茂盛的繁荣景象。

① 《宋史》卷八五《地理志一》,第2112页。
② (清)徐松辑,刘琳、刁忠民、舒大刚、尹波等校点:《宋会要辑稿·兵》五之七至八,第8703页。
③ 李心传编撰,胡坤点校:《建炎以来系年要录》卷一一〇,绍兴七年四月癸卯,中华书局2013年版,第2063页。
④ 夏竦:《文庄集》卷二一《青州龙兴寺重修中佛殿记》,《景印文渊阁四库全书》第1087册,第228页。
⑤ 欧阳修著,李逸安点校:《欧阳修全集·表奏书启四六集》卷五《青州谢上表》,第1402页。
⑥ 刘攽撰,逯铭昕点校:《彭城集》卷二一《朝散郎张彻可知沂州制》,第578页。
⑦ 刘攽撰,逯铭昕点校:《彭城集》卷二一《朝议大夫马渊可知沂州制》,第570页。
⑧ 苏轼撰,(清)王文诰辑注,孔凡礼点校:《苏轼诗集》卷一七《送孙勉》,第871页。
⑨ 苏轼撰,(清)王文诰辑注,孔凡礼点校:《苏轼诗集》卷一三《和蒋夔寄茶》,第653页。

中北部的地区中心齐州,据曾巩言"今其地富饶"①,情况类似。郭祥正言其物产丰富云:"历城未到已尝闻,文彩鱼盐市不贫。"②纺织品和鱼盐为著名产品。宋神宗时有官员报告:"今齐、棣间数百里,榆柳桑枣,四望绵亘,人马实难驰骤。"③河北南部的棣州到京东北部的齐州之间,经济林木密布,连绵数百里,生态良好。

中南部的徐州同样是一个富庶之地,"通江、淮之运,来吴、楚之货,又为会津。而况土膏地润,足蒲鱼,宜稻麦,实为乐土"④。既是交通要道、商品转输之地,又土肥水足;既适宜种植水稻和发展水产品,而且"地宜菽麦,一熟而饱数岁"⑤,小麦、大豆生产更具有优势,一年丰收可供数年消费,农业生产十分发达。宋仁宗时,徐州"城隘,廛肆列城外",城内店铺饱满,只得溢出城外,知州李宗咏因而"筑而广之,民以安居"。⑥说明商业发达,城市经济壮大。

京东东部的登、莱二州,位于胶东半岛,地理环境为其发展海洋渔业、盐业、商业提供了有利条件,地下的矿产资源如黄金也很丰富。但粮食种植业的条件不佳,主要是土地的质量较差。苏轼知登州时向皇帝报告说:"臣所领州,下临涨海,人淳事简,地瘠民贫。"⑦主要是指农业生产落后。

京东西部的自然环境优劣相参,但以优良为主。一些地区因地势低洼,每逢雨季,开封府界的积水便顺势而至,成了贮水之地:"京东路曹、济、濮、广济等州军地势污下,累年积水为患,虽丰年亦不免为忧。"⑧即便是丰收年景也收成有限。因此,这一带有不少土地难以开垦利用,"济、兖间素多闲

①　曾巩撰,陈杏珍等点校:《曾巩集》卷一三《齐州杂诗序》,中华书局1984年版,第215页。

②　孔平仲:《寄常父》,孔文仲、孔武仲、孔平仲著,孙永选校点:《清江三孔集》,第429页。

③　李焘:《续资治通鉴长编》卷二三五,熙宁五年七月辛卯,第5707页。

④　石介著,陈植锷点校:《徂徕石先生文集》卷一六《上徐州张刑部书》,中华书局1984年版,第196页。

⑤　苏轼撰,孔凡礼点校:《苏轼文集》卷二六《徐州上皇帝书》,中华书局1986年版,第758页。

⑥　张方平:《乐全集》卷三九《朝散大夫右谏议大夫知相州军州同群牧事上柱国赐金鱼袋赵郡李公墓志铭》,《景印文渊阁四库全书》第1104册,第470页。

⑦　苏轼撰,孔凡礼点校:《苏轼文集》卷二三《登州谢上表》二,第660页。

⑧　(清)徐松辑,刘琳、刁忠民、舒大刚、尹波等校点:《宋会要辑稿·方域》一七之一一,第9616页。

田"①，即是一例。但地理环境是多样化的，不能一概而论，个别地区的经济状况甚佳。如济州，有"东州列壤，济阳为富"之称。② 其郓城县就是"邑壤素膏沃"③。金乡县更是一块得天独厚的乐土：

> 凡平土浅山无金，此山乃有金，知其地气与并泽异。凡九谷果蓏，土有宜有不宜，此咸宜。若松桧梅檞，迁乎其地而不能为良者，植此皆良……其俗饶美。④

物产非常丰富。夹在兖、濮、济州之间的郓州，生产环境也是良好的，"其土沃衍，其民乐厚"⑤，社会经济发达。刘跂载道：

> 东平之为郡，左岱宗之镇，右钜野之泽，自崇冈峻岭，以至通沟长漕，水陆之珍，鱼鳞杂袭，通阓带阛，延甍接栋，居者栉比，来者辐辏，此固天府之地。⑥

属于北方地区少见的天府富地。宋徽宗时，"材质敏达、济以恪勤"的虞芹出任郓州平阴知县后，"兴修水利，垦辟民田三千四百余顷。本路监司尝以功利尤著奏闻"。⑦ 农业经济发展状况位居京东之首。所属阳谷县，据宋哲宗时的陈师道说，"自国初已来，不诉灾伤"⑧。这意味着其地理条件和水利设施优越。

最西部的应天府为宋朝南京，既是政治重地，也是经济重地。晁补之言："去都而东，顺流千里，皆桑麻平野，无山林登览之胜。然放舟通津门，不再宿至于宋，其城郭阛闬，人民之庶，百货旁午，以视他州则浩穰，亦都也。"⑨既是繁华的商业都会，种植业也不落后。

---

① 李焘：《续资治通鉴长编》卷一一四，景祐元年六月丁酉，第 2678 页。
② 刘攽撰，逯铭昕点校：《彭城集》卷二一《朝奉郎李察可知济州制》，第 589 页。
③ 李昭玘撰，张祥云辑校：《乐静集辑校》卷三〇《察推阎公行状》，齐鲁书社 2021 年版，第 287 页。
④ 晁补之：《鸡肋集》卷三〇《金乡张氏重修园亭记》，《景印文渊阁四库全书》第 1118 册，第 627 页。
⑤ 刘敞：《公是集》卷三六《东平乐郊池亭记》，《景印文渊阁四库全书》第 1095 册，第711 页。
⑥ 刘跂：《学易集》卷六《马氏园亭记》，《景印文渊阁四库全书》第 1121 册，第 589 页。
⑦ 慕容彦逢：《摛文堂集》卷九《应诏举官奏状》，《景印文渊阁四库全书》第 1123 册，第 408 页。
⑧ 陈师道撰，李伟国校点：《后山谈丛》卷五，第 68 页。
⑨ 晁补之：《鸡肋集》卷二九《照碧堂记》，《景印文渊阁四库全书》第 1118 册，第 618 页。

（四）河北

历史上富庶强盛的河北，至宋代经济地理状况发生了很大变化。大名府馆陶人王沿，在宋仁宗朝初期有过概括性的论述：

> 河北为天下根本，其民俭啬勤苦，地方数千里，古号丰实。今其地，十三为契丹所有，余出征赋者，七分而已。魏史起凿十二渠，引漳水溉斥卤之田，而河内饶足。唐至德后，渠废，而相、魏、磁、洺之地并漳水者，累遭决溢，今皆斥卤不可耕。故沿边郡县，数蠲租税，而又牧监刍地，占民田数百千顷。是河北之地，虽十有其七，而得赋之实者，四分而已。以四分之力，给十万防秋之师，生民不得不困也。[①]

宋代河北与唐代相比，在版图上也即生产资料、生产力方面，由于幽云十六州的丧失，损失十分之三；又因为黄河决溢等自然灾害导致农田土质盐碱化，加以被官府大量占用为牧马草地，又损失十分之三。按其所言，宋代的河北农田数量，只及唐代的十分之四，这就从根本上决定了宋代河北经济整体不如唐代：土地减少，土质恶化。

宋代河北的地理环境，可概括为两大特点。

第一个特点是自然改造形成的，包括两个内容：其一，河北地势倾斜，自西至东，渐由高山而为平原、洼地，是北方诸河流注入海之地。最大的河流即黄河，洪流挟沙，善溃易决，在宋代数次决溃改道，都发生于河北境内，为害甚大。其他诸河也多为患："河北郡县地形倾注，诸水所经，如滹沱、漳、唐，类皆湍猛，不减黄河，流势转易不常。民田因缘受害，或沙积而淤昧，或波啮而昏垫；昔有者今无，昔肥者今瘠。"[②]著名的滹沱河、漳河等的危害不亚于黄河。其二，与此相关的是，诸河所经之地，土地必然受到或好或坏的改造。如"河北漳河淤地，名为沃壤……河北西路惟漳河南北最是良田"[③]，主要在邢州、洺州一带。这是好的一面。经水冲坏的土地也不少，如相州、

---

① 《宋史》卷三〇〇《王沿传》，第9957—9958页。

② （清）徐松辑，刘琳、刁忠民、舒大刚、尹波等校点：《宋会要辑稿·食货》六一之七三，第7479页。

③ 包拯撰，杨国宜校注：《包拯集校注》卷二《请将邢铭州牧马地给人户依旧耕佃一》，黄山书社1999年版，第120—121页。

魏州、磁州等地的不少地方，"并漳水者，屡遭决溢，今皆斥卤不可耕"①。大致规律是：引水淤灌者为良田，自然决溢长期流经者多为劣田。②

第二个特点是人工改造形成的，也包括两个内容：其一，塘泊的修建。宋政府为了巩固边防，利用河北河流众多、淀泊星布的特点，以水设险，在宋太宗时开始修建塘泊。即将诸河、淀和草泽地有计划地联系起来，使之形成一道天然防线，以阻契丹入侵之军。这一塘泊体系东起沧州沿海，西至保州西北，凡绵延八州军，曲屈九百里，规模十分宏大。河北的自然环境因之发生些变化，主要是湿地面积增加，小气候有所改变。其二，牧监的设置。由于西北天然牧区的大面积丧失，而河北相对而言气候凉爽，水草充足，南近京师，北临边防线，成为宋代官方最大的牧马之地："诸牧监多在此路，所占草地多是肥饶。"③宋仁宗时，群牧司管辖的河北牧监有十处之多，分布于洺、卫、相、澶、瀛、定州和大名府之间，以牧区草地为主，"相望皆是棚基草地"④。这就占据了大量的农田，造成退耕还草的逆转。这两项自然环境的人工改造，都是为了军事目的，有利于国防。对河北经济的影响在于：不利于种植业的发展，促进了渔业与畜牧业的发展。河北的经济结构因而被改变了。

河北有着富饶的自然资源。西部沿太行山一带，"饶林木、铁炭"⑤，东部沿海一带，富渔盐之利。农业自然资源除河流淀泊众多、水源充足以外，土质也颇多肥沃之处，有"河朔平田，膏腴千里"之说⑥；宋太宗也言："河朔之间，富有膏腴之地"⑦，都是河北土地质量优良的表达。司马光有《河北道中作》诗云："绿柳阴中白浪花，河边日日暗风沙"，"河势东回今几年，浓阴

---

① 李焘：《续资治通鉴长编》卷一〇四，天圣四年八月辛巳，第2415—2416页。
② 李焘：《续资治通鉴长编》卷七二，大中祥符二年八月丙申（第1630页）载："（王）旦曰：'河水所经，谓之河淤，乃成膏腴。'上曰：'若占地既久，即亦不堪，此老农之说也。'"
③ 王安石著，王水照主编：《王安石全集·临川先生文全集》卷四二《相度牧马所举薛向札子》，复旦大学出版社2017年版，第805页。
④ 李焘：《续资治通鉴长编》卷三七四，元祐元年四月辛卯条，第9068页。
⑤ 李焘：《续资治通鉴长编》卷二八四，熙宁十年八月己亥，第6955页。
⑥ 李焘：《续资治通鉴长编》卷七七，大中祥符五年正月戊戌，第1754页。
⑦ （清）徐松辑，刘琳、刁忠民、舒大刚、尹波等校点：《宋会要辑稿·食货》二之一，第5981页。

满目尽桑田"。①　就是具体反映。

具体情况,如东南部的德州、棣州、博州等地,土地以肥沃著称:"平原(引按:指德州)厌次(引按:指棣州),沃野千里"②,"德、博间地惟沃饶"③。宋真宗时,曾有官员"表求知博州聊城县,虽云便于举葬,实以是邑富饶,利于掊敛"④。是贪官向往的地方。周沆指出:滨、棣、德、博、齐州五地,"素号富饶,河北一路财用所仰"⑤,即河北的财政支柱。刘攽说棣州"鱼盐之饶,俗以富庶"⑥。王安中也说博州"土地沃衍,并宜五谷之产;织文丝缕,饶于四方"⑦。都具有很强的财力。

西北部的真定府为河北重镇,经济也比较发达:"今真定府使廨,雄盛冠于河北一路。府城周围三十里,居民繁庶,佛宫禅刹,掩映于花竹流水之间,世云塞北江南。府治后有潭园,围九里,古木参天,台沼相望。"⑧府城庞大,官衙雄伟,居民众多而富庶,自然风光以及园林如同江南。又如藁城县,"厥土惟上,其民实繁"⑨,土质优良,人口密集,也是富饶之地。南部的北京大名府,"席万盈之懿兆,冠千里之上腴"⑩,土壤甚佳,经济实力不容小视。

河北西路的土地质量等经济地理状况,不亚于东路。如前所言,邢、洺二州漳河两岸的土地"最是良田"。邢州"北连镇、定,控扼西山,军马所屯,人民繁富","城壁严整,居人繁富",⑪经济状况良好。属县钜鹿,于大观二年(1108)被黄河决口整体淹没在四米以下的地下。1918 年打井时发现了

---

① 司马光撰,李文泽、霞绍晖校点:《司马光集》卷一一《河北道中作》,第 361 页。
② 苏轼撰,孔凡礼点校:《苏轼文集》卷三九《王荀龙知棣州制》,第 1116 页。
③ 范仲淹著,李勇先、王蓉贵校点:《范仲淹全集·范文正公文集》卷一四《资政殿大学士礼部尚书赠太子太师谥忠献范公墓志铭》,第 349 页。
④ 李焘:《续资治通鉴长编》卷八七,大中祥符九年六月辛巳,第 1994 页。
⑤ 李焘:《续资治通鉴长编》卷一八一,至和二年十二月辛亥,第 4388 页。
⑥ 刘攽撰,逯铭昕点校:《彭城集》卷二一《中散大夫燕介可知棣州制》,第 567 页。
⑦ 王安中著,徐立群点校:《初寮集》卷一一《博州劝农记》,河北大学出版社 2017 年版,第 514 页。
⑧ 吕颐浩撰,燕永成整理:《燕魏杂记》,《全宋笔记》第 2 编第 8 册,大象出版社 2006 年版,第 245 页。
⑨ 徐晟:《藁城县重修文宣王庙堂记》,(清)沈涛:《常山贞石志》卷一一,《石刻史料新编》第 1 辑第 18 册,新文丰出版公司 1982 年版,第 13352 页。
⑩ 司义祖整理:《宋大诏令集》卷一五九《建北京德音》,第 598 页。
⑪ 欧阳修著,李逸安点校:《欧阳修全集·河北奉使奏草》卷上《乞罢郭承祐知邢州》、《再奏郭承祐》,第 1792 页。

埋藏于地下的瓷器和城市建筑遗迹，引发了轰动一时的盗掘事件。陆续的考古发现，房屋街道整齐交错，砖瓦大而厚实，在探沟内清理出保存完整的锈蚀铁剑、铁釜、瓷壶、瓷碗、香炉、灰陶盆、石杵和席纹等物品和遗迹，还有砖墙和正反相扣排列整齐的布瓦。尤以瓷器众多而宝贵，天津博物院出版了《钜鹿宋器丛录》记录出土文物情况。① 仅仅这些零星发掘，就充分展现出钜鹿是河北经济重镇，工商业发达，城市富庶。

至于怀州、卫州一带，更是传统的肥沃之区："怀、卫州素号沃壤，斛斗至贱"②，粮食因产量大而价格低廉；其中怀州"山水清远似江南"，人称之为"小江南"③。其武陟县"风烟地接怀，井邑富田垓"④。农商俱佳。更可贵的是怀州农村充分利用水利资源，普遍实行四季浇地："乡村春夏浇田……秋冬浇田"⑤，也即春、夏、秋之外，还有先进的冬灌。冬灌可蓄水于土，起到"冬水春用"的作用，还可稳定地温，减少麦苗冻害，并能塌实土壤，细碎土块，杜绝吊苗和寒风袭根，前提是当地冬季也有丰富的水源。卫州如新乡县，"土地饶美，物产阜盛，幸太平无事之久，其民富庶安乐"⑥，农业发达，物产丰富，居民富裕欢乐。到了相州，更是一片肥沃富庶之地。这里"土厚水深，稑穄蔽野。顷必万秉，亩皆百金。错轮毂于涂中，资菽粟与缣纩"，"物夥财阜"，"厥赋上上"。⑦ 土质、物产，都使人惊羡。

河北北部大部分地区土质优劣参半，整体上较差。如冀州："其地产瘠卤，人不根著"⑧，贫瘠的土地令人难以生存。典型例子是深州，所属的靖安

---

① 参见张会武、郅凤霞：《910年前河北巨鹿宋城建筑遗存"重见天日"》，《燕赵都市报》2018年10月10日；朱建路：《巨鹿宋城的发现与研究》，秦进才主编：《巨鹿历史文化研究》，天津古籍出版社2016年版；李详耆、张厚璜：《钜鹿宋器丛录》，天津博物院1923年石印本。

② 包拯撰，杨国宜校注：《包拯集校注》卷一《请于怀卫籴米修御河船运》，第51页。

③ 周密撰，吴企明点校：《癸辛杂识·别集》上《汴梁杂事》，第218页。

④ 欧阳修著，李逸安点校：《欧阳修全集·居士集》卷一〇《夏侯彦济武陟尉》，第165页。

⑤ （清）徐松辑，刘琳、刁忠民、舒大刚、尹波等校点：《宋会要辑稿·食货》七之四，第6116页。笔者在开封郊区为知青务农时，当地老农言："年纪活一百，没见过水浇麦。"传统连春季都不浇，何况冬季。足见宋代冬灌浇麦之先进。

⑥ 詹文：《卫州新乡县学记》，（明）储珊：《正德新乡县志》卷六，《天一阁藏明代方志选刊》，上海古籍书店1963年版，第96页。

⑦ 赵鼎臣：《竹隐畸士集》卷一《邺都赋》，《景印文渊阁四库全书》第1124册，第116页。

⑧ 黄庭坚著，刘琳、李勇先、王蓉贵校点：《黄庭坚全集·正集》卷一六《冀州养正堂记》，四川大学出版社2001年版，第426页。

县"其地麟卤,不可艺植,井泉悉是恶卤";而北部的安平、饶阳两县农业和商业都很发达,"田野饶沃,人物繁庶",[①]"奥润衍沃,粲麦茧丝之饶,足赡四方之求……虚市之繁如通都"[②]。相互之间贫富差距很大。沿边塘泊地区的土质更差些。最东北部的沧州,情况比较良好:"南皮(引按:代指沧州)奥壤,渤海巨镇。鱼盐之饶,则知编户之富;边围所寄,复见专城之重。"[③]海洋资源为其经济支柱。

河北经济地理的总形势,可以说是东南部优于西北部。

(五)河东

位于黄土高原和太行山、吕梁山的河东路,最基本的地理特征是"地高气寒……陵阜多,川泽少"[④]。山多、水少、气寒,都不利于经济的发展。宋初虽有"其地沃民勤,颇多积谷"的说法[⑤],属于以点代面的偏颇之词。熙宁年间曾有官员建议将河东一路分为两路,遭到河东都转运使张景宪的反对,理由是"本道地肥硗相杂,州县贫富亦异,正宜有无相通,分之不便"[⑥]。虽不乏肥沃之地,正如知太原府韩绛所言,河东"山田多而沃土少"[⑦]。有限的土地中,土质多属贫瘠,"河东地多山瘠"[⑧],故而有"太原人素贫"之说[⑨]。北部沿边州军更有许多山荒之地,如府、丰等州,"并边土薄,乡村户贫乏"[⑩],农业落后。在北方诸路中,河东的自然环境最差。

但是,在水源丰富的地方,境况就大不相同了。汾河两岸的汾州、绛州、晋州自然条件就颇为优良。如汾州"地高气爽,土厚水深,其民淳且重,桑

---

① 沈括撰,胡静宜整理:《梦溪笔谈》卷一一《官政一》,《全宋笔记》第2编第3册,第90页。

② 王安中著,徐立群点校:《初寮集》卷六《北京深州安平县真君庙碑记》,第514页。

③ 刘攽撰,逯铭昕点校:《彭城集》卷二一《司农少卿韩正彦可知沧州制》,第580页。

④ 李昭玘撰,张祥云辑校:《乐静集辑校》卷一一《上郓州安抚刘莘老书》,齐鲁书社2021年版,第99页。

⑤ 《宋史》卷一七五《食货志上三》,第4241页。

⑥ 《宋史》卷三三〇《张景宪传》,第10623页。

⑦ 李焘:《续资治通鉴长编》卷二七九,熙宁九年十二月丙申,第6836页。

⑧ 范纯仁:《范忠宣集》卷一六《大中大夫充集英殿修撰张公行状》,《景印文渊阁四库全书》第1104册,第713页。

⑨ 强至撰,黄纯艳整理:《韩忠献公遗事》,《全宋笔记》第1编第8册,大象出版社2003年版,第19页。

⑩ 李焘:《续资治通鉴长编》卷三〇〇,元丰二年十月壬子,第7312页。

麻之沃，秔稻之富，流衍四境，汾之盛也"①。水土皆美，故而水旱作物产量丰富，贩往周边。绛州"绛古晋之高壤，风物充饶，氓庶繁益"②，比较富饶。晋州如赵城县"前有并河、汾阳之固……沃野百里"③。宋仁宗天圣年间，位于漳水两岸的潞州相当富裕，"潞为巨藩，编户富财"④，经济实力雄厚，民众多财。嘉祐年间，有人在潞州城西五里地的农田里，"将钱四贯五百文省，买到大坟一所……计地半亩"⑤，则是一亩九贯，是北宋时期河东路已知的最高地价，足见土质肥腴。东北部的麟州、石州，有着良好的土地，河东路经略司勾当公事陈敦复曾说："本路进筑堡寨，自麟、石、鄜、延，南北仅三百里，田土膏腴。并以厢军及配军营田一千顷，岁可入谷二十万石。"⑥其中属于河东路的麟州、石州有膏腴土地，平均亩产达到两石，只是地处边防，未能充分利用。

此外，河东的矿产、林业资源十分丰富，是其一大优势。如其北边的火山、宁化军一带，"山林饶富，财用之薮也……林木薪炭，足以供一路；麋鹿雉兔，足以饱数州"⑦。为人们提供了必需的燃料和野味及其毛皮。

（六）陕西

跨过黄河到陕西，自然条件大为改善，"有铜、盐、金铁之产，丝、枲、林木之饶，其民慕农桑，好稼穑"⑧。由于当时自然植被保存良好，自然环境和土地状况与现代不可同日而语，大部分地区都呈现较好或甚好状态。

先看西部秦凤路的几个地区。泾原一带虽地处边防，但有着优良的农业资源，即壤肥地沃，"泾原路缘边地土最为膏腴"⑨。此地多有少数民族部

---

① 谢悰：《汾州平遥县清虚观记》，（清）胡聘之：《山右石刻丛编》卷一五，第 15291 页。
② 李垂：《大宋绛州重修夫子庙记》，（清）胡聘之：《山右石刻丛编》卷一二，第 15214 页。
③ 宗泽：《宗泽集·遗事》，浙江古籍出版社 1984 年版，第 78 页。
④ 孙冲：《原理》（天圣五年），四川大学古籍所编，曾枣庄、刘琳主编：《全宋文》第 14 册，第 61 页。
⑤ 无名氏：《庐谊墓志》，何新所编著：《新出宋代墓志碑刻辑录（北宋卷）五》，第 72 页。
⑥ 李焘：《续资治通鉴长编》卷五一七，元符二年十月丁未，第 12297 页。
⑦ 李焘：《续资治通鉴长编》卷三七一，元祐元年三月戊辰，第 8989 页。
⑧ 《宋史》卷八七《地理志三》，第 2170 页。
⑨ 李焘：《续资治通鉴长编》卷一四九，庆历四年五月壬戌，第 3606 页。

落,"秦凤、泾原沿边熟户番部,比诸路最多。至秋成以来,禾稼牛羊满野"①,农业和畜牧业齐头并进,在和平年代都很发达。元祐年间通判原州的沧州人李之仪言:"陕右古郡,风物饮食,皆可人意。"②风光秀丽,饮食可口,生活舒适。原州的西邻镇戎军,"川原甚广,土地甚良"③,农业资源优良。附近的渭州笼竿城所辖扬博、隆城、静边、得胜四寨,"地土饶沃,生齿繁多,内笼竿城蕃汉交易,市邑富庶,全胜近边州郡"。朝廷遂建笼竿城为德顺军,④也即德顺军是经济发达的产物。德顺军的水洛城,"通秦州往来道路,陇之二水,环城西流,绕带河、渭,田肥沃,广数百里"⑤;"川平土沃,又有水轮、银、铜之利,环城数万帐,汉民之逋逃者归之,教其百工商贾,自成完国"⑥。有着肥沃的土地和诸多的番汉人口,手工业和商业门类齐全,发展很快。泾州向西是陇州,其吴山县"土厚岁多丰","花木暗稠桑",⑦农业良好,植被密布,经济林密布。陇州西邻为秦州,乃西部一大都会,宋真宗言其"号为富庶"⑧。其西南为成州,"其地硗脯皆可耕,丝身谷腹之外,蜜、纸、枲、漆、竹、箭、材、章,旁赡内郡"⑨,物产丰富,大量农副产品和林业产品销往内地各州。自熙宁后不断收复的熙河兰湟等地,土地物产都称优良,后文再述。

回过头来再看永兴军路。在陕西的腹心之地关中,土地更是肥沃,有一定的代表性。正史指出:"鄠(引按:指京兆府)、杜(引按:指凤翔府)、南山(引按:即终南山,京兆、凤翔府一带),土地膏沃,二渠灌溉,兼有其利。"⑩历来就是富庶地区。如京兆府之兴平县,"咽喉甸服,襟带神皋,田畴上腴,民

---

① 文彦博著,申利校注:《文彦博集校注》卷一七《乞令团结秦凤泾原番部》,第623页。

② 李之仪:《姑溪居士前集》卷一九《与金马部·又》,《景印文渊阁四库全书》第1120册,第476页。

③ 李焘:《续资治通鉴长编》卷五〇,咸平四年十二月壬戌,第1094页。

④ 李焘:《续资治通鉴长编》卷一三九,庆历三年正月丙子、辛卯,第3339、3342页。

⑤ 李焘:《续资治通鉴长编》卷一四四,庆历三年十月甲子,第3486页。

⑥ 《宋史》卷三二四《刘沪传》,第10494页。

⑦ 丁芇:《古吴山县诗》,武善树编:《陕西金石志》卷二二,《石刻史料新编》第1辑第22册,新文丰出版公司1982年版,第16683页。

⑧ 李焘:《续资治通鉴长编》卷四九,咸平四年十月庚戌,第1078页。

⑨ 蒲舜举:《广化寺记》,张维编:《陇右金石录》卷四,《石刻史料新编》第1辑第21册,新文丰出版公司1982年版,第16063页。

⑩ 《宋史》卷八七《地理志三》,第2170页。

物丰富"①。长安的浐河附近，"地利繁富，人烟栉比"②。所属鄠县的"鄠陂之南，竹木尤盛，农田皆水耕，宛如在江湖间"③。因为全是水田，农业生产景观犹如南方。

凤翔府农业条件之优越，超过长安，"壤地饶沃，四川如掌，长安犹所不逮。岐山之阳，盖周原也，平山尽处，修竹流水，弥望无穷，农家种穈尤盛"④。壤土质佳，地形平坦，水源丰富，盛产穈子（引按：即稷、黍）。如其盩厔县，"县介岐雍，土田演沃"⑤。宋人常将其与长安相比：宋仁宗时，"岐之为府（引按：即凤翔府），城郭民人，雍则三分损一；仓廪之实，帑藏之积，监酒之利，与雍均；船场竹盐铁冶，雍无之；造作兵器，供应边须，诸郡不及焉。民之室，比关中内郡，亦号富饶"⑥。凤翔城市人口超过长安，官府钱粮储藏量和酒课与长安相同，造船、竹木、食盐、铁冶是长安所没有的，而在兵器制造、供应边防军需方面，则是关中其他州郡都不及的，居民生活和官方财政经济状况可以称得上富饶。北宋后期，则有"蜀陇通秦之控""商贾辐辏，狱市繁多，故最为关中之剧郡"之说，⑦繁盛的势头不减。

东部的蒲州即河中府为历史上著名的经济中心三河之一，至宋代依旧是"地沃人富，自汉唐至今，为秦晋之都会"⑧。梅尧臣有诗云："中条插远近，黄河泻直斜。蒲坂之城在其涯，渠渠碧瓦十万家。官商工农共扰扰，侯独理斋窗照纱。"⑨从中可以感受到是座人口众多、工商业发达的繁荣城市。同州如白水县，"当三辅之上游，为冯诩之善土。而又广原沃壤，环山带

---

① 冉曾：《宋浴室院碑》，（清）张埙：《吉金贞石录》卷一七，《石刻史料新编》第 1 辑第 12 册，新文丰出版公司 1982 年版，第 9321 页。

② 崔锡：《大宋故汾阳郭公（朝威）墓志铭》，郭茂育、刘继保：《宋代墓志辑释》，第 47 页。

③ 刘钜：《宋故彭城刘君（奕）墓志铭并序》，郭茂育、刘继保：《宋代墓志辑释》，第 339 页。

④ 郑刚中：《北山集》卷一三《西征道里记》，《景印文渊阁四库全书》第 1138 册，第 146 页。

⑤ 文同：《丹渊集》卷三七《都官员外郎钱君墓志铭》，《四部丛刊》初编缩本，商务印书馆 1936 年版，第 270 页。

⑥ 刘奕：《上韩范二招讨书》，吕祖谦编，齐治平点校：《宋文鉴》卷一一六，第 1625 页。

⑦ 毛滂著，周少雄点校：《毛滂集》卷七《承议郎直集贤院范育可权发遣凤翔府制》，浙江古籍出版社 2012 年版，第 171 页。

⑧ 范纯仁：《范忠宣集》卷一〇《薛氏乐安庄园亭记》，《景印文渊阁四库全书》第 1104 册，第 641 页。

⑨ 梅尧臣著，朱东润编年校注：《梅尧臣集编年校注》卷二七《寄题知仪州太保蒲中书斋》，上海古籍出版社 2006 年版，第 968 页。

河……版图斯大,生齿实繁。播时者岁计而咸登,鬻粮者日中而自乐。簪绅凤寓,绰绰而有芳;缟纻素游,闾闾而自固"①。自然条件优良,社会经济状况良好。

南宋时陆游回顾道:"我昔闻关中,水深土平旷。泾渭贯其间,沃壤谁与抗? 桑麻郁千里,黍秝高一丈。"②反映了十分发达的农业。八百里秦川,自古即是天府之国,宋代仍是富饶之地,"号称陆海"③,即物产像大海一样丰富,取之不尽。

永兴军东南端的商州、虢州一带,虽是山区,也有着较好的自然条件。杨亿言:"商洛素殊于瘠土"④,可见其土地并不贫瘠。至于虢州,据苏轼言:"有洪淄灌溉之饶,被女郎云雨之施。四时无旱,百物常丰。宝产金铜,充仞诸邑;良材松柏,赡给中都……鱼肥鹤浴,依稀同泽国之风。"⑤梅尧臣也有诗云:"秦爱商于地,信美洛水南。银铅与丹砂,凿山民争贪。蜀客善制锦,当先务桑蚕。衣老以及少,使煦如春酣。摘蔬有笋蕨,钓庖有岩潭。颇同故乡味,将喜获所谙。"⑥当地的山水、矿产、土地资源,为农业、林业、矿业、渔业的发展提供了良好的条件。

东部的陕州,位于东西方交通主干道:"关蜀秦晋之地,舟车商贾之辐辏,金玉锦绣之所积,肩摩车击,人物最盛于他州。"⑦至少有着发达的商业。其中的芮城县,位于黄河北岸,则有优质土地资源,"介于中条、大河之间,其土田膏腴"⑧。陕州都是山地、丘陵和黄土塬,历来缺水,"陕素以土厚,水

①　宁参:《狱记》(天圣时白水知县),四川大学古籍所编,曾枣庄、刘琳主编:《全宋文》第17册,上海古籍出版社2007年版,第387—388页。

②　陆游著,钱仲联校注:《陆游全集校注·剑南诗稿校注》四〇《秋怀十首末章稍自振起亦古义也·又》第5册,浙江教育出版社2011年版,第159页。

③　钱勰:《待制知青州邓绾可龙图直学士知永兴军》,吕祖谦编,齐治平点校:《宋文鉴》卷四〇,第605页。

④　杨亿:《武夷新集》卷一六《代宰相贺商州进嘉禾状》,《景印文渊阁四库全书》第1086册,第560页。

⑤　苏轼撰,孔凡礼点校:《苏轼文集》卷七一《上虢州太守启》,第1356页。

⑥　梅尧臣著,朱东润编年校注:《梅尧臣集编年校注》卷二七《送家静寺丞知洛南》,第958页。

⑦　刘斧:《青琐高议》后集卷七《温琬》,上海古籍出版社1983年版,第168页。

⑧　姚宗道:《大宋口州芮城县塔寺创修法堂记》,(清)胡聘之:《山右石刻丛编》卷一四,《石刻史料新编》第1辑第20册,新文丰出版公司1982年版,第15268页。

脉深,不为井,唯引橐山泉贯城中,以资众用。岁雨数坏堤,渠绝流,则民汲于永定涧,既远且劳"。宋仁宗时知州赵宗道认为:"今边州严堡,往往皆井,此平地反不可耶?"于是"亟选匠者,相庐巷便民之所,浚三十井,皆未数仞得美泉。民歌喜之谓:'足与甘棠同永其思也。'"①通过打井解决了城市居民的饮水问题,至少有利于工商业的发展。

在陕西北部的一些地区,生产环境就很差了。如东北部靠近河东的鄜州、延州土地贫瘠荒凉:"鄜延地皆荒瘠"②。此处多寒,如保安军"地寒霜早,不宜五谷"③。恰好又是屯兵防边要地,所以"本路人粮马料素号阙乏",不能使军队自给自足;"橡子材植,元不出产"④,林业资源也极少。北部沿边地区主要以少数民族人口为主,故而以畜牧业经济为主。如秦凤、泾原路"沿边熟户番部,比诸路最多。至秋成以来,禾稼牛羊满野"⑤。少数民族地区也有着发达的畜牧业和农业。

整体上评价,宋代陕西的经济地理条件堪称优良。

(七)淮南

以上为北方各地的经济地理状况,而过了南北分界线淮河进入南方,境况大不一样。其自然状况,如苏轼诗云:"过淮风气清,一洗尘埃容。水木渐幽茂,菰蒲杂游龙。"⑥明显地感到水多林密,空气清新。

淮南的经济地理条件相当优越:"东至于海,西抵濉、涣,南滨大江,北界清、淮。土壤膏沃,有茶、盐、丝、帛之利。人性轻扬,善商贾,鄽里饶富,多高赀之家。扬、寿皆为巨镇,而真州当运路之要,符离(引按:指宿州)、谯亳(引按:即亳州)、临淮(引按:指泗州)、朐山(引按:指海州)皆便水运,而隶淮服。"⑦史料表明,淮南经济地理的突出特点有三。

---

① 韩琦:《宋故朝奉郎守尚书祠部郎中充集贤校理致仕柱国赐绯鱼袋赵君(宗道)墓志铭并序》,郭茂育、刘继保:《宋代墓志辑释》,第 235 页。

② 《宋史》卷三三二《赵禼传》,第 10685 页。

③ 乐史撰,王文楚等点校:《太平寰宇记》卷三七《保安军》,第 790 页。

④ 李焘:《续资治通鉴长编》卷四九二,绍圣四年十月丙戌,第 11680 页。

⑤ 文彦博著,申利校注:《文彦博集校注》卷一七《乞令团结秦凤泾原番部》,第 623 页。

⑥ 苏轼撰,(清)王文诰辑注,孔凡礼点校:《苏轼诗集》卷三七《过高邮寄孙君孚》,第 2029 页。

⑦ 《宋史》卷八八《地理志四》,第 2185 页。

第一个特点是土地肥沃，水利资源极为丰富，因而物产富饶。土地肥沃可见李心传的记载："两淮土沃而多旷，土人且耕且种，不待耘耔而其收十倍。"①粗放耕作也能获得远多于其他地方的收成。物产富饶如安庆府即舒州："其山深秀而颖厚，其川迤逦而荡潏"，有"鱼蟹麦禾之饶"和"粳稻之饶"，②水产、陆产并茂，故称"在淮最殷富"③。其著名的七门三堰为历史遗留，至宋代仍利泽一方，灌溉面积多达两万顷，地方专建有"七门庙"以敬祀。④彭汝砺有诗赞道："我来舒城道三堰，行看利入东南遍。渔樵处处乐太平，稻粱岁岁收余羡。江淮旱涝相缀联，舒城独自为丰年。"⑤水利设施确保了当地年年丰收。滁州为"淮上佳郡，泉甘壤沃"⑥。在北部的宿州，司马光看到："蓁蓁荆棘林，阰阰良田畴。耒耜趋时雨，黍稷丰岁秋。昔为车骑利，今睹桑麻收。"⑦农业生产状况良好。泰州"地居江海之会，民占鱼稻之饶，虽曰小邦，实为沃壤"⑧。例如海陵县，"邑之田特为膏腴，春耕秋获，笑歌满野，民多富实，往往重门击柝，拟于公府"⑨。十分肥沃的农田使农民富裕，诸多富户宅院深广森严。生产有优质稻米"泰州红"，诗人有"饭馈海陵红稻软"⑩、"香粳炊熟泰州红"⑪之赞赏，并流传到外地和后代。⑫寿州虽然"土涂泥，田下下"，土质很差，但有历史著名的芍陂之利，"当旱而霖，汔无

---

① 李心传撰，徐规点校：《建炎以来朝野杂记》甲集卷八《陈子长筑绍熙堰》，中华书局 2000 年版，第 166 页。

② 王象之编著，赵一生点校：《舆地纪胜》卷四六《安庆府》，第 1382 页。

③ 岳珂撰，吴企明点校：《桯史》卷五《阳山舒城》，中华书局 1981 年版，第 56 页。

④ 刘攽撰，逯铭昕点校：《彭城集·补编·七门庙记》，第 1060 页。

⑤ 彭汝砺：《鄱阳集》卷一《七门堰》，《景印文渊阁四库全书》第 1101 册，第 175—176 页。

⑥ 王炎：《双溪类稿》卷二五《送曾鸿父序》，《景印文渊阁四库全书》第 1155 册，第714 页。

⑦ 司马光撰，李文泽、霞绍晖校点：《司马光集》卷二《陪同年吴冲卿登宿州北楼望梁楚之郊访古作是诗》，第 16 页。

⑧ 刘攽撰，逯铭昕点校：《彭城集》卷二一《朝散郎熊皋可知泰州制》，第 576 页。

⑨ 范仲淹著，李勇先、王蓉贵校点：《范仲淹全集·范文正公文集》卷一二《宋故卫尉少卿分司西京胡公神道碑》，第 297 页。

⑩ 王禹偁：《小畜集》卷一〇《送李著作》，《四部丛刊初编》，上海书店出版社 1926 年版，第 9 页。

⑪ 陆游著，钱仲联校注：《陆游全集校注·剑南诗稿校注》卷五一《对食戏作》，第 6 册，第 43 页。

⑫ 详见王曾瑜：《宋元时代的淮南路经济述略》，中国社会科学院历史所隋唐辽宋金元史研究室编：《隋唐辽宋金元史论丛》第一辑，紫禁城出版社 2011 年版，第 323 页。

凶年。稻粱甘精,南方之冠",更有"材章竹个,刊伐蔺箬,连千树而下,衍给旁郡。食伙产茂,四方游惰多隐处焉"①。水稻为全国著名的优质产品,林业产品众多,渔业资源也很丰富。宋英宗时,寿州"有摘山之饶,民用丰富。市贩生业,半在西城外,舟车商侩之萃",官府"筑城延袤数里以环之,公私以为便"。② 新括进城的居民多达三千户。③ 城市规模的扩大,说明城市经济的发展。在北宋中期,就已经有"寿春富庶,号为难理"之说。④ 为淮南路的区域经济中心。北宋末期,陆宰意欲在寿州安家定居,已经置买了土地,因战乱不果,后来常常对人念叨,"语及淮乡鱼稻之美,犹怅然不已也"⑤。在他心目中,寿州胜过鱼米之乡的老家越州。司马光记载了庐州曾绍齐所言,"其乡里数十年之间,吏治简易,民俗富乐。有女不肯以嫁官人,云恐其往他州县,难相见也。嫁娶者,宗族竞为饮宴以相贺,四十日而止,伤今不然"⑥。庐州至少在北宋前期属于富庶之地。

第二个特点是水运发达,为东南至北方的交通要道,因而商业繁荣。其区域中心扬州最为典型:

> 扬州常节制淮南十一郡之地。自淮南之西,大江之东,南至五岭蜀汉,十一路百州之迁徙贸易之人,往还皆出其下。舟车南北,日夜灌输京师者,居天下十之七。⑦

是全国最重要的交通枢纽之一。又如真州:"真阻大江,漕仓舟楫之所凑者,于东南为盛。其俗少土著,以操舟通贾卖为业。"⑧社会经济富有活力,以商业发达为特色,居民以来往的商人为多。南宋后期有"扬一真二"之号,⑨真州的商品与物资流通地位仅次于扬州。泗州一带的淮、汴合流处,

---

① 宋祁:《景文集》卷四六《寿州风俗记》,《景印文渊阁四库全书》第1088册,第408、409页。

② 李中师:《朱景墓志》,何新所编著:《新出宋代墓志碑刻辑录(北宋卷)五》,第79页。

③ 《宋史》卷三三三《朱景传》,第10709页。

④ 宋祁:《景文集》卷六一《杨太尉行状》,第595页。

⑤ 陆游撰,孔凡礼点校:《家世旧闻》卷下,中华书局1993年版,第216页。

⑥ 司马光撰,邓广铭、张希清点校:《涑水记闻》卷三,第52页。

⑦ 沈括著,杨渭生新编:《沈括全集·长兴集》卷九《扬州重修平山堂记》,浙江大学出版社2011年版,第61页。

⑧ 沈括著,杨渭生新编:《沈括全集·长兴集》卷一三《开封府推官金部员外郎刘君墓志铭》,第95页。

⑨ (元)郝经:《陵川集》卷二七《镜艻亭记》,《景印文渊阁四库全书》第1192册,第292页。

"南商越贾,高帆巨舻,群行旅集。居民旅肆,烹鱼酤酒,歌谣笑语,联络于两隅。自泗而东,与潮通而还于海"①,商业随之发达起来。宋政府曾在泗州以及楚、真、扬州设置转般仓,以卸纳东南六路漕粮再换船运至京师,是朝廷南北漕运的枢纽地区,战略地位十分重要。

第三个特点是不少沿海地区种植业落后,而盐业发达。"大抵淮东之地,沮泽多而丘陵少,淮西山泽相半"②。地形自西向东倾斜,在淮东沿海地带形成沮泽、滩涂,"斥卤弥望",盐碱含量大,无法耕种。如通州,"其地舄卤而瘠,无丝粟之饶。其民苦窳而贫,有渔盐之利",③只能靠海吃海,生活艰难,但"民居以鱼盐自给,不为盗贼,讼希事简"④。许多地方芦苇丛生,不产粮食,如涟水军即"地褊多荒,人以食芦根为讳",唯恐外人嘲笑其庄稼少而芦苇多⑤。这种极不利于农业的沿海地理环境,却为盐业提供了最佳条件,在全国的海盐生产中位居鳌首,"以蜀、广、浙数路言之,皆不及淮盐额之半。盖以斥卤弥望,可以供煎烹;芦苇阜繁,可以备爨燎"⑥。原料、燃料充足,遂使淮南成为宋代最大的盐业基地。

但是,地理环境是多样化的,淮南也有荒凉之地。如西部的黄州、光州最为典型。张耒言:黄州"其地多陂泽丘阜,而无高山。江流其中,故其民有鱼稻之利;而深山溪涧往往可灌溉,故农惰而田事不修"。虽然处于长江沿岸,但渔业资源有限,"大风雨、大寒暑辄无鱼"。城市经济更差,"黄之陋特甚,名为州而无城郭,西以江为固,其三隅略有垣壁,间为藩篱,因堆阜揽草蔓而已。城中民居才十二三,余皆积木荒田,民耕渔其中。方盛夏时,草蔓蒙密,绵亘衢路"。光州"皆大山峻岭,险处更不通马,徒步而登……自入光境,无面食,市所售饼饵,色如土沙,磣不可咀"。⑦ 整体而言,黄州、光州地理环境不良,人口稀少,经济落后。但是,另有史料所载大相径庭,如苏辙

---

① 张耒撰,李逸安、孙通海、傅信点校:《张耒集》卷四九《思淮亭记》,第768页。
② 薛季宣:《浪语集》卷二四《与郑景望》一,《景印文渊阁四库全书》第1159册,第378页。
③ 王象之编著,赵一生点校:《舆地纪胜》卷四一《通州》,第1259页。
④ 杨亿口述,黄鉴笔录,宋庠整理,李裕民辑校:《杨文公谈苑·淮南道院》,第173页。
⑤ 庄绰撰,萧鲁阳点校:《鸡肋编》卷上,第13页。
⑥ 《宋史》卷一八二《食货志下四》,第4457页。
⑦ 张耒撰,查清华、潘超群整理:《明道杂志》,《全宋笔记》第2编第7册,第18—19页。

说光州"田良而民富"①,南宋载光州"地雄物伙"②,则属于物产丰富之地。或是北宋后期以及南宋开发改善的结果,存疑待考。

(八)两浙

两浙在政区上曾分为东、西二路,在地理上也可如此区分。浙西多是水波涟漪的泽国,浙东多是丘陵逶迤的山区。如按自然地理位置,所谓浙西,实际在北部;所谓浙东,实际在南部。分析其经济地理,必须严格区别二者,因为过去的学者常将其重大差别混淆在一起。而《宋史·地理志》对两浙土质等却未置一词,当属谨慎态度。

先看浙东。其基本特征是:七个州郡尽在群山之中,山地硗瘠,田土稀少。如处州,"括苍为郡,地狭而瘠,民劳而贫,浙东七郡,括最为下"③。由于山势险陡,连雨水也难以利用,"矧又地势斗绝,涂潦不停",故而多罹旱灾。④ 农业生产方式只能因地制宜,十分落后,"山越之乡,多乏膏腴之产,火耕水耨,获地利以甚微"⑤。如位于浙闽赣边境的龙泉,"今龙泉为邑,二浙之穷处也。经营名利者,不出其涂;出入富贵者,不由其境。水行败舟,陆则折轴。四望而行,绵历巉险,不数百里,不得郡邑"⑥。交通条件差,严重制约了当地的经济发展。越州缺乏良好的自然环境,时人言当地"有山无木,有水无鱼……地无三尺土"⑦,可谓山不青水不秀土不厚。如其嵊县,"嵊山多水浅,其土瘠,土瘠故物不滋,物不滋故种薄收,种薄收故民多贫"⑧。又如萧山,"邑素土瘠,且岁患潮汐"⑨。农作物生长难以茂盛,沿海

---

① 苏辙著,陈宏天、高秀芳点校:《栾城集》卷二三《光州开元寺重修大殿记》,中华书局1990年版,第400页。

② 祝穆撰,祝洙增订,施和金点校:《方舆胜览》卷五〇《光州》,第894页。

③ 叶武子:《宋丽水县奏免浮财物力札付碑》,(清)阮元:《两浙金石志》卷一一,《石刻史料新编》第1辑第14册,新文丰出版公司1982年版,第10459页。

④ 杨亿:《武夷新集》卷一五《奏雨状》,《景印文渊阁四库全书》第1086册,第545页。

⑤ 杨亿:《武夷新集》卷一二《贺再熟稻表》,《景印文渊阁四库全书》第1086册,第500页。

⑥ 韩元吉:《南涧甲乙稿》卷一六《双莲堂记》,《丛书集成初编》,第312页。

⑦ 庄绰撰,萧鲁阳点校:《鸡肋编》卷上,第10页。

⑧ 陈著:《本堂集》卷五二《嵊县劝农文》,《景印文渊阁四库全书》第1185册,第257页。

⑨ 程珌:《洺水集》卷一〇《姚饶州墓志铭》,《景印文渊阁四库全书》第1171册,第368页。

又多潮汐摧残。故而只好向商业发展，所谓"越之俗好贾"①。台州也较典型，"州负山濒海，沃土少而瘠地多，民生其间，转侧以谋衣食"②；"台之为郡，负山并海，阪田狭薄，下上涂泥"③，农田的质量较差。即使到了南宋时期仍无多大改善，如天台县，"地褊民贫，富室素罕蓄藏，岁一不登，饥民嗷嗷，率仰食县官"④。惟黄岩县的境况较好，"黄岩，浙河东大邑，赋当其州大半，鱼稻之饶被邻境，喜让善施"⑤。经济实力使之成为台州的经济支柱。明州大致也是如此，如奉化"右山左海，土狭人稠，日以开辟为事，凡山巅水湄有可耕者，累石堑土，高寻丈而延袤数百尺，不以为劳。仰事俯畜，仅仅无余"⑥。又有记载也云："土狭民稠，一岁所入不足以赡。于是有工者、商者、渔于海者，各业其业。"⑦因农业受到环境的制约，驱使居民向工商业和渔业发展，兴起多种经营。沿海"民业渔，商豪有力者，风帆浪舶，货贩绝域，逐利取赢以相夸诩"⑧。普遍的渔业以外，还有不少从事国际贸易的远洋大商。昌国县即今舟山群岛的情况较差，因为"介居巨海之中……其地瘠卤，不宜于耕，故民多贫"，虽然有渔盐之利，终不富庶，故"民无常产"。⑨另如象山县"负山环海，垦山为田，终岁勤苦，而常有菜色"；土地既少又瘠，唯在县治附近有一片四百余顷的良田，乃是全县主要财赋来源，号为"县洋"，"盖邑人生生之具，与岁时之征敛，取足于此"。⑩明州的慈溪县较好些，虽然"慈溪小邑，无珍产淫货以来四方游贩之民"，然而农业比较发达，"田桑

---

①　韩元吉：《南涧甲乙稿》卷一七《贾说》，《丛书集成初编》，第348页。

②　陈耆卿：《嘉定赤城志》卷一三《版籍门》，《宋元方志丛刊》，中华书局1990年版，第7389页。

③　谢伋：《宋佛窟岩垒田记碑》，（清）阮元：《两浙金石志》卷八，第10380页。

④　宋之瑞：《助济仓记》，四川大学古籍所编，曾枣庄、刘琳主编：《全宋文》第259册，第142页。

⑤　叶适著，刘公纯、王孝鱼、李哲夫点校：《叶适集》卷二三《宣教郎夏公墓志铭》，中华书局2010年版，第442页。

⑥　罗濬：《宝庆四明志》卷一四《风俗》，《宋元方志丛刊》，中华书局1990年版，第5077页。

⑦　陈著：《本堂集》卷四七《题奉化图志揭首》，《景印文渊阁四库全书》第1188册，第228页。

⑧　释大观：《物初剩语》卷二三《胡君叔恬墓志铭》，许红霞辑著：《珍本宋集五种》，北京大学出版社2013年版，第962页。

⑨　王存之：《普慈禅院新丰庄开请涂田记》，张津：《乾道四明图经》卷一〇，《宋元方志丛刊》，中华书局1990年版，第4954页。

⑩　廉布：《修朝宗石碶记》，张津：《乾道四明图经》卷一〇，第4955页。

之美,有以自足,无水旱之忧也"①,粮食可以自给自足,且无水旱灾害的困扰。如县城附近有一天井泉,水量充沛,"当夏冰雪旱而自若,一乡之田溉足焉"②。保证着一乡农田没有水旱之灾。明州鄞县农业依赖于广德湖,政和八年(1118)以前,受益的"七乡民田每亩收谷六七石"③。这是有记载的宋代南方最高亩产量,足见在湖水的滋润下其地肥沃。明州有一优势,即为重要港口连接海内外,尤其是东亚的日本、高丽。定海县就居住着许多外商,"官廨盐烟外,居人杂贾胡。听言须画字,讨海倚输租"④,是一个国际贸易市场。明州人郑邦杰即"以泛海贸迁为业,往来高丽、日本"⑤。温州山区经济地理条件差,如平阳县,"浙东之穷处也,邑于山谷间"⑥。沿海地区的发展方向为商业,"其货纤靡,其人多贾"⑦。南宋虽有"婺多富人"之说⑧,但"婺之上户,非浙右、江西之比,号至富者,不可班于两路至劣之家,其所谓第二三等户,盖有极窘匮者"⑨。婺州所谓的富户,似是与周边穷州相比,徒有其名。

整个浙东地区,基本上是山田多而良田少,粮食种植业发展困难。惟靠近浙西的衢州稍好,"衢为近畿望郡,土多良田,小民力穑"⑩。苏轼因言:"自杭、睦以东衢、婺等州,谓之上乡,所产微薄,不了本土所食。"⑪所产粮食有限,连本地人也不能自给自足,尚需从外地贩运。王柏有对浙东、浙西的比较之言道:"东浙之贫,不可与西浙并称也。"⑫浙东的农业生产无疑是落

---

① 王安石著,秦克、巩军标点:《王安石全集》卷三四《明州慈溪县学记》,第 307 页。
② 释大观:《物初剩语》卷九《永寿禅院记》,第 709 页。
③ (清)徐松辑,刘琳、刁忠民、舒大刚、尹波等校点:《宋会要辑稿·食货》六一之一一〇,第 7519 页。
④ 陈造:《江湖长翁集》卷一一《定海四首》,《景印文渊阁四库全书》第 1166 册,第 133 页。
⑤ 郭彖撰,张剑光整理:《睽车志》卷三,《全宋笔记》第 9 编第 2 册,大象出版社 2018 年版,第 204 页。
⑥ 许景衡:《横塘集》卷一八《迎坡阁记》,《景印文渊阁四库全书》第 1127 册,第 328 页。
⑦ 程俱著,徐裕敏点校:《北山小集》卷二二《席益差知温州》,第 401 页。
⑧ 魏了翁:《鹤山集》卷八〇《从义郎胡君墓志铭》,《景印文渊阁四库全书》第 1173 册,第 241 页。
⑨ 王柏:《鲁斋集》卷一五《述民志》,《景印文渊阁四库全书》第 1186 册,第 225 页。
⑩ 袁甫:《蒙斋集》卷一二《衢州平粜仓记》,《景印文渊阁四库全书》第 1175 册,第 480 页。
⑪ 苏轼撰,孔凡礼点校:《苏轼文集》卷三七《论浙西闭粜状》,第 1044 页。
⑫ 王柏:《鲁斋集》卷七《赈济利害书》,《景印文渊阁四库全书》第 1186 册,第 114 页。

后的。

进入浙西太湖流域，则有柳暗花明又一村之感。这里大部分地区平坦广衍，土地很肥沃，而且河湖浦塘交叉遍布，水源最为丰富。"有鱼盐、布帛、秔稻之产。……俗奢靡而无积聚，厚于滋味。善进取，急图利，而奇技之巧出焉。余杭（引按：代指杭州）、四明（引按：代指明州），通蕃互市，珠贝外国之物，颇充于中藏云。"①土地物产丰富，居民心灵手巧，且有杭州等地的对外贸易口岸，故而多有奇巧洋货输入皇宫。宋人因言"浙西民户富有物力"②，即普遍有产业，比较富裕。太湖是浙西之母，环绕四周的苏、湖、秀等州，受其哺育，土膏地润，成为南方最发达的农业区，在一定程度上，也可以说是全国经济最发达的地区。北宋时，就有"上界有天堂，下界有苏杭"民谚，③除了山水美景外，经济富庶也是条件之一。如南宋初的临安县，"临安，东南一大县，在大山谷中，桑麻丝枲之富自足而无贫民"，且"俗恬杀牛"。④ 发达的农业保证了居民温饱富庶，乃至"无贫民"，实属少见。苏州的农田"最系上色肥田"⑤，具体如常熟县，"山长而水远，泉甘而土肥，民富物庶，人乐其业"⑥。按本地人范成大的记载，"吴中自昔号繁盛，四郊无旷土，随高下悉为田。人无贵贱，往往皆有常产。以故俗多奢少俭，竞节物，好游邀"⑦。土地垦殖殆尽，农民普遍比较富裕，有钱有闲寻欢作乐。宋哲宗时，"苏州秋赋一岁六十万石"⑧，加上夏税，二税数量超过百万石，财政实力相当雄厚。湖州的境况，有司马光诗云："江外饶佳郡，吴兴天下稀。蓴羹紫丝滑，鲈脍雪花肥。"⑨意为湖州是少见的富庶之地，且多水产美食。如乌程县的南林，虽然仅是"一聚落耳，而耕桑之富，甲于浙右，土润而物丰，民

① 《宋史》卷八八《地理志四》，第2177页。
② 李焘：《续资治通鉴长编》卷二九五，元丰元年十二月己酉，第7183页。
③ 曹勋：《松隐集》卷二六《进前十事》，《景印文渊阁四库全书》第1129册，第484页。
④ 孙觌：《鸿庆居士集》卷二二《临安府临安县学记》，《景印文渊阁四库全书》第1135册，第216页。
⑤ 李心传编撰，胡坤点校：《建炎以来系年要录》卷八二，绍兴四年十一月辛未，第1563页。
⑥ 沈铜：《乾元宫兴造记》，(宋)孙应时纂修、(宋)鲍廉增补、(元)卢镇续修，陈其弟校注：《至正至正重修琴川志》卷一三《道》，第132页。
⑦ 范成大撰，陆振岳校点：《吴郡志》卷二《风俗》，江苏古籍出版社1999年版，第13页。
⑧ 李焘：《续资治通鉴长编》卷五一二，元符二年七月丁未，第12187页。
⑨ 司马光撰，李文泽、霞绍晖校点：《司马光集》卷八《送章伯镇知湖州》，第270页。

信而俗阜，行商坐贾之所萃，而官未尝讥征焉"①。此即后来著名的南浔前身之一。苏湖两州，在南宋初以富裕被群盗称为"金扑满"②，即宝库。秀州，"嘉禾在全吴之壤最腴，且有'嘉禾一穰，江淮为之康'等语"，其中的华亭县，"负海枕江，原野衍沃，川陆之产，兼而有焉……华亭稼穑之利，田宜麦禾，陆宜麻豆，其在嘉禾之邑，则又最腴者也。……其有资于生民日用者，煮水成盐，殖芦为薪，地饶蔬茹，水富虾蟹，舶货所辏，海物惟错"③。自然条件十分优越，物产丰美。华亭的商业和城市经济同样发达，所谓"海禺纳万艘，市区沸百贾。黄尘翳白日，千骑腾一鼓"④。喧闹中充满商机。

有关这些问题，史家论述很多，这里就毋庸赘言。所需指出的是为学术界忽略的两个问题。

其一，太湖流域水源富足，地势低下，也有不利的一面。"大江之南，镇江府以往地势极高，至常州地形渐低……秀州及湖州地形极低。而平江府（苏州）居在最下之处，使岁有一尺之水，则湖州、平江之田，无高下皆满溢，每岁夏潦秋涨，安得无一尺之水乎?"⑤也就是说，这几州以水多为患，常遭水灾。熙宁、元祐时发生两次大水灾，苏州等地居民丧生百余万之多，足见这一不利因素危害的严重性。

其二，浙西并非到处都是沃区。杭、润、睦三州的自然环境就大不一样。如"杭之为邦，山泽相半。十日之雨则病水，一月不雨则病旱"⑥。以其富阳县为例，"地狭而人稠，土瘠而收薄，通县计之，仅支半岁，半岁所食，悉仰商贩"⑦，土地所产庄稼只能维持居民半年的口粮。润州（镇江府）又次之，"润境土瘠而贫，为浙右最。大家不能十数，以入之不厚，类寡储蓄"⑧。即

---

① 李心传：《安吉州乌程县南林报国寺记》，（清）阮元：《两浙金石志》卷一一，第10464页。

② 孙觌：《鸿庆居士集》卷一一《与郑至刚枢密书》，《景印文渊阁四库全书》第1135册，第120页。

③ 杨潜修，朱端常、林至、胡林卿纂：《云间志》卷上《物产》，《宋元方志丛刊》，中华书局1990年版，第10页。

④ 孙觌：《鸿庆居士集》卷四《华亭朱师实中大燕超堂》，第43页。

⑤ （清）徐松辑，刘琳、刁忠民、舒大刚、尹波等校点：《宋会要辑稿·食货》八之三一，第6163页。

⑥ 苏轼撰，孔凡礼点校：《苏轼文集》卷六二《祈雨吴山》，第1914页。

⑦ 程珌：《洺水集》卷一九《壬申富阳劝农文》，《景印文渊阁四库全书》第1171册，第455页。

⑧ 刘宰：《漫塘集》卷二〇《重修金坛县治记》，《景印文渊阁四库全书》第1170册，第548页。

使所谓的大户人家,也缺少余粮以供储备。属县如"丹阳地当孔道,田瘠民贫;金坛僻在一隅,商贾不至此"①,农商俱弱。其实,润州还不是最差的,睦州比其更差,"界于万山之窟,厥土坚而隔,上不受润,下不升卤,雨则潦,霁则槁,厥田则土浅而源枯……较之浙右诸郡,其等为最下下"②。农业生产艰辛。好在有着丰富的林业资源,如青溪县"梓桐、帮源诸峒皆落山谷幽险处,民物繁夥,有漆楮、杉材之饶,富商巨贾多往来"③。得以靠山吃山。常州境况与睦州类似,只有宜兴县富庶,"浙西诸县,独宜兴为富繁"④。即使发展到了南宋后期,常州仍难以自给自足,"浙右郡号沃壤,独毗陵田高下不等,必岁大熟民乃足"⑤。平常仍达不到自给自足。类似的史料很多,这里就不一一列举了。

上述事实,似乎可以破除对两浙经济地理的迷信了。只把目光盯在太湖流域的优越之处,而不看其不利之处;只讲太湖流域,而不讲浙西其他地区;只注意浙西,而不注意浙东,如此认识的两浙,就只能是片面的。太湖流域无疑是两浙发达的典型地区,但两浙更多的地区是贫困山区。直到现代,浙江的大部分山区仍是贫困地区,足可以加深我们对这一问题的认识。

(九)江东

江东的东部多山,西部多水。在与两浙润州接壤的江宁府、与睦州接壤的歙州一带,都是山区,境况不佳。如江宁府(昇州)在南唐宋初属于富庶之地,慕容德丰在攻下昇州后被任命为昇州都监,其时"市厘安静,泽国富饶,使者多裒聚金帛,德丰独以廉洁闻"⑥。这是城市经济情况,毕竟是历史名都,至少商业兴盛。但其自然环境并不佳,宋代地方长官在一篇劝农文中指出"尔地之瘠"⑦,又言其财政,"江宁土瘠民贫,县计殊非旁邑比"⑧。属

---

① 刘宰:《漫塘集》卷一三《代金坛县申殿最钱札子》,第1170册,第450页。

② 方逢辰:《蛟峰文集》卷四《严州新定续志记》,《景印文渊阁四库全书》第1187册,第531页。

③ 《宋史》卷四六八《童贯传附方腊传》,第13659页。

④ 王珪:《华阳集》卷三八《秘书省著作佐郎郑君墓志铭》,《丛书集成初编》,第526页。

⑤ 史能之:《咸淳毗陵志》卷二四《财赋》,《宋元方志丛刊》,中华书局1990年版,第3168页。

⑥ 《宋史》卷二五一《慕容德丰传》,第8835页。

⑦ 刘宰:《漫塘集》卷一八《劝农文》,《景印文渊阁四库全书》第1170册,第514页。

⑧ 刘宰:《漫塘集》卷一二《通江宁陆知县衔》,第1170册,第436页。

县境况，如句容就是"厥田惟下"①。歙州的经济地理更差些，"在万山间，其地险狭而不夷，其土骍刚而不化，水湍悍少潴蓄……十日不雨则卬天而呼，一遇雨泽，山水暴出，则粪壤与禾荡然一空，盖地之勤民者如此"②。所谓"地之勤民者"，就是说在这里的土地上从事生产活动，农民要比其他地区付出更辛勤的努力。介于二州之间的宣州（宁国府），也是"厥土硗瘠而坚"③，"宣之为州，被山带江，民耕于高，无灌溉之利，而仰泽于天。故阅月不雨，则以旱告"④。土地既硗瘠，又无水利，自然环境并不比歙州好。"所管六县，皆斗绝山谷间，全无物产可与他郡贸迁，富商大贾，足迹罕至。"⑤物产寡少而商业落后。所属泾县"土瘠民贫"⑥、太平县"土埆民贫"⑦即是。广德军"地素硗瘠，民生孔艰，丰年乐岁，不免贫悴，一遇水旱，坐待流殍"⑧。即便是丰收年景，也只能勉强维持温饱而已。濒临长江的太平州情况就好多了，"溪山之秀，饮食之富，他处未易过之……故流传以为胜地"⑨。由此可间接看出当地经济环境较好。

江东路西南诸州的自然环境，大多优于东北。如饶州，宋太宗曾在诏书中指出："其地肥美"⑩。南宋时洪迈更言其地"壤土肥而养生之物多。其民家富而户羡，蓄百金者不在富人之列"⑪。土地肥沃，物产丰富，生活优裕，

① 刘宰：《漫塘集》卷二三《句容县重建县学记》，第 1170 册，第 604 页。

② 罗愿撰，萧建新、杨国宜校注：《〈新安志〉整理与研究》卷二《贡赋》，黄山书社 2008 年版，第 62 页。

③ 吴泳：《鹤林集》卷一六《除宝章阁直学士知宁国府到任谢表》，《景印文渊阁四库全书》第 1176 册，第 154 页。

④ 张耒撰，李逸安、孙通海、傅信点校：《张耒集》卷五八《敬亭广惠王求雨文》，第 861 页。

⑤ 杜范：《清献集》卷八《便民五事奏札》，《景印文渊阁四库全书》第 1175 册，第 674 页。

⑥ 真德秀：《西山文集》卷一二《奏乞将知宁国府张忠恕亟赐罢黜》，《景印文渊阁四库全书》第 1174 册，第 184 页。

⑦ 陈耆卿著，曹莉亚校点：《陈耆卿集》卷八《朝散郎秘书丞钱公抚墓志铭》，浙江大学出版社 2010 年版，第 78 页。

⑧ 真德秀：《西山文集》卷七《申尚书省乞再拨太平广德济粜米》，《景印文渊阁四库全书》第 1174 册，第 107 页。

⑨ 李之仪：《姑溪居士前集》卷三九《跋山谷二词》，《景印文渊阁四库全书》第 1120 册，第 576 页。

⑩ 钱若水修，范学辉校注：《宋太宗皇帝实录校注》卷三四，雍熙二年闰九月丙戌，中华书局 2012 年版，第 384 页。

⑪ 洪迈撰，孔凡礼点校：《容斋随笔·四笔》卷五《饶州风俗》，中华书局 2005 年版，第 682—683 页。

富民很多。如嘉祐八年（1063），所属德兴县：

> 其境众山之所环也。民耕于山间，泉甘而土腴，岁常丰美，不知有水旱之戚。其地之所出，则又有金银铜冶之饶，岩崖溪谷往往夜见宝气，汰沙掊壤，则非常之珍可致也。故邑虽小而多富室。然习俗奢侈，喜以居宇相姱，高门华屋，雄楼杰阁，金碧丹腹之丽，鳞差而栉比也。[1]

环境优越，物产丰富，经济富庶，生活优裕。长江岸边的池州虽然"井邑疏索"，"然江山之丽，下流诸郡皆不及也。物产丰贱，北人寄居甚多，亦生理之便也"。[2] 环境优美，物产丰富，吸引了诸多北方人来此耕作，只是城市经济薄弱，商业萧条。信州也颇佳："信安之地，犬牙于闽，铅山又在南，孕金青，殖宝货，壤厚而泉沃，类多大家。"[3]不但地下矿藏丰富，地表水土也称优良。最西端的江州（北宋时属江东路，南宋划归江西），南宋前期"素号名郡，讼简财裕"[4]，财政和社会风气等境况较好。但是，南康军及近邻境况都不佳，据朱熹言：

> 南康为郡，土地瘠薄，生物不畅，水源干浅，易得枯涸，人民稀少，谷贱农伤，固已为贫国矣。而其赋税偏重，比之他处或相倍蓰。民间虽复尽力耕种，所收之利或不足以了纳税赋，须至别作营求，乃可陪贴输官。是以人无固志，生无定业，不肯尽力农桑，以为子孙久远之计……郡之接境江、饶等州，土田瘠薄类此者，非一郡一县而已也。[5]

在他眼里，南康军以及饶州、江州都属于贫瘠之地，大概是南宋时期衰退了。

总的来看，江东的经济环境不如淮南、两浙。

（十）江西

江西依然是多山之区，以江南丘陵、山地为主，与江东路一样面临着共

---

① 熊本：《安静阁记》，四川大学古籍所编，曾枣庄、刘琳主编：《全宋文》第40册，第284页。

② 张舜民撰，黄宝华整理：《郴行录》卷上，《全宋笔记》第8编第10册，大象出版社2017年版，第274页。

③ 韩元吉：《南涧甲乙稿》卷一六《铅山周氏义居记》，第310页。

④ 楼钥撰，顾大朋点校：《楼钥集》卷一一〇《知江州注公墓志铭》，浙江古籍出版社2010年版，第1909页。

⑤ 朱熹著，郭齐、尹波点校：《朱熹集》卷一一《庚子应诏封事》，四川教育出版社1996年版，第451、452页。

同的问题：土地利用率不高。如南端的赣州"山宽而田狭"①，北端的兴国军"地多山谷，其稍夷衍者，则漫为深潴浅泽，不得尽为民资"②。土地资源十分缺乏。西南端的南安军，也是"地瘠民贫"③。

在江西的中部，自然环境就有很多优越之处了。如洪州"方数千里。其田宜秔稌，其赋粟输于京师，为天下最，在江湖之间，东南一都会也"④。所言输送到开封的税粮最多，是夸张之语，但由此可知就江西而言，其土地肥沃，物产丰富，所以是一路的政治、经济、文化中心。南邻抚州经济状况更佳，当地人曾巩言其地"多良田，故水旱螟螣之灾少。其民乐于耕桑以自足，故牛马之牧于山谷者不收，五谷之积于郊野者不垣，而晏然不知袍鼓之惊，发召之役也"⑤。反映了抚州的富庶程度。吉州境况更佳，宋仁宗时，"土沃人庶，贡繁赋错，实倍乎豫章"，比洪州优裕。属县泰和，"控途水陆，道交广者由之，行商往来，通货南北。井间廛肆，分布骈比，山川风物，清粹嘉丽……日食物品，稻麦蔬果甚美，鹑雉獐兔鱼鳖甚腴"。⑥ 各方面境况都比洪州优越，赋税竟成倍多于洪州。宋高宗时期，给事中李正民指出："江西诸郡，昔号富饶，庐陵小邦，尤称沃衍。一千里之壤地，粳稻连云；四十万之输将，舳舻蔽水。朝廷倚为根本，民物赖以繁昌。"⑦经济实力雄厚。杨时也言"江西惟庐陵为富实"⑧。具体如其所辖的永新县，"于吉为壮邑，山水明秀，土地衍沃，其俗富足"⑨。也是富饶之地，证实了吉州赋税出产成倍多于洪州的客观原因。建昌军如南城县："土地衍沃，宜稻桑麻。无大水旱，飞蝗所不至，故其人足衣食。"⑩自然环境优良，居民生活无忧。筠州（南宋

---

① 文天祥著，熊飞等校点：《文天祥全集》卷九《赣州重修嘉济庙记》，江西人民出版社1987年版，第340页。

② 王质：《雪山集》卷六《汪参政生祠堂记》，《景印文渊阁四库全书》第1149册，第394页。

③ 魏了翁：《鹤山集》卷七五《知南安军宗丞都官邵公墓志铭》，《景印文渊阁四库全书》第1173册，第171页。

④ 曾巩撰，陈杏珍等点校：《曾巩集》卷一九《洪州东门记》，第313页。

⑤ 曾巩撰，陈杏珍等点校：《曾巩集》卷一八《拟岘台记》，第292页。

⑥ 王陶：《泰和县公厅记》（庆历二年四月），四川大学古籍所编，曾枣庄、刘琳主编：《全宋文》第28册，第217—218页。

⑦ 李正民：《大隐集》卷五《吴运使启》，《景印文渊阁四库全书》第1133册，第62—63页。

⑧ 杨时撰，林海权校理：《杨时集》卷二二《与李泰发其四》，中华书局2018年版，第598页。

⑨ 黄榦撰：《勉斋集》卷一九《吉州永新县学记》，《景印文渊阁四库全书》第1168册，第214页。

⑩ 李觏撰，王国轩点校：《李觏集》卷三一《处士饶君墓表》，第355页。

改为瑞州)接连洪州，"邑溪山之间，四方舟车之所不由，水有蛟蜃，野有虎豹，其人稼穑渔猎，其利粳、稻、竹、箭、粳、柚、茶、楮，民富而无事"①。自给自足的生活比较富庶。财政也颇优裕，"瑞素在僻乡，实为乐土……财实饶裕，旧桩新积，计有铜镪百万省缗"②。居然储备铜钱上百万贯，实不多见。袁州的情况较为复杂，在史料中有相互矛盾的记载。一说"本州土瘠，丰岁仅自支"③，连税粮也负担不起，依赖于到外地换取，"袁之庾，侨于临江旧矣。盖袁之为州，地狭田寡，粟财堇堇。州民必山伐陆取，方舟乘流，贸之临江，易粟以输"④。另一说则云"地沃少饥，民淳恶盗，南土之乐邦也。山平广而无高险，水远秀而无深险"⑤。看来缺乏的是农田和粮食，但山林物产足以供养生计。南宋初的属县分宜，据路过的孙觌看到"大麦登场小麦黄，桑柘叶大蚕满筐。猿鸟初呼聚侪侣，缲丝百箔闻好语"⑥，是一片蚕麦丰收的喜人景象。宋真宗时，袁州萍乡"驿传桥道皆完葺，田莱垦辟，野无惰农，及至邑则廛肆无赌博，市易不敢喧争，夜宿邸中，闻更鼓分明，以是知其必善政也"⑦。乾道年间，萍乡"以繁剧称，厥壤沃而辟，厥民夥而富"⑧。虽是山区，但充分开发利用自然资源，经济状况较好。

江西有一种白菜，为珍贵特产，"今江西有谓之杓头菘，其本肥厚，叶端卷缩如杓，食之无滓，为蔬食之珍"⑨。以卷心、肥厚、无渣为特色。

比较而言，江西的经济地理条件稍差于淮南、两浙，而优于江东。

---

① 苏辙著，陈宏天、高秀芳点校：《栾城集》卷二三《筠州圣寿院法堂记》，第 401 页。

② 姚勉著，曹诣珍、陈伟文校点：《姚勉集》卷三二《与太守陈监簿》，上海古籍出版社 2012 年版，第 359 页。

③ (明)解缙：《永乐大典》卷七五一五引《宜春志·新创州济米仓记节文》，中华书局 1986 年版，第 4 册，第 3448 页。

④ 杨万里撰，辛更儒笺校：《杨万里集笺校》卷一二九《夏侯世珍墓志铭》，中华书局 2007 年版，第 5006 页。

⑤ 袁阅：《袁州城记》，(清)顾燮光辑：《袁州石刻记》，《石刻史料新编》第 2 辑第 10 册，新文丰出版公司 1979 年版，第 7497 页。

⑥ 孙觌：《鸿庆居士集》卷三《分宜道中》，《景印文渊阁四库全书》第 1135 册，第 28 页。

⑦ 魏泰撰，李裕民点校：《东轩笔录》卷一〇，第 115 页。

⑧ 卓津：《县官题名记》，四川大学古籍所编，曾枣庄、刘琳主编：《全宋文》第 220 册，第 103 页。

⑨ 杨延龄撰，黄纯艳整理：《杨公笔录》，《全宋笔记》第 1 编第 10 册，大象出版社 2003 年版，第 150 页。

(十一)湖北

正史载荆湖"北路农作稍惰,多旷土,俗薄而质"①,是客观的评价。具体情况就是,"湖北地广人稀,耕种灭裂,种而不莳,俗名漫撒。纵使收成,亦甚微薄,每到丰稔之年,仅足赡其境内"②。土地贫瘠,开垦有限,耕作粗放,但由于人口不多,粮食收成可以自足。

湖北路处于中国地势第二级阶梯向第三级阶梯过渡地带,大体是西部多山区,东部多平原湖河。西部辰、沅、靖等州都在万山丛中,可耕之地不多,主要为少数民族居住。许多地方生产方式相当落后,"皆焚山而耕,所种粟豆而已。食不足则猎野兽,至烧龟蛇啖之"③。尚处于刀耕火种和渔猎的原始状态,粮食不能自给自足。其中靖州条件稍好,刘宰有诗云:"靖州风物最五溪,畲田岁入人不饥。淘沙得金遨以嬉,瘴烟不逐岭云西。六花瑞腊春台熙,尤便逐客过往稀。"④由于人口稀少,粮食尚可自给,且有地产沙金的优势。北部的荆门军,"疆土虽稍广阔,然山疃田芜,人踵稀少,户口不能当江浙小县"⑤。土广人稀。经济力量更差的是位于长江西陵峡两岸的归州,宋孝宗时,"归之为州,才三四百家",归州长官自言:"州仓岁收秋夏二料麦粟粳米,共五千余石",陆游认为"仅比吴中一下户耳"⑥。全是山区,农田稀少,故而财政力很弱。相邻的峡州与归州相同,为比较狭陋的山区小州,"萧条鸡犬乱山中"⑦,但并非一无是处,贬官至此的欧阳修就看到不少可记的景物:"好水土,出粳米、大鱼、梨、栗、甘橘、茶、笋"⑧,物产比较丰富。又有诗云:"物华虽可爱,乡思独无聊。江水流青嶂,猿声在碧霄。野篁抽

---

① 《宋史》卷八八《地理志四》,第 2201 页。

② 彭龟年:《止堂集》卷六《乞权住湖北和籴疏》,《丛书集成初编》,第 86 页。

③ 陆游撰,李剑雄、刘德权点校:《老学庵笔记》卷四,中华书局 1979 年版,第 44 页。

④ 刘宰:《漫塘集》卷四《送魏华甫侍郎谪靖州》,第 1170 册,第 330 页。

⑤ 陆九渊著,钟哲点校:《陆九渊集》卷一七《与丰叔贾》,中华书局 1980 年版,第 216—217 页。

⑥ 陆游撰,李昌宪整理:《入蜀记》卷六,《全宋笔记》第 5 编第 8 册,第 215—216 页。

⑦ 欧阳修著,李逸安点校:《欧阳修全集·居士集》卷一一《夷陵岁暮书事呈元珍表臣》,第 174 页。

⑧ 欧阳修著,李逸安点校:《欧阳修全集·书简》卷九《与薛少卿(公期)二十通·一(景祐三)》,第 2503 页。

夏笋,丛橘长春条。……斫谷争收漆,梯林斗摘椒。巴賨船贾集,蛮市酒旗招。"①至少在林果业、商业、渔业方面有其特色。

湖北东部号为千湖之国,水产丰富,获地、鱼湖与农田参差,所占比重较大。如汉阳军"无湖无江之处十之二三耳"②。可耕土地仅占很小一部分,这就必然形成水产较多、种植业落后的结构。再如鄂州,"火耕水耨,人食鱼稻。以渔猎山伐为业,蠃、蛤、食物常足,人偷生,朝夕取给而无积聚"③。主要依赖丰富的自然资源,可衣食无忧,但生活简陋,质量不高,也没有积极发展经济的动力。

值得提出的是湖北最北部、毗邻京西的安州,有着发达的经济作物。例如每年出产红花二万斤,因可直接染色,在红色染料中有重要的地位。元丰年间,有内供奉曾奉旨买红花万斤后,"又继买五万斤"④。远远超出了实际产量,说明其质量为朝廷垂意,并可促进当地改变产业结构,更好地发挥优势。曾知安州的庞元英记载,其"步石村种姜芋凡四十甲;城南有栀子村,花开如琼林,香闻数十里,他处亦无"⑤。红花以外,更有姜芋、栀子的规模化种植,说明安州种植业的商品化程度很高。宋仁宗时安州一度划归京西路,不久复隶湖北,表明有举足轻重的财政实力。

总的来讲,除水产资源以及红花等经济作物外,湖北路经济突出之处不多,粮食生产比较落后。

(十二)湖南

湖南经济地理状况,可称道的是地形平坦的潭、衡二州。潭州的情况,据释惠洪称:"长沙,楚之大藩,民俗殷富可也。而山水之富,亦擅名天下。千雉垣叠,万井喧阗"⑥。可见城市经济的繁荣。宋祁有诗云:"晴日花争

---

①　欧阳修著,李逸安点校:《欧阳修全集·居士集》卷一一《初至夷陵答苏子美见寄》,第170页。
②　黄榦:《勉斋集》卷二八《汉阳申朝省筑城事》,《景印文渊阁四库全书》第1168册,第300页。
③　乐史撰,王文楚等点校:《太平寰宇记》卷一一二《鄂州》,第2276页。
④　李焘:《续资治通鉴长编》卷三二九,元丰五年八月癸亥,第7922页。
⑤　庞元英撰,金圆整理:《文昌杂录》卷三,第141页。
⑥　释惠洪著,[日]释廓门贯彻注,张伯伟、郭醒、章岭、卞东波点校:《注石门文字禅》卷二一《潭州开福转轮藏灵验记》,中华书局2012年版,第1281页。

发,丰年酒易沽。长沙十万户,游女似京都。"①风华仿佛京师开封,有着兴旺的商业。潭州还有三种土产以个大而很著名,"猫头名字出长沙,别号犀株岂过夸? 好对竹尊招二子,藕如船大枣如瓜"②。即名为猫头的毛竹笋,大莲藕和大枣。北宋中期,衡州的经济状况尚比较落后:"厥民皆窳,为生甚薄。"③后来有所发展,如吕陶有诗言衡州云:"衡阳古胜郡,齐民颇淳质。富饶几维扬,朴静类高密。"④经济状况可称富饶,几乎可与扬州相比。南宋初有人言,衡州"在承平时,上户十有八万,其风土人物之美,岁贡金犀之珍"⑤。所言"上户十有八万",并非指五等户中的上等户,而是全部户数,因为衡州崇宁年间的总户数才 168095⑥,承平时的宣和年间最多也就是 18 万户。正史载,湖南"大率有材木、茗荈之饶,金铁、羽毛之利。其土宜谷稻,赋入稍多。有袁、吉壤接者,其民往往迁徙自占,深耕概种,率致富饶"⑦。湖南与江西袁、吉州接壤者即潭、衡二州,从江西农民徙耕于此的情况看,这两地土质是比较好的,但劳动力不足,自身缺乏开发利用的能力。

除此之外,湖南绝大部分是山区,自然环境较差,农业落后,"湖南一路,户口虽多,而土壤瘠薄。经旬不雨,则旱暵之忧。虽遇丰岁,中家不免食菽与粟,其地力民财,实不与江西等也"⑧。曾任地方官的真德秀也指出:"嗟尔湘人,为生甚勤,土瘠而硗,俗窭而贫。"⑨由于土质不佳,水利不足,农业经济落后。胡寅载道:"三湘东南上流,土瘠而民匮"⑩,朱熹言:湖南"土瘠民贫,无他生理,而州县岁计入少出多"⑪。只有农业,其他行业稀少,地

---

① 宋祁:《景文集》卷一二《渡湘江》,《景印文渊阁四库全书》第 1088 册,第 97 页。

② 张镃撰,吴晶、周膺点校:《南湖集》卷九《得巨笋三尺围送王叔兴》,当代中国出版社 2014 年版,第 247 页。

③ 刘攽撰,逯铭昕点校:《彭城集》卷二一《朝奉郎邢平可知衡州制》,第 572 页。

④ 吕陶:《净德集》卷三〇《和孔毅甫州名五首》,《景印文渊阁四库全书》第 1098 册,第 235 页。

⑤ 李洪:《芸庵类稿》卷六《送赵德远序》,《景印文渊阁四库全书》第 1159 册,第 133 页。

⑥ 《宋史》卷八八《地理志四》,第 2199 页。

⑦ 《宋史》卷八八《地理志四》,第 2201 页。

⑧ 孔文仲、孔武仲、孔平仲著,孙永选校点:《清江三孔集》,孔文仲:《上省部书》,第 256 页。

⑨ 真德秀:《西山文集》卷四〇《劝民文》,《景印文渊阁四库全书》第 1174 册,第 632 页。

⑩ 胡寅著,尹文汉点校:《斐然集》卷一二《吕颐浩湖南安抚制置大使》,岳麓书社 2009 年版,第 230 页。

⑪ 朱熹著,郭齐、尹波点校:《朱熹集》卷一四《行宫便殿奏札三》,第 549 页。

方政府入不敷出。农田土壤质量差，所以粮食产量有限，"湖南地瘠，率一亩为米，不过二三斗"①。亩产仅两三斗米。现举几州具体例子如下。郴州"厥土沙砾，厥田硗瘠，厥氓窭啬。氛厉浊蒸，旱暵重仍"②。全州"山深水阔，可耕而庐者十无二三，凡为生不渔则樵"③，种植业竟不占主导地位，主要靠渔樵，依赖大自然的赐予。位于潭、衡州西边的邵州，也是"地硗产薄"④。由此可知，地理环境决定了这里都是贫困地区。

从地理环境及地理位置上看，荆湖南北二路都比不上江西、江东，而湖南稍优于湖北。

（十三）成都府路

西南地区的川蜀四路中，自然环境和经济地理条件差距很大，以中心成都府路最为优越。该路位于成都盆地西侧，北部、西部、南部都是山区，唯有成都府、汉、彭、邛、绵、蜀等州是方圆一百多公里的平原或丘陵，有着肥沃的土地："蜀地险隘，多硗少衍，侧耕危获，田事孔艰。唯成都、彭、汉，平原沃壤，桑麻满野。昔人谓大旱不旱者，较之他郡，差易为功。"⑤土壤、水利优良，即使逢大旱年景也比较容易获得丰收。如彭州"惟天彭之古郡，乃井络之名区，民俗淳和，壤土饶沃"⑥。又如蜀州"在井络之维，处陆海之沃"，并有"金沙银砾之饶……即山而鼓，民拥素封之资；厥篚之华，户赢玩巧之利"。⑦贵金属矿产丰富，纺织业条件优越。绵州的情况类似，"处二蜀之会，人饶地腴，赋货繁茂"⑧，物产富饶。汉州如什邡县，"县大以饶"，"民既素饶，乐乡里，不急禄仕"。⑨居民生活在优裕的环境之中，不大热衷于外出仕宦。

---

① 廖行之：《省斋集》卷四《石鼓书院田记》，《景印文渊阁四库全书》第1167册，第324页。

② 杨万里撰，辛更儒笺校：《杨万里集笺校》卷七三《郴州仙居转般仓记》，第3062页。

③ 王象之编著，赵一生点校：《舆地纪胜》卷六〇《全州》，第1603页。

④ 程公许：《沧州麈缶编》卷一三《宝庆府改建设厅记》，《景印文渊阁四库全书》第1176册，第1034页。

⑤ 魏了翁：《鹤山集》卷一〇〇《汉州劝农文》，《景印文渊阁四库全书》第1173册，第455页。

⑥ 文同：《丹渊集》卷三〇《回彭守鲍郎中启》，第235页。

⑦ 张方平：《乐全集》卷三三《蜀州修建天目寺记》，《景印文渊阁四库全书》第1104册，第362页。

⑧ 文同：《丹渊集》卷二三《绵州通判厅伐木堂记》，第193页。

⑨ 欧阳修著，李逸安点校：《欧阳修全集·居士外集》卷一四《陈氏荣乡亭记》，第926页。

最北部的绵州石泉县至茂州一带，"土田肥美"①，有着优良的土地资源。成都府的郫县，"邑屋极盛，家家有流水修竹"；嘉州峨眉县的苏稽、符文镇，"两镇市井繁遝，类壮县"。② 镇域经济强大，仿佛大县城，可见该县社会经济十分富庶。绍圣初王觌知成都府时，"蜀地膏腴，亩千金，无闲田以葬"③。所谓蜀地，实际是指成都府路，说明了当地土地资源开发殆尽，地价很高。故而司马光有"蜀土膏黄金"之誉。④

除此之外的其他地方，环境大异。山区中多是汉夷杂居，土地既少又贫瘠。如陵州"在崎岖山谷之中……土田瘠卤"⑤，雅州"地多瘠卤，岭峭川激"⑥，可说是偏僻荒凉。即便是成都府附近的隆州，"在成都之南二百里，其土脊，故无万钟之家；其地左，故无千金之贾"⑦。农业以及商业都比较落后。其南邻黎州，也是"地瘠民稀，税赋寡薄"⑧。这些地区的经济地理状况，与成都府等地形成鲜明的对比。

（十四）梓州路

该路绝大部分地区在成都盆地之中，换言之，即占据了成都盆地的大半。但其自然条件却与成都府路有较大的差距。梓州路虽在盆地，然而史料中所显示的并不是平原，却多为丘陵，"多是山田，又无灌溉之利"⑨，农田水利条件很差。马端临也言："梓州路田为山崖，难计顷亩"⑩，是宋代全国唯一没有田地数量统计数字的路分，说明其农田十分零散，难以统计，也无

---

① 李焘：《续资治通鉴长编》卷二七八，熙宁九年十月庚寅，第6797页。

② 范成大撰，孔凡礼点校：《范成大笔记六种·吴船录》卷上，中华书局2003年版，第187、197页。

③ 《宋史》卷三四四《王觌传》，第10944页。

④ 司马光撰，李文泽、霞绍晖校点：《司马光集》卷二《送冷金笺与兴宗》，第39页。

⑤ 文同：《丹渊集》卷二八《陵州谢上表》，第218页。

⑥ 魏了翁：《鹤山集》卷三九《雅州振文堂记》，《景印文渊阁四库全书》第1172册，第452页。

⑦ 韩驹：《题名记》，傅增湘原辑，吴洪泽补辑：《宋代蜀文辑存校补》，重庆大学出版社2014年版，第1248页。

⑧ （清）徐松辑，刘琳、刁忠民、舒大刚、尹波等校点：《宋会要辑稿·食货》二八之四七，第6628页。

⑨ 汪应辰：《文定集》卷四《御制问蜀中旱歉画一回奏》，学林出版社2009年版，第27页。

⑩ 马端临撰，上海师范大学古籍研究所、华东师范大学古籍研究所点校：《文献通考》卷四《田赋考四》，第106页。

法估计。

在这种环境下,各地的境况都不佳。如正居其地理中心的普州,"普地千里,坎崄走伏,率无良畴,大田若箕,三日不雨,地裂龟坼"①。田地非常零星,大块的也不过簸箕大小,小块的可想而知,且毫无农田水利设施,完全是靠天吃饭。蓬、阆等州,"皆山田硗瘠,民生最艰"②。且看蓬州,"地硗瘠,合伍县户口,不满三万余,而下户居三之二"③。人口有限,穷人居多。资州"地狭民贫,无土以耕,在蜀为穷僻之邑"④,农田稀缺,居民贫困。西南部的叙州(戎州)"地狭隘夷,赋且半岁入为缗八万,不当中州一小县,民劳苦多瘠"⑤。物产贫乏,居民辛勤劳作也不能致富。

其首善之区梓州,史料记载中有完全相反者,一说"壤地瘠薄,民物之产,曾不及西川一大县"⑥,一说"潼川弁冕三蜀,方率十八州,山川形胜、衣冠人物、贡赋织组、民庶繁伙,望成都不肯低一线气"⑦。矛盾在于物产是否丰富。前说者为郭良能,人物年代已不可考;后说者为李新,宋徽宗时人。如郭良能在李新之前,有可能是到宋徽宗时发展了,但李新所谓可与成都媲美显然是夸大不实之词。

其他诸州,就笔者所见史料,昌州较好些,"有桑麻粳稌之饶",但"凡衣食物资以养生者,不及他郡"⑧,最多属于中等水平。另有少数民族地区的泸州,虽山林密布,但一些地方"有良田万顷,颇多积谷"⑨,有着良好的农业。

① 李新:《跨鳌集》卷一六《普州铁山福济庙记》,《景印文渊阁四库全书》第1124册,第528页。
② 真德秀:《西山文集》卷四一《故资政殿学士李公神道碑》,《景印文渊阁四库全书》第1174册,第653页。
③ 魏了翁:《鹤山集》卷七九《知达州李君墓表》,《景印文渊阁四库全书》第1173册,第225页。
④ 王象之编著,赵一生点校:《舆地纪胜》卷一五七《资州》,第3368页。
⑤ 魏了翁:《鹤山集》卷四二《叙州蠲役记》,《景印文渊阁四库全书》第1172册,第481页。
⑥ 王象之编著,赵一生点校:《舆地纪胜》卷一五四《潼川府路》,第3289页。
⑦ 李新:《跨鳌集》卷一六《潼川府修城记》,《景印文渊阁四库全书》第1124册,第524页。
⑧ 王象之编著,赵一生点校:《舆地纪胜》卷一六一《昌州》,第3455页。
⑨ 李焘:《续资治通鉴长编》卷三一五,元丰四年八月乙卯,第7616页。

（十五）利州路

该路位于四川北部，大多是山区。山区中环境差，生产落后，所谓"山居而谷饮……耕桑不足而商贾有余"①。农业条件不好，只有利用靠近陕西的地理位置优势，以商业补充其经济。但由于基础薄弱，仍属贫困之地。中心地区利州即是典型例子："利于秦蜀，为舟车咽喉，土瘠民贫，城郭库而居室陋"②；"地瘠财窘，虽丰年犹有艰食"③。交通条件虽然有利，但土地贫瘠，基础薄弱，物产并不丰富，粮食无法自足，城市根本谈不上发达，整个地区经济是落后的。

利州一路，唯有两个州的环境堪称优良，即位于汉中盆地的兴元府、洋州。兴元府为历史名城，"自三代以来，号为巨镇，疆理所属，正当秦蜀出入之会……平陆延袤，几数百里，壤土演沃，堰埭棋布。桑麻杭稻之富，引望不及。西南逾栈道抵剑门，下趣成都，岐雍诸山遮迤东北……远通樊、邓，旁接秦陇，贸迁有无者，望利而入"④。人文资源、地形、土壤、物产、位置和交通都有优势。北宋中期曾任知府的文同，也言兴元"川陆宽平，鱼稻丰美"⑤，"本府邑屋富盛，人民繁庶"⑥。南宋四川籍官员吴泳有诗云："汉中在昔称梁州，墍腴壤沃人烟稠。稻畦连陂翠相属，花树绕屋香不收。年年二月春风尾，户户浇花压醭子。长裙阔袖低盖头，首饰金翘竞奢侈。"⑦黄裳也有诗云："汉中沃野如关中，四五百里烟蒙蒙。黄云连天夏麦熟，水稻漠漠吹秋风。七月八月秜秜红，一家往往收千钟。"⑧其农业发达、经济富饶，可想而知。如其褒城县，就是"厥田衍沃，其俗富庶"⑨。洋州则"正居汉水之上，川

① 苏辙著，陈宏天、高秀芳点校：《栾城集》卷二九《安宗说知利州》，第388页。
② 王象之编著，赵一生点校：《舆地纪胜》卷一八四《利州》，第3751—3752页。
③ 吕陶：《净德集》卷一三《利州修城记》，《景印文渊阁四库全书》第1098册，第101页。
④ 文同：《丹渊集》卷三四《奏为乞修兴元府城及添兵状》，第253页。
⑤ 文同：《丹渊集》卷二八《谢就差知兴元府表》，第217页。
⑥ 文同：《丹渊集》卷三四《奏为乞置兴元府府学教授状》，第252页。
⑦ 吴泳：《鹤林集》卷二《汉中行》，《景印文渊阁四库全书》第1176册，第12页。
⑧ 祝穆撰，祝洙增订，施和金点校：《方舆胜览》卷六六《兴元府》，第1153—1154页。
⑨ 窦充：《重修大成至圣文宣王庙记》，四川大学古籍所编，曾枣庄、刘琳主编：《全宋文》第16册，第214页。

陆平衍,广袤千里……上通荆楚,旁出岐雍"①。与兴元府相似而稍次之。文同有言:"洋号曰小州,在蜀最称善地,所乐有江山之胜,其养得鱼稻之饶。"②是四川有名的富庶之地。李新也言:"梁、洋间厥田上上,衣食为一路本源。"③这两州成为利州路的经济支柱。

兴元府的西邻兴州,苏辙路过此地时有诗赞扬道:"山绕兴州万叠青,池开近郭百泉并。昔年种柳人安在?累岁开花藕自生。波暖跳鱼闻乐喜,人来野鸭望船鸣。"④至少是山清水秀,居民安居乐业。

(十六)夔州路

四川诸路,以夔州路面积最大,也是自然环境最恶劣之地。其境尽在群山之中,所谓"夔峡之间,大山深谷,土地硗确,民居鲜少,事力贫薄,比东西川十不及一二……地土瘠薄,稼穑艰难,最为下下"⑤。瘠是土壤肥力差,薄是土层很浅;"夔路最为荒瘠,号为刀耕火种之地。虽遇丰岁,民间犹不免食木根实"⑥。之所以刀耕火种,原因之一就是土质甚劣。如施州"山岗砂石,不通牛犁,惟伐木烧畲以种五谷"⑦。该路的大部分地方还比较原始,连牛耕都无法运用,土地垦殖率很低。穷山恶水之间不但弥漫着瘴气,更糟的是地方病严重,"夔民多瘿,无者十财一二耳"⑧。此即缺碘引起的瘿瘤,又称甲状腺肿瘤,使人生活非常不便。由于山高,水源缺乏,在其路治所在地夔州,连居民饮用水也很困难,"夔峡州郡民间无井饮,夔州城中引三洞、三臂两溪水,分布之衢巷,贮以桐船木槛,年必一易,使汲者输钱以治之"⑨。实际上是居民买水饮用。饮用水尚且如此,遑论灌溉农田?

---

① 文同:《丹渊集》卷三四《奏为乞修洋州城并填兵状》,第249页。

② 文同:《丹渊集》卷二八《洋州谢到任表》,第218页。

③ 李新:《跨鳌集》卷二〇《再上家提举书》,《景印文渊阁四库全书》第1124册,第567页。

④ 苏辙著,陈宏天、高秀芳点校:《栾城集》卷二《兴州新开古东池》,第46页。

⑤ 度正:《性善堂稿》卷六《重庆府到任条奏便民五事》,《景印文渊阁四库全书》第1170册,第194、196页。

⑥ 汪应辰:《文定集》卷四《御札问蜀中旱歉画一回奏》,第27页。

⑦ 祝穆撰,祝洙增订,施和金点校:《方舆胜览》卷六〇《施州》,第1051页。

⑧ 陆游著,钱仲联校注:《陆游全集校注·剑南诗稿校注》卷二《将赴官夔府书怀》,第1册,第100页。

⑨ 李焘:《续资治通鉴长编》卷二五四,熙宁七年六月癸巳,第6215页。

川蜀四路的自然环境相比较而言,成都府路最优,利州路次之,梓州路又次之,夔州路不但是四川最差的地区,也是全国最差的地区。

(十七)福建

该路多少有点神秘。对其自然条件的优劣,史料中评价不一,乃至截然不同。人们最常引用的是淮东高邮人秦观的一段话:"今天下之田称沃衍者,莫如吴、越、闽、蜀,其一亩所出,视他州辄数倍。彼闽、蜀、吴、越者,古扬州、梁州之地也。按《禹贡》:扬州之田第九,梁州之田第七。在九州之中,等最为下。而乃今以沃衍称者何哉?吴、越、闽、蜀,地狭人众,培粪灌溉之功至也。"①把福建与两浙(实际是浙西)、四川(实际是成都府路)相提并论,指出其土质原本很差,经众多的劳动力长期改造,遂为第一等土地。这话用之于吴蜀的一些地区是对的,用之于福建就错了。

福建境内山地、丘陵约占总面积的90%,森林覆盖率至今仍达65.95%,位居全国首位,耕地面积仅占总面积的1.6%,所谓"八山一水一分田"。其土地首先不能用平坦广阔的"衍"字来形容。那么是否肥沃呢?回答也是否定的。福建邵武军人上官孔明言:"福建之地,平原旷野,率皆硗确。"②平原地带都是多砂石、不宜种植的贫瘠土地。南剑州人杨时言:"闽中地瘠人贫,天下所共知"③,天下人共知福建瘠薄,独淮东人且从未到过福建的秦观不知也。兴化军人刘克庄对比道:"江浙膏腴动渺然,唯闽硗薄少平川。"④明显的对照,不容不信。建州人真德秀也有同样比较:"闽之为俗,土瘠人贫,号为甚富者,视江浙不能百一。"⑤足见是无法与两浙等地相提并论的。

为了进一步了解实际情况,我们可分州而论。福建八州郡,习惯上将建州、南剑州、汀州和邵武军称为上四州,福州、泉州、漳州和兴化军为下四州。

---

① 秦观撰,徐培均笺注:《淮海集笺注》卷一五《财用》下,第601页。
② 李心传编撰,胡坤点校:《建炎以来系年要录》卷五〇,绍兴元年十二月乙丑,第1034页。
③ 杨时撰,林海权校理:《杨时集》卷二二《与执政》,第608页。
④ 刘克庄撰,王蓉贵、向以鲜校点:《后村先生大全集》卷八《劳农二首》,四川大学出版社2008年版,第242页。
⑤ 真德秀:《西山文集》卷二《癸酉五月二十二日直前奏事·奏札二》,《景印文渊阁四库全书》第1174册,第39页。

先看上四州。建州，"建之为州，统县凡七，皆山谷延袤相属，田居其间才什四三。岁甚丰，民食仅告足，一或小歉，则强者相挺为暴，弱者转死沟隍中"①。农田虽然较多，但收成较少，只有大丰收才勉强能够自给自足，稍有歉收便引发灾难。韩元吉也记载："建宁之境，地狭而民贫。"②这些不多的山田，难以养活当地居民。与农业落后不同，城市手工业、商业较好，尤以书籍印刷业为发达，是全国最主要的商业图书出版基地。故而城市较为繁华，"建安人物风流，市井华丽，红纱翠盖，常无异于花朝灯夕"③。以青楼妓女为盛。汀州"汀山多田少，土瘠民贫"④，与建州略同。南剑州如将乐，"环邑皆山，层高而田，尺敷寸垦，耰锄艰辛。竭地之力，仅足自食"⑤。全是小块梯田，需投入很多的劳动力才能使粮食维持自给。唯沙县情况特殊，比较优良，"沙阳虽僻左，风土冠闽域。讵知乱山里，有此膏壤平。邑屋号华丽，溪山倍澄明。……民俗素康阜，土夫多俊英。食饶鱼稻美，荫有松竹清"⑥。有膏沃的平地，鱼米丰足，建筑华丽，风光秀美，实在是别有天地。邵武军情况较好，据说"尤为繁阜"⑦，至少城市经济发达。但总的来讲，上四州的情况是山多田少，田地也是瘠多沃少。

下四州多是沿海地区，虽地貌差别很大，但经济地理仍与上四州相差不多。如漳州"其地俭狭，故其民窭以啬"⑧。当地人陈淳言："漳土瘠薄，民之生理本艰，与上郡不同。"⑨农田贫乏狭小，居民贫穷吝啬。王安石在送友人赴漳州任职的诗中，有比较具体全面的介绍："关山到漳穷，地与南越错。

① 真德秀：《西山文集》卷二四《建宁府广惠仓记》，《景印文渊阁四库全书》第1174册，第367页。
② 韩元吉：《南涧甲乙稿》卷一八《建宁府劝农文》，第359页。
③ 华岳撰，马君骅点校：《翠微南征录北征录合集·翠微南征录》卷一〇《新市杂咏·序》，黄山书社1993年版，第120页。
④ （明）解缙：《永乐大典》卷七八九〇《汀州税赋》引《临汀志》，第4册，第3622页。
⑤ 方大琮：《宋宝章阁直学士忠惠铁庵方公文集》卷三〇《将邑丙戌劝农文》，明正德八年方良节刻本，第1页。
⑥ 李纲著，王瑞明点校：《李纲全集》卷七《沙阳》，岳麓书社2004年版，第58页。
⑦ 陈宓：《复斋先生龙图陈公文集》卷一六《本军修城拟申亏度牒白札》，《续修四库全书》第1319册，上海古籍出版社2002年版，第475页。
⑧ 程俱著，徐裕敏点校：《北山小集》卷二四《黎確龙图阁待制知漳州》，第440页。
⑨ 陈淳：《北溪大全集》卷四四《上庄大卿论鹾盐》，《景印文渊阁四库全书》第1168册，第857页。

山川郁雾毒，瘴疠春冬作。荒茅篁竹间，蔽亏有城郭。居人特鲜少，市井宜萧索。"瘴雾肆虐，地旷人稀，城市萧条，因而深为友人不平且担忧："超然万里去，识者为不乐。予闻君子居，自可救民瘼。苟能御外物，得地无美恶。"同时又安慰道："珍足海物味，其厚不为薄。章举马甲柱，固已轻羊酪。蕉黄荔子丹，又胜楂梨酢。"①好在多海味如马甲柱（江珧柱，即干贝）和香蕉、荔枝，可慰远客。泉州"土薄濒海，民多艰食。而永春、德化、安溪三邑，介处穷谷，怵迫尤甚"②。土地瘠薄，难以自给自足，经常缺乏口粮。兴化军，"七闽诸郡，莆田最为濒海，地多咸卤，而可耕之地，又皆高仰，无川渎沟洫之利。旬日不雨，则民有粒食之忧"③。沿海的平地多盐碱滩涂，可以耕种的农田则在山上，没有水利设施，完全是雨养农业。但该州有两块宝地，与众不同，"惟南、北二洋为广衍，民食公赋，居郡之什伍"④。与两浙象山县之"县洋"相似。

最后再看其中心福州。"福州治侯官，于闽为土中，所谓闽中也。其地于闽最平以广，四出之山皆远"⑤。地貌属典型的河口盆地，是一片风光独特的小平原。气候也甚佳，"得天之气和平而无寒焕，燠不为瘴，寒不至沍"⑥，既无高温，也不上冻，又无瘴气，气候宜人。司马光对其有"瓯越东南美，田肥果稼饶"的赞美。⑦确属福建路中自然环境最优良的地区。然而这并不意味着农业能高产，"福之为州，土狭人稠，岁虽大熟，食且不足。田或两收，号再有秋，其实甚薄，不如一获"⑧。虽有两季收成，由于产量不高，还不如外地一季所收的多。地形虽平坦，气候虽宜人，但从收获量看，土质并不肥沃，即使是辛勤耕作也仍然不能成为上等土地。以福清县为例，据福建

---

① 王安石著，秦克、巩军标点：《王安石全集》卷四二《送李宣叔倅漳州》，第360—361页。
② 陈耆卿著，曹莉亚点校：《陈耆卿集》卷四《代上请乞输钱札子》，第39页。
③ 方略：《有宋兴化军祥应庙记》，（清）陈棨仁：《闽中金石略》卷八，《石刻史料新编》第1辑第17册，第12988页。
④ （明）解缙：《永乐大典》卷三五二六《斗门》引《甫阳志》，第2册，第2029页。
⑤ 曾巩撰，陈杏珍等点校：《曾巩集》卷一九《道山亭记》，第315页。
⑥ 梁克家：《淳熙三山志》卷三九《土贡》，《宋元方志丛刊》，中华书局1990年版，第8241页。
⑦ 司马光撰，李文泽、霞绍晖校点：《司马光集》卷一〇《送元待制出牧福唐》，第340页。
⑧ 真德秀：《西山文集》卷四〇《福州劝农文》，《景印文渊阁四库全书》第1174册，第630页。

莼田人刘克庄记载，这里"土瘠俗贫，物货不产，商贾靡至"①，居民多以果菜业和渔业为生，粮食生产落后。故而刘攽言其"生齿繁伙，其养不足"②，难以满足基本生活条件。

以上可见，就农业环境而言，无论是上四州还是下四州，大部分地区的自然条件较差。福建的另一劣势也较突出，即交通条件很差。所谓"闽地瘠薄，舟车少通"③。宋真宗时，曾专门下诏关照当地从事运输的官兵："福建山路险恶，其辇致官物军士，自今遇旬休节序，并特给假。"④因工作艰难，给其假期休息。具体如汀州"山丛水浅，舟楫不通"⑤，没有船运。建州浦城县、邵武军邵武县有些地方由于山势险峻，连牛马也不能通行。⑥ 更可怕的是，山区多有瘴雾之毒，危害甚大，如自泉州至漳州、汀州的路途中，"皆涉瘴烟，马递铺卒三年一易，死亡大半，亦有全家死者，深可伤悯"⑦。死亡率如此之高，实属少见，对其资源开发和经济发展十分不利。

但是，漫长的海岸线给福建带来无穷的渔业等资源，更提供商业拓展的新途径。如长溪县，仅"海舟之隶于邑者数千艘"⑧，未被官府征用的更多。其中多有从事远洋贸易的海商，"福建一路多以海商为业"⑨。例如"泉州人稠山谷瘠，虽欲就耕无地力。州南有海浩无穷，每岁造舟通异域"⑩。是其经济发展的亮点和增长点。作为历史名港，至今泉州尚多宋代海外交通的遗迹。

（十八）广东

广东之地的基本特征是：北部多山区，南部多平原；大部分地区未经开

① 刘克庄撰，王蓉贵、向以鲜校点：《后村先生大全集》卷八八《福清县创大参陈公生祠》，第2284页。
② 刘攽撰，逯铭昕点校：《彭城集》卷二一《知润州朱服可知福州制》，第572页。
③ 李心传编撰，胡坤点校：《建炎以来系年要录》卷一八八，绍兴三十一年二月己酉，第3650页。
④ （清）徐松辑，刘琳、刁忠民、舒大刚、尹波等校点：《宋会要辑稿·食货》四八之一四，第7082页。
⑤ 许应龙：《东涧集》卷一三《代劝农文》，《景印文渊阁四库全书》第1176册，第551页。
⑥ 乐史撰，王文楚等点校：《太平寰宇记》卷一〇一《建州》《邵武军》，第2015、2018页。
⑦ 李焘：《续资治通鉴长编》卷二七四，熙宁九年四月辛卯，第6705页。
⑧ 楼钥撰，顾大朋点校：《楼钥集》卷一一五《朝散郎致仕宋君墓志铭》，第2004页。
⑨ 李焘：《续资治通鉴长编》卷四三五，元祐四年十一月甲午，第10493页。
⑩ 祝穆撰，祝洙增订，施和金点校：《方舆胜览》卷一二《泉州》，第214页。

发。其中的南恩、新、循、梅、高等五州是朝廷法令规定流放惩治罪犯的"远恶州"①，荒瘠恶劣可想而知。如新州"地僻境隘，民薄产而多贫"②，无疑是贫困地区。大体上讲，北部以农业为主，南部沿海以渔盐业为主。南部所缺乏的不是土地，而是肥沃的土质。北部土地较好些，如连州"土田膏沃"③；南雄州也有部分沃田，"视二广未深入，地据上流，田有肥瘠"④。但最北边的韶州境况不佳，"所管四县，地瘠人稀"⑤。最东端的潮州，"潮之为郡，土旷人稀，地有遗利……地多鱼盐，民易为生，力穑服田，罕务蓄积。时和岁丰，固无乏绝，年或不登，仰给循海"⑥。自然环境易于谋生，不需过多努力便足以维持温饱，所以基本上是听天由命的状态。

广东不少地区都有一个突出的恶劣环境，即由于地多林木荒草，湿气严重，气候炎热，多有瘴毒之气，"山林翳密，多瘴毒，凡命官吏，优其秩奉"，尤以春州、梅州等地"炎疠颇甚"⑦。春州因为"瘴气甚毒，至者必死"⑧，北方流放贬谪官员到此中毒就性命不保，可见瘴毒对人体危害很大，对生产也极为不利，人口数量很难增长。

广东经济地理有两个优势：一为北部的韶州矿产资源丰富，是宋代重要的矿业基地；二为南部的广州乃宋朝主要的外贸口岸，"岁有海舶贸易，商贾交凑"⑨。有夸张的语言说道："广，天下宝货之储，而蕃舶之家，常以亿万计。"⑩有

---

① 谢深甫编，戴建国点校：《庆元条法事类》卷七五《编配流役》，黑龙江人民出版社 2002 年版，第 780 页。
② 崔颐：《新州郡守题名记》，四川大学古籍所编，曾枣庄、刘琳主编：《全宋文》第 50 册，第 340 页。
③ 杨亿：《武夷新集》卷六《连州开元寺重修三门行廊记》，《景印文渊阁四库全书》第 1086 册，第 417 页。
④ （明）解缙：《永乐大典》卷六六六《南雄州·杂文》，京都大学人文科学研究所藏抄本，第 9 页。
⑤ 胡寅著，尹文汉点校：《斐然集》卷一五《缴韶倅宋普根括田产减年》，第 294 页。
⑥ 许应龙：《东涧集》卷一三《初至潮州劝农文》，《景印文渊阁四库全书》第 1176 册，第 550 页。
⑦ 《宋史》卷九〇《地理志六》，第 2248 页。
⑧ 陈均编，许沛藻、金圆、顾吉辰、孙菊园点校：《皇朝编年纲目备要》卷三，太平兴国八年正月，中华书局 2006 年版，第 65 页。
⑨ 《宋史》卷九〇《地理志六》，第 2248 页。
⑩ 滕元发撰，黄纯艳整理：《孙威敏征南录》，《全宋笔记》第 1 编第 8 册，大象出版社 2003 年版，第 4 页。

了这两强项,便不能不对广东的经济地理另眼相看了。"广东俗富"①的说法,当也是由此而来的。

(十九)广西

广西路总体是山地丘陵性盆地地貌,有"广西盆地"之称。领土大部分是山区,开发有限,炎荒更甚。其中部的宾州和南部的雷、化、容州及海南岛的琼州、万安、昌化、吉阳军七地,都是环境极差的"远恶州"②,用于惩治流放的罪犯。广西土地大半是贫瘠的,"广地沙瘠易燥,半月不雨又复苦干"③,故而"广西州县例皆荒瘠之所,民户贫薄"④。如雷州,"地多沙卤,禾粟春种秋收,多被海雀所损"⑤。产量原本有限,成熟时又被海雀啄食毁坏,农业生产环境很差。广西瘴气弥漫,比广东更严重,"二广气候恶弱,西广尤甚"⑥,反映了开发程度的低下。正如周去非所言:"广西地带蛮夷,山川旷远,人物稀少,事力微薄,郡不当浙郡一县。"⑦一个州的经济实力,还不如两浙地区的一个县。但是由于热量和水量条件优越,生产成本很低,庄稼不用灌溉、不用除草,就可以"无月不种,无月不收"⑧。谋生十分容易,"冬绨夏葛,稻岁再熟。富者寡求,贫者富足。绩蕊为衣,蓺根为粮"⑨。贫富差别有限,消费有限,与广东一样没有发展社会生产的动力。

大陆以外的海南岛,开发程度更低。如吉阳军,城内"止茅茨散处数十家,境内止三百八户,无市井。每遇五七日,一区黎洞贸易,顷刻即散。……地炎热,上元已衣纱。果实多不知名,瓜大如斗瓶。但有名香异花,此外色

---

① 《宋史》卷一八三《食货志下五》,第4467页。

② 谢深甫编,戴建国点校:《庆元条法事类》卷七五《编配流役》,第780页。

③ 李曾伯:《可斋续稿》后卷六《回宣谕奏》,《景印文渊阁四库全书》第1179册,第670页。

④ (清)徐松辑,刘琳、刁忠民、舒大刚、尹波等校点:《宋会要辑稿·食货》一〇之一四,第6200页。

⑤ 乐史撰,王文楚等点校:《太平寰宇记》卷一六九《雷州》,第3231页。

⑥ (清)徐松辑,刘琳、刁忠民、舒大刚、尹波等校点:《宋会要辑稿·职官》四八之二二,第4320页。

⑦ 周去非著,杨武泉校注:《岭外代答校注》卷一《广西省并州》,第7页。

⑧ 周去非著,杨武泉校注:《岭外代答校注》卷八《月禾》,第338页。

⑨ 苏过著,舒大刚、蒋宗许等校注:《斜川集校注》卷七《志隐》,第480页。

色无之。东坡言昌化不类人境,以吉阳视之,犹为内郡,不但饮食不具、药石无有也"①。荒凉的吉阳、昌化等地,人口稀少,商业仅有定期的虚市,毫无经济实力可言。

中心地区桂州(静江府),境况较好,"静江之属邑十,地肥硗略等",南部诸县稍好些。② 西南的邕州为区域中心,经济地理环境最为优良,"土壤毛沃,饶桑麻谷粟之资,毓金银铜铁之宝,夥毡毯布马之货,趑蜜麝盐砂之商,气候得中,无瘴疠岚虐之淫苦"③。土地肥沃,物产丰富,矿产也多,没有瘴气,如沙漠绿洲一般难得。

广西大陆虽然有着辽阔的海岸,但并未能提供像广东等地那样的航运便利。这是由其沿海地理状况决定的,"钦廉海中有沙碛,长数百里……隐在波中,深不数尺,海舶遇之辄碎"。海上航运的交通航道,呈现着东行便利、西行艰难的特殊状况,"自广州而东,其海易行;自广州而西,其海难行;自钦廉而西,则尤为难行"。"盖福建、两浙滨海多港,忽遇恶风,则急投近港。若广西海岸皆砂土,无多港澳,暴风卒起,无所逃匿。至于钦廉之西南,海多巨石,尤为难行"。④ 沿海既多暗礁,海岸又多沙土,难以通航,港口不多,海上交通不能发展。本来就偏僻的广西,通往东南和世界的海道又被阻滞,便更加闭塞,只能望洋兴叹,遂为与夔州路相同的宋代最落后的地区之一。

(二十)各路地理环境比较与分析

以上各路的地理环境大致如此,各路的发展基础和经济状况由此已见轮廓。

从上我们看到,以路为单位,各地都没有绝对的优势,只有相对的优势。南、北方地区比较而言,南方地域广大,但山区多,实际开发面积有限,大部分地区还是一派荒芜。其优势主要在于气候温暖,水源充足,自然植被繁

---

① 周辉撰,刘永翔校注:《清波杂志校注》卷七《吉阳风土恶弱》,中华书局 1981 年版,第302 页。

② 《宋史》卷三九二《赵宗宪传》,第 11992 页。

③ 李彦弼:《大宋建隆兑州记》,(清)谢启昆:《粤西金石略》卷六,《石刻史料新编》第 1 辑第17 册,第 12519 页。

④ 周去非著,杨武泉校注:《岭外代答校注》卷一《象鼻砂》,第 37—38 页。

茂。北方地域较小,但平原广阔,土地开发历史悠久,可耕率高,土质一般也较肥沃;就水利资源而言则不如南方,并且河流为患严重,尤其是黄河害大于利;气候资源无疑也差于南方。具体一些,可以做如此比较:西北胜于西南,东南胜于西北,东北与东南可以抗衡。

北方的河北东部、南部,陕西的关中地区,京东的北部、中部,南方的两浙太湖流域、成都府路东部、淮南的一些地区,都是自然条件优良的地区,而且面积大小相差无几。北方自然条件最差的是河东路和京西南路,总面积约 242171 平方公里,占北方总面积 885073 平方公里的 27%;南方自然条件最差的是夔州路、广西(这两地也是全国自然条件最差的地区,都在西南)、湖北、湖南、梓州路,总面积约 658890 平方公里,是北方河东、京西南路两路的两倍多,占南方总面积 1619914 平方公里的 40%。也就是说,无论从数量上还是从质量上讲,自然环境最差的地区不在北方,而在南方。

自然条件的评价是综合性的,基本内容有二:一是自然力的评价,如对地势、地貌、地质、土壤、水文、植被、气候等因素的评价;二是经济力的评价,如对地理位置、交通条件、水利条件、发展潜力的评价。在此提出两点。

其一,沿海地区比内地有优越之处。海洋无限地扩大了沿海地区的领土,贮藏着无穷的财富,生产范围比内地大得多。然而海洋的开发利用,依赖于生产力和科技的发展。在宋代,只利用了盐资源、水生物等渔业和海上交通,但仅此已比内地优越了。在这方面,南方海岸线比北方长占有相对优势,而东部比西部占有绝对优势。

其二,北宋的政治中心、军事重心都在北方,接近京师开封这一最大城市的地区,显然在地理位置上比偏远地区具有优越性。自然环境的好坏不是孤立的、纯天然的,还要看到互相之间的联系和所处的地理位置。靠近都城和驻军众多之地,人口密集,至少可使产品销路有保障,而且运输距离近、成本低,从大城市还可得到质量较高的手工业产品等帮助。在这一方面,北方地区比南方地区有优势。

第三节　社会生产的历史背景和时代环境

　　一定的自然环境只有与社会环境相结合,才能发挥其经济作用。同一社会环境中,不同的自然环境会有不同的效益;反之,同一自然环境在不同的社会环境中也会有不同的效益。二者互相作用,这就是地理现象与社会现象的互动关系。

　　与地理环境的不平衡性一样,宋代的社会环境在各地区也是不平衡的,而这又与历史发展的不平衡密切联系。在这方面,南方和北方的差异表现得最为突出。

一、北方地区社会的颠簸

　　北方是我国文明的发祥地,也是古代历史活动的主要场所。这块土地无疑具有极大的养育能力,直到唐代,其富庶程度还是无与伦比的。如西北地区,在唐玄宗时达到极盛,"是时中国强盛,自(长安)安远门西尽唐境万二千里,闾阎相望,桑麻翳野,天下称富庶者无如陇西"[1]。可见这一带的土地广泛得到开垦,劳动力充足,生产兴旺发达,经济十分繁荣。在东部,河北道的经济发达程度与之交相辉映,"天宝以来……河北贡篚征税,半乎九州"[2],有着强大的经济实力,赋税收入为全国之最。后来的河北藩镇之所以雄视一方,最为强大,就在于经济实力的雄厚。唐代后期有人评论:河北"不资天下之产以为富","河北气俗浑厚,果于战耕,加以土息健马,便于驰敌,是以出则战,处则饶,不窥天下之产,自可封殖;亦犹大农之家,不待珠玑

---

　　① 司马光:《资治通鉴》卷二一六,天宝十二载五月,中华书局 1956 年版,第 6919 页。
　　② (唐)李华:《安阳县令厅辟记》,(清)董诰等编:《全唐文》卷三一六,中华书局 1983 年版,第 3209 页;参见黄冕堂:《论唐代河北道的经济地位》,《山东大学学报(人文科学)》1957 年第 1 期。

然后以为富也"。① 由此也可见,安史之乱以来的河北经济虽屡经战火,仍顽强地保持着良好的基础。政治、军事上的割据,建立在经济上的"自可封殖"。

唐末五代以来,北方经济在军阀混战中颠簸,受到了一次又一次的打击。随着中央政权的失控,强大起来的西部、北部少数民族政权向内地步步逼近,不断扩张。陇西丧失大半,人口也由于战乱或丧失,或迁徙,大幅度下降。关中地区也遭破坏,宋初的雍州与天宝年间相比,户口下降了79%。② 关中农业命脉郑白渠,原灌溉面积达四万顷,唐永徽年间降为一万余倾,大历年间减至6200余顷,至宋初则不及2000顷。③ 宋朝接过来的陕西,像是一个败落的豪门之家,而且在进一步的恢复(后周已有所恢复)和发展过程中,又遇到很大的障碍,即时代环境的恶劣。内战虽然没有了,外患却加重了。自宋太宗时李继迁崛起,灵夏地区又复丧失,国防线更为收缩,陕西地区遂处于宋夏折冲之地。尤其是宋仁宗时元昊独立建国,战争规模更大,成为宋朝国防的热点。陕西经济则不断遭到战争和备战的摧残,"关中自元昊叛,民贫役重"④。宋神宗时攻伐西夏失败后,陕西"公私蓄积,大抵殚耗。丁壮运粮从军,夏麦不下种"⑤。因为战争,公私蓄的财物消耗一空,几乎所有的青壮年男子或当兵,或当运送粮草的民夫,农村竟无人播种麦子。宋徽宗初,路昌衡上书指出:"频年以来,西方用兵,致兴大役……自陕以西,民力伤残,人不聊生。"⑥在这种不安定的社会环境中,生产艰难,恢复和发展经济处在经常的反复之中。

宋代北边的疆域较之唐朝也有重大变化。主要是后晋割让幽云十六州给契丹,遗患宋代极大:"阿保机并小族称帝,援立石晋,又得其所割雁门以

---

① 司马光:《资治通鉴》卷二四四,太和七年七月,第7889页。

② 杨德泉、苟西平:《北宋关中社会经济试探》,载邓广铭等主编:《宋史研究论文集　一九八四年年会编刊》,浙江人民出版社1987年版。

③ (唐)杜佑撰,王文锦、王永兴、刘俊文、徐庭云、谢方点校:《通典》卷二《食货二》,中华书局1988年版,第39页;(清)徐松辑,刘琳、刁忠民、舒大刚、尹波等校点:《宋会要辑稿·食货》七之二,第6116页。

④ 《宋史》卷三三八《苏轼传》,第10802页。

⑤ 文彦博著,申利校注:《文彦博集校注》卷二五《论西事》其二,第734页。

⑥ 《宋史》卷三五四《路昌衡传》,第11159页。

北幽州节度管内十六州。盖其地东北有卢龙塞,西北有居庸关,中国恃此以界限北狄。自十六州既割之后,山险皆为虏所有,而河北尽在平地,无险可以拒守矣。"[1]领土、居民的减少,自然是生产力的下降,仅此一项,就使河北路无法达到唐代河北道的盛况。更主要的是天险丧失,国防虚弱,外患频繁,生产环境又受到破坏。宋初三朝数次北伐,连连失利,契丹遂多次南下侵略。为防止契丹入侵,宋政府在河北广开塘泊,以水为险,广设牧地,豢养战马,又占去了大片土地。欧阳修曾概括地指出了河北土地状况:

> 河北之地,四方不及千里,而缘边广信、安肃、顺安、雄、霸之间尽为塘水,民不得耕者十八九。澶、卫、德、博、滨、沧、通利、大名之界东与南,岁岁河灾,民不得耕者十五六……沧、瀛、深、冀、邢、洺、大名之界西与北,咸卤大小盐池,民不得耕者十三四。又有泊淀不毛,监马棚牧,与夫贫乏之逃而荒弃者,不可胜数。[2]

此言虽不免夸张,仍可看出与唐代相比,河北的社会生产范围绝对地大幅减缩了。

河东北部长期被北汉刘氏盘踞。因地势艰险,宋太祖两次北伐而不克,至宋太宗太平兴国四年(979)才得统一。在这场战争中,除了破坏以外,河东的生产力也遭到严重削弱,主要表现在宋政府多次大规模地迁徙河东人户到外地。建隆三年(962),宋太祖下令"徙北汉降民于邢、洺州"[3]。乾德元年(963),宋廷又"命磁州分闲田以处北汉降民"[4]。都是往东部的河北迁移。早在宋军攻伐北汉时,就采取了绛州人薛化光的移民建议:"凡伐木,先去枝叶,后取根柢。今河东外有契丹之助,内有人户赋输,窃恐岁月间未能下……起其部内人户于西京、襄邓唐汝州,给闲田使自耕种,绝其供馈。如此,不数年间,自可平定。"于是,开宝二年(969),"徙太原民万余家于山东、河南";这样,到太平兴国四年(979)平北汉时,其十一州军仅余35220户。[5] 但事情并未到此结束,为防河东重新割据,宋太宗干脆下令摧毁太原

---

① 程大昌:《北边备对·契丹》,《丛书集成初编》,中华书局1991年版,第10页。

② 欧阳修著,李逸安点校:《欧阳修全集·河北奉使奏草》卷下《论河北财产上时相书》,第1827页。

③ 李焘:《续资治通鉴长编》卷三,建隆三年三月丁亥,第64页。

④ 李焘:《续资治通鉴长编》卷四,乾德元年四月甲辰,第90页。

⑤ 李焘:《续资治通鉴长编》卷一〇,开宝二年闰五月己未、庚申,第225页。

城,将居民精英迁往别地:"毁太原旧城……徙僧道士及民高赀者于西京。"①彻底消灭了河东路的经济文化中心。在北宋前期相当长一段时间内,宋政府还在河东边防地带建立了无人区,"潘美帅河东,避寇钞为已累,命民内徙,空塞上不耕,号禁地",遂使忻、代州、宁化、火山军一带二三万顷农田荒废。② 如此这般,出于政治、军事的目的,不惜削减了河东的劳动力和生产资料,又毁灭了河东经济中心太原城,对其经济的恢复造成很大困难。

京西的社会环境比较优良。京西路由于地处中原,在历史上也曾有过辉煌的时代,洛阳乃九朝古都,发展历史悠久,文明积累深厚。东汉时,"南阳帝乡""洛阳帝都"皆在境内,京西盛极一时。到唐代却呈现明显的衰微之象,如开元十年(722),朝廷曾"徙河曲六州残胡五万余口于许、汝、唐、邓、仙、豫等州"③,可见这一带已是土旷人稀了。盛世时期尚且如此荒凉,安史之乱以来,萧条状况进一步恶化,"唐、邓、汝、蔡率多旷田,盖自唐季之乱,土著者寡"④。五代时这一带虽基本上没有受到战乱破坏,但大部分地区长期未能恢复。洛阳、郑州一带在安史之乱时曾遭严重破坏,至于"井邑榛棘,豺狼所嗥……人烟断绝,千里萧条"⑤。与唐、邓等地不同的是,这里在五代时得到一定恢复。如张全义在洛阳盘踞时,采取有效的措施发展生产,招流民,约刑罪,免租税,"关市之赋,迫于无籍,刑宽事简,远近趋之如市,五年之内,号为富庶。……自是民以耕桑为务,家家有蓄积,水旱无饥人。在任四十余年,至今庙食"⑥。四十多年的恢复,为入宋以来经济的发展奠定了良好基础。

京西远离边界,北宋时没有战事骚扰,社会经济可以稳定地发展,其时代环境在北方地区是最好的。京东的时代环境与京西相似,不再多言。

---

① 李焘:《续资治通鉴长编》卷二〇,太平兴国四年五月戊子,第453页;参见同书卷四七,咸平三年九月己卯,第1025页。

② 李焘:《续资治通鉴长编》卷一七八,至和二年二月丙午,第4316—4317页。土地数字见李焘:《续资治通鉴长编》卷一五四,庆历五年二月甲寅,第3749页。

③ 司马光:《资治通鉴》卷二一二,开元十年八月,第6752页。

④ 《宋史》卷八五《地理志一》,第2117页。

⑤ 《旧唐书》卷一二〇《郭子仪传》,中华书局1975年版,第3457页。

⑥ 洪迈撰,孔凡礼点校:《容斋随笔》卷一四《张全义治洛》,第181页。

二、南方地区社会的改善

我国南方地区开发得较晚,至秦汉时,绝大部分地区还是一派炎荒。历史上的战争,主要在北方进行,南方所经战乱甚少,加以不断有北方逃难人口大规模移民南方,除了带来先进的生产技术和大批劳动力外,更带来大量流动资金。如廉宣,"建炎初自其乡里山阳避敌南来,所携巨万。至临安,寓居吴山之下"①。给南方以迅速发展的机会。

五代十国时,南方诸国为壮大自身,免遭吞并,比较注意开发资源,发展生产。如吴越在苏州专置营田军七八千人,"专为田事,导河筑堤,以灭水患"②。这是好的一面。另一面,这些割据者多非英武之主,胸无大志,苟且偷安,吴越之钱俶、南唐之李煜、南汉之刘鋹、后蜀之孟昶,都是以穷奢极欲闻名的昏君。为了满足私欲,为了养兵,极力搜刮财富,剥削人民。所以说,当时南方的时代环境虽然是没有战乱,比较安定,但官民关系比较紧张。宋初统一诸国,对南方经济的最大贡献就在于:废除了苛捐杂税,缓和了官民关系。

吴越国在宋政府强大的政治攻势下主动纳土,使两浙免遭战火摧残而改朝换代,这是宋代两浙经济史中一个平静而良好的独特开端。两浙虽无外伤,却有比较严重的内疾,即官府剥削沉重,"钱氏据两浙逾八十年,外厚贡献,内事奢僭,地狭民众,赋敛苛暴,鸡鱼卵菜,纤悉收取,斗升之逋,罪至鞭背",宋政府接管后,转运使范旻奏请朝廷予以蠲除。③ 至太平兴国七年(982),转运使高冕又上奏旧政之不便者总共百余事,宋太宗遂诏"两浙诸州自太平兴国六年以前逋租及钱俶日无名掊敛吏至今犹征督者,悉除之"④。淳

---

① 王明清撰,燕永成整理:《挥麈录余话》卷二,《全宋笔记》第 6 编第 2 册,大象出版社 2013 年版,第 53 页。

② 范仲淹著,李勇先、王蓉贵校点:《范仲淹全集·范文正公政府奏议》卷上《答手诏条陈十事》,第 534 页。

③ 李焘:《续资治通鉴长编》卷一九,太平兴国三年五月丙戌,第 428 页。

④ 李焘:《续资治通鉴长编》卷二三,太平兴国七年十二月庚午,第 530 页。

化年间，又四次下诏免除民间所欠负的吴越国旧债。① 更主要的是二税额减轻了三分之二：

> 两浙田税亩三斗。钱氏国除，朝廷遣王方赟均两浙杂税，方赟悉令亩出一斗。使还，责擅减税额，方赟以为亩税一斗者天下之通法，两浙既已为王民，岂当复循伪国之法。上从其说，至今亩税一斗者自方赟始。惟江南、福建犹循旧额，盖当时无人论列，遂为永式。②

剥削的减轻，有利于官民关系和谐，更有利于农民积累资金，改善生产和生活条件。仅此一点，两浙就是南方社会环境最优越的地方。

盘踞两广的南汉是十国中最黑暗的地方。昏庸的刘𬬮委政于宦官与后宫，实行着残暴统治，"作烧煮、剥剔、刀山、剑树之刑，或令罪人斗虎、抵象。又赋敛烦重，人不聊生。民入城者输一钱，琼州米斗税五钱。……所居宫殿，栋宇皆以珠及玳瑁饰之，淫侈无度"③。宋朝对南汉的灭国，正是对两广人民的解救。随后，宋政府采取了两项改革措施，以利恢复发展。

第一，减轻剥削。开宝四年（971），宋政府颁布的《罢广南伪政日烦苛率配诏》云：

> 广南道诸州，久隔风化，重罹弊政，既苦无名之诛敛，遂令比户以流离。言念凋残，良深愍悯，方苏远俗，宜示明恩。应伪政日烦苛率配，并诸司官务纳课、影占人户，并与除放，及先殴率统军百姓并放归农。其逃亡人户，委长吏招谕，各令复业，仍倍与安抚。④

即免除杂赋、罢兵归农和招抚流亡人口，既减轻了负担，又增加了劳动人口。南汉原用大斗收税粮，"凡输一石，乃为一石八斗"，开宝四年七月，诏废除大斗，改为宋朝统一的"省斗"，⑤税率减轻近半。南汉原每石税粮加征160

---

① 李焘：《续资治通鉴长编》卷三二，淳化二年八月丁卯；卷三三，淳化三年二月甲申，八月戊子；卷三六，淳化五年六月丙寅，第718、734、738、790页。

② 沈括撰，胡静宜整理：《梦溪笔谈》卷九《人事一》，《全宋笔记》第2编第3册，第78页。

③ 王偁撰，孙言诚、崔国光点校：《东都事略》卷二三《刘𬬮传》，齐鲁书社2000年版，第182页。

④ 司义祖整理：《宋大诏令集》卷一八五《罢广南伪政日烦苛率配诏》，第675页。

⑤ 李焘：《续资治通鉴长编》卷一二，开宝四年七月丙申，第268页。

文钱,开宝六年诏"但取其十",即减免了 150 文。① 仅此两项,就使人民收入增加了大半。

第二,废并州县,精简机构。广南土旷人稀,南汉朝廷为了夸大国势和加强统治,滥设州县,增加了人民的负担。平定岭南后,宋政府便开始整理行政区划,"上按岭南图籍,州县多而户口少,命知广州潘美及转运使王明度其地理并省以便民"。先后废并了 16 州、50 余县。② 开宝四年十一月,又"罢岭南诸州司仓、司户参军,县丞、捕贼等官"③。机构的精简,官吏的罢撤,减轻了人民的赋役负担,减少了官吏欺压盘剥,缓和了社会矛盾。

对于平定后的其他地区,宋政府都有不同程度的缓和措施。

平蜀之后,当地不少人怀念旧国,孟昶被押送开封时,"国人哭送之",显然是不稳定因素。宋太宗便指示出镇四川的吕余庆:"蜀人思孟昶不忘,卿官成都,昶所摧税食饮之物,皆宜罢。"吕余庆奉旨蠲除一些杂税后,"蜀人始欣然,不复思故主矣"④。收买人心的减税策略,起到了良好的政治效果,并具有长远的经济效益。

在原南唐统治区内,同样免除了一些苛杂之赋,"五季暴政所兴,江东、西酿酒则有'曲引钱',食盐则输'盐米',供军须则有'鞋钱',入仓库则有'蘼钱'。宋有天下,承平百年,除苛解娆,曲、盐、鞋、蘼之征,一切削去"⑤。广大人民减轻了赋税负担,得以复苏。

在荆湖地区,宋政府于乾德元年(963)先后免除了潭州诸县旧例杂配之物及衡、岳两州二税外所征收的赋米;放还潭州、邵州数千乡兵归农;颁布宋朝的量器、衡器于澧、朗诸州,"惩割据厚敛之弊也";赐荆南境内民众当年夏租之半,减江陵府居民旧租之半等等,⑥力度相当大。

---

① 李焘:《续资治通鉴长编》卷一四,开宝六年七月丙辰,第 305 页。
② 李焘:《续资治通鉴长编》卷一三,开宝五年四月甲午、五月乙丑,第 282、283 页。
③ 李焘:《续资治通鉴长编》卷一二,开宝四年十一月戊戌,第 273 页。
④ 邵伯温撰,李剑雄、刘德权点校:《邵氏闻见录》卷一,中华书局 1983 年版,第 7 页。
⑤ 马端临撰,上海师范大学古籍研究所、华东师范大学古籍研究所点校:《文献通考》卷四《田赋考四》,第 84 页。
⑥ 李焘:《续资治通鉴长编》卷四,乾德元年六月乙酉、乙未,七月戊午、己巳,第 92、95、98、98 页。

宋太宗时,朝廷还遣官"均福建田税,岁蠲伪闽钱五千三百二十一贯、米七万一千四百余石"①。民众摆脱了不少苛捐杂税的压榨。

这些情况说明,整个南方地区,入宋以来的官民关系、生产关系都有较大的改善,无疑有利于社会经济的发展。

综上所述:北方地区有悠久的开发历史和优良的生产传统,但时代环境在西北三路恶化;南方地区起步晚,底子差,但时代环境却为其发展提供了良好条件。在宋代地域经济再出发的开端,南方优于北方。

三、各地区的生产关系

生产是社会的生产,总是在一定的生产关系中进行的。在不同基础上形成的生产关系,影响着各地区社会生产的发展速度。在宋代,主户与客户,即地主、自耕农和佃农的关系,能够典型地反映社会生产关系状况。因此,我们便从宏观上考察一下各地区主、客户的比例及变化情况。据梁方仲编著《历代田地、赋税、户口统计》甲表37②,综合为下表:

表1-3　宋代各地区主客户统计表

《太平寰宇记》所载10道	《元丰九域志》所载24路	主户		客户		总户数		客户占总户数的比例(%)	
		宋太宗朝	宋神宗朝	宋太宗朝	宋神宗朝	宋太宗朝	神宗朝	宋太宗朝	宋神宗朝
总计		3560797	10883686	2547838	5686188	6108635	16569874	42	34
河南道	开封府	662694	183770	567445	51829	1230139	235599	46	22
	京东东路		404092		292364		696456		42
	京东西路		451038		212172		663210		32
	京西北路		331904		270156		602060		45

---

① 马端临撰,上海师范大学古籍研究所、华东师范大学古籍研究所点校:《文献通考》卷四《田赋考四》,第88页。

② 梁方仲编著:《历代田地、赋税、户口统计》,中华书局2008年版,第212—213页。引者做了改编,宋神宗朝客户占总户数的比例为引者计算。

续表

《太平寰宇记》所载10道	《元丰九域志》所载24路	主户		客户		总户数		客户占总户数的比例(%)		
		宋太宗朝	宋神宗朝	宋太宗朝	宋神宗朝	宋太宗朝	神宗朝	宋太宗朝	宋神宗朝	
关西道	永兴军路	212259	626412	146636	219633	358895	846045	41	26	
陇右道	秦凤路	25204	345172	35969	164027	61173	509799	59	32	
河东道	河东路	204993	465408	56060	110790	261053	576198	21	19	
河北道	河北东路	381385	473818	205239	194079	586624	667897	35	29	27
	河北西路		417858		146904		564762		26	
剑南道	成都府路	566739	620523	300749	243880	867488	864403	35	28	38
	梓州路		248481		229690		478171		48	
江南道	两浙路	1100115	1418682	733842	360271	1833957	1778953	40	20	36
	福建路		580136		463703		1043839		44	
	江南东路		926225		201086		1127311		18	
	江南西路		835266		451870		1287136		35	
	荆湖南路		475677		395537		871214		45	
	荆湖北路		280000		377533		657533		57	
淮南道	淮南东路	161776	409884	216840	202681	378616	612565	57	33	38
	淮南西路		425753		318746		744499		43	
山南道	京西南路	173131	147871	260581	166709	433712	314580	60	53	56
	利州路		189133		147115		336248		44	
	夔州路		75453		118908		254361		70	
岭南道	广南东路	72501	355986	24477	223267	96978	579253	25	39	31
	广南西路		195144		63238		258382		24	

从表1-3中可以看到,各地区主客户比例差距很大。以宋神宗朝为例,客户比例最大的是夔州路,这与其自然环境最差相一致。但是,这并非一般规律。河东路、江东路的自然环境都不好,客户比例却是全国最小的。说明决定主、客户比例的,主要不是地理环境因素,而是社会历史因素。

接着,根据表1-3可作综合分析表如下。

表1-4　宋代各地区主客户统计表

时代	户类	北方户数	客户比例	户类	南方户数	客户比例
宋太宗朝	客户	1098209	41.5%	客户	1449628	41.8%
	总户	2642454		总户	3466180	
宋神宗朝	客户	1828663	32.2%	客户	3857525	35.4%
	总户	5676606		总产	10893268	

注:宋太宗时,京西南路与利、夔二路合在一起为山南道。在计算这时北方户数时,京西南路的总户及客户数按山南道户数的三分之一计入;在计算南方户数时,则按山南道总数的三分之二计算。其百分比都属约数。

表1-4说明,北宋时期南方客户的比例始终稍大于北方,客户比例下降率也低于北方。

从地主与佃农的关系上讲,南方的矛盾也比北方尖锐。如"西川四路,乡村民多大姓,一姓所有客户,动是三五百家,自来衣食贷借,仰以为生"①。这条史料表明,四川地区的大土地所有制占优势地位。在这种所有制下,地主对佃户剥削严重,压迫残酷:"鞭笞驱役,视以奴仆……而田之所入,己得其半,耕者得其半。有田者一人而耕者十人,是以田主日累其半以至于富强,耕者日食其半以至于穷饿而无告。"②其矛盾在于:一面是人身依附关系加强,一面是两极分化严重,前者是主观的向心力,后者有客观的离心力。其结果是劳动者受到摧残,终致矛盾激化。成都府路在自然环境上比较接近两浙,但在经济成果上却与两浙有很大的差距,原因之一似在于生产关系落后于两浙,阻碍了生产力的发展。

整个南方与北方地区相比,主客户的人身依附关系是较强的。天圣五年(1027),宋仁宗诏云:"江、淮、两浙、荆湖、福建、广南州军,旧条,私下分田客非时不得起移。如主人发遣,给与凭由,方许别住。多被主人折

---

① (清)徐松辑,刘琳、刁忠民、舒大刚、尹波等校点:《宋会要辑稿·食货》四之二八,第6054页。

② 苏洵著,曾枣庄、金成礼笺注:《嘉祐集笺注》卷五《田制》,上海古籍出版社1993年版,第135页。

勒,不放起移",下令予以更改。① 可见广大南方地区的佃客缺乏人身自由,所以也不可能有多少生产积极性。而在北方,类似情况尚未见到。青少年时代在北方、以后在南方生活的辛弃疾,曾有过很好的比较之论:

> 北方之人,养生之具不求于人,是以无甚富甚贫之家。南方多末作以病农,而兼并之患兴,贫富斯不侔矣。②

北方多是自给自足的小农经济,自耕农居多。而一般地说,自耕农形态是古代社会发展的最佳形态,他们拥有自己的土地、房屋等不动产,适应当时的生产力水平,能够进行扩大再生产,从而发展社会经济。而南方人多地少,土地兼并严重,生产关系相对落后,成为社会生产发展的一个内在阻力。

综上所述,从历史背景的发展基础上看,北方优于南方;从时代环境上看,南方优于北方;从生产关系上看,北方又优于南方。北方的劣势是外在的,并具有时效性,可以随着边防局势的变化(如和平时期)而改变;南方的劣势(生产关系落后)是内在的,并呈日益严重趋势,影响深远,在北宋后期和南宋时期,这一消极作用便愈来愈明显了。

第四节　社会生产力的分布

无论是自然环境还是社会环境,都只是为经济的变化提供了一种可能,能否利用(优良环境)和改造(不良环境)这种可能,最根本的问题还是各地社会生产力如何。本节所要具体研究的,即是各地人口、畜力、垦田面积和生产工具之状况。

一、各地人口的数量和质量

人口是最主要的生产力,其数量和质量,在地域经济差异中有重要

---

① (清)徐松辑,刘琳、刁忠民、舒大刚、尹波等校点:《宋会要辑稿·食货》一之二四,第5954页。
② 《宋史》卷四〇一《辛弃疾传》,第12165页。

作用。

(一)各地人口数量分布及问题

1.各地人口数量分布

关于宋代各地户口数目,有着比较完整、系统的资料。现据《太平寰宇记》《元丰九域志》《宋史·地理志》所载各地户口,列表如下。

表1-5 北宋各地区户数及升降统计表

《太平寰宇记》10 道	《元丰九域志》《宋史·地理志》24 路	宋太宗朝户数	宋神宗朝户数及增长率		宋徽宗朝户数及增长率	
河南道	开封府	1230139	235599	180	261117	110
	京东东路		696456		817355	117
	京东西路		663210		526107	79
	京西北路		602060		545098	90
关西道	永兴军路	358895	846045	235	001498	118
陇右道	秦凤路	61173①	509799		449884	98
河东道	河东路	261053	576198	220	613532	106
河北道	河北东路	586624	667897	210	668757	100
	河北西路		564762		526204	93
剑南道	成都府路	867488	864403	154	882519	102
	梓州路		478171		561898	117
江南道	两浙路	1833957	1778953	368	1975041	111
	福建路		1043839		1061759	101
	江南东路		1127311		1012168	89
	江南西路		1287136		1664754	129
	荆湖南路		871214		952397	109
	荆湖北路		657533		580636	88
淮南道	淮南东路	378616	612565	358	664257	108
	淮南西路		744499		709919	95

续表

《太平寰宇记》10道	《元丰九域志》《宋史·地理志》24路	宋太宗朝户数	宋神宗朝户数及增长率		宋徽宗朝户数及增长率	
山南道	京西南路	433712	314580	208	472358	150
	利州路		336248		295829	87
	夔州路		254361		246521②	—
岭南道	广南东路	96978	579253	863	574286③	—
	广南西路		258382		236533④	—

注:①乐史:《太平寰宇记》所载陇右道仅秦、成、渭、阶四州户数,故至宋神宗朝不计增长率。②③这两路户口数字为元丰年间数。④广西部分州户口也是元丰时数字。所以这三路户口数字至宋徽宗时都不计增长率。

从地域角度看,南方户口占绝对优势。以宋神宗朝为定点,户数最多的是两浙路,其后依次为江西、江东、福建路;除开封府外,户口最少的路分也在南方,即夔州、广西、广东路。南方各路户口分布悬殊。北方的户口分布比较均匀,数量较少。宋神宗时,全国总户数为16569874,其中北方为5676606户,占34.3%;南方为10893268户,占65.7%,几乎是北方的两倍。

从时间角度看,自宋太宗朝到宋神宗朝,各地户数增长都很快。最快的是南方,以两广为最,东南地区也很突出;最慢的是成都府路和梓州路。这反映了在原有基础上的经济发展速度。从宋神宗朝到宋徽宗朝,发展速度有了空间变化。最快的是京西南路,其次为江南西路、永兴军路、京东东路和梓州路;人口不但没有发展反而减少的路分,除夔州路、两广无法比较外,最突出的是京东西路,其次为利州路、荆湖北路、江南东路、京西北路、河北西路、淮南西路、秦凤路。

就户口的增长而言,所显示出的规律是:经济落后地区户口增长率最大,前期如两广,后期如京西南路。这一现象当然反映了其经济有一定的发展,但不意味着其经济发达,而是原来户口的基数小在起作用。按统计学常识,增长率的高低与速度不一定成正比,因为增长速度数字的高低与基数的大小有着直接的关系,基数小的数量总是比大的数量增长得快。增长率并非都是增长速度指标,两广地区就是如此。

2. 各地人口数量的六个问题

单就上述户口统计,尚不能对宋代各地户口有准确的认识。具体问题要做具体分析。有六个比较特殊的问题,须提出来加以研究和说明。

第一,北方地区的军事人口问题。北方是主要的边防所在和京城所在,所以也是军队最多的地区。北宋中期的宋仁宗、宋英宗两朝,宋政府有军队120万左右,绝大多数驻守在北方,尤以西北三路为多。宋英宗治平三年(1066)有诏书云:"河北战兵三十一万一千余人,陕西战兵四十五万九百余人,并义勇,令本路都总管常加训练,毋得占役。"[①]则仅此两路的军队(不包括义勇等乡兵)就多达75万余人。河东路驻军相对少些,宋仁宗庆历年间有禁、厢军十二三万人。[②] 京师开封约有军队近十万,京东、京西路共约有军队近十万,则北方地区驻军在百万以上。这部分常住人口都在户籍之外,也就是说,北方的实际人口多于在籍人口。他们的特殊性有两点:其一主要是青壮年人口,其二主要是消费人口,故而在北方经济中起着微妙、重大的作用。

第二,福建路问题。福建面积有127326平方公里,元丰时有2043032口,平均每平方公里为16人,在各路人口密度排列中只居第17位。[③] 但是,就有关史料看,这里却是人多地狭问题最严重的一个地区,"四民皆溢"[④]现象十分突出:

> 居今之人,自农转而为士、为道、为释、为技艺者,在在有之,而惟闽为多。闽地褊,不足以衣食之也,于是散而之四方。[⑤]

由此可见,福建人多地狭问题,不是版图面积小,而是可耕地少的问题,没有那么大的人口环境容量。人口虽多,既无用武之地,也难以养育,于是大量外流,使其户籍上的人口和实际常住人口不一致。福建人侨寓地广人稀的广南者最多。如广东梅州,"业农者鲜,悉藉汀、赣侨寓者耕焉"[⑥]。多有临

---

① 李焘:《续资治通鉴长编》卷二〇八,治平三年五月乙丑,第5053页。
② 欧阳修著,李逸安点校:《欧阳修全集·河东奉使奏草》卷上《乞罢铁钱札子》,第1579页。
③ 袁震:《宋代户口》,《历史研究》1957年第3期。
④ 梁克家:《淳熙三山志》卷三九《土贡》,第8241页。
⑤ 曾丰:《缘督集》卷一七《送缪帐幹解任诣诠改秩序》,《景印文渊阁四库全书》第1156册,第193页。
⑥ 祝穆撰,祝洙增订,施和金点校:《方舆胜览》卷三六《梅州》,第650页。

近的福建汀州农民长期居住务农。又如化州，"以典质为业者，十户而闽人居其九"①。当地的典当业绝大多数为福建人经营。还有很多人下南洋发展定居，如交趾国王就是福建人后裔，"大王先世本闽人，闻今交趾公卿贵人多闽人也"②。宋神宗时，曾招募福建农民到京畿耕种官闲土地，并奖励了有功的人员，③即是官方缓解其人多地狭矛盾的措施。再一个问题即实际常住人口和实际生产人口也不一致。福建的消费人口较多，尤以僧道数量甚众，为全国之最，"诸路出卖度牒，惟福建一路为多"④。宋真宗天禧五年（1021）各地僧尼道冠的统计数字，也表明福建的数量最多。⑤ 宋太宗曾感慨地指出："东南之俗，连村跨邑去为僧者，盖慵稼穑而避徭役耳。泉州奏：未剃僧尼系籍者四千余人，其已剃者数万人，尤可惊骇。"⑥仅其一州，即已有僧尼数万之众。另据黄裳言："福多浮屠氏，居百姓十六七"⑦；汪应辰也说福建"如民家有三男，或一人或两人为僧者"⑧。也就是说有半数左右的壮劳力出家（数据可能有夸大），人口社会分工结构有与北方相似之处。由此带来的另一不良影响是，寺院吞食了大量社会财富，民间经济生活颇受其害。大观年间有臣僚揭露说："伏见福建路风俗，尅意事佛，乐供好施，休咎问僧，每多淫祀。故民间衣食因此未及丰足。"⑨这种情况，在南方其他地区也普遍存在。而北方宗教气氛淡薄，僧道人数比南方少得多。⑩

第三，京西路问题。这里的不少地区长期土旷人稀，宋政府在调整劳动力分布措施中，对此地下功夫最大，多次迁徙人口填充。如开宝二年（969）闰五月，"徙太原民万余家于山东、河南，给粟"；六月，又遣使分往"京西诸

①　王象之编著，赵一生点校：《舆地纪胜》卷一一六《化州》，第2684页。

②　李焘：《续资治通鉴长编》卷二七三，熙宁九年三月丁丑，第6693页。

③　李焘：《续资治通鉴长编》卷二九三，元丰元年十月乙卯，第7152页。

④　汪应辰：《文定集》卷一三《请免卖寺观趱剩田书·小贴子》，第133页。

⑤　(清)徐松辑，刘琳、刁忠民、舒大刚、尹波等校点：《宋会要辑稿·道释》一之一三，第9979页。

⑥　江少虞：《宋朝事实类苑》卷二《太宗皇帝》，上海古籍出版社1981年版，第23页。

⑦　黄裳：《演山集》卷三三《中散大夫林公墓志铭》，《景印文渊阁四库全书》第1120册，第222页。

⑧　汪应辰：《文定集》卷一三《请免卖寺观趱剩田书·小贴子》，第133页。

⑨　(清)徐松辑，刘琳、刁忠民、舒大刚、尹波等校点：《宋会要辑稿·刑法》二之四九，第8310页。

⑩　参见程民生：《宋代僧道数量考察》，《世界宗教研究》2010年第3期。

州赐太原所徙民布帛,人一匹"①。可知万余家移民主要迁往京西路。雍熙三年(986)将伐辽战争中夺回的云、应、朔、寰四州百姓迁往京西路,凡8236户,78262余口,牛马驼羊40余万头,②是一个大县的人口和畜牧业经济规模。庆历二年(1042),朝廷将一批陕西内附的蕃族迁至京西,分拨闲田使之耕种,"诏陕西蕃族内附而无亲属者,并送京西州郡,处以闲田"③。陕西、河东、河北流民乃至西夏、契丹流民,多被送往京西开荒自救。这就使京西的劳动力渐渐得到补充,为其开发起到重要作用,也使流散的劳动力得到安置和发挥生产作用。这些移民到京西安家后,"垦田颇广,民多致富"④,即是证明。京西路的人口成分因而十分复杂。

第四,广西路问题。该路与夔州路一样,人口密度最小,都是每平方公里仅有4.4口。更为突出的是,广西男女分工和比例很特别。传统的男耕女织生产模式,在这里的许多地方都不存在,男既不耕,女亦不织。曾在广西任职的周去非载道:

> 深广之女,何其多且盛也!男子身形卑小,颜色黯惨;妇人则黑理充肥,少疾多力。城郭虚市,负贩逐利,率妇人也。而钦之小民,皆一夫而数妻。妻各自负贩逐市,以赡一夫……为之夫者,终日抱子而游,无子者则袖手安居。⑤

本应是主要劳动力的男子数量既少,又不从事生产活动,而女子虽孔武有力,毕竟由于生理限制不能与外地的男子相比,况且这些女子主要以商贩为生,农业生产的发展就无从谈起。当然也并不是所有广西州县都是如此。劳动力的不足,使广南地区盛行人口买卖,不法商人经常从人口稠密的东南地区向这里贩卖人口:"江、湖民略良人,鬻岭外为奴婢",地方政府曾一次遣返过2600人。⑥ 劳动力既少且弱,是广南人口尤其是劳动力问题的基本特征。

---

① 李焘:《续资治通鉴长编》卷一〇,开宝二年闰五月己未、六月癸巳,第225、227页。
② 李焘:《续资治通鉴长编》卷二七,雍熙三年七月壬午,第620页。
③ 李焘:《续资治通鉴长编》卷一三五,庆历二年正月壬戌,第3216页。
④ 《宋史》卷八五《地理志一》,第2117页。
⑤ 周去非著,杨武泉校注:《岭外代答校注》卷一〇《十妻》,第429页。
⑥ 《宋史》卷三〇〇《周湛传》,第9967页。

第五，两浙妇女问题。与广西相反，两浙妇女多不从事生产劳动："两浙妇人皆事服饰口腹，而耻为营生。"①这话说得当然绝对了，两浙不可能所有的妇女都是如此，至少贫困山区的农家妇女是没有条件这样做的。史料中这种记载不少，集中在苏州、杭州等地。陈郁言："吴下风俗尚侈，细民有女，必教之乐艺，以待设宴者之呼，使令莫逆，奉承惟恭。盖觊利赡家，一切不顾，名为私妓，实与公妓无异也。长大鬻为妾，狠戾则籍之官，动以千计。习俗薄恶，莫此为甚。邻郡亦有，未若吴之繁也。"②苏州这些为数不少的、出身于"细民"之家的艺妓，显然是所有"事服饰口腹"的妇人中职业化的一部分。史料表明，家庭手工业和副业主要承担者的妇女，在两浙却有相当一部分脱离了社会生产，成为消费人口和社会经济的负担。两浙的劳动人口，低于总成年人数。

第六，江西路问题。与两浙不同，江西妇女大都参与生产劳动："江西妇人皆习男事，采薪负重，往往力胜男子。设或不能，则阴相诋诮。衣服之上，以帛为带，交结胸前后，富者至用锦绣，其实便操作也，而自以为礼服。"③她们像男子一样从事重体力劳动，体力甚至超过男子，并以此为荣，其装束也是为了便于劳作。这一风俗，使江西的劳动人口成倍增加。类似"女作登于男"的情况，在福建福州、四川也不同程度地存在。④

（二）各地人口质量问题

上述几个问题，虽然已经涉及劳动人口的素质问题，但仍有必要专门谈谈各地劳动力的素质状况。过去的研究，只讲数量，不讲质量，显然只讲了问题的一半。现代理论和现实告诉我们，生产的发达与否，一般不取决于劳动力的数量，而取决于劳动力的质量。在古代，劳动力的素质对劳动者个体劳动效率而言，具有决定意义。这里讨论两个主要方面：身体素质和文化水平，因为这决定着体力和劳动能力。

---

① 庄绰撰，萧鲁阳点校：《鸡肋编》卷中，第 73 页。
② 陈郁：《藏一话腴》，（明）陶宗仪：《说郛》卷六〇，中国书店 1986 年版，第 139 页。
③ 范致明撰，查清华、潘超群整理：《岳阳风土记》，《全宋笔记》第 2 编第 7 册，大象出版社 2006 年版，第 88 页。
④ 程民生：《宋代地域文化》，河南大学出版社 1997 年版，第 30 页。

一方水土养一方人，由于地理环境、历史环境和族群等的不同，各地人口的身体素质颇有差异。宋代有人指出："地势西北高、东南下。地高而寒，其民体厚而力强，气刚而志果。地下而温，其民体薄而力弱，气柔而志回……此士大夫咸知之也。"①北方人体魄健壮，北方大汉气勇劲悍，自古已然。如京东路的徐州，"其民皆长大，胆力绝人"②，河东人"天性劲勇，耐辛苦"③，河北人"大率气勇尚义，号为强忮"④、"河朔之民，禀性劲悍"⑤，陕西人"大抵夸尚气势""其人劲悍而质木"⑥，等等，即是具体说明。

南方地区则不同，其人一般体魄柔弱。如宋神宗言："闻淮南开河役兵夫不少，计工人日须开百二十尺，南人绵弱，多不能办。"⑦按北方人标准制定的挖河日土方量，淮南人大多不能完成。又如两浙"人性柔慧"⑧，成都府路"俗习柔良"⑨，福建"人材短小"⑩。宋代募兵有统一的身高标准，南方人多达不到。南宋初，北方人赵鼎曾言及南方兵可以训练参战，南方人张守即言"止是格尺不及耳"⑪，即身高不达标。个别地方由于水土关系，人多畸形。如湖南道州"土地产民多矮"，唐代曾岁贡其人于皇宫充玩物，号为"矮奴"⑫。两广之人，尤为羸弱，"人材绵软"⑬。广西"男子身形卑小"⑭，当地"五谷涩而不甘，六畜淡而无味，水泉腥而黯惨，蔬茹瘦而苦硬。人生其间，率皆半羸而不耐劳作，生齿不蕃，土旷人稀，皆风气使然也"，"彼广人皆半

---

① 李觏撰，王国轩点校：《李觏集》卷一七《强兵策第四》，第156—157页。
② 苏轼撰，孔凡礼点校：《苏轼文集》卷二六《徐州上皇帝书》，第758页。
③ 欧阳修著，李逸安点校：《欧阳修全集·河东奉使奏草》卷上《论宣毅万胜等兵札子》，第1751页。
④ 《宋史》卷八六《地理志二》，第2130页。
⑤ 李焘：《续资治通鉴长编》卷一六六，皇祐元年三月庚子，第3994页。
⑥ 《宋史》卷八七《地理志三》，第2170页。
⑦ 李焘：《续资治通鉴长编》卷二七三，熙宁九年二月癸丑，第6688页。
⑧ 《宋史》卷八八《地理志四》，第2177页。
⑨ 李焘：《续资治通鉴长编》卷二三九，熙宁五年十月庚子，第5820页。
⑩ 李焘：《续资治通鉴长编》卷三一二，元丰四年四月甲申，第7572页。
⑪ 李心传编撰，胡坤点校：《建炎以来系年要录》卷一一五，绍兴七年十月辛亥，第2154页。
⑫ 乐史撰，王文楚等点校：《太平寰宇记》卷一一六《道州》，第2342页。
⑬ 李焘：《续资治通鉴长编》卷三二七，元丰五年六月丁卯，第7879页。
⑭ 周去非著，杨武泉校注：《岭外代答校注》卷一〇《十妻》，第429页。

赢长病，一日力作，明日必病，或至死耳"。① 生产能力和效率，就是如此低下。

劳动力的素质还表现在身体健康与否上。这方面南方仍然不如北方。北方土厚水深，气候寒冷，居民体魄健壮，疾病较少。而南方不同，朱熹说道："南方人易得病……北方地气厚，人皆不病。"②人皆不病是夸张之语，患病少则是事实。如河东潞州"土厚水深，居之不疾"③。南方气候暖湿，病菌为多，"江淮卑湿殊北地，岁不苦寒常疫疠"④。以常见的营养素缺乏症之一的脚气病为例，"西北之人，千万之中患者乃无一二。妇人以下实血盛，尤罕斯疾。南方妇女亦多苦之"⑤。患者北方很少，南方很多。四川龙州因"山高水峻，人多瘤痴聋，盖山水之气使然也"⑥。而广西宾州，"民所居前后皆沮洳卑湿，人多腿重脚软之患"⑦。湿气太重导致地方病比较严重。江西人谢邁曾作诗自嘲道："南方地平湿，壮岁多老色。行年四十二，鬓鬓那容惜。"⑧早衰现象较多。不少地区的瘴气之毒，尤为健康大敌。如湖北沅州、靖州因"烟瘴之气，人多疾病"⑨。夔州路更甚，"夔居重山之间，雍蔽多热，又地气噎泄而常雨，土人多病瘴疟，头痛脾泄，略与岭南相类"⑩。即使在成都府路，卫生环境也较差，"西南岁多疠，卑湿连春夏。佳剂止刀圭，千金厚相谢"⑪。成都药市甚盛，即是这种情况的反映。较多较严重的地方病，使不少人丧失或减弱了劳动能力。

---

① 周去非著，杨武泉校注：《岭外代答校注》卷四《广右风气》，第149页；卷三《惰农》，第146页。

② 黎靖德编，王星贤点校：《朱子语类》卷一三八《杂类》，中华书局1986年版，第3282页。

③ 杨亿：《武夷新集》卷六《潞州新敕赐承天禅院记》，《景印文渊阁四库全书》第1086册，第421页。

④ 欧阳修著，李逸安点校：《欧阳修全集·居士集》卷二《永阳大雪》，第36页。

⑤ 庄绰撰，萧鲁阳点校：《鸡肋编》卷上，第25页。

⑥ 乐史撰，王文楚等点校：《太平寰宇记》卷八四《龙州》，第1682页。

⑦ 王象之编著，赵一生点校：《舆地纪胜》卷一一五《宾州》，第2668页。

⑧ 谢逸、谢邁撰，上官涛校勘：《〈溪堂集〉〈竹友集〉校勘》卷三《感白发》，中山大学出版社2011年版，第313页。

⑨ （清）徐松辑，刘琳、刁忠民、舒大刚、尹波等校点：《宋会要辑稿·职官》三六之一二五，第3961页。

⑩ 李复著，魏涛点校整理：《李复集》卷六《夔州药记》，第72页。

⑪ 宋祁：《景文集》卷六《九日药市作》，《景印文渊阁四库全书》第1088册，第55页。

在文化水平方面,呈现着明显的变化和差距,这就是北方人口的文化素质从北宋中期开始,渐渐由优势变为劣势,南方人口的文化素质则奋起直追,赶上并超过了北方。苏辙曾作过宏观的地域比较:"四方风俗不同,吴、蜀等处,家习书算……至于(西北)三路等处,民间不谙书算。"①南方人整体上智力的超越,无疑对社会生产等方面产生重大推进。其中两浙最为典型,史称"人性柔慧……善进取,急图利,而奇技之巧出焉"②。仅以木工为例,宋初都料匠两浙人预浩,欧阳修誉之为"国朝以来木工,一人而已。至今木工皆以预都料为法。有《木经》三卷行于世"③。然后是宋神宗时的杨琰,"本杭州木工,有巧思,宋用臣所领营造,琰必预其事,故得出入禁中。尝命修感慈塔,既成",朝廷赐右班殿直、同管勾修内司,且永不磨勘。④ 从木工破格提升为官员。故而,朝廷有关精巧器用多由两浙制作。宋徽宗时朝廷在苏、杭二州置局"造作器用,曲尽其巧。牙、角、犀、玉、金、银、竹、藤,装画糊抹、雕刻织绣,诸色匠人,日役数千"⑤。可见能工巧匠众多。社会生产的发展,脑力劳动显然比体力劳动更重要,并代表着社会劳动发展的方向,东南地区无疑更胜一筹,为超越北方社会经济奠定了智力基础。由于另有专论,兹不赘言。⑥

上述情况表明,以数量而论,南方人口大大多于北方;以身体素质而论,则北方人口有明显的优势,在一定程度上弥补了数量的不足;以文化素质而论,南方优势强劲形成,则在很大程度上弥补了体力的不足。这样,南北人口的分布格局,就有了质的变化,需要重新认识。

二、各地的畜力

大牲畜在古代社会生产力地位中仅次于人力,是最主要的生产工具。

① 苏辙著,曾枣庄、马德福校点:《栾城集》卷四五《论衙前及诸役人不便札子》,第991,990页。

② 《宋史》卷八八《地理志四》,第2177页。

③ 欧阳修撰,李伟国点校:《归田录》卷一,中华书局1981年版,第1页。

④ 李焘:《续资治通鉴长编》卷二五六,熙宁七年九月己未,第6246页。

⑤ 陈均编,许沛藻、金圆、顾吉辰、孙菊园点校:《皇朝编年纲目备要》卷二九,宣和三年正月,第739页。

⑥ 详见程民生:《宋代地域文化》,河南大学出版社1997年版;程民生:《论宋以来北方人口素质的下降》,《史学集刊》2005年第1期。

在耕作、运输、机械动力等方面，其功效远过于人力。这方面过去言者不多，应该予以足够的重视。

大牲畜的分布不像器械那样可以到处存在，须受水土的限制。因而，南北各地颇有差异。

（一）牛

牛是农耕之本，南北方大部分地区普遍饲养。具体到各地而言，除了水牛、黄牛等品种不同之外，还有数量上的差别。

宋代牛数众多的地区是南方浙东、福建、广西。"浙东、福建系出产牛去处"[①]；广西的雷州、化州等地，"牛多且贱"[②]。这三个地方是南方耕牛的重要产区，也就是说，这三个地方的牛畜力最为充足，并可将大量剩余的牛出售外地。此外还有广西容州，宋高宗时周紫芝曾在湖南"五溪道中，见群牛蔽野，问之容州来"，因赋诗云："羽檄征牛牛蔽野，问言万里来容州。容州价贱苦易得，四蹄才堪一剑易。"[③]大量价格低廉的广西之牛被贩往湖南。浙江人重视耕牛，养牛非常精心："今浙人养牛，冬月密闭其栏，重藁以藉之，煖日可爱，则牵出就日，而去秽加新。又日取新草于山，唯恐其一不饭也。浙牛所以勤苦而永年者，非特天产之良，人为之助亦多矣。"[④]由此可见，两浙的养牛技术高，经验丰富，其牛体质优良，因而使用期长。

江西路不少地区的牛也比较多。陆游在兴国军大冶县，曾见到"沙际水牛至多，往往数十为群，吴中所无也……当是土所产宜尔。"[⑤]显然，大冶县的水牛比浙西普遍多，集约化畜牧程度较高。饶州有张姓村民家专门雇有牧童放牛，晚上住在牛圈，曾发生"圈中牛五十头尽死"的瘟疫。[⑥]一家养牛50头，显然已经不是自家役使了，或为出售，或为出租。江东路"自绩溪

① （清）徐松辑，刘琳、刁忠民、舒大刚、尹波等校点：《宋会要辑稿·食货》六三之九六，第7662页。

② （清）徐松辑，刘琳、刁忠民、舒大刚、尹波等校点：《宋会要辑稿·食货》三之一〇，第6015页。

③ 周紫芝：《太仓稊米集》卷二《五溪道中见群牛蔽野问之容州来感其道里之远乃作短歌以补乐府之阙》，《景印文渊阁四库全书》第1141册，第11页。

④ 周去非著，杨武泉校注：《岭外代答校注》卷四《踏犁》，第156页。

⑤ 陆游撰，李昌宪整理：《入蜀记》卷四，《全宋笔记》第5编第8册，第193页。

⑥ 洪迈撰，何卓点校：《夷坚志·丙志》卷一一《牛疫鬼》，中华书局2006年版，第460页。

以往,牛羊之牧不收",实行散养,其中既有水牛,也有黄牛。① 但在另一些地区就很少了,畜力缺乏。例如赣州、吉州的农民,每到农闲季节,"即相约入南贩牛,谓之作冬"②。从广南地区贩牛成为一项季节性的常规作业。

湖南也有一定数量的牛。宋高宗绍兴五年(1135),湖南转运判官上书请求说:"为湖南路无牛,乞蠲免军器所抛买牛皮筋角未足之数。"③所谓"无牛",恐怕是牛少之夸张,也与战争消耗有关,实际上不可能没有,北宋时就颇多。咸平年间,官方在襄州屯田,即令从"荆湖市牛七百分给之"④。在谈论京西路垦荒时,有记载说,"真宗皇帝时,亦用耿望之言,买牛湖南而治屯田。今湖南之牛岁贾于北者,皆出京西"⑤,京西等地多从湖南买牛。宋高宗时胡铨也言:"湖之南,土牛之所生。"⑥意思是湖南适宜牛的生长,产牛较多。湖北黄陂,就是个重要牛产区和集散地,开封府雍丘牛商千里迢迢,汇集于此,"雍丘牛商多在黄陂"⑦。当地不会只有一个县的牛商在此贩卖。

四川有着发达的养牛业。宋初三朝全国各地牛生二犊的事例共116起,其中四川多达86起,占总数的74%,⑧是牛多、繁殖率高的证明。文同有"牛羊纵横鸡犬放"之句⑨,概言其普遍。南宋初,朝廷在荆襄地区屯田时,即"市蜀牛三千"⑩用来耕地。

京西是北方重要的产牛之地,"南阳黄牛""郏县红牛"至今闻名于世。北宋南阳有"土酥醍醐出肥牛"之句,⑪说明其养牛业有一定名气。就连僻

　　① 罗愿撰,萧建新、杨国宜校注,徐力审订:《〈新安志〉整理与研究》卷二《畜扰》,第60页。
　　② (清)徐松辑,刘琳、刁忠民、舒大刚、尹波等校点:《宋会要辑稿·食货》一八之二六,第6386页。
　　③ (清)徐松辑,刘琳、刁忠民、舒大刚、尹波等校点:《宋会要辑稿·职官》一六之七,第3437页。
　　④ 《宋史》卷一七六《食货志上四》,第4265页。
　　⑤ 李焘:《资治通鉴长编》卷一二九,康定元年十二月乙巳,第3068页。
　　⑥ 杨万里撰,辛更儒笺校:《杨万里集笺校》卷一一八《宋故资政殿学士……赠通议大夫胡公行状》,第4497页。
　　⑦ 朱彧撰,李伟国点校:《萍洲可谈》卷三,中华书局1985年版,第159页。
　　⑧ 贾大泉:《宋代四川经济述论》,第46页。
　　⑨ 文同:《丹渊集》卷一七《青鸟》,第155页。
　　⑩ 李心传编撰,胡坤点校:《建炎以来系年要录》卷一〇九,绍兴七年三月庚寅,第2056页。
　　⑪ 韩驹:《陵阳集》卷二《送赵承之秘监出守南阳》,《景印文渊阁四库全书》第1133册,第776页。

在深山的房州,牛也很多。如当地居民焦氏一家,从五代时期开始至南宋的200年间,一直饲养有庞大的牛群,达到1000头之多,"赀产丰裕,耕牛果及千头。迄今二百年,子孙尚守旧业,牛虽减元数,然犹豪雄里中"①。堪称养牛业的巨头。而且数量既然如此之大,绝不只是自家役使,显然是集约化的商业性经营。

北方其他地区有关史料缺乏,但仍可看出牛的使用很普遍。如开封府的农民多用牛车,"诸乡纳粟秆草,牛车阗塞道路,车尾相衔,数千万量(辆)不绝"②。则养牛之多,可以想见,主户人家一般都有牛拉车耕地。河北也是如此,据文彦博说:"河北人户例有车牛,乃是民间日用之物。"③一般人户家中都有饲养,用于交通等役使。

陕西也有较多的牛。当地盛产牛酥,数量和质量都是全国第一流的,便可反映这一问题。渭州养牛业尤为发达,当地有这样的民谚:"郎枢女枢,十马九驹,安阳大角,十牛九犊","谓其宜于畜牧也"④。郎枢、女枢、安阳、大角,都是当地的古地名,水草丰美,技术经验丰富,牛马的繁殖量很高。

牛的数量多少是一回事,牛的使用又是一回事。这里需要说明两个问题。

其一,牛多之地,不一定都用于生产。广西化州等地虽然大量产牛,却有相当部分被当作牺牲祭祀或食用了,"岭外俗皆恬杀牛,而海南为甚。客自高化载牛渡海,百尾一舟……既至海南,耕者与屠者常相半。病不饮药,但杀牛以祷,富者至杀十数牛"⑤。贩到海南岛的牛半数用来屠宰祭祀。在南方其他地方,大量的牛同样被用作牺牲品。如江东路的广德军有座张王庙,"民岁祠神,杀牛数千"⑥,推之其他祠庙,再推之其他地区,每年约数十万的耕牛损失惨重。在这些地方,牛由生产资料转化为精神生活和物质生活资料,并没有发挥应有作用,生产力并未因牛多而加强。

其二,南方的个别地区,还不知使用牛耕技术。如夔州路的施州,在宋

---

① 洪迈撰,何卓点校:《夷坚志·支乙》卷四《焦老墓田》,第826页。
② 孟元老著,伊永文笺注:《东京梦华录笺注》卷一《外诸司》,第64页。
③ 文彦博著,申利校注:《文彦博集校注》卷二二《乞罢河北预顾牛车》,第697页。
④ 乐史撰,王文楚等点校:《太平寰宇记》卷一五一《渭州》,第2919页。
⑤ 苏轼撰,孔凡礼点校:《苏轼文集》卷九三《书柳子厚牛赋后》,第2058页。
⑥ 《宋史》卷三〇二《范师道传》,第10025页。

神宗以前,尚"不习服牛之利"①;湖北路的归州,到南宋时仍不知用牛耕田。绍兴末,归州长官报告说"本州不通牛耕"②,当是山地狭陋、施展不开所致。

(二)马

马是古代六畜之首,民间俗称的"快牲口",分布差异更大。宋代养马业的自然分布,大致可以从以下史料了解:

> 宋初,市马唯河东、陕西、川峡三路,招马唯吐蕃、回纥、党项、藏牙族、白马、鼻家、保家、名市族诸蕃。至雍熙、端拱间,河东则麟府丰岚州、岢岚火山军、唐龙镇、浊轮砦,陕西则秦渭泾原仪延环庆阶州、镇戎保安军、制胜关、浩亹府,河西则灵、绥、银、夏州,川峡则益文黎雅戎茂夔州、永康军,京东则登州。自赵德明据有河南,其收市唯麟府泾原仪渭秦阶环州、岢岚火山保安保德军。其后置场,则又止环庆延渭原秦阶文州、镇戎军而已。③

这些宋政府向民间买马之地,所产无疑都是可用作战马的优良品种。无论地点如何变化,不出西北的河东、陕西,西南的川峡,以及周边的少数民族地区。之所以有此生态布局,是因为马性宜凉爽而畏湿热,"性畏暑,不畏寒"④。所以北方产马最多,品质最好,北宋时的官营牧马监全在北方。

北方民间有着发达的养马业。宋祁说:"河北、陕西、河东出马之地,民间皆宜蓄马。"⑤其中以河东为典型,为历史上著名的楼烦牧马之地,"朔方、楼烦,马之所出,岁增贸市以充监牧之用"⑥。所谓朔方、楼烦,都是河东路境内的古地名,在宋代府州一带。此地所产马品种最为优良,"凡马所出,以府州为最,盖生于黄河之中洲曰子河汉者,有善种。出环庆者次之"⑦。

① 《宋史》卷三四四《李周传》,第10934页。
② 徐松辑,刘琳、刁忠民、舒大刚校点:《宋会要辑稿·食货》一〇之一〇,第6198页。
③ 《宋史》卷一九八《兵志十二》,第4932—4933页。
④ 不著撰人,张珍玉、韩成仁、周仕明点校:《调燮类编》卷四《鸟兽》,人民卫生出版社1990年版,第133页。
⑤ 宋祁:《景文集》卷二九《又论京西淮北州军民间养马法》,《景印文渊阁四库全书》第1088册,第249页。
⑥ 《宋史》卷八六《地理志二》,第2138页。
⑦ (清)徐松辑,刘琳、刁忠民、舒大刚、尹波等校点:《宋会要辑稿·兵》二四之三,第9110页。

居第二位的是陕西环庆路。河东宪州社会经济乃至以牧马业为主,所谓"牧马之地无所出"①,是单一的牧马经济。据《太平寰宇记》所载各地土产,出马之地突出的还有河东绛州,陕西陇、泾、邠、宁、阶州和保安军。如前所述,渭州之马也很丰富。

东部广大地区也产马。如河北北部是历史上名马产区,"冀北出良马,则名马曰骥"②。宋代民间普遍养马。咸平三年(1000),知雄州何承矩罢任,"州民百余诣阙贡马,求承矩再任"③。农区像少数民族地区一样贡马,实为罕见,可知其马为当地特色牲畜,品种优良。庆历四年(1044),官方因军事需要,在河北大量征购民间之马,其后尚余20700匹在册马④,无疑另有更多不在册的马匹。南宋楼钥出使金国途经河北时,言其地"旧时家家有马……不知几万万匹"⑤。说明北宋以及金朝前期河北民间养马极多。

京东路的齐、淄、青、郓、密、潍等州,"产马最多",位于胶东半岛的登、莱二州产马也多,只是质量差些,称之为东马。⑥ 宋神宗元丰年间实行保马法时,齐州仅禹城县就有保马3000匹,其中壮马居三分之一,而且骨骼高大,"可备驰突之用"⑦,即可作战马。元丰七年(1084),提举京东路保马霍翔报告说:"本路已买保马万一千匹。"⑧所买保马之数如此,民间所畜无疑大大多出这个数字。

开封府养马兴盛,而且发展速度很快。宋神宗以前,京城的畜力交通工具多是驴:"京师赁驴,涂之人相逢无非驴也;熙宁以来,皆乘马也。"⑨可见马的数量猛增,取代了驴。元丰七年,开封府界括畿内马,凡得3476匹。⑩

---

① 乐史撰,王文楚等点校:《太平寰宇记》卷四二《宪州》,第891页。
② 孙奕撰,侯体健、况正兵整理:《履斋示儿编》卷一五《因物得名》,《全宋笔记》第7编第3册,第177页。
③ 李焘:《续资治通鉴长编》卷四七,咸平三年四月壬子,第1009页。
④ 《宋史》卷一九八《兵志十二》,第4934页。
⑤ 楼钥撰,顾大朋点校:《楼钥集》卷一二〇《北行日录》,第2116页。
⑥ 李焘:《续资治通鉴长编》卷三四五,元丰七年五月辛酉,第8290页。
⑦ (清)徐松辑,刘琳、刁忠民、舒大刚、尹波等校点:《宋会要辑稿·兵》二四之二一,第9121页。
⑧ 李焘:《续资治通鉴长编》卷三四七,元丰七年七月庚申,第8335页。
⑨ 王得臣撰,余宗宪点校:《麈史》卷下《杂志》,第91页。
⑩ 李焘:《续资治通鉴长编》卷三四五,元丰七年四月丙子,第8272页。

靖康时,李纲请求括买都城马,预计可得数千匹。① 仅京城之内就可括得数千匹,加上城外诸县之马,应数倍于元丰之时。当然,这并不包括数量更多的官方马匹。金兵占领开封时,向宋政府索要1万匹马,京城之内除官员每人自留1匹外,还得到7000余匹。②

北方诸路中,唯靠南边的京西路产马不多。元丰年间,知河南府韩绛甚至有"京西地不产马"之论③,其实出于地方保护的意图,事实并不尽如此。元丰七年提举京西路保马司报告,京西上等户"私马有三两匹者"④,可见确有一定数量的马。如襄阳就有土产马,有军官报告说:"荆襄民间土生马蕃多,格尺深类西马。"但其言夸张,经实地考察,"相度襄阳一带土产马低小,虽有及格尺马,数亦不多"⑤。到了南宋淳熙年间,情况有变,有军官报告说:"比年京西民间产马蕃盛,其间中披带者极多。"⑥养马业有了很大发展,数量质量都有提高。

由于气候水土等原因,东南地区养马很少,质量也差。如江南东路:"江东素乏马,每县虽不过十余匹。"⑦两浙如湖州,数量更少,"独土族山家间养一二匹而已"⑧。作用微乎其微。台州本地不产马,"有自他境贸易而至,然皆驽材"⑨,自外地贩运来的马,数量既少,质量更差。越州有一种兔马,"高仅三尺许,长四尺许,耳长八寸许,似兔耳形"⑩,是种矮小的马,恐难以役使。福建的福州曾设置过官营牧马监,"但驽蹶骒突,须久服习乃堪乘"⑪,显然不是用于生产的,而是军队骑乘。南宋由于北方领土沦丧,宋室南迁,需要的众多官马只好在本地牧养,所以在东南地区先后设置了14所

① 李纲著,王瑞明点校:《李纲全集》卷一七三《靖康传信录》下,第1601页。
② 徐梦莘:《三朝北盟会编》卷七二,靖康元年十二月五日,第541页。
③ (清)徐松辑,刘琳、刁忠民、舒大刚、尹波等校点:《宋会辑稿·兵》二四之二四,第9123页。
④ 李焘:《续资治通鉴长编》卷三四五,元丰七年五月丁卯,第8294页。
⑤ (清)徐松辑,刘琳、刁忠民、舒大刚、尹波等校点:《宋会辑稿·兵》二三之二二,第9100页。
⑥ (清)徐松辑,刘琳、刁忠民、舒大刚、尹波等校点:《宋会辑稿·兵》二六之二,第9196页。
⑦ 苏辙撰,余宗宪点校:《龙川略志》卷四《江东诸县括马》,中华书局1982年版,第22页。
⑧ 谈钥撰,湖州市方志办点校:《嘉泰吴兴志》卷二〇《物产》,浙江古籍出版社2018年版,第361页。
⑨ 陈耆卿:《嘉定赤城志》卷三六《土产》,第7567页。
⑩ [日]成寻著,王丽萍校点:《新校参天台五台山记》卷一,上海古籍出版社2009年版,第23页。
⑪ 梁克家:《淳熙三山志》卷四二《畜扰》,第8262页。

马监。但毕竟受环境制约,或随即撤销,或孳育率低,[1]仅仅维持而已。

南方唯有靠近北方的淮南、四川沿边地区和荆湖、广西西南部地区的少数民族聚居地,以及江西有较多的马。北宋时,"两淮之地,承平之际,畜马成群"[2]。但据知濠州刘光时言,"两淮所出马低小,名为淮马,自成一种"[3],不可用作战马。元丰年间,广西安抚使走马承受薛元方"乞买荆湖北路鼎、澧、潭郡等州土产良马"[4],表明荆湖地区产马。四川虽产马,但在全国范围内马匹质量最差,"文、雅诸州为下,止给本处兵及充铺马"[5]。军方只用于本地和邮传。江西养马也较多,如抚州,有"牛马之牧于山谷者不收"之说[6];赣州有江姓居民"家骡富,畜马十余匹"[7]。这些马匹虽然体格低下,质量不如北方之马强壮,但用之于当地社会生产、生活,也是重要的畜力。

(三)骆驼与驴

骆驼在现代虽有"沙漠之舟"的名气,但在中国古代,却是广大北方农区一种常用的大牲畜。主要用于运输,负重能力远大于骡驴:"骆驼每头运粮三石……驴、骡每头运粮一石。"[8]其地理分布,集中在陕西、河东等路,生长于广大北方内地农区。在宋代刑法中,骆驼与骡、驴等大牲畜并列受到保护:"诸故杀官私马、牛,徒三年,驼、骡、驴,减三等……诸自杀马、牛,减故杀罪三等(许人告),驼、骡、驴杖八十……诸杀缌麻以上亲马、牛,各减凡人三等,驼、骡、驴,依自杀法。"[9]法律将骆驼的地位排在马、牛之后,骡、驴之前,概括说明的历史事实是,宋朝境内的骆驼是与马、牛、骡、驴一样常见的、

---

① 张显运:《十至十三世纪生态环境变迁与时代畜牧业发展响应》,科学出版社 2015 年版,第 207—208 页。

② 黄榦:《勉斋集》卷一八《代胡总领论保伍》,《景印文渊阁四库全书》第 1168 册,第 203 页。

③ 李心传编撰,胡坤点校:《建炎以来系年要录》卷一八八,绍兴三十一年正月庚子,第 3648 页。

④ 李焘:《续资治通鉴长编》卷三四四,元丰七年三月丙寅,第 8267 页。

⑤ (清)徐松辑,刘琳、刁忠民、舒大刚、尹波等点校:《宋会要辑稿·兵》二四之三,第 9110 页。

⑥ 曾巩撰,陈杏珍等点校:《曾巩集》卷一八《拟岘台记》,第 292 页。

⑦ (元)无名氏撰,金心点校:《湖海新闻夷坚续志·后集》卷二《马生龙驹》,中华书局 1986 年版,第 271 页。

⑧ 李焘:《续资治通鉴长编》卷四六九,元祐七年正月壬子,第 11211 页。

⑨ 谢深甫编,戴建国点校:《庆元条法事类》卷七九《杀畜产》,第 889—890 页。

主要的大牲畜。元丰五年(1082),官方在陕西一带"划刮官私橐驼二千"以运军需①,可知官方和民间都普遍役用骆驼,以及在军需物资和商品运输中骆驼的重要作用。

开封是官方骆驼养殖、役使的中心和骆驼集散地,是北宋境内拥有骆驼最多的城市。朝廷在开封设置专门饲养骆驼的机构——驼坊,用于运输物资:"在天厩坊西,掌收养橐驼,以供内外负载之用。"有"兵校六百八十二人"②。从其682人的就业人员数量看,饲养的骆驼当以千计。靖康元年(1126)金兵包围开封时,曾向宋政府索取骆驼1000头,③说明女真人也知道开封有许多骆驼。此外,西京洛阳也是一个骆驼集散地,城内有"驼马市",④是买卖骆驼和马匹的市场。骆驼虽产于西北地区,但在广大北方地区使用很普遍。

驴子体积小,适应性强,便于饲养和使用,所以遍及北方各地。官方经常向民间征发驴子,用以运送军需物资。如康定元年(1040),官方在开封府、京东、京西、河东等地括民间驴5万头运送粮草⑤。庆历年间的宋夏战争中,宋军准备四路进军攻打西夏,曾计划"尽括关中之驴运粮,驴行速,可与兵相继也。万一深入,而粮食尽,自可杀驴而食矣"⑥。元丰年间,河东转运司调发民夫随军,"出驴者三驴当五夫,五驴别差一夫驱喝。一夫雇直约三十千以上,一驴约八千"⑦。因驮运能力大于民夫,军队更喜欢调发驴子。

民间对驴的役使也是运输的畜力牵引和器械动力。在开封,驴子是最常用的代步工具,前文所谓"京师赁驴,涂之人相逢无非驴也"即是。开封人许大郎世代以磨面为业,主要靠驴,"买驴三四十头"⑧。说明民间养驴甚

---

① (清)徐松辑,刘琳、刁忠民、舒大刚、尹波等校点:《宋会要辑稿·食货》四三之三,第6963页。
② (清)徐松辑,刘琳、刁忠民、舒大刚、尹波等校点:《宋会要辑稿·方域》三之四八,第9325页。
③ 徐梦莘:《三朝北盟会编》卷二九,靖康元年正月十日,第218页。
④ 彭□撰,孔凡礼点校:《墨客挥犀》卷七,中华书局2002年版,第358—359页。
⑤ 李焘:《续资治通鉴长编》卷一二九,康定元年十二月丁未,第3070页。
⑥ 魏泰撰,李裕民点校:《东轩笔录》卷四,第43页。
⑦ 《宋史》卷一七五《食货志上三》,第4256页。
⑧ 洪迈撰,何卓点校:《夷坚志·支戊》卷七《许大郎》,第1110页。

多,驴也是重要的畜力。河北卫州是著名的产驴地区,"卫地出驴,则名驴曰卫"①。既以卫当作驴的俗称,说明是在外地的名号,则是大量贩往外地,成为名优品牌。

研究畜力及其分布的意义在于,畜力的多少可说明生产力的高低、生产经营的好坏以及规模的大小。事实证明,北方的畜力在品种和总量上,大概除了牛以外均多于南方,为农业、运输、手工业提供了巨大的生产力,在一定程度上又弥补了劳动人口少于南方的不足。

三、各地的垦田面积和生产工具

土地是古代最基本的生产资料,如同土地的质量一样,其数量也是农业发展的基础。先请看下列图表。

表 1-6　北宋各地土地及户均数统计表

路分	田地/亩	户数	户均田亩	领土面积/平方公里	每平方公里垦殖指数/亩
开封府	11384831	235599	48.3	17149	663
京东	26719361	1359666	19.6	153106	174
京西	21283526	916640	23.2	191997	110
河北	27906656	1232659	22.6	123586	225
陕西	44710360	1355844	32.9	268168	166
河东	11170660	576189	19.3	131067	85
淮南	97357193	1357064	71.7	179879	541
两浙	36344198	1778953	20.4	122622	296
江东	42944878	1127311	38.0	86134	498
江西	45223146	1287136	35.1	131688	343
湖南	33204055	871214	38.1	128221	258
湖北	25988507	657533	39.5	123579	210
福建	11091990	1043839	10.6	127326	87

---

① 孙奕撰,侯体健、况正兵整理:《履斋示儿编》卷一五《因物得名》,《全宋笔记》第7编第3册,第177页。

路分	田地/亩	户数	户均田亩	领土面积/平方公里	每平方公里垦殖指数/亩
成都	21612777	864403	25.0	54818	394
梓州	田为山崖，难计顷亩	—	—	55092	—
利州	1288089	336248	3.8	79516	16
夔州	224720	254361	0.8	107310	2
广东	3145490	579253	5.4	170575	18
广西	55180	258382	0.2	238146	0.2

资料来源：田地数据《文献通考》卷四《田赋考四》；户数据《元丰九域志》；领土面积据袁震：《宋代户口》（《历史研究》1957年第3期）。

　　表1-6显示，宋代的农田以东南地区为多，其中淮南路最多；北方地区次之，四川地区又次之，广西农田最少。户均田数也是以东南为最多，淮南、两浙、江东、江西、湖北、湖南六路合计平均每户40亩；其次是北方，户均27亩；广西、夔州路、利州路、广东户均最少。每平方公里平均田地数的顺序除开封府最多外，大致与上相同。这三方面的吻合，颇具规律性。情况表明，东南地区拥有最多的生产资料，土地资源开发率高，而夔州路、广西几乎可以说是一片天荒。

　　决定生产状况的不仅是拥有多少土地，还在于如何使用土地。所以接着再谈各地使用土地的情况，以深化上述认识。我们知道，宋代有不少地区还实行着刀耕火种的耕作方式，如夔州路、利州路的许多地区，湖北峡、辰、沅、靖等州，陕西商州以及两浙、福建的一些山区即是，绝大多数都在南方。另外，湖南、湖北、两广许多地区是粗放耕作。如湖北，"楚地阔无边，苍茫万顷连。耕牛未尝汗，投种去如捐。农事谁当劝，民愚亦可怜。平生事游惰，那得怨凶年"[①]。如此广种薄收，经济效益很低，饥荒年景也就常常不可避免。湖南如桂阳，其农民"拙而惰，农耕器绝苦窳，耕刃入土才三四寸，终

---

① 苏轼撰，(清)王文诰辑注，孔凡礼点校：《苏轼诗集》卷二《荆州十首》其三，第62页。

岁置田勿问。及春,耨去陈草,曾不待破块辄下种"①。生产工具、耕作方式都很简陋。两广农民种田,"往往卤莽,一犁之后,无复用力"②。广西的一些地方更为落后,"其耕也,仅取破块,不复深易。乃就田点种,更不移秧。既种之后,旱不求水,涝不疏决,既无粪壤,又不籽耘,一任于天"③。水稻没有育秧环节,直接点种在大田,之后不再进行中耕、放水、排水等管理,听任自由生长。这些地区农田数量本来就不多,耕作方式又如此落后,土地的利用率就更低了。淮南农田最多,但有的地方实行的是轮耕制,如江都"民耕山上,一岁一代"即是。④ 在北方沿边地区也存在类似情况,如河东丰州"地居碛卤,田畴每岁三易"⑤。这样的话,其田地数量实际上要大打折扣了。

生产工具(这里专指农具)的地域分布基本上与上述情况相适应。苏州"农器甚备"⑥,说明农业生产的精耕细作。一般说来,在人口密集的地区,必须精耕细作以提高单位亩产量,所以小农具比较实用。再者,山区梯田狭陋,"侧耕危获,较计毫厘"⑦,也必须采用小农具才能进行生产。这种情况下的小农具是生产发展的表现。反之,在土旷人稀的地区,小农具就不适应生产的实际需要了。如在土地开发率很低的广西,到南宋后期还是"田器薄小,不足以尽地力"⑧,就注定了其生产不可能有多大的发展。

北方许多地区与东南地区相比,土地多人口少,大田作业无力精耕细作。但对于经济作物等就比较精细,如种植蔬菜,张耒载道:"北方治菜畦如棋枰,土极细匀,汲水灌之,次第相及,殊可观也。"⑨因地制宜,用功不同,蔬菜生产相当精细。

---

① 陈傅良著,周梦江点校:《陈傅良先生文集》卷四一《跋灵润庙赐敕额》,浙江大学出版社1999年版,第525—526页。

② 方大琮:《宋宝章阁直学士忠惠铁庵方公文集》卷三三《广州乙巳劝农》,第7页。

③ 周去非著,杨武泉校注:《岭外代答校注》卷三《惰农》,第146页。

④ 宋祁:《景文集》卷八《次江都》,《景印文渊阁四库全书》第1088册,第66页。

⑤ 乐史撰,王文楚等点校:《太平寰宇记》卷三九《丰州》,第827页。

⑥ 范成大撰,陆振岳校点:《吴郡志》卷二《风俗》,第10页。

⑦ 谢伋:《宋佛窟岩涂田记碑》,(清)阮元:《两浙金石志》卷八,《石刻史料新编》第1辑第14册,第10380页。

⑧ 真德秀:《西山文集》卷四七《司农卿湖广总领詹公行状》,《景印文渊阁四库全书》第1174册,第764页。

⑨ 张耒撰,李逸安、孙通海、傅信点校:《张耒集》卷二六《二月二日挑菜节大雨不能出》,第551页。

本 章 结 语

　　南方的气候资源比北方有利,浙西、淮南、成都府路的自然环境,整体上优于北方。北方的平原广阔,历史发展的基础雄厚,优于南方,许多一定范围的膏沃富庶之区,可以和东南媲美。南方的自然条件很不平衡,大部分地区尤其是山区,自然环境较差或很差。南方的社会环境,从相对安定、受战争影响小、政策较宽松方面讲优于北方,但生产关系比较落后,不利于经济的发展。南方地域广大,农田面积在东南地区有绝对优势。东南、成都府路人口众多,按当时的生产力水平,有的地方已出现人满之患,而且劳动力的身体素质也越往南越差,但自北宋中后期开始,文化素质高于北方,社会生产能力增长。北方在劳动人口数量上、文化素质趋势上不如南方,在劳动力素质上和畜力上则有相对优势。

第 二 章

宋代农业的地域特征

中国古代是传统的农耕社会。农业最重要的一个特点是：生产的进行是同土地和自然环境有机地联系在一起的，而且土地不只是生产的空间，更主要的还是不可替代的生产资料。土地当然是因地而异的，所以从地域角度研究宋代农业的一些问题，就是十分必要并且富有意义的。

本章所研究的宋代农业，指广义的大农业，即以种植业为主，包括畜牧业、渔业。

第一节　农田水利建设

水是万物之源，水利尤为农业的命脉，农田水利是农业的基本建设。对于水田作物来讲，无水则颗粒不收；对于旱地作物来讲，有水则收成倍增。陈尧叟曾引用晋朝傅玄的话说：

> 傅子曰："陆田命悬于天，人力虽修，苟水旱不时，则一年之功弃矣。水田之制由人力，人力苟修，则地利可尽。"且虫灾之害亦少于陆田，水田既修，其利兼倍。[①]

---

① 《宋史》卷一七六《食货志上四》，第4265页。

水利使农民的主观能动性得以较大的发挥,在一定程度上可以打破靠天吃饭的被动局面,并且减轻庄稼的病虫害。

由于地理环境不同,在发展农田水利事业方面南北方差异很大。南方主要是调节水——即排水、挡水、贮水以保证产量;北方主要是开发、利用水源来灌溉农田以提高产量,并改良土壤,治河也是一项重要内容。

一、各地农田水利基本建设状况

(一)开封府及京西

开封府地处平原,多有河流和地表积水,并不缺水。农田水利建设以引黄灌淤、改良土壤为主,兴起于宋神宗时。都水监侯叔献曾"引矾水溉畿内瘠卤,成淤田四十万顷以给京师"[①],这是已知宋代各地淤田最大的单项成果。另有史料说,杨汲主管开封府界常平、权都水丞时,"与侯叔献行汴水淤田法,遂酾汴流涨潦以溉西部,瘠土皆为良田。神宗嘉之,赐以所淤田千亩"[②]。可知所灌淤的土地主要在开封府西部的贫瘠之地。其效果包括两方面:一是变沙瘠盐碱地为农田。宋神宗说,开封有"寺僧言旧有田不可种,去岁以淤田故遂得麦"[③]。二是产量大增。假使按每亩提高产量一斗计(河东淤田提高产量两石左右),40万顷也能增产400万石。王安石于熙宁八年(1075)估计道:"府界淤田岁须增出数百万石"[④],这还属于保守的估计。笔者20世纪70年代初曾在开封西郊最荒凉的地方下乡务农四年,年年引黄灌淤,种植稻、麦,故深知淤田对改良盐碱沙地的巨大功效。当地全是盐碱沙地,平常总是一片白花花,乱坟头上的白毛能达数寸长,一般土地亩产小麦数十到百余斤。而引用黄河水中饱含黄土高原细颗粒的泥沙水流,淤积在盐碱沙地上数指厚,干燥后经犁地翻土混合,颗粒大渗水强的沙土、颗粒小渗水弱成胶合固体的胶泥以及腐烂的麦根、稻根混合,既形成新

---

① 黄震著,张伟、何忠礼主编:《黄震全集·黄氏日抄》卷九一《书侯水监行状》,浙江大学出版社2013年版,第2420页。
② 《宋史》卷三五五《杨汲传》,第11187页。
③ 李焘:《续资治通鉴长编》卷二二一,熙宁四年三月戊子,第5370页。
④ 李焘:《续资治通鉴长编》卷二六五,熙宁八年六月戊申,第6489页。

土层又压下、冲洗了盐碱,极大改善了土壤物理性质,增加了土壤养分,提高了单位面积产量。淤田之后,不必施肥管理,也能亩产小麦200余斤,产量翻番,种水稻则可达400余斤。正如开封僧人所言"以淤田故遂得麦"。由此可知,宋代北方地区普遍的淤田活动,无疑是一场农业革命,直接的和潜在的效益十分可观。

京西路平原广阔,河流众多,绝大部分地区素不缺水。在南部地区,汉代渠陂等农田水利遗迹遍布,有着良好的传统基础。这里的农田水利事业,自宋仁宗时广泛开始,在唐州有着突出表现。

唐州在北宋前期一直地旷人稀,朝廷一度曾打算废州为县。嘉祐中循吏赵尚宽任知州后,力求改变旧面貌,振兴唐州。他翻阅方志图经,考察了汉代召信臣修筑的水利设施遗迹,决意从兴修水利入手,便调发兵卒,修复了三陂一渠,引水可灌溉农田一万余顷。又组织农民修建支渠数十条,扩大了灌溉范围。水利既复兴,农业生产有了良好基础,于是流民纷纷涌来垦荒,投入到生产活动之中。三年间,"榛莽复为膏腴,增户积万余"①,荒凉落后面貌大有改观。接着,京西转运使吴充又借给流民5000贯使买耕牛,约定丰收时偿还,但宋仁宗予以豁免。② 按当时的牛价,这笔资金可买一千余头,③农业生产力大为增强。宋神宗时高赋任知州后,更上一层楼,又建设陂堰44处,开垦土地31300余顷,增加户口11380户,增加税赋22257(石?)④。唐州地旷人稀、农业落后的状况在水利事业的推动下,得到了根本改变。《宋史·循吏传》总共只选载了十二人,赵尚宽、高赋二人以复兴唐州功绩甚大,双双列入其中,足见唐州农田水利建设在当时社会上影响很大。宋哲宗时,水利设施兴建活动进一步普及到民间。唐州百姓王令的寡妇吴氏,即是一位带头人。她每到农闲季节,便亲自组织率领农夫数千人,修建水库,"大治陂水灌田,利及一方"⑤,突出地反映了当地人民发展生产的积极性。

---

① 《宋史》卷四二六《赵尚宽传》,第12702页。
② 李清臣著,杨倩描点校:《李清臣文集》卷一二《吴正宪公充墓志铭》,第157页。
③ 程民生:《宋代物价研究》,人民出版社2008年版,第300页。
④ 《宋史》卷四二六《高赋传》,第12703页。
⑤ 李焘:《续资治通鉴长编》卷四七一,元祐七年三月壬辰,第11243页。

　　邓州南阳县,宋神宗元丰年间在县丞燕居冲的组织下,修建了马渡港堰(俗称牟河渠),"渠成民赖其利",灌溉面积达千余顷。①

　　在属于汉水流域的襄州,水利建设也有几项大工程。宋真宗时,转运使副耿望、朱台符等修复了襄阳淳河灌溉工程,又修治了宜城蛮河水利设施,种植水稻三百余顷。② 欧阳修有诗赞道:"乐哉朱君鄅灵堤,导鄅及蛮兴众陂。古渠废久人莫知,朱君三月而复之。沃土如膏瘠土肥,百里岁岁无凶灾。鄅蛮之水流不止,襄人思君无时已。"③引鄅水建造了许多水库,保障了农田灌溉,改造土壤并提高了产量。宋仁宗嘉祐年间,襄阳"地多陂池、川泽之利,久弃不讲",地方官"为相视,率民作堰于侯塘,不费于公,不扰于私。堰成,溉田二千余顷,民至今利之"④。修复了废弃的水利设施,灌溉面积达到二十万亩。宋英宗时,属县宜城进一步修复木渠,灌溉面积增加到六千余顷,使当地人民大受其利,即使在大旱之年,"赤地焚裂而如赪,则木渠之田犹丰年也"⑤。郑獬专作《木渠》诗云:

> 木渠远自西山来,下溉万顷民间田。
> 谁谓一石泥数斗,直是万顷黄金钱。
> 去年出谷借牛耕,今年买牛车连连。
> 须知人力夺造化,膏雨不如山下泉。
> 雷公不用苦震怒,且放乖龙闲处眠。
> 安得木渠通万里,坐令四海成丰年。⑥

修复的木渠确保了农业的丰收,稳定并发展了当地经济。

　　陈州地势低下,多有雨水积患,如宋哲宗时知陈州胡宗愈报告道:"本州地势卑下,至秋夏之间,许、蔡、汝、邓、西京及开封诸处大雨,则诸河之水

---

　　① (元)孛兰肹等撰,赵万里校辑:《元一统志》卷三《南阳府》,中华书局 1966 年版,第262 页。

　　② 李焘:《续资治通鉴长编》卷四四,咸平二年四月丙子,第 941 页。

　　③ 欧阳修著,李逸安点校:《欧阳修全集·居士外集》卷三《书宜城修水渠记后奉呈朱寺丞》,第 747 页。

　　④ 林摅:《宋故左朝议大夫致仕上柱国陇西县开国男食邑三百户赐紫金鱼袋吕公(大球)墓志铭》,郭茂育、刘继保:《宋代墓志辑释》,第 425 页。

　　⑤ 郑獬:《郧溪集》卷一五《襄州宜城县木渠记》,《景印文渊阁四库全书》第 1097 册,第250 页。

　　⑥ 郑獬:《郧溪集》卷二六《木渠》,《景印文渊阁四库全书》第 1097 册,第 345 页。

并由陈州沙河、蔡河入颍河,颍河不能容受,故陈州境内潴为陂泽。"①作为京师、京西天然的泄洪区域,严重时以至"夏秋之间,四顾百里,不见涯涘"②。积水之患陆陆续续长达百余年,官府也不断努力改变。如太平兴国初,符昭愿为陈蔡等道都巡检使,"旋以时雨霖暴,潦水湮漫,耕桑不收。原邑告惠,转运使表公所见,诏俞其请。公于是揆工度地,起颍人,自合流镇东沙沟抵长平,开河数百里入于蔡,物济民利,时论偁之"③。到宋徽宗朝,又一次大力整治,开河疏水,"陈地污下,属雨甚则积潦害稼,朝廷疏八百里以纾陈人之忧。而去淮南远,水不时泄"。地方官"请益开二百里,起于西华,循宛丘入项城,以达于淮泗,自是陈无水患"④。如此巨大的百里泄水河渠工程,最终解决了多年积弊。

(二)京东

与京西路一样,京东路也不缺水,似乎还嫌水多了些。有关京东水利建设的资料不多,所见四项大的和较大的工程,共同特点都是疏水复田。

其一,景德二年(1005)曹州疏水复田。曹州境内的广济河(即五丈河)两岸,常有积水,侵占农田达上千顷,致使"民用匮乏,莫输其租"。景德二年,官方经过勘察,设置了水门,将积水引导流入广济河,旧田退出,"人获其利"⑤。这片土地得以重新垦殖。

其二,天圣十年(1032)修建新济河。宋真宗初黄河决溢改道,并济河为一流,后来黄河复归故道,济河却已被淤坏,河床增高,济水不能由此东流入海,便停潴在郓州到济州一带,"民良田百万顷水宅焉。三十年民不得一垅耕、一穗收"。天圣十年新济河修成,疏其积水,大面积的农田重见天日,

①　(清)徐松辑,刘琳、刁忠民、舒大刚、尹波等校点:《宋会要辑稿·方域》一七之一一,第9616页。

②　陈师道:《后山居士文集》卷九《策问十五道》一,第507页。

③　陈舜封:《大宋故推诚佐理功臣光禄大夫检校太保使持节蔡州……赠镇东军节度使符公(昭愿)墓志铭并序》,郭茂育、刘继保:《宋代墓志辑释》,中州古籍出版社2016年版,第95页。

④　孙觌:《鸿庆居士集》卷四二《宋故通议大夫守吏部侍郎致仕赠宣奉大夫霍公行状》,《景印文渊阁四库全书》第1135册,第457页。

⑤　夏竦:《文庄集》卷二九《故保平军节度使……魏公墓志铭》,第1087册,第288页。

"民得是良田,播殖五谷以衣食之。新济之功,此益为大"①。该地区的农业生产规模恢复到了原有水平。

其三,景祐元年(1034)平阴县疏水复田。景祐元年,郓州平阴县主簿龚鼎臣,"疏泄潴水,得良田数百千顷"②,取得了较大成就。

其四,熙宁年间济州、濮州的疏水复田。济州原有南李堰,濮州原有马陵泊,但"久为积水所占,昨已疏治,修复良田约四千二百余顷"。堰、泊本来就是为蓄水的,这里所说的疏治、修复,即排出积水,将原地改造成农田,遵循的是王安石的理念,也与南方的湖田性质类似。这块土地耕种之后,肥沃的土地上长出了茂盛的庄稼,"昨来夏秋民间耕种,所取菽、麦约三二百万硕"③。以250万硕(石)计,42万余亩平均亩产高达约6硕,实在是不多见的高产良田。不过,这两块原为堰、泊的土地改为农田之后,周围的水系恐怕因此会混乱,可能会带来一些不良影响。史料中未见记载,只是推想而已。

治理黄河也是京东水利建设的重要内容,惜缺史料,暂此从略。总的来说,京东的水利建设在宋代没有多少新的发展,工程虽大,多属修复旧田。此外,京东的淤田有很大的成绩,这一点下文再谈。

(三)河北

河北水系发达,水利资源极其丰富。面对数条大河和众多的塘淀,能否利用、如何利用是问题的关键。总的来说,河北水利事业沿着三个方向发展。

其一,治理黄河,避害兴利。河北位于华北平原北部,地处宋代黄河的下游,所以黄河经常在河北泛滥为患,致使河北转运司每年都要承担重大损失,投入巨大的财力、人力、物力,"耗财用,陷租赋以百万计"④,大量的人力、物力、财产和农田都被黄河吞噬了。治理黄河是发展沿黄地区经济的一

---

① 石介著,陈植锷点校:《徂徕石先生文集》卷一九《新济记》,第226页。
② 《宋史》卷三四七《龚鼎臣传》,第11012页。
③ (清)徐松辑,刘琳、刁忠民、舒大刚、尹波等校点:《宋会要辑稿·食货》一之一二九,第5960页。按:硕即石。
④ 《宋史》卷九二《河渠志二》,第2290页。

个前提,避开河患,可以把损失减少到最低限度,同时也可产生直接的利益。宋神宗熙宁二年(1069),在王安石的主持下,导河东流,将嘉祐五年(1060)决口时分成的两股黄河合为一股,于是,"退滩内民田数万顷,尽成膏腴"①。不仅恢复了原有土地,而且经过淤灌,变为肥沃的良田。同期,知德州阎充国主持修筑了沿黄护田堤,从德州延伸到沧州,"护田数万顷"②,保证了大片良田免遭水灾,维护了农业生产的正常进行。

其二,引水灌溉和退水复田。如宋真宗景德初,北面都铃辖阎承翰开渠引唐河水32里到达定州,又开渠引保州赵彬堰、徐河水入保州西北的鸡距泉,形成良好的灌溉体系,"自是,朔方之民灌溉饶益,大蒙其利矣"③,获得了长效的经济效益。宋仁宗时的王沿,是位为河北农田水利事业作出突出贡献的人物。在天圣四年(1026),他就主持兴修了相州水利,并提议让陕西郑白渠一带的百姓犯罪当配者皆送到相州,以解决相州水利建设的技术和劳力问题。他还派出当地水工前往郑白渠参观学习,"观彼疏导之制",然后便开挖水利工程,引衡、漳之水灌溉相州农田。④ 到景祐初,任河北转运使的王沿又组织了一项重大引水工程,"导相、卫、邢、赵水下天平、景祐诸渠,溉田数万顷"⑤。四州之水联络互利,数百万亩农田得到浇灌,大大促进了农业的发展。宋神宗时,河北水利事业有了更大的飞跃。仅熙宁八年(1075)以前,都大提举黄、御河公事程昉,即在河北"开闭河四处,除漳河、黄河外,尚有溉淤及退出田四万余顷,自秦汉以来水利之功,未有及此"⑥。足见其水利事业发展到了历史新高峰,对农业起了重大促进作用。黄河水淤田之后,"淤厚累尺,宿麦之利,比之他田,其收十倍"⑦。即便达不到十倍的收成,数倍之收也非常可观。所以王安石断定河北因此"所出地及淤田至多,即岁增出斛斗不少"⑧。河北的二税额在熙宁十年位居全国之首且遥

① 李焘:《续资治通鉴长编》卷二七八,熙宁九年十月丁酉,第6800页。
② 范纯仁:《范忠宣集》卷一四《朝议大夫阎君墓志铭》,《景印文渊阁四库全书》第1104册,第691页。
③ 《宋史》卷九五《河渠志五》,第2366页。
④ (清)徐松辑,刘琳、刁忠民、舒大刚、尹波等校点:《宋会要辑稿·食货》七之九,第6119页。
⑤ 《宋史》卷三〇〇《王沿传》,第9959页。
⑥ 李焘:《续资治通鉴长编》卷二六三,熙宁八年闰四月乙巳,第6440页。
⑦ 苏辙著,陈宏天、高秀芳点校:《栾城集》卷四二《论开孙村河札子》,第922页。
⑧ 李焘:《续资治通鉴长编》卷二六五,熙宁八年六月戊申,第6489页。

遥领先①，是有发达的农田水利基础的。到宋徽宗时，农田水利仍有新发展。如黎阳县开挖了一条水渠，"复废田四千顷，皆膏腴沃壤。民赖其赐，因号其渠曰长丰渠"②。沿渠的大片农田因而常获丰收。

其三，利用塘淀，使之为农业、渔业服务。这点以后再谈。

总之，河北虽然深受黄河等水之害，但其水利事业仍然可以说是取得了空前的成就。

（四）陕西

陕西的农田水利事业主要是围绕着骨干水网郑白渠（又称三白渠、泾渠）展开的。

前边讲过，郑白渠在秦汉时灌溉面积达四万四千五百余顷，至宋初不及二千顷。因而，要恢复发展陕西经济，必须修整恢复郑白渠。宋太宗时，曾多次打算兴修，因工程太大而未能如愿。宋真宗景德三年（1006）修复了一部分，"工既毕而水利饶足，民获数倍"③，增产数倍，立即显示出巨大的效益。宋仁宗时，官员雷简夫又对三白渠进行了卓有成效的兴修，"先时，治渠岁役六县民四十日，用梢木数百万，而水不足。简夫用三十日，梢木比旧三之一，而水有余"④。同时代的石某在任知渠事时，役夫 2 万人次修治，完工之后，"六县之土，蒙被灌沃，禾黍倍登"⑤。这样，三白渠的灌溉面积不断扩大，到景祐三年（1036），已能灌田 3000 余顷⑥，庆历年间（1041—1048）则翻了一番，达 6000 余顷：知永兴军叶清臣"浚三白渠，溉田逾六千顷"⑦。宋神宗时，在兴修农田水利的高潮中，郑白渠又迎来修建的机遇。熙宁五年（1072），权发遣都水监丞周良孺计划开挖整合郑白渠："就石门创口，引水

---

① 详见第 148 页表 2-4：元丰年间各地二税见催额及田地户数表。

② 穆涣：《宣德郎穆翠墓表》，（清）陆增祥撰：《八琼室金石补正》卷一一一，文物出版社 1985 年版，第 783 页。

③ 《宋史》卷九四《河渠志四》，第 2348 页。

④ 《宋史》卷二七八《雷简夫传》，第 9464 页。

⑤ 文同：《丹渊集》卷三六《屯田郎中石君墓志铭》，第 265 页。

⑥ 王应麟纂：《玉海》卷二二《景祐修三白渠》，江苏古籍出版社、上海书店 1987 年版，第 436 页。

⑦ 《宋史》卷二九五《叶清臣传》，第 9851 页。

入侯可所议凿小郑泉新渠,与泾水合而为一,引水并高随古郑渠南岸。"已经实施的一期工程,规模与效益为"今自石门以北,已开凿二丈四尺,此处用约起泾水入新渠行,可溉田二万余顷"。如果实施二期、三期工程,"则所溉田可及三万余顷,虽用功稍多,然获利亦远"。该计划引起了最高层的极大兴趣,愿意给予强大的资金支持。王安石对宋神宗劝说道:"陛下若捐常平息钱助民兴作,何善如之!"宋神宗决心更大:"纵用内藏钱,亦何惜也。"①不惜动用常平钱乃至内藏库钱,如此力度是北宋历史上仅见的。可惜的是,此事似乎虎头蛇尾,不详实施情况,就后来的情况看,并没有落实。

宋徽宗大观二年(1108),继承熙宁时开始的工程,再接再厉,创造了辉煌。主要是新开凿一道石渠,引泾水与白渠汇合,更新了整个水网系统,费工多达110余万,到大观四年完成。"宋大观中,诏开石渠,疏泾水入渠者五尺,下与白渠会,溉七邑田三万九千五百余顷"。修整后的三白渠,被宋徽宗赐名为丰利渠,可灌溉泾阳、醴泉、高陵、栎阳、云阳、三原、富平七县的农田三万余顷。虽然同书另有两种不同数据,②但有熙宁时规划的三万余顷佐证,这一数字是有依据的。表面上看,这个数字仍达不到汉代灌溉亩数,但这里面有不同朝代亩积大小的差别,不能只看绝对数字。汉代的亩积小于宋代,据吴慧先生"历代田亩面积对照表",汉亩有大小之别,汉代大亩约等于今 0.6912 市亩,小亩约等于今 0.288 市亩;而宋代一亩约为今 0.9 市亩。③ 如此看来,汉代的 44500 余顷按大亩计,约合今 3075839 市亩;如按小亩计,约合今 1281600 市亩。宋代的 35093 顷约合今 3158370 市亩,比汉代大亩多出 82530 市亩,比汉代小亩多出 1876770 市亩。由此可见,宋代关中水利建设不但远远超过了唐代,也超过了汉代,促进着关中农业达到历史高

---

① 李焘:《续资治通鉴长编》卷二四〇,熙宁五年十一月壬戌,第 5831—5832 页。

② (元)李好文撰,辛德勇、郎洁点校:《长安志图》卷下《泾渠图说·堰壩因革》,三秦出版社 2013 年版,第 77—78 页。该书下引资政殿学士侯蒙碑文又云:溉七县农田"二万五千九十有三顷"(第 79 页),与此数不同。后文又载大观四年朝散大夫专管勾永兴军耀州三白渠公事都大提举开修石渠飞骑尉蔡溥的《开修洪口石渠题名记》言:"增溉七县之田,一昼一夜所溉田六十顷,周一岁可二万顷。"(第 82 页)三个数据无一相同,当是数据来源的口径、统计方式不同造成的。其中蔡溥所言"一昼一夜所溉田六十顷,周一岁可二万顷",正如梁庚尧先生指出的那样,农作物灌溉有季节限制,不能分成 365 天轮流浇灌。(梁庚尧:《宋代南北的经济地位——评程民生著〈宋代地域经济〉》,《新史学》1993 年第 1 期,第 111 页)估计是蔡溥不懂的误解,均存疑待考。

③ 吴慧:《中国历代粮食亩产研究》,农业出版社 1985 年版,第 236 页。

峰。北宋后期的赵令畤,初到长安曾有诗云:"眼前一物真堪爱,百尺长杨水满渠。"①护渠两旁的高大杨树以及充足的水量,说明农田水利的实际运转、维护良好,令人兴奋。

此外,陕西其他地区的水利建设也多有建树。如宋真宗时,商州地方官组织民工"为圩堰沟塍",这些系统齐备的水利设施,为的是引渭河之水灌田,"田岁增溉,皆为沃野"②。既浇地,又淤田,一举两得,造出了不少肥沃田地。宋仁宗庆历时,华州渭南县也兴修水利,"引敷水,溉田甚广,民间颇称利便"③,从渭河支流敷水开渠引水灌溉农田,取得了好成绩。不久,都水监官员在河中府利用历史上的沟渠等设施兴修农田水利,"愈年,变洿卤地千余顷为良田",然后"募民耕耘,以助关中馈饷,于今赖焉"④。宋哲宗元祐年间,陕西转运判官游师雄为壮大经济力量,积极兴修水利,"引泾、渭之流,于是溉田数千顷。自陕以西,水利之兴者复万余顷,民赖其惠"⑤。这一次水利建设的高潮,与关中地区的三白渠遥相呼应,成绩很大,效果也是很好的。

从上可知,陕西的农田水利事业恢复、发展之快,是全国第一流的,成就空前,与河北一样达到了历史新高峰。

（五）河东

河东缺水,因为山区水利建设难度大,因而更有重大意义。在河流湖泊少的情况下,开发利用山泉水便成为其水利建设的特色之一。

绛州有一名为骨堆的巨大山泉,"方数丈,可灌民田万亩左右。农家恃以为命"⑥,真切地体现了水利是农业命脉的作用。汹涌喷发的骨堆泉直径和水量很大:

> 周围四里,高三丈,穹窿而圆,状如覆釜。水原数十环之,觱沸杂

① 赵令畤撰,孔凡礼点校:《侯鲭录》卷六《初到长安诗》,中华书局2002年版,第165页。
② 刘挚撰,裴汝诚、陈晓平点校:《忠肃集》卷一三《赠谏议大夫西门公墓志铭》,第262页。
③ （清）徐松辑,刘琳、刁忠民、舒大刚、尹波等校点:《宋会要辑稿·食货》七之一一至一二,第6120页。
④ 赵挺之:《王孝先墓志》,何新所编著:《新出宋代墓志碑刻辑录（北宋卷）六》,第149页。
⑤ 张舜民:《游公墓志铭》,（清）王昶:《金石萃编》卷一四一,中国书店1985年版,第7页。
⑥ 洪迈撰,何卓点校:《夷坚志·支甲》卷八《绛州骨堆泉》,第778页。

发,汇于其南,溶为深渊。水中多鱼鳖蟹鳝,水极清洁,洞鉴毛发,盛寒不冰,大旱不耗,淫雨不溢。其南酾为三渠:一载高地入州城,周吏民园沼之用;二散布田间,灌溉万余顷;所余皆归于汾。田之所生,禾麻稌稷,肥茂芗甘,异他水所灌。①

前条史料为洪迈所载,言"可灌民田万亩";后为司马光所载,言"灌溉万余顷",相差百倍。其实均不能当真,都是形容而已。司马光所言万余顷恐夸大,因为前表载整个河东路的农田数量不过 11170660 亩,此泉似难以灌溉十分之一的百万亩。但可以肯定的是灌溉面积非常可观,而且水质非常优越,滋润的庄稼产量高、口感好。

著名的太原晋祠之泉,也发挥了很大的作用,被用来"下溉平田几百顷,稻苗杷耙曾不枯"②,灌溉面积较大,而且能大面积种植水稻。宋仁宗嘉祐五年(1060),地方政府为扩大晋祠泉的浇灌能力,组织人力疏浚,"浚其源为十分,穴庙垣以出其七分",一举使其灌溉面积由原来的近百顷增加到三百余顷,翻了三番多,"于是,晋水之利,无复有遗,倍加于昔矣"③,得以充分利用,有效促进了当地农业发展。这些山泉如同乳汁一般,滋润着一方土地,造就一片绿洲。

仅靠山泉是远远不能满足农业发展需要的。嘉祐年间,河东较大规模的水利建设开展起来。在河东山区,每逢雨季,冲刷下许多泥土,俗称流下山的雨水为天河,像黄河水一般可以浇地淤田。嘉祐初,河东提点刑狱程师孟兼管本路河渠事,开展了一场农田水利工程。他筹集民间资金买地开渠,联络河流、泉水,并筑堰蓄水建造水库。工程历时五年而成,凡九州二十六县共灌淤兴修农田四千二百余顷,"皆成沃壤",并修复旧田五千八百余顷,总共一万余顷。成功后总结经验,修纂《水利图经》二卷,"付州县遵行",予以推广和规范管理。这一工程获得了很好的效益,不但水田面积成倍扩大,土地质量也大大提高。典型例子就是绛州首县正平的董村,原来每亩农田价格只值二三贯,每年收谷五七斗;自灌溉淤田后,地价提高了三倍,亩产高

---

① 司马光撰,李文泽、霞绍晖校点:《司马光集》卷六六《题绛州鼓堆祠记》,第 1370 页。

② 梅尧臣著,朱东润编年校注:《梅尧臣集编年校注》卷一四《和永叔晋祠诗》,第 248 页。

③ 公乘良弼:《重广水利记》,(明)高汝行:《嘉靖太原县志》卷五,《天一阁藏明代方志选刊》,上海古籍书店 1963 年版,第 23 页。

达二至三石①，剧增五倍左右。水利建设的发展，使河东农业生产登上了一个新台阶。

北宋中后期朝廷发起的水利建设高潮，民间积极参与，在河东北端的代州崞县获得良好效益。出身于普通农民家庭的高万，"其先亦不甚显，迨君始以豪资闻。君性嗜田业，而便习水利事"。当地有条季节性流沙河阳武河，是滹沱河的一级支流，"每遇泛涨，则有垫溺之患，居民为之不宁。滨河有田数千顷，因垫溺则废为旷土，其民亦转徙而他者，不可胜计矣。嘉祐、熙宁间，君始为凿渠道、筑堰堙，引涨水以溉瘠田，得膏壤数千亩，卒抵丰殖。由是一川之人皆效而为之，向所谓旷废不毛之地，今皆变为良田。其转徙之民亦无复其□，而往往弟为甲户。在崞之地凡称膏腴者，必稽为故。熙宁以后民知有涨水之利，而不知有涨水之害"②。高万带领当地农民在阳武河畔筑堰凿渠，引洪放淤，变沙田为肥壤，不少农民因而发家致富，是民间力量发展农田水利事业的成功事例。

汾河沿岸的汾州，得汾河灌溉之利，是河东农业发达地区。城东原有一处方圆四十里的西河泺，"岁旱以溉民田，雨以潴水，又有蒲鱼、菱芡之利，可给贫民"。大概是考虑到当地不缺水而缺田，宋仁宗时被转运使王沿废泺为田，使之成为北方的"湖田"。但不久就出现问题，"人不以为便"。宋神宗熙宁元年（1068）正月，在知杂御史刘述的申请下，朝廷下令"复汾州西河泺"③，恢复了其自然储水灌溉功能，修复了水系。

（六）淮南

自然条件优越的淮南地区，水利工程有良好的功效。淮南的农田水利建设，主要在北部地区，因为这里属江淮台地、丘陵、山地区，地势较高，且河流有限，"真杨以北，河势径直，支流别派，比江南才十一，故灌溉之利，民常病狭"④。所以需要引水浇灌。

---

① 李焘：《续资治通鉴长编》卷二七七，熙宁九年八月庚戌，第6779页。原载田总数为"一万八千余顷"，与新旧数之和一万顷不符，未知孰是。

② 贺霖：《高万墓志》，（清）胡聘之：《山右石刻丛编》卷一五，第15275页。

③ 《宋史》卷九五《河渠志五》，第2362页。

④ 李孟传：《修塘记》，四川大学古籍所编，曾枣庄、刘琳主编：《全宋文》第260册，第64页。

宋真宗时，淮南就修建有大型农田水利工程。王安石的叔祖王某任提点刑狱淮南兼劝农事时，"公于为狱，务在宽民，而以课田桑为急。按渠陂之故，诱民作而修之，利田至五万九十顷。天子赐书奖谕"①。通过修复历史上的沟渠水库，使大面积土地得到浇灌，被皇帝嘉奖。寿州有一传统的灌溉体系——春秋时的芍陂，为淠水的注蓄之处，"古尝溉田百万亩"。到宋代有所衰弱，北宋中期"才溉五十万亩"。虽不如以前，仅及一半，但仍很可观。加上其他数十处小陂塘，这一带"当旱而霖，讫无凶年"②。农业生产在此保障下，正常发展，自然灾害造成的损失有限。在舒州太湖县，"诸乡民田有边临溪江者，频岁力耕疾种，不潦则旱。体问得皆有古来堤堰潴泄水势，或因积年大水决溃，因循不复修茸"。宋英宗时，知县"因乘其农隙，劝募傍近地主，备工料兴筑。民俗始未坚信，粗亦勉从，凡筑成堤岸数处。次年积雨，溪江暴泛，赖新堤障，遂免漫溺。自昔不植之地，一旦遂为膏壤。由是令复加增茸，众始悦随"③。良好的效益，调动起农民的积极性，促进了水利事业进一步开展。宋神宗元丰时，扬州江都修复了大石湖，灌溉面积达一千多顷，当年即获得大丰收，粮食产量增加一倍。受此鼓舞，"于是远近自陈愿复陂塘沟渠之利者相属"，掀起了一场兴修水利的高潮。后来，又向长江潮水作斗争，修筑沿江大堤，"以却潮之患"，使之不再危害江边农田，并挖渠疏泄积水于长江，"凡水利之兴复者五十有五，溉田六千顷"④，取得很大成绩。同时的蒋之奇任淮东转运副使时，发生灾荒和大批流民，他"募使修水利以食流者。如扬之天长三十六陂，宿之临涣横斜三沟，尤其大也，用工至百万，溉田九千顷，活民八万四千"⑤。以赈灾为契机，修复了一系列水利设施，灌溉农田九千顷。淮南西北的亳州，元祐年间地方官"通浚积潦，民获田数十万亩"⑥。大面积农田因此重新耕种。

淮南东部沿海州郡的低洼地区，水利工程的性质以防避海潮侵蚀为主。如宋仁宗时，江淮发运副使张纶在泰州修复了久废不治的捍海堰，大片农田

---

① 王安石著，秦克、巩军标点：《王安石全集》卷八七《主客郎中叔祖墓志铭》，第662页。
② 宋祁：《景文集》卷四六《寿州风俗记》，《景印文渊阁四库全书》第1088册，第409页。
③ 李焘：《续资治通鉴长编》卷二一八，熙宁三年十二月甲子，第5295页。
④ 秦观撰，徐培均笺注：《淮海集笺注》卷三八《罗君生祠堂记》，第1239—1240页。
⑤ 《宋史》卷三四三《蒋之奇传》，第10916页。
⑥ 《宋史》卷四二六《叶康直传》，第12706页。

重新耕种,"复租户万二千七百"。以每户租种十亩计,复垦的农田估计约
有 12 万余亩,故而"州人感之,为立生祠"。被誉为当时"国朝言水利者",
"有绩效之最"。① 在与海争田的斗争中取得胜利。

到南宋,又有规模更大的水利工程。绍熙五年(1194),淮东提举陈损
之提出一个解决沿海农田水利、交通水利的一揽子规划:

> 高邮、楚州之间,陂湖渺漫,茭荻弥满,宜创立堤堰,以为潴泄,庶几
> 水不至于泛溢,旱不至于干涸。乞兴筑自扬州江都县至楚州淮阴县三
> 百六十里,又自高邮、兴化至盐城县二百四十里,其堤岸傍开一新河,以
> 通舟船。仍存旧堤以捍风浪,载柳十余万株,数年后堤岸亦牢,其木亦
> 可备修补之用。兼扬州柴墟镇旧有堤闸,乃泰州泄水之处,其闸坏久,
> 亦于此创立斗门。西引盱眙、天长以来众湖之水,起自扬州江都,经由
> 高邮及楚州宝应、山阳,北至淮阴,西达于淮;又自高邮入兴化,东至盐
> 城而极于海;又泰州海陵南至扬州泰兴而彻于江:共为石磋十三,斗门
> 七。乞以绍熙堰为名,镵诸坚石。

该规划充分利用水源,趋利避害,从"淮田多沮洳,因损之筑堤捍之,得良田
数百万顷。奏闻,除直秘阁、淮东转运判官"②的记载可知,实施的效果良
好,使数百万土地受益,故而主管官员得到提升的奖励。

总的来说,淮南水利事业虽不像下文两浙那样搞得轰轰烈烈,但都是良
性的,都有较高的经济效益。

(七)两浙

两浙位于太湖流域,那是一个美丽的泽国,水与人们的生产、生活息息
相关。兴修水利是当地的优良传统,在日常生产活动中占有重要的地位。

宋初以来,吴越钱氏时修建的水利设施渐渐堙坏,到宋仁宗时,"浙西
河塘,太半隳废,失东南之大利"③。如杭州西湖,原来可以"溉民田数十顷,

---

① 范镇撰,汝沛点校:《东斋记事》卷三,中华书局 1980 年版,第 25 页;《宋史》卷四二六《张
纶传》,第 12695 页。

② 《宋史》卷五〇《河渠志七》,第 2395 页。

③ 范仲淹著,李勇先、王蓉贵校点:《范仲淹全集·范文正公政府奏议》卷上《答手诏条陈十
事》,第 534 页。

钱氏置撩清军,以疏淤填之患。既纳国后不复治,葑土埋塞,为豪族僧坊所冒,湖水益狭"。及庆历年间郑戬为知州时,才开始修治,调发丁夫数万,工成之后,"民赖其利"①。基本上恢复到原来的水平。

总的来讲,两浙的水利事业主要有两大特点。

一是疏导排水。前边讲过,太湖流域地势低洼,常多水灾,农业生产时遭破坏,苏、湖、常三州税收因而"十常减五六"②,损失很大。为解决这一问题,自宋真宗时的张纶起,许多官员都下功夫组织人力开挖河道,疏水入海。有关工程史料很多,诸家多有介绍,在此只举出北宋末年平江府(苏州)曾"开一江、一港、四浦、五十八渎"这一巨大工程③,就足以说明当地的水利事业发达,水网系统而严密。同时也说明疏导积潦的工作是何等艰难,百余年持续不断,耗费了巨大财力、人力,仍然没有能够从根本上解决问题,仍需经常疏导。在秀州华亭县,"连亘百里,弥望皆陂湖沮泽,当春农事方兴,则桔槔蔽野,必尽力于积水而后能种艺"④。沿海土地则要与海争田。宋孝宗时在建筑捍海堰的情况下,华亭"县之四乡咸水坏田",地方官请求朝廷蠲免赋税三年并得到同意。⑤ 当地的耕作环境就是如此艰难,与水争田,需花费大的投资才能进行正常的生产。浙西得水之利,也遭水多之患,农业的发展是在与水斗争中进行的,受到一定的掣肘。之所以难以根本解决,乃是由于自然环境决定的。但毕竟资源丰富,利用水源经验也非常丰富。如北宋时的越州鉴湖水利,管理利用就堪称经典:"鉴湖规法,天下水利皆不及。盖湖水高民田一丈,民田高海一丈。旱则决湖水以溉田,潦则开斗门泄水入海,故越人不知有水旱之忧。"⑥有效地保障了当地农业发展。

二是修建围田、湖田。这是与前者双向发展的,二者之间有矛盾之处。围田在两浙盛行于北宋晚期,如政和六年(1116),"平江府兴修围田二千余

---

① 《宋史》卷二九二《郑戬传》,第 9767 页。另据《苏轼文集》卷三〇《杭州乞度牒开西湖状》(第864页)、《宋史》卷三〇四《王济传》(第10068页)作"千余顷"。

② 单锷:《吴中水利书》,丛书集成初编本,中华书局 1985 年版,第 1 页。

③ (清)徐松辑,刘琳、刁忠民、舒大刚、尹波等校点:《宋会要辑稿·食货》七之三七,第 6135 页。

④ 杨潜修,朱端常、林至、胡林卿纂:《云间志》卷下,杨炬:《重开顾会浦记》,《宋元方志丛刊》,第 61 页。

⑤ 周必大撰,王瑞来校证:《周必大集校证》卷三三《秘阁修撰湖南转运副使萧公之敏墓志铭》,上海古籍出版社 2020 年版,第 502 页。

⑥ 杨彦龄撰,黄纯艳整理:《杨公笔录》,《全宋笔记》第 1 编第 10 册,第 139—140 页。

顷,令、佐而下以差减磨勘年"①,是朝廷鼓励、地方官主导的工程,南宋时进一步发展。围田能够确保旱涝丰收,稳产高产,局部利益很大。它调节着围内之水,主要是避开了围外之水。而湖田,则干脆是消灭水体,即废涸湖泊,改造成田。以越州鉴湖为例,宋真宗时就有 27 户农家盗湖为田,至宋英宗时多达 80 余户,所造湖田 700 余顷,据说当时已经使"湖废尽矣"。宋徽宗宣和中,把湖田全部没收为官田,凡 2267 余顷,但之后再有窃湖为田者,官方"不复禁戢"②。官方收缴湖田只是为了抢占牟利,并不是为了水利事业。于是泽及四方千余年的鉴湖废掉了,那么,附近农田靠什么灌溉呢?雨水向何处积存呢?宣和时的一道诏书中指出了这一恶劣后果:"越州鉴湖、明州广德湖自措置为田,下流埋塞,有妨灌溉,致失常赋。"③也就是说,附近农田的产量因此而下降了。围田与湖田,都是水利事业的畸形发展,越发展整体上越有害。政和时,有臣僚指出:"二浙虽遇丰岁,蠲除税赋不下三四十万硕,皆堤防不修,沟洫不浚。"④以亩税一斗计,蠲除税赋三四十万硕就意味着三四百万石粮食因水利失修而损失了,缺乏远见和科学理念的朝廷是占小便宜吃大亏。

要之,两浙的农田水利建设工程繁浩,任务艰巨,发展畸形。主观上最为积极,客观上既有利,也存在一些不利因素。

(八)江南

该地区水利建设的突出特点,是江东路沿江一带广为兴建圩田(即围田)。"江南大都皆山也,可耕之土皆下湿厌水。濒江规其地以堤而艺其中,谓之圩。"山区可耕之地不多,发展农业很困难,平地又多低洼,容易遭到水灾。在这种环境逼迫下,便兴起了圩田,主要集中于太平州、宣州、池州等地,所谓"江南风俗重圩埠"⑤。圩田数量很多,如宣州、池州一带有圩田

---

① 《宋史》卷一七三《食货志上一》,第 4169 页。

② 庄绰撰,萧鲁阳点校:《鸡肋编》卷中,第 57 页。

③ (清)徐松辑,刘琳、刁忠民、舒大刚、尹波等校点:《宋会要辑稿·食货》七之三七,第 6135 页。

④ (清)徐松辑,刘琳、刁忠民、舒大刚、尹波等校点:《宋会要辑稿·食货》七之三四,第 6133 页。

⑤ 杨杰撰,曹小云校笺:《无为集校笺》卷三《和章学士祈晴昭亭山》,黄山书社 2014 年版,第 77 页。

一千多区;规模也很大,如万春圩:

> 夹堤之背列植以桑,为桑若干万。圩中为田千二百七十顷。取天地日月山川草木杂字千二百七十名其顷。方顷而沟之,四沟浍之为一区。一家之浍可以舫舟矣。隔落部伍,直曲相望,皆应法度。圩中为通途二十二里以长,北与堤会,其衺可以两车,列植以柳。①

面积达1270顷,内有通道22里长,宽度可以并行二车,两旁种植柳树,圩田之中沟渠交错,设施完备,管理严格,如同一座有精密规划的小城,令人惊讶。逢涝则开闸排水,逢旱则开闸引水,左右逢源,旱涝保收。杨万里作诗称赞道:"圩田岁岁镇逢秋,圩户家家不识愁。夹路垂杨一千里,风流国是太平州。"②这些人工创造的乐土,自然成为当地州县的粮食生产基地和经济支柱:"宁国府(引按:即宣州)、太平州两郡,惟仰圩田,得以供输。"③圩田的经济效益确实很好,但如前文所指出的那样,这是建立在以邻为壑基础之上的,对周围农田带来不良影响。如永丰圩,"自政和五年围湖成田,经今五十余年,横截水势,不容通泄,圩为害非细"④。类似史料很多,在此就不多引用了。此外,因地制宜地建有一些水库,如宁国府南陵县凤凰山有一大农陂,"溉田千顷"⑤,功效不小。

江西有关史料缺乏,仅见洪州的两例工程。宋仁宗时赵概任洪州知州,率众筑赣江大堤:"州城西南薄章江,有泛溢之虞,概作石堤二百丈,高五丈,以障其冲,水不为患。"⑥保障了州城的生产和生活安全。南宋李燔又提议修整了大堤工程:"洪州地下,异时赣江涨而堤坏,久雨辄涝,燔白于帅、漕修之,自是田皆沃壤。"⑦是项有效的农田水利工程。其他地方未见较大的水利工程史料,只好从略。

---

① 沈括著,杨渭生新编:《沈括全集·长兴集》卷九《万春圩图记》,第59页。
② 杨万里撰,辛更儒笺校:《杨万里集笺校》卷三四《题广济圩》,第1733页。
③ (清)徐松辑,刘琳、刁忠民、舒大刚、尹波等校点:《宋会要辑稿·食货》八之一二,第6152—6153页。
④ (清)徐松辑,刘琳、刁忠民、舒大刚、尹波等校点:《宋会要辑稿·食货》六一之一一八,第7528页。
⑤ 杨时撰,林海权校理:《杨时集》卷三八《送赵循道赴都讲》,第944页。
⑥ 《宋史》卷三一八《赵概传》,第10364页。
⑦ 《宋史》卷四三〇《李燔传》,第12784页。

（九）荆湖

荆湖南、北两路，有关记载极少。较大的水利建设仅见潭州一处。潭州在五代时建有一龟塘，灌田达万顷之多。北宋时塘堤年久失修，灌溉功能废去，每逢干旱，"民皆阻饥"。一直到南宋绍兴七年（1137）才得以修复，"以广耕稼"①。从记载看，这一水利设施规模庞大，在北宋曾发挥过良好作用，绍兴时的修复，虽不知是否达到原有水平，但无疑在一定程度上促进了当地生产。

（十）福建

山多水少的福建，素来有"八山一水一分田"的评价。这就决定了福建水利事业以充分利用水源为特点。如方勺指出的那样，"七闽地狭瘠，而水源浅远……垦山陇为田，层起如阶级，然每远引溪谷水以灌溉，中途必为之碓，不惟碓米，亦能播精"，正所谓"水无涓滴不为用，山到崔嵬犹力耕"②。丛山之间的引水工程，非常艰难，"缘山导泉，倍费功力"③，要比其他地方的农民多花费成倍的劳力和物力才能引水浇灌，正常生产。这种不懈努力，收到了良好效果，"泉溜接续，自上而下，耕垦灌溉，虽不得雨，岁亦倍收"④。人的主观能动性被迫充分发挥，弥补了自然条件的不足。

山区缺水，沿海的一些平地是否没有此忧患呢？实际上有过之而无不及。如福州"并海之乡，斥卤不字，饮天之地，寸泽如金。然而得水，必获三倍。诗人谓：'一掬清流一杯饭'，盖歌水难得也"⑤。可见还是靠天吃饭。宋仁宗时蔡襄任福建路转运使，在福州"复古五塘以溉田，民以为利，为公立生祠于塘侧"⑥。主持修复了五座水库，农民的生产大获效益，故而建祠以示感恩纪念。宋孝宗时，福州长乐县"搏节浮费，积缗钱数千，兴修大塘水利，溉田十余万顷，岁旱而稔。邑人植碑立祠，以报公德，郡以闻于朝，当

---

① 《宋史》卷一七三《食货志上一》，第4183页。
② 方勺撰，许沛藻、杨立扬点校：《泊宅编》卷三，中华书局1983年版，第15页。
③ 《宋史》卷一七六《食货志上三》，第4264页。
④ （清）徐松辑，刘琳、刁忠民、舒大刚、尹波等校点：《宋会要辑稿·瑞异》二之二九，第2639页。
⑤ 梁克家：《淳熙三山志》卷一五《水利》，第7905页。
⑥ 欧阳修撰，李逸安点校：《欧阳修全集·居士集》卷三五《端明殿学士蔡公墓志铭》，第520页。

路者不敢没其实,而增秩焉"①。可以灌溉十多万顷农田,实属少见的大型水利工程。不少平原地区缺乏水资源,"无陂塘可以灌注,无溪涧可以汲引",只好建造一些小型乃至微型的水利设施:"各于田陛之侧开掘坎井,深及丈余,停蓄雨潦,以为旱乾一溉之功……所济虽微,不犹胜于立视其槁而搏手无策乎?"②功效虽小,其积极态度是可贵的,且各家土地多有此举,整体功效自是不低。个别沿海地区较为高级些的水利工程是建造陂塘。如长乐县即有小陂塘150多处。然而由于"滨海山浅而泉微……每岁蓄溪涧,虽不泄涓滴,亦不足用"③。流量微弱,功效不大,难以满足生产的需要。

缺水的情况如此严重,非大型水利工程不能缓解。宋英宗时,莆田曾计划修建木兰陂不果,至宋神宗熙宁八年(1075)终于建造成功,从而截住了木兰溪水,"分溉南洋田万有余顷,岁输军储三万七千斛"④。这是福建最著名也是效益最好的水利工程,因而使当地农业得到转机。此后历代沿用,至今仍保存完整并发挥着水利效用,为全国重点文物保护单位,首批世界灌溉工程遗产,泽被千年的历史功绩彪炳史册。

另外,为了解决人多地狭的矛盾,福建还与海争田,围海造田,扩大耕地面积和生产规模。如福州即在海岸滩涂地建造海田1230顷。这类工程费功甚大,需要坚固的堤堰才能抵挡住海潮的冲击,同时还要防止暴雨为害,需砌石头为斗门,以泄雨水,虽"工力甚费"⑤,但有长期的收益。

总之,福建的大型水利设施不多,小型水利设施却很多,水利建设投资甚大,发展艰难,但不乏亮点。

(十一)四川

四川的农田水利工程集中在成都府路。"成都府路水田多,山田少,又

---

① 黄榦:《勉斋集》卷三七《朝奉郎尚书吏部右曹郎中王公行状》,《景印文渊阁四库全书》第1168册,第433页。
② (清)徐松辑,刘琳、刁忠民、舒大刚、尹波等校点:《宋会要辑稿·瑞异》二之二九,第2639页。
③ 梁克家:《淳熙三山志》卷一五《水利》,第7914页。
④ (清)廖必琦:《兴化府莆田县志》卷四《木兰陂》,《中国方志丛书》,成文出版社1966年版,第3—4页。
⑤ 梁克家:《淳熙三山志》卷一二《海田》,第7887—7888页。

有渠堰灌溉。"①代表即久负盛名的都江堰,灌溉水系分三大主流、十四个交流和九个堰,泽及川西平原的成都府、彭州、汉州、永康军和梓川路的怀安军等地。在原有良好基础上,宋代又建立了岁修制度,使之不断完善,更好发挥作用。② 仅此一项,就表明成都府路的水利建设十分发达,在当地农业中起着极为重要的支柱作用。

宋代成都府路的水利事业比前代有所发展,新建了一些项目。如宋仁宗时,韩亿在成都疏决九升江口,"下溉民田数千顷"③。随后张逸又在此地兴工作堰,"雍江水,溉民田"④,即用堰抬高江水水位,然后导出浇田。宋神宗熙宁七年(1074),蜀州修建新堰,使39000顷农田得到浇灌,受惠农户5000余家。⑤ 宋孝宗初期,范成大在永康军境内看到,"一路江水分流入诸渠,皆雷轰雪卷,美田弥望,所谓岷山之下沃野者正在此"⑥。因水利发达而成为沃野。成都府路面积不大,有都江堰等水利设施,农业生产比较稳定,水旱灾害也较少。

在川北的利州路兴元府,水利工程重点在于引褒水灌溉农田的一项大水利工程山河堰,也是汉中最早的灌溉工程,宋代不断修复。如宋真宗时"大修山河堰。堰水旧溉民田四万余顷,世传汉萧何所为"。地方长官"乃率工徒躬治木石,石坠,伤其左足,君益不懈。堰成,岁谷大丰"⑦。嘉祐中,提举常平史炤制定了山河堰管理制度,"奏上堰法,获降敕书,刻石堰上。中兴以来,户口凋疏,堰事荒废,累增修葺,旋即决坏。乾道七年,遂委御前诸军统制吴拱经理,发卒万人助役,尽修六堰,浚大小渠六十五,复见古迹,并用水工准法修定。凡溉南郑、褒城田二十三万余亩,昔之瘠薄,今为膏腴。四川宣抚王炎表称拱宣力最多,诏书褒美焉"⑧。这次规模最大的整修,使

---

① 汪应辰:《文定集》卷四《御札向蜀中旱歉画一回奏》,第27页。
② 《宋史》卷九五《河渠志五》,第2375—2376页。
③ 《宋史》卷三一五《韩亿传》,第10298页。
④ 《宋史》卷四二六《张逸传》,第12700页。
⑤ 吕陶:《净德集》卷一四《蜀州新堰记》,《景印文渊阁四库全书》第1098册,第108页。
⑥ 范成大撰,孔凡礼点校:《范成大笔记六种·吴船录》卷上,中华书局2003年版,第187、197、188页。
⑦ 欧阳修著,李逸安点校:《欧阳修全集·居士集》卷三八《司封员外郎许公行状》,第558页。
⑧ 《宋史》卷九五《河渠志》,第2377页。

山河堰灌溉达到历史上的鼎盛时期。至今仍发挥着重要的农田水利作用。

同样是山田，梓州、夔州二路与福建大不相同，未见有较大的农田水利工程记载。如南宋时汪应辰所说："其潼川府路多是山田，又无灌溉之利。"①南宋潼川府路即北宋时的梓州路，完全是雨养农业，靠天吃饭。

（十二）广南

广南两路的农田水利建设十分落后，除了曾修复广西灵渠属于交通水利之外，未见有其他的记载。原因在于这里土旷人稀，农业上不需要大的投资。"深广，旷土弥望，田家所耕，百之一尔。必水泉冬夏常注之地，然后为田。苟肤寸高仰，共弃而不顾"②。其粮食生产固然离不开水，但选择面广，只利用自然水源就足够了，不必人工兴建大规模的水利设施。由此也可反映出广南农业生产的落后，因而有"惰农"之称。至熙宁时，广西水利建设才有了较大发展，具体数据见下文。

二、熙宁年间各地水利建设发展比较

以上是各地农田水利的建设情况。为了能有所比较，做一个定点研究是必要的。现据徐松《宋会要辑稿·食货》六一之六八至六九所载的宋神宗熙宁三年至九年（1070—1076）间，各地区新建的水利田做一图表，并附上熙宁十年的各地区在册田数，以便比较。

表 2-1　熙宁年间各地水利工程、水利田及其所占比例表

地区	水利工程/处	水利田数/亩	各地占总数百分比/%	总田数/亩	水利田占总田数百分比/%
开封府	25	1574929	4.37	11384831	13.8
京东路	177	2594014	7.20	26719361	9.7
京西路	1010	3336145	9.25	21283526	15.6

---

① 汪应辰：《文定集》卷四《御札向蜀中旱歉画一回奏》，第 27 页。
② 周去非著，杨武泉校注：《岭外代答校注》卷三《惰农》，第 146 页。

地区	水利工程/处	水利田数/亩	各地占总数百分比/%	总田数/亩	水利田占总田数百分比/%
河北路	45	5966060	16.56	27906656	21.3
陕西路	32	498170	1.39	44710360	1.1
河东路	114	471981	1.31	11170660	42.0
淮南路	1980	7481161	20.76	97357193	7.6
两浙路	2294	10484842	29.08	36344198	28.8
江东路	510	1070266	2.97	42944878	2.4
江西路	997	467481	1.30	45223146	1.0
湖南路	233	873330	2.42	33204055	2.6
湖北路	1473	115114	0.32	25988507	0.4
福建路	212	302471	0.84	11091990	2.7
成都路	29	288387	0.80	21612777	1.3
梓州路	11	90177	0.25	—	—
利州路	1	3130	0.01	1288089	0.2
夔州路	274	85466	0.23	224720	(38)
广东路	407	59773	0.17	3145490	1.9
广西路	879	273889	0.76	55180	(496)

　　首先应该说明,表2-1中个别地区的水利田数字不可靠。如广西的水利田竟比总田数还多出将近五倍,显然是荒唐的。前者无疑有贪功谎报之嫌,而后者也未免偏低了。夔州路的水利田数也不可靠。故皆存疑不论。要提示的是,表2-1中水利田数据不是各地实有的总数,只是新建的水利田,也即各地实际上更多。

　　就全国范围而言,熙宁年间在水利事业发展的高潮中,东南地区两浙、淮南的新兴水利田占全国总数的50%,发展情况最好,为经济重心南移打下了良好基础。北方占全国总数的40%,其他南方地区总共只占9.8%,仅稍高于京西一地的总数,有明显的差距。

　　在北方诸路中,要特别提到河北。从表2-1我们惊异地发现,河北仅新兴水利田就占全国总数的16.6%,占本路田地总数的21.3%,对于旱地农业来说,这一成果具有非常重大的意义。增产保收,改良土壤,打破靠天吃饭等作用,都使河北农业获得了突飞猛进的发展。水利滋润了河北经济,这一点,在以后的论述中还会得到进一步的证明。开封府的成就也值得赞赏,凡兴建水利工程 25 处,新增水利田 1574929 亩,占当地农田总数11384831 亩的 13.8%,占全国新修水利田总数的 4.37%,成就可谓巨大,农业生产因而登上一个新台阶。

熙宁年间的兴修水利高潮中,北方地区广泛开展的淤田活动是一重要内容。在此仅举一例,便可见一斑了。熙宁九年(1076),权判都水监程师孟报告说:"累岁京东、西咸卤之地,尽成膏腴,为利极大。"[1]在河北路,元丰初甚至专门设置了"河北淤田水利司"[2]。黄河中下游地区广大土地质量经此改造,得到很大的提高,比水浇地意义更大。水利事业在南方水乡无疑具有优势,北方在数量上比不上南方,在效益上却有不少优势。旱地水浇化,成倍地提高了产量;旱地水田化,改变了农产品结构;瘠地淤田化,改良了土壤,更具有长远的利益。

第二节　粮食种植业的地域状况

在农耕时代,粮食生产的状况如何,直接决定着经济的盛衰强弱。由于地理环境和历史背景的不同,各地粮食种植业在耕作制度、品种、产量、供求关系等方面有不同程度的差别。下面,就对这些问题作一较具体的论述,并进行南方和北方的比较。

一、各地主要作物及其交流

粮食作物的地域差别,主要表现在南方和北方的差别。北方的旱地农

---

[1]　李焘:《续资治通鉴长编》卷二七七,熙宁九年八月庚戌,第 6779 页。
[2]　李焘:《续资治通鉴长编》卷二九〇,元丰元年七月甲午,第 7101 页。

业以麦、粟为主,其他作物也占了很大比重。南方的水田农业以稻为主,长时间内其他作物所占比重不大。宋人对此有明确的言论:

> 西北土厚而腴润,故五谷皆宜;东南土薄而焦燥,故所种惟芒种。①
> 江北之民杂植诸谷,江南专种杭稻。②

这些史料基本正确,只是对南方的概括绝对化了,北宋时实际上也有麦子、杂粮等旱地作物种植,至南宋增多,不能忽略。

(一)北方地区农作物情况及水稻的推广

宋代北方的粮食作物主要是麦、粟、豆、稻、黍等,种类很丰富,各自品种也多种多样。

以麦而言,有小麦、大麦、穬麦(青稞)、荞麦、白麦等。其中穬麦又分两种,"一种类小麦,一种类大麦,皆比大、小麦差大";从生长期上分,又称春麦、冬麦。冬麦基本是秋种夏收,春麦正月种,夏季收。如白麦即是"河渭已西……春种",穬麦也是"山东、河北人正月种之,名春穬"③。小麦有不少优良品种,以陕西原州所产最佳,磨出的面粉品质极好,乃至于"以纸囊送四旁为佳遗"④,居然成为当地人馈送亲友的名贵礼品。

在河北辽阔平坦的土地上,小麦更是广泛种植的主要粮食作物。南宋初周紫芝曾对苏轼的一句诗"君欲富饼饵,会须纵牛羊"不理解,后来听到河北土人说:"河朔地广,麦苗弥望。方其盛时,须使人纵牧其间,践蹂令稍辣,则其收倍多。"即采取初春镇压法,让牛羊成群地践踏啃掠麦苗,目的是抑制其疯长,将来收成则成倍地增加。周紫芝这才明白,"是纵牛羊所以当饼饵也"⑤。由此可知河北小麦生产的盛况。

西北部地区种植有大量青稞即稞大麦,乃是高产作物。崇宁年间,在熙河兰湟地区的青稞"亩收五石,粒当大麦之三"⑥。虽然属于粗粮,但五石之

---

① 梁克家:《淳熙三山志》卷一五《水利》,第7905页。
② 《宋史》卷一七三《食货志上一》,第4159页。
③ 唐慎微等撰,陆拯、郑苏、傅睿等校注:《重修政和经史证类备用本草》卷二五《小麦》,中国中医药出版社2013年版,第1372—1373、1377页。
④ 庄绰撰,萧鲁阳点校:《鸡肋编》卷上,第16页。
⑤ 周紫芝:《竹坡诗话》卷一,《丛书集成初编》,中华书局1985年版,第2页。
⑥ 《宋史》卷一七五《食货志上三》,第4247页。

收的亩产量十分喜人,在全国范围内也是高产。

河东秋粮以黍、粟、豆为主,夏粮以麦为主。苏过虽有言"河东俗少种麦"①,但并非全面的情况,实际上不少地区种麦。如宋仁宗时欧阳修指出:由于夏旱,"河东州军,昨来只是泽、潞两州二麦大熟。晋、绛、并、汾、石、隰等处,系种麦地分,并只熟及三五分"②。至少泽、潞、晋、绛、并、汾、石、隰等八州属于种麦地分。

粟为传统作物,在宋代北方地区仍广泛种植,为主粮。"粱米,有青粱、黄粱、白粱,皆粟类也。"其中"青粱出北方,黄粱出青、冀州,白粱处处皆有"。黄粱"今惟京东、西、河、陕间种莳,皆白粱耳,青、黄乃稀有"。"今黄、白二种,西洛间农家多种,为饭尤佳"③。宋仁宗时,河北邢、洺等州的广平监退牧还农,租佃的农户"每年共约出粟八万七千五百余石,小麦三万一千二百余石"④,粟远多于小麦。嘉祐二年(1057),河北发生水灾,粮食紧缺,有诏"辍太仓米六十万斛以赈之"。河北提举便籴粮草薛向以为"北人不便食秔,且漕路回远不时至,请出本司米四十万石以代之"。所言"本司米"既不是粳米,更非不便作口粮的糯米,只能是北方人普遍食用的粟米即小米。⑤

豆类是北方的重要作物,经济价值很高。而且豆类作物具有肥田养地的功能,汉代的农学家已经认识到"豆有膏","膏,肥也"。⑥ 现代科学证明,大豆根瘤菌有固氧作用,为生物养地的重要措施,是实现农田土壤氮素

---

① 苏过著,舒大刚、蒋宗许等校注:《斜川集校注》卷八《河东提刑崔公行状》,第610页。

② 欧阳修著,李逸安点校:《欧阳修全集·河北奉使奏草》卷上《再乞减配银状》,第1744页。

③ 唐慎微等撰,陆拯、郑苏、傅睿等校注:《重修政和经史证类备用本草》卷二五《青粱米》,第1366、1367页。

④ 包拯撰,杨国宜校注:《包拯集校注》卷二《请将邢洺州牧马地给人户依旧耕佃一》,第121页。

⑤ 李焘:《续资治通鉴长编》卷一八六,嘉祐二年十一月己卯,第4494页。同书卷二六五,熙宁八年六月戊申注文引吕惠卿:《日录》言往河北筹运军粮,"安石欲以粟米易之,固甚善,然纲船兵梢也不易,许多时安排得成次第,且待籴得粟米后,换粳米也不妨,是他须要直罢了,亦不奈何。然因换得粟米后,便说道粮变得息钱一百万,总是乱道。除以粟米易粳为异外,等是从外处般物,由黄河到河北,其余百般变转得利,只是市易司买卖。"(第6489页)又同书卷二八一,熙宁十年四月壬寅:权河北西路转运判官汪辅之与本路转运使吴审礼"相验定州廪粟"(第6893—6894页),可资佐证。

⑥ (汉)氾胜之著,万国鼎辑释:《氾胜之书辑释》——《小豆》,农业出版社1980年版,第138页。

平衡的重要途径。实验结果表明:每亩豆类作物,可以使土壤中增加氮素 5 至 10 公斤,相当于 15 或 30 公斤硝酸铵的含氮量。[1] 宋代北方地区普遍种植豆类,实行豆麦来年轮作的作物组合,潜在的经济效益不可低估。前边提到过,京东路的济、濮州一带土地能亩产菽麦约五石九斗,足以印证这一功效。

北方农业发展的突出成就,是伴随着农田水利发展而来的水稻普遍推广。下面就分区介绍。

京师开封,早在宋初就种稻。开宝八年(975),宋太祖曾"幸玉津园观种稻"[2]。庆历四年(1044)宋仁宗也幸玉津园"观种稻"[3]。皇宫内苑也种有水稻,元祐二年(1087)十月,宋哲宗即"观稻于后苑"[4],既然是皇帝前来观赏,当是长势良好。在宋神宗熙宁年间,朝廷改造蔡河水闸,并培训沿河农民种植水稻。奉先寺僧人率先相应,"新种稻极佳",宋神宗特意赐予一道紫衣[5],以为奖励。从熙宁六年(1073)开始,进士李复、王谌"踏视府界官荒地,募诱闽、蜀民种稻有劳"。元丰元年(1078)有诏任命二人为广南路摄官,以示奖励。[6] 可见从人多地少的福建、四川招募稻农到开封带领种稻,六年来确有成效。属县的推广也有效果。熙宁八年(1075),因开封、陈留、咸平"三县种稻",有关部门请求于陈留县界旧汴河下口的新旧二堤之间修筑水塘,"取汴河清水入塘灌溉"[7]。种植面积不小。

京西路在北方地区中最靠近南方,南部一些州县甚至位于淮河南岸,所以有些地区原来就是水稻产地。如最东南端的颍州,"山水之郡,最为京西鱼稻之乡"[8]。水稻是当地主要作物之一。南部的蔡州也是水乡,"淮蔡山川美,民淳足鱼稻"[9]。在唐州,经过知州赵尚宽大力兴建农田水利之后,产

---

① 曹隆恭、咸金山:《我国北方旱地用养结合的历史经验》,《中国农史》1985 年第 4 期。
② 李焘:《续资治通鉴长编》卷一六,开宝八年四月戊辰,第 338 页。
③ 李焘:《续资治通鉴长编》卷一四九,庆历四年五月壬申,第 3609 页。
④ 李焘:《续资治通鉴长编》卷四〇六,元祐二年十月庚辰,第 9876 页。
⑤ 李焘:《续资治通鉴长编》卷二四七,熙宁六年九月末,第 6017 页。
⑥ 李焘:《续资治通鉴长编》卷二九三,元丰元年十月乙卯,第 7152 页。
⑦ 李焘:《续资治通鉴长编》卷二六四,熙宁八年五月乙酉,第 6478 页。
⑧ 陆佃:《陶山集》卷七《颍州谢上表》,《景印文渊阁四库全书》第 1117 册,第 114 页。
⑨ 苏过著,舒大刚、蒋宗许等校注:《斜川集校注》卷三《送八弟赴官汝南》,第 177 页。

生了许多水田,种植了许多水稻,"昔之菽粟者多化而为稌"①,所谓稌,即是稻。唐州因而改变了落后面貌,京西的水稻种植面积更加扩大。邓州如南阳"多水田"②也即稻田。汝州在宋初就有"内园兵种稻",宋真宗时有稻田六百顷③,属于军队屯田。到宋徽宗时进一步发展,官方在此设立了"稻田务",乃是专业的种稻组织④,至少说明所产水稻品质优良。当地民间也有相应的水稻种植。苏过诗中描写道:"西南望平原,汝水稻千顷。黄云卷穲稏,耙稏怀我江湖境。"⑤稻花香中有江南的景象。北宋前期,福建人江翱任汝川鲁山县令,为解决当地荒闲土地多、连年干旱问题,自家乡运来旱稻种子,"此稻耐旱,繁实可久蓄,宜高原",自此"邑人多种之,岁岁足食"。⑥ 农作物结构的改变,产量大增,使口粮无忧。

京西北部地区的水稻种植,大都是在北宋时推广的。如宋仁宗时,许州人还不会种稻,张士逊出任长官后,"召襄汉佃户教种公田",从南方水稻产区招来稻农教他们种稻,不久即出现了"压塍霜稻报丰年,镰响枷鸣野日天"的盛况⑦,获得了丰收。在水源充足的洛阳,水稻比较广泛。早在宋初就有稻田务,宋太宗雍熙二年(985)罢去,⑧宋徽宗时,官方在此再设稻田务。⑨ 时人朱弁言:"洛下稻田亦多",就说明了这一情况,并有一种特别的品种无芒稻。⑩ 孟州的河阳县,原来"土人不习水田之利",宋仁宗皇祐年间陈襄任知县时,开始试验种稻,"得水之可以溉田者……命其徒出钱十万,僦田二顷以试之,粳稻果大收。得谷以偿出钱者,其余犹足以供官。河阳人大享其利"⑪。用一百贯钱租了二百亩水田,种植试验大获成功,每亩所产

---

① 王安石著,秦克、巩军标点:《王安石全集》卷三六《新田诗序》,第323页。
② 梅尧臣著,朱东润编年校注:《梅尧臣集编年校注》卷二八《送谢师厚太博通判汾州》,第996页。
③ 《宋史》卷一七六《食货志上四》,第4265页。
④ 《宋史》卷一七四《食货志上二》,第4212页。
⑤ 苏过著,舒大刚、蒋宗许等校注:《斜川集校注》卷二《北山杂诗》其五,第127页。
⑥ 杨亿口述,黄鉴笔录,宋庠整理,李裕民辑校:《杨文公谈苑·江翱》,第44页。
⑦ 宋祁:《景文集》卷二三《湖上见担稻者》,《景印文渊阁四库全书》第1088册,第191页。
⑧ 钱若水修,范学辉校注:《宋太宗皇帝实录校注》卷三三,雍熙二年六月庚寅,第342页。
⑨ 张邦基撰,孔凡礼点校:《墨庄漫录》卷三《崔德符罪废》,第92页。
⑩ 朱弁撰,孔凡礼点校:《曲洧旧闻》卷三《和尚稻》,中华书局2002年版,第127页。
⑪ 陈襄:《古灵集》,附叶祖洽:《先生行状》,《景印文渊阁四库全书》第1093册,第706页。

水稻的价值，至少是五百文，加上"其余犹足以供官"的部分，每亩产值在一千文左右。河阳人之所以"大享其利"，就在于种稻产生了很高的经济效益，水稻的进一步推广已是不言而喻了，"民胥效之，瘠卤之地，遂为膏腴"，土壤也由于种植水稻得到改良。至宋神宗元丰末，当地仍仰水稻之利。①

京东地区诸州，多有种植水稻者。如齐州的水稻，引起了苏辙的兴趣，咏之于诗篇："下田满粳稻，秋成比禾菽。"②可见低洼的土地种满了水稻，与旱地作物有同样高的效益。沂州水利建设发达，"其田兼备鱼稻之饶"③，说明水稻产品很丰富。徐州也有水稻生产，福建人杨时言："有鱼稻鹑雉之类，足以充食，故南人处之，差为便耳"④，即可证明其水稻种植有一定的规模。宋真宗东封泰山前，与大臣商讨随行军队的口粮问题。三司使丁谓云："随驾兵士大约不过十万，人每日请食米二升半，一日只计支米二千五百石。或遇驻跸处所，不过三日，只支得米七千五百石，何处州县无七千五百石斛斗，往回之间，俱可有备。"⑤说明开封至泰山沿途也即京东西路西部州县，都有大米储备和生产。

河北的一些州县，有着悠久的种稻历史。如卫州，据梅尧臣诗云："我久在河内，颇知卫风俗，沙田多种稻，野饭殊脱粟。"⑥其中以共城县最为突出。该县有著名的百门陂（今百泉），"百门泉水，其势壮猛"⑦，方圆五百步，以此灌溉稻田，培育出优质稻米，"此米明白香洁，异于他稻。魏齐以来，常以荐飨"⑧，早在北朝时期就成为供应皇宫的贡米。到宋代仍是皇宫内大米的供应来源，并在宋仁宗时扩大了种植面积，普及到民间，"共城有

---

①　陈襄：《古灵集》，附刘彝：《陈先生祠堂记》，《景印文渊阁四库全书》第1093册，第715页。

②　苏辙著，陈宏天、高秀芳点校：《栾城集》卷七《寄济南守李公择》，第135页。

③　刘攽撰，逯铭昕点校：《彭城集》卷二一《朝散郎张彻可知沂州制》，第578页。

④　杨时撰，林海权校理：《杨时集》卷一八《与游定夫其二》，第510页。

⑤　传为丁谓撰，虞云国、吴爱芬整理：《丁晋公谈录》，《全宋笔记》第1编第4册，第256页。文中又言："真宗甚喜，又问：'只与二升半米，亦须与他些面食。'"可见所支粮食确为大米，不是面粉。

⑥　梅尧臣著，朱东润编年校注：《梅尧臣集编年校注》卷一六《卫州通判赵中舍》，第331页。

⑦　李焘：《续资治通鉴长编》卷二七八，熙宁九年十月末，第6810页。

⑧　乐史撰，王文楚等点校：《太平寰宇记》卷五六《卫州》，第1158页。

稻田，以供尚食，水利有余，而民不与焉"。宋仁宗时，"使岁溉之外，与百姓共之"①。这一优势得以更好地发挥。共城的稻米为历代皇宫所钟爱，说明其质量是第一流的。黄庭坚曾一一列举人生快事，其中就有"炊共城香稻"②，意为用共城香米做出最美味的米饭。孟州济源县历代修筑有大型水利设施，宋仁宗嘉祐八年（1063），京西转运使吴充下令济源修复了唐代温造所建的渠堰，取名千仓渠，"济水更不分入济河，并入千仓渠，浇灌稻田"，并制定了科学严格的农田水法，大量的土地重新种植水稻，原来每亩地价格只值一百余文，此后升到了将近两千文，③增值近二十倍。

河北北部沿边地区的水稻种植，开始于宋太宗时。当地河流众多，地势低洼，"处处蓄为陂塘，妨民种艺"，旱地作物难以大力发展。地方官何承矩因势利导，大兴屯田，"种稻以足食"④。经过试验，采用南方早稻"七月熟"品种之后，获得成功，在沿边塘泊地区广为种植，"自顺安以东濒海广袤数百里，悉为稻田"⑤，掀起了一个轰轰烈烈的推广热潮。到了宋仁宗景祐年间，朝廷又派官员在怀、卫、相、磁、邢、洺、镇、赵等八州，"教民种水田"⑥，进一步发展了水稻生产。熙宁年间，定州"展海子直抵西城中山王冢，悉为稻田，引新河水注之，清波弥漫数里，颇类江乡矣"⑦，扩大了湖淀，推广了水稻。

西望黄土高原的陕西，也可看到不少青翠的稻畦。苏辙在长安一带看到"高原种菽粟，陂泽满粳稻"⑧，一派喜人的丰收景象。因而有人指出当地"鱼稻如江乡"⑨，稻田可以和南方江乡水国相媲美了。在陇州吴山县，也有

---

① 范仲淹著，李勇先、王蓉贵校点：《范仲淹全集·范文正公文集》卷一三《太常少卿直昭文馆知广州军州事贾公墓志铭》，第342页。

② 赵令畤撰，孔凡礼点校：《侯鲭录》卷八《黄鲁直品食》，第200页。

③ 陈知俭：《千仓渠水利奏立科条碑记》，（清）萧应植：《济源县志》卷六《水利》，乾隆二十六年刻本，第3—4页。

④ 李焘：《续资治通鉴长编》卷三四，淳化四年三月辛亥，第747页。

⑤ 《宋史》卷二七三《何承矩传》，第9328页。

⑥ 《宋史》卷一七三《食货志上一》，第4164页。

⑦ 沈括撰，胡静宜整理：《梦溪笔谈》卷二四《杂志一》，《全宋笔记》第2编第3册，第185页。

⑧ 苏辙著，陈宏天、高秀芳点校：《栾城集》卷二《李氏园》，第27页。

⑨ 李焘：《续资治通鉴长编》卷五一六，元符二年闰九月甲戌注，第12269页。

类似的景象，"种稻连荆泊……风物似江乡"①。仿佛又是一处高原江南。秦岭东段南麓的商洛县，水稻种植开始于宋真宗朝，当时县令组织农民引水灌田，"使之殖稻……民赖以无饥"②。不仅解决了粮食不足的问题，而且还发展了生产。连最北边的保安军，也设置有专门种稻的官方组织"稻田务"，宋真宗曾令"保安军稻田务旬具垦殖功状以闻"③。每旬都要上报一次种植情况，可见很受朝廷的重视。宋神宗熙宁年间，进一步向西推广。王韶在经营熙河地区时，认为洮河一带可以引水种稻，请求朝廷调发一批稻农前来从事此项生产。朝廷乃令南方州县犯罪的稻农刺配熙州，陆续配来三百人。④ 这里的水稻种植很快具有了一定的规模，刘攽有诗记载：

> 岂知洮河宜种稻，此去凉州皆白麦。
>
> 女桑被野水泉甘，吴儿力耕秦妇织。
>
> 行子虽为万里程，居人坐盈九年食。⑤

可见水稻种植成功，稻麦遍野，余粮充沛，已是一派富庶景象。元丰年间，秦州厢军所支月粮中种类比例是："三分以一分支白米，二分支小麦。如无米，即借拨于他司。以走马承受沈真言所给米陈腐，兼以糜荞之类，军人有辞故也。"⑥大米成为当地厢军的主要口粮之一。

太行、吕梁山区的河东路，虽属高寒之地，但在水源充足的地方，水稻生产不亚于陕西。例如汾河两岸的汾州，"秔稻之富，流衍四境"⑦。只言稻子，不提其他粮食作物，并且有"流衍四境"之富，可知水稻是当地主要作物之一，产量很高，销售外地。江东宣州人梅尧臣曾在此饱食米饭，赞不绝口：

> 频官吴越饱秔稻，况住南阳多水田。
>
> 北登太行入汾曲，正获秕稗秋风前。
>
> 晋人朴厚自寡讼，软炊玉粒何鳞鲜。

---

① 丁芾:《古吴山县诗》，武善树编:《陕西金石志》卷二二，《石刻史料新编》第 1 辑第 22 册，第 16683 页。

② 刘挚撰，裴汝诚、陈晓平点校:《忠肃集》卷一三《赠谏议大夫西门公墓志铭》，第262 页。

③ 李焘:《续资治通鉴长编》卷七七，大中祥符五年正月癸未，第 1750 页。

④ 李焘:《续资治通鉴长编》卷二三九，熙宁五年十月甲辰，第 5822 页。

⑤ 刘攽撰，逯铭昕点校:《彭城集》卷八《熙州行》，第 186 页。

⑥ 李焘:《续资治通鉴长编》卷三〇三，元丰三年四月己亥，第 7379 页。

⑦ 谢悰:《汾州平遥县清虚观记》，(清)胡聘之:《山右石刻丛编》卷一五，第 15291 页。

　　君方少壮齿颇健,甘美不负经腹便。①

稻米产量既大,质量也高。太原的晋祠附近,晋祠泉水泽及一方,范仲淹在
此看到"千家溉禾稻,满目江乡田……皆如晋祠下,生民无旱年"②,一派稻
乡景象,树立了一处生产发达的样板。从以上两例可以看出,河东的水稻种
植规模很大,长势旺盛,在当地农业生产中占有重要地位。

(二)南方各地推广旱地作物情况

　　由于水土、气候的关系,南方地区最适宜种水稻,正如宋仁宗时有官员
指出的那样,"窃见江淮民田,十分之中八九种稻"。③ 这些无须一一介绍,
只需指出其水稻品种非常之多便可见一斑。长期的种稻历史,南方各地根
据不同的自然条件培育出许多适应各种土壤、气候的品种,各地一般都有十
种以上,有的地方多达数十种,如绍兴府有 56 个品种。④ 这就为尽可能利
用地力,轮种换茬,促进稳产高产打下了良好基础。

　　宋政府为了发展生产,以政权力量、行政手段强力推进南北作物交流,
多次要求南北方农民改变旧的耕作制,兼植各种旱地、水田作物,以防水旱
灾害。淳化年间宋太宗即号召:

　　　　江南、两浙、荆湖、岭南、福建诸州长吏,劝民益种诸谷,民乏粟、麦、
　　　黍、豆种者,于淮北州郡给之;江北诸州,亦令就水广种粳稻,并免其租。⑤

官方提供旱地作物种子供南方农民种植,北方则要广泛种植比较耐寒的
粳稻,并一律免交租税。又具体诏令岭南诸州县,"劝民种四种豆及黍、
粟、大麦、荞麦,以备水旱。官给种与之,仍免其税"⑥。至南宋,官方对旱
地作物的推广更加迫切,如嘉定八年(1215),宋宁宗诏令两浙、江淮路"谕
民杂种粟麦麻豆,有司毋收其赋,田主毋责其租"⑦。仍以免征租税的优惠

---

① 梅尧臣著,朱东润编年校注:《梅尧臣集编年校注》卷二八《送谢师厚太博通判汾州》,第996页。

② 范仲淹著,李勇先、王蓉贵校点:《范仲淹全集·范文正公文集》卷二《晋祠泉》,第53页。

③ (清)徐松辑,刘琳、刁忠民、舒大刚、尹波等校点:《宋会要辑稿·食货》七之一三,第6121页。

④ 沈作宾修,施宿等纂:《嘉泰会稽志》卷一七《草部》,《宋元方志丛刊》,中华书局1990年
版,第7025页。

⑤ 《宋史》卷一七三《食货志上一》,第4159页。

⑥ (清)徐松辑,刘琳、刁忠民、舒大刚、尹波等校点:《宋会要辑稿·食货》六三之一六二,第7697页。

⑦ 《宋史》卷三九《宁宗纪三》,第762页。

来激励农民种植旱地作物。由此可见,官方为推广旱地作物颇下了一些本钱,鼓励南方农民利用旱地,开辟新的生产领域,收到良好效果。

例如大麦,原来"大麦出关中,今南北之人皆能种莳"①。北宋后期已从关中地区走向全国,普及各地。元丰年间,被贬淮南黄州的苏轼种有大麦,"今年东坡收大麦二十余石,卖之价甚贱……用浆水淘食之,自然甘酸浮滑,有西北村落气味"②。大麦虽然口感不如小麦,但与小麦的营养成分近似,且纤维素含量略高。所以,大麦的推广颇有历史意义。

小麦本性耐寒畏热、耐旱惧涝,岭南的大部分地区属亚热带湿润季风气候,原来并不适宜种植麦子。如唐代人载道:"广州地热,种麦则苗而不实。"③也即麦苗可以生长,但不结穗,没有实际收获。到宋代,经过不断试验、驯化,麦子渐渐南移,形成了耐热品种。宋仁宗时,陈尧佐在与广州同一纬度的惠州任职时,"南民大率不以种艺为事,若二麦之类,盖民弗知有也。公始于南津间地,教民种麦,是岁大获。于是惠民种麦者众矣"④。可见,惠州种麦成功了,而且由于获利不小,得到乡民的认可,开始推广。同一时期,梅尧臣有"腊近冬残云未合,江南青陇麦休肥"的诗句⑤,可见长江以南冬小麦比较普遍,长势良好。

在淮南,宋英宗时的记载曾言"淮南地不宜麦"⑥。但实际上宋仁宗庆历年间欧阳修就有"幸今岁淮甸大雪,来春二麦有望"之语⑦。宋神宗熙宁六年(1073)诏淮南转运使:"自今小麦若收籴般运每斗价钱七十以上,即折纳钱。"⑧这些小麦是运往开封供应军队及官吏的,说明质量较好。熙宁十年的诏书中提到:"昨水利司于淮南收籴下小麦万数不少。"⑨到了宋哲宗

① 苏颂编撰,尚志钧辑校:《本草图经》卷一八《小麦》,学苑出版社2017年版,第582页。
② 苏轼撰,孔凡礼整理:《仇池笔记》卷上《二红饭》,《全宋笔记》第1编第9册,大象出版社2003年版,第211页。
③ (唐)刘恂著,鲁迅校勘:《岭表录异》卷中,广东人民出版社1983年版,第14页。
④ 郑侠:《西塘集》卷三《惠州太守陈文惠公祠堂记》,中国文史出版社2018年版,第24页。
⑤ 梅尧臣著,朱东润编年校注:《梅尧臣集编年校注》卷二四《嘉雪应祈呈权郡通判》,第755页。
⑥ 《宋史》卷二九九《张洞传》,第9935页。
⑦ 欧阳修著,李逸安点校:《欧阳修全集》卷一四四《书简·与韩忠献王(稚圭)四十五通·三(庆历五年)》,第2332页。
⑧ 李焘:《续资治通鉴长编》卷二四二,熙宁六年二月己卯,第5901页。
⑨ 李焘:《续资治通鉴长编》卷二八一,熙宁十年四月丙戌,第6890页。

时,据苏轼言:"淮南东西……望此夏田,以日为岁。大麦已秀,小麦已孕。"①他从颍州前往扬州,乘船经过濠、寿、楚、泗州,"所至麻麦如云"②,则是麦子相当普遍,已为当地民众所依赖。江东路也种植有小麦,如王安石在江宁府上元县的田产,每年的实物地租中就有小麦32石余。③

北宋时两浙地区种麦较少。苏轼曾两次提到这个问题:"浙中无麦";"两浙水乡,种麦绝少"。④ 言其无麦是绝对化了,实际上也有少量的种植,宋神宗时的苏州,物产首言就是"其稼刈麦种禾,一岁再熟"⑤。在浙北的常州,据宋徽宗时的杨时言:"毗陵苦多雨,麦颇稔"⑥,尽管有雨涝,仍长势良好,获得丰收。另有来麦,"浙间有来麦,熟早,形在大小麦之间,民间亦食之"⑦,是一种早熟品种。

总之,北宋时期,小麦在南方地区有所种植,有所推广,但还不能说普及。至南宋前期,情况大为改观:

> 建炎之后,江、浙、湖、湘、闽、广,西北流寓之人遍满。绍兴初,麦一斛至万二千钱,农获其利,倍于种稻。而佃户输租,只有秋课。而种麦之利,独归客户。于是竞种春稼,极目不减淮北。⑧

随着建炎南渡的高潮,北方移民擅长种麦、喜欢吃面食,一石麦价格高达12贯钱,而不用交纳租税,于是在南方地区大规模普及春麦。朝廷也积极促进,淳熙七年(1180),宋孝宗"复诏两浙、江、淮、湖南、京西路帅、漕臣督守令劝民种麦,务要增广。自是每岁如之"。虽然每年都催促推广,但有一个适应过程,在一些地区开始仍不是十分成功。第二年宋孝宗在一道诏书中指出:"乃者得天之时,蚕麦既登。及命近甸取视

---

① 苏轼撰,孔凡礼点校:《苏轼文集》卷六二《祈雨僧伽塔祝文》,第1926页。
② 苏轼撰,孔凡礼点校:《苏轼文集》卷三四《论积欠六事并乞检会应诏所论四事一处行下状》,第959页。
③ 王安石著,秦克、巩军标点:《王安石全集》卷一九《乞将荒熟田割入蒋山常住札子》,第169页。
④ 苏轼撰,孔凡礼点校:《苏轼文集》卷四八《上吕仆射论浙西灾伤书》、卷三〇《乞赈济浙西七州状》,第1403、850页。
⑤ 朱长文:《吴郡图经续记》卷上《物产》,《宋元方志丛刊》,中华书局1990年版,第643页。
⑥ 杨时撰,林海权校理:《杨时集》卷二一《与许少伊其四》,第586页。
⑦ 化振红:《〈分门琐碎录〉校注·麦》,巴蜀书社2009年版,第20页。
⑧ 庄绰撰,萧鲁阳点校:《鸡肋编》卷上,第36页。

之,则穟短茧薄,非种植风厉之功有所未至欤?"①所谓"近甸",就是临安附近。丰年况且如此,可见由于水土关系和技术关系,这时麦子的南移,只有种植范围、数量上的成就,质量尚不高,至少在杭州是如此。越州情况不同,当地人陆游有诗云:"有山皆种麦,有水皆种稻"②,旱地基本都种麦了。淳熙六年臣僚奏:"比令诸路帅、漕督守令劝谕种麦,岁上所增顷亩。然土有宜否,湖南一路唯衡、永等数郡宜麦,余皆文具。"③随着人口压力和军费、赋税压力的加大,以及技术提高、驯化适应,小麦逐渐成为南方水稻以外的第二大粮食作物,普及到大多数地区。

南北方交界的淮南,小麦种植更普遍。南宋后期的戴复古诗云:"腰镰上垄刈黄云,东家西家麦满门。前村寡妇拾滞穟,饘粥有余炊饼饵。我闻淮南麦最多,麦田今岁屯干戈。饱饭不知征战苦,生长此方真乐土。"④说明大小麦已是淮南各地夏季的主要作物了。为迎接北伐的宋军,淮南居民"至有一户磨麦七十石"者⑤,便是证例。

江南路广泛种麦。南宋初的袁州分宜县,已呈现"大麦登场小麦黄"的景象。⑥ 嘉定年间,江东种麦十分普遍,真德秀记载:江东"村野小民,生计易足,田中苟有数亩之麦,便可指为温饱之资……略计本道灾伤去处,第四等以下阙少麦种人户,为田数百万亩,每亩用种五升,其费不可胜计"。⑦ 仅四五等户麦子的种植面积至少有数百万亩,加上拥有大部分土地的一二三等户,至少上千万亩。到了南宋末,种麦已经十分普遍,如咸淳七年(1271)黄震指出,"天下百姓皆种麦","且说江西,其地十州皆种麦",所以"农为国之本,麦又为农之本,是麦之功甚大也",而且与种植水稻复杂的耕作程序相比,"是麦之事甚易也",更何况"种麦不用还租"。⑧ 故而得以普及。

---

① 《宋史》卷一七三《食货志上一》,第4176页。

② 陆游著,钱仲联校注:《陆游全集校注·剑南诗稿校注》卷三二《农家叹》,第4册,第286页。

③ 《宋史》卷一七三《食货志上一》,第4176页。

④ 戴复古撰,吴茂云校笺:《戴复古集》卷一《刈麦行》,浙江大学出版社2016年版,第158页。

⑤ 王之道著,沈怀玉、凌波点校:《相山集点校》卷二〇《申三省枢密利害札子》,第262页。

⑥ 孙觌:《鸿庆居士集》卷三《分宜道中》,《景印文渊阁四库全书》第1135册,第28页。

⑦ 真德秀:《西山文集》卷七《乞给降钱会下本路灾伤州郡下户收籴麦种》,《景印文渊阁四库全书》第1174册,第104—105页。

⑧ 黄震著,张伟、何忠礼主编:《黄震全集·黄氏日抄》卷七八《咸淳七年中秋劝种麦文》,第2221页。

至于四川地区，种麦历来普遍，"四川田土，无不种麦，今岁气候颇早，大麦约三月半间收获，小麦须至四月初间方熟"①，大小麦都有。湖北郢州在南宋中期也是"麦田千里碧"②。是夏粮的主要作物。

显然，宋代是小麦普遍推广到南方地区的关键时期。

其他旱地作物如粟，在南方也有所种植，以荆湖地区为多。如北宋黄州，"耕破岭上云，凿开岩下月。种我十亩粟，中有薇与蕨"③。在山地上种谷子。宋初的"湖湘之地，下田艺稻谷，高田水力不及，一委之蓁莽"，白白荒废了占农田大部分的旱地。宋真宗时，出任湖南长官的李允则颇有心计，为了利用旱地发展生产，大力劝诱农民种粟，取得了丰硕成果，"自尔誓以田艺粟，至今湖南无荒田，粟米妙天下焉"④。新种植的粟米竟成为当地著名土产。宋孝宗淳熙十一年（1184）湖北大旱，水稻绝收，旱地作物却获大丰收，"夏税是岁粟麦倍收，禾稼丰盈"⑤。尝到了旱地作物的好处。

但是，在东南广大地区，粟米还没有为广大居民接受，"齐人艺粟，越无粟，齐人食粟，笑越人无以生也。越人艺稻，齐无稻，越人食稻，笑齐人无以生也"⑥。东南地区民众以为没有稻米就无法生活，而粟米是不能食用的。南宋绍兴末年，金兵南侵败归后，遗留下大批军粮，"粟米山积，往往有科山东、河北民户，令赴平江府、秀州送纳者。官军粮运方不继，赖以自给"，然而非常出乎意料：官军中多有福建、江浙人，他们"不能食粟，其死者甚众"⑦。究其原因，或是宁愿饿死也不食粟，或是勉强食粟至于丧生，恐未必像中毒那样导致死亡，大概由消化不良等种种不适引发群体减员，如此，要想让他们大量种植是不可能的。

要之，水稻的北移与麦粟的南下，在农业史上都有重大意义。这使各地得以充分利用地利和水利资源，换种轮作，扩大耕地面积和作物品种，从而

① 汪应辰：《文定集》卷四《御札再问蜀中旱歉》，第32页。
② 陈造：《江湖长翁集》卷一四《郢州二首》，《景印文渊阁四库全书》第1166册，第174页。
③ 沈辽：《云巢编》卷四《初耕东坡》，《沈氏三先生文集》卷五五，《四部丛刊三编》，上海书店出版社1935年版，第23页。
④ 张舜民撰，汤勤福整理：《画墁录》，《全宋笔记》第2编第1册，第216页。
⑤ 楼钥撰，顾大朋点校：《楼钥集》卷一〇八《朝奉郎主管云台观赵公墓志铭》，第1871页。
⑥ 许景衡：《横塘集》卷一八《送左经臣序》，《景印文渊阁四库全书》第1127册，第324页。
⑦ 李心传编撰，胡坤点校：《建炎以来系年要录》卷一九五，绍兴三十一年十二月庚戌，第3840页。

提高粮食总产量。

总的来看,南方各地区的粮食作物比较单纯,没有北方那么丰富。北宋时期,南方推广的麦粟不如北方种植水稻的面积大、效果好。这与北方土地五谷皆宜、水利事业大发展和宋政府重视发展北方经济都有密切联系。从这一点上看,北方农业经济比南方快了一个节拍。

二、南北方耕作制度及复种情况

现在有必要研究一下各地土地利用情况,也即一年能收获几季庄稼,复种情况如何。宋代复种指数长期来是不清楚的,因而史学界出现了一些不切实际的认识。

从时间上看,宋代一般都是一年夏、秋两季收成,二税的征收就是由此而来的。北方地区夏季收获的作物主要是麦,秋季是粟、豆、稻等杂粮。如熙河地区的屯田就是"夏田种麦,秋田种粟豆"①。南方地区夏季收获的作物是早稻和少量的麦,秋季是晚稻和少量的杂粮。早稻就是籼稻,晚稻就是粳稻。② 籼稻产量低,也不大适宜于日常食用,宋政府的二税就不征收早稻实物,而征秋苗——粳稻。所以说晚稻是南方最主要的粮食作物。与南方地区相反,在北方地区主要征收夏粮,征收秋粮不多。征税的时空结构差异是北夏南秋。

具体到各个地区,又各有不同。有两年一收者,如西北的西宁州、积石军一些地方,"地高气晚,间岁种收"③。前文言扬州江都县的代田也是两年一收。有一年一收者,如江西洪州"禾大小一收,蚕早晚二熟而已"④。常见的是多种作物混合收成,则一年数次。如广西雷州"地多沙卤,禾粟春种秋收,多被海雀所损。相承冬耕夏收,号芥禾,少谷粒。又云再熟稻,五月、十一月再熟"⑤。所谓"禾粟""芥禾",都是一年一收,稻子一年两收。《宋

① 李焘:《续资治通鉴长编》卷二七〇,熙宁八年十一月庚辰,第6625页。
② 罗愿撰,石云孙点校:《尔雅翼》卷一《稻》,黄山书社1991年版,第3页。
③ (清)徐松辑,刘琳、刁忠民、舒大刚、尹波等校点:《宋会要辑稿·兵》四之二五,第6890页。
④ 吴泳:《鹤林集》卷三九《隆兴府劝农文》,《景印文渊阁四库全书》第1176册,第383页。
⑤ 乐史撰,王文楚等点校:《太平寰宇记》卷一六九《雷州》,第3231页。

史·地理志五》言成都府路"岁三、四收",也是不同作物的收成。

问题在于,从空间上看,夏、秋两季庄稼是否在同一块土地上复种的呢?由于直接史料不多,这一关键问题不易明确。首要的大前提是各种作物在收种时间上有多少可以接茬?为此特制下表,以供参考。

表 2-2　宋代各地各种农作物收种时间表

品种	正	二	三	四	五	六	七	八	九	十	十一	十二	地区	资料来源
麦类·小麦								种						陈旉著,万国鼎校注:《陈旉农书校注》卷上《六种之宜篇第五》,农业出版社1965年版,第31页
麦类·小麦				收									开封	李焘:《续资治通鉴长编》卷一九,太平兴国三年四月庚辰,第426页
麦类·小麦					收			种					四川	王祯:《农书》卷一一,第149页
麦类·大麦			收										四川	汪应辰:《文定集》卷四《御札再问蜀中旱歉》,第32页
麦类·大麦								种						王祯:《农书》卷一一,第149页
麦类·穬麦	种												京东、河北	唐慎微等撰,陆拯、郑苏、傅睿等校注:《重修政和经史证类备用本草》卷二五《穬麦》,第1377页
麦类·荞麦							种							王祯:《农书》卷一一,第149页
麦类·荞麦							种	收					越州	施宿:《嘉泰会稽志》卷一七《草部》,第7026页

品种		正	二	三	四	五	六	七	八	九	十	十一	十二	地区	资料来源
豆类	豆				种		收								陈旉著,万国鼎校注:《陈旉农书校注》卷上《六种之宜篇第五》,第31页
	大豆			种					收						(元)鲁明善著,王毓瑚校注:《农桑衣食撮要》卷上,农业出版社1962年版,第21—22页
	黑豆			种											
	大豍豆		种												
	豌乌豆		种												
	红豆			种											(元)王桢:《农书》卷一一,第148—149页
	赤豆					种									
	绿豆					种									
	豌豆							种							
粟								收						开封	李焘:《续资治通鉴长编》卷一○三,天圣三年八月丙寅,第2387页
			种				收								陈旉著,万国鼎校注:《陈旉农书校注》卷上《六种之宜篇第五》,第30页
			种												(元)鲁明善著,王毓瑚校注:《农桑衣食撮要》卷上,第23页
				种											
黍穄			种												
秫黍				种											
稻类	早稻				种		收								(元)王桢:《农书》卷一一,第148—149页
							收							河北	李焘:《续资治通鉴长编》卷三四,淳化四年三月壬子,第747页
						收								涪州	王象之编著,赵一生点校:《舆地纪胜》卷一七四《涪州》,第3581页

续表

品种		正	二	三	四	五	六	七	八	九	十	十一	十二	地区	资料来源
稻类	晚稻									收				江、浙、湖、闽、粤	《宋史》卷一七四《食货志上二》,第4204页
					种										(元)王桢:《农书》卷一一第148页
					种									开封	李焘:《续资治通鉴长编》卷一四九,庆历四年五月壬申,第3609页
						种								开封	李焘:《续资治通鉴长编》卷一六,开宝八年四月戊辰,第338页
	小香占城稻										收			开封	李焘:《续资治通鉴长编》卷九二,天禧二年十月庚子,第2127页
油麻类	早油麻			种					收						陈旉著,万国鼎校注:《陈旉农书校注》卷上《六种之宜篇第五》,第31页
	晚油麻					种				收					
油菜									种						(元)鲁明善著,王毓瑚校注:《农桑衣食撮要》卷上,第23页
麻类			种			收									陈旉著,万国鼎校注:《陈旉农书校注》卷上《六种之宜篇第五》,第30页
				种		收									(元)王桢:《农书》卷一一,第148—149页
						收									(元)鲁明善著,王毓瑚校注:《农桑衣食撮要》卷上,第22页

在表2-2的基础上,我们分四个方面研究复种问题。

第一，北方麦子与杂粮的复种。表2-2中显示，麦与粟可以复种，但不是像现代北方地区那样割麦种谷，而是割谷种麦，因而不能连续循环，一年两收，只能按照谷、麦、麦的模式两年三收。麦与大部分豆类的复种与谷相同，只有赤豆、绿豆、豌豆与麦的复种顺序颠倒，可割麦种之，仍不能一年两收。穬麦与晚油麻、赤豆、绿豆、荞麦、豌豆可以一年两收。

第二，北方麦与稻的复种。穬麦与稻子可以复种，一年两收。小麦与稻子的复种从时间上讲也是完全可能的。如表2-2中所显示的那样，至少在京师开封可以割完麦后种稻。元符元年（1098），太常寺与阁门修订皇宫籍田处的刈麦仪式："刈麦讫……俟乘舆次赴插稻彩殿，降舆升御座，插稻人员起居讫，阁门使诣御座前承旨，临阶传付有司，兵士一人驾牛一具，以水碡轴自稻池西南角下，往来讫，于东岸上出，一次插稻讫。"[1]由于是皇帝主持的仪式，所以不便临时犁地整田，而是换了另外一块稻田（笔者20世纪70年代下乡在开封西郊务农时，三夏大忙季节正是连夜抢收冬小麦、抢种麦茬稻的）。但是不能一年两收，只能是麦、稻、麦两年三收。

第三，南方双季稻问题。南方不少地方有早晚二季水稻，但是否复种，这是个重大问题。范成大记载苏州有再熟稻：

> 一岁两熟。《吴都赋》："乡贡再熟之稻。"蒋堂《登吴江亭》诗云："向日草青牛引犊，经秋田熟稻生孙。"注云："是年有再熟之稻。"细考之，当在皇祐间。今田间丰岁已刈，而稻根复蒸苗，极易长，旋复成实，可掠取谓之再撩稻。恐古所谓再熟者即此。[2]

泉州也记载有再熟稻："春夏收讫，其株又苗生，至秋薄熟，即《吴都赋》所云'再熟稻。'"[3]如宋人亲见，所谓的再熟稻，只是偶尔出现的再生稻而已，产量也很低，显然不是双季复种。《农桑衣食撮要》卷上，列举有各月令收种情况，只言五月插稻，说明普遍的主要是一季晚稻。王桢《授时指掌活法图》载，四月秧早稻，五月秧晚稻[4]，相距仅一个月，决不能连作复种，而是分种于不同田地，或者顶多是间作。这是一般情况，个别地区个别品种也有例

---

① 李焘：《续资治通鉴长编》卷四九五，元符元年三月壬戌，第77787页。
② 范成大撰，陆振岳校点：《吴郡志》卷三〇《土物下》，第443页。
③ 乐史撰，王文楚等点校：《太平寰宇记》卷一〇二《泉州》，第2031页。
④ 王桢：《王桢农书》卷一一《授时指掌活法图》，中华书局1956年版，第148页。

外，如四川涪州、广西雷州即有复种的双季稻。在福州，则有具体的记载，"负郭潮田插两收""湖田种稻重收谷"①。具体是"其熟于夏五六月者曰早禾，冬十月曰晚禾"②。不过实际效益并不理想。福建人真德秀言福州"田或两收，号再有秋，其实甚薄，不如一获"③，总产量并不高。至于江浙一带，双季稻的复种连作制形成很晚，清代康熙五十四年（1715）曾在苏州试行过，道光时林则徐也曾在此大力宣传推广，都没有成功。④ 以上可见，宋代南方大部分地区没有实行双季稻的复种，而是以一季晚稻为主。

第四，南方稻麦复种问题。稻麦轮作复种，在南方有确切的记载。如宋神宗时的苏州，就是"刈麦种禾，一岁再熟"⑤，割麦种稻。王之道云，淮南西路的秋季，"正当获稻艺麦之际"⑥，割稻种麦。最确切的是杨万里的一句诗："却破麦田秧晚稻"⑦，曹勋也有"隔岁种成麦，起麦秧稻田"的诗句⑧。一般都是春小麦与晚稻复种，如范成大诗云："梅花开时我种麦，桃李花飞麦丛碧。……腰镰刈熟趁晴归，明朝雨来麦沾泥。犁田待雨插晚稻，朝出移秧夜食麦。"⑨并非我过去认为的那样是冬小麦与晚稻复种。因为江、浙、湖、闽、粤等地的晚稻，一般都须过了霜降以后才成熟，"江南、两浙、荆湖、广南、福建土多秔稻，须霜降成实，自十月一日始收租"⑩。收割时已是农历九月下旬（公历 10 月 23 日左右），及收割、晒田、整田后，已到十月上旬，远远超过了王桢《农书》中所列的种麦时间最下限——九月初。即便是强种，所收也很少。

---

① 王象之编著，赵一生点校：《舆地纪胜》卷一二八《福州》，第 2899、2897 页。

② （明）解缙：《永乐大典》卷五三四三，引《三阳志》，第 3 册，第 2457 页。

③ 真德秀：《西山文集》卷四〇《福州劝农文》，《景印文渊阁四库全书》第 1174 册，第 630 页。

④ 闵宗殿、董凯忱、陈文华编著：《中国农业技术发展简史》，农业出版社 1983 年版，第 110 页。

⑤ 朱长文：《吴郡图经续记》卷上《物产》，第 643 页。

⑥ 王之道著，沈怀玉、凌波点校：《〈相山集〉点校》卷二一《预置大军马草札子》，北京图书馆出版社 2006 年版，第 268 页。

⑦ 杨万里撰，辛更儒笺校：《杨万里集笺校》卷一三《江山道中蚕麦大熟》，第 677 页。

⑧ 曹勋：《松隐集》卷二一《山居杂诗·其二》，《景印文渊阁四库全书》第 1129 册，第 450 页。

⑨ 范成大著，富寿荪标校：《范石湖集》卷一一《刈麦行》，上海古籍出版社 2006 年版，第 129 页。

⑩ 《宋史》卷一七四《食货志上二》，第 4204 页。

同时也要提示两个问题,一是所谓麦稻复种,并不是年年如此,曹勋说得清楚,是"隔岁种成麦,起麦秧稻田",中间间隔了一年,实际上还是三年两收。更多地方的稻麦轮作是一年一收,如绍兴年间,洋州地方官"尝巡行东西两郊,见□稻如云雨,稻田尚有荒而不治者,怪而问之,则曰'留以种麦'。夫种稻而后种麦未晚也,果留其田以种麦,使变成□□(荒芜),则一年之事废矣"①。显然不是一年两熟。二是在长江、珠江流域的稻田里种麦,困难很多。因为稻田长期浸水,土壤黏重,很不利于麦子行根,而且地下水位高,又易受到渍害。所以稻麦复种的效果不宜估计过高。② 如前所述,南方地区在旱地种麦的效果尚不很理想,在水田种麦就可想而知了。

以上事实说明,在同一块土地上,南北方的主要作物,基本上都是两年三收,南方还有一年两收的稻子;个别地区一年一收,也有两年一收者。在复种指数上,由于气候条件优越,南方整体上优于北方。

三、各地粮食亩产量

粮食生产的显著特点是因地而异。考察各地区的亩产量,无疑是衡量农业发展状况的基本标志,也有助于了解各地区粮食生产的不平衡性。

现将笔者收集到的宋代各地区粮食亩产量的数字资料,并参考漆侠先生《宋代经济史》③列举为下表,以便研究。

表 2-3　宋代各地粮食亩产量表

年代	地区	亩产	资料来源
至道三年	陈州、许州、邓州州、颍州、蔡州、寿州等地	三斛	马端临:《文献通考》卷七《田赋考七》,第 164 页
天禧四年	保州屯田务	约一石八斗(稻)	徐松:《宋会要辑稿·食货》四之二,第 6031 页

① 宋莘:《洋州劝农文》,转引自陈显远:《陕西洋县南宋〈洋州劝农文〉碑再考释》,《农业考古》1990 年第 2 期。

② 闵宗殿、董凯忱、陈文华编著:《中国农业技术发展简史》,农业出版社 1983 年版,第 77 页;曾雄生:《析宋代"稻麦二熟"说》,《历史研究》2005 年第 1 期。

③ 漆侠:《宋代经济史》,《漆侠全集》卷三,河北大学出版社 2009 年版,第 130—133 页。

续表

年代	地区	亩产	资料来源
景祐元年	苏州	二至三硕（米）	范仲淹:《范仲淹全集·范文正公政府奏议》卷上《答手诏条陈十事》,第534页
嘉祐五年	绛州一带	二至三石	徐松:《宋会要辑稿·食货》七之三〇,第6131页
宋仁宗时	开封尉氏	一钟	宋祁:《景文集》卷三五《尉氏县吕府创修泄水渠颂》,《景印文渊阁四库全书》第1088册,第309页
宋仁宗时	开封府畿	一石	张方平:《乐全集》卷一四《食货论·赋税》,《景印文渊阁四库全书》第1104册,第116页
熙宁二年	同州沙苑	二石	范纯仁:《范忠宣集·范忠宣奏议》卷一《条列陕西利害》,第740页
熙宁三年	秦州一带	三硕	徐松:《宋会要辑稿·食货》一之二九,第5959页
熙宁四年	济州、濮州	约五石九斗（菽麦）	徐松:《宋会要辑稿·食货》一之二九,第5960页
熙宁八年	熙河等州	一石	李焘:《续资治通鉴长编》卷二七〇,熙宁八年十一月庚辰,第6625页
元祐六年	巩州定西	十余斛	李焘:《续资治通鉴长编》卷四六〇,元祐六年六月丙午,第10998页
绍圣三年	太平州	五石	贺铸著,王梦隐、张家顺校注:《庆湖遗老诗集校注·拾遗·题皖山北濒江田舍》,河南大学出版社2008年版,第492页
元符二年	麟州、石州、鄜州、延州	二石	李焘:《续资治通鉴长编》卷五一七,元符二年十月丁未,第12297页
崇宁五年	熙州、河州、兰州、湟州	五石（青稞）	《宋史》卷一七五《食货志上三》,第4247页
绍兴七年	兴元府、洋州屯田	约二至三硕	徐松:《宋会要辑稿·食货》二之二〇,第6003页
绍兴九年	明州	六至七硕（谷）	徐松:《宋会要辑稿·食货》七之四五,第6140页
绍兴十五年	阶州、成州营田	约一石二斗	李心传撰,胡坤点校:《建炎以来系年要录》卷一五三,绍兴十五年正月丁卯,第2888页

年代	地区	亩产	资料来源
绍兴年间	广西	五斗至一石(米)	罗大经撰,王瑞来点校:《鹤林玉露》乙编卷一《本政书》,中华书局 1983 年版,第 128—129 页
乾道九年	歙州	上田二石(米)	罗愿撰,萧建新、杨国宜校著,徐力审订:《〈新安志〉整理与研究》卷二《叙贡赋·税则》,第 63 页
乾道年间	淮南	约二石(稻)	徐松:《宋会要辑稿·食货》六之二三,第 6098 页
淳熙元年	湖北营田	八斗	徐松:《宋会要辑稿·食货》六之二六,第 6100 页
淳熙年间	武昌大冶营田	三硕	薛季宣:《浪语集》卷一九《论营田》,《景印文渊阁四库全书》第 1159 册,第 318 页
	鄂州	二至三斛(稻)	王炎:《双溪类稿》卷一九《上林鄂州书》,《景印文渊阁四库全书》第 1155 册,第 645 页
淳熙十三年	襄阳木渠	六至七斗	徐松:《宋会要辑稿·食货》六之二八,第 6101 页
淳熙十六年	闽、浙	二至三石(米)	陈傅良著,周梦江点校:《陈傅良先生文集》卷四四《桂阳军劝农文》,第 563 页
	桂阳军	一石	
淳熙年间	湖南	二三斗(米)	廖行之:《省斋集》卷四《石鼓书院田记》,《景印文渊阁四库全书》第 1167 册,第 324 页
嘉定年间	苏州、湖州	四石(谷)	岳珂撰,许沛藻、刘宇整理:《愧郯录》卷一五《祖宗朝田米直》,《全宋笔记》第 7 编第 4 册,第 165 页
南宋末期	吴	二至三石(米)	魏了翁撰,(元)方回续:《续古今考》卷一八,《景印文渊阁四库全书》第 853 册,第 366—367 页

表 2-3 中数字,有几点需说明。

第一,上列数字,有些是估数或推算数,只是大概如此。

第二,屯田、营田上的数字,因役兵骄惰,耻于耕作,经营不善,所种田往往得不偿失,故多是劳动性的低产,也即不能代表当地亩产量水平。

第三,凡是没有明确产量是原粮还是已加工脱粒的,一般都是原粮。

第四,斛、硕、石虽然名称不同,在宋代都是同一计量单位。宋仁宗时开封府尉氏县的"一钟"，另当别论。原史料言：惠民河曾泛水汇集于尉氏，"害膏腴之田四千百八顷"，后来将积水排泄，"水涸地沃，亩率收一钟"。既是膏沃之田，文章又是以颂的文体做的，决不是不值一提的一石之别称，而是古代计量单位的钟，即五石为一钟。所以，宋祁才惊叹而颂之。当然，正因为是颂，定有夸饰，应打折扣。

现在可以考察南北方各地的亩产量了。南方地区的最高亩产是七石（稻），折糙米为五石六斗，折精米则为三石五斗。[①] 北方地区的最高亩产量是十余石（巩州）[②]，其次为五石九斗（濮州、济州），再次为五石（熙河兰湟等地、尉氏）。北宋中后期的刘攽诗云："柿红梨紫漫山熟，冷雨萧萧落乔木。东田收谷亩数斛，筑场敛积高如屋。"[③]虽然不详具体地区，但所提到的柿子、梨以及谷子，都是北方植物，故而其谷子亩产数石也是北方产量。

还有一个不为人注意的情况必须说明。南方地区的最高亩产，只是个别地区、特殊环境中才有的产量，而熙河兰湟地区的五石和陕西秦州、京西陈、许、邓等地的三石则是平均产量，也即是一般，不是个别。更重要的是，这几地都不是公认的膏沃之地。关中地区，河北德、博、棣、相州一带，京东青、齐州等北方最肥沃地区的亩产量都没有传世史料，但可以肯定不会低于秦州、京西等地。以相州为例，我们发现了明代的亩产量可资参考：临漳县"田皆填淤沃衍……亩皆十斛或八斛"[④]。按明代一斛为五斗计，亩产五石或四石。而宋代此地"顷必万秉，亩皆百金"[⑤]。所谓秉者，古代量词，《仪礼·聘礼》云："十斗曰斛，十六斗曰薮，十薮曰秉"[⑥]，则古一秉为十六斛。所谓"顷必万秉"，自然是形容其多，决不可当真依此推算。但可以说明，宋

---

① 岳珂撰，许沛藻、刘宇整理：《愧郯录》卷一五《祖宗朝田米直》："今苏、湖间，上田每岁收主租一石，折糙米计，亦止得八斗。如江乡田，上色可收谷四石，却可得主租二石，舂而为米，亦止一石。"（《全宋笔记》第7编第4册，第165页）出米率一为80%、一为50%，前者明言是糙米，后者则是精米。

② 古代西北极膏腴，唐高宗时，河源军（即宋代西宁州）"开屯田五千余顷，岁收五百余万石"（司马光编著：《资治通鉴》卷二〇二，永隆元年七月，第6395页）。即亩产十石，可为佐证。

③ 刘攽撰，逯铭昕点校：《彭城集》卷八《柿红》，第163页。

④ （明）崔铣辑：《嘉靖彰德府志》卷二《地理志》，《天一阁藏明代方志选刊》，上海古籍书店1964年版，第38页。该志是崔铣沿袭北宋《相台志》编纂而成，保存了大量《相台志》的相关内容。

⑤ 赵鼎臣：《竹隐畸士集》卷一《邺都赋》，《景印文渊阁四库全书》第1124册，第116页。

⑥ 杨天宇撰：《仪礼译注·聘礼第八》，上海古籍出版社1994年版，第421页。

代相州百金之亩的产量与明代是相近的。

历史资料表明,北宋时的单位亩产量北方高于南方。这样的结论,恐怕是意料之外的,其实并不奇怪。北方地区的有关史料虽少,但已知的几条还是可以说明问题的。北方不少地区土地肥沃,又有优良的生产传统和技术,加以兼种五谷,杂粮占一定的比重,得以充分利用各种土地和季节。从这点讲,北方的粮食质量总体上不如南方的稻米质量高,双方互有优势。

四、从各地二税见催额看农业经济

二税是农业税,是宋朝主要税种。二税额即官府按规定征收的数额,一定程度上反映着各地区的农业状况,当然也反映了农业主体粮食种植业状况。现将马端临《文献通考》卷四《田赋考四》所载宋神宗元丰初年各地区二税见催额列一图表,并附加各地区在籍田数和户数,以资参考。

首先,有两个问题需要说明。其一,二税额的单位,是(钱)贯、(粮)石、(绢、布)匹、(丝绵)两、(杂色)斤、两、角……(草)束等,互相之间根本不等值,如金(两)与草(束)的价值相差有数千倍者。所以,其单位的绝对数无法斤斤计较。但这些不严谨的绝对数字中有其相对的价值,可做大致比较。从表2-4中可看到,夔州路的数额最少,广西次之,与其经济最落后完全一致;两浙、淮南在南方诸路中数额最多,也与其是南方最发达之地相一致。有了这两个坐标,我们就可以说,这些数字有相对的比较价值。其二,从表2-4中广西、夔州两路的每亩田地平均二税额可再次看出,这两地的田地数字是不可靠的,利州路的情况也值得怀疑。

现在可以分析表2-4中各地的数额了。宋政府的二税收入主要来自北方地区,河北路遥遥领先,陕西路次之,以下才是两浙、淮南。河北为何领先呢?前提是承袭农业发达的历史传统、熙宁年间农田水利大发展,还有一个原因是税收结构特殊。宋代凡产盐之地皆征榷,但河北不榷盐,因周世宗时把盐课均摊到二税中,具体数字为三十万贯[1],即宋代的两税盐钱。宋仁宗时,王拱辰曾建议征榷河北盐,张方平向宋仁宗提出质问:"河北再榷盐,

---

[1] 苏辙撰,俞宗宪点校:《龙川略志》卷三《论榷河朔盐利害》,第15页。

何也?"皇帝解释说:"始立法耳。"张方平说:"昔周世宗以盐课均之税中,今两税盐钱是也。岂非再権乎?""帝惊悟,方平请直降手诏罢之。"①其二税额之高,与此有一定关系,不像其他许多路那样盐税是单列的。再者,河北驻军多,税收中喂马的草(束)肯定数量大,使其数额难免虚高。

用宏观大数据分析南北方实力,可以看到:以田数言之,南方比北方多出一倍以上,以户数言之,南方比北方多出近一倍。但税额却相反。全国总数为 52010936 单位,其中北方总额为 2844 万余,占 54.7%;南方总额为 2356 万余,占 45.3%。北方多出 488 万余。东南的两浙、淮南、江东、江西、湖南、湖北、福建七路总额为 1979 万余,比北方五路一府尚少 865 万余;西南地区六路总额仅 377 万余,比北方少 2467 万余。北方地区每户平均交纳二税 5 赋税单位,南方地区每户仅平均 2 赋税单位,北方是南方的 2.5 倍。

表 2-4　元丰年间各地二税见催额及田地户数表

地区	二税见催额及序列(单位:贯石匹两斤……)		田地及序列(单位:亩)		每亩平均	户数及序列		每户平均及序列	
开封府	4055087	6	11384831	12	0.35	235599	19	17.2	1
京东	3000901	8	26719361	8	0.11	1359666	2	2.2	10
京西	4063870	5	21283526	11	0.19	916640	9	4.4	3
河北	9152000	1	27906656	7	0.32	1232659	6	7.4	2
陕西	5805114	2	44710360	3	0.12	1355844	4	4.2	4
河东	2372187	9	11170660	13	0.21	576198	14	4.1	5
淮南	4223784	4	97357133	1	0.04	1357064	3	3.1	7
两浙	4799122	3	36334198	5	0.13	1778953	1	2.69	8
江东	3963169	7	42944878	4	0.09	1127311	7	3.5	6
江西	2220625	10	45223146	2	0.05	1287136	5	1.7	14
湖南	1816612	11	33204055	6	0.05	871214	10	2	11
湖北	1756078	12	25988507	9	0.05	657533	12	2.67	9
福建	1010650	13	11091990	14	0.09	1043839	8	0.9	17
成都	926732	14	21612777	10	0.042	864403	11	1	16
梓州	834187	15	—	—	—	478171	15	1.74	13

----

① 《宋史》卷三一八《张方平传》,第 10354—10355 页。

地区	二税见催额及序列（单位：贯石匹两斤……）		田地及序列（单位：亩）		每亩平均	户数及序列		每户平均及序列	
利州	665306	17	1288089	16	(0.51)	336248	16	1.9	12
夔州	141182	19	224720	17	(0.62)	254361	18	0.5	18
广东	765715	16	3145490	15	0.24	579253	13	1.3	16
广西	438615	18	55180	18	(7.9)	258382	17	1.6	15

　　需要说明的是，如前所言，宋代二税见催额的单位是混合单位，同一数字的价值差距悬殊。北方驻军多，马草相应征收的多，诸如此类，北方的绝对数据理应打折扣。但基本事实是明确的：无论是绝对比较还是相对比较，北方地区的二税征收量都多于南方。如果不抱偏见的话，那么就应当承认所反映的以下两个问题：一是当时北方的粮食生产和农业经济是发达的，劳动生产率是高的，仍保持着传统的优势；二是北方农民所受到的剥削更为沉重。

五、从丰收与灾荒次数看各地农业

　　农业的发达与否，粮食总产的高低，突出地表现在丰灾频度如何。因为农业的丰收与歉收，是经验技术、劳动生产率、水利设施等社会因素和土地质量、气候等自然因素综合发生作用的结果。现将收集到的有关记载列表如下。

表 2-5　北宋各地丰收与灾荒次数表

序号	时期	地区	资料来源①
1	建隆元年正月丁未	河北仍岁丰稔，谷价弥贱	一，第 6 页
2	太平兴国八年十二月末	荆湖管内累年丰稔	二四，第 567 页
3	雍熙二年六月己卯	夏麦丰稔	一八，第 596 页

---

　　①　凡出自李焘《续资治通鉴长编》一书者，只列卷数和页码。

序号	时期	地区	资料来源
4	淳化三年六月庚申	京畿大穰,物价至贱	三三,第 737 页
5	至道二年十二月末	是岁大有年	四〇,第 856 页
6	咸平六年九月壬寅	河北大稔	五五,第 1212 页
7	景德二年十一月丙寅	是岁江、浙大穰,谷价尤贱	六一,第 1374 页
8	景德四年八月末	诸路皆言大稔	六六,第 1487 页
9	大中祥符元年二月己未	河北、河东、陕西连岁大稔	六八,第 1527 页
10	大中祥符元年九月末	是月,京东西、河北、河东、江、淮、两浙、福建、广南路皆大稔	七〇,第 1567 页
11	大中祥符二年九月末	是秋,京西、河东、陕西、江、淮、荆湖等路,镇、定、益、梓、邛、密等州丰稔	七二,第 1635 页
12	大中祥符五年正月乙酉	河东仍岁丰穰,储蓄尤广	七七,第 1751 页
13	大中祥符五年八月丙午	河东大稔	七八,第 1780 页
14	天禧二年九年末	是月,京东路、饶、韶、巴、昌州、荆门军、保安军丰稔	九二,第 2127 页
15	天禧二年十一月乙亥	澶、魏丰熟	九二,第 2129 页
16	天圣元年七月戊寅	河朔岁丰	一〇〇,第 2325 页
17	天圣七年正月壬寅	江、淮岁丰	一〇七,第 2491 页
18	景祐二年十月辛亥	河北比岁大稔	一一七,第 2759 页
19	康定元年十一月末	河北谷贱	一二九,第 3072 页
20	庆历二年四月甲午	河北今岁大熟	一三五,第 3239 页
21	庆历二年八月壬辰	河北秋稼丰稔	一三七,第 3289 页
22	庆历四年八月辛丑	青州秋稼大成	一五一,第 3683 页
23	庆历六年十月甲戌	京东、京西岁得丰穰	一五九,第 3849 页
24	庆历八年八月戊寅	两川累岁丰稔	一六五,第 3964 页
25	皇祐二年十一月丙戌	河北东路秋稼大丰	一六五,第 4063 页
26	皇祐三年十二月	陕西累岁丰熟,今秋又大稔	一七一,第 4120 页
27	至和元年十一月甲子	河北岁大丰	一七七,第 4290 页
28	嘉祐二年五月戊寅	河北今岁丰稔	一八五,第 4476 页
29	嘉祐六年九月癸丑	河北秋稼甚登	一九五,第 4720 页

序号	时期	地区	资料来源
30	熙宁二年八月	河朔今岁丰稔倍常	《宋会要辑稿·食货》三九之二一，第6863页
31	熙宁五年九月丙午	河北连岁丰熟	二三八，第5787页
32	熙宁五年	苏、湖大稔	二四八，第6055页
33	熙宁七年	河东并边大稔	《宋史》卷一七五《食货志上三》，第4242页
34	熙宁九年六月丁亥	河东夏、秋大熟	二七六，第6738页
35	熙宁九年六月壬子	襄、邓间比年丰稔	二七六，第6761页
36	熙宁九年十月戊子	陕西今岁极丰	二七八，第6794页
37	熙宁十年正月己卯	两川丰稔	二八〇，第6856页。
38	元丰元年二月庚午	河东年谷屡登	二八八，第7047页
39	元丰元年九月丙戌	陕西路至并边丰稔异常，物价至贱	二九二，第7135页
40	元丰二年十月辛丑	淮、浙连岁丰稔谷贱	三〇〇，第7307页
41	元丰三年八月丁巳	淮、浙连岁丰稔	三〇七，第7471页
42	元丰三年闰九月辛亥	泾、原粟、麻、荞麦、大豆等丰熟	三〇九，第7498页
43	元丰六年五月甲午	陕右夏田丰稔	三三五，第8070页
44	元丰六年七月丁卯	河东岁甚丰	三三七，第8132页
45	元丰六年八月庚子	河朔秋稔，异于常岁	三三八，第8154页
46	元丰六年九月戊午	永兴军路今秋丰	三三九，第8168页
47	元丰七年八月戊子	广西秋稼大稔	三四八，第8349页
48	元丰七年九月戊午	永兴军路今夏丰稔	三四八，第8359页
49	元祐二年六月壬辰	淮南、河北、京东、京西、开封府界今岁夏麦丰熟	四〇二，第9783页
50	元祐八年正月丙申	陕西近岁丰熟	四八〇，第11423页
51	绍圣元年	陕西今夏丰熟，河东今秋丰稔	《宋要会辑稿·食货》四〇之一，第6877页
52	绍圣四年九月甲寅	怀、卫州今岁丰稔	四九一，第11649页
53	绍圣四年九月乙卯	陕西沿边州秋田收成	四九一，第11650页
54	元符元年五月甲戌	今岁诸路蚕麦俱大稔	四九八，第11862页
55	元符三年十二月	河北、河东、陕西今岁丰熟	《宋会要辑稿·职官》五五之三八，第4517页
56	大观二年	河北连年丰稔，今岁大熟	《宋会要辑稿·职官》四四之三八，第4223页

续表

序号	时期	地区	资料来源
57	宣和元年	河北路秋田丰稔,倍于常岁	《宋会要辑稿·食货》四〇之七,第6880页
58	宣和二年	河东路丰稔	《宋会要辑稿·食货》四〇之八至九,第6881页
59	宣和七年	河北今岁二麦丰熟	《宋要会辑稿·食货》四一之二四,第6922页
		两浙岁丰熟异常	《宋会要辑稿·食货》四〇之一一,第6882页

为了能有一个确切的数据概念,我们据此再做一个各路丰收数量表。为求大致准确,凡全国性丰收者不计,不言具体地区者不计,各路只言一州丰收者不计。"连年""累岁"丰收者以二次计,言夏、秋两季丰收者以二次计。以十八路为区域划分,言"两川"者,以成都、利、梓、夔四路计(即计四次地),言"荆湖"者,以湖南、湖北二路计,言"二广"者,以广东、广西二路计,言"江南"者,以江东、江西二路计。

表2-6　北宋各地农业丰收次数统计表

地区	时代									
	宋太祖	宋太宗	宋真宗	宋仁宗	宋英宗	宋神宗	宋哲宗	宋徽宗	宋钦宗	总计
	次数									
开封		1					1			2
京东			2	1			1			4
京西			2	1		2	1			6
河北	2		6	10		4	4	4		30
陕西			3	2		6	4			15
河东			7			6	2	1		16
淮南			2	1		4	1			8
两浙			2			5		1		8
江西			3	1						4
江东			3	1					1	4

地区	时代									总计
	宋太祖	宋太宗	宋真宗	宋仁宗	宋英宗	宋神宗	宋哲宗	宋徽宗	宋钦宗	
	次数									
湖南		2	1							3
湖北		2	1							3
成都			1	2		1				4
梓州				2		1				3
利州				2		1				3
夔州				2		1				3
福建				1						1
广东			1							1
广西			1			1				2
总计	2	5	35	26		32	14	6		120

以上可见，丰收次地数最多的是河北等北方地区，凡73次地，占总数的61%；南方地区凡47次地，占总数的39%。这不能说是完整的记载和统计，只能说是最低限度的次地数。史籍的有关记载偏重于北方地区是可能的，但南方与之相差如此之多，不能不说北方农业是发达的。以河北为例，其二税见催额和丰收次地数都是全国之最，当不是偶然的巧合。

如果只看到丰收，看不到灾荒次地数，那就不能对宋代各地区农业发展状况有全面的认识。现据《续资治通鉴长编》以及《宋史》本纪的记载（具体史料略），再做灾荒次地表（规则同前）。

表2-7　北宋各地农业灾荒次数统计表

地区	时代									总计
	宋太祖	宋太宗	宋真宗	宋仁宗	宋英宗	宋神宗	宋哲宗	宋徽宗	宋钦宗	
	次数									
开封			2	1		1	2	1		7
京东	2	1	6	9		2	3	4		27
京西			3	4		1		2		10

续表

地区	时代									总计
	宋太祖	宋太宗	宋真宗	宋仁宗	宋英宗	宋神宗	宋哲宗	宋徽宗	宋钦宗	
	次数									
河北	3		4	7		6	3	3		26
河东	1		1	3		1		1		7
陕西	1	2	6	6		4	1	5		25
淮南		2	5	5		3	1	6		22
两浙		2	2	2		4	3	6		19
江东		1	3	4		3	1	4		16
江西		1	3	2		2		3		11
湖南	1					3		3		7
湖北	1					3		3		7
成都				4		1				5
梓州				6		2		1		9
利州			1	3		1				5
夔州			1	2		1				4
福建						1		2		3
广东										0
广西			1							1
总计	9	9	38	58		39	14	44		211

表 2-7 中显示，京东灾荒最多，其次为河北、陕西、淮南、两浙、江东。北方地区总共有 102 次地，占总数的 48.3%；南方地区凡 109 次地，占总数的 51.7%。宋代灾荒年份多于丰收年份，南方地区灾荒整体上多于北方地区，而且与表 2-6 相比较，唯有河北、河东二地的灾荒次数少于丰收次数（广东偏远，情况特殊除外）。这一情况表明，河北、河东农业很有实力，丰收是农业发展变化的主流。领先的仍是北方路分，且史籍中有关记载同样可能偏重于北方地区。

总之，宋代农业的时间变化特点是，北方地区起落较多，南方地区则相对平和。

六、从各地粮价看粮食生产

粮食价格由成本、利润、税金三部分构成。在宋代,对粮价高低起主要作用的有两个因素:第一,由于各地生产条件不同,生产同一种粮食所需的社会必要劳动量也不相同。成本高,则粮价也高。第二,由于各地社会环境不同,粮食的供求关系也不相同。供不应求,则粮价高;供过于求,则粮价低。在某些方面,流通领域的情况也反映了生产领域的情况。因此,作为商品的粮食地区差价是明显的。

有关宋代各地粮价的史料虽多,但时代各不相同,丰歉年份各不相同,季节也不相同,没有办法拿来用于地域性的比较。值得庆幸的是,宋仁宗宝元二年(1039),吏部流内铨为制定各地官员职田的收入量,对各地粮价有一番间接的、比较性的概括介绍:

> 旧选人并以有无职田注官,而州县所上顷亩多不实,今以诸路物价贵贱定为三等,京东西、河北、淮南、两浙、江南幕职、令录,以岁收百五十石,判、司、主簿、尉百石;陕西、河东、荆湖、福建、广南幕职、令录以二百石,判、司、主簿、尉以百五十石;益、梓、利、夔路幕职、令录以百石,判、司、主簿、尉五十石,并为有职田。①

据此,地方官职田收入分为三个地区等级,即有三个地区差,多少相差一倍,也就是说,粮价的地区差相差一倍。因为其收入粮食显然是按照卖出价定量的,在四川地区收入一百石,由于当地粮价高,卖出后实际收入与陕西、河东等地卖出二百石的收入相等。根据上文,按高下为序,对各地可做出如下排列。

一类地区:四川。

二类地区:京东、京西、河北、淮南、两浙、江南。

三类地区:陕西、河东、荆湖、福建、广南。

一类地区粮价最高,三类地区粮价最低。这就是说,粮价高的地区意味

---

① 李焘:《续资治通鉴长编》卷一二三,宝元二年二月癸亥,第2895页。参见(清)徐松辑,刘琳、刁忠民、舒大刚、尹波等校点:《宋会要辑稿·职官》五八之七至八,第4619页。

着粮食生产成本高和产量供应不足,粮价低的地区意味着粮食生产成本低和产量供应充裕。但是,并不能由此得出三类地区粮食生产一定都很发达、一类地区粮食总产不如三类地区的结论。具体问题要做具体分析,同一类地区的情况,也是大不相同的。

先看一类地区的川蜀四路。

成都府路在四川是农业最发达的地区,夔州路则是最落后的地区,但二者有个共同特点是粮食比较缺乏。这一共同特点,却是由于不同情况造成的。

我们知道,夔州路田地少而且瘠薄,粮食生产十分落后,"蜀四路,惟夔最崎岖,山峡间民贫瘠",生产方式是原始的水耕火耨,所以产量很低,"官苟无扰,亦仅仅足"①。当地人口虽然不多,需求量有限,但环境容量已达到当时生产力的极限,假使官方不去收税,也只是勉强维持自给,何况官方是"阎王不嫌小鬼瘦",决不放过任何一个地方的呢? 缺粮的情况也就可想而知了。粮食生产落后,这是夔州路粮价高的主要原因。

成都府路大部分地区土地肥沃,生产发达,粮食单位亩产量也比较高,但土地面积不大,而人口众多。人多地狭,成为严重的社会经济问题。下面的几条史料,就是针对成都府路而言的:

> 蜀地土狭民稠,耕稼不足以给。②
>
> 蜀邦生齿繁,衣食良艰匮。③
>
> 民多米少……蜀人丰年乃得米食,平时但食豆芋等。④

显然,这里突出了一个供求关系紧张问题,人均产量低,粮食供不应求,所以粮价居高不下,为全国之最。为了解决乏食问题,成都府无论是一般年景还是丰收年景,每年都按惯例由官方出粜粮食六万石以补助居民,遇到歉收的荒年,则增加五六倍:"益州故事岁出官粟六万石粜贫民"⑤;"益州故事,岁

---

① 真德秀:《西山文集》卷四二《通议大夫宝文阁待制李公墓志铭》,《景印文渊阁四库全书》第 1174 册,第 665 页。
② 李攸:《宋朝事实》卷一七《削平僭伪》,中华书局 1955 年版,第 273 页。
③ 葛琳:《和浣花亭》,袁说友等编,赵晓兰整理:《成都文类》卷七,中华书局 2011 年版,第 124 页。
④ 杨仲良:《皇宋通鉴长编纪事本末》卷六八《青苗法上》,第 2268 页。
⑤ 李焘:《续资治通鉴长编》卷一〇九,天圣八年十月癸卯,第 2547 页。

首,官出米六万石,或五六倍之,以济贫民"[1],最多达到三十余万石,可知其粮食问题的严重性。按宋人平均日食二升[2],六万石可供十万人一个月的口粮,此为正常的缺口。

二类地区中,南北方各占三路,多是生产发达或较发达的地区。

两浙路的特点是:粮食产量高,但人口众多,消费量也大。所以其粮食虽不至于造成供不应求的紧张局势,但也不是很充裕。各州郡之间差距很大,互相均衡,可以持平。

京西路大约有半数的州郡农业生产比较发达,人口也适中。京西南路部分州郡在宋仁宗宝元年间还很荒凉,其粮价之所以不高,与人稀地旷有一定的关系。

问题复杂的地区是河北。该路户数虽然没有两浙多,但当时大约屯驻有十多万的军队,实际常住人口多,粮食消费量很大。官方一直把筹备军粮当作急务,通常每年要在当地籴买数百万石,远比两浙每年上供一百五十万石为多。即便如此,竟没有将河北粮价抬高,足见其农业发达,粮食产量比较高。至于米珠薪桂的情况,只是在沿边地区间或有之,但那不是一般的市场价格,多是入中粮草的折中价格,除了政治、军事因素外,主要是在粮价上加进了优惠的长途运输费用以广为招徕。

三类地区的情况更复杂些。荆湖南、北,广南东、西四路的农业很落后,但土旷人稀,消费有限,交换又不发达,其粮价低贱,宜乎其理。

令人费解的是福建也被列入三类地区。此地一向以土狭人稠著称,而且土地瘠薄,粮食不能自给。如福州、兴化军、泉州等地,"土产素薄,虽当上熟,仅及半年,专仰南北之商转贩以给"[3]。粮食供应有赖于外地输入。福建的人口比成都府路多,土地的质量和数量却不及成都府路,然而福建的粮价居然远远低于成都府路,是不合情理的。遗憾的是没有其他有关福建粮价的记载供参考,只有暂且存疑。

---

① 李元纲撰,朱旭强整理:《厚德录》卷四,上海师范大学古籍整理研究所编:《全宋笔记》第6编第2册,大象出版社2013年版,第280页。

② 程民生:《宋代物价研究》,第561—563页。

③ 真德秀:《西山文集》卷一五《奏乞拨平江百万仓米赈粜福建四州状》,《景印文渊阁四库全书》第1174册,第237页。

至于陕西粮价也属于最低的地区之一,值得特别重视。陕西的驻军比河北更多,宝元年间有 20 万左右,加上随军家属,消费量更大。但陕西粮价低于河北,说明供应是充裕的。史实予以证明:南宋绍兴九年(1139)收复陕西后,当地"所在粒米狼戾,军士多关中人,还乡得食贱食,人情无不感悦";"今恢复陕右,所产谷麦至广"。① 个别粮价高的史料,与河北一样并非市场价,而是入中于沿边地区的特殊价格。

第三节　经济作物的分布

经济作物作为种植业的重要组成部分,是对粮食生产因地制宜的有力补充,其地域特色因而也就更为浓郁。经济作物种类很多,在此只涉及主要的桑蚕麻棉业和茶业、果木业。

一、桑蚕麻棉业

吃饭穿衣是人类生存的基本物质条件,桑蚕麻棉业就是纺织业的基础。各地民众总会充分利用当地动植物毛发、纤维用于纺织,所以各路都有饲养、种植,区别在于发展程度和种类的差异。

(一)北方桑蚕业

中国是世界上最早栽桑养蚕的国家,北方地区就是桑蚕业的发祥地。至少到宋代,桑树或以密集的桑林,或以麦桑间作的农林复合形式呈现。如梅尧臣云:"原上种良桑,桑下种茂麦,雄雉麦秀时,蚕眠叶休摘。"②麦田种桑、桑林种麦,互不影响。

---

① 李心传编撰,胡坤点校:《建炎以来系年要录》卷一三〇,绍兴九年七月壬辰庚午,第 2443 页;卷一三一,绍兴九年八月庚午,第 2455 页。

② 梅尧臣著,朱东润编年校注:《梅尧臣集编年校注》卷二七《和孙端叟蚕首十五首·桑原》,第 918 页。

有着优良传统的河北桑蚕业,在宋代仍保持着非常突出的地位,诗人有"从来河朔富桑麻"的赞扬①。其中,以河北东路尤为发达,史称"河北东路民富蚕桑"②,表明了当地桑蚕的兴旺以及民众以此发家致富。例如棣州,就有"桑麻之富,衣被天下"的艳称③,可谓典型。梅尧臣有诗云:棣州"暖科桑柘美,寒织杼梭鸣,风俗已如此,憩棠无讼争"④。种桑养蚕的风俗带来富足与和谐。澶州在宋仁宗时,民间为应付官府强制科配的木材,仅砍伐的桑树就有三四十万株,⑤实际至少有数百万株。澶州和大名府一带在经历一场黄河水患之后,贺铸看到"带沙呷亩几经淤,半死黄桑绕故墟"⑥。反映了村庄周围布满了桑树。

河北西路的桑蚕业也很发达。如洺州,路过这里的强至深为桑树之盛所吸引,写下了如此诗篇:"朔野无花春意薄,斧声惟见桑枝落。北人是日竞条桑,手执懿筐共操作。"在遍满田野的桑林中,一派修剪枝条的繁忙生产景象;又有诗句赞美洺州的桑柘业:"太平民产富,桑柘半郊原。"⑦说明了桑蚕业在当地生产中占有相当的比重。相州是桑麻奥区,有"桑麻耀林"⑧的旺盛景象。南宋时楼钥出使金国途中,在相州见到"土地平旷膏沃,桑枣相望"⑨,可见桑树为主要林木。杜常在卫州"跨驴读书,驴嗜草失道,不之觉,触桑木而堕"⑩。桑树处处皆是。桑树病虫害的记载也不少,如太平兴国二年(977)六月,磁州"黑虫群飞食桑,夜出昼隐,食叶殆尽。七月,邢州钜鹿、沙河二县步屈虫食桑麦殆尽"。天圣五年(1027)五月戊辰,"磁州虫食桑"⑪。

---

①　曹勋:《松隐集》卷一七《过真定》,《景印文渊阁四库全书》第1129册,第424页。

②　晁补之:《鸡肋集》卷六二《张洞传》,《景印文渊阁四库全书》第1118册,第918页。

③　苏轼撰,孔凡礼点校:《苏轼文集》卷三九《王旬龙知棣州制》,第1116页。

④　梅尧臣著,朱东润编年校注:《梅尧臣集编年校注》卷二八《送棣州唐虞部》,第1038页。

⑤　欧阳修著,李逸安点校:《欧阳修全集·奏议集》卷七《论乞止绝河北伐民桑柘札子》,第1574页。

⑥　贺铸著,王梦隐、张家顺校注:《庆湖遗老诗集校注》卷九《过澶魏被水民居二首》,河南大学出版社2008年版,第431页。

⑦　强至:《祠部集》卷三《临洛驿雨中作》;卷四《过洺州》,《景印文渊阁四库全书》第1091册,第27、41页。

⑧　赵鼎臣:《竹隐畸士集》卷一《邺都赋》,《景印文渊阁四库全书》第1124册,第116页。

⑨　楼钥撰,顾大朋点校:《楼钥集》卷一一九《北行日录上》,第2099页。

⑩　《宋史》卷三三〇《杜常传》,第10635页。

⑪　《宋史》卷六七《五行志》,第1475页。

可见桑树普遍。宋徽宗北狩时,在浚州城外"夜泊荆榛或桑木间"①,曾在桑林中夜宿。显然,这几个州郡都有一定的桑蚕业。宋仁宗时苏轼在给宰相的书信中提到"东北之蚕,衣被天下"②,意为河北的丝织品可以销往全国。故而,"河北旧以桑麻为产籍之高下,民惧不敢艺植,故益贫"。治平年间,地方官"奏更其法,自是丝绩之利,岁岁增益"③。广泛种植的桑林,成为当地人民主要的产业,以至于官府据此评定各户家产,征收相应的赋税。具体如瀛州,"北俗以桑麻为产籍"④。农民害怕多缴税,不敢发展桑蚕业,严重影响了社会生产,宋英宗治平年间,地方官彭思永上奏改变了这一不良制度,使农民再无后顾之忧,桑蚕业年年增长。

值得一提的是,据《宋史·五行志》载,宋代出现十一次野蚕成茧的现象,全在北方地区,其中七次在河北。如嘉祐五年(1060),深州"野蚕成茧,被于原野";元符元年(1098),深州深泽县"野蚕成茧,织纤万匹"。元祐六年(1091)闰八月,定州七县野蚕成茧。元符元年七月,藁城县野蚕成茧;八月,行唐县野蚕成茧;九月,深泽县野蚕成茧,织纤成万匹。政和四年(1114),相州野蚕成茧。可见,野蚕之茧很普遍,而且可以织纤,很有实际意义。有关人士认定,这些所谓的"野蚕",实际上是人工放养的柞蚕。⑤ 如此,则河北的柞蚕业在当时也具有领先地位,当地人民在这一新的生产领域中,创造了更多的财富,对后来柞蚕业的普及也有着深远影响。

富饶的京东路,是又一个具有优良传统的桑蚕业重要地区。北宋中期的梅尧臣说:"山东桑柘多。"⑥宋徽宗时的吴岩夫说:"齐地沃壤,桑麻之富,甲于天下。"⑦他认为京东路的桑蚕业为天下第一。苏辙曾以欣喜的神情指

---

① 曹勋:《北狩见闻录》,《丛书集成初编》,第7页。
② 苏轼撰,孔凡礼点校:《苏轼文集》卷四八《上文侍中论榷盐书》,第1401页。
③ 程颢、程颐著,王孝鱼点校:《二程集·明道先生文集》卷四《故户部侍郎致仕彭公行状》,中华书局2004年版,第491页。
④ 《宋史》卷三二〇《彭思永传》,第10412页。
⑤ 华德公:《我国古代人民对柞蚕的认识和改造》,《中国古代农业科技》编纂组:《中国古代农业科技》,农业出版社1980年版。
⑥ 梅尧臣著,朱东润编年校注:《梅尧臣集编年校注》卷二九《寄题庐陵董氏桂林书斋》,第1132页。
⑦ 吴岩夫:《临邑县新学记》,四川大学古籍所编,曾枣庄、刘琳主编:《全宋文》第133册,第167页。

点京东大地,作诗吟道:

> 君看齐鲁间,桑柘皆沃若。
>
> 麦秋载万箱,蚕老簇千箔。
>
> 余粱及狗彘,衣被遍城郭。①

桑蚕业十分发达,成为京东富庶的重要标志。桑柘之林,遍布田野。如潍州"郁郁万行桑柘新"②,郓州"蔽空桑柘不容田"③,大有挤压粮食种植业的景象。应天府柘城县的县城内,也种满了桑树,张耒即看到"入门四顾皆桑田"④。曹州的宛亭县,据梅尧臣诗云:"冤句隶济阴,桑柘宜农蚕。"⑤很适合桑蚕业发展。在单州成武县,官方为发挥本地桑蚕业发达的优势,严禁冬天砍伐桑枝为柴,取得了良好效果,"于是一邑桑柘,春阴蔽野,人大受赐"⑥。与桑柘种植的发达情况相适应,养蚕业当然也很发达。秦观《蚕书》就是兖州一带养蚕和缫丝的经验总结,"序言"中说:"予游济、河之间,见蚕者豫事时作。一妇不蚕,比屋詈之。故知兖人可为蚕师。"⑦桑蚕业是当地基本生产活动之一,成为社会风尚,调动了整个妇女界,积累了丰富的经验技术,皆可为蚕师。京东路桑树的品质也很优良,有"鲁叶大如掌"之誉。⑧宋人所说的"青齐之国,沃野千里,麻桑之富,衣被天下"⑨,乃实事求是的评价。

总之,河北、京东两地的桑蚕业都很发达,在国民经济中发挥了重要作用。言桑蚕业发达者,总是将河北、京东相提并论。正如苏轼所言:"齐、鲁、赵、魏桑者,衣被天下。"⑩庄绰言:"河朔山东养蚕之利,逾于稼穑。"⑪表

---

① 苏辙著,陈宏天、高秀芳点校:《栾城集》卷一六《木叶山》,第321页。

② 司马光撰,李文泽、霞绍晖校点:《司马光集》卷六《送朱校理知潍州》,第186页。

③ 司马光撰,李文泽、霞绍晖校点:《司马光集》卷九《奉和始平公忆东平·又》,第296页。

④ 张耒撰,李逸安、孙通海、傅信点校:《张耒集》卷一二《自南京之陈宿柘城》,第243页。

⑤ 梅尧臣著,朱东润编年校注:《梅尧臣集编年校注》卷二七《送陈仲容寺丞知冤句》,第957页。

⑥ 庄绰撰,萧鲁阳点校:《鸡肋编》卷上,第9页。

⑦ 秦观撰,徐培均笺注:《淮海集笺注·后集》卷六《蚕书》,第1516页。

⑧ 梅尧臣著,朱东润编年校注:《梅尧臣集编年校注》卷二七《和孙端叟蚕具十五首·科斧》,第919页。

⑨ 孙觌:《鸿庆居士集》卷二六《李祐除京东转运副使》,《景印文渊阁四库全书》第1135册,第268页。

⑩ 苏轼撰,孔凡礼点校:《苏轼文集》卷七三《五君子说》,第2369页。

⑪ 庄绰撰,萧鲁阳点校:《鸡肋编》卷中,第9页。

明这两地的桑蚕业所产生的经济效益超过了粮食种植业,意味着农业内部的商品化成分进一步增强。

接着谈谈陕西的桑蚕业。《宋史·地理志三》言陕西有"丝"之饶,说明其桑蚕业有一定的规模。司马光言陕西大地中"桑密不通鸦(秦人谓桑密,有'鸦飞不过'之语)"①。永兴军即有桑林,宋真宗时的永兴军都巡检朱能因涉及周怀政案,"入桑林自缢死"②。另如醴泉县居民,多年来在曾任县令的程珦墓前举行祈蚕活动,"村妇多持香茶祈蚕于冢"③。至北宋后期,据邵伯温言长安"耕桑最盛"④。耀州如三原县"桑柘千畴富,人烟万井闲"⑤。陇州吴山县有"花木暗稠桑"的景色。⑥ 宋仁宗嘉祐年间,孙琳在河中府用方田法增税,"百姓惊骇,各恐增起税租,因此砍伐桑柘"⑦,这一事件反映了桑柘是当地的重要产业。陕西的蚕丝很有特点,不像其他地方的白色,而是黄色,"关中养蚕,率是黄丝,故居民夏服多以黄缣为之"⑧。天然的彩丝省却了染色工费。同州每年二月二日至八日举行一次大型集市贸易,"四远村民毕集,应蚕农所用,以至车担、椽木、果树、器用、杂物皆至,其值千缗至万缗者"⑨。这一年一度的二月上旬集市,主要是为蚕农服务的,桑蚕业在当地社会生产中的地位可以想见。宋太宗时,同州民李元真曾诣阙献《养蚕经》一卷:"至道元年五月十九日,同州冯翊县民李元真诣阙献《养蚕经》一卷,有司以非前代名贤所撰,不敢以闻。帝遽索观之,怜其不忘本业,留书禁中,赐元真钱一万。"显然是位有经验、有理论的民间养蚕专家。⑩ 宋代有两个可以明确的

---

① 司马光撰,李文泽、霞绍晖校点:《司马光集》卷九《君倚示诗,有归吴之兴,为诗三十二韵以赠》,第 315 页。

② 《宋史》卷四六六《周怀政传》,第 13617 页。

③ 程颐撰,赵维国整理:《家世旧事》,《全宋笔记》第 2 编第 1 册,大象出版社 2006 年版,第 131 页。

④ 邵伯温撰,李剑雄、刘德权点校:《邵氏闻见录》卷一七,第 186 页。

⑤ 欧阳修著,李逸安点校:《欧阳修全集·居士集》卷一〇《送王尚喆三原尉》,第 164 页。

⑥ 丁芾:《古吴山县诗》,武善树编:《陕西金石志》卷二二,《石刻史料新编》第 1 辑第 22 册,第 16683 页。

⑦ 李焘:《续资治通鉴长编》卷一九二,嘉祐五年十二月庚辰,第 4654 页。

⑧ 江少虞:《宋朝事实类苑》卷六七《机辨》,第 893 页。

⑨ 陈元靓:《岁时广记》卷一《售农用》,《丛书集成初编》,中华书局 1985 年版,第 12 页。

⑩ (清)徐松辑,刘琳、刁忠民、舒大刚、尹波等校点:《宋会要辑稿·崇儒》五之一九,第 2845—2846 页。

地区出有养蚕的理论专著,一为京东,但作者秦观不是本地人,又是士大夫;二为同州,既是本地百姓,又早于秦观所著,更显示了养蚕业的实力。但在个别地方,桑蚕业则很落后,如南部的凤州"土少桑麻,妇人无机杼之勤"①;仪州更差,干脆"不产丝蚕"②。总体上看,陕西的桑蚕业虽比不上河北、京东,但颇有规模。

　　开封府、京西路有关情况,从《宋史·地理志一》所言其地"丝、枲、漆、纩之所出"来看,桑蚕业是比较发达的。如宋真宗咸平三年(1000)诏曰:"昨均京邑田租,如闻小民弗喻朝旨,翦伐桑柘,惊惑乡间。"③桑蚕业显然是重要的产业。咸平四年三月,"京师及近畿诸州雪损桑"④,次月,皇帝"以四郊所取桑叶、麦苗示辅臣曰:观此足知岁事矣"⑤。说明开封一带桑蚕业是农业的主要行业之一,事关重大。开封西郊的一位老农言:"蚕收百箔桑蔽野,麻麦极望无边疆。"⑥欧阳修也言"四月田家麦穗稠,桑枝生椹鸟啁啾"⑦。应当都是桑麦间作的丰收景象。嘉祐年间,祥符县开挖孟阳河,发现在一处六里长的地段内,种植有桑五百余株。⑧尉氏西南的朱家曲镇,"居民繁杂,宛然如江乡"。欧阳修有诗称赞道:开封"桑柘田畴美,渔商市井通"⑨。鄢陵同样发达,孔武仲从南方刚进入鄢陵,就感到"驿道夷平桑柘美,人言从此属皇州"⑩。意味着桑柘品种与长势良好。在西京河南府,有司马光诗云:"满川浓绿土宜桑。"⑪如缑氏县,宋真宗时冯恕已出任缑氏知县,"大辟桑土"⑫。

---

①　乐史撰,王文楚等点校:《太平寰宇记》卷一三四《凤州》,第 2627 页。

②　乐史撰,王文楚等点校:《太平寰宇记》卷一五〇《仪州》,第 2909 页。

③　李焘:《续资治通鉴长编》卷四七,咸平三年十二月庚申,第 1034 页。

④　《宋史》卷六二《五行志一下》,第 1341 页。

⑤　李焘:《续资治通鉴长编》卷四八,咸平四年四月丁巳,第 1057 页。

⑥　司马光撰,李文泽、霞绍晖校点:《司马光集》卷四《和范景仁西圻野老》,第 101 页。

⑦　欧阳修著,李逸安点校:《欧阳修全集·居士集》卷一三《夏享太庙摄事斋宫闻莺寄原甫》,第 221 页。

⑧　欧阳修著,李逸安点校:《欧阳修全集·奏议集》卷一五《论孟阳河开掘坟墓札子》,第 1689 页。

⑨　欧阳修著,李逸安点校:《欧阳修全集·居士集》卷一〇《朱家曲》,第 160 页。

⑩　孔武仲:《入鄢陵界》《鄢陵界中》,孔文仲、孔武仲、孔平仲著,孙永选校点:《清江三孔集》,第 120、126 页。

⑪　司马光撰,李文泽、霞绍晖校点:《司马光集》卷一四《和子骏洛中书事》,第 460 页。

⑫　聂冠卿:《冯恕已墓志》,何新所编著,赵振华审订,晁会元统筹:《新出宋代墓志碑刻辑录(北宋卷)五》,第 47 页。

后欧阳修在此看到"道上行收穗,桑间晚溉畦"①。襄城的桑蚕在北宋中期从无到有,"襄城民不蚕丝",范纯仁任知县时,"劝使植桑,有罪而情轻者,视所植多寡除其罚,民益赖慕,后呼为著作林"②。当时他的寄禄官是著作佐郎,百姓为表示感谢敬仰,将桑林命名为"著作林"。汝州"桑阴盖地牛羊困,麦秀漫山鸟雀肥"③。可见桑林遍野、日臻富庶的景象。北宋末期任楠担任汝州叶县县令时,"招募流民,辟地一千余顷,桑枣十余万,添户五千有奇,考课为京西路诸邑之最"④。新栽植了大批桑树。前文所说的均州"桑麻蔽山"、襄州"尽是桑麻之野"等,也可证明。陈州以及相邻的蔡州均有桑蚕业。郑獬有诗描述两地旱灾时说:"万顷无寸苗,旱气白于水。桑叶虫蚀尽,蚕未三眠起。"⑤旱灾造成的两大损失,一是庄稼,二是桑蚕,可知桑蚕业的重要地位。景祐四年(1037)五月,滑州灵河县民黄庆家的蚕自成丝被,长二丈五尺,阔四尺;政和元年(1111)九月,河南府野蚕成茧,⑥也是桑蚕、柞蚕业的表现。后文我们还将间接认识到这一点。总的来说,京西的桑蚕业状况大致与陕西相同。

河东有着悠久的桑麻历史。梅尧臣言:"并州自古近胡地……桑麻故已知风俗。"⑦可知桑麻颇盛。如汾州"桑麻之沃……流衍四境"⑧,即是典型。绛州曾发生过因争桑导致的伤害案,"民有条桑者,盗夺桑不能得,乃自刨其臂,诬桑主欲杀人"⑨,说明绛州也有桑业。在"城临太行谷,谷暖宜草木"的泽州,常看到鸟雀"桑上啄椹食"的景象。⑩ 至和二年(1055)以前,"河东户役,惟课桑以定物力之差",显然是户户有桑,而且是能够代表农户

---

① 欧阳修著,李逸安点校:《欧阳修全集·居士集》卷一〇《猴氏县作》,第154页。

② 《宋史》卷三一四《范纯仁传》,第10282页。

③ 陈渊:《默堂先生文集》卷二《汝州道中呈遵道》,第73页。

④ 谢谔:《宋故左中散大夫……任公墓志铭》,四川大学古籍所编,曾枣庄、刘琳主编:《全宋文》第122册,第220页。

⑤ 郑獬:《郧溪集》卷二四《陈蔡旱》,《景印文渊阁四库全书》第1097册,第332页。

⑥ 《宋史》卷六七《五行志》,第1475、1476页。

⑦ 梅尧臣著,朱东润编年校注:《梅尧臣集编年校注》卷二八《送薛十水部通判并州》,第1013页。

⑧ 谢谔:《汾州平遥县清虚观记》,(清)胡聘之:《山右石刻丛编》卷一五,第15291页。

⑨ 《宋史》卷二三九《钱惟济传》,第13913页。

⑩ 梅尧臣著,朱东润编年校注:《梅尧臣集编年校注》卷二九《寄题刘仲叟泽州园亭》,第1128页。

经济实力的主要产业;以后朝廷改变此制,不再以桑数定户等,并令转运使"劝植之"[1],使桑蚕业得以进一步发展。至和年间还因河东"春阴霜杀桑",朝廷指示听其被灾州军的夏税绢以中价输钱[2],则其夏税通常是征收丝织品的。这些事例都反映了河东桑蚕业也是比较发达的,约稍次于陕西、京西。

(二)南方桑蚕业

南方地区也有着发达的桑蚕业。

西部以成都府路、梓州路最为兴盛。其地"土宜桑柘,茧丝织文纤丽者穷于天下"[3]。成都府路"桑麻蔽野居民富,锦绣连甍雅俗熙。万井讴歌饶乐事,百城才赋省文移"[4]。桑蚕业是当地决定贫富的主业。从有关养蚕的大型集市、集会,就可了解这点。如成都有"蚕市"[5],"蜀有蚕市,每年正月至三月,州城及属县循环一十五处"[6]。遍及各县,相当热闹普遍,贸易量很大。梓州路的蓬州每年元宵节集会于开元寺,"号为蚕丛之胜"[7],是祭祀蚕神等活动;嘉州名胜乐山,也是因每年正月七日乡人聚会于此祈祷蚕事而得名的。[8] 蚕事活动之多,形成社会风俗节会,说明桑蚕业在社会生产中的重要地位。

东南地区桑蚕业起步较晚,但发展很快。李觏言:"东南之郡……平原沃土,桑柘甚盛。蚕女勤苦,罔畏饥渴。急采疾食,如避盗贼。茧簿山立,缫车之声连甍相闻"[9],这就大致概括了其桑柘种植之普遍、生产活动之紧张和收获之丰硕。如淮南,据王安石言黄州等地,"缫成白雪桑重绿"[10];元丰

---

① 李焘:《续资治通鉴长编》卷一八〇,至和二年七月丁巳,第4355—4356页。
② 李焘:《续资治通鉴长编》卷一七九,至和二年五月辛未,第4338页。
③ 《宋史》卷八九《地理志五》,第2230页。
④ 强至:《祠部集》卷一一《送运使李工部自陕西移益部十韵》,第1091册,第116页。
⑤ 陈元靓:《岁时广记》卷一《鬻蚕器》,第12页。
⑥ 黄休复撰,赵维国整理:《茅亭客话》卷九《鬻龙骨》,《全宋笔记》第2编第1册,大象出版社2006年版,第67页。
⑦ 王象之编著,赵一生点校:《舆地纪胜》卷一八八《蓬州》,第3860页。
⑧ 祝穆撰,祝洙增订,施和金点校:《方舆胜览》卷六四《渠州》,第1125页。
⑨ 李觏撰,王国轩点校:《李觏集》卷一六《富国策第三》,第137页。
⑩ 王安石著,秦克、巩军标点:《王安石全集》卷六三《同陈和叔游齐安院》,第494页。

年间,扬州江都县仅新种桑树就多达八十五万余株;①张孝祥曾"忽忆淮南路,春风满柘冈"②。桑树的种植在一些地区十分讲究质量。程珌"尝见太平州老农云:彼间之种桑者,每人一日只栽十株,务要锄掘深润,则桑根易行,三年之后,即可采摘"③。精细如此,反映了江东路太平州桑蚕业发展到一定的高度。江南、淮南的不少地区,桑蚕业是发达或较发达的。

两浙无疑是桑蚕业的重要地区,但情况比较复杂,时间分布以南宋为主,空间分布则很不平衡。在湖州、杭州等地,有一定规模的桑蚕业,史料多是南宋时期的。如宋高宗时程俱言"杭、湖等州属县多以桑蚕为业"④。湖州"本郡山乡以蚕桑为岁计,富室育蚕有至数百箔"⑤。桑蚕业成为山区农民主要的生产活动和经济来源,专业化程度较高。严州(即睦州)山区,情况与湖州类似,"土不产米,民仅以山蚕而入帛"⑥,以帛代粮纳税,说明桑蚕业是农业的主业。杭州也是因地制宜,在不利于粮食生产的条件下,向桑蚕业寻求发展出路。如富阳县土质低劣,当地农民"重于粪桑,轻于壅田","冬田不耕,一枝之桑亦必争护"⑦。在农业生产中的地位,超过了粮食种植业。越州肥美的桑叶很著名,号称"如锦之桑",与"如拳之栗"齐名⑧。至于其他各州,桑蚕业就很落后了。如平江府(苏州)、秀州"平江、秀州不产桑蚕"⑨,平江"本土不育蚕"⑩,只在太湖中的洞庭山有桑树种植;温州"永嘉不宜蚕,民岁输绢以贸易旁郡为苦"⑪;明州"俗不甚事桑蚕纺绩,故布帛

---

① 秦观撰,徐培均笺注:《淮海集笺注》卷三八《罗君生祠堂记》,第1240页。

② 张孝祥著,徐鹏校点:《于湖居士文集》卷一二《野牧图》,上海古籍出版社2009年版,第124页。

③ 程珌:《洺水集》卷一九《壬申富阳劝农文》,《景印文渊阁四库全书》第1171册,第455页。

④ 程俱著,徐裕敏点校:《北山小集》卷三七《乞免秀州和买绢奏状》,第631页。

⑤ 谈钥撰,湖州市方志办点校:《嘉泰吴兴志》卷二〇《物产》,第355页。

⑥ 方逢辰:《蛟峰文集》卷四《严州新定续志序》,《景印文渊阁四库全书》第1187册,第531页。

⑦ 程珌:《洺水集》卷一九《壬申富阳劝农文》,《景印文渊阁四库全书》第1171册,第455页。

⑧ 吴曾:《能改斋漫录》卷一五《栗如拳》,上海古籍出版社1979年版,第439页。

⑨ 程俱著,徐裕敏点校:《北山小集》卷三七《乞免秀州和买绢奏状》,第631页。

⑩ (清)徐松辑,刘琳、刁忠民、舒大刚、尹波等校点:《宋会要辑稿·食货》七〇之七二,第8143页。

⑪ 陈傅良著,周梦江点校:《陈傅良先生文集》卷五一《国子司业何公行状》,第651页。

皆贵于他郡"①。大体而言,两浙的桑蚕业局限在少数几个州,整体上地位比不上河北、京东,也不如成都府路。

南方其他地区,桑蚕业就很落后了。如福建"厥土不宜桑,蚕事殊艰辛"②,受环境限制,少量的桑蚕业也很艰辛。个别地方在南宋时有所发展,如建州崇安县在官方督促下,"课民艺桑柘十六万株"③。湖北"虽有陆地,不桑不蚕,不麻不绩"④,桑麻全无。这是一般而言,实际上零星也有产桑之地。如张咏为鄂州崇阳县令时,"命拔茶而植桑……崇阳之桑皆已成,其为绢而北者,岁百万匹,其富至今"⑤。元丰六年(1083),荆湖南路"奉诏本路买桑木弓材五万,各长三尺八寸,阔二寸五分,厚一寸,已下州县收买"⑥。证明湖南有不少桑树。江西据记载"本路蚕桑数少"⑦。广西的情况更差些,"广西亦有桑蚕,但不多耳。得茧不能为丝,煮之以灰水中,引以成缕,以之织绸"⑧。数量既少,质量又差。广东稍好些,如潮州"蚕亦五收"⑨,表明有一定的桑蚕业。

下面比较一下南北方桑蚕业的结果——丝的质量。一位蚕桑胜地的河北河间老卒,介绍当地的养蚕情况道:"蚕子最耐寒热。腊月八日或二十三日,以新水浴过,至三月间虽热,而桑未可采,则以绵絮裹置深密处,则不生。欲令生,则出置风日中,每槌间用生地黄四两,研汁洒桑叶饲之,则取丝多于其他。"即善于掌握出蚕时节,以药物辅助喂蚕,从而提高产丝量。庄季裕接着论及南方的情况说:"南人养蚕室中,以炽火逼之,欲其早老而省食,此其丝细弱不逮于北方也。"⑩可见南方的所谓八眠之蚕,是人工促成的,产丝

---

①　罗濬:《宝庆四明志》卷四《叙产》,第5040页。

②　谢枋得:《叠山集》卷一《谢刘纯父惠布》,《景印文渊阁四库全书》第1184册,第845页。

③　韩元吉:《南涧甲乙稿》卷二二《韶州太守朝散大夫汪公墓志铭》,第450页。

④　王炎:《双溪类稿》卷一九《上林鄂州书》,《景印文渊阁四库全书》第1155册,第645页。

⑤　张咏著,张其凡整理:《张乖崖集·附集》卷五《忠定公遗事》,第208页;陈师道撰,李伟国校点:《后山谈丛》卷五,第66页。

⑥　李焘:《续资治通鉴长编》卷三三四,元丰六年三月癸卯,第8042页。

⑦　《宋史》卷一七四《食货志上二》,第4204页。

⑧　周去非著,杨武泉校注:《岭外代答校注》卷六《水绸》,第225页。

⑨　乐史撰,王文楚等点校:《太平寰宇记》卷一五八《潮州》,第3035页。

⑩　庄绰撰,萧鲁阳点校:《鸡肋编》卷上,第19页。

多但质量不高。如湖州"养蚕至第八次,不中为丝,只可作绵"①。这就无法与北方优质高产的丝相比了。

综上所述,宋代北方的桑蚕业普遍兴盛,仍居有领先地位。南方在蓬勃发展,奋起直追。

(三)棉麻业

人类在千差万别的大自然中,总会利用一切条件为生存的发展开辟道路,在桑蚕业以外,人们还选择、培育了棉麻。

先说麻。宋代的麻,一般指桑科大麻,种植历史悠久,所以南北方大部分地区都有种植。北方河北、京东既盛产桑蚕,又盛产麻,具有双重优势。有关情况多与桑蚕史料混在一起,在前文所引史料中已有说明,兹不赘述。另一盛产麻的地区是河东,"寡桑柘而富麻苎"②。前文说过,河东的桑蚕业虽称不上发达,也有一定的规模,这条史料所说明的是,相比麻苎而言,桑蚕业就显得弱了,则河东的苎麻业是很发达的。北方其他地区麻业都比较兴盛,如绍兴二年(1132)七月的记载云:"风闻伪齐于京东路每户科麻七斤"③,说明种麻很普遍,遍及家户。《宋史·地理志》言陕西"有……丝、枲(引按:即麻)、林木之饶";言京西"丝、枲、漆、纩之所出"。④都说明北方普遍是桑麻并举的。除此之外,《宋史·地理志》的各路总叙中,再也没有提到麻,这就意味着作为地方特产,麻在北方占有优势,十分著名。

南方地区也有相应的麻业。如成都府、重庆府、邛州、彭州、汉州、永康军等地为重要产麻区,故而自天圣四年(1026)开始,官府"就成都、重庆府,邛、彭、汉州,永康军产麻去处,先支下户本钱,每疋三百文,约麻熟后输官,应副陕西、河东、京东三路纲布"⑤。预支本钱订购这些地方的麻布,运送西

---

① 姚宽撰,汤勤福、宋斐飞整理:《西溪丛语》卷上,《全宋笔记》第4编第3册,第19页。
② 《宋史》卷八六《地理志二》,第2138页。
③ 李心传编撰,胡坤点校:《建炎以来系年要录》卷五六,绍兴二年七月己巳,第1140页。
④ 《宋史》卷八七《地理志三》,第2170页;卷八五《地理志一》,第2117页。
⑤ 魏了翁:《鹤山集》卷三二《上吴宣抚猎论布估》,《景印文渊阁四库全书》第1172册,第376—377页。

北地区供应军装。此外如嘉州的峨眉县，"县出符文布，妇女人人绩麻，且行且观"①。显然也是产麻胜地，织麻是妇女日常劳动。符文布至今仍为名产，是作绷带的主要布料。湖北峡州，"士女事麻楮，不事蚕桑"②，完全靠麻布为服装。沈括言："桑麻特盛于鄂、岳之间。"③湖北的这两州桑麻并举。江西赣州"俗喜麻苎，鲜丝纩"④。麻苎多而桑蚕稀。两浙湖州，"水乡并种苎及黄草，纺绩为布"⑤。此地除桑蚕之外，还有麻和一种多纤维的黄草可作纺织原料。许多地区还有一种藤本植物——葛，也是纺织原料，以福建为多。《宋史·地理志》言福建"有……葛越之产"，即反映了这一优势。

广西是南方新兴的重要苎麻产地。宋真宗时，广西转运使陈尧叟向皇帝报告："臣所部诸州，土风本异，田多山石，地少桑蚕……今其民除耕种水田外，地利之博者惟麻苎尔。"与一年生直立草本大麻不同，苎麻为多年根生，"一固其本，十年不衰"，而且"周岁之间，三收其苎"，一年收成三次，且不须过多地加工，"始离田畴，即可纺绩"。品种有着很大优势，富有经济价值。但广西人口稀少，消费不多，难以充分发挥这一特产。陈尧叟"因劝谕部民广植麻苎，以钱盐折变收市之"，即官方把征收盐税钱折变为征收麻布，刺激了农民的生产积极性。因此，"今树艺之民，相率竞劝"，得到较大的发展。⑥ 到南宋时，这里已是"触处富有苎麻"了。⑦ 苎麻业的发展，开辟了新的生产领域，既使土地得到广泛利用，在很大程度上又弥补了广西桑蚕业的不足，增添了新的服装面料。

再说棉。现在的棉花，宋代称作木棉（也作木绵），主要在闽广一带种植。广西的海南岛是发祥地，如琼州早在宋初就被提到"以木棉为毯"。⑧

①　范成大著，富寿荪标校：《范石湖集》卷一八《峨眉县》，第 256 页。
②　乐史撰，王文楚等点校：《太平寰宇记》卷一四七《峡州》，第 2861 页。
③　沈括撰，胡静宜整理：《梦溪笔谈·补笔谈》卷二《官政》，《全宋笔记》第 2 编第 3 册，第 234 页。
④　叶适著，刘公纯、王孝鱼、李哲夫点校：《叶适集》卷二三《朝议大夫秘书少监王公墓志铭》，第 458 页。
⑤　谈钥撰，湖州市方志办点校：《嘉泰吴兴志》卷二〇《物产》，第 355 页。
⑥　《宋史》卷二八四《陈尧叟传》，第 9585 页。
⑦　周去非著，杨武泉校注：《岭外代答校注》卷六《布》，第 223 页。
⑧　乐史撰，王文楚等点校：《太平寰宇记》卷一六九《琼州》，第 3236 页。

陆游说："黎布敌纯绵（客有遗黎布者，甚轻暖）"，①所谓黎布，应为木棉布。随着发展推广，雷、化、廉、宾等州都盛产木棉。北宋中期有士人言："闽岭以南多木棉，土人竞植之，有至数千株者。"②当地人种木棉的积极性颇高，种植规模也不小。有关福建的典型史料是南宋末谢枋得的一首诗：

> 嘉树种木绵，天何厚八闽。
>
> 厥土不宜桑，蚕事殊艰辛。
>
> 木绵收千株，八口不忧贫。③

因地制宜地种植木棉，使福建的特殊环境发挥了作用。从上面所引的两条史料末尾看，种植木棉已达到专业化的规模，经济效益很高。种一千株木棉可以养活八口之家，种数千株者无疑是大户人家了。南宋时，木棉向北推进到江西、两浙、淮南。北宋时如何，尚未见明确记载。总之，两广、福建在木棉种植业上占有绝对优势，弥补了桑蚕业的不足。南宋初年的朱松有诗云："驼褐阻关河，吉贝亦可裘。投种望着花，期以三春秋。茸茸鹅毳净，一一野茧抽。南北走百价，白氎光欲流。似闻边烽急，缘江列貔貅。裁襦衬铁衣，爱此温且柔。天乎未厌乱，利厚人益偷。"④记述了木棉的种植、棉布柔软保暖的特性及时人的喜爱，认识到在寒冷时可以像裘皮和毛纺织品一样抗寒，前景远大。

综上所述，宋代的纺织品原料产地的基本布局与前代相比，既有继承发扬，也有新的变化。桑麻业仍以北方为重心，成都府路、两浙、淮南、江东等地次之。南方的棉麻业以福建、广西为突出，广东的木棉业也称发达，这是与前代的不同之处。木棉的种植与推广，开辟了一个广阔的生产领域，具有长足的发展前途，是南方地区的优势。

---

① 陆游著，钱仲联校注：《陆游全集校注·剑南诗稿校注》卷五九《家居·又》，第6册，第354页。

② 彭□辑撰，孔凡礼点校：《续墨客挥犀》卷一《吉贝布》，第427页。

③ 谢枋得：《叠山集》卷三《谢刘纯父惠父惠布》，《景印文渊阁四库全书》第1184册，第845页。

④ 朱松：《韦斋集》卷三《记草木杂诗七首·吉贝》，《四部丛刊续编》，上海书店出版社1985年版，第11页。

二、茶 业

茶树在诸经济作物中,地域特色最为突出。因为茶树性宜温润,故几乎全在南方地区,遍及南方各路。现将各地产茶州军排列如下。[1]

表 2-8 宋代产茶州军表

路名	州数	州军名
江东	9	宣州 歙州 江州 池州 饶州 信州 太平州 广德军 南康军
江西	10	洪州 抚州 筠州 袁州 赣州 吉州 兴国军 临江军 建昌军 南安军
两浙	12	杭州 苏州 湖州 越州 明州 婺州 处州 温州 台州 常州 衢州 睦州
湖北	10	江陵府 澧州 鄂州 岳州 归州 峡州 沅州 辰州 复州 荆门军
湖南	8	潭州 衡州 永州 邵州 全州 郴州 桂阳军 武岗军
福建	7	建州 南剑州 福州 汀州 泉州 漳州 邵武军
淮南	7	蕲州 庐州 舒州 寿州 黄州 光州 扬州
广东	2	循州 南雄州
广西	6	融州 桂州 浔州 郁林州 宾州 昭州
成都	11	邛州 蜀州 彭州 汉州 绵州 雅州 嘉州 眉州 简州 永康军 石泉军
梓州	3	合州 渠州 泸州
利州	7	兴元府 洋州 巴州 集州 利州 兴州 大安军
夔州	3	忠州 达州 珍州
京西	3	襄州 金州 信阳军

由此可知,产茶之地,以东南地区的江浙闽湖一带最多,西南地区的四川次之,广南、淮南又次之,北方仅京西三州。实际上,还有陕西兴元府产茶,宋真宗时,通判凤翔府王为宝"请于兴元府置榷茶务,上以扰民,不许"[2]。实行开放政策,故而上表未载。

这些产茶区,在经营方式上有所区别,大致可分为三个区域。淮南(除淮东扬州外)由官方经营,"官自为场,置吏总之,谓之山场者十三,六州采

---

① 朱重圣:《北宋茶之生产与经营》表三"宋代茶产区分布",台湾学生书局 1985 年版。其中唯京西信阳军据乐史撰,王文楚等点校:《太平寰宇记》卷一三二《信阳》补,第 2600 页。

② 李焘:《续资治通鉴长编》卷六一,景德二年八月庚寅,第 1358 页。

茶之民皆隶焉,谓之园户。岁课作茶输租,余则官悉市之……又民岁输税愿折茶者,谓之折税茶"。官营的十三场之茶或通过岁课,或通过官市,全部由官方掌握。但民间还有小型的茶园,可以自产茶输税。两浙、江南东西、荆湖南北、福建六路为民营官榷,"岁如山场输租折税"。四川、广南东西六路为民营民卖,"天下茶皆禁,唯川峡、广南听民自买卖,禁其出境"①。但到宋神宗时,四川、广西也开始榷茶。

上面讲的是各路产茶州军的多少及经营方式,而问题的关键在于各地产茶量的多少,这才能反映茶叶经济的发展程度。现将主要产茶地的有关数字统计如下。

表 2-9　宋代各地榷茶岁课及产茶数量表

地区	数量（斤）	地区	数量（斤）
淮西	8650000	福建	393000②
江南	10270000	广东	2600
两浙	1279000	广西	52528③
荆湖	2470000	四川	29147000④

上列数字不能全面进行比较。这是因为:其一,东南、两广、四川这三个地区数字的时期不同;其二,各地数字有产茶、榷茶之分。四川地区的数字为产茶量,而东南同一时期的诸路数字,并非产茶数,而是榷茶课额,《宋会要辑稿·食货》二九之六至一〇同一数字标明为"买茶数"。也就是说,总课数即是买茶数,包括必须无偿上交的岁课之茶和按禁榷制必须低价卖给官方的茶叶数量。即便这样,东南诸路之间也不能以绝对数字相比,这还要看官方控制的宽严程度。两广数字则为产茶数。

表 2-9 中,如按单独一路计,东南地区以淮西数字最大,固然表明当地

① 《宋史》卷一八三《食货志下五》,第 4478 页。
② 以上见李焘:《续资治通鉴长编》卷一〇〇,天圣元年正月壬午,第 2312—2313 页。
③ 两广数见(清)徐松辑,刘琳、刁忠民、舒大刚、尹波等校点:《宋会要辑稿·食货》二九之三,第 6637 页。此为绍兴三十二年产茶额。
④ 吕陶:《净德集》卷三《乞罢榷名山等三处茶以广德泽亦不缺备边之费状》,《景印文渊阁四库全书》第 1098 册,第 28 页。此为元丰七年数。

茶业发达,但未必是最发达的,因为淮西之茶主要由官方经营,既有岁课之入,剩余产品又为"官悉市之",基本是总产量。而东南其他地区只纳岁课,其数字远不是总产量。元丰七年(1084),福建路转运副使王子京言:"建州岁出不下三百万斤,南剑州亦出二十余万斤。"[1]二州总数,是上列课额的八倍多,显然不是由不同年代造成的差额,而是产量与课额的差额。

那么,东南地区与四川地区的产茶量孰高孰低呢?对此,史学界看法不同。有论者认为四川产茶量占全国总产量的56%[2],其实是以东南岁课数与四川产茶量相比的结果。而如上文所讲的那样,岁课数与产茶量不是一回事,东南地区产茶量实际上大大多于四川地区。宋神宗时的四川人吕陶言:"川峡四路所出茶,比东南十不及一"[3];又言:"况乎两川所出茶货,较北方、东南诸处,十不及一。"[4]当时知情人的这一结论,无疑是真实情况。这一问题还可以通过岁课钱数比较出来。北宋前期,淮西十三场岁课钱五十万贯[5],宋神宗禁榷川茶后,熙宁七年(1074),榷蜀茶息钱四十万贯;熙宁十年(1077)冬至元丰元年(1078)的一年间,四川榷茶课利及旧界息税七十六万七千余贯[6]。两个地区的岁课大致相同,也即四川的产茶量只是稍高于淮西一地,这还是按其钱币是铜钱比较的,如按铁钱更少。这一推测,与吕陶所言大致相符。

以茶叶的质量而论,与上述格局大同小异。东南茶的质量远远高于四川。福建产量虽不突出,但少而精,质量是最上乘的,尤以建州茶为佳,被誉为天下第一。[7] 其中官营的北苑茶专供上贡朝廷,"所以供玉食,备赐予"[8]。淮南路其次,如在北宋长时间内,扬州岁贡新茶一银盒,寿州岁贡新茶芽十斤,舒州岁贡新茶一银盒,光州岁贡新茶四十斤,治平四年(1067)才免掉。[9]

---

①　李焘:《续资治通鉴长编》卷三四九,元丰七年十月癸未,第8370页。

②　贾大泉:《宋代四川经济述论》,第89页。

③　《宋史》卷一八四《食货志下六》,第4498页。

④　吕陶:《净德集》卷一《奉具置场买茶施行出卖远方不便状》,《景印文渊阁四库全书》第1098册,第5页。

⑤　《宋史》卷一八三《食货志下五》,第4480页。

⑥　《宋史》卷一八四《食货志下六》,第4499—4500页。

⑦　太平老人:《袖中锦》,《丛书集成初编》,中华书局1985年版,第1页。

⑧　《宋史》卷一八四《食货志下六》,第4509页。

⑨　(清)徐松辑,刘琳、刁忠民、舒大刚、尹波等校点:《宋会要辑稿·崇儒》七之五七,第2915页。

都属贡品的级别。而川茶品位最下，"蜀茶之细者，其品视南方已下"，有个别的精品，"但所产甚微，非江、建比也"①，质量普遍不高。

南方尤其是东南地区茶业的发达，充分利用了那些不适宜种植粮食的山地等自然环境，创造出很高的经济效益，有力地促进了手工业和商品经济的发展。而北方地区由于自然环境的限制，在这方面处于绝对的劣势。

三、果　木　业

在宋代经济发展的浪潮中，有一支异军悄悄兴起，这就是果木业。作为农业和林业分支的果木业，虽然不像粮食那样至关重要，但枣树和桑树常常是并列的地位，②在古代具有很高的经济地位。而且果品是高层次的消费品，在社会饮食生活和商品经济中有其独特意义。

宋代各地都有品种繁多的果树，因土壤、地形、气候等自然条件的不同，有着明显的地域差异，与现代果木品种的分布格局也不尽相同。有关史料较多，在此就其主要者和特殊者作一叙述。

（一）北方果木

京西地区与开封府的果木业在北方最为发达，特点是种类多而品兼南北。

梨。郑州有"语儿梨"："初号斤梨，其大者重至一斤……有田家儿数岁不能言，一日食此梨，辄谓人曰'大好'，众惊异，以是得名。"③看来此梨不但体积大，而且味道极好，颇有传奇之魅力。洛阳的雨梨、夫梨、甘棠梨、凤栖梨都很有名，为东京市场上的佳果。④ 在陈州，另有一种叫作"青沙烂"的梨。⑤

---

① 《宋史》卷一八四《食货志下六》，第4510页。
② 窦仪等详定，岳纯之校正：《宋刑统校正》卷二七《失火》："诸荒田有桑枣之处，皆不得放火。"北京大学出版社2015年版，第369页；李焘：《续资治通鉴长编》卷四三，咸平元年七月壬戌，"诏诸路课民种桑枣"，第913页。
③ 朱弁撰，孔凡礼点校：《曲洧旧闻》卷三《语儿梨》，第127页。
④ 孟元老著，伊永文笺注：《东京梦华录笺注》卷二《饮食果子》，第189页。
⑤ 周辉撰，刘永翔校注：《清波杂志校注》卷二《青沙烂》，第66页。

李子。京西许州出产优质李，"许州小窑出好李"，"绝大而味佳，所未曾知也"，常运往京师以馈送达官贵人①，可见珍贵。当地另有一种小李，色黄，大如樱桃，相传汉献帝迁都许州时，十分喜爱此李，并亲手栽植，"亦曰御桃"②。是历史名李。

柿子。南北各地都有，但京西品种较多。除红柿外，多为黄柿，"黄柿生近京州郡"③。南部的唐州、邓州一带极多，体积硕大，"今唐、邓间多大柿"④，属于优良高产品种。

桃。郑州密县有一种独特的冬桃，夏季开花，至八、九月间桃子长成，自行裂开，桃核落出后又自行闭合，其空为肉所填满，到冬天成熟，"味如淇上银桃而加美。亦异也"⑤。这种桃冬季上市，而且无核，确为罕见珍奇品种，现代虽然也有冬桃，但有核。洛阳产昆仑桃，肉为深红色，极甘甜。⑥

另如樝子，山楂的一种，"处处有之，孟州特多"⑦，京西孟州是出产樝子最多的地方。

汝州则盛产栗，吴处厚言"汝唯产栗"⑧，即果树以栗为主，其他可忽略不计。樱桃以洛阳所产最为优良，每年与牡丹一起上贡京师。⑨ 河阴石榴、河阳查子即樝子、查条即山楂制成品，也是销售于京师的名产。⑩

位于京西腹地的开封府界，是东京这一最大的消费城市所在地，适应这一情况的是果木业很发达。杨侃言："襄陵（引按：指襄邑）之桃，杨夏（引按：指太康）之柿。朱樱宜于谷林（引按：不详），丹杏出于尉氏。其或

① 江少虞：《宋朝事实类苑》卷六一《小窑李》，第809—810页。
② 袁文著，李伟国校点：《瓮牖闲评》卷七，上海古籍出版社1985年版，第74页。
③ 唐慎微等撰，陆拯、郑苏、傅睿等校注：《重修政和经史证类备用本草》卷二三《柿》，第1299页。
④ 欧阳修撰，李伟国点校：《归田录》卷二，第33页。
⑤ 朱弁撰，孔凡礼点校：《曲洧旧闻》卷三《密县冬桃》，第126—127页。
⑥ 唐慎微等撰，陆拯、郑苏、傅睿等校注：《重修政和经史证类备用本草》卷二三《桃核仁》，第1316页。
⑦ 唐慎微等撰，陆拯、郑苏、傅睿等校注：《重修政和经史证类备用本草》卷二三《榅桲》，第1334页。
⑧ 吴处厚撰，李裕民点校：《青箱杂记》卷一，中华书局1985年版，第4页。
⑨ （清）徐松辑，刘琳、刁忠民、舒大刚、尹波等校点：《宋会要辑稿·食货》四一之三六，第6928页。
⑩ 孟元老著，伊永文笺注：《东京梦华录笺注》卷二《饮食果子》，第189页。

阳乡（引按：不详）千树之梨，扶乐（引按：或指扶沟）千树之栗，比封千户之侯，亦何让于昔日。"①果木是如此繁盛，而且专业化、商品化程度颇高。如尉氏县，杨时看到"隔林残雪弄轻风，日射晴光玉缕红。桃杏浑如梅欲绽，直疑身在故园中"②。显然是桃林与杏园。京西也是宋代葡萄的主要生产区，"今河东及近京州郡皆有之"③。葡萄主产地除了河东，就数京西。葡萄在开封城外也有着惊人的规模，南宋释道璨记载："汴都南熏门外，葡萄一架九十里，炎夏烈日，影不到地，民物昆虫，熙然往来绿阴清影间。今富阳道中，盖高皇帝仿佛旧京遗制也。"④应当是集约经营的大型葡萄园，经济效益不言而喻，同时还起着绿化和行道林的作用。开封一带多有黄柿出产，"柿之种亦多，黄柿生近京州郡"⑤，是地方品种。

京西生长有不少现代所没有或罕见的南方果木，值得关注。例如大木瓜，为古代"良果"，洛阳有产，而且被当时人认为是最好的，"今人多取西京大木瓜为佳，其味和美"⑥。邓州产橙子，为梅尧臣所称道："昔向南阳忆洛阳，秋橙初熟半林黄。"⑦橙子成林，颇有规模。韩驹也言南阳"使君楼前橘柚古"⑧，则是有悠久的种植历史。洛阳还盛产一种罗庵果（一说即芒果），"西洛甚多……七夕前后已堪啖。色黄如鹅梨，才熟便松软"⑨，为时令佳果。江西宜春的金橘也移植到洛阳，"宜春果结洛阳枝，正遇耆明会客时……圆小香黄珠颗垂，结成洛邑重霜时"⑩，增添了新品种。

①　吕祖谦编，齐治平点校：《宋文鉴》卷二，杨侃：《皇畿赋》，第 21 页。
②　杨时撰，林海权校理：《杨时集》卷四二《出尉氏》，第 1049 页。
③　苏颂编撰，尚志钧辑校：《本草图经》卷一六《葡萄》，第 521 页。
④　释道璨：《题葡萄草虫》，四川大学古籍所编，曾枣庄、刘琳主编：《全宋文》第 349 册，第 322 页。
⑤　唐慎微等撰，陆拯、郑苏、傅睿等校注：《重修政和经史证类备用本草》卷二三《柿》，第 1299 页。
⑥　唐慎微等撰，陆拯、郑苏、傅睿等校注：《重修政和经史证类备用本草》卷二三《木瓜实》，第 1298 页。
⑦　梅尧臣著，朱东润编年校注：《梅尧臣集编年校注》卷二二《送王寮推缙之邓州》，第 625 页。
⑧　韩驹：《陵阳集》卷二《送赵承之秘监出守南阳》，《景印文渊阁四库全书》第 1133 册，第 776 页。
⑨　唐慎微等撰，陆拯、郑苏、傅睿等校注：《重修政和经史证类备用本草》卷二三《罗庵果》，第 1332 页。
⑩　司马光撰，李文泽、霞绍晖校点：《司马光集》卷一五《席君从于洛城种金橘，今秋始结六实，以其四献开府太师，招三客以赏之，留守相公赋诗以纪奇事，光窃不揆，辄依高韵，继成五章》，第 780 页。

东京引植的南方果木尤多。如银杏原产江南，"今则畿甸处处皆种"①。荔枝、椰子是较典型的亚热带果树，东京也成功移植。政和初，福建所贡的连株荔枝移植于皇宫，次年即"结实不减土出"②。所结的荔枝与在福建一样，表明成树一次性移植成功。宣和年间，皇宫保和殿也有种植，"宣和中，保和殿下种荔枝成实，徽庙手摘以赐燕帅王安中，且赐以诗曰：'保和殿下荔枝丹，文武衣冠被百蛮。思与廷臣同此味，红尘飞鞚过燕山。'"③是又一园艺科技成果。在艮岳阳华门内，"夹道荔枝八十株，当前椰实一株"，并结有可食的果实。④ 皇家园林中也有橙子：庆历年间皇宫橙子结果，宋仁宗召来宗室观赏："昔预穰侯贡，今移汉掖旁。帝怜秋实茂，天许本根强。媚叶童童密，幽花裹裹香。苞垂列星纬，味变九霞浆。薰轸分风近，仙盘馈露凉。"⑤宋英宗治平年间，刘敞在皇宫奏事，"会内苑橙实初熟，上使中贵人以五十枚赐公"⑥。仅一人就赐 50 颗，说明产量很大。此外，还从外国引进有巴榄子即现代的巴丹杏、巴旦木，状如杏核，白色，扁而尖长，树似樱桃树，"如杏核，色白，褊而尖长。来自西蕃。比年，近畿人种之，亦生。树似樱桃，枝小而极低"⑦。这些，都增加了东京果木的种类，繁荣了市场。

京东路果木，以枣最盛，是宋代三大产区之首，枣"今近北州郡皆有，而青、晋、绛者特佳，江南出者坚燥少脂……唯青州之种特佳，遂晋、绛大实，亦不及青州者之肉厚也"⑧。青州枣以果肉丰厚著称，其中青州乐氏枣尤为著名，"形大核细，多膏甚甜"，每年上贡万余颗。⑨ 不但质量最佳，产量也很

---

① 朱弁撰，孔凡礼点校：《曲洧旧闻》卷三《银杏》，第 129 页。

② 张邦基撰，孔凡礼点校：《墨庄漫录》卷四《杜子美白乐天曾子固道君荔枝诗》，第 125 页。

③ 陆游撰，李剑雄、刘德权点校：《老学庵笔记》卷三，第 36 页。

④ 蔡絛撰，冯惠民、沈锡麟点校：《铁围山丛谈》卷六，中华书局 1983 年版，第 116 页。

⑤ 宋祁：《景文集》卷一九《慈圣阁秋橙结实上召宗臣同观》，《景印文渊阁四库全书》第 1088 册，第 160 页。

⑥ 刘敞撰，逯铭昕点校：《彭城集》卷三五《故朝散大夫给事中集贤院学士权判南京留司御史台刘公行状》，第 937 页。

⑦ 朱弁撰，孔凡礼点校：《曲洧旧闻》卷三《巴榄子》，第 134 页。

⑧ 苏颂编撰，尚志钧辑校：《本草图经》卷一六《大枣》，第 523 页。

⑨ (清)徐松辑，刘琳、刁忠民、舒大刚、尹波等校点：《宋会要辑稿·食货》四一之四四，第 6933 页。

大。应天府的枣也很有名气,"睢阳多善枣,鸡冠枣宜作脯,醍醐枣宜生啖"①。既有时令鲜果上市,还有经过加工可以长期保存的枣脯。王安石有《枣》诗言:"缅怀青齐间,万树荫平陆。"②可知是当地主要果木和产业。京东的桃也是名产,在全国排名第一,"京东、陕西出者,尤大而美。大都佳果"③。在东京的果品市场上,还常出现南京应天府的金桃。④ 兖州栗子、应天府樱桃,史称最盛,栗子"处处有之,而兖州、宣州最胜";樱桃"处处有之,而洛中、南都(引按:指应天府)者最胜"。⑤ "樱桃素盛睢阳(引按:指应天府)地,名'掌扇岗',尤繁妙,有一树收子至三石者"。⑥ 隆兴元年(1163),宋金在应天府城南对阵会战,"两阵交锋,显忠部将李福、李宝各拥所部兵退走樱桃林,观望不进"⑦。可见是一片很大的樱桃林。另有山石榴,"生青、齐间甚多,不入药。但蜜渍以当果,或寄京下,甚美"⑧。制成美味的果脯寄往京师。

河北果木众多,有"枣梨阴翳忽如雪"的盛况。⑨ 枣以外,尤以种植梨树最多,不少优良品种。现代河北以鸭梨著称,宋代无鸭梨之称,而以鹅梨著名,是北方名果。"鹅梨出近京州郡及北都,皮薄而浆多"。⑩ 以河北路所产最佳,宋人有"河朔十分清气,为鹅梨占了八分"之语⑪,足见鹅梨在

① 陶谷撰,郑树声、俞钢整理:《清异录》卷上《掌扇岗》《鸡冠枣》,《全宋笔记》第 1 编第 2 册,第 43、42 页。
② 王安石著,秦克、巩军标点:《王安石全集》卷四九《枣》,第 406 页。
③ 唐慎微等撰,陆拯、郑苏、傅睿等校注:《重修政和经史证类备用本草》卷二三《桃核仁》,第 1310 页。
④ 孟元老著,伊永文笺注:《东京梦华录笺注》卷八《是月巷陌杂卖》,第 771 页。
⑤ 苏颂编撰,尚志钧辑校:《本草图经》卷一六《栗》,第 527 页;唐慎微等撰,陆拯、郑苏、傅睿等校注:《重修政和经史证类备用本草》卷二三《樱桃》,第 1291 页。
⑥ 陶谷撰,郑树声、俞钢整理:《清异录》卷上《掌扇岗》《鸡冠枣》,《全宋笔记》第 1 编第 2 册,第 43、42 页。
⑦ 佚名撰,黄宝华整理:《中兴御侮录》卷下,《全宋笔记》第 5 编第 1 册,第 55 页。
⑧ 唐慎微等撰,陆拯、郑苏、傅睿等校注:《重修政和经史证类备用本草》卷二三《安石榴》,第 1323 页。
⑨ 曹勋:《松隐集》卷一七《过真定》,《景印文渊阁四库全书》第 1129 册,第 424 页。
⑩ 唐慎微等撰,陆拯、郑苏、傅睿等校注:《重修政和经史证类备用本草》卷二三《梨》,第 1325 页。
⑪ 董弅撰,唐玲整理:《闲燕常谈》,《全宋笔记》第 9 编第 2 册,大象出版社 2018 年版,第 99 页。

河北的地位之重要和名气之大,成为河北美好事物的一个主要象征。河北鹅梨有天下第一的美誉,范成大出使金国时路过河北,载道:"内丘鹅梨为天下第一,初熟收藏,十月出汗后方佳。园户云:'梨至易种,一接便生,可支数十年。吾家园者,犹圣宋太平时所接。'"①真定之梨也甚甜美,"梨传真定间,其甘曰如蜜"②。赵州的浊梨更是一奇,"梨皮黄褐色,肉黑如墨,质如酥,味甘而香,大如妳膀,亦奇种也"③。果肉的色泽、口感和味道以及体积之大,都非常特殊。所有这些,除了地理因素外,主要还应归功于河北梨树园艺经验技术的高超。据说"魏人能辨梨实雄雌"④,这就可以提高产量。其嫁接技术,尤为奇妙。大名府压沙寺种梨最有名气,有"御园"之誉,原因就在于以嫁接技术来改良品种:

> 其载接之故,先植棠梨木,与枣木相近,以鹅梨条接于棠梨本上,候始生枝条,又于枣木大枝上凿一窍度,接活梨条于其中,不一二年即生,合乃砍去枣之上枝。又断棠梨下干根脉,即梨条已接于枣木矣。结实所以甘而美者以此。⑤

将鹅梨、棠梨、枣进行三重嫁接,使三种不同果树的优良性能集于一身,产梨甘美。河北常见的果木还有李,"朔方处处有之"⑥。卫州出产的白桃(上文提到的"淇上银桃",或其别称)在东京市场上常能见到。⑦ 赵州、深州的石榴,是当地主要果品,乃乐史《太平寰宇记》所载的著名土产。⑧

河北还有着十分发达的瓜果业,为全国之最,"瓜最盛,无如燕赵,车骈担列,道路俱香。彼人云:'未至舌交,先以鼻选。'"⑨收获季节,道路两旁摆满了载瓜的车辆和担子,香味远播。产量之多,质量之高,名气之大,都

---

① 范成大著,富寿荪标校:《范石湖集》卷一二《内丘梨园》,第152页。

② 梅尧臣著,朱东润编年校注:《梅尧臣集编年校注》卷一六《玉汝赠永兴冰蜜梨十颗》,第378页。

③ 佚名撰,燕永成整理:《东南纪闻》卷三,《全宋笔记》第8编第6册,大象出版社2017年版,第306页。

④ 强至:《祠部集》卷一〇《和司徒侍中壬子寒食会压沙寺诗》,《景印文渊阁四库全书》第1091册,第97页。

⑤ 张邦基撰,孔凡礼点校:《墨庄漫录》卷三,第94页。

⑥ 陶谷撰,郑树声、俞钢整理:《清异录》卷上《东韦李》,《全宋笔记》第1编第2册,第43页。

⑦ 孟元老著,伊永文笺注:《东京梦华录笺注》卷八《是月巷陌杂卖》,第771页。

⑧ 乐史撰,王文楚等点校:《太平寰宇记》卷六〇《赵州》、卷六三《深州》,第1231、1292页。

⑨ 张端义撰,梁玉玮校点:《贵耳集》卷中,中州古籍出版社2005年版,第50页。

可以想见。鲜瓜的加工，以赵州的酱瓜最著名，"赵州瓜蘸自昔著名，瓜以小为贵，味甘且脆"①。所谓"瓜蘸"，就是酱渍的瓜，仍保留着脆甜的口感。河北大名"府中诸军营多鬻此物"②，驻军伙食以此为日常下饭菜。

陕西之果，也以梨为多，且可以和河北媲美。优良品种如凤栖梨，"肌肉细腻，红颊玉液"；宋代新品种有文林郎，"青袍琼肌，香脆甘寒，备众梨之美，又绝胜于凤栖"③。特产冰蜜梨，梅尧臣赞道："名果出西州，霜前竞以收，老嫌冰熨齿，渴爱蜜过喉。色向瑶盘发，甘应蚁酒投。"④可知其梨是以甘凉为特点的。咸阳又有水梨，"大梨如水出咸阳"，曾经上贡皇宫⑤，文彦博称其"极佳快"⑥。口感美好，令人赞叹。陕西桃类与京东媲美，"尤大而美"。有一品种叫百叶桃者，"谷雨十日后，结实大如拳"⑦，比一般桃树成熟早、果实大。永兴军终南山一带，盛产猕猴桃，"今永兴军南山甚多"⑧。核桃（胡桃）最早由西域传入陕西，所以陕西核桃的产量和质量都是全国之最，如凤翔府"陈仓胡桃，薄皮多肌"⑨，即是一例，至今仍为名产。京师朝廷杂买务曾于熙宁以前每年在陕西购买核桃六十万至八十万颗。⑩柿子更为常见果木，在关中地区"行村落间，常见柿连数里"⑪，柿林成片连绵。华山一

---

① 周辉撰，刘永翔、许丹整理：《清波别志》卷中，《全宋笔记》第5编第9册，大象出版社2012年版，第168页。

② 张师正撰，李裕民整理：《倦游杂录》卷二《韩赟好啖瓜蘸》，《全宋笔记》第8编第9册，大象出版社2017年版，第210页。

③ 蔡絛撰，冯惠民、沈锡麟点校：《铁围山丛谈》卷六，第116页。

④ 梅尧臣著，朱东润编年校注：《梅尧臣集编年校注》卷一六《王道损赠永兴冰蜜梨四颗》，第379页。

⑤ 梅尧臣著，朱东润编年校注：《梅尧臣集编年校注》卷二二《赠裴直讲水梨二颗言太瓞答吴甘三颗以篇多走笔呈之》，第644页。

⑥ 文彦博著，申利校注：《文彦博集校注》卷七《蒙惠咸阳水梨极佳快（陶隐居谓梨为快果）太原凤栖梨少许纳上非报也欲校其味耳吕大忠运使惠》，第406页。

⑦ 江休复撰，储玲玲整理：《江邻几杂志》，《全宋笔记》第1编第5册，第166页。

⑧ 唐慎微等撰，陆拯、郑苏、傅睿等校注：《重修政和经史证类备用本草》卷二三《猕猴桃》，第1331页。

⑨ 唐慎微等撰，陆拯、郑苏、傅睿等校注：《重修政和经史证类备用本草》卷二三《胡桃》，第1330页。

⑩ （清）徐松辑，刘琳、刁忠民、舒大刚、尹波等校点：《宋会要辑稿·食货》三四之三九，第6752页。

⑪ 马永卿撰，查清华、顾晓雯整理：《懒真子》卷三，《全宋笔记》第3编第6册，第180页。

带出产朱柿,"似红柿而皮薄,更甘珍"①。陕西还有一特产果品——榅桲,现代又称金苹果、木梨,"秦中物专美,榅桲为嘉果"②,果实为梨形,黄色,有香味,以同州"沙苑出者更佳"③。宋神宗以前每年上贡朝廷二千颗。④ 榛子也是特产,在鄜州、坊州一带种植颇盛。⑤ 更为可贵的是,陕西还种植有木瓜、橘子等果树,如东南部的商州,据张舜民言:"木瓜大如拳,橙橘家家悬"⑥,看来遍及家户了。

河东果树,有两大名产,即葡萄和大枣。河东葡萄最多最佳,享誉全国。北宋后期的赵鼎臣言:并州"果实蒲萄之美,冠于四方"⑦。在晋州、潞州、太原等地都有大批出产,并上贡京师。优良品种不少,有的个头极大,"河东葡萄有极大者,惟土人得啖之",运往京师的则有"百二子""紫粉头"两种。⑧ 河东的葡萄酒久负盛名,就是以此为基础的。另有名产大枣,"晋、绛州者特佳"⑨。元丰年间,绛州曾运枣一千石往沿边的鄜、府州为军需,每石价值四百文⑩,应属军粮的辅助品。曾在太原做官的倪彦及云:"太原人喜食枣,无贵贱老少,常置枣于怀袖间,等闲探取食之。则人之齿皆黄,缘食枣故。"⑪足以说明枣的产量很大,成为日常生活中的零食或必需品。此外,桃子也不乏优质产品,如太原有种金桃,深黄色,极甘甜。⑫

---

① 唐慎微等撰,陆拯、郑苏、傅睿等校注:《重修政和经史证类备用本草》卷二三《柿》,第1299页。

② 文同:《丹渊集》卷一八《颜思惠榅桲因谢》,第164页。

③ 唐慎微等撰,陆拯、郑苏、傅睿等校注:《重修政和经史证类备用本草》卷二三《榅桲》,第1334页。

④ 杨仲良:《皇宋通鉴长编纪事本末》卷八一《圣德》,第2659页。

⑤ 唐慎微等撰,陆拯、郑苏、傅睿等校注:《重修政和经史证类备用本草》卷二三《榛子》,第1334页。

⑥ 陈景沂编辑,祝穆订正,程杰、王三毛点校:《全芳备祖》后集卷八《木瓜》,浙江古籍出版社2014年版,第802页。按,今传张氏《画墁集》未收此诗。

⑦ 赵鼎臣:《竹隐畸士集》卷九《与刘季高书二首》一,《景印文渊阁四库全书》第1124册,第188页。

⑧ 陶谷撰,郑树声、俞钢整理:《清异录》卷上《百二子》,《全宋笔记》第1编第2册,第44页。

⑨ 苏颂编撰,尚志钧辑校:《本草图经》卷一六《大枣》,第523页。

⑩ 李焘:《续资治通鉴长编》卷三一七,元丰四年十月乙丑,第7674页。

⑪ 彭□辑撰,孔凡礼点校:《墨客挥犀》卷二《齿黄》,第291页。

⑫ 唐慎微等撰,陆拯、郑苏、傅睿等校注:《重修政和经史证类备用本草》卷二三《桃核仁》,第1316页。

(二)南方果木

南方地区的果品更是琳琅满目,美不胜收。

两浙路的柑橘最有特色,既多且美。如温州"永嘉之柑,为天下冠"[①]。苏州洞庭之橘,更是天下名果。洞庭山位于太湖之中,属于湖岛,有得天独厚的地理环境,南方其他地区柑橘虽多,但常畏霜所损害,收成不大好,唯洞庭山虽有霜却无损于柑橘。因为"洞庭四面皆水也,水气上腾,尤能辟霜,所以洞庭柑橘最佳,岁收不耗,正为此尔"[②]。这里因而成为柑橘等果树种植的专业区,"地占三乡,户率三千,环四十里……皆以树桑栀甘柚为常产"[③],乃至不从事粮食种植,"糊口之物,尽仰商贩"[④]。其典型意义在于说明了当地商品经济的高度发展,农业内部分工细密,果木业独立,完全靠交换进行生产和生活。此外,两浙还有其他名产,如越州的杨梅号称最佳:"越州杨梅最佳,土人谓之楞梅。"[⑤]梨树至少有两个优良品种。如苏州常熟县韩墩"产梨为天下冠,比之诸梨,其香异焉",风味独特,都城临安名为韩墩梨[⑥]。秀州出一种丑梨,"貌虽丑,而味绝胜,闻尝进御"[⑦],为皇帝所品尝。南宋临安种植有甘蔗,"旧贡。今仁和临平小林地多种之,以土窖藏至春夏,可经年其味不变"[⑧]。地窖保鲜技术延长了销售时间。

代表福建果品的名产是荔枝。荔枝在宋代福建、四川、两广许多州郡都有出产,质量不同,"其品:闽中第一,蜀川次之,岭南为下"[⑨]。范成大认为其原因是"川、广荔枝生时,固有厚味多液者,干之肉皆瘠,闽产则否"[⑩]。即鲜果相差不很大,加工后的干果质量悬殊。在福、泉、漳州、兴化军都种植有

---

① 张世南撰,张茂鹏点校:《游宦纪闻》卷五,中华书局1981年版,第45页。

② 庞元英撰,金圆整理:《文昌杂录》卷四,第154页。

③ 苏舜钦著,沈文倬校点:《苏舜钦集》卷一三《苏州洞庭山水月禅院记》,上海古籍出版社2011年版,第159页。

④ 庄绰撰,萧鲁阳点校:《鸡肋编》卷中,第64页。

⑤ 吴曾:《能改斋漫录》卷一五《楮子》,第441页。

⑥ 叶绍翁撰,沈锡麟点校:《四朝闻见录》戊集《韩墩梨》,中华书局1989年版,第191页。

⑦ 陆竣:《丑梨》,(清)厉鹗:《宋诗纪事》卷五三,上海古籍出版社1983年版,第1359页。

⑧ 潜说友:《咸淳临安志》卷五八《物产》,《宋元方志丛刊》,中华书局1990年版,第3873页。

⑨ 苏颂编撰,尚志钧辑校:《本草图经》卷一六《荔枝子》,第537页。

⑩ 范成大撰,孔凡礼点校:《范成大笔记六种·吴船录》卷下,第215页。

大量的荔枝,以福州所产最多,以兴化军所产最奇特,都是名满四海的佳果。福州有的人家拥有种植万株的荔枝园,乃是专业性的商品生产。四方商人在刚开花时即前来订购,收获后经过加工,"水浮陆转,以入京师,外至北戎、西夏。其东南舟行新罗、日本、流求、大食之属,莫不爱好,重利以酬之。故商人贩益广,而乡人种益多。一岁之出,不知几千万亿"①。产销两旺,并且是大宗出口的外贸商品,有力地促进了当地的商品经济发展,成为地方国民经济的重要组成部分。此外,还有特产水果黄淡子、金斗子、菩提果、羊桃,"皆他处所无"②。甘蔗也有大面积的种植。以福建的地理环境而论,不利于粮食业的发展,而宜于经济作物,多种经营。这就产生了矛盾:人多地狭、食口众多,以粮为急务;但粮食生产投资大、收益小,不如多种经营效益好,而多种经营的发展,无疑又会削弱本来就不发达的粮食生产。宋政府以小农意识为指导,曾在福建"禁种秫,禁造曲,禁植橘、凿池养鱼,盖欲无寸土地不可耕"③,从产业结构政策上限制多种经营的发展。但并未能解决缺粮的问题,反而会削弱优势。

广南气候炎热,亚热带果树郁郁丛生,触目皆是。如封州有"岭中蕉子国,海上荔枝庄"之誉。④ 香蕉、椰子等热带、亚热带果品是广南的特产,荔枝、柑橘也广泛种植。广南荔枝在全国范围内品位最下,但优势是产量最多。⑤ 如惠州"天高日暖荔枝香,风撼一川红玛瑙"⑥。种植面积广大。高州、梧州还出产一种无核荔枝。⑦ 郑熊曾作《广中荔枝谱》,一一列举了二十二种荔枝;在有的地方,荔枝甚至被当作菜肴,"好事者作荔枝馒头,取荔枝榨去水,入酥酪辛辣以含之。又作签炙,以荔枝肉并椰子花,与酥酪同炒,土

---

① 蔡襄著,吴以宁点校:《蔡襄集》卷三五《荔枝谱》,上海古籍出版社1996年版,第646、647页。

② 张世南撰,张茂鹏点校:《游宦纪闻》卷五,第45页。

③ 方大琮:《宋宝章阁直学士忠惠铁庵方公文集》卷二一《乡守项寺丞博文》,第5页。

④ 田开:《临封十咏》,王象之编著,赵一生点校:《舆地纪胜》卷九四《封州·诗》,第2308页。

⑤ 唐慎微等撰,陆拯、郑苏、傅睿等校注:《重修政和经史证类备用本草》卷二三《荔枝子》,第1304页。

⑥ 杨杰撰,曹小云校笺:《无为集校笺》卷四《风湖歌》,第97页。

⑦ 顾文荐:《负暄野录》,(明)陶宗仪编:《说郛三种》(百卷本)卷一八,上海古籍出版社2012年版,第328页。

人尤嗜之"①。足见产量之大。柑橘是重要经济果木，"广南可耕之地少，民多种柑橘以图利"，因地制宜地发展地方经济，并发明了非常先进的生物灭虫害方法：柑橘"常患小虫损失其实，惟树多蚁，则虫不能生，故园户之家，买蚁于人。遂有收蚁而贩者，用猪羊脬盛脂其中，张口置蚁穴旁，俟蚁入中，则持之而去，谓之'养柑蚁'"②。这种农艺学的新技术省工环保，还催生了收集和贩卖蚂蚁的专业户。广州地区有不少甘蔗林，其中有著名的多年生甘蔗，状如大竹，长丈余，可以榨糖③，说明含糖量高。橄榄甚多，常见的就有五个品种④，而邕州另有波斯橄榄，"其形、核作二瓣，可以蜜渍食之"⑤。制成果脯有利于远销和贮藏。韶州有一种珍奇的水果叫频婆果，一名千岁果，曾经上贡⑥，似为印度传入。需要特别提出的是广南盛产槟榔，为当地最大众化的果品：

> 客至不设茶，唯以槟榔为礼……唯广州为甚。不以贫富、长幼、男女，自朝至暮，宁不食饭，唯嗜槟榔……中下细民，一日费槟榔钱百余。⑦

每天花一百余文买槟榔，正是宋代百姓一人每天能挣到的平均钱数，⑧其食用量之大、其重要性可想而知，作为饮食生活中的必需品，也可见其产量之大，恐怕是其他地方任何果品也无法相比的。此果有医疗作用，可消积、杀虫、下气行水，有利于瘴雾之地居民防病抗病，故消费市场很广阔，槟榔的种植因而在生产中就占有重要地位。如海南岛"琼人以槟榔为命，产于石山村者最良。岁过闽、广者，不知其几千百万也……非槟榔之种，不能为此一州也"⑨。种植槟榔是琼州最主要的生产活动，赖以生存的基础产业。

---

① 吴曾：《能改斋漫录》卷一五《荔枝谱》，第458页。

② 庄绰撰，萧鲁阳点校：《鸡肋编》卷下，第112页。

③ 唐慎微等撰，陆拯、郑苏、傅睿等校注：《重修政和经史证类备用本草》卷二三《甘蔗》，第1307页。

④ 吴曾：《能改斋漫录》卷一五《橄榄有五种》，第439页。

⑤ 唐慎微等撰，陆拯、郑苏、傅睿等校注：《重修政和经史证类备用本草》卷二三《橄榄》，第1333页。

⑥ 李焘：《续资治通鉴长编》卷七一，大中祥符二年五月丙辰，第1605页。

⑦ 周去非著，杨武泉校注：《岭外代答校注》卷六《食槟榔》，第235、236页。

⑧ 程民生：《宋代物价研究》，第557—560页。

⑨ 王象之编著，赵一生点校：《舆地纪胜》卷一二四《琼州》，第2807页。

四川的荔枝、柑橘也较著名。唐代涪州荔枝曾专供杨贵妃享用,宋代也长期上贡。此外,叙、合等州皆盛产荔枝:"蜀中荔枝,泸、叙之品为上,涪州次之,合州又次之。"①如叙州(戎州)土著"多以荔枝为业,园植万株树,收一百五十斛"②。商品化、专业化程度很高。其实四川的荔枝产地不限于以上几地,如嘉州也有荔枝,"尤多荔枝,皆大本,轮困数围,以九顶寺殿前櫑核者为最"③。梓、果、开、夔州等地出产柑橘很多,颇有佳品。如果州的黄柑,"果州多黄柑,初比桔柚贱。一朝贡神州,妙极天下选"④。因成贡品而名闻天下,身价百倍。夔州名产也为黄柑,"白帝谁云陋,黄柑亦自香。一株三百颗,风味自吾乡"⑤。在果、普、夔州,生长着不少梨树,有的品种甚为优良。如夔州巫山,"出美梨大如升"⑥,其大如升,体积上可比郑州的语儿梨。另有枇杷,"有果产西裔,作花凌薨寒。树繁碧玉叶,柯叠黄金丸。上都不可寄,咀味独长叹"⑦。以不能远寄为憾。尤为突出的是蜀中的甘蔗种植,数量很多,品种最优,如遂州缴山前后,"为蔗田者十之四",皆为榨糖的优质原料。⑧

江南东西两路广泛种植柑橘,有"江南种橘繁如秔"之誉⑨,像种植粳稻一样繁盛。其中江西的金橘、金柑很有名气,"金橘产于江西诸郡。有所谓金柑,差大而味甜"⑩。江东的宣、歙州一带有许多种果树,如"稗柿出宣、歙",宣州另有乌柿,⑪稗柿即油柿,乌柿即黑褐色的柿;还多有银杏:"银杏出宣歙"⑫。宣州的木瓜与洛阳齐名,栗子与兖州齐名;宣、歙二州皆产梨,以宣州所产乳梨为佳,该梨"皮厚而肉实,其味极长"。江宁府、信州出产一

① 王象之编著,赵一生点校:《舆地纪胜》卷一七四《涪州》,第 3589 页。
② 乐史撰,王文楚等点校:《太平寰宇记》卷七九《戎州》,第 1592 页。
③ 范成大撰,孔凡礼点校:《范成大笔记六种·吴船录》卷上,第 196 页。
④ 王象之编著,赵一生点校:《舆地纪胜》卷一五六《果州》,第 3359 页。
⑤ 王十朋著,梅溪集重刊委员会编:《王十朋全集·诗集》卷二二《州宅杂咏·柑》,上海古籍出版社 2012 年版,第 398 页。
⑥ 陆游撰,李昌宪整理:《入蜀记》第六,《全宋笔记》第 5 编第 8 册,第 218 页。
⑦ 宋祁:《景文集》卷五《枇杷》,《景印文渊阁四库全书》第 1088 册,第 46 页。
⑧ 王灼:《糖霜谱》第三,李木田:《中国制糖三千年》附录,华南理工大学出版社 2016 年版,第 359 页。
⑨ 吕陶:《净德集》卷三一《席上咏金橘》,《景印文渊阁四库全书》第 1098 册,第 241 页。
⑩ 张世南撰,张茂鹏点校:《游宦纪闻》卷二,第 11 页。
⑪ 唐慎微等撰,陆拯、郑苏、傅睿等校注:《重修政和经史证类备用本草》卷二三《柿》,第 1299 页。
⑫ 朱弁撰,孔凡礼点校:《曲洧旧闻》卷三《银杏》,第 129 页。

种名叫石鹿梨的小梨,其叶如茶,其根如小拇指,颇为独特。① 歙州有多种梨,"皆津而消",但体质弱,容易被损伤,"蜂犯之则为瘿,故土人率以柿油渍纸为囊,就枝苞封之,霜后始收"②。如此护理,可谓精心,但费功费料,投资太大,由此可看出当地人对果品生产是多么重视。洪州等地每年要向朝廷提供乌梅6205斤③,说明是全国名产,近乎贡品。

淮南地区盛产枣。就质量而言,最北部的亳州巨枣非常突出,"沛谯有钜枣,味甘蜜相差,其赤如君心,其大如王瓜,尝贡趋国门,岂及贫儒家",又甜又大又红的枣,有"御枣"之美名。④ 就产量而言,南宋绍兴和议后的一段时间,淮南人"入秋剥枣则蒸以填诸门,任南人食之,不取价"⑤。数量之多,蒸熟的枣可当作主要果品乃至食品,并不值钱。

湖北如襄州,据欧阳修言:有"枇杷甘橘荐清尊。磊落金盘烂璘璘,槎头缩项昔所闻。黄橙捣齑香复辛,春雷动地竹走根"⑥。至少枇杷、柑橘、黄橙之类比较有名。

总的来讲,北方地区的果木业以梨、枣、葡萄、桃、杏、胡桃、樱桃、李、榛子、柿等为胜,南方地区以柑橘、荔枝、甘蔗、香蕉、椰子、槟榔、橄榄等为胜,双方各有特色。南宋时,由于南北分裂,北方果品难以南下,陆游感叹道:"北商久不通,梨枣罕登盘。山舍惟有橘,琐细如弹丸。此外则柿栗,收拾猿鸟残。"⑦说的是梨枣大多在北方,柿栗也以北方为多,南方虽有出产,不过都是猿猴、鸟掠食之后的残余,数量少而质量差。以种植面积和专业化、商品化程度而言,南方地区占有明显优势,毕竟地理环境优越。

我们不厌其烦地引用大量史料介绍果木业,还为说明,随着社会经济的

---

① 唐慎微等撰,陆拯、郑苏、傅睿等校注:《重修政和经史证类备用本草》卷二三《柿》,第1325页。

② 罗愿撰,萧建新、杨国宜校注,徐力审订:《〈新安志〉整理与研究》卷二《木果》,第55页。

③ (清)徐松辑,刘琳、刁忠民、舒大刚、尹波等校点:《宋会要辑稿·食货》三四之三九,第6752页。

④ 梅尧臣著,朱东润编年校注:《梅尧臣集编年校注》卷一七《亳州李密学寄御枣一箧》,第404页。

⑤ 叶绍翁撰,沈锡麟点校:《四朝闻见录》戊集《淮民浆枣》,第197页。

⑥ 欧阳修著,李逸安点校:《欧阳修全集·居士集》卷七《乐哉襄阳人送刘太尉从广赴襄阳》,第108页。

⑦ 陆游著,钱仲联、陈桂生校注:《陆游全集校注·剑南诗稿校注》卷八○《示福孙并示喜曾》,第8册,第118页。

发达,果木业的地位越来越重要。果木业扩大了生产范围,增加了社会财富,丰富了市场和人民生活,促进着商品经济的发展。在许多不适宜发展粮食生产的地区因地制宜,充分利用山地和气候,并将果品业作成基本和支柱产业,与当地国民经济息息相关,从而突出了地域经济的特色。

第四节　畜牧业和渔业的分布

一方水土养一方人,而水土——自然环境千变万化,人们选择了最适宜的产业发展经济,如草原的畜牧业、沿海临河以及水乡的渔业等等,成为当地主要或重要、辅助经济类型。

一、畜　牧　业

在广义的农业中,畜牧业是其主要分支,将牧草和饲料等植物能转变为动物能,对于促进经济发展,改善人民生活具有重要意义,在农业经济和国民经济中具有极为重要的地位。以大牲畜而言,不但是生产资料,还是生活资料。关于前者,已在第一章里从畜力角度谈过,在此,主要谈谈官营畜牧业、养羊业和畜牧业的一些副产品等的地域分布。

(一)官营畜牧业

官营畜牧业主要是养马业,北宋时期全部分布在北方。宋仁宗时,各地牧马监共有十九所,计有京西四监:洛阳监、郑州管城原武监、滑州白马灵昌监、许州单镇监;京东一监:郓州东平监;河北十监:大名三监、洺州广平二监、卫州淇水二监、相州安阳监、邢州安国监、澶州镇宁监;陕西三监:同州沙苑二监、同州病马务;开封府一监:中牟淳泽监。[①] 另有直属朝廷的京师天

---

① (清)徐松辑,刘琳、刁忠民、舒大刚、尹波等校点:《宋会要辑稿·兵》二一之四至五,第9050—9051页。

驷监,位于京城开封西北的牟驼岗,靖康时有马二万匹。[1] 此外,元丰以前在河北高阳、真定、定州、大名以及河东太原,还设有直接属于军队的牧马监。[2]

宋真宗大中祥符初,国家拥有的官马总数,"凡内外坊、监及诸军马凡二十余万匹",宋神宗熙宁二年(1069),"天下应在马凡十五万三千六百有奇"[3],所谓"应在马"数,就是在册的官马数量。从地域经济意义上讲,这20万匹左右的军马,就是北方地区畜牧业产品的一部分。这是不列入政府经济统计的社会财富,但可以折算成经济指标。以每匹马大约值30贯计[4],20万匹马则为600万贯。从牧马草地的数量,也可做一折算。内地的牧地一般都是"水草善地",非贫瘠可比,如陕西沙苑牧地即可亩产粮食二石。[5] 宋太宗、宋真宗时,内外坊监牧地总数为68000顷,诸军班牧地又有30900顷[6],凡98900顷。那么,即使按亩产粮食一石五斗计,岁收当有1480余万石。这就是北方地区官营牧马地的经济产值转换数量。由此可知,在评价北方地区经济地位时,土地利用结构的不同应充分考虑在内,官营养马业的地域经济意义绝不能忽视。包括本书在内的所有史籍、论著均未将此列入经济数据,但在宏观评估时,理应加重北方经济的分量。

官营驴、骡、牛、骆驼等畜牧业也有一定的规模,基本都在北方地区。仅京师"掌养饲驴牛驾车,给内外之役"的车营务,就有监牧卒4400余人,"掌养饲驴、骡,以供载乘舆行幸什器及边防军资之用"的致远坊,也有兵校1600余人。[7] 他们所饲养的牲畜数量当是很可观的。另外,利用西北地区地宜畜牧的优势,官方在陕西的永兴、德顺军和秦、阶、原州五地设置有以"司牧"为军号的厢军[8],乃是专业畜牧部队。以上种种情况,大大加强了北

---

① 杨仲良:《皇宋通鉴长编纪事本末》卷一四五《金兵下》,第4538页。
② 《宋史》卷一九八《兵志一二》,第4941页。
③ 《宋史》卷一九八《兵志一二》,第4929、4940页。
④ 程民生:《宋代物价研究》,第303—308页。
⑤ 范纯仁:《范忠宣集·范忠宣奏议》卷上《条列陕西利害》,《景印文渊阁四库全书》第1104册,第740页。
⑥ 《宋史》卷一九八《兵志一二》,第4936页。
⑦ (清)徐松辑,刘琳、刁忠民、舒大刚、尹波等校点:《宋会要辑稿·食货》五五之一九至二〇,第7262页。
⑧ 《宋史》卷一八九《兵志三》,第4663页。

方地区畜牧业的地位。

官方还有专门饲养骆驼的机构。从宋初开始，官方就在开封设置专门饲养骆驼的机构——驼坊，用于运输物资，"监官二人，以三班使臣充，掌牧养橐驼"①。史料中有更具体的记载：

> 驼坊，在天厩坊西，掌收养橐驼，以供内外负载之用。开宝二年置，监官二人，以三班及内侍充，兵校六百八十二人。神宗熙宁八年四月十九日，诏驼坊每岁轮差监官往石州界都大提举管司放牧，并降宣命，今后只仰本司依条例指挥。②

从其六百多人的从业人员数量看，饲养的骆驼当以千计。

（二）养羊业

宋代有着发达的养羊业，而且史料较多，值得特别作一研究。在宋人的饮食生活中，羊是主要的肉食来源。宋皇宫内即是典型例子："御厨止用羊肉"，乃是"祖宗家法"。③ 北宋中期，"日宰二百八十羊"，每年御厨食用羊多达十万二千余只，后减少为"日宰四十羊"，即每年一万四千万余只。④ 庞大的官僚队伍也专有"食料羊"，是官员俸禄中的一个实物组成部分，消费量更大。以地方官而论，最少者每人每月二只，多者达 20 只⑤，仅此一项，每年即需百余万只羊。王安石作《字说》，解"美"字云："从羊从大"，"谓羊之大者方美"⑥，以大羊为美，足见宋人嗜羊之风俗。养羊业就在这种社会环境中发展起来了。

官方直接经营有养羊业。宋政府设有牛羊司，实际上是养羊机构："掌畜牧羔羊栈饲，以给烹宰之用"，有广牧指挥一千一百二十六人负责牧养。

---

① 马端临撰，上海师范大学古籍研究所、华东师范大学古籍研究所点校：《文献通考》卷五六《职官考一〇》，第 1646 页。

② （清）徐松辑，刘琳、刁忠民、舒大刚、尹波等校点：《宋会要辑稿·方域》三之四八，第 7367 页。

③ 李焘：《续资治通鉴长编》卷四八〇，元祐八年正月丁亥，第 11417 页。

④ 李焘：《续资治通鉴长编》卷一八七，嘉祐三年三月癸酉，第 4506 页。

⑤ （清）徐松辑，刘琳、刁忠民、舒大刚、尹波等校点：《宋会要辑稿·职官》五七之九至一五，第 4561—4565 页。

⑥ 李之仪：《姑溪居士前集》卷三九《跋山谷晋州学铭》，《景印文渊阁四库全书》第 1120 册，第 575 页。

宋真宗时,牛羊司存栏羊数为 33000 只。① 京城之北的草地,"乃官民放养羊地"②,规划为一个京郊专业牧区。地方也有官营养羊业,如宋仁宗时,河北即有官牧羊 16000 余只。③ 熙宁五年(1072),日僧成寻在泽州太行山上看到三处羊群,或 5000,或 3000,或 1000,都是官方牧养的。④

民间养羊业更为发达。其地理分布大体是这样的:"今河东、陕西及近都州郡皆有之","河西(此指陕西)羊最佳,河东羊亦好……然今南方亦有数种羊,唯淮南州郡或有佳者,可亚大羊。江浙羊都少味而发疾。闽、广山中,出一种野羊,彼人谓之羚羊,其皮厚硬,不堪多食,肉颇肥软益人"。⑤ 史料表明,养羊业主要在北方,南方以淮南较好些,有一定规模的养羊业,而闽、广地区的野羚羊是不属于养羊业范围的,也即越往北羊肉越好。

北方的养羊业,以西北地区最发达。乐史《太平寰宇记》所载各地土产羊的州军有六地:陕西陇、泾、邠、宁州,保安军;河东绛、府州。这是最突出的州军,其他地区也很普遍。如河东太原,"驼与羊,土产也,家家资以为利"⑥,说明养羊已成为家庭收入的一个重要来源。司马光嘉祐初在并州任通判时,作《酪羹》云:"军厨重羊酪,飨士旧风传。不数紫莼滑,徒夸素鲔鲜。"⑦军队的伙食多食羊奶酪。在河北,牧羊是常见的生产活动,如宋仁宗时真定府获鹿县山中,保留至今的宋代摩崖石刻云:"牧自己羊,因记。田村明玉番化之与子侄。庆历五年后五月十二日。"⑧还出现雇人牧羊的现象,如王则自涿州流亡到贝州时,曾"自卖为人牧羊"⑨,可见民间养羊的专业化程度。由于西北地区大量产羊,宋政府每年要在此地购买数万只供应

---

① (清)徐松辑,刘琳、刁忠民、舒大刚、尹波等校点:《宋会要辑稿·职官》二一之一〇至一一,第 3610—3611 页。

② 孔偁:《宣靖妖化录》,(明)陶宗仪撰:《说郛三种》(百卷本)卷四三,第 2 册,第 700 页。

③ 欧阳修著,李逸安点校:《欧阳修全集·河北奉使奏草》卷下《乞住买羊》,第 1819 页。

④ [日]成寻著,王丽萍校点:《新校参天台五台山记》卷五,第 371 页。

⑤ 唐慎微等撰,陆拯、郑苏、傅睿等校注:《重修政和经史证类备用本草》卷一七《羖羊角》,第 1035、1036 页。

⑥ 李焘:《续资治通鉴长编》卷二七九,熙宁九年十二月丙申,第 6836 页。

⑦ 司马光撰,李文泽、霞绍晖校点:《司马光集》卷九《酪羹》,第 299 页。

⑧ 孙继民:《鹿泉牧羊人题记:宋代罕见的"草根"摩崖石刻》,《光明日报》2014 年 3 月 12 日。

⑨ 李焘:《续资治通鉴长编》卷一六一,庆历七年十一月戊戌,第 3890 页。

京师,从而也增强了西北养羊业的商品化。

北方地区养羊业的发达,还表现在以下三个方面:一是体格肥大。如陕西同州、华州一带,"羊之胡头者,其重至百斤"①;"河北羊之胡头,有及百斤者"②;京东密州"剪毛胡羊大如马"③等,即是明证。二是羊毛长而密。如陕西、河东的殺厉羊"毛最长而厚","毛长尺余"。④ 这是在现代也少见的优良品种,不但提供了更多的肉奶,更为毛纺织业提供了大量优质原料。三是肉质肥美。如陕西大羊之肉,据李之仪说:"信天下之美味不能过也"⑤;陶谷则记载:"冯翊产羊,膏嫩第一,言饮食者,推冯翊白沙龙为首"⑥,即同州名为白沙龙品种的羊肉最肥美鲜嫩。养羊业的发达,支撑了北方菜肴,繁荣了北方的社会经济。

因地理环境的原因,南方养羊业以及羊肉不如北方。徙居开封的常州无锡人杜植即有言:"南方无好羊泪酪。"⑦但仍有适应南方气候和南方人口味的羊种,有一定规模的养羊业。如著名的两浙湖州之湖羊,始于靖康南渡,北方移民携带羊群南下,在南方缺乏天然牧场的条件下,改放牧为圈养,逐渐具有耐高温高湿的特点。⑧ 宋宁宗时的湖州,"今乡土间有无角斑黑而高大者,曰胡羊"⑨,是绵羊的历史性南迁,改变了养羊业的布局。遂成为稀有白色羔皮羊品种,也是世界著名的多胎绵羊品种,可四季发情、一年二胎,每胎多羔,早熟且生长发育快,改良后产肉性能理想等优良性状。在绍兴府,据陆游记载:"牧羊忌太早,太早羊辄伤。一羊病尚可,举群无全羊。日

---

①　李之仪:《姑溪居士前集》卷三九《跋山谷晋州学铭》,《景印文渊阁四库全书》第1120册,第575页。

②　周煇撰,刘永翔校注:《清波杂志校注》卷九《说食经》,第404页。

③　苏轼撰,(清)王文诰辑注,孔凡礼点校:《苏轼诗集》卷七《和蒋夔寄茶》,第654页。

④　唐慎微等撰,陆拯、郑苏、傅睿等校注:《重修政和经史证类备用本草》卷一七《殺羊角》,第1040、1036页。

⑤　李之仪:《姑溪居士前集》卷三九《跋山谷晋州学铭》,《景印文渊阁四库全书》第1120册,第575页。

⑥　陶谷撰,郑树声、俞钢整理:《清异录》卷上《白沙龙》,《全宋笔记》第1编第2册,第58页。

⑦　张师正撰,李裕民整理:《倦游杂录》卷四《华清宫》,《全宋笔记》第8编第9册,第231页。

⑧　中国农业百科全书总编辑委员会畜牧业卷编辑委员会:《中国农业百科全书·畜牧业卷》上,农业出版社1996年版,第230页。

⑨　谈钥撰,湖州市方志办点校:《嘉泰吴兴志》卷二〇《物产》,第361页。

高露晞原草绿,羊散如云满川谷。小童但揩竹一枝,岂必习《诗》知考牧。"牧童专职放牧成群的羊,有一定的规模。[1] 江东歙州甚至"自绩溪以往,牛羊之牧不收。歙之南境,羊昼夜山谷中,不畏露草"[2]。从其散牧放养形式看,羊群规模颇大,成本也低。江西袁州居民为了祭祀仰山神祠,每年的牺牲"动以数百羊为群"[3],当地如果没有养羊业,无法提供这么多的羊群。四川永康军祭祀李冰父子的崇德庙,每年的祭祀活动也是"用羊至四万余"[4]。这都是以当地养羊较多为基础的。在广南地区则有乳羊,原本出自广东英州,后传到广西:"其地出仙茅,羊食茅,举体悉化为肪,不复有血肉。食之宜人。"[5]是一种肥美的山羊,由于啃食药用植物仙茅,全身肉如乳白色的脂肪,可比同州的白沙龙。广西"西南蛮地产绵羊,固宜多毡毳。自蛮王而下至小蛮,无一不披毡者"[6]。羊毛纺织品是其主要服装,可知养羊业的发达。

(三)养驼业

官府以外,宋代民间同样饲养大量的骆驼。宋朝骆驼不仅生长于荒漠草原,更生长于广大内地农区。一则农谚说道:"种麻以夏至十日前为上时,谚曰:'夏至后,不没狗。'或答曰:'但雨多,没橐驼。'鲁直书其学子课帙曰:'大雨若悬河,禾深没橐驼。'用此。"[7]骆驼入农谚,至少说明是农民常见的牲畜。骆驼主要集中在陕西、河东等路,宋神宗时,知太原府韩绛言当地"驼与羊,土产也,家家资以为利"[8]。养骆驼与养羊一样,成为家庭收入的重要来源。宋神宗时,日本僧人成寻在河东路境内的官道上旅行时,每天都能看到三四十头骆驼:"此六七日,每日见骆驼三四十匹。"[9]可知养殖的普

---

① 陆游著,钱仲联校注:《陆游全集校注·剑南诗稿校注》卷四八《牧羊歌》,第 5 册,第 446 页。

② 罗愿撰,萧建新、杨国宜校注,徐力审订:《〈新安志〉整理与研究》卷二《畜扰》,第 60 页。

③ 江少虞:《宋朝事实类苑》卷六九《仰山神》,第 922 页。

④ 曾敏行著,朱杰人标校:《独醒杂志》卷五,上海古籍出版社 1986 年版,第 46 页。

⑤ 范成大撰,孔凡礼校:《范成大笔记六种·桂海虞衡志》,第 107 页。

⑥ 周去非著,杨武泉校注:《岭外代答校注》卷六《毡》,第 227 页。

⑦ 程大昌撰,徐培藻、刘宇整理:《演繁露续集》卷四《麻没橐驼》,《全宋笔记》第 4 编第 9 册,大象出版社 2008 年版,第 211 页。

⑧ 李焘:《续资治通鉴长编》卷二七九,熙宁九年十二月丙申,第 6836 页。

⑨ [日]成寻著,王丽萍校点:《新校参天台五台山记》卷五,第 385 页。

遍性。

作为一种家养大牲畜，除了役使外，骆驼还产生许多经济价值。如骆驼毛具有分量轻、易洗涤、保暖性好等优点，被宋人充分利用，陕西路泾州甚至以驼毛为上贡皇帝的土特产。① 河东路居民用骆驼毛为原料，织造"驼毛段子"②，是宋代史料中的新品种。丰州人则"衣以驼毛、褐布"③。骆驼奶高钙，饱和脂肪酸低，还有医疗价值，可以带来经济收益，陕西甚至以骆驼奶制酥油，宋人何坦有"韵胜雍城骆乳酥"之句④，此即陆游称赞的"驼酥鹅黄出陇右"⑤。至于驼裘，更是常见，在宋人的诗篇中屡屡涉及，津津乐道。如王安石："风驭柳条干，驼裘未胜寒。"⑥秦观："汩汩尘劳不自堪，驼裘鞭马度晴岚。"⑦宗泽："小雨疏风转薄寒，驼裘貂帽过秦关。"⑧从中均可看出西北地区普遍养殖、役使骆驼，并充分地综合利用。

（四）养猪业

民间畜牧业中，最为普遍的是养猪业。作为农家主要的家庭副业之一，因其适应性强，遍及南北各地，尤以南方为多。如淮南猪多而贱，"淮南猪肉不论钱"⑨。苏轼言黄州猪肉贱如土，"黄豕贱如土"⑩。无为军有的农家，至"养猪数十口"⑪。江东歙州所养"豚买于宛陵界中，中家以上岁别饲大豕至二三百斤，岁终以祭享，谓之年彘"⑫。一般家养的猪要跨过几个县到宣州的宣城去贩卖，又反映了宣城出产优良品种，供过年时祭享食用。两

---

①　乐史撰，王文楚等点校：《太平寰宇记》卷三二《泾州》，第692页。

②　包拯著，杨国宜校注：《包拯集校注》卷一《请追任弁官》，第35页。

③　乐史撰，王文楚等点校：《太平寰宇记》卷三九《丰州》，第827页。

④　何坦：《乞蜂儿榧于郭德谊二首》，（清）厉鹗：《宋诗纪事》卷五六，第1431页。

⑤　陆游著，钱仲联校注：《陆游全集校注·剑南诗稿校注》卷三《东山》，第1册，第214页。

⑥　王安石著，秦克、巩军标点：《王安石全集》卷五八《送丁廓秀才三首》之三，第466页。

⑦　秦观撰，徐培均笺注：《淮海集笺注》卷九《显之禅老许以草庵见处作诗以约之》，第351页。

⑧　宗泽：《宗泽集》卷五《晓渡》，第68页。

⑨　虞俦：《尊白堂集》卷四《戏书》，《景印文渊阁四库全书》第1154册，第85页。

⑩　苏轼撰，孔凡礼整理：《仇池笔记》卷下《煮猪头颂》，《全宋笔记》第1编第9册，第219页。

⑪　王之道著，沈怀玉、凌波点校：《〈相山集〉点校》卷二〇《申三省枢密利害札子》，第262页。

⑫　罗愿撰，萧建新、杨国宜校注，徐力审订：《〈新安志〉整理与研究》卷二《畜扰》，第60页。

浙如湖州,"田家多豢豕,皆置栏圈,未尝牧放,乐岁尤多"①。作为养猪专业户者,有秀州东城的韦十二,"于其庄居豢豕数百,散市杭、秀间,数岁矣"②。销售于秀州乃至杭州。又如湖北江陵有一村民,"世以圈豕为业"③。以养猪为世袭职业,从事的是商业化养殖。

北方地区同样大量养猪。在京师开封的正门南薰门,"寻常士庶殡葬,车舆皆不得经由此门而出,谓正与大内相对。唯民间所宰猪,须从此入京,每日至晚,每群万数,止十数人驱逐,无有乱行者"④。每天大约有十多万头猪入京城宰杀,并且可以从南薰门进入,可见猪群之多以及重要地位。开封府襄邑的猪肉十分有名,江西人黄庭坚列举人生快事,其中就有吃"襄邑熟猪肉"⑤。像南方地区一样,北方也有养猪专业户,如河南府的永宁县,有屠户就"豢猪数十头"⑥。其规模显然不如南方。陕西陇州汧阳县则出产优质猪,即著名的"岐下猪肉也"⑦。苏轼在凤翔做官时,"闻汧阳猪肉至美,使人往致之"⑧。不惜长途跋涉,专门派人购买以快朵颐。

(五)畜牧业副产品

畜牧业经济的特殊性,使之具有投资少、见效快、效益好、综合利用率高等优势。既壮大了生产力,又促进了商品经济,军马的牧养与使用更加强了国防建设。此外,家畜自身富有经济价值,肉自不必多说,其毛、皮、筋、角、鬃等都具有广泛的用途。皮、毛是皮毛业和毛纺织业的基础,皮、筋、角是军工制作战鼓、甲衣、弓的主要原料。畜牧业的副产品还形成了奶乳业,加工生产出酥油和奶酪,即用牛、羊、骆驼奶乳提炼的高级食品。京师朝廷专设

---

① 谈钥撰,湖州市方志办点校:《嘉泰吴兴志》卷二〇《物产》,第361页。

② 何薳撰,张明华点校:《春渚纪闻》卷三《悬豹首作人语》,中华书局1983年版,第51页。

③ 洪迈撰,何卓点校:《夷坚志·支景》卷一《江陵村侩》,第883页。

④ 孟元老著,伊永文笺注:《东京梦华录笺注》卷二《朱雀门外街巷》,第100页。

⑤ 赵令畤撰,孔凡礼点校:《侯鲭录》卷八《黄鲁直品食》,第200页。

⑥ (金)元好问撰,常振国点校:《续夷坚志》卷三《猪善友》,中华书局2006年版,第67页。

⑦ 洪慧撰,黄宝华整理:《冷斋夜话》卷九,《全宋笔记》第2编第9册,大象出版社2006年版,第78页。

⑧ 苏轼撰,孔凡礼整理:《仇池笔记》卷上《佛菩萨语》,《全宋笔记》第1编第9册,第209页。

有"奶酪院","掌供御厨乳饼酪酥",有乳匠七人。[1] 产量最大、质量最高的奶制品产区是陕西,尤以京兆府兴平县所产最著名,梅尧臣称之为"琼乳"。[2] 韩维有诗云:

> 兴平产良酥,厥品为第一。
>
> 岁时盛献馈,霜梨副冰蜜。
>
> 东来连车轸,并走卫霍室。……
>
> 甘知马酒薄,素觉鹅肪失。[3]

兴平之酥就是如此令人赞不绝口。从"东来连车轸"一句看,其酥产量很高,大批地运往东部地区了。具体例子即元丰元年(1078),御史揭发前任陕西转运使吕公孺"遣兵夫车乘,多载酥、梨,送遗在京权要,永兴土产,为之罄竭"[4]。京兆府之外,庆州也产牛酥,为乐史《太平寰宇记》所载著名土产。范仲淹曾写信感谢友人赠送庆州酥五斤[5],可见也是馈送佳品。

综上所述,结合前文《各地畜力》,可知宋代畜牧业的重心在北方地区,尤以马、驼、驴、骡、羊等占绝对优势,南方地区则以牛、猪为优势。

二、渔　　业

渔业可分为两个类型:一是天然水域的捕捞业,二是人工养殖业。前者以沿海以及沿江河湖淀地区为胜,后者以内地为胜。南北之分,北方以捕捞为主,南方则捕捞、养殖并举。

(一)北方渔业

北方地区渔业在京东比较突出。京东的黄海、渤海鱼情良好,且有不少特产。如登州产嘉鯺鱼即真鲷,"有嘉鯺鱼,皮厚于羊,味胜鲈鳜,至春乃

---

① (清)徐松辑,刘琳、刁忠民、舒大刚、尹波等校点:《宋会要辑稿·职官》二一之一五,第3613页。

② 梅尧臣著,朱东润编年校注:《梅尧臣集编年校注》卷二六《江邻几学士寄酥梨》,第905页。

③ 韩维:《南阳集》卷一《王詹叔惠酥》,《景印文渊阁四库全书》第1101册,第511页。

④ 李焘:《续资治通鉴长编》卷二九五,元丰元年十二月壬寅,第7178页。

⑤ 范仲淹著,李勇先、王蓉贵校点:《范仲淹全集·范文正公尺牍》卷下《张文定》,第691页。

盛,他处则无。鳆鱼亦出此州,石决明是也",南方没有石决明即鲍鱼,登州的石决明远销至此,"一枚直数千钱,盖重北地所有也"①,市场价格相当可观。这一带海域中海豹很多,"登、莱傍海甚多,其皮染绿,可作鞍鞯"②。宋徽宗营建艮岳,引起各级官员争相进献奇异特产,"大率太湖、灵壁、慈谿、武康诸石,二浙花竹、杂木、海错,福建异花、荔子、龙眼、橄榄,海南椰实,湖湘木竹,江南诸果,登、莱、淄、沂海错、文石,二广、四川异花、奇果"③,则是最佳海鲜出自两浙和京东路。京东的近海渔业,由于其地海路接连契丹、日本,宋政府从国防角度考虑,曾有一定的海禁限制。宋仁宗时,蔡齐知密州,适逢岁饥,即上书朝廷要求开放:"请放海利以救,东人于今赖之。"④看来政策放宽,允许百姓出海捕捞,收到了良好的经济效益。京东内地淡水鱼资源丰富,捕捞业较发达。如济州之巨野泽,据陈师道诗言:"灯火鱼成市,帆樯藕带泥。"⑤渔业泽及一方。泉城齐州的淡水渔业不亚于东南地区,"济南多甘泉,流水被道,蒲鱼之利与东南比,东方之人多称之"⑥。螃蟹也是京东盛产的水产,"济、郓居人,夜则执火于水滨,纷然而集,谓之蟹浪"。因为大量远销外地,乃至京师,"旁蟹盛育于济、郓,商人辇负,轨迹相继,(京师)所聚之多,不减于江淮,奚烦远贡哉"⑦。为地方经济增添了特色。

河北渔业不亚于京东。海洋渔业依赖渤海,"沧州大海,出鱼不异南方。及塘泊之中鱼亦不少"⑧。河北既有辽阔的海域,鱼类之多可与南方海域媲美,内地又多塘泊,水产资源丰富,水乡风物多姿多彩。如雄州城南"陂塘数十里,茭荷极望。以小舫游其间,鸥鹭往来,红香泛于樽俎,虽江乡亦无此景。四时有蟹,暑月亦甚肥……雄、莫间蟹多如此"⑨。何薳也载:"河朔雄霸与沧棣皆边塘泺,霜蟹当时不论钱也。每岁诸郡公厨糟淹,分给

---

① 庞元英撰,金圆整理:《文昌杂录》卷二,第133页。

② 朱彧撰,李伟国点校:《萍洲可谈》卷二,中华书局1985年版,第148页。

③ 杨仲良:《宋通鉴长编纪事本末》卷一二八《花石纲》,第4004页。

④ 范仲淹著,李勇先、王蓉贵校点:《范仲淹全集·范文正公文集》卷一四《户部侍郎赠兵部尚书蔡公墓志铭》,第333页。

⑤ 陈师道:《后山居士文集》卷一《巨野》,第102页。

⑥ 苏辙著,陈宏天、高秀芳点校:《栾城集》卷一八《舜泉诗》,第343页。

⑦ 傅肱:《蟹谱》卷下《蟹浪》《贡评》,《丛书集成初编》,中华书局1985年版,第15、12页。

⑧ 欧阳修著,李逸安点校:《欧阳修全集·河北奉使奏草》卷上《乞放行牛皮胶鳔》,第1799页。

⑨ 庞元英撰,金圆整理:《文昌杂录》卷四,第157页。

郡僚,与转饷中都贵人"①。产蟹既多,由此兴起了水产加工业,并运往京师馈送权贵,定有优良品质。诗人至此,颇多反映渔业兴旺的篇章,无不比作江南水乡。如陈襄言雄州"渔舟掩映江南浦",注云:"雄州人谓塞北江南"②;胡宿言:"大抵渔樵似五湖"③;金君卿言:"水乡真个似三吴",并指出由于扩建塘泊,当地居民"昔日田夫,今渔翁矣"④。可见渔业成为塘泊地区的重要乃至主要生产活动。内地如邢州的广阿泽,就是历史上著名的大陆泽,方圆五十里,水产资源也颇多,"葭芦、菱莲、鱼蟹之类,充牣于中"⑤。众多的河流也为渔业发展提供了条件。如黄河沿岸居民多有"采鱼小舟","细民颇赖以资给"⑥,丰富了生活资料和市场。

京西渔业较发达,尤其是南部,不亚于江南。如颍州"巨蟹鲜虾,肥鱼香稻,不异江湖之富";"巨鱼鲜美,虾蟹极多,皆他郡所无"。⑦ 在襄州,甚至连护城河也被充分利用,每年一次大规模的捕捞比赛十分壮观,知州也亲临观赏,"清濠环城四十里,兼葭苍苍天接水。使君褰帷乘大舸,观鱼今从北阙起。开门渔师百舟入,大罟密罾云雾集。小鱼一举以千数,赤鲤强梁犹百十"⑧。显然大获渔利,当属人工养殖。北部也有一定的渔业。如滑州等地捕鱼于黄河,加工成半成品,"以荆笼贮入京师",在东华门一带制成把鲊,即是"著闻天下"的东华门"把鲊"⑨。在冬天,沿黄河州县更是京师食用鱼的主要供应地。孟元老言,京师"冬月即黄河诸远处客鱼来,谓之车鱼"⑩,填补了冬季水产品的不足。

京师开封拥有自己的渔业以适应大量的消费。其城西部多池陂,是一

---

① 何遥撰,张明华点校:《春渚纪闻》卷三《雀鳅蛇蟹之异》,第47页。
② 陈襄:《古灵集》卷二四《登雄州南门偶书呈知府张皇城》,《景印文渊阁四库全书》第1093册,第696页。
③ 胡宿:《文恭集》卷三《登雄州视远亭》,《景印文渊阁四库全书》第1088册,第634页。
④ 金君卿:《金氏文集》卷上《南塘闲泛二首》,《景印文渊阁四库全书》第1098册,第366页。
⑤ 乐史撰,王文楚等点校:《太平寰宇记》卷三九《邢州》,第1220页。
⑥ 李焘:《续资治通鉴长编》卷七二,大中祥符二年十二月己酉,第1646页。
⑦ 欧阳修著,李逸安点校:《欧阳修全集·书简》卷二《与吴正献公》,第2377页;卷一〇《与大寺丞发》,第2531页。
⑧ 刘攽撰,逯铭昕点校:《彭城集》卷八《观鱼》,第160页。
⑨ 周辉撰,刘永翔、许丹整理:《清波别志》卷下,《全宋笔记》第5编第9册,第181页。
⑩ 孟元老著,伊永文笺注:《东京梦华录笺注》卷四《鱼行》,第447页。

渔业基地，"西有陂兮万顷"，内有"鱼鳖凫雁之盛"①。每天早晨，由西边的新郑门、西水门、万胜门运进数千担鱼投放市场，"卖生鱼则用浅抱桶，以柳叶间串清水中浸，或循街出卖"②，可知生鱼就是活鱼，产量相当大。汴河渔业也颇有利，"汴河西引黄河枝，黄流未冻鲤鱼肥，随钩出水卖都市，不惜百金持与归"③。秋冬季汴河的鲤鱼价格昂贵。适应京师人口众多、南北混杂以及消费高端的需要，海鲜产品随之发展起来。如"京师旧未尝食蚬蛤，自钱司空始访诸蔡河，不过升勺，以为珍馔。自后士人稍稍食之，蚬蛤亦随而增盛。其诸海物，国初以来亦未尝多，自钱司空以蛤蜊为酱，于是海错悉醢以走四方"④。都是吴越国王钱俶等王公贵族在开封居住后引领起来的，最初只是在蔡河捕捞一些，随着食用风气的传播，需求量大，海鲜日益增多，加工产品甚至销往全国。说明商品和市场是需求培养造就的。这些海鲜部分产自本地水域，很可能有人工养殖，部分来自沿海地区。欧阳修于嘉祐年间也反映了这一现象："累累盘中蛤，来自海之涯。坐客初未识，食之先叹嗟。五代昔乖隔，九州如剖瓜。东南限淮海，邈不通夷华。于时北州人，饮食陋莫加。鸡豚为异味，贵贱无等差。自从圣人出，天下为一家。南产错交广，西珍富邛巴。水载每连舳，陆输动盈车。溪潜细毛发，海怪雄须牙。岂惟贵公侯，闾巷饱鱼虾。"⑤入宋以来，开封才品尝到海鲜的滋味，始自上层，渐渐普及到平民百姓。如此广阔的市场，极大地带动了开封本地的水产业发展。

陕西位于黄土高原之地，固然不如东方平原地区水源丰富，但在陂塘河流之中，也有渔业。栎阳县的清水陂，"多水族之利焉"；泾阳县的龙泉陂方圆六里，"多蒲鱼之利"；兴平县的百顷泽方圆十六里，"多蒲鱼之利"。⑥ 鄠县的渼陂，"中有长鱼如卧剑"，其鱼红鳞，十分喜人，曾得苏轼称赞。⑦ 凤翔

---

① 杨侃：《皇畿赋》，吕祖谦编，齐治平点校：《宋文鉴》卷二，第21页。

② 孟元老著，尹永文笺注：《东京梦华录笺注》卷四《鱼行》，第447页。

③ 梅尧臣著，朱东润编年校注：《梅尧臣集编年校注》卷二一《设脍示坐客》，第577页。

④ 王巩撰，戴建国整理：《闻见近录·佚文》，《全宋笔记》第2编第6册，大象出版社2006年版，第32页。

⑤ 欧阳修著，李逸安点校：《欧阳修全集·居士集》卷六《初食车螯》，第98页。

⑥ 乐史撰，王文楚等点校：《太平寰宇记》卷二六《雍州二》、卷二七《雍州三》，第566、564、578页。

⑦ 苏轼撰，（清）王文诰辑注，孔凡礼点校：《苏轼诗集》卷五《渼陂鱼》，第213页。

之东湖,水产甚丰,"深有龟与鱼,浅有螺与蚶。曝晴复戏雨,戢戢多于蚕。沉浮无停饵,倏忽遽满篮"[1]。西部洮河一带长期由羌藏少数民族居住,其风俗不食鱼,故"鱼大如椽柱臂股,河中甚多",宋神宗时收复后,丰富的渔业资源得到了开发利用。[2]

北方地区唯山区河东路资料稀少,可说明渔业落后。

(二)南方渔业

南方水乡的自然环境更适宜渔业的发展,"鱼稻"为其最突出的地域经济特色,在宋代发展到一个新阶段。

如淮南,"长淮之南,山水平旷,当承平时,民物阜繁,鱼盐之利甲于他路"[3]。梅尧臣有"淮南鱼美香粳滑"之誉。[4] 如宿州虹县城北的万安湖,"广袤十里,蒲鱼之饶,周给邻境"[5]。尤以淮白鱼最为著名,"天下众鳞谁出右"[6],誉为水产美味第一。所产虾米大量供应京师,"淮甸虾米用席裹入京"[7],充实了开封的水产品市场。

内地渔业,当首推湖北。此地号称为"千湖之国",发展淡水渔业有极优良的自然条件。汉阳军即是一个以渔业为主的地区,"本军人户不事耕农,专恃鱼利",居民食用的口粮,"全藉德安、复州米谷供赡"[8]。洞庭湖区的岳州,"中民之产不过五十缗,多以舟为居处,随水上下。渔舟为业者,十之四五。所至为市,谓之潭户,其常产,即湖地也"[9]。以船为家、以水为田的渔民占居民的将近半数,可见渔业在当地国民经济中占有主要地位,为其一大特色。其渔业生产对邻近诸路也产生了影响。黄榦指出:"湖北诸州

---

① 苏轼撰,(清)王文诰辑注,孔凡礼点校:《苏轼诗集》卷三《凤翔八观·东湖》,第112页。

② 吴曾:《能改斋漫录》卷一五《羌俗不食鱼》,第445页。

③ 曹勋:《松隐集》卷三一《和州修城记》,《景印文渊阁四库全书》第1129册,第514页。

④ 梅尧臣著,朱东润编年校注:《梅尧臣集编年校注》卷三〇《酬杨愈太丞之寿州见别》,第1143页。

⑤ 张舜民撰,黄宝华整理:《郴行录》卷上,《全宋笔记》第8编第10册,第270页。

⑥ 杨万里撰,辛更儒笺校:《杨万里集笺校》卷一一《谢叶叔羽总领惠双淮白》,第592页。

⑦ 周煇撰,刘永翔校注:《清波杂志校注》卷一二《拦滩网》,第513页。

⑧ 黄榦:《勉斋集》卷三〇《申帅漕两司为旱荒乞别相度筑城事》《申朝省乞候救荒结局另行措置筑城事》,《景印文渊阁四库全书》第1168册,第329、331页。

⑨ 范致明撰,查清华、潘超群整理:《岳阳风土记》,第90页。

湖地……每岁冬月采鱼，湖主不得自采，皆是荆襄、淮西、江东、湖南诸处客人，驾船载网前来湖主家，结立文约，采取鱼利，而与湖主均分之。"①鱼产非常丰富，乃至本地人户无力捕捞，需招募外地人员前来收获，立定契约，五五分成。如此，其水产品当也是远销各地的。鼎州是其中的一个重要地区，南宋政府在此专设鱼湖局②，以管理湖区和征收渔税，这是宋代有记载的唯一鱼湖局，其渔场之大可以想见。另一优势是长江渔业，如汉阳、武昌"滨江多鱼，土人取江鱼，皆剖之，不加盐，暴江岸上，数累千百，虽盛暑为蝇蚋所败，不顾也。候其干，乃以物压作鲞，谓之淡鱼。载往江西卖之，一斤近百钱"③。加工出售干鱼。以上这些情况，都说明了湖北渔业的发达和渔利之丰厚。湖南如潭州湘江的橘子洲头，"居民业渔者数百家"④，乃是渔业基地，可知捕捞业的发达。

江西北部的鄱阳湖是宋代第一大湖，有着丰富的渔业资源。"鄱阳湖水，连南康江一带，至冬深水落，鱼尽入深潭中。土人集船数百艘，以竹竿搅潭中，以金鼓振动之，候鱼惊出，即入大网中，多不能脱"⑤。冬季数百艘渔船集中捕捞。杨时有诗介绍秋季捕捞云："秋高水初落，鳞介满沙脊。浩如太仓粟，宁复数以粒。纷纷渔舟子，疑若俛可拾。横湖沉密网，脱漏百无十。虫虾杂鲂鲤，骈首吐微湿。"⑥秋季湖水低浅时，长成的鱼虾密集，众渔民开始作业，收货甚丰，说明捕捞业的规范化、规模化。

如果说湖北等地渔业是利用天然湖泊这一地利，尚看不出有多少人工养殖成分的话，那么，在自然条件不如湖北的江西等地，这一情况就突出了。江西的临江军即是一个典型例子，据当地人孔武仲所著《养鱼记》载：

> 后圃之池曰筼家塘，广三十尺，其长五倍……乃于小鱼数万投于其间……善养鱼者，其粪也必以其可粪之时，其食也必以其所喜之物。其

---

① 黄榦：《勉斋集》卷二九《与漕司论放鱼利事》，第1168册，第306页。

② （明）解缙：《永乐大典》卷一九七八一《鱼湖局》引《武陵续志》，第8册，第7379页。

③ 张耒撰，查清华、潘超群整理：《明道杂志》，《全宋笔记》第2编第7册，大象出版社2006年版，第13页。

④ 张舜民撰，黄宝华整理：《郴行录》卷下，《全宋笔记》第8编第10册，大象出版社2017年版，第288页。

⑤ 马永卿撰，查清华、顾晓雯整理：《懒真子》卷四，《全宋笔记》第3编第6册，大象出版社2008年版，第197页。

⑥ 杨时撰，林海权校理：《杨时集》卷三八《鄱阳湖观打鱼》，第951页。

> 贪残与不才者去之,其狡捷败类者远之。使其良者佚居甘食,嬉游往
> 来,不逆其性,则少者易长,微者易大也。①

这一套池鱼养殖的经验,既注意饲料的适应性和投料的时效性,又注意鱼种的优良性和淘汰性,从而能够提高产量并缩短生长期,展示了当地人工养鱼技术的水平之高。在这一基础上就出现了养鱼专业户。如虔州廖姓人家拥有两个鱼塘,各有 20 亩大小,因"田畴素薄,只仰鱼利以资生"。每年收入"不下数百缗",②弃农业而经营渔业,获取了大于粮食生产的丰厚效益。与利用自然资源的渔民不同,这些养鱼专业户的生产方式发展到一个高层次,充分发挥了主观能动性。江东如徽州,由于多山少水,形不成天然渔业,故而发展起人工养殖:

> 歙居山间,无大陂泽,其溪流清浅,春夏潦水注之则深,往往有鱼而
> 不常得。疏池以养者,多鲤鲩与鲭鲤。黄鲩黑而鲭青,大率相类。首春
> 鬻鱼苗者来自湖口界中,买才数寸,日取草饲之,又蓄鲢其中,使相从以
> 长。……是数鱼者不过终岁盈尺矣。③

这就是疏池蓄山间清泉养殖的"冷水鱼",古今著名。

适应人工养鱼的发展,兴起了意义更为重要的上游产业鱼苗业。其初级模式,是在自然水域捕捞鱼苗。在江州等处,"水滨产鱼苗,地主至于夏,皆取之出售,以此为利。贩子辏集,多至建昌,次至福建、衢、婺",并有一套完善的运输鱼苗方法。④ 江西建昌、福建、两浙衢州、婺州的人工养鱼业,即由此可见一斑。比取自天然鱼苗高级的模式是人工繁殖育苗。范镇载道:"江湖间筑池塘养鱼苗,一年而卖鱼。插竹其间,以定分数,而为价值之高下。竹直而不倚者为十分,稍欹侧为九分,以至于四五分者。岁入之利,多者数千缗,其少者亦不减数十百千。"⑤鱼苗养殖专业户的年收入高达到数千贯,确属高回报的行业。鱼苗养殖的集约化和商品化,进一步普及了人工养鱼业。

---

① 孔武仲:《养鱼记》,孔文仲、孔武仲、孔平仲著,孙永选校点:《清江三孔集》,第 243 页。
② 洪迈撰,何卓点校:《夷坚志·支丁》卷三《廖氏鱼塘》,第 985 页。
③ 罗愿撰,萧建新、杨国宜注,徐力审订:《〈新安志〉整理与研究》卷二《水族》,第 56 页。
④ 周密撰,吴企明点校:《癸辛杂识·别集》卷上《鱼苗》,第 221 页。
⑤ 范镇撰,汝沛点校:《东斋记事》卷五,第 42 页。

　　两浙的池鱼养殖，集中在浙东山区。这里的山间溪水不利鱼类生长，"浙东溪水峻急，多滩石，鱼随水触石皆死，故有溪无鱼"，可以说没有什么自然渔业资源。为弥补这一缺陷，"土人率以陂塘养鱼，乘春鱼初生时，取种于江外，长不过半寸，以木桶置水中，细切草为食，如食蚕，谓之鱼苗。一夫可致养千枚，投于陂塘，不三年，长可盈尺，但水不广，鱼劳而瘠，不能如江湖间美也"①。从江西等地买来鱼苗在自然池塘中饲养，尽管自然条件不佳，产量和质量都不高，养殖周期高达三年，毕竟还是有利可图，故多有建池养殖者。如越州南部诸暨等县，"大家多凿池养鱼为业。每春初，江州有贩鱼苗者，买放池中，辄以万计。方为鱼苗时饲以粉，稍大饲以糠糟，久则饲以草。明年卖以输田赋，至数十百缗……池有仅数十亩者"②。诸暨的池鱼养殖比浙东其他地区发达，而且饲养精细，从鱼苗到成鱼分别投放不同的饲料，效率大大提高，所以养鱼卖鱼的周期缩短为一年，见效快，加速了资金周转和增殖。捕捞业比池鱼养殖业历史悠久，两浙天然水域普遍，渔业发达。如"连天白水渺无涯"的太湖，"日落荒溪无系缆，荻丛深处傍渔槎（近湖数十里，多荒荻野水，无步岸，居民多夜傍渔船宿）"③。不少职业渔民以捕鱼为生。宋高宗时，有官员在平江府任职，因官小俸薄，吃不起昂贵的羊肉，只能以鱼虾为副食："平江九百一斤羊，俸薄如何敢买尝？只把鱼虾充两膳，肚皮今作小池塘。"④可见水产丰富，价格低贱。杭州既沿海又有钱塘江、西湖等水域，渔业资源丰富，如"临安小民数十百成群"，常常往钱塘江口"接鱼"，曾捕获海狗。⑤海洋渔业生产规模更大，产量更高，为两浙沿海居民的主业。如苏州，"海滨之民以网罟蒲赢之利，而自业者比于农圃焉"⑥。庆元府，"本府濒海，细民素无资产，以渔为生。所谓砂岸者，即其众共渔业之地也"⑦。此即长期以来为我国最大的海洋渔场舟山群岛。又如定海县，"家

---

① 叶梦得撰，徐时仪整理：《避暑录话》卷下，《全宋笔记》第2编第10册，第343页。

② 沈作宾修，施宿等纂：《嘉泰会稽志》卷一七《鱼部》，第7039页。

③ 阳枋：《字溪集》卷一一《买舟过太湖口入小港》，《景印文渊阁四库全书》第1183册，第417页。

④ 洪迈撰，何卓点校：《夷坚志·丁志》卷一七《三鸦镇》，第683页。

⑤ 周辉撰，刘永翔、许丹整理：《清波别志》卷上，《全宋笔记》第5编第9册，第174页。

⑥ 朱长文：《吴郡图经续记》卷上《物产》，第644页。

⑦ 罗濬：《宝庆四明志》卷二《钱粮》，第5017页。

家活计鱼虾市,处处欢声鼓笛楼。不用丹青状风景,逢人且说小杭州"①。是渔业致富的典范。仅以捕捞石首鱼为例,每年"三四月,业海人每以潮汛,竞往采之,曰洋山鱼。舟人连七郡,出洋取之者,多至百万艘。盐之可经年,谓之郎君鲞"②。其渔业生产规模之大,产业化之强,可以想见。

　　福建渔业主要在沿海,当地渔民靠"渔海取鲑蛤之属以自给"③。渔业产品非常丰富,在福州,"两信潮生海接天,鱼虾入市不论钱"④。由于多,价格低贱,经济效益不高。内地州郡也有些人工养鱼业,前述江州之鱼苗即有贩至福建者。早在宋太宗时,就有这样的记载:"建州民二人,本田家客户,尝于主家塘内以锥刺得鱼一斤半,并杖脊,黥面送阙下。"⑤仅仅刺鱼一斤半竟遭如此刑罚,足见塘鱼之利益对塘主是多么重要。莆田出产通印子鱼即鲻鱼,"名著天下"⑥,被誉为"闽中鲜食最珍者"⑦,是一著名特产。

　　广南地区捕捞渔业在地方国民经济中占有重要地位,所谓"南海之人,恃鱼为命"即是。⑧ 秦观有诗云:"粤女市无常,所至辄成区。一日三四迁,处处售虾鱼。"⑨说明鱼虾是当地的主要商品、食品之一。这里早在唐代就有买卖鱼苗的记载和稻田养鱼的经验,⑩惜未见宋代有关史料,但应当是比唐代有所发展的。

　　四川有多条江河资源供渔民捕捞,此外在溪谷江湖出产特产魛鱼、嘉鱼、鮢鱼、黑头鱼、沙绿鱼、石鳖鱼等,或"蜀人养之",或"蜀人甚珍其味","蜀人以为鲙,味美","庖人取为奇味"。⑪ 此外,有一特色渔业,"蜀人临水居者,皆养鸬鹚,绳系其颈,使之捕鱼,则倒提出之。至今如此……蜀之渔家

---

　　① 陈著:《本堂集》卷一三《定海》,《景印文渊阁四库全书》第1185册,第61页。
　　② 罗濬:《宝庆四明志》卷四《水族之品》,第4041页。
　　③ 刘克庄撰,王蓉贵、向以鲜校点:《后村先生大全集》卷八八《福清县创大参陈公生祠》,第2284页。
　　④ 王象之编著,赵一生点校:《舆地纪胜》卷一二八《福州》,第2898页。
　　⑤ 马端临撰,上海师范大学古籍研究所、华东师范大学古籍研究所点校:《文献通考》卷一七《刑考五》,第4976页。
　　⑥ 化振红著:《〈分门琐碎录〉校注·鱼》,第236页。
　　⑦ 王得臣撰,余宗宪点校:《麈史》卷中《诗话》,第45页。
　　⑧ 邓肃:《栟榈集》卷一九《跋李舍人放鲞文》,《景印文渊阁四库全书》第1133册,第359页。
　　⑨ 秦观撰,徐培均笺注:《淮海集笺注》卷六《海康书事十首》其五,第239页。
　　⑩ 郭茹星、王社教:《论唐代岭南地区的渔业》,《中国农史》2015年第6期。
　　⑪ 宋祁:《益部方物略记》,《景印文渊阁四库全书》第589册,第106页。

养鸬鹚十数者,日得鱼可数十斤"。沿袭着唐代杜甫诗中所述"家家养乌鬼,顿顿食黄鱼"的风俗。① 可见其渔业普遍。

从上述南方情况看,有一个共同点值得一提,那就是渔业比较发达的地区,大都是种植业落后的地区。在地理条件不利于发展种植业的情况下,另辟蹊径,改变生产方向,利用自然资源开展渔业,扬长补短,经济也得到一定的发展,并为其商品经济发展的重要内容。

本 章 结 语

宋代农田水利建设在各地都有不同程度的发展。从发展面积看,东南最大;从发展速度看,北方尤其是河北最快;从发展效益看,北方旱地水浇化或水田化,瘠地淤田化的效益更高,意义重大。浙东、福建、江南等地多山区,农田水利事业投资很大,所产生的效益并不如其他地区理想。荆湖、二广、夔州路等地水利开发有限,农田耕种粗放。南方地区农作物以水稻为主,麦粟等开始南移;北方麦粟豆并举,水稻普遍种植,农作物种类丰富,单位亩产量高于南方,所纳二税也高于南方。经济作物南北地区各具特色,北方仍是桑麻业的重心所在,木棉、茶叶则独秀于南方。北方的畜牧业发达,在国民经济中作用重大,为南方所不及。果木业、渔业的经济比重增大,地域差异方面南方较北方为胜,商品化、专业化程度也较高。

---

① 黄朝英撰,陈金林整理:《缃素杂记》卷五《乌鬼》,《全宋笔记》第 3 编第 4 册,大象出版社 2008 年版,第 206 页。

第 三 章

宋代手工业的地域分布

在社会经济中具有主导作用的手工业,于宋代获得巨大发展。表现在行业众多、规模扩大、分工细密、技艺精湛,因而产品种类丰富、商品化程度高、质量优良,成就辉煌,是宋代社会经济文化繁荣的主要标志之一。手工业需要以自然环境和农业为基础、市场为导向、生产经验和技术为灵魂,所以,手工业在各地区分布、发展的情况,综合地反映了当地的经济状况。本章主要以矿冶、制造、纺织、盐、酒、矾、陶瓷、文具等行业为主,来考察研究其地域分布状况。

第一节　矿冶及金属制造业

一、矿产分布

矿产的分布,从根本上讲受地质构造的制约。但在同等条件下,资源优势能否转化为经济优势,却要受到社会生产的制约:决定着能否勘探到矿藏、有无开发能力、生产效率如何等等。另外,政治、军事原因也起着重要的制约作用。如河北的太行山,"西山之长数百里,其产金、银、铜、铁、丹砂之类无所不有,至宝久伏于下,而光气苗磺往往溢发而出地,官禁之不许取"①。至道年间有司报告:"凤州出铜矿,定州出银矿,请置官掌其事。"本是利国的好事,宋太宗却不同意:"地不爱宝,当与众庶共之。"②原因何在呢? 凤州在秦风路,定州在河北路,都是西北边防地区,朝廷不想与民争利,不愿聚集大批工匠,招惹是非。宋真宗时,河北真定北砥山发现银矿,言事者请求开发置冶,但河北转运使索湘则从治安角度出发,"以为召寇",奏罢之。③ 河北虽有银矿资源,却不能开发利用。所以,矿产分布与矿藏分布不一致,前者由社会因素决定,后者由自然因素决定,但是前者必须以后者为基础。矿产的分布与矿冶的规模,是二者的综合产物。

(一)各地金属矿产数据

《宋会要辑稿·食货》三三之七至一八,列有各地元丰年间及祖额矿产课额数字(金银中包括数量很少的土贡额),是较为系统的数据资料,现据此作表如下。

表 3-1 元丰年间各地矿产课额表

地区	矿产及单位	祖额	元丰元年额	占元丰元年全国总额百分比①	增减率②
京西	金(两) 银(两) 铁(斤) 铅(斤) 锡(斤)	66 720 69360 1572 无额	57 400 84410 696 无额	0.53 0.15 1.5 0.009	86 55 121 44
京东	金(两) 银(两) 铁(斤)	7159 416 703455	9583 637 558065	89 0.24 10.1	133 153 79

① 欧阳修著,李逸安点校:《欧阳修全集·河北奉使奏草》卷下《论河北财产上时相书》,第1827页。

② 李焘:《续资治通鉴长编》卷四〇,至道二年十二月辛亥,第855页。

③ 《宋史》卷二七七《索湘传》,第9421页。

地区	矿产及单位	祖额	元丰元年额	占元丰元年全国总额百分比	增减率
河北	银（两） 铁（斤） 铅（斤） 锡（斤）	无额 3530674 500891	无额 4144202 951997 新置无额	75.5 13.3	1 17 190
陕西	金（两） 银（两） 铜（斤） 铁（斤） 铅（斤） 锡（斤） 水银（斤）	39 123899 16436 226430 2680955 无额 1531	56 38186 15411 240918 2482482 无额 2078	0.52 14.8 0.1 4.3 34.9 61.8	143 30 93 106 92 135
河东	金（两） 铁（斤）	无额 728282	无额 258384	4.7	35
淮南					
两浙	银（两） 铅（斤） 锡（斤）	9821 121635 无额	5492 282590 无额	2.1 3.9	55 232
江东	金（两） 银（两） 铜（斤） 铁（斤） 铅（斤）	34 105630 740 3133 25363	45 37202 1608 3133 1320	0.4 14.4 0.01 0.5 0.18	132 35 217 100 5
江西	银（两） 铜（斤） 铁（斤） 铅（斤） 锡（斤）	12919 674 130481 5193 8211	7588 130 100808 3985 1638	2.9 0.0008 1.9 0.56 0.87	58 19 77 76 19
湖北	金（两） 水银（两）	132	84 50	0.78 1.48	63
湖南	金（两） 银（两） 铜（斤） 铁（斤） 铅（斤） 锡（斤）	47258 5647 504 115243 237769	3 33116 1082684 504 205164 248354	0.02 12.8 7.4 0.01 2.8 13.2	70 191.72 100 178 104
成都路	金（两） 铁（斤）	（土贡）21 无额	无额	0.19	
梓州路	金（两） 铜（斤） 铁（斤）	365 7006	10 365 7549	0.9 0.02	100 107

续表

地区	矿产及单位	祖额	元丰元年额	占元丰元年全国总额百分比	增减率
利州路	金(两)		8	0.07	
	铜(斤)	154049	277328	1.9	180
	铁(斤)	无额	无额		
	锡(斤)	无额	无额		
	水银(斤)	2370	1279	38	53
夔州路	金(两)		(土贡)3		
福建	金(两)	167	151	1.4	90
	银(两)	46445	69000	26.7	148
	铜(斤)	462197	380542	2.6	82
	铁(斤)	31581	32652	0.6	103
	锡(斤)	无额	无额		
广东	银(两)	46310	23755	9.2	51
	铜(斤)	10002795	12808430	87.9	128
	铁(斤)	52525	52831	0.9	100.5
	铅(斤)	3918287	3131162	44	79
	锡(斤)	594699	740223	39.6	124
广西	金(两)		760	7	
	银(两)	20734	4045	1.5	19
	铁(斤)	500	860	0.01	172
	铅(斤)	92199	48893	0.68	53
	锡(斤)	500000	878950	47	175

说明:①百分之一以下不计。②以祖额 100 为基数。

下面以南北两方分之,了解各种矿产课额的综合数字。

表3-2 元丰年间南北方矿产课额统计表

种类	祖额		元丰元年额		增减率		元丰元年全国总数及所占百分比		
	北方	南方	北方	南方	北方	南方	总数	北方/%	南方/%
金(两)	7264	354	9696	1064	133	300	10760	90.1	9.9
银(两)	125035	289117	77409	180198	61	62	257607	30	70
铜(斤)	16436	10626467	15411	14551.087	93	136	14566498	0.1	99.9
铁(斤)	5258201	225730	5285979	198337	100.5	87	5484316	96.3	3.6
铅(斤)	3183418	4277920	3435175	3673114	107.9	85	7108289	48.3	51.6
锡(斤)		1340679		1869165		139.4	1869165	0	100
水银(斤)	1531	2370	2078	1282	135	54	3360①	61.8	38.1

概括上列二表,可得出以下结论。

---

① 原以两计者,按十六两折为一斤。总数略去尾数。

其一,北方的陕西、京东、河北三地,南方的广东、广西、湖南、福建四地,是宋代主要的矿产基地。陕西矿产最丰富,且开采持续发展。如政和年间,蒋彝担任权提辖陕西坑冶催促铸钱事,"居无几,坑冶鼓铸之利不赀。及代去,计所铸息,无虑数百万缗。凡所采金、银、丹、砂、汞、铅、铜、铁称是,宝货入中都相属"①。出产种类丰富,源源不断地运往开封,利润可观,实力雄厚。

其二,京东是最主要的产金地,河北是最主要的产铁地,陕西是最主要的产水银地和主要的产铅地。广东是最主要的产铜地和主要的铅、锡产地,也是全国最大的矿冶基地,广西是锡的主要产地。北方以最贵重的金和用途最广泛的铁为优势,南方以铜、锡、银等有色金属为优势。

其三,长江流域矿产有限。四川、湖北、江东、浙西矿产很少,两淮甚至不载矿产。② 江西矿产原本不多,元丰时又全面大幅度下降。

(二)黄金

黄金是古代最贵重的金属,值得单独列出。

京东是宋代最主要的黄金产地。宋神宗时,朝廷曾下令京东买金数万两。③ 主要集中在胶东半岛,登、莱二州盛产黄金。

> 登莱州产金,自太宗时已有之,然尚少。至皇祐中,始大发。四方游民,废农桑来掘地采之。有重二十余两为块者,取之不竭。县官榷买,岁课三千两。④

此地黄金规模开采从宋代开始,矿藏十分丰富,产量很高,至今仍是我国第一大黄金产地。莱州在元祐年间又发现了一个储藏量极为丰富的金矿:

---

① 程俱著,徐裕敏点校:《北山小集》卷三〇《朝散郎直秘阁赠徽猷阁待制蒋公墓志铭》,第542页。

② 实际上淮南并非无矿产。《宋史》卷一八〇《食货志下二》(第4397页)载淮南蕲、黄州有铁矿;岳珂:《程史》卷六《汪革谣谶》(第64页)言汪革在舒州私办有规模较大的铁冶,工匠至少五百人;同书卷二《望江二翁》(第21页)又言"舒之望江,有富翁曰陈国瑞,以铁冶起家",可见规模也不小。宋祁:《景文集》卷八《次江都》言扬州江都"山多铁冶,州铸钱"(《景印文渊阁四库全书》第1088册,第66页)。上表之所以不载,当是官方未经管,或当时不产。另据李焘:《续资治通鉴长编》卷三三五,元丰六年五月癸未(第8064页)载,夔州路"万州铁矿甚多"。

③ 《宋史》卷三二一《吕海传》,第10429页。

④ 吴曾:《能改斋漫录》卷一五《登莱州产金》,第455页。

莱州城东刘姓茔地金苗生，官莅取焉。乃发墓，凡砖瓦间皆金色也。刘葬才十数年，不知气脉蒸陶如此之速。累月取尽，地为深穴，得万亿计，自官抽官市、匠吏窥窃外，刘所得十二三焉。京东诸郡之钱尽券与刘氏。[1] 这一个巨大收获，得金亿万计，是一个难以估量的虚数。从其中十之二三即费尽了京东各州郡官府的现钱看，价值至少有数千万贯。京东不愧为宋代最主要的黄金产地。

表 3-1 显示，广西是第二大黄金产地。周去非载："广西所在产生金，融、宜、昭、藤江滨，与夫山谷皆有之。邕州溪峒及安南境，皆有金坑，其所产多于诸郡。"[2]所谓生金即天然金，又称瓜子金、狗头金。金矿冶炼的金子为熟金，主产地为邕州填乃峒金坑，熙宁七年（1074）官府在此置场，"岁课得金为钱十万缗"，"后五年，又得金为钱十五万缗"，主管官员获得两次提升。广南西路经略安抚司报告："此坑产金至多"，增强了管理人员和乞防守兵三百人。[3] 政和四年（1114），据有关部门报告："邕州等处产金宝，共收到金二千四十六两，数内采到生大黄金，不经烹炼者"，有诏宣付史馆。[4] 其生产处于增长状态。

（三）煤炭

上述种类全是金属矿产，尚不能包括当时开采的全部基本矿产，如煤炭就是没有被列入的最主要的矿产之一。在中国煤炭发展史上，宋代是重要的一环。

北方地区的煤炭开采占有绝对的优势，尤以西北地区为突出。朱弁说：石炭"今西北处处有之，其为利甚博"[5]，在西北地区社会经济中发挥着重要作用。河北的磁、相等州盛产煤炭，其中相州的一个煤矿遗址已被现代考古发掘，证实是座技术先进、有数百名矿工的大矿。[6] 河东就是现代的山西省，产煤更多，居民据说大多是"仰石炭以生"[7]，无论是采煤、运煤还是用

---

① 朱彧撰，李伟国点校：《萍洲可谈》卷二，第 147 页。
② 周去非著，杨武泉校注：《岭外代答校注》卷七《生金》，第 269 页。
③ 李焘：《续资治通鉴长编》卷二五六，熙宁七年九月丙辰，第 6262 页。
④ 周辉撰，刘永翔校注：《清波杂志校注》卷八《水晶》，第 357 页。
⑤ 朱弁撰，孔凡礼点校：《曲洧旧闻》卷四《石炭》，第 137 页。
⑥ 河南省文化局文物工作队：《河南鹤壁市古煤矿遗址调查简报》，《考古》1960 年第 3 期。
⑦ 《宋史》卷二四八《陈尧佐传》，第 9582 页。

煤,都牵涉到大多数居民,与社会生产和居民生活密切相关。府州东部焦山就"有石炭穴"①。陕西如延州出产煤炭并普遍使用,庄绰记载有概括延州景貌特点的两句诗云:"沙堆套里三条路,石炭烟中两座城。"②可知当地居民使用煤炭的普遍,从其燃烧时的浓烟可知,属于煤化程度中等但发热量较高的烟煤。延州即现今的延安,当代仍是重要的煤炭基地。另如会州的宝积山也产石炭。③

京东的徐州,在宋神宗元丰元年(1078)发现了煤矿并开采使用,"岂料山中有遗宝,磊落如磐万车炭……根苗一发浩无际,万人鼓舞千人看"④。京西许州阳翟县也有煤炭开采,20世纪80年代在禹州神垕镇东北约2公里处,发现了一处北宋时期的煤矿遗址,经初步考察,有井口11处⑤,是一座较大的煤矿。河南府巩县"有石炭坑,相传有炭精,时出惊扰人"⑥。宝丰县清凉寺汝官窑遗址中,在距离一座窑口二米左右的地方,笔者看到有煤窑的洞口,应是就地取材,以煤烧窑。元祐三年(1088),河北路怀州发现并开采煤矿,"巍巍乎万户山前,浩浩乎乌金出世。(李)吉乃以地为主,夜以计(?)日,役工匠数百人,自赡千余口,获山泽之厚利者,皆出乎吉之分,而莫知其数焉"⑦。这是现今焦作煤矿开采史上有文字记载的最早碑刻材料,显示了是座数百工匠的私营煤矿。

在北宋流通领域中,煤炭成为重要的商品。河北怀州的九鼎渡就是一个煤炭集散地或专业市场。所谓渡口,就是源自河东的沁河渡口,怀州当地的石炭和来自河东的石炭在此交易,"其石炭,自于怀州九鼎渡、武德县收市及勾当"⑧。怀州武德县就在沁河南岸,九鼎渡在相距不远的沁河岸边。

① 李焘:《续资治通鉴长编》卷一三三,庆历元年九月庚戌,第3172页。

② 庄绰撰,萧鲁阳点校:《鸡肋编》卷上,第17页。

③ 柳世雄等:《怀戎堡碑记》,张维编:《陇右金石录》卷三,《石刻史料新编》第1辑第21册,新文丰出版公司1982年版,第16052页。

④ 苏轼撰,(清)王文诰辑注,孔凡礼点校:《苏轼诗集》卷一七《石炭》,第902页。

⑤ 安廷瑞:《河南禹县神屋镇北宋煤矿遗址的发现》,《考古》1989年第8期。

⑥ 马纯撰,程郁整理:《陶朱新录》,《全宋笔记》第5编第10册,大象出版社2012年版,第162页。

⑦ 赵德芳:《河南焦作出土北宋李从生墓志》,《中国历史文物》2006年第2期。

⑧ (清)徐松辑,刘琳、刁忠民、舒大刚、尹波等校点:《宋会要辑稿·食货》五五之二一,第7263页。

估计是九鼎渡主要收购河东运来的煤炭,武德县主要收购本地煤炭,然后通过水路运到最大的煤炭消费城市京师开封。据庄绰说:"昔汴都数百万家,尽仰石炭,无一家然薪者。"①此言显然有夸张之处,但有史料证明,开封确实广泛使用煤炭。宋徽宗宣和二年(1120)制定的选人所任在京师的岗位窠阙,其中有许多是京城石炭场的职位:

> 河(引按:指汴河)南第一至第十石炭场,河北第一至第十石炭场,京西软炭场,抽买石炭场,丰济石炭场,京城新置炭场。②

除了"软炭场""新置炭场"不能明确是否为石炭外,开封至少有二十二个煤炭供应、储存网点,遍布京师各地。从"抽买石炭场"这一机构分析,当是负责按比例抽买商人所贩运到京师的煤炭,说明除了官方外,还有不少民间煤炭供应渠道和煤炭商。政和六年(1116)开封尹王革言:"都下石炭,私场之家并无停积"③,即可证明。则是开封散布着官私炭场至少数十家。开封附近不产煤,这些情况都说明了北方尤其是西北地区煤炭产量是很大的。

北方地区大量的煤炭登上经济舞台并扮演重要角色,不但为社会生活提供了很大便利,对手工业尤其是冶炼业更是一个巨大推进,具有历史性的革命意义。在某些方面,也影响到生产关系的改善。如薛塾在河东监曲沃县酒税时,"民素苦伐薪给官炊,公始更用石炭,民得不苦,至今赖之"④。即将官衙厨房的燃料由木柴改为煤炭,既省工役,又保护林木,更提高烹饪效率。煤炭的推广使用,减轻了人民的负担。

"铁和煤是现代工业的有力的杠杆。"⑤这两项产品,在宋代北方地区都占绝对优势,成为与社会生活密切相关的生活资料和生产资料,并向生产力转化,大大提高了当地生产力水平。其现实意义和深远的历史影响,应予以足够的估价。据此我们可以说,北方矿产的地位是最重要的。

---

① 庄绰撰,萧鲁阳点校:《鸡肋编》卷中,第77页。

② (清)徐松辑,刘琳、刁忠民、舒大刚、尹波等校点:《宋会要辑稿·职官》五六之四八,第4552页。

③ (清)徐松辑,刘琳、刁忠民、舒大刚、尹波等校点:《宋公要辑稿·职官》二七之二二,第3722页。

④ 欧阳修著,李逸安点校:《欧阳修全集·居士集》卷一一《内殿崇班薛君墓志铭》,第920页。

⑤ 《马克思恩格斯全集》第43卷,人民出版社2016年版,第664页。

二、冶炼技术分布

前述各地金属矿产数字,都是冶炼成品,各地矿产数字的多少,也直接反映了冶炼规模和生产情况。在此仅就冶炼技术的地区差别作一探讨。

(一)北方地区

北方的冶铁技术达到了很高的水平。北宋重要的冶铁基地徐州利国监,庆历年间有八冶,但"冶大善崩,崩则罢鼓",工艺比较落后,严重阻碍了生产。后经研究找到了原因和解决方案,"因以新意,为作小冶,功省而利倍。徐人于今便之"[1]。改进了冶炼技术,改造了冶炼高炉,从而不但减轻了工作量,效率也提高一倍。据元丰时苏轼记载,这里已是三十六冶(当为小冶),每冶百余匠人,"地既产精铁,而民善锻"[2],乃是一个有四千余优秀工匠的大型冶炼基地。更重要的是冶炼技术有了更大的飞跃,因为当地在元丰元年(1078)发现了煤矿。苏轼用诗的语言记载了这里用煤冶炼的盛况:"投泥泼水愈光明,烁玉流金见精悍。南山栗林渐可息,北山顽矿何劳锻。为君铸作百炼刀,要斩长鲸为万段。"以炭炼铁,不仅能提高铁炉的温度,加速冶炼进程,从而增加产量,还可大大提高铁的质量。如以煤炼出的铁用以制造冷兵器,"犀利胜常"[3]。而制造农具等生产工具,显然可大大提高生产效率。这一工艺和优势,是南方望尘莫及的。

河北磁州的钢铁冶炼技术,有其独特之处,宋人认为最为高明。著名科学家沈括指出:

> 世间锻铁所谓钢铁者,用柔铁屈盘之,乃以生铁陷其间,泥封炼之,锻令相入,谓之"团钢",亦谓之"灌钢"。此乃伪钢耳,暂假生铁以为坚。二三炼则生铁自熟,仍是柔铁,然天下莫以为非者,盖未识真钢耳。予出使至磁州锻坊,观炼铁,方识真钢。凡铁之有钢者,如面中有筋,濯

---

[1]　张方平:《乐全集》卷三九《朝散大夫李公墓志铭》,《景印文渊阁四库全书》第1104册,第470页。

[2]　苏轼撰,孔凡礼点校:《苏轼文集》卷二六《徐州上皇帝书》,第759页。

[3]　苏轼撰,(清)王文诰辑注,孔凡礼点校:《苏轼诗集》卷一七《石炭》,第903页。

尽柔面则面筋乃见,炼钢亦然,但取精铁锻之百余火,每锻称之,一锻一轻,至累锻而斤两不减,则纯钢也,虽百炼不耗矣。此乃铁之精纯者,其色清明,磨莹之则黯黯然青且黑,与常铁迥异。亦有炼之至尽而全无钢者,皆系地之所产。①

即采用加热煅打法,把钢材中的杂质去掉,得到比较纯净的优质钢。磁州能炼出"真钢",一方面是冶炼技术的高超,一方面也得益于当地铁的质量高。先进的技术物化为优质钢,钢制为具体的器械,从而转化为先进的生产力,促进经济的发展。

开封是良工大匠荟萃之地,有着精湛的冶铸技术。明道年间,东京宝相禅院曾铸造一尊铁佛,"作巨冶大橐,一鼓而就,手目千数,较无一阙,侍卫跗坐,严正森立,如有神物阴为之容,虽刻绘之工所不能及"②。巨大的千手千眼佛像及附属物一次成形,惟妙惟肖,胜于雕刻,这个"阴为之容"的神物,正是铸造工匠先进的科学技术。

在冶铜技术上,北方较为落后。绍圣时蔡京言及铜矿,认为"商、虢间苗脉多,陕民不习烹探,久废不发。请募南方善工诣陕西经画,择地兴冶"③。可见陕西虽不乏铜矿资源,但因缺乏冶铜技术而开采不多,需要向南方求助技术工匠勘探指导,透露出陕西矿冶业的衰落。

(二)南方地区

南方有着发达的冶铜业。全国最大的冶铜基地在广东韶州,所谓"岑水等场自来出产铜矿最为浩瀚"④。朝廷在此设置永通监,每年用所产铜百余万斤铸钱。这里有房屋八百楹,"栋宇完,范熔备,物有区,工有居",正规有序,设施完备,而且规模很大,常聚集十万左右的"浮浪之徒"为工人⑤,可谓宋代工匠最多最密集的超大型"企业"。技术方面最突出的成就,是胆水浸铜法获得很大发展,总结出一整套经验技术,并使之理论化,出现一部

---

① 沈括撰,胡静宜整理:《梦溪笔谈》卷三《辩证一》,第24页。
② 苏舜钦著,沈文倬校点:《苏舜钦集》卷一三《东京宝相禅院新建大悲殿记》,第155页。
③ 《宋史》卷一八五《食货志下七》,第4526页。
④ 李焘:《续资治通鉴长编》卷三七六,元祐元年四月己酉,第9116页。
⑤ 余靖:《武溪集》卷五《韶州新置永通监记》,《广东丛书》,商务印书馆1946年版,第6、7页。

《浸铜要略》的专著。浸铜法即将铁置入硫酸铜溶液中,经数日化学反应后,铁成为含铁的硫化物,铜游离出来,"取刮入炉,三炼成铜,大率用铁二斤四两,得铜一斤"①。物理化学技术的应用,按人们的需要改变了金属的性质,且有很高的经济效益(胆水浸铜的成本比冶铜矿石的成本低),大大提高了铜产量。该工艺推广到湖南潭州永兴场后,遂使其铜课由产量不高且不稳定的"无额",一跃到元丰元年(1078)的170余万斤②,效益十分显著。

南方冶铁技术整体上虽不如北方,然而也有可称道之处,以广西、湖南、福建较为先进。如广西,首先是有资源保障,当地融、柳、郁林、廉、邕等州,"各产铁甚多"③。在此基础上有优质产品,如梧州发明了铜铁合金:"梧州生铁最良,藤州有黄岗铁最易。融州人以梧铁淋铜,以黄岗铁夹盘锻之";"梧州生铁,在熔则如流水然,以之铸器,则薄几类纸,无穿破。凡器既轻,且耐久。诸郡铁工锻铜,得梧铁杂淋之,则为至刚,信天下之美材也。"④能生产出轻巧耐用的合金器物,确为广西手工业的一个独特贡献。另如广西和湖南的瑶族工匠,精于炼钢:

> 西融守陆济子楫遗黄钢剑,且云:"惟融人能作之。"盖子楫未详黄钢之说矣。予居湘时,见徭人岁来谒象庙,各佩一刀,乃所谓黄钢者,惟诸蛮能作之。其俗举子,姻族来劳视者,各持铁投其家水中,逮子长授室,大具牛酒,会其所尝往来者。出铁百炼,尽其铁,以取精钢,具一刀,不使有铢两之羡。故其初偶得铁多者,刀成铦利绝世,一挥能断牛腰。其次,亦非汉人所能作。终身宝佩之。汉人愿得者,非杀之不能取也。往往旁郡多作赝者。予尝访之老冶,谓之"到钢",言精炼之所到也。今人才以生熟二铁杂和为钢,何炼之有? 融剑殆是耶?⑤

广西融州的黄钢剑,以及更胜一筹的湖南"到钢",是宋人推崇的百炼精钢,为内地汉族匠人所不及。福建是南方重要的冶铁基地,出现将铁"以生柔

---

① 马端临撰,上海师范大学古籍研究所、华东师范大学古籍研究所点校:《文献通考》卷一八《征榷考五》,第525页。

② 参见漆侠:《宋代经济史》下册,《漆侠全集》卷四,第540—543页。

③ 李焘:《续资治通鉴长编》卷四六九,元祐七年正月甲辰,第11203页。

④ 周去非著,杨武泉校注:《岭外代答校注》卷六《融剑》,第213页;《梧州铁器》,第216页。

⑤ 曾敏行著,朱杰人标校:《独醒杂志》卷四,第36—37页。

相杂和,用以作刀剑锋刃者"的"刚铁"①。但总的来说,南方冶铁技术尚不发达,铁产量本来就少,还大都用胆水浸化为铜。政和六年(1116)广东漕司言:"本路铁场坑冶九十二所,岁额收铁二百八十九万余斤,浸铜之余无他用。"②所产铁除了浸铜外竟至废置无用。冶铁技术的落后,使铁资源不能发挥应有的作用,浪费不小。

三、金属制造业分布

金属制造业布局与冶炼业布局不尽相同,更取决于市场需求和技术密集。

(一)北方地区

我们首先会发现,京师开封是宋代金属制造业的中心。这里官营手工业最集中,金属制造作坊很多。如广备指挥中有大炉作、小炉作、钉铰作、金火作;文思院有钣作、渡金作、锡作、钉子作、银泥作、装銮作、拔条作、杂钉作、裹剑作、旋作、销金作、镂金作、拍金作、堆金作等③,金加工等一应俱全。至于军工中的金属制造更多,规模之大、分工之细、产量之丰、技术之高都是第一流的。此外还有铸锡务,"掌造铜铁鍮石诸器及道具,以供出鬻之用……工匠一百十人",产品有铙、钹、钟、磬、酒镟子、照子等,上镌匠人姓名以示负责,成品后送省呈验,质量检验合格后交给朝廷官用,其余在商税院出卖④,这部分属商品生产。民间的金属制造作坊甚多,仅"镕金为饰","练金为箔"的黄金首饰、工艺品生产与销售的店铺就有不少,"其徒日繁,计所费岁不下十万两"⑤。工匠不断增多,产量日益增加,从手工业角度而

---

① 梁克家:《淳熙三山志》卷四一《物产》,第8252页。

② 《宋史》卷一八五《食货志下七》,第4528页。

③ (清)徐松辑,刘琳、刁忠民、舒大刚、尹波等校点:《宋会要辑稿·职官》三〇之七;二九之一,第3794、3781页。

④ (清)徐松辑,刘琳、刁忠民、舒大刚、尹波等校点:《宋会要辑稿·食货》五五之一九,第7262页。

⑤ 李焘:《续资治通鉴长编》卷六八,大中祥符元年二月乙巳,第1526页。2020年在开封大学旧址考古发现位于宋代外城墙内的一个手工业遗址,出土不少微型坩埚,笔者推测用于制造金银首饰。

言,可谓发达繁荣。

京东铁器制造发达。官营诸州作院以制造兵器为主,"本路徐、郓、青三州都作院及诸州小作院,每岁制造诸般军器及上供简铁之类,数目浩翰"①。各州都有官营的金属制造业。民间作坊也有规模很大者,如徐州利国监,有"土豪百余家,金帛山积,三十六冶器械所产"②,这是资金雄厚、技术密集的专业制造基地。兖州莱芜的吕正臣作坊更为典型,"募工徒,斩木锻铁,制器利用,视他工尤精密","凡东州之人,一农一工,家爨户御,其器皆吕氏作也",以至于引起了官府的垂涎。③ 说明其产品质量精良,品种广泛,产量极大,几乎垄断了京东民间的日用金属器械市场。这一引人注目的现象,在诸路中是最突出的,在经济史中有很高的研究价值。

陕西有大量铁器生产,并远销内地。宋真宗曾有诏书提到"许河中府民赍铁器过河,于近郡货鬻"④,可知是民间生产的铁器向外地销售。在长期、普遍生产的基础上,涌现出一批价格高昂的名牌产品。如泾州有两大品牌,一是铁尺,以"到"为量词,每"到"售价五六贯;二是番镊子,每枚价钱两贯;凤翔出鞍瓦,上乘者值钱数十贯;原州善造铁衔、镫等马具;一套马鞍的市场价格竟高达数千贯。⑤ 邠州出产的火筋、剪刀更为著名,乃是上贡的物品。⑥ 西北的青堂羌则善用冷锻法制造铁甲,其坚固受到沈括的赞扬。

> 青堂羌善锻甲,铁色青黑,莹彻可鉴毛发。以麝皮为綖旅之,柔薄而韧。镇戎军有一铁甲,椟藏之,相传以为宝器。韩魏公帅泾原,曾取试之。去之五十步,强弩射之,不能入。尝有一矢贯札,乃是中其钻空,为钻空所刮,铁皆反卷,其坚如此。凡锻甲之法,其始甚厚,不用火,冷锻之,比元厚三分减二乃成。其末留筋头许不锻,隐然如瘊子,欲以验未锻时厚薄,如浚河留土笋也,谓之"瘊子甲"。今人多于甲札之背隐

---

① 李焘:《续资治通鉴长编》卷三三九,元丰元年九月丁卯,第 8172 页。

② 苏轼撰,孔凡礼点校:《苏轼文集》卷四九《与章子厚书·又》,第 1414 页。

③ 李昭玘撰,张祥云辑校:《乐静集辑校》卷二九《吕正臣墓志铭》,齐鲁书社 2021 年版,第 277 页。

④ 李焘:《续资治通鉴长编》卷六一,景德二年九月丙寅,第 1367 页。

⑤ 庄绰撰,萧鲁阳点校:《鸡肋编》卷上,第 33 页。

⑥ 王存撰,王文楚、魏嵩山点校:《元丰九域志》卷三《邠州》,中华书局 1984 年版,第 113 页。

起,伪为瘊子。虽置瘊子,但无非精钢,或以火锻为之,皆无补于用,徒为外饰而已。①

陕西边防官员田况也道:"工作器用,中国之所长,非外蕃可及。今贼甲皆冷锻而成,坚滑光莹,非劲弩可入。自京赍去衣甲皆软,不足当矢石。以朝廷之事力,中国之伎巧,乃不如一小羌乎? 由彼专而精,我漫而略故也。"建议向西羌学习也造冷锻甲。② 以冷锻法打造的铁甲,极其坚固,为内地工匠叹而观之,为官员啧啧称赞。

陕西铜矿多,其铜器生产也有优质产品。如梅尧臣言"昔得陇西大铜碾"③即是。宋初的虔州朱汤县是制针业要地,"朱汤匠氏谙熟精好,四方所推金头黄钢小品,医工用以砭刺者,大三分以制衣,小三分以作绣"。④ 产品多种多样,按品质和规格分作针灸用、缝衣用、刺绣用三大类,可见其制作之精,分工之细。

河北是产铁最多的地区,铁器生产甚盛,是流通领域的重要商品。有史料说"商人自磁州贩鬻铁器,经过(开封)府界"⑤,看来是远销外地的。惜未见其他有关史料。官方则有专门的铁器制造作坊,磁、相两州的作院就是"都铁作院","本路铁、炭,出自磁、相二州。自来诸州军不以远近,并于磁、相般请生铁"。⑥ 所产主要是原铁、兵器。

河东盛产煤炭,锻造业非常普遍,"河东民烧石炭,家有橐冶之具"⑦。有得天独厚的燃料条件,家庭作坊的锻造冶炼业虽不至于家至户到,但广泛发展是无疑的。河东的铜器生产最为突出,闻名天下,号称第一,温革即称

---

① 沈括撰,胡静宜整理:《梦溪笔谈》卷一九《器用》,《全宋笔记》第 2 编第 3 册,第 455 页。

② 李焘:《续资治通鉴长编》卷一三二,庆历元年五月甲戌,第 3137 页。

③ 梅尧臣著,朱东润编年校注:《梅尧臣集编年校注》卷二八《次韵和再拜》,第 1010 页。

④ 陶谷撰,郑树声、俞钢整理:《清异录》卷下《金头黄钢小品》,《全宋笔记》第 1 编第 2 册,第 83 页。朱汤县在虔州,后改朱阳县。别作"耒阳",按陶谷是陕西邠州人,入宋十年而卒,乾德元年(963)底湖南耒阳才归宋,陶谷了解其地方情况的可能性不大,只能是自己熟悉的本地情况。

⑤ (清)徐松辑,刘琳、刁忠民、舒大刚、尹波等校点:《宋会要辑稿·食货》一七之二一,第 6357 页。

⑥ 欧阳修著,李逸安点校:《欧阳修全集·河北奉使奏草》卷下《乞条制都作院》,第 1819 页。

⑦ 马端临撰,上海师范大学古籍研究所、华东师范大学古籍研究所点校:《文献通考》卷九《钱币考》,第 234 页。

"晋铜"为"天下第一"①。北宋中期,"太原铜器名天下",清廉的提点河东刑狱毕仲游为避嫌,罢任时"独不市一物;惧人以为矫也,且行,买二茶匕而去"。② 其茶具也颇为精妙。太原的铜镜是土贡之精品。③ 这一优势在价格规律中得到体现。王安石说:"今河东铜器,其价极高。"④说明其质量优良,为市场紧俏商品。这就引出一个问题:前边所列金属矿产表格中,河东并没有铜产;《宋史·食货志·坑冶》中的各地矿产,河东也没有铜矿,但其铜器生产为什么如此发达呢? 事实上,官方在河东没有铜冶,而民间却有不少私自开采的铜矿。元符年间有臣僚建议:"五指山铜矿饶衍,堪任铸钱,欲官自兴置场冶,委官监辖。乞下河东路提点刑狱司检踏施行。"⑤五指山在河东辽州辽山县境内⑥,富有铜矿。从"欲官自兴置冶"一句看,原来已由民间开采了。另据欧阳修言:"绛州、稷山、垣曲县三处皆有铜矿⋯⋯自唐以来,绛州旧曾鼓铸铜钱,炉冶古迹见在⋯⋯绛州人户,多私采铸,货卖铜器⋯⋯又矿铜侧近民居,惧见官中兴置炉冶,各相蔽固,并称无铜,所差官员又不尽心多方求访,遂使铜宝不能兴发。"⑦现在明白了:河东的铜器是以私人开采的铜矿为物质基础的。河东铜矿由民间开采冶炼,官方长时期内不曾置冶官营,即使置冶也是铸造铜钱,这就使其铜器生产不受官方约束,得以较自由地发展生产,从而创造出了大量多种的优质铜器而誉满天下。

(二)南方地区

南方地区的金属制造业不亚于北方地区,现举几个比较发达的地区如下。

四川梓州的铜器生产很发达。铜山县有"新旧铜窟凡二百余所,匠户近二百家",相去数十里的郪县有一个以制造铜器而得名的"打铜村",居住

---

① （明）解缙:《永乐大典》卷二〇三〇八《天下第一》引《琐碎录》,第 8 册,第 7578 页。

② 《宋史》卷二八一《毕仲游传》,第 9524 页。

③ 王存撰,王文楚、魏嵩山点校:《元丰九域志》卷四《太原府》,第 161 页。

④ 苏辙撰,俞宗宪点校:《龙川略志》卷三《与王介甫论青苗盐法铸钱利害》,第 14 页。

⑤ 李焘:《续资治通鉴长编》卷四九四,元符元年二月庚子,第 11755 页。

⑥ 乐史撰,王文楚等点校:《太平寰宇记》卷四四《辽州》,第 924 页。

⑦ 欧阳修著,李逸安点校:《欧阳修全集·河东奉使奏草》卷下《相度铜利牒》,第 1776—1777 页。原标点作"绛州旧曾鼓铸铜钱炉冶,古迹见在",似不妥。

着百余户的"铸造之家"。两地结合生产铜器,"所铸器物,多是汉州及利州、大安军等处客贩之铜。又四川贩铜悉集于此,故铜器为多"①。可见有二百多铜矿和三百多小作坊的梓州,形成了四川铜产品的生产和交易中心,其专业密集、专业地区分工盛况在全国是仅见的。与河东一样,这里也是私营冶铸业,都属商品生产。同时还有铁器生产,元丰年间,"梓州路欲造铁蒺藜等,已牒转运司均与诸州制造"②。是官营作院的兵器制造。

福建铁器出品很多。绍兴年间知福州沈调言:"福建路产铁至多,客贩遍于诸郡。"③尤以销往两浙的铁器为多。庆历年间两浙转运使曾言:"当路州军自来不产铁,并漳、泉、福等州转海兴贩",不断有福建"民间打造农器、锅釜"运往两浙④,充实了两浙的生产资料和生活资料。

湖南潭州是一个重要的金属制造手工业地区。宋理宗时,"乌山铜炉之所六十有四,麻潭、鹅羊山铜户数百余家"⑤。冶铜业规模与梓州相似,可谓发达。这里出产的银质茶具最著名,"长沙茶具,妙甲天下。每副用白金三百星或五百星,凡茶之具悉备,外则以大缕银合贮之"。宋理宗时,地方官曾以黄金千两制造一副金茶具上贡给宋理宗,"穆陵大喜,盖内院之工所不能为也"⑥。技术超过朝廷的能工巧匠,其精妙甲天下之誉,果然名不虚传。故而极费功夫,工价很高,"长沙匠者造茶器极精致,工直之厚,等所用白金之数"。即如打造五两重的银器,工价为白银五两。因过于贵重,在士大夫家中被当作炫耀的工艺品,"置之几案,但知以侈靡相夸,初不常用也"⑦。工艺价值高于原料价值,而装饰、观赏价值远高于实用价值。潭州醴陵县"出方响,铁工家比屋琅然。其法,以岁久锴铁为胜,常以善价买之,甚破碎者亦入用"⑧。方响是铁质的打击乐器,在醴陵已是规模化生产。

广西在别的方面都比较落后,但随着矿冶业的发展,金属制造却堪称先

---

① 王之望:《汉滨集》卷八《论铜坑朝札》,《景印文渊阁四库全书》第 1139 册,第 761—762 页。

② 李焘:《续资治通鉴长编》卷三一二,元丰四年四月己巳,第 7562 页。

③ 李心传编撰,胡坤点校:《建炎以来系年要录》卷一七七,绍兴二十七年五月庚午,第 3382 页。

④ 梁克家:《淳熙三山志》卷四一《物产》,第 8252 页。

⑤ 《宋史》卷一八〇《食货志下二》,第 4399 页。

⑥ 周密撰,吴企明点校:《癸辛杂识·前集·长沙茶具》,第 42 页。

⑦ 周辉撰,刘永翔校注:《清波杂志校注》卷四《茶器》,第 175 页。

⑧ 范成大撰,孔凡礼点校:《范成大笔记六种·骖鸾录》,第 53 页。

进。如梧州所制造的铁器"薄几类纸,无穿破。凡器既轻,且耐久"①。铁具轻薄坚固,实在少见,说明锻造技术高超。雷州"铁工甚巧,制茶碾、汤瓯、汤匦之属,皆若铸就。余以之比建宁所出,不能相上下也"②。都以精巧著称,产品质量与福建建宁相媲美,生产技术达到了相当高的水平。铜器制造业,南宋时以桂林为多③,惜缺详载。

东南其他地区还有不少优质金属产品。两浙湖州之镜,曾畅销全国:"鸑镜行于天下"④,是宋代最主要的铜镜产地。常州剪刀质量很高,"所造者颇佳,他处不及也"⑤,也是名产,晁说之就收到亲戚从常州寄来的剪刀。⑥ 衢州所制"铁锁亦佳"⑦。淮南唯有铜镜显于世,其青铜镜是《元丰九域志》所列土贡之物。江西抚州、洪州铜器业颇发达,制铜工匠"尤多于诸郡"⑧。江西信州的铁器很著名,王安石曾赞不绝口,向宋神宗推荐道:"信州等处铁极好,匠极工,向见所作器极精,而问得雇直至贱。"⑨如其中的上饶县,据陶谷言:"葛溪铁,精而工细。余中表以剪刀二柄遗赠,皆交股屈环,遇物如风,经年不营。"⑩剪刀以样式好、锋利、耐用为特色。湖北仅知澧州金属乐器有一定的知名度。⑪ 广东虽然有全国最大的矿冶基地,但是所产多由官方铸钱,竟未见有制作金属器物之记载。

综上所述,宋代大部分地区都有一定规模的金属制造业,但北方的京西、南方的成都府路、夔州路、利州路、广东、湖北、淮南则很落后,故从整体上看,北方地区稍强些,尤以兵器制造业最发达。值得注意的一个现象是,

---

① 周去非著,杨武泉校注:《岭外代答校注》卷六《梧州铁器》,第 216 页。

② 周去非著,杨武泉校注:《岭外代答校注》卷六《茶具》,第 203 页。

③ 《宋史》卷一八〇《食货志下二》,第 4399 页。

④ 不著撰人:《两朝纲目备要》卷五,庆元三年闰六月,《景印文渊阁四库全书》第 329 册,第 761 页。

⑤ 陈岩肖:《庚溪诗话》卷上,《丛书集成初编》,中华书局 1985 年版,第 6 页。

⑥ 晁说之:《嵩山文集》卷五《二十二弟自常州寄剪刀及笔来作长句》,《四部丛刊续编》,上海书店出版社 1985 年版,第 32 页。

⑦ 庄绰撰,萧鲁阳点校:《鸡肋编》卷上,第 33 页。

⑧ 《宋史》卷一八〇《食货志下二》,第 4399 页。

⑨ 李焘:《续资治通鉴长编》卷二六二,熙宁八年四月己丑,第 6411 页。

⑩ 陶谷撰,郑树声、俞钢整理:《清异录》卷下《二仪刀》,《全宋笔记》第 1 编第 2 册,第 87 页。

⑪ 《宋史》卷一八〇《食货志下二》,第 4399 页。

北方地区产铜少,但铜器生产却很发达;南方地区产铁少,其铁器制造业也称先进,这是不以矿产多少为转移的。

第二节　纺织染色业

纺织染色业在规模上是仅次于冶铸业的手工业,但更为普及、广泛,从业人数更多,与社会生活关系最为密切。本节所述,包括丝织、麻、毛、棉织以及匹帛的染色、加工。

一、各地纺织染色业的发展概况

(一)北方地区

京师开封,有着实力雄厚、规模庞大的官营纺织染色业。如织作,有绫锦院,职责是为皇家织造锦、绫等高端丝织品。这是荟萃了各地优秀织工建立起来的,宋太宗端拱元年(988)有兵匠多达 1034 人[1],宋真宗咸平年间有锦绮机 400 余张[2]。如此大的规模,其产量当是很大的。再看染色,朝廷有两个官营染院:西内染院,专掌染丝、帛、条、线、绳、革、纸、藤之类的物品,有工匠 613 人;所染物品不同质地的很多,分工当很细;从工匠人数上看,规模相当大;东染色院是前者的后勤部门,"掌受染之物,以给染院之用",有监兵 17 人[3],是生产流程中的上游工序。刺绣方面,也于宋徽宗崇宁三年(1104)建立了文绣院,招收刺绣工 300 人。[4] 文思院是个综合性的手工业机构,下设有绣作、裁缝作、丝鞋作、尅丝作等部门。[5] 服装制造则专有裁造

---

[1] (清)徐松辑,刘琳、刁忠民、舒大刚、尹波等校点:《宋会要辑稿·职官》二九之八,第 3789 页。
[2] 李焘:《续资治通鉴长编》卷四三,咸平元年九月甲申,第 916 页。
[3] (清)徐松辑,刘琳、刁忠民、舒大刚、尹波等校点:《宋会要辑稿·职官》二九之七,第 3788 页。
[4] (清)徐松辑,刘琳、刁忠民、舒大刚、尹波等校点:《宋会要辑稿·职官》二九之八,第 3789 页。
[5] (清)徐松辑,刘琳、刁忠民、舒大刚、尹波等校点:《宋会要辑稿·职官》二九之一,第 3781 页。

院,"掌裁制衣服以供邦国之用",有工匠 267 人。① 除文思院有关工匠人数不详外,综计京师官营纺织印染服装业的工匠至少有 2230 人,这是任何地方也无法比拟的。

在开封府民间,该类手工业也颇兴盛。如刺绣,在文绣院没有建立以前,朝廷许多需要刺绣的物品交给民间,"皆委之间巷市井妇人之手,或付之尼寺,而使取值焉"②。即让开封民间绣女代为刺绣。相国寺东门外有一绣巷,"皆师姑绣作居住"③,是一个由尼姑组成的专业刺绣区。丝织服装业很发达,花色品种甚为丰富。如靖康时,"京师织帛及妇人首饰衣服,皆备四时。如节物则春幡、灯毬、竞渡、艾虎、云月之类,花则桃、杏、荷花、菊花、梅花皆并为一景,谓之一年景"④。展示了独到匠心和开阔的思路、精妙的技术。开封府属县鄢陵,则出产一种独特的绢,"幅甚狭而光密,蚕出独早,旧尝端午充贡"⑤。特点是狭窄、光亮、紧密、上市早。如此,则当地养蚕在四月份即可成茧,到五月初别的地方刚成茧时就已经织成绢上贡、销售了,领先一步。

开封民间的染色业很兴盛,如相国寺前有大染坊。⑥ 新颖的是雕版印染技术,值得特别注意。政和三年(1113)九月诏云:

> 后苑作制造御前生活所翻样打造缬帛,盖自元丰初置,以为行军之号,又为卫士之衣,以辩其奸诈,遂禁止民间打造。日来多是使臣之家雇工开板,公然打造,更无法禁。仰开封府候指挥到,除降样制并自来民间打造二红相缬外,并行禁止……所有缬板许人陈首赴府送纳焚毁。⑦

史料表明,京师官方和民间都广泛运用印染工艺了,效率提高,花色斑斓,反映了京师的染色业达到了一个新的高度。官方允许的民间"二红相缬",是用相州名产茜草为红色染料,很有市场。更有流动染色摊贩,身怀绝技:

> 王锡文在京师,见一人推小车,车上有瓮,其外为花门,立小榜曰

---

① (清)徐松辑,刘琳、刁忠民、舒大刚、尹波等校点:《宋会要辑稿·职官》二九之八,第 3789 页。
② (清)徐松辑,刘琳、刁忠民、舒大刚、尹波等校点:《宋会要辑稿·职官》二九之八,第 3789 页。
③ 孟元老著,伊永文笺注:《东京梦华录笺注》卷三《寺东门街巷》,第 301 页。
④ 陆游撰,李剑雄、刘德权点校:《老学庵笔记》卷二,第 27 页。
⑤ 庄绰撰,萧鲁阳点校:《鸡肋编》卷上,第 33 页。
⑥ 孟元老著,伊永文笺注:《东京梦华录笺注》卷三《大内前州桥东街巷》,第 284 页。
⑦ (清)徐松辑,刘琳、刁忠民、舒大刚、尹波等校点:《宋会要辑稿·刑法》二之六〇,第 8316 页。

"诸般染铺",架上挂杂色缯十数条,人窥其瓮,但贮浊汁斗许。或授以尺绢,曰:"欲染青。"受而投之,少顷取出,则成青绢矣。又以尺纱欲染茜,亦投于中,及取出,成茜纱矣。他或黄,或赤,或黑,或白,以丹为碧,以紫为绛,从所求索,应之如响,而斗水未尝竭。视所染色,皆明洁精好,如练肆经日所为者,竟无人能测其何术。①

如此魔术般的化学技术和设备,达到了出神入化的地步,确实神奇。

京西的有关史料不多,但已能看出其纺织业是比较发达的。《元丰九域志》载,京西有襄、随、房、郢、唐、郑、滑、蔡、陈、颍、汝州,颍昌府、信阳军等十三个州郡上贡纺织品,说明质量普遍优良。在洛阳,官方设有织锦绮的场院。② 民间染色业有突出的代表,洛阳贤相坊在宋初有一李姓染工,"能打装花缬,众谓之'李装花'"③。即善于印染出花样,技术高超,遂以名人。襄州出产精美的丝织品,有"罗縠纤丽"之誉,欧阳修曾诵之于诗篇,云汉水"两岸桑柘杂耕耘""罗縠纤丽药物珍"。④ 有则反映蔡州纺织业的小故事颇有意义:"蔡州丁氏,精于女工,每七夕祷以酒果。忽见流星坠筵中,明日爪上得金梭,自是巧思益进。"⑤拂去其神奇的尘土,实际说明的是蔡州女工具有传奇式的纺织技术。《太平寰宇记》特别提到蔡州风俗"女修织纴"⑥,即表明这是沿袭传统的普遍现象。

河北桑麻胜地,纺织业极为发达,具有历史久、产量高、技术好、质量优的特点,因有"河北衣被天下"之誉⑦。 河北东路盛产绫绢,为契丹所垂涎,称之为"绫绢州"⑧。贝州清河县的绢自古驰名天下,隋朝的《图经》记载:"清河绢为天下第一。"⑨在宋代,河北的绢被列为"精绢",特点之一是正反

---

① 洪迈撰,何卓点校:《夷坚志·乙志》卷一五《诸般染铺》,第310页。

② 马端临撰,上海师范大学古籍研究所、华东师范大学古籍研究所点校:《文献通考》卷二〇《市籴考一》,第571页。

③ 张齐贤撰,俞钢整理:《洛阳搢绅旧闻记》卷四《洛阳染工见冤鬼》,《全宋笔记》第1编第2册,大象出版社2003年版,第189页。

④ 欧阳修著,李逸安点校:《欧阳修全集·居士集》卷七《乐哉襄阳人送刘太尉从广赴襄阳》,第108页。

⑤ 孔平仲:《谈苑》卷四,《全宋笔记》第2编第5册,大象出版社2006年版,第338页。

⑥ 乐史撰,王文楚等点校:《太平寰宇记》卷一一《蔡州》,第199页。

⑦ 《宋史》卷一七九《食货志下一》,第4362页。

⑧ 晁补之:《鸡肋集》卷六二《张洞传》,《景印文渊阁四库全书》第1118册,第918页。

⑨ 乐史撰,王文楚等点校:《太平寰宇记》卷五八《贝州》,第1199页。

面光滑一致：

> 河北绢，经纬一等，故无背面。江南绢，则经粗而纬细，故有
> 背面。①

河北绢经纬用丝粗细一致，成绢看不出正面反面，江南绢经纬粗细不同，因而背面分明。所以其赋税中征收的绢，多为皇家的内藏库收贮。宋太宗至道二年（996）诏云：“河北三十五州军……绢并纳内藏。”②即河北所有州军的税绢不归三司的左藏库，都交到内藏库了。靖康末年，金人索取绢1000万匹，宋政府提交的原有其他库藏两浙等地的绢，但金人嫌浙绢轻疏而退回，所收多是河北绢：“初，金人索绢一千万匹，朝廷至是尽拨内藏、元丰右藏库所有如数应付，河北积岁贡赋及浙绢、南绢悉令津般，……金人择绢不堪者，渍以墨水退换，朝廷乃于内府选择北绢之奇绝者，方发行之。”最后几乎都是内库的河北精绢，故而宋人痛心地说，此一举使“河北积岁之贡赋为之扫地”③。那么，按此数推算，即使连续十年内库的河北绢只进不出，平均每年也可入库约100万匹。

河北的绫等高级丝织品也是优质产品，宋政府每年要在大名府以及贝、沧、德、博、棣等州市小绫；还在大名府和市绸縠，真定府则专有织锦绮的官营场院④。如元丰二年（1079），三司“乞下河北路岁市小绫二万匹，以备禁中须索及包子、春冬衣等。从之。初，岁下河北市小绫二万六千一百八十匹，至是用不足，增其数。又诏滨、棣、德、博州岁织细法大绫五百匹，于岁市绫数除之”⑤。品种丰富，质量优良，因而朝廷的购买量不断增加。

河北产罗甚佳，为全国之楷模。庄绰言：两浙“婺州红边贡罗，东阳花罗，皆不减东北，但丝缕中细，不可与无极、临棣等比也。”⑥所言无极指河北

---

① 赵希鹄著，尹意点校：《洞天清禄·古画辩·画绢》，浙江人民美术出版社2016年版，第56页。

② （清）徐松辑，刘琳、刁忠民、舒大刚、尹波等校点：《宋会要辑稿·食货》五一之一，第7141页。据乐史撰，王文楚等点校《太平寰宇记》，河北道除幽州等地原本不在宋境内的州外，凡三十一州军，至道时当有增加。

③ 徐梦莘：《三朝北盟会编》卷七二，靖康元年十二月十五日，第545页。

④ 马端临撰，上海师范大学古籍研究所、华东师范大学古籍研究所点校：《文献通考》卷二〇《市籴考一》，第571页。

⑤ 李焘：《续资治通鉴长编》卷三〇〇，元丰二年十月癸卯，第7309页。

⑥ 庄绰撰，萧鲁阳点校：《鸡肋编》卷上，第33页。

定州、临棣指河北棣州,两浙之罗虽佳,在工艺和原料方面与河北还有一定差距。

麻布纺织也是河北的强项。宋真宗大中祥符六年(1013),三司曾上报说:"河北积布甚多,请令京东西北夏秋税并纳本色粮斛,罢折纳布,或须衣布,则于河北辇致之。"考虑到当地的生产情况,宰臣向敏中反对说:"河北止产布,倘官弗纳,恐民间难于贸易,望令仍旧,余路则依所奏。"①所谓河北止产布,当然是夸张之语,所要突出的是河北布匹生产发达,产量浩大,已有饱和过剩之虞,有能力而且自此开始供应京东、京西、河东驻军的军装面料"衣布"了。河北当地驻军所需纺织品,自然全由本地供应。据宋真宗时河北转运使李仕衡言:"本路岁给诸军帛七十万(匹)。"②随着以后驻军的不断增多,这一数字当日益加大。

要认识河北纺织染色业的高端和特征,还有两点应该指出。一是著名的定州刻丝:

> 定州织"刻丝",不用大机,以熟色丝经于木棦上,随所欲作花草禽兽状,以小梭织纬时,先留其处,方以杂色线缀于纬布之上,合以成文,若不相连。承空视之,如彫镂之象,故名刻丝。如妇人一衣,终岁可就。虽作百花,使不相类亦可,盖纬线非通梭所织也。③

刻丝是一种挑经显纬、极具欣赏装饰性的丝织品,其花纹图案如同雕刻而成,说明河北丝织技术达到了出神入化的境界,是中国传统丝绸艺术品中的精华,纺织史上的杰作和宝贵遗产。二是著名的相州染色。相州"出茜草最多,故相缬名天下"④。茜草是一种多年生攀缘草本植物,又名"血见愁",其根含茜素,乃上乘的大红染料。按五行历运,宋朝为火德尚赤,红色当然是时代特色和流行色。"相缬"——相州染色产品和染色业在优良的物质条件和历史条件下发展起来,赢得了全国性的声誉。京师盛行的"二红相缬",即是"相缬名天下"的一个表现。

总之,"河朔衣被天下",既是产量方面的意义,也是质量方面的意义,

---

① 李焘:《续资治通鉴长编》卷八一,大中祥符六年七月庚子,第1841页。
② 《宋史》卷一七五《食货志上三》,第4232页。
③ 庄绰撰,萧鲁阳点校:《鸡肋编》卷上,第33页。
④ 楼钥撰,顾大朋点校:《楼钥集》卷一一九《北行日录上》,第2098页。

更有工艺方面的意义。宋初有"天下九福"之说，"燕赵衣裳福"即其一。[1]充分说明了河北的纺织、染色以及服装业都是全国第一流的。

与河北难分轩轾的是京东。元丰四年（1081）各地的丝织品价格是"川绢二千一疋，河北山东绢差贵三二百"[2]。河北和京东绢的价格高出四川绢20%—30%。素称发达，号为"天下第一"的"东绢"即是京东、河北纺织品的代表作，自南北朝时就是名产。如宋人吴曾言："杜子美诗：'我有一匹好东绢。'关东绢也。梁庾肩吾答武陵王赍绢启曰：'关东之妙，潜织陋其卷绡。'"[3]宋人仍然多有赞美，如王迈："我有东绢滑如脂，装潢为屏作枕帏。"[4]舍不得穿着，用作屏帏饰品。王之望："烦将一段好东绢，画个渔舟钓雪图。"[5]常常用来作画。关东绢的特点就是光滑细腻、厚重紧密，深受士大夫的喜爱和珍贵。

具体再说京东。早在宋太宗时，就有诏京东应天府的税绢归内藏库收贮[6]，宋真宗咸平四年（1001），又诏京东路的青、潍、登、淄、莱五州之绢"并直纳内藏，如左藏须物帛支遣，那换远年者充"[7]。共六州之税绢直达皇家内库收藏。青州有官营的丝织场院；宋政府每年在青、齐、郓、濮、淄、潍、沂、密、登、莱等十州收买平紬。[8]可见除了绢之外，京东的平紬、平罗、小绫也是优质产品。对京东的纺织品，官方的胃口很大，不惜重金大量收购。又如自宋真宗大中祥符九年（1016）起，朝廷拨内藏库钱高价收购京东绸绢，"时青、齐间绢直八百，绸六百，官给绢直一千，绸八百，民极以为便。自是绸绢之直日增，后数岁遂皆倍于昔时"[9]。运用价格规律极

[1]　陶谷撰，郑树声、俞钢整理：《清异录》卷上《九福》，《全宋笔记》第1编第2册，第22页。

[2]　李焘：《续资治通鉴长编》卷五一六，元符二年闰九月甲戌注，第12269页。

[3]　吴曾：《能改斋漫录》卷七《关东绢》，第187页。

[4]　王迈：《臞轩集》卷一三《谢阮儒隐为画墨梅床屏》，《景印文渊阁四库全书》第1178册，第642页。

[5]　王之望：《汉滨集》卷一《词源图》，《景印文渊阁四库全书》第1139册，第672页。

[6]　（清）徐松辑，刘琳、刁忠民、舒大刚、尹波等校点：《宋会要辑稿·食货》五一之一，第7141页。

[7]　（清）徐松辑，刘琳、刁忠民、舒大刚、尹波等校点：《宋会要辑稿·食货》五一之二二，第7152页。

[8]　马端临撰，上海师范大学古籍研究所、华东师范大学古籍研究所点校：《文献通考》卷二〇《市籴考一》，第572页。

[9]　李焘：《续资治通鉴长编》卷八六，大中祥符九年正月壬申，第1969页。

大地刺激了民间生产积极性,有力地促进了京东丝织业的发展。据王珪言:"京东岁常豫支钱市帛七十万,后三司益至二百万。"①朝廷预支钱款来保证收买量,可见重视程度。宋哲宗时,官方在京东路和买的绢、绵,"岁额无虑二百万匹两"②,与王珪所言数量符合。

京东还有些著名的特产,如南京应天府有"轻薄金条纱"。③ 单州成武县出产"薄缣","修广合于官度,而(每匹——引按)重才百铢,望之若雾。著故浣之,亦不纰疏"④。虽然极为轻薄,却很坚固耐用,确为一大特点。另有花隔织,知青州王安礼曾违法"在任买丝,勒机户织造花隔织等匹物"。⑤ 由于京东丝织品产量大、质量高,所以远销南方地区以至海外。密州板桥镇于元祐三年(1088)设置市舶司⑥,成为海上丝绸之路的出发地之一。李觏有诗云:"江湖限南鄙,秋令到还稀。节换空看历,人闲未趁衣。齐纨方得意,厦燕莫言归。"⑦可见"齐纨"流行于江湖一带。秦观诗云雷州:"裔土桑柘稀,蚕月不纺绩。吴绡与鲁缟,取具舶船客。"⑧这是"鲁缟"贩至广西的证明。优质的丝织品得益于优质的丝,绵的质量也很高,莱州即上贡绵10万两。⑨ 京东也有雕版印染,《遗史》中曾提到南宋初单州砀山县"染户"宋从令,让所收养的小儿"学雕花板"即是。⑩

陕西的纺织业富有实力和特色。以丝织业而言,许多地方都有分布。李复言其在"秦熙汧陇间""缲丝宛转听车声"⑪,可知其蚕丝生产的普遍。邠、宁二州,以出产绵绸闻名⑫,乐史载雍州土产隔纱,华州土产绵、绢,蒲州

---

① 王珪:《华阳集》卷三七《梁庄肃公适墓志铭》,《丛书集成初编》,第493页。

② 《宋史》卷一七五《食货志上三》,第4235页。

③ (清)徐松辑,刘琳、刁忠民、舒大刚、尹波等校点:《宋会要辑稿·崇儒》七之六一,第2917页。

④ 庄绰撰,萧鲁阳点校:《鸡肋编》卷上,第33页。

⑤ 李焘:《续资治通鉴长编》卷四四九,元祐五年十月戊戌,第10788页。

⑥ 李焘:《续资治通鉴长编》卷四〇九,元祐三年三月乙丑,第9956页。

⑦ 李觏撰,王国轩点校:《李觏集》卷三六《秋热》,第406页。

⑧ 秦观撰,徐培均笺注:《淮海集笺注》卷六《海康书事十首》其八,第242页。

⑨ 朱彧撰,李伟国点校:《萍洲可谈》卷二,第144页。

⑩ 徐梦莘:《三朝北盟会编》卷一九九,绍兴十年二月,第1437页。

⑪ 李复撰,魏涛点校整理:《潏水集》卷一六《予往来秦熙汧陇间不啻十数年时闻下里之歌……以补秦之乐府云》,西北大学出版社2015年版,第215页。

⑫ 庄绰撰,萧鲁阳点校:《鸡肋编》卷上,第33页。

土产绵、绢，陕州土产絁、绢，虢州土产方纹绫（上贡）、花纱、绢。① 丝织品贸易在陕西商业中占重要地位，流通量很大，仅渭州潘原县城，就有"丝绢行人"十余家。② 宋仁宗至和年间，陕西传言将废铁钱，居民争以铁钱抢购商品，而商贩拒绝接受，市场大乱。地方长官文彦博心生一计，乃"召丝绢行人，出其家缣帛数百匹，使卖之，曰：'纳其值尽以铁钱'"，市场遂定。③ 丝绢行之多，主导作用之大，可从侧面反映陕西丝织业的状况，意味着丝绢是市场上最主要的商品。麻布业的史料，仅见于《太平寰宇记》：凤翔土产麻、布、松布，庆州土产胡女布，泾、原、邠、宁、鄜等州皆土产麻、布。④

陕西纺织业的强项和突出特色是毛纺织业。其地畜牧业发达，毛纺织业有着良好的发展基础，因而成为宋代毛纺织业最发达之地。庄绰载："泾州虽小儿皆能捻茸毛为线，织方胜花。一匹重只十四两者，宣和间，一匹铁钱至四百千。"⑤ 即使按当时铁钱与铜钱的最低时比价 20：1 计，每匹也值铜钱 20 贯。而当时全国的绢价大约是每匹两贯，则毛纺织品比绢的价格高出 10 倍。所谓方胜，是由两个菱形压角相叠组成的图案，用动物的茸毛能织成如此精美轻巧的产品，其工艺已是很高明了，况且连儿童都能捻毛织造，足见毛纺织业是多么普及。陕西毛纺织品中还有一价格昂贵的产品，即凤翔府郿县的绦，"以紧细如箸者为贵。近岁衣道服者，绦以大为美，围率三四寸，长二丈余……以真茸为之。一绦有直十余千者"。⑥ 绦是一种羊茸织的带子，物品虽不重要，却可反映陕西毛纺织品的多样化和高质量。陕西毛纺织业为活跃市场、促进商品经济的发展、提高人民生活水平起到良好作用，从而也发展了地方经济，并能促进畜牧业发展。

---

① 乐史撰，王文楚等点校：《太平寰宇记》卷二五《雍州一》、卷二九《华州》、卷四六《蒲州》、卷六《陕州》《虢州》，第 521、614、953、93、110 页。

② 李焘：《续资治通鉴长编》卷一三一，庆历元年二月丙戌，第 3099 页。

③ 司马光撰，邓广铭、张希清点校：《涑水记闻》卷一〇，中华书局 1989 年版，第 198 页。

④ 乐史撰，王文楚等点校：《太平寰宇记》卷三〇《凤翔府》、卷三三《庆州》、卷三二《泾州》、卷三三《原州》、卷三四《邠州》《宁州》、卷三五《鄜州》，第 634、708、692、703、720、726、736 页。

⑤ 庄绰撰，萧鲁阳点校：《鸡肋编》卷上，第 33 页。

⑥ 叶梦得撰，宇文绍奕考异，侯忠义点校：《石林燕语》卷一〇，中华书局 1984 年版，第 150 页。

(二)南方地区

成都府路的丝织业素称发达,以纤丽为特色,史言其"茧丝织文纤丽者穷于天下"①,位居全国前列。其中以锦最为著名,"蜀以锦擅名天下,故城名以锦官,江名以濯锦。……宋朝岁输上供等锦帛,转运司给其费,而府掌其事。元丰六年,吕汲公大防始建锦院于府治之东,募军匠五百人织,号称第一"。官方在成都设置有规模庞大的织锦机构——锦院,拥有织机154张,"日用换综之工百六十四,用杼之工五十四,练染之工十一,纺绎之工百一十,而后足役。岁费丝权以两计者一十二万五千,红蓝紫莏之类以斤计者二十一万一千斤,而后足用。织屋、吏舍、出纳之府,为屋百十七间,而后足居"。年产锦 690 匹。这是仅次于京师绫锦院的地方最大锦院。织锦的工艺卓越,色彩、图像斑斓生动,"织文锦绣,穷工极巧。其写物也如欲生,其渥采也如可缀"②。锦之外,其他丝织品也多有出产。彭、绵、汉、邛、蜀、眉、简等七州"皆织大小绢、欹正、花纱"③。绵州巴西出产的纱很著名,一匹仅重二两,非常轻薄,制为夏服,"甚轻妙"④。另外,成都等地还出产鹿胎、透背等高级丝织品。宋哲宗时,有宦官持御札至成都路,令织"唯供御服"的戏龙罗 2000 匹,绣旗 500 面。⑤ 说明罗也有最高档次的精品。南宋初年,朝廷诏"成都府路转运司收买川锦二十万缗,潼川府路转运司收买青丝樗蒲绫三十万缗,准备礼物使用"⑥。都是名贵精品。至于刺绣,更为精美,宋仁宗以前,四川曾岁贡"织绣佛像"。⑦ 南宋初的章甫有诗云:

蜀人多巧思,组绣用功深。生绡三尺余,成此观世音。

慈悲欢喜容,如出旃檀林。莲花随步武,璎络缦衣襟。

---

① 《宋史》卷八九《地理志五》,第 2230 页。

② 吕大防:《锦官楼记》,(明)杨慎编,刘琳、王晓波点校:《全蜀艺文志》卷三四,线装书局 2003 年版,第 930—931 页。

③ 马端临撰,上海师范大学古籍研究所、华东师范大学古籍研究所点校:《文献通考》卷二○《市籴考一》,第 572 页。

④ 吴曾:《能改斋漫录》卷一五《绵州八子》,第 439 页。

⑤ 《宋史》卷三五四《何常传》,第 11166 页。

⑥ 李心传编撰,胡坤点校:《建炎以来系年要录》卷一四七,绍兴十二年十月戊寅,第 2775 页。

⑦ 曾巩撰,王瑞来校证:《隆平集校证》卷二《却贡献》,中华书局 2012 年版,第 77 页。

手中杨柳枝,时布慈云阴。誓度诸有情,能以音声寻。①
所绣菩萨栩栩如生,呼之欲出,艺术价值很高。其麻布生产也较发达,每年
上供京师之布66万匹。②

继成都府路之后,梓州路的丝织业也称发达。宋仁宗时,梓州有众多的
机织户,"本州机织户数千家"③,已形成一支庞大的纺织业队伍。借此优良
的原料和技术市场,官方在此也设置了织绫绮的场院。其他地方如遂、荣、
普、资州和怀安军,"皆织大小绢、㪺正、花纱"④。遂州之罗、梓州之绢,都有
独特之处,"遂宁出罗,谓之越罗。亦似会稽尼罗而过之"⑤。梓州能织出八
丈阔幅的绢献给皇宫,乃"前世织工所未能为也"⑥,技艺有了重大的发展,
创造出超越前人的新纪录。

还要提到的是,四川地区的丝织品质地独特、宜于染色,促进了染色业
的发展,也是丝织品的一个优越之处。南宋有人曾将川帛与吴罗、潮绫在四
川染红,到都城临安后,经过梅雨潮湿,发现吴罗、潮绫"色皆渝变,唯蜀者
如旧",仍然鲜艳。四川人道出个中奥秘在于"蜀之蓄蚕,与他邦异。当其
眠将起时,以桑灰喂之,故宜色。""然世之重川红,多以染工之良,盖不知
由蚕所致也。"⑦四川之彩帛,因此成一绝,尤以川红为优。川红具体是什么
色彩呢?宋人吴中复有诗,题为《江右谓海棠为川红》⑧,可见川红即海棠花
般的红色,十分娇艳可爱。

毗邻京东的淮南,也有着优良的纺织传统,所谓"淮南桑麻之富,不减
京东"即是基础,"平时一路上供内藏绸绢九十余万"⑨。宋太宗至道二年

① 章甫:《自鸣集》卷一《绣观音》,《景印文渊阁四库全书》第1165册,第390页。

② 《宋史》卷一七五《食货志上三》,第4252页。

③ (清)徐松辑,刘琳、刁忠民、舒大刚、尹波等校点:《宋会要辑稿·食货》六四之二三,第
7754页。

④ 马端临撰,上海师范大学古籍研究所、华东师范大学古籍研究所点校:《文献通考》卷二
〇《市籴考一》,第572页。

⑤ 陆游撰,李剑雄、刘德权点校:《老学庵笔记》卷二,第23页。

⑥ 张邦基撰,孔凡礼点校:《墨庄漫录》卷二,第61页。

⑦ 吴曾:《能改斋漫录》卷一五《川帛宜色》,第461页。

⑧ 陈思:《海棠谱》卷下《江右谓海棠为川红》,《丛书集成初编》,中华书局1985年版,第
21页。

⑨ 李心传编撰,胡坤点校:《建炎以来系年要录》卷一一九,绍兴八年五月丁未,第2224页。

（996）的诏书中，指定淮南21州军的税绢并纳入内藏库，即上言的90余万匹，与河北的情况相似。政和五年（1115）淮南转运司言："每年管催夏税䌷绢，并为上供内府支用，淮南路并无尺寸现在。所有本路一岁诸军春冬两路衣赐，全仰两浙、江西州军。"[1]税收中的丝织品尽数上供，说明其质量优良。淮南的绫、纱也有著名者，宋政府在庐、寿二州折科小绫，在寿州还折科白縠，庐、寿、濠、泗、和、泰、光、等州和高邮、涟水军折科官绝，在亳州收购绐纱。[2] 亳州之纱，以轻纱最著称，"举之若无，裁以为衣，真若烟雾"，工艺相当精巧，惜仅有两家能织，而互为婚姻，技术垄断决不外传[3]，故未能推广发展。这种保守的生产方式，质量可以保持，产量却难以扩大。

两浙是重要的丝织品产区。在个别密集之区，纺织业专业化很强。如婺州金华，"县治城中，民以织作为生，号称衣被天下，故尤富"[4]，既有规模效应，又有经济效益，居民因此发家。如此群体性的致富，是业态优势的体现，举国罕见。司马光早有"万室鸣机杼"之誉。[5] 官府每年在两浙征调丝织品百万匹左右。如熙宁时，"两浙上供帛年额九十八万"[6]；建炎三年（1129），两浙转运副使王琮报告："本路上供和买绸绢，岁为一百一十七万匹"[7]，说明产量颇大。质量方面还涌现出了一些名牌产品。如越州寺绫，"越州尼善织，谓之'寺绫'者，乃北方'隔织'耳，名著天下"；婺州罗，"婺州红边贡罗，东阳花罗，皆不减东北，但丝镂中细，不可与无极、临棣等比也"。[8] 明州"俗不甚事蚕桑纺绩，故布帛皆贵于他郡。惟奉化绝密而轻，如蝉翼，独异他地"。[9] 轻如蝉翼的奉化绝为一方特产。此外，南宋明州还"颇

---

① （清）徐松辑，刘琳、刁忠民、舒大刚、尹波等校点：《宋会要辑稿·食货》六四之二六，第7746页。

② 马端临撰，上海师范大学古籍研究所、华东师范大学古籍研究所点校：《文献通考》卷二〇《市籴考一》，第572页。

③ 陆游撰，李剑雄、刘德权点校：《老学庵笔记》卷六，第80页。

④ 刘敞：《公是集》卷五一《先考益州府君行状》，《景印文渊阁四库全书》第1095册，第859页。

⑤ 司马光撰，李文泽、霞绍晖校点：《司马光集》卷八《送王伯初通判婺州》，第271页。

⑥ 李焘：《续资治通鉴长编》卷二五一，熙宁七年二月庚戌，第6116页。

⑦ （清）徐松辑，刘琳、刁忠民、舒大刚、尹波等校点：《宋会要辑稿·食货》六四之三五，第7751页。

⑧ 庄绰撰，萧鲁阳点校：《鸡肋编》卷上，第33页。

⑨ 罗濬：《宝庆四明志》卷四《叙产》，第5040页。

善织花绫,有文罗、紧丝锦、屬。后得北虏降卒,工技益巧,染色又胜于前日"①。虽然蚕丝不多,但丝织品和染色一直在进步,也为特产。润州(镇江府)的绢在两浙诸州中质量最佳,因而其税绢归内藏库所收。② 此地还设有织罗务:"镇江府有织罗务,岁贡御服花罗数千匹。"③官方还在婺州民间收购罗,每年 2 万匹④,在杭、越、湖、婺收购小绫⑤,说明这也是当地的优质产品。

其他纺织品如麻、草纤维纺织品也有称善者。如湖州"种萱及黄草,纺绩为布,有精致者"⑥。这种黄草在苏州也有种植和纺织,当地人"以黄草心织布,色白而细,几若罗縠"⑦。是一种独特的优良纺织品,扩大了纺织原料。象山县苎布以细为特色:"象山苎布最细,曰女儿布其尤细者也。"⑧如同现代纺纱按支数定档次一样,支数越高纱越细,织品价格越高,象山的苎布即属于精细的高档纺织品。

在染色方面,两浙有的地方也使用了印染工艺。如南宋时的台州即有"雕造花板,印染斑缬之属"⑨。杭州钱塘人陶四翁开有大染肆,曾一次买进价值四千贯的紫草,后发现是伪紫草,驵者提议"某当为翁遍诸小染家分之"⑩。由此可见,陶氏染肆规模相当大,而当地还有不少小型的染肆。

两浙纺织品业是发达的,但也有不足之处,即整体上产品质量不高,尤以输纳入官府者为差。元祐时,知杭州苏轼报告:"两浙诸郡,近年民间例织轻疏糊药绸绢以备送纳……岁岁如此,习以成风。"⑪弄虚作假以糊药加

① 罗濬:《宝庆四明志》卷六《叙赋下》,第 5056 页。
② (清)徐松辑,刘琳、刁忠民、舒大刚、尹波等校点:《宋会要辑稿·食货》五一之一,第 7141 页。
③ 熊克:《皇朝中兴纪事本末》卷二二,绍兴二年,北京图书馆出版社 2005 年版,第481 页。
④ 马端临撰,上海师范大学古籍研究所、华东师范大学古籍研究所点校:《文献通考》卷二〇《市籴考一》,第 571 页;《宋史》卷一七九《食货志下一》:建炎三年二月,"减婺州上供额罗二万八千匹,著为定制。"(第 4365 页)
⑤ 马端临撰,上海师范大学古籍研究所、华东师范大学古籍研究所点校:《文献通考》卷二〇《市籴考一》,第 572 页。
⑥ 谈钥撰,湖州市方志办点校:《嘉泰吴兴志》卷二〇《物产》,第 355 页。
⑦ 庄绰撰,萧鲁阳点校:《鸡肋编》卷上,第 33 页。
⑧ 罗濬:《宝庆四明志》卷四《叙产》,第 5040 页。
⑨ 朱熹撰,郭齐、尹波点校:《朱熹集》卷一八《按唐仲友第三状》,第 736 页。
⑩ 施彦执:《北窗炙輠录》卷上,《全宋笔记》第 3 编第 8 册,第 170 页。
⑪ 苏轼撰,孔凡礼点校:《苏轼文集》卷二九《奏为法外刺配罪人待罪状》,第 840 页。

重分量织出的劣质产品,严重损害了两浙丝织品的声誉。另一原因是原料本身即丝质量就差,这一问题在前文中也已经提到过。再者,其丝织品的规格狭小,分量不足。咸平六年(1003),即有诏"禁江浙造短狭缣帛"①,但并没有起到什么作用。官方收购罗的重量标准是平罗每匹十九两,婺罗每匹二十二两,而婺州所织罗一般仅有十一二两,仅及一半。故绍兴初地方官言:"窃以两浙绵丝细小,与河北土产定罗不同,难以敷及上件两数,是致多用粉药,才经梅润,往往蒸坏。"②为了凑够分量而掺用粉药,结果粉药的腐蚀作用却毁坏了产品本身,造成社会财富的严重浪费。以上可见,两浙丝织品的质量低劣,客观原因是蚕丝质量不高,过于细弱;主观原因是为应付赋税、和买而偷工减料,弄虚作假,消极地反抗盘剥;还有一地理原因当是两浙气候炎热,故服装原料不要求厚重,习惯上多织轻薄之物。朝廷是按北方气候制定的标准,不大适应南方。由此可知,其丝织品的数量是以质量不高为基础的,即同样的匹数,在北方用料多而厚,在两浙则用料少而轻。

江南东西二路的纺织业,次于两浙。丝织品唯有江东的江宁府之绢最优,为内藏库所收纳。③ 江东其他地方无甚名产,如徽州(歙州),"素来拙于机织,所产绢类皆轻絁脆弱"④。太平州则连布也不出产,宋孝宗言:"太平州不出布、豆,民间以纳本色为不便",而且"本土不育蚕"⑤,连蚕都没有,丝织业无从谈起,纺织业十分落后。但整个江东的纺织品在数量上还是有优势的,下文再述。

江西的情况稍好些,丝织品生产十分普遍,如袁州萍乡,"闻说萍乡县,家家有绢机"⑥。特产有优质的纱,如"临川、上饶之民,以新智创作醒骨纱,

---

① 李焘:《续资治通鉴长编》卷五四,咸平六年正月戊午,第1179页。

② (清)徐松辑,刘琳、刁忠民、舒大刚、尹波等校点:《宋会要辑稿·食货》六四之二九,第7748页。

③ (清)徐松辑,刘琳、刁忠民、舒大刚、尹波等校点:《宋会要辑稿·食货》五一之一,第7141页。

④ (清)徐松辑,刘琳、刁忠民、舒大刚、尹波等校点:《宋会要辑稿·食货》六八之一三,第7949页。

⑤ (清)徐松辑,刘琳、刁忠民、舒大刚、尹波等校点:《宋会要辑稿·食货》七〇之七一至七二,第8143页。

⑥ 刘克庄撰,王蓉贵、向以鲜校点:《后村先生大全集》卷五《萍乡》,第152页。

用纯丝蕉骨相兼捻织。夏月衣之,轻凉适体"①。是两种原料合成之物,创新性强。后来抚州又出现莲花纱,因由莲花尼寺所创而得名,"拈织之妙,外人不可传",技术高超但被垄断,年产量不足四百端,走的是高端路线,打开了京师市场,深受欢迎:"都人以为暑衣,甚珍重。"寺外人家在此带动下纷纷模仿,"织者甚多",质量虽赶不上尼寺所织,也能销往开封。② 江西的麻布业较落后,乃至不能满足本地需要。宋仁宗时,江西转运使言:"辖下一十州军每春冬衣赐,数内三衣布,除兴国军支遣得足外,余洪、虔等九州年支布五万匹,自来并从福建路州军收买,转般应副。"③本路连五万匹的布料都应付不了,可见其布匹产量之低。在此不妨与京东路作一对比:熙宁时京东仅淮阳军、徐州每年输送上京的布就有七万匹。④ 总的来说,江南东西两路的纺织业是不发达的。

福建地土不宜桑蚕,丝织业极少。绍兴二年(1132)诸路上供丝织品数量的两组名单中,都没有福建路。⑤ 布匹产量则较大,如上文所言可向江西提供五万匹布即是证明。南宋时,其布还大量贩往两浙越州等地,以至"今越人衣葛出自闽贾,然则旧邦机杼或者久不传矣"⑥。竟有挤垮那里布匹生产的趋势。不过有些布质量甚差,"睹其裨布,全然粗疏,不堪装着"⑦。福建最为兴盛的,唯有棉纺织业,朝廷在此收购木棉布,还可向广东等地出售,有一定的生产规模。刘弇言莆田"家家余岁计,吉贝与蒸纱"⑧。吉贝即木棉,已是家庭手工业的一部分。华岳言建安西关有一女善于纺棉纱,每天可成一二缕,每年可产棉布二十匹,"建安西关邻女善搔木绵,日可成一、二缕。仆向尝见:捻绵绸者,于此颇类。然就手中提出便纺成丝,与捻绵特异。

① 陶谷撰,郑树声、俞钢整理:《清异录》卷下《小太清》,《全宋笔记》第1编第2册,第74页。
② 朱彧撰,李伟国点校:《萍洲可谈》卷二,第146页。
③ (清)徐松辑,刘琳、刁忠民、舒大刚、尹波等校点:《宋会要辑稿·食货》六四之二一,第7744页。
④ (清)徐松辑,刘琳、刁忠民、舒大刚、尹波等校点:《宋会要辑稿·职官》二七之一〇,第3714页。
⑤ 李心传编撰,胡坤点校:《建炎以来系年要录》卷五四,绍兴二年五月甲申,第1117页。
⑥ 沈作宾修,施宿等纂:《嘉泰会稽志》卷一七《布帛》,第7048页。
⑦ (清)徐松辑,刘琳、刁忠民、舒大刚、尹波等校点:《宋会要辑稿·食货》七四之二一,第7744页。
⑧ 刘弇:《龙云集》卷七《莆田杂诗二十首》,《景印文渊阁四库全书》第1119册,第114页。

因问女'岁可成几端?'女云:'每岁可得二十疋。'"①从上可看到福建纺织业的特点:传统丝织、麻织业较落后,新兴的棉纺织业发达而极有前途。

两广地区的纺织业,主要以植物纤维为原料生产布匹,种类丰富。据《太平寰宇记》载,广东之端州"织蕉、竹、纻、麻、都落等布以自给";循州"织竹为布";梅州也土产竹布;南雄州的"单竹,练为麻,可以为布";新州"衣服即都落、古贝、蕉布";封州土产"都落布"②。都落布是壮语音译,古代壮族先民的纺织品。这些土产纺织品,多属自给自足性质,商品化程度很低。广东的棉纺织业在北宋时已有初步规模。元丰年间知广州陈绎之子,曾经"役禁军人织木棉"③。不过广东的木棉生产还达不到区域自给自足。方大琮言:"吉贝布自海南及泉州来,以供广人衣着"④,有赖于外地产品。整体而言,广东纺织业尚处在低级阶段,商品率很低。

广西情况与广东相似。乐史载:容州"无蚕桑,缉蕉葛以为布",土产竹子布、蕉皮布;宜州产都落麻、狭幅布;贵州产古贝布,融州产苎密布。⑤ 突出的是苎麻布产量较大,宋真宗时,两年间的产量有三十七万匹,"自朝廷克平交、广,布帛之供,岁止及万(匹),较今所得,何止十倍。"⑥可见从宋初到宋真宗朝期间发展速度很快。至南宋时,又有进一步发展,"广西触处富有苎麻,触处善织布。柳布、象布,商人贸迁而闻于四方者也"⑦。出产丰富,商品化大大提高,成为广西纺织业的强项和外销产品。这里也有木棉业,如前边所说,海南岛产木棉布并供应广州即是。琼州"绩木皮为布,以木棉为毯",土产吉贝布⑧;其他地方如雷州,据苏辙言"衣被吉贝"⑨,说明

① 华岳撰,马君骅点校:《翠微南征录北征录合集·翠微南征录》卷二《邻女搔绵吟序》,第15页。

② 乐史撰,王文楚等点校:《太平寰宇记》卷一五九《端州》《循州》、卷一六〇《梅州》《南雄州》、卷一六三《新州》、卷一六四《封州》,第3057、3061、3072、3075、3118、3139页。

③ 李焘:《续资治通鉴长编》卷三四六,元丰七年六月己巳,第8303页。

④ 方大琮:《宋宝章阁直学士忠惠铁庵方公文集》卷三三《劝织吉贝布》,第11页。

⑤ 乐史撰,王文楚等点校:《太平寰宇记》卷一六七《容州》、卷一六九《琼州》、卷一六八《宜州》、卷一六六《贵州》《融州》,第3190、3236、3215、3170页。

⑥ 《宋史》卷二八四《陈尧叟传》,第9585页。

⑦ 周去非著,杨武泉校注:《岭外代答校注》卷六《布》,第223页。

⑧ 乐史撰,王文楚等点校:《太平寰宇记》卷一六九《琼州》,第3191页。

⑨ 苏辙著,陈宏天、高秀芳点校:《栾城集》卷五《和子赡次韵陶渊明劝农诗引》,第944页。

有一定的木棉生产规模。至于丝织业则很落后,如宾州,由于"俗工于织布",所以"妇不识蚕"。① 整个广西都是如此,"广西亦有桑蚕,但不多耳。得茧不能为丝,煮之以灰水中,引以成缕,以之织绸"②。受原料的限制,产品质量不高,数量上更不能满足当地需要,故其丝织品多靠外地供应。广西瑶人的染色业相当先进,出产瑶斑布:

> 猺人以蓝染布为斑,其纹极细。其法以木板二片,镂成细花,用以夹布,而镕蜡灌于镂中,而后乃释板取布,投诸蓝中。布既受蓝,则煮布以去其蜡,故能受成极细斑花,炳然可观。故夫染斑之法,莫猺人若也。③

此类先进的型版印染,是夹缬雕版和蜡防染技法的综合应用。至于广大乡村的少数民族群众,则多无力染色,服用原色纺织品,"岭外虚市,市人大半以白帕蒙首"④。以宾州为例,"民杂素冠","虚市所集,白黑相半"。⑤ 当地几乎没有染色业,连帽冠也只是本来的白色,"白黑相半"指戴素冠者和裸露黑发者相半。总之,广西的纺织业比较落后,由于麻布兴盛和版型版蜡染是其亮点,整体上优于广东。

河东、荆湖、利州路、夔州路等地,有关史料极少,将在下文补述。

二、从赋税和土贡看各地纺织品的产量和质量

(一)各地赋税中的纺织品

宋朝赋税收入中,有一定比重的纺织品。《宋会要辑稿·食货》六四一至一六,载有各地有关品种和数额,常有论者重视引用,以此来评价各地纺织业状况。然而我们发现,这些数据是不全面的。为便于分析,先将其列表如下。

---

① 祝穆撰,祝洙增订,施和金点校:《方舆胜览》卷四一《宾州》,第740页。
② 周去非著,杨武泉校注:《岭外代答校注》卷六《水绸》,第225页。
③ 周去非著,杨武泉校注:《岭外代答校注》卷六《猺斑布》,第224页。
④ 孙觌:《鸿庆居士集》卷三《灵泉寺》,《景印文渊阁四库全书》第1135册,第30页。
⑤ 王象之编著,赵一生点校:《舆地纪胜》卷一一五《宾州》,第739页。

表3-3 宋代各地赋税纺织品数量表

地区	种类						
	罗（匹）	绫（匹）	绢（匹）	絁（匹）	绸（匹）	布（匹）	丝绵（两）
	数量						
开封府			46372		3851		170633
京东东路			282840		33253	49837	469332
京东西路		4032	207589		21574		
京西南路			18500		2514	60961①	62928
京西北路			298259	42	3530		508415
河北东路		7315					618804
河北西路			230910		40753		955008
河东路				22729	52988	151116②	86
永兴军路						800③	101
秦凤路						305	1226
两浙路	860		673009		104256		2004800
淮南东路			40646	2149	10537	10422	662835
淮南西路		2871	39038	2247	8301	2398	452595
江南东路			383659		62288	9896	1198244
江南西路			105538		25	2808	344784
荆湖北路			131137		24506	15581	198101
荆湖南路			45	20694		73772	
福建路			28545				
成都府路			63760		11703	4554	831505
梓州路			213396		19840		431384
利州路			111650		11676	22④	194670
夔州路	83		19440		4722		94439
广南东路							
广南西路						105647	

说明：①②单位为"匹端"。③单位为"端"。④单位为"段"。

解析该表，有四个问题必须澄清。

一、品种不全。主要是普通丝麻纺织品，其他如锦、棉布、毛纺织品等重要品种即未列出。

二、数额不全。全是民间赋税中的纺织品，不包括各地官营纺织品生产场院的产量。

三、赋税结构不同。即使以租税额而论，也不能衡量出各地纺织品生产状况，因为租税在不同地区有不同的结构。如四川，"蜀民所输两税，皆以匹帛充折"①。即多征纺织品以代替粮食等其他物品，纺织品是最主要的征收对象，因为匹帛便于运输上供。

四、不包括内藏库所收。前文已指明，各地匹帛之精良者为内藏库收纳，而内藏库的收入是不经三司（或户部）的，也没有列入上表。如河北东路是著名的"绫绢州"，但表中匹帛总数仅7000余匹，显然不能反映其实际产量。又如已知的淮南一路上供内藏库绢90余万匹，而上表该路的绢数仅79000余匹，无疑是上交内藏库之外的余额。至道二年（996）的诏书中指出："河北三十五州军、淮南二十一州军、山南东道十州（引按：此循唐制。唐山南东道凡十六州：商、邓、均、房、唐、金、襄、随、郢、复、荆、峡、归、夔、万、忠州。所言十州，不知为谁）、京东应天府（引按：宋真宗时又加青、潍、登、淄、莱五州）、江南昇、润州绢并纳内藏，余纳左藏。"②也就是说，上述地区的租税匹帛量（指绢）不能以该表所列为准，表中数额只是其余额。

显而易见，该表不能真实地反映各地纺织业状况，所以没有区域比较的价值。结合上下文，这一点会更加清楚。但表中毕竟提供了不少数据可资参考。如两浙、江东等地数额很大，可证其纺织业生产有相当的规模；广东是个空白，可证其纺织业落后。再者，前文中没有提到的河东等路的情况，也可从中了解。

表中显示，河东租税中有匹帛共226833匹，其中绝数、布数都是全国最高额，唯丝绵最少，仅此就可见其纺织业的地位不可轻视。此外，河东还是毛纺织品的重要产地。熙宁时，三司提议让河东制造条毡三千③，虽不果行，也可知当地有制作原料和技术。北宋时宫廷所用的"地衣"——地毡，

① 李焘：《续资治通鉴长编》卷一四，开宝六年六月壬寅，第302页。
② （清）徐松辑，刘琳、刁忠民、舒大刚、尹波等校点：《宋会要辑稿·食货》五一之一、五一之二二，第7141、7152页。
③ 李焘：《续资治通鉴长编》卷二一八，熙宁三年十二月己卯，第5308页。

即由河东提供。① 河东土产"驼毛、褐布"②，还用骆驼毛为原料，织造"驼毛段子"③，是宋代史料中仅见的新品种。麻布业也较发达，《太平寰宇记》中河东有十一个州军土产麻或布。《元丰九域志》中河东有五个州土贡丝织品绢和绸，意味着丝织业获得发展，取代了麻布。另外，泽州还有一著名特产——防雨的油衣，"泽州油衣甚佳"④，是服装业的一朵奇花。上述这些情况，大致可以反映出河东纺织品特色鲜明，产量较大，品种较多。

湖北租税中丝绵额多于河东，但匹帛仅 171224 匹，大大少于河东。湖南更少，匹帛仅 94511 匹，丝绵也少于湖北。利州路匹帛为 123348 匹，比河东少 10 余万匹，但多于荆湖两路的总和。夔州路匹帛只有 24245 匹，丝绵94439 两，在南方诸路中，仅多于广东。

（二）各地土贡中的纺织品

如果说租税中的纺织品数额不能全面、准确地反映各地区纺织品产量的话，那么，从《元丰九域志》所载各地土贡的纺织品中，却大致可以看出其质量与品种的差异。因为一般而言，这些土贡之物都是当地的名优特产。请看下列两表。

表 3-4　元丰年间各地土贡丝织品表

地区	土贡州数	土贡品种	地区	土贡州数	土贡品种
开封府界	1	方纹绫、方纹纱	两浙路	9	绫、越绫、茜绯花纱、轻容纱罗、绵、纱
南京	1	绢			
北京	1	花绸、绵绸、平绸	江南东路	1	纱
京东东路	6	绢、仙纹绫、绵、绫、綜丝绝	江南西路	2	绢
京东西路	4	花绫、绢	荆湖北路	8	绫、斑白绢

① 李心传编撰，胡坤点校：《建炎以来系年要录》卷一五二，绍兴十四年十月戊戌，第2877 页。

② 乐史撰，王文楚等点校：《太平寰宇记》卷三九《丰州》，第 827 页。

③ 包拯撰，杨国宜校注：《包拯集校注》卷一《请追任弁官》，第 35 页。

④ 王明清撰，朱菊如、汪新森校点：《玉照新志》卷三，上海古籍出版社 2012 年版，第 83 页。

地区	土贡州数	土贡品种	地区	土贡州数	土贡品种
京西南路	3	白縠、绢、绫	荆湖南路	0	
京西北路	7	绢、绫、绸、绝	成都府路	5	花罗、锦、春罗、单丝罗、罗、绫、绵绸
河北东路	14	绢、绝、绵、绸	梓州路	6	白花绫、樗蒲绫、绢、绵绸、绸
河北西路	14	罗、纱、绢、绫、绵、平绸、花绝、绝	利州路	4	隔织、莲绫、绵绸、综丝绫
永兴军路	1	绸、绝	夔州路	6	绸、绵绸、绢,绵
秦凤路	1	绢	福建路	0	
河东路	5	绢、绝	广南东路	3	绢
淮南东路	6	绢、隔织	广南西路	0	
淮南西路	3	纱、绢			

上表显示,上贡丝织品的州郡,北方有 58 地,南方有 48 地,湖南、福建、广西南方三路是空白,说明北方优质丝织品产地多于南方;以品种而论,北方有 15 种,南方有 18 种,说明南方的花色品种多于北方。北方以丝织品的主要产品——绢为主,土贡州有 37 地,南方有 18 地。南方以轻薄的纱稍多,有 4 地,北方有 2 地。具体到各路而言,河北西路的品种最多,有 8 种,两浙、成都府路次之,各有 7 种。总体情况再次表明,丝织品的质量以北方为优,产地也多于南方。

表 3-5　元丰年间各地土贡麻毛等纺织品表

地区	土贡州数	土贡品种	地区	土贡州数	土贡品种
开封府	0		两浙路	4	葛、白纻
京东东路	0		江南东路	2	白纻布、白纻
京东西路	0		江南西路	8	葛、白纻、纻布、纻
京西南路	8	葛、纻、白纻	湖北路	5	纻布、纻、布、練
京西北路	1	纻布	湖南路	5	葛、白纻、纻
河北东路	1	白毡	成都府路	4	高纻布、纻布、纻、丝布
河北西路	0		梓州路	6	丝布、葛布、葛、斑布

续表

地区	土贡州数	土贡品种	地区	土贡州数	土贡品种
永兴军路	4	靴毡、紫茸毡、毡、毛毲、弓弦麻	利州路	0	
秦凤路	3	紫茸毛毲、毛毲、白毡	夔州路	1	葛布
河东路	1	毡	福建路	5	红花蕉布、练、葛、纻
淮南东路	2	细纻、纻布	广东路	4	蕉布、白纻布、布、纻布
淮南西路	6	葛布、白纻布、纻、练	广西路	0	

麻毛等纺织贡品中，开封、京东、河北西路、利州路、广西路为空白。其实广西有许多土特麻纺织品，大约是因质量不高，或并非当地代表性的土产而不能上贡。木棉布尚未列入地方贡品之中。毛纺织品或毛制品全在西北，尤以陕西为突出。麻、葛等纺织品则以南方为突出。

本节的研究表明，在纺织业印染服装业领域中，综合状况最突出的是：河北、京东、四川、两浙、开封，淮南。比较而言，四川、两浙稍逊于河北，淮南也稍逊于京东。单项产品最具特色的是陕西的毛纺织业、福建的木棉纺织业、开封与河北的印染业，但新生的南方棉纺织业尚不足以与传统的北方毛纺织业抗衡。染色、服装业以河北、开封为优。南方的花色品种和麻、葛等纺织品优于北方。与唐代相比，东南的丝织业发展很迅速，而且又出现了具有划时代意义的棉纺织业，发展的形势很好，但从整体上看，南方的纺织业尚没有超过北方。

第三节　盐、酒、矾制造的地域分布

一、盐　　业

盐是人类不可或缺的首要调味品和人体中不可缺少的物质成分，对维持人体健康有着重要意义。盐取之于大自然，宋代的盐业布局，大致可因地理环境不同分成三个地区:北方颗盐(又称池盐)、东南末盐(又称海盐)、四川井盐。盐业与矿业一样,受地理条件的限制,沿海地区可以煮海水制盐,内地则非特殊地理条件不可。

(一)北方颗盐

北方颗盐,以陕西解盐为代表。历史上著名的解州二池,位于中条山北麓的小盆地之内,面对黄河由北向东的转弯处,东西宽50里,南北长70里,"盖河势屈曲回抱,而中有盐泉,水性至曲而折,盐性至折而聚。《洪范》曰:'润下作咸。'积千里之润,去海既远,是以伏脉地中,聚而作咸,此盐水之所自由也。"①有此得天独厚的条件,就可以引咸水晒盐:

> 解池之盐,大抵如耕种,疏为畦垄,决水灌其间,必俟南风起,此盐遂熟,风一夜起,水一夜结成盐。所以北方皆坐食盐,如南风不起,则课利遂失。②

可见风能是另一关键的自然条件,而此地夏季气温高,多东南大风,中条山在此恰好有一风谷,"每风出,吹沙飞石,树木皆摧,俗谓之盐南风。"③使解池的盐水加速蒸发,凝结成盐。有卤水,有南风,两大天然条件具备,尽得地利之便。风能资源使制盐不须烧柴锅,一点一点地煎卤水,而是大面积地晒盐,因而投资少,收益大,为其他地区盐业生产所不可相比,遂成为重要的盐业基地。

解池生产由官方直接控制,通常征调本州及邻州百姓380户为畦户,每户出夫2人,共760人为盐工④,是一个规模很大的官营盐场。除了解县池、安邑池外,解州还有女池、贾瓦等6处小池。陕西其他地方也零星产盐,如河中府出池盐,阶州出石盐,通远军(巩州)、岷州出井盐,同、华州有私土盐。⑤ 从品种和数量上丰富了陕西盐业。另一优势就是在全国范围内,解

---

① 赵彦卫撰,傅根清点校:《云麓漫钞》卷二,中华书局1996年版,第29页。
② 马端临撰,上海师范大学古籍研究所、华东师范大学古籍研究所点校:《文献通考》卷一六《征榷考三》,第466页。
③ 乐史撰,王文楚等点校:《太平寰宇记》卷四六《解州》,第966页。
④ 《宋史》卷一八一《食货志下三》,第4415页。
⑤ (清)徐松辑,刘琳、刁忠民、舒大刚、尹波等校点:《宋会要辑稿·食货》二四之三二,第6530页。

盐的质量是最上乘的，"今解州、安邑两池所种盐最为精好"①。除供应陕西本地外，东京开封府、西京河南府、南京应天府、京西 18 州郡、京东 7 州郡、河东 4 州郡、河北 2 州郡、淮南 2 州凡 36 州府，皆食用解盐②，供应范围相当广大，可见产量很高。

河东路的并、忻、代三州有颗盐生产。但忻、代二州之盐质量低劣，主要是含硝量大，苦恶难食，人不堪食用，通常用来饲喂骆驼等牲畜③。河东盐业以并州为主，设官营永利监"鬻碱为盐"，即煮卤制作散盐，供应河东大部分地区民众。同为官营，生产的方式却与解池不同，官府"籍州民之有碱土者为铛户，户岁输盐于官，谓之课盐，余则官以钱售之，谓之中卖"，允许商人贩卖，但不允许运至河东境外④，属于民产、官榷、商贩。

河北情况特殊，官府不榷盐，听任民间自制自卖。其盐业生产的特点，一是广泛而分散，二是以私营小盐为主，官营末盐为辅。官营盐场设在滨、沧二州沿海，皆煮海水产末盐，滨州场岁鬻 21000 余石，沧州场岁课 9145 石⑤，数量在全国官营盐业中不占重要地位。内地盐产都是刮咸土煮为小盐。如深、冀、邢、洺等十余州的一些土地咸卤不可耕种，"民唯以煮小盐为业，衣食租税皆出于此"⑥。乃是因地制宜的谋生手段，从农业中脱离成为制盐专业户，在自由生产、自由买卖的情况下，得以发展盐业。之所以如此，与盐业资源的地理环境有很大关系：

> 河北之盐又与其他不同。如井盐，官司只才一井，故井盐可榷。如解池之盐，毫厘封守，亦可禁榷。海盐亦待煎起炉闭炉，非一旦所成，官司及时禁察，亦可禁榷。惟河北盐是卤地，其地甚广，非如井、池可以为墙园篱堑封守；又却才煎便成，非如海盐必待煎煮，可以禁察，所以最易

---

① 唐慎微等撰，陆拯、郑苏、傅睿等校注：《重修政和经史证类备用本草》卷四《食盐》，第 249 页。

② 《宋史》卷一八一《食货志下三》，第 4413—4414 页。

③ 苏颂著，王同策、管成学、严中其等点校：《苏魏公集》卷五三《资政殿学士通议大夫孙公神道碑铭》，第 804 页；李复著，魏涛点校整理：《潏水集》卷一《河东盐法议》，第 12 页。

④ 《宋史》卷一八三《食货志下五》，第 4469 页。

⑤ 《宋史》卷一八一《食货志下三》，第 4428 页。

⑥ 李焘：《续资治通鉴长编》卷一五九，庆历六年十一月戊子，第 3853 页。

得犯禁。①

这种特殊生产环境的广泛性和简便的生产过程,使官方无法控制,难以禁榷,地理环境对生产关系的制约作用,由此可见一斑。这条史料还说明了河北小盐生产的成本低于海盐,速度也快于海盐,整体上劳动生产率和经济效益较高。

京东官营盐业原来仅有密州一场,岁鬻32000余石,供应本州及沂、潍三州,后来增添登州四场。从宋仁宗时起,京东开放盐禁,像河北一样,听任民间生产和贸易②。

（二）南方末盐

矿产极少的淮南,却有着极为丰富的盐业资源,成为宋代最大的产盐基地。沿海的楚、海、通、泰州、涟水军都有盐场,也是得益于自然环境,"盖斥卤弥望,可以供煎烹;芦苇阜繁,可以备燔燎",原料和燃料俱称丰富,故而"国家鬻海之利,以三分为率,淮东居其二"③。产量大约可占全国海盐总产的三分之二。从业人员当然是一支庞大的队伍,如泰州海陵监,宋初即有亭户718户,丁夫1220人;利丰监有亭户1342户,丁夫1694人,远远多于解池的畦户。官方籍亭户组织生产,划给煎盐地盘和草荡,提供本钱,亭户则计丁输盐课,如利丰监规定"每丁岁煎盐九十石"④。性质上属官营盐业。

两浙、福建、两广地区,皆有官营海盐业,与淮南有许多相似之处。特点是资源丰富而产量低:

> 若明、越、温、杭、秀、泰、沧等州,为海水隈奥曲折,故可成盐。其数亦不等,唯隈奥处则盐多,故二浙产盐尤盛他路。自温州界东南止闽、广,盐升五钱,比浙贱数倍。盖以东南最逼海,润下之势既如此,故可以为咸,不必曲折也。⑤

---

① 马端临撰,上海师范大学古籍研究所、华东师范大学古籍研究所点校:《文献通考》卷一六《征榷考三》,第467页。
② 《宋史》卷一八一《食货志下三》,第4427页。
③ 《宋史》卷一八二《食货志下四》,第4455页。
④ 乐史撰,王文楚等点校:《太平寰宇记》卷一三〇《海陵监》《利丰监》,第2569、2570页。
⑤ 方勺撰,许沛藻、杨立扬点校:《泊宅编》卷三,第14页。

可见沿海的盐业资源是越往南越丰富,盐业生产成本低而获利多,所以盐价也低。但从下文将要提到的各地盐产量看,这几地都大大低于淮南,估计是生产技术、传统的产业地域配置和燃料的问题,销路、运输状况如何也有影响。如"广西之地广漠而雕瘁,食盐有限,商贾难行……自西广而出,水小多滩碛,其势甚难。是广西之盐不得与广东比伦也"①。本地消费量有限,而海岸不便行船,外运困难,故而外销有限,严重地制约了生产发展,呈现资源闲置状态。

(三)四川井盐

川蜀四路,皆产井盐,以梓州路最盛,利州路最弱。宋初四川总共有632井,官方在井多之地设监管辖,"监则官掌,井则土民干鬻,如其数输课,听往旁境贩卖,唯不得出川峡"。经营方式分为官营和民营官课两种。四川盐业生产有两个特点。

一是成本高。井盐生产比海盐更艰难,成本更高,"盐井浚深,鬻盐极苦,樵薪益贵,輂之甚艰,加之风水之虞,或至漂丧"②。通过钻井的方式抽取地下卤水煎制,比海盐多了凿井、汲卤等工序,不但工艺最为复杂,而且凿井之功和燃料之费都很大,凿成一井一般需要数年乃至数十年,运输条件又艰难,地下水脉多变,险难重重,如此等等,都为其盐业发展设置了重重障碍。但在当地人民的顽强拼搏下,仍然获得持续发展。宋仁宗时大英县卓筒井的出现,开创了机械钻井的先河,标志着中国古代深井钻凿工艺的成熟。至宋光宗时,四川20州有4900余井,岁产盐6000余万斤。③

二是私营盐业规模较大,并已作坊化。如井研县,"豪者一家至有一二十井,其次亦不减七八",每家有工匠四五十人至二三十人,多是自外地逃亡流浪而来,"庸身卖力"。与业主关系协调则努力劳作,不协调则群起闹事,"算索工值"而去④。二者之间不存在超经济的强制,而是一种货币雇佣

---

① 马端临撰,上海师范大学古籍研究所、华东师范大学古籍研究所点校:《文献通考》卷一六《征榷考三》,第470页。

② 《宋史》卷一八三《食货志下五》,第4471页。

③ 佚名编,汝企和点校:《续编两朝纲目备要》卷二,绍熙三年四月,中华书局1995年版,第26页。

④ 文同:《丹渊集》卷三四《奏为乞差京师官知井研县事》,第254页。

关系。显然,这是种先进的劳资关系。

（四）各地盐业生产地位

宋代盐业的地域分布及概况已如上述。现统计北宋前期各地产盐数量,按地区排列如下,以考察各地盐业生产的地位。

表3-6　北宋前期各地产盐数量①

地区	数量（斤）	名次	地区	数量（斤）	名次
解州	43517992	2	广西路	1500000	11
并州	6250000	5	福建路	5015000	7
滨州	1050000	12	成都路	5276100	6
密州	1600000	10	梓州路	7089000	4
淮南路	107700000	1	利州路	610000	13
两浙路	33750000	3	夔州路	4287000	8
广东路	2700000	9	全国	220345092	

首先要明确,这些数据都是官营盐业的产量,不包括民间小规模的生产和小盐。据此,淮南课额最多,其次解州,两浙第三位。京西,湖北、湖南毫无盐产,河北盐产仅列滨州场,没有另一沧州场。如前所言,河北沿海的滨、沧二州有官盐场,其中《文献通考》未列的沧州场,岁课9145石,折457250斤,连上表中最少的利州路也比不上。南北比较而言,宋代盐业生产的重心无疑在东南地区。

从生产角度讲,北方盐业以解池、河北小盐为代表,共同特点是投资少,效益高。但解池和河北小盐的生产关系却大不一样,前者是强制性的劳役制,最为落后;后者是个体生产,自由流通,生产关系中没有强制性。四川盐业生产投资最大,效益较低,但民间盐业虽然是集约经营,却也没有人身依

---

①　马端临撰,上海师范大学古籍研究所、华东师范大学古籍研究所点校:《文献通考》卷一五《征榷考二》,第434—436页。原载盐数有席、石、斤三个不同单位,还有明确的规则:"席一百一十六斤半"、"凡颗、末盐,皆以五斤为斗",则是1石为50斤。本表统一折合为斤,以便比较。之所以将时间定为北宋前期,是因为文中虽然没有说明,但所出的具体年代都在宋太祖、宋太宗、宋真宗三朝,其中解盐明确为宋太宗至道二年。

附关系,自有其特殊的积极意义,值得注意。

二、酿酒业

与盐业相比,酿酒业所受的地理条件制约相对小些,各地都可酿造。但仍有很大影响,"凡酝用粳、糯、粟、黍、麦等及曲法、酒式,皆从水土所宜"①。也就是说,其影响主要在于原料、质量和种类。而气温的高低,则对产量有一定的影响:饮酒使人血液流动加快,身体发热,所以北方地区多于南方地区。

（一）北方地区

宋代酿酒业的中心,当首推京师开封。京师酿酒不但产量高,而且质量最佳。朝廷有两个酿酒机构:法酒库造酒"以待供进及祭祀、给赐";内酒坊"造酒,以待余用"。② 所酿皆为朝廷所用。其中内酒坊的工匠,在宋初至少有八十余人。③ 法酒库采用的是陕西河中府的酒法,始自于周世宗时,实为最佳之酿。苏轼称赞道:"内库法酒……他处纵有嘉者,殆难得其仿佛。"④不但质量高以迎合高端人群,产量也颇大以适应广泛需要。宋初用原料——糯米 800 石,宋真宗时增为 3000 石,宋仁宗时猛增至 80000 石⑤,产量逐年剧增。另有"尚酝绝品曰小糟真珠红"⑥,为北宋末年的精品。京师有都曲院专掌造曲,"给内酒坊及出鬻收直",每年用麦多达四万石。⑦ 所谓出售,是指卖给在京的 72 家有酿酒权的正店,与供应百万人口比起来,法酒库、内酒坊的需求是有限的,故而都曲院的生产有大部分是商品生产。院中之井"淬秽"不堪

① 《宋史》卷一八五《食货志下七》,第 4514 页。
② 《宋史》卷一六四《职官志四》,第 3891 页。
③ 《宋史》卷一《太祖纪》,建隆二年三月,"内酒坊火,酒工死者三十余人,乘火为盗者五十人"（第 8 页）。
④ 赵令畤撰,孔凡礼点校:《侯鲭录》卷四《东坡评诸葛氏笔》,第 105 页。
⑤ 江休复撰,储玲玲整理:《江邻几杂志》,《全宋笔记》第 1 编第 5 册,第 146 页。
⑥ （清）黄以周等辑注,顾吉辰点校:《续资治通鉴长编拾补》卷五二,靖康元年正月丁卯,第 1607 页,引朱胜非:《秀水闲居录》。
⑦ （清）徐松辑,刘琳、刁忠民、舒大刚、尹波等校点:《宋会要辑稿·职官》二六之三三至三四,第 3705—3706 页。

饮用,但有一个特点,"唯以造曲特善,它并皆不如"①,也是得天独厚。开封民间的酿酒业与这一最大的消费城市相适应,更为发达,仅在京大酒户——正店就有72家,每年用米多达30万石。②　京师还允许王公贵族酿酒,因而出现很多花色品种。如酴醿酒,"京师贵家多以酴醿渍酒,独有芬香而已。近年,方以楝楂花悬酒中,不惟馥郁可爱,又能使酒味辛冽,始于戚里,外人盖所未知也"③。就是采用浸泡工艺制造的配制酒。美酒总是高档的,价格昂贵,连普通官员也买不起。梅尧臣就有"大梁美酒斗千钱,欲饮常被饥窘煎"④之叹。

在北方诸路中,河东路酿酒业比较有特色。河东盛产葡萄,为其发展果酒业提供了大量优质原料,故其葡萄酒最负盛名。吴炯言:

> 葡萄酒自古称奇,本朝平河东,其酿法始入中都。余昔在太原常饮此酝,有诗云:"孟佗爱官入骨髓,为官蹙眉曾未开。快遣葡萄百斛酒,换取梁州刺史来。"⑤

其酒之佳,其饮之乐,可以想见。河东的酿酒技术为宋代酿酒业作出了重要贡献,不仅传入了京师,在京西也得到发扬光大。叶梦得言:"河东人刘白堕善酿酒……吾在蔡州,每岁夏以其法造,寄京师亲旧,陆走七程,不少变。又尝以饷范德孺于许昌,德孺爱之,藏其一壶忘饮,明年夏复见,发视如新者。"⑥当时的酒属于低度酿造酒,不是蒸馏而是发酵的黄酒类,不宜久存,一般都是当年酿造当年喝完,能贮存一年就是奇迹了。

陕西酿酒业可以从三个方面概括。一是产量大。陶谷曾赞叹道:"雍都,酒海也。"⑦宋初即是如此,以后有增无减,至少要满足数十万军队的需求,大大超过宋初的产量。酒税因而成为官府重要财源,"本路利源所入,

---

① 方勺撰,许沛藻、杨立扬点校:《泊宅编》卷六,第33页。

② (清)徐松辑,刘琳、刁忠民、舒大刚、尹波等校点:《宋会要辑稿·食货》三七之二四,第6818页。

③ 庞元英撰,金圆整理:《文昌杂录》卷三,《全宋笔记》第2编第1册,第141页。

④ 梅尧臣著,朱东润编年校注:《梅尧臣集编年校注》卷二二《李审言遗酒》,第617页。

⑤ 吴炯撰,黄宝华整理:《五总志》,《全宋笔记》第5编第1册,第19页。

⑥ 叶梦得撰,徐时仪整理:《避暑录话》卷上,《全宋笔记》第2编第10册,第252页。

⑦ 陶谷撰,郑树声、俞钢整理:《清异录》卷下《蠜宫集大成》,《全宋笔记》第1编第2册,第95页。

全藉酒课"①。二是技术高。前文所言陕西河中府之酒法传入京师,所酿法酒为天下第一即是明证。三是多有名产。在量大的基础上,讲究质优。如凤州"公库多美酝",名扬天下,是当地三大名产之一:"世言凤州有三出:手、柳、酒。"②该地有一香泉,"清洌而甘,宜酿酒"。元丰时,宋神宗被其名气吸引想品尝,曾有旨取该州"香醪"百瓶上贡③。原州官府所产的庆锦堂酒,"醇旨最于一路"④。成为西部最佳酿。凤翔府产橐泉岐下酒,据陆游言:"橐泉岐下酒,自昔名冠关中,而失之太劲。"⑤对于南方人来说,凤翔府的酒太冲了,酒精度数较高。

京西的两个州郡有著名之产。一是京西最北端的滑州。陆游认为:"承平时,滑州冰堂酒为天下第一。"⑥欧阳修到滑州韦城任主簿时,苏轼有诗送行云:"白马津头春水来,白鱼犹喜似江淮。使君已复冰堂酒,更望重新画舫斋。"⑦说的就是欧阳修在滑州恢复了冰堂酒的生产。作为一方名产,自然成为礼品。至和年间,滑州知州馈送相州知州韩琦本地所产酒,韩琦高兴地以诗答谢:"芳醇盈榼副风骚,慰我漳滨病拥旄","滑醪清满菊花卮,只欠新螯左手持"。⑧ 黄庭坚则有词称赞道:"冰堂酒好,只恨银杯小。"⑨可见北宋时滑州冰堂酒,名气确实很大。另一产酒的地方是京西南端的宜城。襄州宜城县以出产"宜城美酒"而颇有名气⑩,司马光有诗称赞

---

① 李焘:《续资治通鉴长编》卷三四二,元丰七年正月丁未,第8221页。

② 彭□辑撰,孔凡礼点校:《墨客挥犀》卷六《凤州有三出》,第352页。

③ 祝穆撰,祝洙增订,施和金点校:《方舆胜览》卷六九《凤州》,第1214、1213页。

④ 庄绰撰,萧鲁阳点校:《鸡肋编》卷下,第103页。

⑤ 陆游著,钱仲联校注《陆游全集校注·剑南诗稿校注》卷二六《谢郭希吕送石洞酒》,第4册,第65页。

⑥ 陆游撰,李剑雄、刘德权点校:《老学庵笔记》卷二,第26页。

⑦ 苏轼著,孔凡礼点校:《苏轼诗集》卷三四《送欧阳主簿赴官韦城四首》其三,第1793页。

⑧ 韩琦:《安阳集》卷八《次韵答滑守梅龙图重阳惠酒二阕》,《景印文渊阁四库全书》第1089册,第269页。

⑨ 黄庭坚著,刘琳、李勇先、王蓉贵校点:《黄庭坚全集·正集》卷一四《清平乐·饮宴》,第384页。韩琦《安阳集》卷一九《初伏避暑》,诗中有"无辞剩引南燕酌(原注:匠者滑人,善酿冰酒),盐叠冰峰合坐凉(原注:冰散盐叠之,虽危不坠)"(第319页)。此冰酒可能与冰堂酒有关,至少说明滑州人善于酿酒。

⑩ 乐史撰,王文楚等点校:《太平寰宇记》卷一四五《襄州》,第2813页。

道："酒饮宜城美，歌闻白雪高。"① 以宜城之酒比歌曲中的阳春白雪，质量甚高。另据张耒言："陈州琼液酒"甚佳，"陈辅郡之雄，自宜有佳匠"。② 取决于技术。邻邦颍州之酒，在北宋中后期大有进步，欧阳修言"酒则绝佳于旧日"③，成为美酒。

京东路酿酒业整体不突出。大概由于水土缘故，历史上不产佳酿，宋代依旧。如文彦博叹息"鲁酒不成醉"④，知青州欧阳修也曾言："东州难得酒村，郡酝不堪为信。惟羔羊新得法造，又以伤生不能多作，然谓其味尚可少荐尊俎。"⑤意思是无论官府还是民间，都难得酒酿，唯有新法酿造的羊羔酒还稍微拿得出手。贺铸在徐州也言："鲁酒一樽薄。"⑥实际上并不完全如此，当地也有名产，后文可以看到齐州真珠泉即有"第一"之誉。

（二）南方地区

南方地区的酒，多以 糯米酿造，"今江、浙、湖南北，又以糯米粉入众药，和合为曲，曰饼子酒"⑦。在质量等方面无甚突出之处。如建炎四年（1130），刚到东南落脚的宋高宗感到"越酒不可饮"。⑧ 越州人陆游则抱怨：江西抚州"临川绝无佳酒"⑨。四川如隆州，据杭州人汪元量言："歇马隆州借夕凉，壶中薄酒似酸汤。"⑩整体上是度数低，口感差。

但是，南方地区一般以州为单位的官酿酒，也有适应当地乃至远销外地

---

① 司马光撰，李文泽、霞绍晖校点：《司马光集》卷一四《答张伯常之郧州途中见寄》，第452页。

② 张耒撰，查清华、潘超群整理：《明道杂志》，《全宋笔记》第2编第7册，第16页。

③ 欧阳修著，李逸安点校：《欧阳修全集·书简》卷一〇《与大寺丞（发）十一通·三（治平四年）》，第2531页。

④ 文彦博著，申利校注：《文彦博集校注》卷三《夜思》，第130页。

⑤ 欧阳修著，李逸安点校：《欧阳修全集·书简》卷一《与韩忠献王（稚圭）四十五通·三十五（熙宁元年）》，第2345页。引按："酒村"不通，一本疑作"酒材"。

⑥ 贺铸著，王梦隐、张家顺校注：《庆湖遗老诗集校注》卷五《辞酒》，第232页。

⑦ 唐慎微等撰，陆拯、郑苏、傅睿等校注：《重修政和经史证类备用本草》卷二五《酒》，第1362页。

⑧ 李心传编撰，胡坤点校：《建炎以来系年要录》卷三六，建炎四年八月庚辰，第813页。

⑨ 陆游著，钱仲联校注：《陆游全集校注·剑南诗稿校注》卷一二《临川绝无佳酒时得一醉戏书》，第2册，第315页。

⑩ 汪元量著，孔凡礼辑校：《增订湖山类稿》卷四《隆州》，中华书局1984年版，第150页。

的佳酿。如兴国军酒，周紫芝认为是江西最佳："富川酒冠江西。"①四川眉州的玻璃春酒，因水源来自城外的玻璃江而得名，陆游记载为四川佳酿："玻璃春，郡酒名也，亦为西州之冠。"②宋仁宗时，梅尧臣记载苏州官酿的木兰堂酒："言盛木兰露，酿作瓮间清。木兰香未歇，玉盏贮华英。"③他在家乡宣城守孝时，曾收到淮南和州知州寄来的新酿玉醅酒④，可以馈赠远方友人，证明质量较好。他还认为"江都多美酿"⑤，交通要道的扬州有不少美酒，以适应各地客商。淮南还有两种好酒，如"高邮酒最佳，几似内法，问之，其匠故内库匠也……其次乃黄州酒，可亚琼液而差薄"⑥。广西酒以首府桂州最优。范成大言："使虏至燕山，得其宫中酒号金兰者，乃大佳。燕西有金兰山，汲其泉以酿。及来桂林，而饮瑞露，乃尽酒之妙，声震湖广，则虽金兰之胜，未必能颉颃也。"⑦为南宋西南地区的名牌，既然能与金朝燕京酒相媲美，度数当不会很低。在广东，以新州所产为佳，"新兴酒绝佳，闽人重之"⑧，因质量高而畅销福建。黄庭坚在宜州时，五天内连续三次收到友人寄来的"牂柯酒"，并连续两次与友人同饮，称赞"殊可饮"。⑨ 其酒产自于今贵州贵阳一带。

有一个值得提示的现象是，南方地区私酒酿造比较普遍。如湖南，"以酿酒自业者，家家有之。虽重其法禁，其势不止"⑩。再如福建，"八州之民，

① 周紫芝：《太仓稊米集》卷三六《次韵强使君见寄》，《景印文渊阁四库全书》第1141册，第25页。

② 陆游著，钱仲联校注：《陆游全集校注·剑南诗稿校注》卷一五《病中忽悠眉山士人史君见过欣然接之口占绝句（注）》，第3册，第30页。

③ 梅尧臣著，朱东润编年校注：《梅尧臣集编年校注》卷五《九月五日得姑苏谢学士寄木兰堂官酝》，第83页。

④ 梅尧臣著，朱东润编年校注：《梅尧臣集编年校注》卷二四《杜和州寄新醅吴正仲云家有海鲜约予携往就酌逡巡又云幕中有会且罢此饮》，第753页。

⑤ 梅尧臣著，朱东润编年校注：《梅尧臣集编年校注》卷二六《泰州王学士寄车螯蛤蜊》，第837页。

⑥ 张耒撰，查清华、潘超群整理：《明道杂志》，《全宋笔记》第2编第7册，大象出版社2006年版，第13页。

⑦ 范成大撰，孔凡礼校：《范成大笔记六种·桂海虞衡志》，第98页。

⑧ 洪迈撰，何卓点校：《夷坚志·支戊》卷九《胡邦衡诗谶》，第1126页。

⑨ 黄庭坚撰，黄宝华整理：《宜州家乘》，《全宋笔记》第2编第9册，大象出版社2006年版，第20页。

⑩ 孔文仲、孔武仲、孔平仲著，孙永选校点：《清江三孔集》，孔武仲：《代论湖南酒禁奏状》，第199页。

以酒为生者十室八九"①。如此看来,这些地区的酿酒业几乎是遍及家户了,但是还要看到,上述史料显然有夸张之处。首先,所谓福建"以酒为生者",决不可能是以造酒为谋生方式。这些酒都是私酿,即家酿自饮酒,商品率极低。道理很明白,若是家家皆酿,就没有买酒者了。再者,由于大多是违禁私酿,家户单产决不高,但由于私酿者众多,总产量是相当可观的。

广南地区有些土造酒,作为土特产也值得一提。周去非载:

> 广右无酒禁,公私皆有美酝,以帅司瑞露为冠,风味蕴藉,似备道全美之君子,声震湖广。此酒本出贺州,今临贺酒乃远不逮。诸郡酒皆无足称,昭州酒颇能醉人,闻其造酒时,采曼陁罗花,置之瓮面,使酒收其毒气,此何理耶?宾、横之间,有古辣墟,山出藤药,而水亦宜酿,故酒色微红,虽以行烈日中数日,其色味宛然。若醇厚,则不足也。诸郡富民多酿老酒,可经十年,其色深沉赤黑,而味不坏。诸处道旁率沽白酒,在静江尤盛,行人以十四钱买一大白及豆腐羹,谓之豆腐酒。静江所以能造铅粉者,以糟丘之富也。②

开放的酿酒环境,在自由竞争中形成一些佳酿,官府的瑞露、昭州酒之外,土著百姓利用当地多种植物为原料,制造出多种酒来满足需求,昭州酒、老酒、豆腐酒即是。海南的琼、崖州有一种酒树,似安石榴,"其著花瓮中即成美酒,醉人"。儋州有严树,取其皮、叶捣碎以后,浸泡在清水中,以酿粳和之,数日后成酒,"香甚,能醉人"③。如此就地取材,所酿也能满足当地需求。整体上其酒还是度数低。此外,南方地区另有"椰子酒""南蛮槟榔酒""辰溪钓藤酒"等④,丰富了酒类品种。

(三)各地酿酒业的地位

宋人列举有北宋末年天下酒名凡 203 种,大致可以说是各地的名酒或

---

① 李弥逊:《筠溪集》卷二四《龙图阁直学士右通奉大夫致仕叶公墓志铭》,《景印文渊阁四库全书》第 1130 册,第 821 页。

② 周去非著,杨武泉校注:《岭外代答校注》卷六《酒》,第 232—233 页。

③ 乐史撰,王文楚等点校:《太平寰宇记》卷一六九《琼州·土产》《儋州·土产》,第 3236、3233 页。

④ 孙升撰,赵维国整理:《孙公谈圃》卷上,《全宋笔记》第 2 编第 1 册,大象出版社 2006 年版,第 146 页。

较著名的酒,为我们系统地了解、比较各地酒的质量和品种数量提供了良好史料。现列各地酒名的数量如下。①

表 3-7　北宋各地名酒数量表

地区	数量	地区	数量
京师王公贵族	27	河东	7
开封府	28	淮南	4
三京	6	江南	7
四辅	3	两浙	12
京东①	21	四川	17
京西	22	荆湖	5
河北	29	福建	1
陕西	12	广南	2

说明:①齐州真珠泉下注云:"第一也。"

以上可见,名酒以京师开封最多,合计 55 种,占总数的 27%。其次为河北、京西、京东,越往南越少。北方各地总数 155 种,南方各地只有 48 种,占总数的 23%,尚不及京师一地的数量多。

能够说明并比较各地酿酒业的另一系统史料,当是各地酒税数额了。现将熙宁十年(1077)各地酒税数列为一表②,以间接审视宋代酿酒业的全貌及各地区的地位(数字以钱贯为主。另有少量的丝、绢、布、金、银、水银、铁、米等,共三万余单位,铜钱区内一并合计。计算时包括文数,下表总数略去文数)。

表 3-8　宋代各地酒税数额表

地区	酒税(贯)	地区	酒税(贯)
东京	355804①	江西	211778
开封府	241636	湖南	141467
京东	1524044②	湖北	481914

---

①　朱弁撰,孔凡礼点校:《曲洧旧闻》卷七《张次贤记天下酒名》,第 177—180 页。
②　(清)徐松辑,刘琳、刁忠民、舒大刚、尹波等校点:《宋会要辑稿·食货》一九之一至一九,第 6391—6416 页。

续表

地区	酒税(贯)	地区	酒税(贯)
京西	1118350③	福建	46177
河北	1916609④	成都路	135955 布 5460 匹
陕西	2489699	梓州路	70397 布 1420 匹
河东	709121	利州路	34002 银 126 两
淮南	1261955	夔州路	无额
两浙	1897063	广东	不榷
江东	450691	广西	不榷

说明:①此为卖曲钱。②包括南京。③包括西京。④包括北京。

此表不是完整的数字,因为除两广不榷酒外,福建仅有建、南剑州,邵武军三州郡的酒税,其余五州不榷酒;夔州仅有忠、万、渝州,大宁监四州郡的酒税,其余州皆不榷酒,但所榷四地竟至无额,可见即使全榷数字也很小;河东麟、府二州少数民族和驻军多,也不榷酒。但是,南方地区与北方地区之间,大致还是可以比较的。

北方地区酒税总数为 8353263 贯等,南方铜钱区总数为 4492045 贯等,四川铁钱区总数为 240354 贯,另有布、银 17006 匹两。即使把二广、夔州路和福建部分州郡的情况考虑在内,南方地区的酒税数目也与北方相差很远。

北方地区酒税占绝对优势,说明酿酒业的发达。这是因为,北方地区气候寒冷,习惯上需要以酒御寒;近百万的驻军是耗酒大户,刺激着当地的酿酒业。同时,酿酒业的兴旺,反映了原料供应充沛,粮食业的发达,这就又促进了粮食的商品化和粮食种植业的发展。

三、制　矾　业

矾的生产与盐有相近之处,都是因地煎炼而成。矾作为化工原料,宋代主要用来作染色的媒染剂,也用于饮食、化妆与洗涤、医药保健等方面,但消费量必不如盐多,产地更少。也正因为产地少,那么产矾之地便在地域经济中有突出之处,值得做一考察。

据《宋史》卷一八五《食货志·矾》所载,产矾之地如下(括号内的产矾地据《庆元条法事类》卷二八《关市令》补)。

表 3-9　宋代各地产矾州军表

路分	地名	数量
河北	西山　保州　霸州　(相州)	4
河东	晋州　慈州　汾州　隰州　(隆德府)	5
陕西	坊州	1
淮南	无为军	1
江东	池州　信州	2
江西	抚州	1
湖南	潭州	1
福建	漳州	1
广东	韶州	1

产矾之地共有 17 州郡。北方地区有 10 州郡,其中以河东的矾业生产最发达,是北宋最主要的产矾基地,"河东,矾为利源之最"①。南方地区有 7 州郡,其中抚州、信州、韶州、潭州、漳州之矾,在北宋时不显,至南宋才见记载。

产矾之地的经营方式,大致有三种:一,河东 5 州、坊州、无为军、池州及抚州、潭州、韶州、信州等绝大部分产地,由官方经营,控制严密。二,河北之矾与河北小盐一样,由民间生产,但实行官榷。三,漳州之矾,官方既不经营又不榷课:"惟漳州之东,去海甚迩,大山深阻,虽有采矾之利,而潮、梅、汀、赣四州之奸民聚焉,其魁杰者号大洞主、小洞主,土著与兴贩者,皆盗贼也。"其矾利完全由地方土豪所把持。当是产量不大,官方设置管理人员得不偿失或懒得插手。

北方产矾之地多,矾的产量自然也高于南方。有几个矾利钱数可供比较。皇祐中,河东晋、慈矾售钱 136600 贯,南方最主要的产地无为军矾售钱 33100 万贯。大观元年(1107),宋政府确定河北矾额 240000 贯,河东矾额 240000 贯,淮南矾额 90000 贯。东南地区原来是无为军矾行销区,不准北

---

① 《宋史》卷一八五《食货志下七》,第 4535 页。

方矾贩入,但到政和五年(1115),宋政府做了新的调整,"河北、河东绿矾,听客贩于东南九路"①。意味着无为军矾已不能满足东南地区的需要,而北方矾的产量进一步提高了。

第四节　陶　瓷　业②

陶瓷主要是日用器皿和工艺品,物品虽不十分重要,却是日常生活中应用最广泛、不可缺少的;其精细者,则有很高的工艺美术价值和市场价值。所以说陶瓷业是古代重要的手工业。北宋是瓷器史上的鼎盛时代,瓷器生产非常发达,工艺空前绝后。

陶瓷史家通常用多种瓷窑体系的形成来概括宋代瓷业发展的面貌。瓷窑体系的区分,主要是根据各地产品工艺、釉色、造型与装饰的同异。据此,大致可看出宋代形成的瓷窑体系有六:北方地区的河北定窑系和磁州窑系、京西钧窑系、陕西耀州窑系,南方地区为南宋兴起的两浙龙泉青瓷系、江西景德镇青白瓷系。也即河北、京西、陕西、两浙、江西的瓷器制造业最发达。

定窑系以定州为中心,包括河东之平定、盂县、阳城、介休窑,中心在河北曲阳。定瓷的色彩有白、红、黑、土四种,其中以白定、红定最为精美,皆是绝品。定瓷在中国瓷器史上有两大贡献:一是印花瓷器在宋代印花白瓷中最有代表性,对南北方瓷窑均有较大影响。定窑印花装饰始于北宋中期,成熟于后期。有关专家从大量的标本观察中认为,定瓷的纹饰取材于定州的刻丝,把刻丝纹样局部地移植于瓷器。另一巨大贡献是创造了覆烧的瓷器装烧法,即将盘碗之类器皿若干件(而不是过去的一件)反置于由垫圈组成的匣钵内烧制。这一技术革新,大大提高了生产率,对南北方青白窑有很大影响。

磁窑系是北方最大的民窑体系,包括怀州当阳屿窑、相州鹤壁集窑、京

---

① 以上史料均见《宋史》卷一八五《食货志下七》,第 4535、4536 页。
② 本节参考了漆侠先生《宋代经济史》下册(《漆侠全集》卷四)和中国硅酸盐学会编《中国陶瓷史》,文物出版社 1982 年版。

西扒村窑和登封曲河窑、河东介休窑、江西吉州窑,中心是河北磁州。当地蕴藏有大量的大青土、白碱石和水冶釉,生产条件十分优越。磁州窑吸收了传统的水墨画和书法艺术的技法,创造出具有水墨画风的白地黑绘装饰艺术,开启了中国瓷器彩绘装饰的先河。产品以日用品为主,瓷胎坚细,釉色白而微黄,特色是瓷画最为生动真切。品种以白地黑花(铁锈花)、刻划花、窑变黑釉最为著名。其装饰技法突破了当时流行的五大名窑的单色釉局限,运用了数十种丰富多彩的装饰技法。瓷枕枕底往往有张家、李家、王家和陈家造等印记,图案内容有花鸟禽兽以及多种富有生活气息的题材。瓷枕上往往书写词牌、曲牌,开创了瓷器彩绘装饰的新途径,在我国陶瓷史上占有重要地位。磁州窑创烧于北宋中期并达到鼎盛,南宋、元明清仍有延续。其影响范围比较广大。

怀州当阳屿窑属于磁窑系,但有自己的特色。"惟当阳工巧,世利瓷器。埏埴者百余家,资养者万余户。"此地有百余座窑场,工匠等依此为生者万余家,规模很大。宋人程筠为当阳峪《土山德应侯百灵庙记》所作的《歌》与《序》云:

> 尝观当阳陈立子基之徒,造范瓷器,皆得百灵之妙意,亦天下之绝工也。因作歌以赠焉:"当阳铜叶真奇器,巧匠陶钧尤精至。成器曾将卞玉工,当时见者增羞愧。……开时光彩惊奇异,铜色如朱白如玉。"[1]

记述了当阳峪窑工制作瓷器的精妙以及色彩之优美,为"天下之绝工"。不同于磁窑的白而微黄的釉色及窑变黑釉,而是赤白二色,更接近于钧瓷。

耀州窑系以陕西耀州为中心,包括京西临汝窑、宜阳窑、宝丰窑、新安城关窑、内乡大窑店窑、广州西村窑、广西永福窑。以民用器皿为主,以坚固耐用为特色,深受外商欢迎,大量出口国外。如在巴基斯坦卡拉奇及福斯特,都出土有耀州窑瓷器。[2] 广州的仿耀瓷器,就是为了适应外商需要发展起来的。

---

[1] (宋)程筠:《怀州修武县当阳村土山德应侯百灵庙记》,何新所编著,赵振华审订,晁会元统筹:《新出宋代墓志碑刻辑录(北宋卷)六》,第 165 页;参阅陈北朝:《当阳峪〈土山德应侯百灵庙记·江南提举程公作歌并序〉解析》,《焦作大学学报》2006 年第 1 期。

[2] 冯先铭:《三十年来我国陶瓷考古的收获》,《故宫博物院院刊》1980 年第 1 期。

钧窑系由于工艺独特,仅在京西阳翟烧制。① 以青瓷为主,但工艺上有重大创新,用铜、氧化物作为着色剂,在还原气氛下烧制成铜红釉,这种"窑变"技术,创造性地烧造成了"铜红釉",又称"钧红",形成瑰丽异常的釉彩和变幻无穷的色泽,为我国陶瓷工艺、陶瓷美学开辟了新的境界,成就甚大。从此改变了青、白瓷一统天下的历史,对陶瓷业的发展有着非常深刻的影响。

龙泉窑位于处州,包括浙东诸窑,形成南方烧制青瓷的中心。北宋时影响不大,到南宋晚期才改进工艺和品种,形成了独特的青瓷风格。

景德镇窑,是宋真宗景德年间因江东饶州昌南镇瓷器著名而改镇名为景德。这里有丰富的高陵土,生产条件优越,而且注意汲取各瓷窑的长处,仿定、仿官、仿钧、仿汝,并以青白瓷为自己的特色,后来遂发展为我国瓷器生产中心。

至于人们常称道的宋五大名窑,除前边已提到的钧窑、定窑之外,哥窑(处州)属龙泉窑系,汝窑(汝州)属耀州窑系,这些众人皆知,兹不赘述。另有建立于京师的官窑,与汝窑有相似之处。

官窑是北宋后期设在开封、由官府直接经营并专为宫廷服务的瓷窑。具体窑址至今尚未发现,以至于有人怀疑窑址并非设在开封。按宋人叶寘《垣斋笔衡》云:"政和间,京师自置窑烧造,名曰官窑。"②既然说的是"京师自置窑烧造",当然是设在开封,因为京师是个政治地理区划概念,如果是在外地设置窑址,应该说的是"朝廷自置窑烧造"。之所以找不到窑址,是因为开封自宋代以来屡遭黄河泛滥之淤淀,层层累积,宋代地层掩埋在现代地下八米左右,除了城墙外,其他遗址很少发现,何况小小的窑址?官瓷创造了素烧和多次上釉相结合的新工艺,使青瓷产品的质量更加精美,釉色更滋润,釉层更丰厚,形成了紫口铁足的外观特征。官瓷胎与釉均薄如纸,有月白、粉红、粉青、大绿、油灰等色,当时月白为上,粉青次之。以古朴庄重,釉色润美,纹片如波,色泽淡雅而著称,历来专供皇家享用。北宋官窑历时

---

① 关于钧窑之"钧",过去众说纷纭。有人以为钧窑即"钧州窑",其实宋代并没有什么钧州。于是又有人误钧为"均"。宋代京西有均州,在今湖北武当山一带,但钧窑在京西许州阳翟,具体在今河南禹州神垕镇。神垕有钧台,因而得名,金代遂改此为钧州。

② (元)陶宗仪:《南村辍耕录》卷二九《窑器》,中华书局1959年版,第363页。

短暂,技术高难,产量极少,传世品早已成为稀世珍宝,价值连城。在陶瓷史上虽是惊鸿一瞥,却是高光亮点,影响深远。

另外还有一些出产佳品的瓷窑。《元丰九域志》中有三个州土贡瓷器,即西京洛阳、河北邢州、陕西耀州。可见除耀州外,西京、邢州也出产优质瓷器。邢窑兴于唐而衰于宋,但仍有余韵。京东虽无名窑,但瓷器生产也有一定规模,如徐州萧县白土镇,因地下蕴含丰富白瓷用的陶土而得名,共有 30余窑,陶瓷工匠数百人,以产白器为主。① 两浙路明州、越州,江东路饶州,河北路定州,京东路青州的瓷器,都是朝廷磁器库的收藏品②,说明也属于精美藏品。西南地区唯宋真宗时利州路转运司称"阆州素出瓷器"③,当也有精品。

总之,陶瓷手工业无论在工艺还是质量上,北方都占绝对优势:六大窑系北方有其四,五大名窑北方有其四。中国陶瓷史的鼎盛,是以宋代北方为代表的,无论对南方瓷业的发展还是后代瓷业的发展,都有深远影响。南方的瓷器生产,则代表着陶瓷业发展的方向。

第五节　文具制造业

文具是传播文化的工具,是精神生活的物质基础,在社会中作用极大。宋代教育普及,文化大发展,作为手工业的文具生产得到很大进步,各自形成专门体系,并按原料的出产地和技术的传统,形成了地域特色。

一、造　纸　业

以原料不同划分,宋代造纸业有三个大区:北方以桑皮造纸,两浙多以

---

① 洪迈撰,何卓点校:《夷坚志·三志己》卷四《萧县陶匠》,第 1329 页。
② (清)徐松辑,刘琳、刁忠民、舒大刚、尹波等校点:《宋会要辑稿·食货》五二之三七,第7190 页。
③ 李焘:《续资治通鉴长编》卷六一,景德二年八月癸未,第 1357 页。

嫩竹造纸,间有麦曲、稻秆为原料,四川多麻纸。①各地充分利用植物资源,因地制宜生产更多的纸张,适应社会经济文化发展的需要,并创造出中国古代造纸业的辉煌。

(一)北方地区

北方各地有关造纸的史料不多,为人所知者更少。但据现有史料已可表明,陕西、河北、京西三路都有出产。

陕西产纸为北方地区最多。如凤翔府郿县一带,"人以纸为业,号纸户,岁输钱十万"②,有一大批造纸专业户,可见造纸业的规模很大。商、虢等州产纸甚盛。元丰五年(1082)三司报告说:"朝旨给盐钞二百万贯与泾原路、陕西转运司。勘会印钞纸见阙四十八万张,若侯商、虢等州科卖起发,显见住滞,欲用杂物库襄州夹表纸印造。"宋神宗批示道:"纸色不依自来所用,非便。宜止令依久例所用上色甚好纸印造。"③说明商、虢等州所产纸,是历来印造交钞的"上色甚好纸",作为流通的有价证券使用,显然是以结实耐用而且不易制造为特色的。成州之纸也有一定产量,从而能"旁赡内郡"④。河中府为另一产纸要地。宋初的河中府名为蒲州,土产"经纸"⑤即写宗教经书的纸。天圣四年(1026),司农少卿李湘言:"河中府每年收买上京诸般纸约百余万,欲乞今后于河南出产州军收买。"⑥可见河中府造纸产量甚多,是供应京师朝廷的主要产地,如欧阳修说:"今河中府纸惟供公家及馆阁写官书尔。"⑦试比较南方最大的产纸基地徽州七色纸的上供量"岁

---

① 苏易简等著,朱学博整理校点:《文房四谱》卷三《纸谱·二之造》,上海书店出版社 2015 年版,第 56 页。

② 毕仲游撰,陈斌点校:《西台集》卷一三《朝议大夫贾公墓志铭》,中州古籍出版社 2005 年版,第 218 页。

③ 李焘:《续资治通鉴长编》卷三二五,元丰五年四月癸酉,第 7824 页。

④ 蒲舜举:《广化寺记》,张维编:《陇右金石录》卷四,《石刻史料新编》第 1 辑第 21 册,新文丰出版公司 1982 年版,第 16063 页。

⑤ 乐史撰,王文楚等点校:《太平寰宇记》卷四六《蒲州》,第 953 页。

⑥ (清)徐松辑,刘琳、刁忠民、舒大刚、尹波等校点:《宋会要辑稿·食货》三七之一〇,第 6810 页。

⑦ 欧阳修著,李逸安点校:《欧阳修全集·笔说·峡州河中纸说》,第 1972 页。

百四十四万八千六百三十二张"①,便可知河中府之产量不亚于彼,而且既然是收买上京之物、官方定点产品,质量也是上乘的。以上几例可知陕西的造纸业十分发达而普遍。

河北有著名的桑皮纸。米芾点评各地纸张时言:"河北桑皮纸白而慢,爱糊浆,捶成,佳如古纸。"②河北纸以洁白、平滑为特色,是传统工艺的发扬。欧阳修指出:"雄、漠、瀛、霸、保州粉纸,谁谓不可书? 请试察。"③河北北部沿边州军普遍产纸,质量得到名家认可。

前边所引材料中,一次提到"欲用杂物库襄州夹表纸",一次提到"于河南(引按:此指黄河以南,即京西等地)出产州军收买",皆表明京西有造纸业,并能承担"百余万"的供应。如襄州纸虽质量不高,但国子监印书,也经常用之。④

(二)南方地区

两浙路有着发达的造纸业,多有名纸。仅上供纸张的州郡,就有温州、杭州和婺州、衢州藤纸、越州纸,凡五州。⑤ 其中以温州所产最佳:

> 温州作蠲纸,洁白紧滑,大略类高丽纸。东南出纸处最多,此当为一焉。自余皆出其下,然所作至少。政和以来方入贡,权贵求索浸广,而纸户力已不能胜矣。⑥

温州蠲纸的特点是质量高而产量低,由于盘剥加重,对其发展很不利。杭州出产名优产品,其纸为当地上供品。主要是由拳纸:"由拳,聚落名,在临安县治之西数十里,村氓往往业纸以自给。其质匀细而重厚,为江浙冠,目曰由拳纸也。"⑦由拳纸好在哪里呢? 李之仪品鉴道:

---

① 罗愿撰,萧建新、杨国宜校注,徐力审订:《〈新安志〉整理与研究》卷二《上供纸》,第72页。

② 米芾著,黄正雨、王心裁辑校:《米芾集·十纸说》,湖北教育出版社2002年版,第103页。

③ 欧阳修著,李逸安点校:《欧阳修全集·书简》卷九《论徐峤称弟子帖》,第2522页。

④ 陈师道:《后山居士文集》卷一一《论国子监卖书状》,第598页。

⑤ 王存撰,王文楚、魏嵩山点校:《元丰九域志》卷五《温州》《杭州》《婺州》《衢州》《越州》,第215、207、212、218、209页。

⑥ 钱康公撰,刘宇等整理:《植跋简谈》,《全宋笔记》第10编第12册,第140—141页。

⑦ 孙觌:《内简尺牍》卷九《与临安王宰》李祖尧注,《景印文渊阁四库全书》第1135册,第556页。

由拳纸工所用法，乃澄心之绪余也。但其料或杂，而吴人多参以竹筋，故色下而韵微劣。其如莹滑、受墨、耐舒卷，适人意处非一种。[①]澄心堂纸是五代十国南唐徽州地区所产的名纸，其工艺被由拳纸汲取，由于用料不一，仅得其仿佛，但以洁白光滑、宜受墨、耐卷折为特点，受到世人追捧。

熙宁七年(1074)，宋神宗"诏降宣纸式下杭州，岁造五万番。自今公移常用纸，长短广狭，毋得用宣纸相乱"[②]。杭州成为朝廷新颁制式公移用纸的指定供应基地，可知其产量与质量都相当可观。

越州纸品众多，宋代使用的原料有藤、苔、竹等，尤以竹纸闻名全国，"会稽出纸尚矣，剡之藤纸，得名最旧，其次苔笺。然今独竹纸名天下，他方效之莫能仿佛，遂掩藤纸矣。竹纸上品有三：曰姚黄，曰学士，曰邵公"[③]。竹纸仅上乘的品牌就有三种，享誉全国。

笺是小幅华丽的纸张，用以题咏或书信，两浙造笺亦佳。如苏州土产中，首推彩笺，"名闻四方，以诸色粉和胶刷笺，隐以罗纹，然后砑花"[④]。工艺复杂，美观精致，因而大批外运。沈括在淮南即曾见"两浙笺纸三暖船"入汴河上京。[⑤] 南宋中期的张镃，曾有诗盛赞苏州笺纸：

苏州粉笺美如花，萍文霜粒古所夸。

近年专制浅蜡色，软玉莹腻无纤瑕。

盘门系缆高桥住，呼僮径访孙华铺。

珊镂红碧任成堆，春膏且问如何去？

乃知剡溪桃花黄，褚君同谱生殊乡。

买来论担不计数，直候东风花草香。

其时霡霂吹微雨，润物无声略胶土。

展开千幅向晓空，渍染都匀始轻杵。

捣成一色坚且明，幽具本岂钻公卿？

---

① 李之仪：《姑溪居士前集》卷一七《庄居阻雨邻人以纸求书因而信笔·又》，《景印文渊阁四库全书》第 1120 册，第 465 页。

② 李焘：《续资治通鉴长编》卷二五四，熙宁七年六月乙酉，第 6212 页。按一番即一张。

③ 沈作宾修，施宿等纂：《嘉泰会稽志》卷一七《纸》，第 7045 页。

④ 祝穆撰，祝洙增订，施和金点校：《方舆胜览》卷二《平江府》，第 32 页。

⑤ 沈括撰，胡静宜整理：《梦溪笔谈》卷二二《谬误》，《全宋笔记》第 2 编第 3 册，第 170 页。

> 要供海内觅句客,觅句只今谁有名?
>
> 月湖老仙居胄监,诗好工夫到平淡。
>
> 寄分聊当野人芹,莫充谏稿恐被焚,便将演纶登北门。①

工艺精致,笺美如花,成为送礼佳品,十分珍贵。另据《蜀笺谱》言,"姑苏纸多布纹"②,可知苏州也产普通的纸张。

江东路的造纸业以歙州为最盛。此地有着优良的造纸地理环境,山林中多楮、藤等原料,水质更适宜:"清彻见底,利于沤楮,故纸之成,振之似玉雪者,水色所为也。"③五代时即以出产澄心堂纸闻名。宋代工艺又有创新,造出广幅大纸,上供朝廷作"宣敕大纸,其数甚多"④。制造过程很见功夫:

> 黟、歙间多良纸,有凝霜、澄心之号。复有长者,可五十尺为一幅。
>
> 盖歙民数日理其楮,然后于长船中以浸之,数十夫举抄以抄之,傍一夫以鼓而节之,于是以大熏笼周而焙之,不上于墙壁也。由是自首至尾,匀薄如一。⑤

如此复杂费工,需要高技术和众人协作,早已形成专业作坊。池州纸与歙州纸都有"轻细"的特点,市场价格昂贵,贩至四川,尽管价钱比川笺高出近三倍,但仍受欢迎,"惟蜀诸司及州县,缄牍必用徽、池纸"⑥,四川各级官府均用其纸作信函之用,消费对象团体化、固定化,销路有保障。二州之纸,皆为土贡之物。⑦ 另有彩纸大量上供,前言徽州每年上供七色纸1448632张既是。但到北宋末,歙纸质量呈明显的下降趋势。叶梦得言,歙州"纸则近岁取之者多,无复佳品",遭到与温州同样的命运;其缺点是不受墨,"虽用极浓墨,终不能作黑字"⑧,质量低劣,由此可见,生产下降,在所难免。

另一重要产纸地是西南的成都府。府城南有百花潭,其水造纸甚佳,

---

① 张镃撰,吴晶、周膺点校:《南湖集》卷二《寄春膏笺与何同叔监簿,因成古体》,第59—60页。

② (元)费著:《笺纸谱》,(明)杨慎编,刘琳、王晓波点校:《全蜀艺文志》卷五六,线装书局2003年版,第1678页。

③ 罗愿撰,萧建新、杨国宜校著,徐力审订:《〈新安志〉整理与研究》卷二《货贿》,第61页。

④ 李焘:《续资治通鉴长编》卷七六,大中祥符四年六月甲子,第56页。

⑤ 苏易简等著,朱学博整理校点:《文房四谱》卷三《纸谱·二之造》,第56页。

⑥ (元)费著:《笺纸谱》,(明)杨慎编,刘琳、王晓波点校:《全蜀艺文志》卷五六,第1678页。

⑦ 《宋史》卷八八《地理志四》,第2187页。

⑧ 叶梦得撰,徐时仪整理:《避暑录话》卷上,《全宋笔记》第2编第10册,第235页。

"亦水之宜也"。有优越的地理环境，纸户蜂集蚁附于周边，"以纸为业者家其旁"，约有"数十百家"；属县广都产纸也很多，四川"凡公私薄书、契券、图籍、文牒，皆取给于是"。最有代表性的是著名的加工纸——蜀笺，优点是华丽、厚重，弱点是不耐用，时间稍长即色败纸脆。[①] 不过作为通信、题诗等用纸，在形式上礼仪上很能满足虚荣心，所以深得士人欢心，仍然是誉满天下。文彦博赞道："素笺明润如温玉，新样翻传号冷金。远寄南都岂无意，缘公挥翰似山阴。"[②]蜀笺品种多样，如原色的素笺温润如玉，新样式的冷金笺涂饰金屑，非常精妙，成为文人间的馈赠佳品。司马光记载了冷金笺的生产情况："寒豀漱其间，演漾清且深。工人剪稚麻，捣之白石砧。就溪沤为纸，莹若裁璆琳。风日常清和，小无尘滓侵。"[③]以嫩麻为原料，得益于水清风净的自然环境和精心的制作。此外还出产一种高级的布头笺，以织布机上的布匹两端"经不受纬"的纱线作原料而得名，"此纸冠天下"[④]。至少是以结实耐用为特点的。南宋的纸币，以四川纸印制的为最好，"物料既精，工制不苟，民欲为伪，尚或难之"。咸淳年间，朝廷命四川每年运送 2000 万张[⑤]，可见质量、产量都很高。

湖北鄂州的蒲圻县，产纸亦佳。陆游指出："前辈传书，多用鄂州蒲圻县纸，云厚薄紧慢皆得中，又性与面粘相宜，能久不脱。"[⑥]封口可用糨糊粘贴得牢固且干后不紧缩，作信封最好。应天府王仲至是位大藏书家，所藏书一律使用蒲圻纸为册，也是因为"其紧慢厚薄得中也"[⑦]。蒲圻纸的特点是纸纹均匀，厚度适中，宜于粘贴，既用为藏书之纸，显然也是经久耐用的。湖北峡州也出产结实经久的纸，欧阳修评论道："夷陵纸不甚精，然最耐久。"朝廷三司所收藏存档的全国各地帐籍，天长日久纸张难免脆败腐朽，唯有

---

① （元）费著：《笺纸谱》，（明）杨慎编，刘琳、王晓波点校：《全蜀艺文志》卷五六，第 1677、1676、1678、1677—1678 页。

② 文彦博著，申利校注：《文彦博集校注》卷四《蜀笺》，第 246 页。

③ 司马光撰，李文泽、霞绍晖校点：《司马光集》卷二《送冷金笺与兴宗》，第 39 页。

④ 苏轼撰，孔凡礼整理：《商刻东坡志林》卷一一，《全宋笔记》第 1 编第 9 册，大象出版社 2003 年版，第 178 页。

⑤ 《宋史》卷一八一《食货志下三》，第 4408、4409 页。

⑥ 陆游撰，李剑雄、刘德权点校：《老学庵笔记》卷二，第 19 页。

⑦ 徐度撰，朱凯、姜汉椿整理：《却扫编》卷下，《全宋笔记》第 3 编第 10 册，大象出版社 2008 年版，第 175 页。

峡州的帐籍完好不坏。① 足见峡州纸虽品相不佳，确实很有独特之处，值得珍贵。

淮南有名纸制造。如真州每年土贡纸五百张②，可见有一定规模的造纸业和精品纸张。其纸主要产于六合县，相传是南唐李后主引进的后蜀技术："尤好玉屑笺，于蜀主求笺匠造之，唯六合水最宜于用，即其地制作。今本土所出麻纸，无异玉屑，盖所造遗范也。"③可见所谓麻纸，就是玉屑纸的余韵，无怪乎上贡。

南方其他地区还有不少产纸之地。如湖南潭州，宋初朝廷曾每年调发其纸 178 万多幅，于开宝五年(972)朝廷有令暂停 10 年，期满后又逢灾伤，本州"愿俟丰岁乃输，诏并除之"④。江西洪州长期以来年额上供纸 85 万张，在分宁、武宁、奉新三县收买，"各有窑户二百余名抄造"⑤。有六七百家专业造纸作坊。另据米芾记载，福建之福州、江东之饶州也都是生产纸的地方。⑥

总之，造纸业分布于南北方许多地区，以两浙、江东、成都、陕西以及湖北为发达。南方地区产地多，名气大，质量高，而北方地区之纸，缺乏著名者。造纸业的重心无疑在南方地区。

二、制 墨 业

（一）北方地区

制墨源于北方，北宋时期也盛于北方。论制墨技艺与质量，当首推河

---

① 欧阳修著，李逸安点校：《欧阳修全集·笔说·峡州河中纸说》，第 1972 页。

② 王存撰，王文楚、魏嵩山点校：《元丰九域志》卷五《真州》，第 198 页；《宋史》卷八八《地理志四》载"贡麻纸"，第 2181 页。

③ 高晦叟撰，孔凡礼整理：《珍席放谈》卷下，《全宋笔记》第 3 编第 1 册，大象出版社 2008 年版，第 191 页。

④ 李焘：《续资治通鉴长编》卷一三，开宝五年二月癸亥，第 279 页；卷二三，太平兴国七年正月甲寅，第 512 页。

⑤ 赵鼎撰，李蹊点校：《忠正德文集》卷二《乞免上供纸》，上海古籍出版社 2018 年版，第 31 页。

⑥ 米芾著，黄正雨、王心裁辑校：《米芾集·十纸说》，第 103、104 页。

北。苏易简论墨,"大约易水者为上"①。易水即易州,名震江南的制墨大家李超父子,早先就是从易州逃亡移民而去的。宋初,易州"今进墨五百锭入翰林院"②,似为翰林院独家供应基地。宋太宗雍熙北伐失败后,易州主体陷入契丹,仅存容城一县划归雄州,易州墨遂不显于世。但真定之墨相继崛起。北宋中,真定陈赡精于和胶法,所制墨甚佳,到宣和年间每斤值钱五万③即五十贯。真定另一名家张滋,"善和墨,色光黳,胶法精绝,举胜江南李廷珪",技术超越了历史名家李廷珪,不但为士人喜爱,更为皇家所珍藏,宋徽宗时,大观库藏其墨多达数万斤。④ 可见不仅质量佳,产量也很高。

东京开封在北宋后期,形成了一个制墨中心。宋哲宗时,潘谷即在开封制墨贩卖,"潘谷卖墨都下"⑤,闻名遐迩。此后名家辈出,"崇宁已来,都下墨工,如张孜、陈昱、关珵、弟(关)瑱、郭遇明,皆有声称,而精于样制"⑥。一时人才济济,制墨业大兴,特点是讲究墨锭的样式,似不重视墨本身的质量。

京西之墨,亦多名产。如孟州,"今太行济源、王屋亦多好墨,有圆如规,亦墨之古制也"⑦。沿用着传统形制。洛阳王迪工于制墨,产品甚佳,"其墨法止用远烟鹿胶二物,铢泽出陈赡之右"⑧,墨色有光泽。唐州桐柏山墨工张浩,"制作精致,妙法甚奇",另一名家为其舅吴顺图,每年制造百斤,"遂压京都之作矣"⑨,成为一时名产。

河东有代州鹿胶、上党松心,都是制墨的最佳原料,故多有佳墨出产。张邦基嗜蓄名墨,曾收藏古今数百种墨,南渡后丧失,唯存一巨挺,极厚重,印曰"河东解子诚"⑩,正是河东所产。潞州之墨,乃是《太平寰宇记》所载

---

① 苏易简等著,朱学博整理校点:《文房四谱》卷四《墨谱·二之造》,第71页。
② 乐史撰,王文楚等点校:《太平寰宇记》卷六七《易州》,第1358页。
③ 何薳撰,张明华点校:《春渚纪闻》卷八《陈赡传异人胶法》,第121—122页。
④ 蔡絛撰,冯惠民、沈锡麟点校:《铁围山丛谈》卷五,第95页。
⑤ 何薳撰,张明华点校:《春渚纪闻》卷八《潘谷墨仙揣囊知墨》,第122页。
⑥ 何薳撰,张明华点校:《春渚纪闻》卷八《都下墨工》,第124页。
⑦ 苏易简等著,朱学博整理校点:《文房四谱》卷四《墨谱·二之造》,第71页。
⑧ 何薳撰,张明华点校:《春渚纪闻》卷八《烟香自有龙麝气》,第121页。
⑨ 张邦基撰,孔凡礼点校:《墨庄漫录》卷六《李文叔破墨癖说》,第173页。
⑩ 张邦基撰,孔凡礼点校:《墨庄漫录》卷六《李文叔破墨癖说》,第173页。

著名土产,《元丰九域志》所载土贡物品。① 相邻的泽州也多名产,宋真宗大建玉清昭应宫,所用墨仅两种,其一就是泽州墨。②

京东文物之邦,其墨不亚河东。建玉清昭应宫所用的另一种墨是著名的兖州墨。冯山有《谢人惠兖墨》诗云:

故人山东来,遗我数丸墨。握丸大如指,盥手重拂拭。

浓磨向日看,古瓦增润泽。经屑不见纸,清光隐深墨。

庭珪死已久,至宝世罕识。御府徒仅存,人间万金值。③

如同李廷珪墨一样,为珍贵之物。嘉祐年间,知兖州王逵将其作为贿赂朝廷高官的珍贵土特产,"以公用蜡烛及墨遗京师要官",被弹劾后受到追一任官勒停的处罚。④《元丰九域志》载贡墨之州仅二,河东潞州之外,另一即兖墨。⑤ 兖州每年上贡"香墨"二斤,宣和七年(1125)减为一斤。⑥ 具体工匠如兖州人东野晖善于制墨,"每枚必十千,信亦非凡墨之比也"⑦。价格相当昂贵,足见精良。

(二)南方地区

南方制墨业以江东歙州为最。这里既产佳纸,又出名墨。始自唐末易县人李超、李廷珪父子,他们逃移到南方,因歙州黄山上"多美松",有充足的好原料,故留居于此⑧,李氏墨遂名扬天下。以后支脉源源,在当地带起了一个手工业新门类,"世出墨工,多佳墨"⑨。而且像当地造纸一样,多有创新,尤以白墨为奇特。苏易简言:"近黔、歙间有人造白墨,色如银。迨研讫,即与常墨无异。"⑩ 显然掌握了化学知识,构思、工艺、选料皆可称奇妙。

---

① 乐史撰,王文楚等点校:《太平寰宇记》卷四五《潞州》,第937页;王存撰,王文楚、魏嵩山点校:《元丰九域志》卷四《潞州》,第163页。

② 李攸:《宋朝事实》卷七《道释》,第108页。

③ 冯山:《安岳集》卷四《谢人惠兖墨》,《景印文渊阁四库全书》第1098册,第304页。

④ 李焘:《续资治通鉴长编》卷一八七,嘉祐三年三月辛卯,第4507页。

⑤ 王存撰,王文楚、魏嵩山点校:《元丰九域志》卷一《兖州》,第16页。

⑥ (清)徐松辑,刘琳、刁忠民、舒大刚、尹波等校点:《宋会要辑稿·崇儒》七之六〇,第2917页。

⑦ 苏轼撰,孔凡礼点校:《苏轼文集》卷七〇《试东野晖墨》,第2228页。

⑧ 王辟之撰,吕友仁点校:《渑水燕谈录》卷八《事志》,中华书局1981年版,第97页。

⑨ 庄绰撰,萧鲁阳点校:《鸡肋编》卷上,第24页。

⑩ 苏易简等著,朱学博整理校点:《文房四谱》卷四《墨谱·二之造》,第72页。

居于黄山的著名墨工还有张处厚、高景修，"皆起灶作煤，制墨为世业。其用远烟鱼胶所制，佳者不减沈珪、常和"。另有当地墨工沈珪、汪通，与张、高二家有协作关系，制墨"或不自入山，亦多即就二人买烟，令渠用胶，止各用印号"①。可见张、高二家的专业作坊，既产墨，还批发半成品。尽管后人不断，人才济济，但皆李廷珪墨之余绪，质量达不到第一流水平。而李氏墨凡四传而衰，到了北宋中期，"辄绝无有也"②，歙州墨之光辉渐渐消失了。沉沦数十年后，到南宋新的历史环境中，重又振兴，"歙人吴滋，以墨客游缙绅间，惟其松择而烟良，胶对而杵力，旦旦用之，砚不滓，笔不病，使潘、胡、蒲、史之品不能齐色而争先。虽无王公齿牙之誉，而增直三倍矣"③。质量提高后，价格昂贵，且走的是民间道路，不追求士大夫的赞誉。

两宋之际，四川制墨兴起。知名工匠如阆中蒲大韶，"得墨法于黄鲁直，所制精甚，东南士大夫喜用之。尝有中贵人持以进御"，即曾被宋高宗使用。有人问："油烟墨何得如是之坚久也？"蒲大韶回答："亦半以松烟和之，不尔则不得经久也。"④油烟和松烟混合的墨以坚固耐用为特色，曾在东南地区风靡一时，"东南士大夫尚川墨"。他的女婿梁果也是"世业此。梁胶法精而价高，蒲粗而损梁直太半。出蜀者利其廉，携以来者皆蒲墨也。虽均名川墨，而工制异"⑤。质量超过了前辈，意味着当地制墨业的发展。

南方其他地区零星也有名墨出世。如湖南潭州墨工胡景纯，另辟蹊径，专用桐油烧烟，名桐华烟："其制甚坚薄……每磨研间，其光可鉴。画工宝之，以点目瞳子，如点漆云。"⑥光亮如漆的创新，带来了又一种优质墨。

总之，至少就北宋而言，南方地区制墨业虽以歙州最盛，曾显赫一时，但无论是生产规模、范围、产量还是普遍的高质量，都不能与北方地区相比。

---

① 何薳撰，张明华点校：《春渚纪闻》卷八《买烟印号》，第124—125页。

② 蔡襄著，吴以宁点校：《蔡襄集》卷三四《文房四说》，第630页。

③ 洪适：《书吴滋墨卷》，洪适、洪遵、洪迈撰，凌郁之辑校：《鄱阳三洪集》卷六三，江西人民出版社2011年版，第567页。

④ （元）陆友著，朱学博整理校点：《墨史》卷下，《文房四谱·外十七种》，上海书店出版社2015年版，第157—158页。

⑤ 周辉撰，刘永翔、许丹整理：《清波别志》卷上，《全宋笔记》第5编第9册，第145页。

⑥ 何薳撰，张明华点校：《春渚纪闻》卷八《桐华烟如点漆》，第129页。

三、制 笔 业

北方的制笔业，以东京开封以及京东路为最发达。

东京有着人数众多的笔工。欧阳修言："京师诸笔工，牌榜自称述。累累相国东，比若衣缝虱……价高仍费钱，用不过数日。"①当时的特点是产量大而质次价高，无疑是消费者多的反映。到宋神宗时，出现了侍其瑛等制笔高手②，以后质量不断提高，以赵文秀笔最著名。③

与京东的制墨业相适应，其制笔业也较发达。李昭玘言："东州笔工视他处为最盛，前辈如睢阳元道宁，曹南屈士安，金乡韩振，营丘梁道，皆为士大夫所称。近时彭门出一彭嵩，与数人相先后，今已亡矣。惟巨野秦颖、丘自然，工虽不同，各有妙处。比又得单父王蚡，制作精密，已与时流并驰，而独骎骎未已也。"④如此看来，京东应天府（睢阳）、曹州（曹南）、济州（金乡、巨野）、潍州（营丘）、徐州（彭门）、单州（单父）等地，都涌现出制作各家，其整体水平相当高。

南方的制笔业，集中在江东宣州。宣州笔在全国范围内名气最大，名匠诸葛氏乃自唐代以来的制笔世家，技术传承数代，产品极为优秀。宋神宗以前，"有得诸葛笔者，率以为珍玩，云'一枝可敌他笔数枝'"。经久耐用。然而自宋神宗以降，其传统工艺大变，开始追逐时风而不顾质量的好坏，从顶峰的地位骤然大降，销路自然迟滞，随之"而家亦衰矣"⑤。至大观年间，为了挽救家业，急不择路，开始追逐时尚，先仿黄庭坚样，后又讨好蔡京作"鲁公羊毫样"，不久又改为蔡下的"观文样"，"既数数更其调度，由是奔走时好……政和后，诸葛氏之名于是顿息焉"。⑥ 一代各产，就这样被后人败坏

---

① 欧阳修著，李逸安点校：《欧阳修全集·居士外集》卷四《圣俞惠宣州笔戏书》，第767页。
② （元）陆友著，朱学博整理校点：《墨史》卷中，第154页。
③ 孟元老著，伊永文笺注：《东京梦华录笺注》卷三《相国寺内万姓交易》，第288页。
④ 李昭玘撰，张祥云辑校：《乐静集辑校》卷九《书笔工王玢》，齐鲁书社2021年版，第89页。其中原校点作"金乡韩振营，丘梁道"，不妥，营丘为潍州的别称。
⑤ 叶梦得撰，徐时仪整理：《避暑录话》卷上，《全宋笔记》第2编第10册，第235页。
⑥ 蔡絛撰，冯惠民，沈锡麟点校：《铁围山丛谈》卷五，第94—95页。

了。故章惇《杂书》云："宣州笔有名耳，未必佳也。"①不过徒有历史虚名而已。宣州制笔业走的道路与东京开封相反，一个是上升，一个是没落，形成鲜明对照。

两浙杭州，曾有程奕者善制笔，苏轼认为其所制甚佳："使人作字，不知有笔，亦是一快。……北方无此笔也。"②可谓得心应手，也是一时高手。常州有笔工许氏，为制笔世家；其他地区如湖北安州、江东弋阳之笔，都曾驰名于世。③南宋平江府有笔工俞生，"造笔精致甲吴中"④，是新一代的名家。

至于湖南、广南等地制笔业很落后，多用鸡毛为笔毫，奇则奇矣，然"尤为软弱"⑤，质量最差。

比较而言，南方地区的制笔业不如北方的东京、京东兴盛。

四、制砚业（附印刷业）

制砚不算重要手工业，其产量必不如笔多。砚石受地理条件限制，所以产砚之地并不多。

自宋至今，世人多称道端州砚，次者歙砚。其实在宋代并不完全如此，对砚品之评价，多因名人好恶或所见而不同。如欧阳修即认为歙砚在端砚之上⑥；唐柳公权品砚，认为青州石砚第一，绛州者次之，"殊不言端溪石砚"⑦。如果说是时代不同形成的差别的话，那么宋代大书法家蔡襄也以青州砚为天下第一⑧。米芾作《砚史》，历数天下各砚，其四才及端砚，并指出：端溪四岩，下岩石最优，然而"下岩既深，工人所费多，砚直不补，故力无能取，近年无复有闻"。端溪确有优质砚石，只是开采成本太高，得不偿失，因

---

① 张邦基撰，孔凡礼点校：《墨庄漫录》卷一〇《章子厚论书杂书》，第 267 页。
② 苏轼撰，孔凡礼整理：《商刻东坡志林》卷八，《全宋笔记》第 1 编第 9 册，大象出版社 2003 年版，第 162 页。
③ 朱彧撰，李伟国点校：《萍洲可谈》卷二，第 145—146 页。
④ 陈造：《江湖长翁集》卷三一《题笔工俞生所藏书法》，《景印文渊阁四库全书》第 1166 册，第 391 页。
⑤ 庄绰撰，萧鲁阳点校：《鸡肋编》卷上，第 24 页。
⑥ 叶梦得撰，徐时仪整理：《避暑录话》卷上，《全宋笔记》第 2 编第 10 册，第 235 页。
⑦ 苏易简等著，朱学博整理校点：《文房四谱》卷二《砚谱·二之造》，第 41 页。
⑧ 蔡襄著，吴以宁点校：《蔡襄集》卷三四《文房四说》，第 631 页。

而其产量低,在北宋后期更加式微,名气也下降了。苏轼等人则称赞歙州凤味、龙尾砚,而据《苕溪渔隐》《砚谱》《瓮牖闲评》等书言,当地龙尾山虽有其名,山上并无砚石,"盖好事者取其美名以咤于世耳","苏东坡为人所诒,故形之歌咏耳,……以是知天下之事,其可尽信乎!"①叶梦得也说道:歙州"砚久无良材,所谓罗文、眉子者不复见,惟龙尾石,捍坚拒墨,与凡石无异"②。足见歙砚虚名太甚,至少在宋代是没落了。

米芾作《砚史》,关于砚台的产地记载较系统,是比较的好史料。该书共论砚二十六种,其中首推玉砚,不言产地;有高丽砚一种;青州青石不知何故提到两次,余二十三种列表如下。③

表3-10　宋代砚台产地表

路名	产地及砚名	数量
京西	唐州方城县葛仙公岩石　西都会圣宫砚　蔡州白砚	3
京东	青州青石　淄州砚　青州蕴玉石　红丝石	4
河北	相州陶砚	1
河东	泽州吕砚	1
陕西	通远军滍石砚　成州栗亭石　成州栗玉砚　虢州石	4
淮南	庐州青石矾	1
两浙	温州华岩尼寺岩石　苏州褐黄石砚	2
江东	歙州婺源石　信州水晶砚	2
湖南	潭州谷山砚	1
湖北	归州绿石砚	1
夔路	夔州黔石砚	1
福建	建溪黯淡石	1
广东	端州岩石	1

除开封府、江西、成都路、利州路、梓州路、广西以外,其他各路都有砚石出产。其中最多的是京东、陕西两地,各有4种。北方地区共10处产砚13个品种,南方地区共10处产砚10个品种,则北方稍有优势。

① 袁文著,李伟国校点:《瓮牖闲评》卷六,第62页。
② 叶梦得撰,徐时仪整理:《避暑录话》卷上,《全宋笔记》第2编第10册,第235页。
③ 米芾著,黄正雨、王心裁辑校:《米芾集·砚史》,第173—179页。

另据《元丰九域志》所载,土贡砚石的州郡有三:陕西虢州砚20枚,宁州砚10枚,广东端州砚10枚。如此,尽管米芾未载,但陕西宁州之砚确是名产,否则是不会上贡于朝廷的。

以上可见,无论是在品种还是在产地上,北方都多于南方,制砚业当以北方为发达。

最后附带谈一下印刷业的地域分布。据叶梦得言:

> 今天下印书,以杭州为上,蜀本次之,福建最下。京师比岁印板,殆不减杭州,但纸不佳;蜀与福建多用柔木刻之,取其易成而速售,故不能工;福建本几遍天下,正以其易成故也。[①]

印本书籍以质量而论,杭州最优,四川、福建为差;但福建印书在数量上占优势,商品气息浓厚,从文化角度上讲,固不如杭州,然从手工业角度上讲,当是胜过杭州的。北方印刷业无论是在数量上还是在质量上,都不如南方。

本节情况说明,宋代文具业中,南方北方各有千秋。造纸业以南方为发达,制墨、制笔、制砚业以北方为发达;南方的印刷业则又胜过北方。

第六节　其他手工业的分布

一、建　筑　业

基本建设是最重要、最大规模的手工业之一,可惜史料缺少,不能详述。就现有史料看,京师开封的建筑业在规模、技术等方面是第一流的。

中国典型的建筑业是官营建筑业,就个体建筑而言,私营者无论在资金上还是规模上都无法与官方相比。在京师开封,仅大的建筑工程机构就有5所:一,事材场,掌"度材朴斫,以给营缮",是建筑材料供应、加工场,有工

---

① 叶梦得撰,字文绍奕考异,侯忠义点校:《石林燕语》卷八,第116页。

匠 1653 人。^① 二,东西八作司,有泥作、赤白作、桐油作、石作、瓦作、竹作、砖作等,是有细致分工的具体营建机构,各管一道工序。三,广备指挥,负责城墙等城市防务工程,有 21 作。四,提点修造司,负责京城市政营缮及畿县驻军营房的修葺。^② 五,京(城)东西窑务,是制造砖、瓦等建筑材料的生产机构,有工匠 1200 人,分有瓦匠、砖匠、装窑匠、火色匠、粘胶匠、鸥兽匠、青作匠、积匠、䂺窑匠、合药匠等 10 道工序,年产砖瓦达 11540000 块。^③ 京师杰出的官营建筑工匠代表、都料匠喻浩,则是一代宗师。京师的宏伟建筑也是他处难以企及的。

官营建筑业的发达同样也表现在西京河南府、北京大名府、南京应天府。虽必不如东京,但当会优于其他州郡。这四京都在北方地区。再者,北方地区屯兵百万,各地军事设施、营房的建筑、修缮等工程十分繁多,这都是南方地区所不及的。

但是,南方地区佛教、道教兴盛,如苏轼言杭州"钱塘佛者之盛,盖甲天下"^④,黄榦言福建"闽中塔庙之盛,甲于天下"^⑤,僧道数量远多于北方^⑥,寺观塔庙等宗教建筑自然远多于北方。可以说北方以官府建筑、军事建筑多,南方以宗教建筑多,各有千秋。

二、造 船 业

造船业须受地理条件的限制,一是有无可行船之水,二是有无可造船之木。南方泽国,以船为主要运输工具,无论官民都严重依赖,故其造船业最发达。从宋真宗时各地官方造船数,即可说明这一布

① (清)徐松辑,刘琳、刁忠民、舒大刚、尹波等校点:《宋会要辑稿·食货》五四之一五,第 7245 页。

② (清)徐松辑,刘琳、刁忠民、舒大刚、尹波等校点:《宋会要辑稿·职官》三〇之七,三〇之一六,第 3794、3798 页。

③ (清)徐松辑,刘琳、刁忠民、舒大刚、尹波等校点:《宋会要辑稿·食货》五五之二〇,第 7262—7263 页。

④ 苏轼撰,孔凡礼点校:《苏轼文集》卷二二《海月辩公真赞》,第 638 页。

⑤ 黄榦:《勉斋集》卷三七《处士唐君焕文行状》,《景印文渊阁四库全书》第 1168 册,第 438 页。

⑥ 参见程民生:《宋代僧道数量考察》,《世界宗教研究》2010 年第 3 期。

局特征。①

表 3-11　宋真宗朝各地官方造漕运船数表

地区	数量（艘）	地区	数量（艘）
两浙处州	605	淮南楚州	87
两浙明州	177	湖南潭州	280
两浙婺州	105	湖北鼎州	240
两浙温州	125	成都路嘉州	45
两浙台州	126	陕西凤翔斜谷	600
江西吉州	525	总计	2915

由此可见，两浙路最多，凡 1138 艘；成都路最少，仅 45 艘。而位于渭河北岸的陕西凤翔武功县斜谷造船务的 600 艘，则是北方地区唯一、北宋当时最大的造船场。湖南潭州善造人船，自视为"天下不可及"的三绝之一，"巨舰漕米，一载万石"。② 能制造装载万石约 550 吨大米的巨舰，实属少见，足见技术之高。

上表应是官方常设造船场的数额，其他地方另有临时增加的造船业务。如庆历二年（1042），朝廷令京东、京西沿黄河州军造战船 500 艘，发赴河北③；熙宁年间，利用河北怀、卫州河堤林木，官府曾造 400 料船 200 艘以供疏浚黄河使用。④ 河北乾宁军有造船务，为宋辽界河提供战船。⑤ 尽管如此，但北方的造船业无疑不如南方。

<h2 style="text-align:center">三、蜡　烛　业</h2>

作为照明工具一种的蜡烛，是延长人们工作、生活时间的重要物品，本

---

① （清）徐松辑，刘琳、刁忠民、舒大刚、尹波等校点：《宋会要辑稿·食货》四六之一，第 7029 页。
② 张师正撰，李裕民整理：《倦游杂录》卷四《长沙三绝》，《全宋笔记》第 8 编第 9 册，第 238 页。
③ （清）徐松辑，刘琳、刁忠民、舒大刚、尹波等校点：《宋会要辑稿·食货》五〇之三，第 7123 页。
④ 李焘：《续资治通鉴长编》卷二七一，熙宁八年十二月辛丑，第 6642 页。
⑤ 程俱著，徐裕敏点校：《北山小集》卷三四《延康殿学士中大夫……赠正奉大夫王公行状》，第 592 页。

身对社会生产有直接的促进作用,作为商品,与油灯相比具有携带方便的优势,故而有广泛的市场,值得一提。

蜡烛业最发达的地方是东京开封,其中以官营的仪鸾司所造的橡烛最著名,体量巨大如橡,"为天下所不及"①,适应着皇宫规格,每年供给宫廷13万条②。这是其产量的最低数量,生产规模颇大。

另一主要产地是陕西。陆游言:"烛出延安,予在南郑数见之,其坚如石,照席极明。亦有泪如蜡,而烟浓,能熏污帷幕衣服,故西人亦不贵之。"③坚固而光亮,质量甚佳,只是烟大污染严重。鄜州出一种石烛,"风雨点之不灭。欲然,先以水浸之,则愈明"。④ 这一独特产品,极有利于野外作业使用,与现代的电石(乙炔)灯类似。另据《元丰九域志》载,全国土贡蜡烛、蜡的州郡有九地,陕西占了五地,即延、庆、成、阶州和凤翔府,足见陕西的蜡烛业很发达。另外四地是:河东晋、绛二州,南方仅福建汀州一地,京西一地,即著名的邓州花蜡烛。欧阳修言:"邓州花蜡烛名著天下,虽京师不能造"⑤,具有独特的技术。宋徽宗时,京西河阳的花蜡烛兴起,并成为皇宫中的照明用品,"其宣、政盛时,宫中以河阳花蜡烛无香为恨"⑥,除了燃烧时无香味外,其他都符合宫廷标准。

北方的蜡烛业远远超过了南方,当与北方地区冬夜漫长有一定的关系,更与夜间生产、生活延长有一定的关系。

四、制　糖　业

宋代的甜食调味品,主要有糖和蜂蜜。

糖又分为秫糖和蔗糖。过去论者谈到宋代的糖,有两个局限性。一是只讲蔗糖,不提秫糖。其实以秫作糖,远比以蔗作糖的历史悠久,只是由于

① 赵令畤撰,孔凡礼点校:《候鲭录》卷四《东坡评诸葛氏笔》,中华书局 2002 年版,第 105 页。
② 江休复撰,储玲玲整理:《江邻几杂志》,《全宋笔记》第 1 编第 5 册,第 146 页。
③ 陆游撰,李剑雄、刘德权点校:《老学庵笔记》卷五,第 64 页。
④ 杨延龄撰,黄纯艳整理:《杨公笔录》,《全宋笔记》第 1 编第 10 册,第 142 页。
⑤ 欧阳修撰,李伟国点校:《归田录》卷一,第 15 页。
⑥ 叶绍翁撰,沈锡麟点校:《四朝闻见录》乙集《宣政宫烛》,第 83 页。

史料缺乏,人所鲜知。秫又称秫秫、黏高粱、黄米、糯秫、糯粟、黄糯等。宋代的有关史料仅见一条,言秫"此人以作酒及煮糖者"①。可知种秫的两大目的之一是为了制糖。河东路产糖,此既著名的"泽州饧",饧一般指用米和麦芽之类谷物熬成的饴糖、糖稀,此处应是用秫制作。史载泽州"出饧极妙"②,声名远播,畅销东京市场,"十二月,街市尽卖撒佛花、韭黄、生菜、兰芽、勃荷、胡桃、泽州饧"③。第二个局限性是讲蔗糖时又只讲糖霜,不提其他种类的蔗糖,其实蔗糖的主要组成部分并不是糖霜。现在就着重谈谈这个问题。

宋代南方有许多地方出产蔗糖,名目有"白糖"④以及"沙糖""干白沙糖""白沙糖",或简称"糖"等。如广西桂州,太平兴国八年(983)诏书云:"桂州管内,先配民岁市沙糖……并除之。"⑤朝廷不再在西南购买沙塘,改用路途近些的东南地区糖。如大中祥符七年(1014)诏书云:"自今处、吉州、南安军纳糖,以五万斤为一纲",每州郡至少是五万斤⑥;宋英宗治平四年(1067)以前,江西虔州曾上贡白沙糖,成都上贡色样糖、捻糖⑦;宋神宗以前,处州岁贡白沙糖七百斤。⑧ 福建福州土产货物中有糖,"取竹蔗捣蒸,候官甘蔗洲最盛"⑨,还土产干白沙糖,并在宋代成为贡品⑩。兴化军的仙游县以蔗糖为主要出产,"田耗于蔗糖,岁运入浙、淮者,不知其几万坛"⑪。此言固然有夸张,但可看出产量很大,畅销外地。四川的梓州也土产沙糖。⑫

---

① 唐慎微等撰,陆拯、郑苏、傅睿等校注:《重修政和经史证类备用本草》卷二五《秫米》,第2033页。

② 王明清撰,朱菊如、汪新森校点:《玉照新志》卷三,第83页。

③ 孟元老著,伊永文笺注:《东京梦华录笺注》卷一〇《十二月》,第942页。

④ 黄庭坚著,刘琳、李勇先、王蓉贵校点:《黄庭坚全集·正集》卷一八《答郭英发书》,第464页。

⑤ 李焘:《续资治通鉴长编》卷二四,太平兴国八年八月癸巳,第549页。

⑥ (清)徐松辑,刘琳、刁忠民、舒大刚、尹波等校点:《宋会要辑稿·食货》五二之一三,第7176页。

⑦ (清)徐松辑,刘琳、刁忠民、舒大刚、尹波等校点:《宋会要辑稿·食货》五六之一三,第7289页。

⑧ (清)徐松辑,刘琳、刁忠民、舒大刚、尹波等校点:《宋会要辑稿·崇儒》七之五七,第2915页。

⑨ 梁克家:《淳熙三山志》卷四一《物产》,第8252页。

⑩ 乐史撰,王文楚等点校:《太平寰宇记》卷一〇〇《福州》,第1992页。

⑪ 方大琮:《宋宝章阁直学士忠惠铁庵方公文集》卷二一《乡守项寺丞博文》,第5页。

⑫ 乐史撰,王文楚等点校:《太平寰宇记》卷八二《梓州》,第1649页。

糖霜是从甘蔗汁中提炼的高级糖："压蔗汁列瓷封之,一二月发之,即面结霜,由人盛衰所结多少。"①其生产不但要依赖于甘蔗产地,更主要的是取决于甘蔗的品种和制糖技术,因而产地不多。王灼言:"若甘蔗所在皆植,所植皆善,非异物也。至结蔗为霜,则中国之大,止此五邦。"哪五地呢?即福建之福州、两浙之明州、广东之广州、成都府路之汉州,梓州路之遂州。其中以遂州生产最发达,产品质量最高:"遂宁专美焉。"其小溪县伞山一带,"山前后为蔗田者十之四,糖霜户十之三"。近一半的土地是蔗田,近三分之一的人户专业制造糖霜,颇具专业集聚规模。其他四州据说相对落后,"所产甚微而碎,色浅味薄,才比遂之最下者"。宣和初,宰相王黼创设搜罗四方珍异之物供应宫廷的应奉司,要求"遂宁常贡外,岁进糖霜数千斤"②。加大了对遂州糖霜的需求。

其他地方的糖霜虽不及遂州,但也不可忽略。如广南产糖霜即糖冰,据谢采伯言,"广南盛有"糖冰③,也可证明这一问题。韶州也产糖霜,苏轼言其地"糖霜不待蜀客寄"④。只是与遂宁相比,整体质量稍逊,"糖霜出蜀中……今广南有,不甚佳"⑤。其实,广州在北宋长期每年上贡糖霜100斤,宣和七年(1125)才减为50斤。⑥是正史所载宋代唯一贡糖霜的地方⑦,可以推知,至少在北宋时质量胜过遂州,只是名气不大被忽视而已。

蜂蜜是原始的天然甜味品,"今处处有之,而宣、歙、唐、邓、伊洛间尤多"⑧。著名的五个产地,北方的三处全在京西路,南方的二处全在江东路。《元丰九域志》载土贡蜂蜜的州郡有九处,即京西河南府,陕西凤州,河东晋、隰、潞、石州,夔州路夔州,江西信州,利州路兴州。具有传统优势的北方

① 莫君陈撰,夏广兴整理:《月河所闻集》,《全宋笔记》第1编第10册,大象出版社2003年版,第312页。

② 王灼:《糖霜谱》第一、第六,李木田:《中国制糖三千年》附录,第358、359、360页。

③ 谢采伯撰,李伟国整理:《密斋笔记》卷三,《全宋笔记》第7编第8册,第147页。

④ 苏轼撰,(清)王文诰辑注,孔凡礼点校:《苏轼诗集》卷三九《次韵正辅同游白水山》,第2148页。

⑤ 莫君陈撰,夏广兴整理:《月河所闻集》,《全宋笔记》第1编第10册,第312页。

⑥ (清)徐松辑,刘琳、刁忠民、舒大刚、尹波等校点:《宋会要辑稿·崇儒》七九之六〇,第2917页。

⑦ 《宋史》卷九〇《地理志六》,第2235页。

⑧ 苏颂编撰,尚志钧辑校:《本草图经》卷一四《蜜》,第464页。

地区占了六处,产区多于南方,在一定程度上弥补了蔗糖的缺乏。

五、漆 器 业

漆器为日用工艺品,受原料产地的限制。东南地区的漆器最发达,尤以两浙最多最优。湖州即土贡漆器①;温州漆器长期在东京市场占有份额,皇宫宣德楼前专有"温州漆器什物铺"。② 江南也产漆器,如绿漆器即始兴于江南,"颇质朴,庆历后,浙中始造,盛行于时"③。绿漆器经两浙发扬光大。湖北归州盛产漆树和漆器,"秭归漆林之饶,官吏多为髹器,以广资用,耗地产,夺民利,上下习以成俗"④。可见也有一定的生产规模,官民双方都热衷于此,颇有利可图。

北方漆器以京西襄州最著名,自唐以来即为天下所效法,谓之"襄样"⑤。宋代继续发展,漆器为上贡之物品。⑥ 另外,陕西成州、商州也是产漆之地,但未见漆器之记载。总的来说,北方漆器业衰退严重,不如南方。

六、兵器制造及军队私营手工业

频繁的外患和庞大的常备军,使宋代的兵器制造业十分发达。宋代兵器制造业基本都是官营,主要集中在首都开封,北方沿边诸路都有都作院、州军有作院制造,其他地区也陆续设置以制造兵器。

五代时期,朝廷军队的兵器制造基本依靠地方供应,周广顺二年(952)进行了大幅度改革,"帝以诸州器甲,造作不精,兼占留属省物用过当,乃令罢之。仍选择诸道作工,赴京作坊,以备役使"⑦。也即撤销了州郡兵器制

---

① 《宋史》卷八八《地理志四》,第 2175 页。
② 孟元老著,伊永文笺注:《东京梦华录笺注》卷二《宣德楼前省府宫宇》,第 81 页。
③ 江少虞:《宋朝事实类苑》卷六二《绿漆器》,第 822 页。
④ 吕陶:《净德集》卷二二《中大夫致仕石公墓志铭》,《景印文渊阁四库全书》第 1098 册,第 183 页。
⑤ (唐)李肇:《唐国史补》卷中,上海古籍出版社 1979 年版,第 37 页。
⑥ 《宋史》卷八五《地理志一》,第 2113 页。
⑦ 《旧五代史》卷一一二《周太祖纪第三》,中华书局 1976 年版,第 1485 页。

造机构，征调各地兵器工匠集中于开封，由中央的作坊统一管理制造。宋代继承了后周的都城和体制，高度重视武器发展："宋兴，太祖将平定四方，命魏丕主作，责以称职。每造兵器，十日一进，谓之旬课，上亲阅之，作治之巧尽矣。"①宋太祖及其继任者每十天就要亲自检验新制产品，已是日常工作。最先进的火药武器就出自北宋开封。宋仁宗天圣元年（1023）的记载表明，设于开封的工程兵广备指挥（又名广备攻城作），负责城防建设，"主城之事"，下设分工细致的众多作坊，"总二十一作，曰大木作、锯匠作、小木作、皮作、大炉作、小炉作、麻作、石作、砖作、泥作、井作、赤白作、桶作、瓦作、竹作、猛火油作、钉铰作、火药作、金火作、青窑作、窟子作"。加上另一工程机构东西八作司，总共"领杂役广备四指挥、工匠三指挥"②。火药作就是历史上第一个有记载的火药武器兵工厂。"'火药'一词在这里正式出现。"③宋神宗时期，王安石改革机构，设置了军器监，上述所有作坊均予归属，"今东西广备隶军器监矣。其作凡一十目，所谓火药、青窑、猛火油、金火、大小木、大小炉、皮作、麻作、窟子作是也，皆有制度作用之法，俾各诵其文，而禁其传"④。强化了的兵工企业。京师的兵器工匠大约近万人。这就意味着大部分制式、高端武器出自开封。开封府甚至在陈留县设置"保甲都作院，修二十三县兵器"⑤，是宋代仅见的县级都作院。

地方各州一般设置作院制造兵器。从庆历年间开始增设都作院，凡陕西四处、河北两处，宋神宗以后遍及各路。⑥ 元丰四年（1081）泾原路经略司提出申请："近准朝旨修渭州城、置炮台已毕，防城战具止有大、小合蝉床子等弩。案《武经总要》有三弓八牛床子弩，射及二百余步，用一枪三剑箭，最为利器，攻守皆可用。乞下军器监给弩箭各三副，赴本路依样造以备急用。"军器监回答说："弩每座重十余斤，难运致，乞图其样付本路作院。"得

---

① 曾巩：《曾巩集》卷四九《本朝政要策·兵器》，中华书局1984年版，第656页。
② （清）徐松辑，刘琳、刁忠民、舒大刚校点：《宋会要辑稿·职官》三〇之七，第3794页。
③ 刘旭：《中国古代火药火器史》，大象出版社2004年版，第1页。
④ 王得臣撰，俞宗宪点校：《麈史》卷上《制制》，第4页。
⑤ （清）徐松辑，刘琳、刁忠民、舒大刚、尹波等校点：《宋会要辑稿·兵》二之二八，第8637页。
⑥ 范建文：《宋代地方兵器生产机构论略——以作院、都作院为中心》，《北方论丛》2016年第3期。

到宋神宗的批准。① 说明陕西有足够的技术和原料制造高端重武器。元丰五年,军器监言:"相州都作院造防城箭三十三万,河北无竹笴,乞依定州用桦木笴。"②在定州、相州设置有制造以箭为主的都作院。河东太原大通冶所产铁,专供国家制造兵器,"岁输铁,尚方铸兵器",自太平兴国八年(983)起,为节省运费,要求"铁先铸成器,俾官工淬治之"③。即在当地铸造成半成品,再运到开封予以加工。

京东虽然不临边防,但战略地位重要,诸州作院也以制造兵器为主:"本路徐、郓、青三州都作院及诸州小作院,每岁制造诸般军器及上供简铁之类,数目浩翰。"④同样是重要的兵器制造地区。总之,北方地区的兵器制造业具有绝对优势。

募兵制背景中的宋代军队内部,有着庞大的私营手工业。宋代军队有一陋习,即官员往往私自役使士兵为其从事手工业生产,"或以组绣而执役,或以机织而致工,或为首饰玩好之事,或为涂饰文缕之事"⑤。主要是纺织业和制造业,所产物品出卖后,利润归军官所有,性质上属贪污行为。这种现象以北方军队最普遍。宋仁宗时,知汾州任弁被包拯揭发:"额外占使兵士一百一十六人,令织造驼毛段子,及打三黄镴,诸般私下杂作……计二万三千六百余工。"⑥相当于这 116 位军匠为其私人工作 203 天。宋神宗时,陕西禁兵"其间有匠氏、乐工、组绣、书画、机巧百端名目,多是主帅并以次官员占留手下,或五七百人,或千余人"⑦。工作量更大,产品更多。宋代军队绝大多数都在北方,以宋仁宗时而论,大约有百万人。当时"今军士有手艺者,管兵之官,每指挥抽占三之一"⑧,若按其所说,则有 20 万左右的士兵从事手工业生产,成为兵匠,恐有夸张,但可知有相当一大批士兵实际上

---

① 李焘:《续资治通鉴长编》卷三一四,元丰四年七月丙午,第 7608 页。

② 李焘:《续资治通鉴长编》卷三二七,元丰五年六月丁巳,第 7873 页。

③ (清)徐松辑,刘琳、刁忠民、舒大刚、尹波等校点:《宋会要辑稿·食货》四一之三九,第6930 页。

④ 李焘:《续资治通鉴长编》卷三三九,元丰元年九月丁卯,第 8172 页。

⑤ 汪藻著,王智勇笺注:《靖康要录笺注》卷一〇,四川大学出版社 2008 年版,第1001 页。

⑥ 包拯撰,杨国宜校注:《包拯集校注》卷六《请追任弁官》,第 35 页。

⑦ 赵抃:《清献集》卷四《奏状论陕西官员占留禁军有妨教阅》,《景印文渊阁四库全书》第1094 册,第 876 页。

⑧ 李焘:《续资治通鉴长编》卷一三二,庆历元年七月己酉,第 3148 页。

是匠人。对军事而言是很不利的,然而对经济而言,则大大活跃了北方地区的手工业。

宋代各地的手工业,依据当地的地理环境和生产技术、社会需求都有不同程度、不同特点的发展,南北方各有长处,各有轻重,有的与生产能力、社会经济无关。综合情况突出的是北方地区的东京开封、河北、陕西、京东、河东,南方的淮南、两浙、成都府路、梓州路、江东。宏观评估,北宋时手工业重心在北方。

本 章 结 语

通过上述研究,我们看到这么一个规律:在受自然条件限制比较强的手工业中,南北方互有优势,如冶铜、海盐、木棉纺织、糖、造船业等之于南方,冶铁、采金、煤炭、制矾、毛纺织业之于北方即是。但在不受或少受自然条件影响的行业中,北方地区大都处于领先地位,如丝麻纺织、服装、酿酒、陶瓷、制墨、制笔、建筑、官营手工业、蜡烛等即是。这些行业的优势,依靠的是传统的技术力量,社会政治、经济条件也起一定的作用。

还有一点应当提示的是,在长江上中游的夔州路、利州路、湖北等地,手工业呈落后状态,在各行业中都没有突出之处。

第 四 章

宋代各地商业及物资流通

商业的兴衰,是各地区农业、手工业兴衰的晴雨表,政治、军事、风俗等社会环境也起着重要作用。通过对商业状况的区域分析和物资流动趋向的考察,可进一步了解各地区的经济特征和差异。

第一节　区域市场的结构及特点

漆侠先生在其力作《宋代经济史》下册中,提出了宋代市场布局的划分:其一,以汴京为中心的北方市场;其二,以东南六路为主、以苏杭为中心的东南市场;其三,以成都府、梓州和兴元府为中心的川蜀诸路区域性市场;其四,以永兴军、太原和秦州为中心的西北市场。这一高屋建瓴的大致划分和基本结论,笔者深表赞同。

个人所认识的是:以地位而言,东京是全国的商业、消费和金融中心,以此为中心的北方市场最重要,其次是东南市场和西北市场,最后是四川市场。以互相之间的联系而言,北方市场与东南市场、西北市场联系最密切,四川市场与西北市场联系最密切。起作用的主要还是地理位置的远近。

这里首先要进一步研究的是,北方市场(包括整个北方地区)和南方市场(包括整个南方地区)在性质上有一定程度的差别。北方市场偏重于国家的军事消费,南方市场偏重于居民生活资料的消费,这给南北经济的发展带来不同的影响。

一、北方市场的消费特点

北方市场侧重于军事消费，因为北方是国家的军事重心。京师开封必须有重兵拱卫，西北的陕西、河东、河北为边防地区，必须有重兵屯驻。养兵备战，军需用品浩大，这就要求社会经济和市场必须为其服务。盛行于北方的官民粮食贸易——和籴，即是突出表现。

和籴（此处包括配籴、便籴等）即官方以缗钱或茶盐香药等官方垄断的物品为支付手段，向民间购买粮草等军需物资。和籴在北方名目很多，有定期定量的，有非时不定量的，数额都很大。如宋仁宗时，河北曾一次"配籴民粟至二百万石"[①]；庆历初年，河东"额定和籴粮草五百万石"[②]；元祐初，吕大忠在陕西秦州一次即和籴一百余万石粮食，"时郡籴民粟，豪家因之制操纵之柄。大忠选僚寀自旦入仓，虽斗升亦受，不使有所壅阏。民喜，争运粟于仓，负钱而去，得百余万斛"[③]。而在南方各路的所有州郡，从未一次性提供过如此巨额的粮食。和籴中的形式之一是便籴（即入中），是商人或农民将粮草等军需物资运到沿边地区或驻军多的地方，高价卖给官方。贸易额也很大，如河北沿边，每年大约要便籴二百万石的粮食。特殊情况下更多，如至和元年（1054）河北农业大丰收，朝廷随即下令"缘边州郡便籴军粮三百万、马料三百万"[④]。一次即购买六百万石粮食，与东南六路的上供额相等。北方地区官民之间的军需品（主要是粮食）占据了北方尤其是西北粮食市场的主导地位，也是北方流通市场中最大宗的商品。

再看北方地区民间的消费风俗。除京师开封情况特殊外，北方广大地区的消费风俗与南方地区大不一样，克勤克俭，是其生活的特点。丁度言："西北之人，勤力谨俭"[⑤]，即勤奋生产，不妄花费。河北即"其民俭啬勤

---

① 晁补之：《鸡肋集》卷六八《殿中侍御史赵君墓志铭》，《景印文渊阁四库全书》第1118册，第996页。

② 欧阳修著，李逸安点校：《欧阳修全集·河东奉使奏草》卷下《乞减放逃户和籴札子》，第1761页。

③ 《宋史》卷三四○《吕大忠传》，第10846页。

④ 李焘：《续资治通鉴长编》卷一七七，至和元年十一月甲子，第4290页。

⑤ 李焘：《续资治通鉴长编》卷一六八，皇祐二年六月末，第4048页。

苦"①。典型地区如河东,居民"善治生,多藏蓄,其靳啬尤甚。"②当地自然环境差,但善于经营,注重积累,俭省节约,所以"俗俭而家给……虽有水旱之沴,而无冻馁之虞。"③由此得以抗御灾害,生活不是大起大落,保持稳定状态。京西之民也注意积累储备,如金州百姓有"赀钜万,积粟支三十年"者④。其好处在于:平时有利于扩大再生产,灾荒年则有备而无患,从而维护着小农经济的稳固。北方也无游乐之风,如欧阳修言河北:"河朔之俗,不知嬉游"⑤,赵鼎言陕西河中府"编民不解歌襦袴,凿井耕田一事无。"⑥只知埋头种田,别无他想,缺乏生活情趣。好处是能有更多的时间致力于生产活动,资金也不会为此而耗费。

那么,北方广大地区的商业活动是否就不发达了呢? 不是。例如河东,宋代时已形成了经商风俗。北宋中期上党大族出身的侯氏,嫁于当地后,鼓励儿子们经商致富:"惟务以义礼训饬诸子,俾勉为商,孜孜不息。而诸子克承夫人之志,贸易四方,不数年间,寝大其门,遂昇府之上列。"⑦由于经商精明得法,很快便成为富家大户。下文还将证实北方市场的贸易额不亚于南方。

于是,问题又出来了:北方地区的剩余资金,也就是说,在南方地区用来摆阔气、游乐吃喝的那部分资金,在北方用来干什么了? 去向可能有两个:一是积蓄起来,二是购买生产资料了。如司马光言潍州"俗不好奢田器贵"即是典型例子⑧,意思是生活节俭,重视农具即农事。北方农业生产之所以发达,这是原因之一。

二、南方市场的消费特点

南方市场分为东部、西部两个相隔千里的中心,一是两浙路,一是成都

---

① 《宋史》卷三〇〇《王沿传》,第9957页。
② 《宋史》卷八六《地理志二》,第2138页。
③ 韩琦:《安阳集》卷二六《并州谢上表》,《景印文渊阁四库全书》第1089册,第362页。
④ 廉布撰,唐勤福、张丽整理:《清尊录》,《全宋笔记》第4编第3册,第108页。
⑤ 欧阳修著,李逸安点校:《欧阳修全集·居士外集》卷六《从潭游船见岸上看者有感》,第806页。
⑥ 赵鼎撰,李蹊点校:《忠正德文集》卷六《蒲中杂咏·安民堂》,第107页。
⑦ 陈叔度:《宋故廉府君(沇)侯夫人墓志铭并序》,郭茂育、刘继保:《宋代墓志辑释》,第421页。
⑧ 司马光撰,李文泽、霞绍晖校点:《司马光集》卷六《送朱校理知潍州》,第186页。

府路,共同特点是居民生活资料消费量大。用历史的语言说,是奢侈;用现代的语言说,是高消费。

两浙风气之奢,宋人颇多讥刺。主要表现在居民喜好炫耀讲排场,杭州即是典型:"杭人素轻夸,好美洁,家有百千,必以太半饰门窗,具什器。荒歉既甚,鬻之亦不能售,多斧之为薪,列卖于市,往往是金漆薪。"①这些家有百贯资金的中上等户人家,在室内装饰、家具方面的消费和投资,居然占了其资产的半数以上。欧阳修有诗进一步揭示了这个问题:"越俗僭宫室,顷赀事雕墙……南方精饮食,菌笋比羔羊。饭以玉粒粳,调之甘露浆。一馔费百金,百品罗成行。"②这些夸张些的诗句所指的当然还是中上等人户,满足的是虚荣与享乐,但正是这部分人是社会的主要消费者。他们对生活品位有着高档的追求,刺激着建筑材料、家具市场和饮食业的发展。

那么,一般的老百姓如何呢? 他们也不免受此风俗的影响。如:

> 行都人多易贫乏者。以其无常产,且夫借钱造屋,弃产作亲。此浙西人之常情,而行都人尤甚。其或借债,等得钱,首先充饰门户,则有漆器装折,却逐日籴米而食。妻孥皆衣弊衣跣足,而带金银钗钏,夜则赁被而宿。似此者,非不知为费,欲其外观之美而中心乐为之耳。③

可见在看不起穷人的南宋杭州,即使是那些家无隔夜粮的穷人,也要把资金用于装饰等不急之物上,以维护面子。

浙西情况如此,浙东也有类似风俗。杨简在温州作劝农文,指出当地有两大弊患:"其一风俗好奢,故虽耕而终贫;其二风俗好争,以好争故虽耕而终于贫……一世皆以奢侈为美为荣,父子兄弟意向,州闾邻里意向,无不趋于奢,无不羞于俭。"④奢侈、攀比之风盛行不衰,并不是生活条件已经很充裕、财富已经很丰富了,仍是建立在"贫"的基础之上的。有了收入,不惜大半用于不急之物以追逐时尚,维持虚荣,那么,用于生产资料的投资自然要削减,怎么能积累资金,更何谈扩大再生产呢? 所以,两浙的社会生产缺乏

---

① 江少虞:《宋朝事实类苑》卷六〇《杭人好饰门窗什器》,第789—790页。
② 欧阳修著,李逸安点校:《欧阳修全集·居士集》卷二《送慧勤归余杭》,第23页。
③ 张仲文撰,吴晶、周膺点校:《白獭髓·杭州流俗》,当代中国出版社2014年版,第10页。
④ 杨简著,董平校点:《杨简全集·慈湖先生遗书》卷五《永嘉劝农文》,浙江大学出版社2016年版,第1924页。

应当具备的后劲,乃至"虽耕而终于贫"。

东南地区还流行突发性消费风俗,即竭力大办婚丧事务。上文言浙西人家"弃产作亲"即是婚事过分铺张的例子,意思是办一次喜事的花费相当于把家产挥霍一空。丧葬之事,更为隆重。如福建:

> 闽俗重凶事,其奉浮屠,会宾客,以尽力丰侈为孝,往往至数百千人,至有亲亡不举哭,必破产办具,而后敢发丧者。有力者乘其急时,贱买其田宅,而贫者立券举债,终身困不能偿。①

办一次丧事几乎就是身亡家破。广南之俗有过之而无不及,"粤人治丧,以丰侈为孝。而游手亡赖贪慕饮食,岔集其门,意不满则怙众群躁,不可耐。中人之家鬻田宅、破赀聚而后办"②。在孝道的社会舆论绑架下,丧户不得不卖房卖地,大办酒席。爆发式的消费,将基本生产资料和生活资料丧失殆尽,又给兼并之家以可乘之机。每户人家平均每十余年就会有丧事,而一罹此难,数年乃至终身难以恢复元气,生产必将大受损失。尤其是对于中等人户而言,危害最大。

四川的消费风俗与东南地区遥相呼应,而且比其更"豪放""潇洒"。《宋史·地理志》言其"好音乐,少愁苦,尚奢靡,性轻扬,喜虚称"③,则是概括之言。与两浙等地不同的特点是:这里的消费资金少用于房屋修建和装饰品上,多用于游乐饮食:"蜀俗奢侈,好游荡,民无赢余,悉市酒为声技乐。"④乐观主义的民间一般说没有什么积蓄,都挥霍享受了,从而也就有潜在的危机。蜀人苏轼有诗指出:"蜀人衣食常苦艰,蜀人游乐不知还。千人耕种万人食,一年辛苦一春闲。"⑤尽管并没有丰衣足食,仍然游乐忘返,不但不能积累资金发展生产,连生产时间也为游乐占去不少。这样,成都府路优越的自然环境对经济发展所应起的积极作用,被这种社会风气几乎抵消了。魏了翁曾尖锐地指出过这点:

> 蜀地……唯成都、彭、汉平原沃壤,桑麻满野,昔人所谓大旱不旱者,较之他郡,差易为功。而民多游惰,不事本业,其所成往往视他郡无

---

① 李焘:《续资治通鉴长编》卷一八七,嘉祐三年七月癸酉,第4516页。

② 孙觌:《鸿庆居士集》卷四〇《宋故太淑人刘氏墓志铭》,《景印文渊阁四库全书》第1135册,第440页。

③ 《宋史》卷八九《地理志五》,第2230页。

④ 《宋史》卷二五七《吴元载传》,第8950页。

⑤ 苏轼撰,(清)王文诰辑注,孔凡礼点校:《苏轼诗集》卷四《和子由蚕市》,第162页。

以相远,非古今异时、地有肥硗也。①

可见,由于上述风气的消极作用,虽有优越的自然环境,生产并不比其他自然环境差的地区发达,与两浙的情况大同小异。

追求现实享受、及时行乐的习俗,与北方地区的节俭风俗形成鲜明的对照,导致呈现南方市场多生活资料消费的特点。

消费风俗是人们在消费过程中具有流行性、稳固性、经常性的一种消费行为方式,是生活方式的重要组成部分。新兴的消费风俗学正是研究商业的一个基础学科,消费风俗直接关系着商品结构,决定着商品生产的发展方向。从上文我们看到,以两浙、成都府路等地为代表的南方地区生活消费水平比北方大部分地区高了一个层次,但必须看到其具有"超前消费"的倾向。虽然在一定程度上刺激了奢侈品和饮食业的生产,在整体上却影响了生产的进一步发展。北方地区的生活低消费则有利于扩大再生产,为国防经济也提供了更多的物资,但生活清苦乏味。南北方人生观和价值观的差异,各有积极与消极、先进与落后之分,各失之过。

第二节　商税额反映的各地商业

一、各地商税统计及分析

商业的活动性强,层次多,除了几个大城市外,零碎的史料无法明确宋代各地商业状况。《宋会要辑稿·食货》一五至一七,记载了各地商税的详细数额,为我们了解各地商业提供了最系统的资料。现将其统计汇总,列表如下。②

---

① 魏了翁:《鹤山集》卷一○○《汉州劝农文》,《景印文渊阁四库全书》第 1173 册,第 455 页。

② 有关详情参见程民生《北宋商税统计及简析》,《河北大学学报》1988 年第 3 期。

表 4-1　嘉祐年间及熙宁十年各路商税表

地区	嘉祐年间商税额及序列			熙宁十年商税额及序列			升降率及序列		
东京都商税院	不立额	—	—	402379137	5	5	—	—	—
开封府	108704	17	21	152801.66	20	23	140.5	11	11
西京	60456	—	—	67548547	—	—	111.7	—	—
南京	33923	—	—	45561696	—	—	134.3	—	—
北京	84454	—	—	95930820	—	—	113.5	—	—
京东东路	246538	10	13	475332149	8	3	192.8	5	6
京东西路（包括南京）	270663	—	—	266304431	—	—	—	—	—
	304586	9	12	311866127	10	11	1023	15	15
京西南路	129130	16	20	190496963	17	18	147.5	9	9
京西北路（包括西京）	280017	—	—	173227993	—	—	—	—	—
	340473	7	10	240776540	16	17	707	19	19
河北东路（包括北京）	476718	—	—	471906266	—	—	—	—	—
	561172	1	2	567837086	2	2	101.1	16	16
河北西路	382249	4	7	286948000	11	12	75	18	18
永兴军路	310824	8	11	399026217	6	6	128.3	12	12
秦凤路	350602	6	9	342995159	9	10	97.8	17	17
河东路	226555	12	15	262933153	13	14	116	14	14
淮南东路	351098	5	8	422206718	4	4	120.2	13	13
淮南西路	512291	2	4	359070771	8	9	70	20	20
两浙路	475556	3	5	867714624	1	1	182.4	6	6
江南东路	243362	11	14	361811051	7	8	148.6	8	8
江南西路	162732	13	17	248520800	15	16	152.7	7	1
荆湖南路	69770	19	23	178298354	19	21	255.5	3	3
荆湖北路	130033	15	19	188313075	18	19	144.8	10	10
福建路	131932	14	18	264897094	12	13	200.7	4	4
广南东路	81639	18	22	249803803	14	15	305.9	2	2
广南西路	43547	20	24	139846035	21	24	321.1	1	1
成都府路	2463468	—		725814036		—	—		—
	821156		1	362907018		7	44.1		22
梓州路	1637899	—		348355059		—	—		
	545966		3	174177524		22	31.9		24
利州路	1240928	—		363392346		—	—		
	413642		8	181696173		20	43.9		23
夔州路	658428	—		230977145		—	—		
	219476		16	115488572		25	52.6		21

续表

地区	嘉祐年间商税额及序列		熙宁十年商税额及序列		升降率及序列	
铜钱总数	5162828	—	6913874516	—	—	—
铁钱总数	6000723	—	1668538586	—	—	—
折计参考总数	7163068	—	7748143804	—	108.1	—

说明:①商税数字的单位为贯,逗号后为文,略去原史料数据的分、厘。②升降率系以嘉祐旧额为基数
100。③按数额多少分的各序列栏分二栏,第一栏是铜钱序列,第二栏是加上四川铁钱折计为铜钱
在内的全国参考序列。④西京、南京、北京三地,划入所在地区,总数内不重复统计。⑤川蜀四铁
钱路二栏,上栏为原铁钱总数,下栏为暂折计的铜钱数。

从上表可看到,在铜钱区内,嘉祐年间商税额最高者是河北东路,其次
为淮南、两浙;熙宁十年(1077)商税最高者是两浙,其次为河北东路、京东
东路,这与前述各地经济状况大致相适应。南方地区两个时期的商税总数
都高于北方地区,但总体上呈下降状态。请看下表的综合显示:

表4-2 嘉祐年间及熙宁十年南北方地区商税升降表

北方地区	嘉祐年间额	约3260869 贯	增减率	111
	熙宁十年额	3633292 贯		
南方地区	嘉祐年间额	4202199 贯		97
	熙宁十年额	4114751 贯		

说明:北方嘉祐年间额,前表统计实数为2960869贯,因东都商税院商税数不立额,故此数不能代表北
方总数。按熙宁十年东京商税额为402379贯,而元丰八年为552261贯[1],增长150000余贯。照
此推算,嘉祐年间额约为300000贯。故此处北方总数作3260869贯。

对具体问题要作具体分析。从前表可看出,南方地区商税的下降,主要
是因四川、淮南西路大幅度下降造成的。北方也有三路下降:京西北路、河北
西路、秦凤路,下降范围和幅度小于南方。这就形成了差距。就南方其他九
路而言,上升幅度却很大,特点是越偏远地区上升幅度越大,如两广地区竟上
升三倍多。这与嘉祐年向数额过低、基数小有关。北方地区相对比较稳定,
京东、河北商业繁荣,尤以京东东路上升幅度为大。河北东路由于两浙路发
展迅速,由第一位降为第二位。广西增长速度虽然最快,但无论是嘉祐年间

---

① 李焘:《续资治通鉴长编》卷三九〇,元祐元年十月己亥纪事,第9476页。

额还是熙宁十年额,都是全国最低或倒数第二者。

由于铁钱与铜钱的比价尚不很清楚(尤其是嘉祐年间的比价),在此单用铜钱比较一下北方九路一京和南方铜钱区十路(不包括四川)这一大体对等条件下的商税(南方十路的地域仍稍大于北方)。嘉祐年间额中,北方地区为 3260869 贯,南方十路为 2201959 贯,北方高出 148%;熙宁十年额中,北方地区为 3633329 贯,南方十路为 3280482 贯,北方仍高出 110%。南方铜钱区发展速度快,但尚未赶上北方。

二、各地商税与户口比较

在商业活动的研究尤其是在地域性的商品流通总额及地位的研究时,应当考察其人口数量,关注人均值。现以宋神宗朝为定点,将熙宁十年各地商税数与年代最接近的元丰初年的户数列为一表(见下表)。

表 4-3 宋神宗时各地商税及户数分析表

地区	熙宁十年商税额及序列			元丰初年户数地区及序列		户均钱数及序列		
东京都商税院	402379	5	5	235599	—	—	—	—
开封府	152801	20	23	696456	24	2356	1	1
京东东路	475332	3	3	663210	9	682	4	4
京东西路	311866	10	11	314580	11	470	12	13
京西南路	190496	17	18	602060	21	605	6	6
京西北路	240776	16	17	667897	14	399	15	18
河北东路	507837	2	2	564762	10	850	2	2
河北西路	286948	11	12	846045	17	508	8	9
永兴军路	399026	6	6	509799	7	471	11	12
秦凤路	342995	9	10	578198	18	672	5	5
河东路	262933	13	14	612565	16	456	13	14
淮南东路	422206	4	4	744499	13	689	3	3
淮南西路	359070	8	9	1778953	8	482	10	11
两浙路	867714	1	1	1127311	1	487	9	10
江南东路	361811	7	8	1287136	3	320	16	20
江南西路	248520	15	16	871214	2	193	20	24
荆湖南路	178298	19	21	657533	5	204	19	23
荆湖北路	188313	18	19	1043839	12	286	17	21

地区	熙宁十年商税额及序列			元丰初年户数地区及序列		户均钱数及序列		
福建路	264897	12	13	579253	4	253	18	22
广南东路	249803	14	15	258382	15	431	14	16
广南西路	139846	21	24	864403	22	541	7	7
成都府路	362907	—	7	478171	6	425	—	17
梓州路	174177	—	22	336248	19	364	—	19
利州路	181696	—	20	254361	20	540	—	8
夔州路	115488	—	25		23	454	—	15
合计	7748143	—	—	16570474	—	467	—	—

说明:①本表所列户数出自《元丰九域志》,转引自梁方仲:《中国历代户口、田地、田赋统计》甲表37,唯总户数该表有误,本表为笔者重新计算的。②开封府商税中不包括开封、祥符两县(即东京所在地),这两县商税额即东京都商税院之额。而开封府的户数则包括这两县,故户均钱数中将开封府、东京都商税院钱合并计算。③户均钱数即每户平均商税,单位为文。④钱数序列为二栏,第一栏是铜钱序列,第二栏是加上四川铁钱折为铜钱在内的全国参考序列。

通过上表我们发现,以户均比较而言,北方地区的商业活动相对地大大活跃于南方地区。请看下列综合表:

表4-4　宋神宗时南北方商税及户数比较综合表

地区	商税	户数	户均
北方地区	3633292 贯	5676606	640 文
南方地区	4114751 贯	10893868	377 文
全国	7748143 贯	16570474	467 文

从宏观上看,北方地区每户平均所纳商税是南方地区的169%,而南方地区则是全国户均额的80%。南方地区商税绝对数是北方的113%,但其户数是北方的191%,幅员比北方大得多,这是不相称的。由于人口众多,从事贸易活动的可能人数自然也多,但是南方地区虽有奢侈之风,实际上每户所进行的贸易活动和贸易量却大大少于北方地区,人口在商业上的优势未能相应地充分发挥。这样一看,问题就深化了。两浙由商税总数第一位降为户均第十位,江西则降至末尾。

以上我们看到,北方户数虽少于南方,但商业活动却很频繁,贸易量也很大。事实上,商税数额还没有充分反映出北方地区的商业状况。其一,如前所述,北方地区的贸易量中,官民之间的粮草交易占了很大比重,而这种贸易是不纳商税的。其二,北方地区(主要是西北地区)盛行着军队经营的回图贸易,这种商业活动规模较大,也是不纳商税的。回图贸易是军人以地方公使钱或朝廷专门支拨的款项为本钱,进行长途贩运,或开设店铺、解库(典当贷款收息)及倒卖钞券等活动。投入资金很大,如熙宁十年(1077),熙河"诸州公使库,共借尽钱二十余万缗,回易取利"①。由于回图贸易仰仗着官方势力,所获利润也是很多的。如河东麟、府州禁军有一惯例,凡回易者,每5人为一保,给钱10万,经营50天为一期,则上交息钱40万。② 商业利润达四倍之多,足见赢利之厚。那么,如果把上述两大商业形式的贸易量计算在内,北方地区的贸易总量很有可能超过南方地区,户均额更高。

第三节　各地区的官方物资流通

社会产品流通的数量、方向和品种结构,受地理环境和社会环境的制约。同一环境之间的流通量一般不大,环境差异的大小,决定着流通量的大小。地理环境主要对流通产品的类别起主要作用,社会环境则主要对流通产品的方向起作用。

宋代社会的物资流通,有商业性的,有非商业性的。非商业性的物资流通主要是官方所从事的物资调配活动,主要是由地区的政治、经济、军事环境和地位决定的。官方的物资调配规模大,是宋代物资流通的主流。其流通物资的种类,主要是粮食和匹帛,方向主要是南北方之间,其次是东西方之间,中心是京师开封。

一、南北方物资流通

汴河漕运是南北之间物资流通的主流,种类主要是粮食,匹帛、货币、杂

---

① 李焘:《续资治通鉴长编》卷二八五,熙宁十年十月壬午,第 6973 页。
② 李焘:《续资治通鉴长编》卷一八三,嘉祐元年八月己卯,第 4440 页。

物次之。

汴河漕运粮食的数量,宋真宗景德年间每年不过 450 万石。后来曾增加到 650 万石,因数量过大,超出了东南地区正常供应能力,遂导致了"江淮之间,谷常贵而民贫",于是自天圣四年(1026)确定为岁运 600 万石。① 这是平衡南北方供需矛盾的结果,数额大对东南百姓不利,数额小对朝廷军储不利。这批粮食的用途是供应京畿等地的驻军及朝廷百官,来自东南六路。六路各自所出份额,按多少排列是这样的:②

表 4-5　东南六路岁漕朝廷粮食数量表

路名	数额(万石)
两浙	150
淮南	130
江西	120.89
江东	99.11
湖南	65
湖北	35

数额与各地的经济状况大体上是一致的,两浙最多,湖北最少;也与交通条件和距离开封远近有些关系。

同样由江淮发运司负责上供京师的匹帛等杂物,没有定额数据传世。天禧二年(1018),江淮发运司报告:"今春发诸州军银帛丝绵五十五万五千,计粮储四百一十七万石上供。"③显然只是一季而不是全年的发运量,但是从粮食数额看,当已占大半。梅尧臣在一句诗中透露了一个概数:北宋中期汴河运粮"大计之数,万百惟六;帛币错货,三倍其谷。"④即粮食 600 万石,货币、杂物为 1800 万贯匹等单位。其中货币数量据张邦基载:"发运司……复运六路之钱以供中都者,常不下五六十万贯。"⑤数量并不大,每路

①　李焘:《续资治通鉴长编》卷一〇四,天圣四年闰五月戊申,第 2408 页。
②　沈括撰,胡静宜整理:《梦溪笔谈》卷一二《官政二》,《全宋笔记》第 2 编第 3 册,第 101 页。
③　李焘:《续资治通鉴长编》卷九一,天禧二年四月乙亥,第 2107 页。
④　梅尧臣著,朱东润编年校注:《梅尧臣集编年校注》卷二六《力漕篇呈发运王司封宝臣》,第 863 页。
⑤　张邦基撰,孔凡礼点校:《墨庄漫录》卷四《发运司建官及职事》,第 117 页。

平均不足 10 万贯。

有一个问题应当说明：在汴河漕运的物品中，除粮食以外，其他货币、杂物等并非全部出自上述东南六路。东南其他邻近诸路的上供钱物，也常由汴河漕运。如其中"有福建路合起上供钱帛不少，皆经两浙"，由发运司经管上供①。政和五年（1115），发运副使赵霆奏：今年催促六路漕粮数足，并"催促九路上供钱帛"②。可见包括了整个东南地区的上供都由发运司经管。有时，甚至包括北方地区的京东路财物。熙宁四年（1071）正月诏云："江淮发运司将淮南、两浙、荆湖六路州军并京东转运司封桩茶本、租税钱，相度兑易金银、绵绢上京。"③因为汴河临近乃至穿过京东（应天府），便于合并上供。

这一事实的揭示，可以深化我们两个方面的认识：一方面，汴河漕路，不仅仅是东南六路物资北上的通道，其他临近地区的物资也多顺水推舟，由此而上供。另一方面，既然如此，若以汴河漕运量来评价东南六路的财政实力时，就要打个小折扣。

汴河官方漕运物资，多数不是商品，而是税赋收入。粮食中有将近一半是购买的商品粮，"江、淮诸路，岁以馈粮，于租税之外，复又入籴，两浙一路七十万石，以东南数路计之，不下三二百万石"④。匹帛中也有一部分是和买而来。其余都是应当上交中央的地方税利。当然，汴河作为一条南北交通热线，民间商船也必然有大批物资沿此流通，因无数据，暂此从略。

官方的陆路南北物资流通，原有两条主要路线：中线是由广州运输香药至东京，后改为水路。西线是由四川地区向西北地区和京师陆路辇运钱帛。四川租税多折为匹帛征收，向中央交纳的物品中没有粮食，全是缗钱、匹帛等，其中匹帛有部分是和买而来。这些物资，有时上供京师，有时截留在陕西或改运至河东。宋真宗末年，三司言："其绢、布、绸、丝、绵来自益、梓、利、夔四路辖下州军每年买纳，除应副陕西、河东、京西转运司及本路州军衣

---

①　（清）徐松辑，刘琳、刁忠民、舒大刚、尹波等校点：《宋会要辑稿·职官》四二之七，第 4074 页。

②　（清）徐松辑，刘琳、刁忠民、舒大刚、尹波等校点：《宋会要辑稿·职官》四二之三八，第 4090 页。

③　（清）徐松辑，刘琳、刁忠民、舒大刚、尹波等校点：《宋会要辑稿·职官》四三之二二，第 4081 页。

④　李焘：《续资治通鉴长编》卷一一二，明道二年七月甲申，第 2624 页。

赐支遣外,如有剩数,即令逐州军差人管押上京送纳。"①陕西、河东数十万驻军的军装,主要是由四川供应的(京西所得十万匹,由长江水路而来)。宋仁宗时,"自西鄙用兵,两蜀多所调发"②。主要是军需物资。四川地区另一种北上物资是茶叶,由官方组织运往陕西秦州,专用于与西夏等地少数民族进行茶马贸易。这一部分物资属于商品流通,但在宋朝境内并不是。民间贸易交流更多,如"蜀商多至秦"③,与官方物质流通趋势一致。

南北商品流通还有一条热线鲜为人知,即京东密州至东南各地的海路交通。元祐三年(1088)臣僚报告:

> 自来广南、福建、淮、浙商旅乘海船贩到香药诸杂税物(至密州),乃至京东、河北、河东等路商客般运见钱、丝绵、绫绢往来交易,买卖极为繁盛……而板桥有西北数路商贾之交易,其丝绵、缣帛又蕃商所欲之货,此南北之所交驰而奔辏者,从可知矣。④

密州板桥镇海港,是北宋中后期新兴的北方与东南、海外商人物资交流的汇集、中转之处,北上的商品是香药等,南下的商品主要是纺织品,是海上丝绸之路的一个新起点。这就可以再次证明北方地区的纺织品产量大,质量高,自发地寻找了新的出口。

此外,南北物资流动的官方部分,还有河北、河东的大批上供物资输往东京,有关问题后文再述。

二、东西方物资流通

北宋时期东西方的大规模物资流通,主要在北方地区进行,以水路为主。这就是以开封为中心,陕西由黄河、京东由广济河向东京的漕运。

以粮食而论,宋太宗时规定的岁漕额是:陕西由黄河上供粟50万石、菽30万石,共80万石;京东由广济河上供粟62万石,两河总共142万石。到

---

① (清)徐松辑,刘琳、刁忠民、舒大刚、尹波等校点:《宋会要辑稿·食货》四八之一四至一五,第7083页。

② 李焘:《续资治通鉴长编》卷一八三,嘉祐元年八月癸亥,第4435页。

③ 李焘:《续资治通鉴长编》卷一六〇,庆历七年二月己酉,第3862页。

④ 李焘:《续资治通鉴长编》卷四〇九,元祐三年三月乙丑,第9956页。

宋仁宗庆历年间，黄河、广济河的漕运粮都减少了，"减广济河二十万石。后黄河岁漕益减耗，才运菽三十万石，岁创漕船，市材木，役衙前，劳费甚广；嘉祐四年，罢所运菽"①。由于得不偿失，宋仁宗末干脆取消。但不久即又恢复并回升：治平二年（1065），广济河岁漕74万石，超过了原额；宋神宗时，黄河漕运也有所恢复，张方平言"陕西亦有上供小麦三十万石"②即是。改粟、菽为小麦，品种优化，质量提高。

北方地区还要向开封运送大量木柴、木炭等燃料。如治平二年（1065），"由京西、陕西、河东运薪炭至京师，薪以斤计一千七百一十三万，炭以称计一百万"③。数量可谓巨大。另外，陕西还由黄河上供大量木材，朝廷专有竹木务和三门白波发运司负责。宋仁宗时，每年向京师等地运送的"大料木植"即达79万余条，竹150余万杆④，是京师最主要的木材来源。至于这两条水路运输上供的金帛之类，未见数字记载。

横亘南方地区的长江水路，在北宋官方的物资流通中没有发挥多大作用。这是由两个因素决定的。

一是自然环境障碍。夔州路与湖北之间的长江三峡滩多水急，航行难险。如欧阳修所言：船只"一失毫厘与崖石遇，则靡溃飘没不见踪迹"。所以官方从四川调出的物资，大多走陆路，只有那些价值不高的"不急之物"才走长江水路，而且冒着沉没的危险，"若弃之然"⑤，没抱多大希望。自长江出川的物资，多是由嘉州起发的布匹和牛皮，也只是运到湖北中部的荆南即江陵府便转陆路北上了。⑥

二是社会环境因素。北方是国家的政治中心、军事重心所在，四川、东南地区均对此有向心性，主要与其相联系，而四川、东南地方官府之间基本

① 《宋史》卷一七五《食货志上三》，第4252页。本卷广济河宋初漕运额有二，一为十二万石，一为六十二万石。从庆历时"减广济河二十万石"情况看，原额决不会是十二万石，而应是六十二万石。所刊"十二万石"前疑漏一"六"字。

② 张方平：《乐全集》卷二四《论京东饥馑请行赈救事》，《景印文渊阁四库全书》第1104册，第246页。

③ 《宋史》卷一七五《食货志上三》，第4253页。

④ 包拯撰，杨国宜校注：《包拯集校注》卷二《请权罢陕西州军科率》，第109页。

⑤ 欧阳修著，李逸安点校：《欧阳修全集·居士集》卷三九《峡州至喜亭记》，第564页。

⑥ （清）徐松辑，刘琳、刁忠民、舒大刚、尹波等校点：《宋会要辑稿·食货》四六之一四，第7042—7043页。

不发生经济联系，加以路途太远，所以缺乏交流。到了南宋时期，因社会环境发生很大变化，长江的东西交流即浙江杭州与四川、两湖的物资来往才多了起来。

当然，长江毕竟是国内最大的河流，其航运资源总会被广大商旅充分利用的，对民间则是主要的东西交流渠道。如三峡"蜀船南来去未休，吴船西上到沙头。人生能着几两屐，三峡风烟替往愁。"①因本节论述的是官方物资流通，兹不多言。

三、官方物资流通的意义

上述研究使我们发现，官方的物资流通多是以京师开封为终点，而且多是单向流通，交流不多。这种流通不是商业性的，而是政治性的和财政性的，其特征是以上供赋税为主的物资流通。

这一特殊的流通方式，主要不是经济地理决定的，而是政治地理、军事地理和社会环境决定的。宋朝的政治、经济、文化中心在北方东京开封，这一最大的消费市场和朝廷机构需要地方赋税来供养；国家的军事重心在西北地区，防范契丹、抗御西夏，需要浩大的国防开支。所以物资北上是正常的、合理的流向。北宋财政总收入的六分之五都用于军费开支这一事实，足以说明军事在宋代是头等重要的活动。国防是全国的国防，不仅是沿边的西北地区的国防。那么，占全国总面积35%、占全国总户数34%的北方地区，不可能承担全部军费，必须调拨南方地区税赋和一部分商品物资补助西北地区和京师的消费。所以，南财北运与陕西等西北地区财物东运有很大的区别，前者并不说明地区经济的强弱。

历史是一面镜子，让我们回头看一下西汉的相关历史。汉代以关中为主的西北地区，"于天下三分之一，而人众不过什三；然量其富，什居其六"②。拥有全国十分之六的财富，其富庶程度是可想而知的。但由于是京师所在之地，仍然需要每年漕运关东之粟400万石供应，"岁漕关东谷四百

---

① 李流谦：《澹斋集》卷八《新滩三首》，《景印文渊阁四库全书》第1133册，第658页。
② （汉）司马迁：《史记》卷一二九《货殖列传》，中华书局1982年版，第3262页。

万斛以给京师,用卒六万人"①。难道能因此而说关中经济不如关东吗? 显然不会有人这么说。再比较一下南宋迁都临安后,两浙又形成了新的物资流向终端,"行在钱粮,全仰舟楫","四方纲运辐凑阙下"②。具体如陆游所言京杭大运河上的常州奔牛闸:

> 朝廷在故都时,实仰东南财赋,而吴中又为东南根柢。语曰:"苏常熟,天下足。"故此闸尤为国用所仰。迟速丰耗,天下休戚在焉。自天子驻跸临安,牧贡戎贽,四方之赋输,与邮置往来、军旅征戍、商贾贸迁者,途出于此,居天下十六七,其所系岂不愈重哉?③

南宋时源源不断地输出输入,完全不是两浙经济落后于其他地区的表现,而是政治中心所需要的财政上交和供应。宋孝宗时,周必大论道:

> 今江浙水溢,大伤民田,议者忧焉,请亟为来岁之备。夫纳粟之制屡行,犹未足以充军食。赈廪之数有限,顾安能均及斯民哉? 又况巴蜀之粟远不可漕,湖广之地瘠无所入。大江以西、七闽以南,偏方下土,竭力以赡军国之用,亦难矣。计臣拱手,君相旰食,子大夫得不预其忧哉?④

可见竭尽东南地区的粮饷,供应军粮也是颇为艰难的。则西北军费供应的难度之大,可想而知。

现在进一步分析北方地区的物资情况。前边说过,北方地区也有物资上供,下文谈到的事实还会证明决不止那些。要想认识其深刻意义,必须考察其社会背景。北方是国防要地,屯兵百万,军费开支极大。宋代实行的是募兵制,为笼络招募而来的"失职犷悍之徒",对其物质待遇颇为优裕。禁军士兵粮饷平均按中等计,"每人约科(按:当为料)钱五百,月粮两石五斗,春冬衣绸绢六匹,绵一十二两,随衣钱三千",还有每三年一次的南郊赏赐人均 15 贯。⑤ 以陕西为例,宋仁宗时驻军约 30 万人,宋英宗时达 45 万余人

---

① (唐)杜佑撰,王文锦、王永兴、刘俊文、徐庭云、谢方点校:《通典》卷一〇《漕运》,第215 页。

② (清)徐松辑,刘琳、刁忠民、舒大刚、尹波等校点:《宋会要辑稿·食货》四四之六,第6991 页。

③ 陆游著,涂小马校注:《陆游全集校注·渭南文集校注》卷二〇《常州奔牛闸记》,第497—498 页。

④ 周必大撰,王瑞来校证:《周必大集校证》卷一三《家塾策问十二首》,第159 页。

⑤ 张方平:《乐全集》卷二三《论国计出纳事》,《景印文渊阁四库全书》第1104 册,第221 页。

(不包括义勇乡兵)。① 即使按 40 万人计(厢军俸钱低些,但土兵俸钱比禁军高,这里平均按禁军计),则每年需料钱 245 万贯,粮食 720 万石,绸绢 240 万匹,绵 480 万两,随衣钱 120 万贯,三年一次郊赏共 600 万贯,平均每年 200 万贯。仅钱一项,每年即需 560 万贯。若按宋人的折算法,养一禁军每年需要 50 贯,厢军 30 贯,②以平均 40 贯计,则 40 万人需 1600 万贯。另外,陕西还有战马约 5 万匹,需草 1000 余万束,料 100 余万石。这只是人头以及草料经费,若加上器物费(兵器、军用建筑的制造、修缮、马具等),陕西军费每年约需 2000 万贯。推之整个北方地区,这一数字定成倍地增加。

那么,在如此重负下,北方地区的上供就显得难能可贵了。再者,史料中常有北方地区物资(主要是军粮)紧缺的现象,这是怎么回事呢? 需求量大固然是重要原因,同时还有更深层的原因。仍以陕西为例:前边说过,陕西有着发达的农业,粮价属于最低的地区之一,供应充裕。宋政府之所以汲汲于军粮的筹备,乃是备战备荒的战略需要,兵马未动,粮草先行。国防的特殊需要,使陕西不但须每年提供大量粮食用于日常消费,还须有更多的储蓄以备缓急。宋政府要求沿边地区有五年的蓄备量,绍圣元年(1094)诏:"陕西转运司给钞以籴买沿边粮草,为五年之储";元祐三年(1088)"陕西沿边五年之蓄,计缗钱九百余万"③。也即够当地官吏、军队食用五年,这就意味着陕西每年须保持军粮马料 4000 万石左右。而在一般情况下,不少地方确实达到或超过了这一储蓄备量。如嘉祐末,凤翔府"仓粟支十二年,主者以腐败为忧"④,相当饱满。所谓粮食紧缺,就是这种战略需要人为造成的表面现象,而实际上并不缺乏。有时也不是地方供应不足,而是官方缺乏收购的财力。北宋末年李纲言:"今自陕以西,关中之地,沃野千里,古之所谓天府也,丰岁粒米狼戾,有司窘于泉帛,无以广籴"⑤,显然,这就不是地方经济原因了。

---

① 李焘:《续资治通鉴长编》卷二〇八,治平三年五月乙丑,第 5053 页。

② 蔡襄著,吴以宁点校:《蔡襄集》卷二二《论兵十事》,第 387 页。

③ (清)徐松辑,刘琳、刁忠民、舒大刚、尹波等校点:《宋会要辑稿·食货》四〇之一、五六之二,第 6877、7283 页。

④ 《宋史》卷二九八《陈希亮传》,第 9921 页。

⑤ 李纲著,王瑞明点校:《李纲全集》卷一四四《御戎论》,第 1370 页。

南方的情况与此相反。因驻军很少,官方消费量有限,不需要大量贮备;再者,当地自然条件也不允许大量贮备。南方地区气候炎热潮湿,"其南方及川界卑湿之地,有斛斗难以久贮者"①。一般人家更不储粮。如两浙,"家无宿舂之储者,盖十室而九"②,"虽富家亦日治米为食,积久者不过两岁而转"③。也就是说,南方地区的粮食,绝大部分在流通市场上,所以显得粮食充沛,但实际数量并不能算十分丰富;而北方地区的粮食相当一部分退出流通领域贮存起来,所以市场上的粮食就相对显得少些(主要指官方的收籴)。

本 章 结 语

北方地区居民的生活消费方式有利于发展生产,南方地区居民的生活消费方式不大利于发展生产。从消费量看,民间消费量以南方为多,北方由于人口少,消费总量不及南方,但人口的相对消费量则多于南方;而官方的消费重心在北方,官民相加,宋代消费重心无疑在北方。大批物资汇集京师和西北地区,这种经济现象的实质是地方上交税利,供应国家机器。南方物资由于本地驻军很少,官方消费不多,而且环境条件不能多储久存,所以呈流动状态。北方消费量大,储存也丰富,相对呈凝重状态。以京师为中心,把东南、西北、川蜀市场联系在一起,物资流动呈"门"形,向心性强。南方的东部和西部,至少在北宋时期没有形成统一市场,相对分散,难以共同发展。

---

① 司马光撰,李文泽、霞绍晖校点:《司马光集》卷五四《乞趁时收籴常平斛斗白扎子》,第1122页。

② 苏轼撰,孔凡礼点校:《苏轼文集》卷四八《上吕仆射论浙西灾伤书》,第1402页。

③ 庄绰撰,萧鲁阳点校:《鸡肋编》卷上,第35页。

第 五 章

宋代各地财政特点与地域性经济政策

地方财政与地方经济既有联系,又有区别。一般而言,地方经济的发达与否,可决定地方财政的丰匮与否,地方经济不发达者,地方财政收入必不能富裕。但是却不能反过来说,地方财政紧张证明地区经济的落后。因为财政在对社会产品分配和再分配时,面临的情况各不相同,不是单纯的经济和收入的问题。决定宋代地方财政状况的一个重要因素是:当地的政治、军事活动量,也即财政支出需要的多少,这是又一类供需关系。所以,必须全面地看待其收支关系。

在有关地域经济史料中,南方地区的史料大大多于北方地区。但具体到财政史料而言,北方地区的史料(尤其是西北地区)却远多于南方地区,所以这里不得不详北而略南了。

第一节　西北地区财政状况与特点

一、西北国防财政的收支状况

宋代西北地区——陕西、河东、河北三路财政的基本内容是国防财政,在整个宋代财政中居有最重要的地位。因此有必要先看一下全国的军费支出,以及西北地区所占的比例。

全国军费支出的情况,有关史料很多,在此仅列举北宋中期的两个例子。王铚在《枢庭备检》中记载:"自皇祐一岁之入一(倍)[亿]二千六百余万,而耗于兵者常十八,而留州以供军者又数百万也。"①也即军费开支占国家总收入的80%以上。地方留用供应驻军的数目,具体如贾昌朝曾说,他在宋仁宗初期开封府东明县任县令时,该县驻有禁兵3000,"而留万户赋输,仅能取足,郊祀庆赏,乃出自内府"②。按宋太宗初开封府16县有17万余户③,元丰初开封府17县23万余户④,平均每县不过一万余户,则是大半赋税用于日常养兵。治平二年(1065),据陈襄言:"天下所入财用大数,都约缗钱六千余万,养兵之费约五千万,乃是六分之财,兵占其五。"⑤皇祐年间的数字,是货币与实物的混合单位,治平二年的数字已折成货币,军费占总收入的83%。皇祐年间的军费支出若加上"留州以供军者又数百万",当也接近治平二年的百分比。这是两个具有代表性的数字。

那么,西北地区军费支出情况如何呢? 以治平年间为例,陕西有军队45.09万人,平均按一兵40贯计,则一年需钱1803万余贯;河北有军队31.1万余,一年需钱1204万贯;河东有军队按10万人计,一年需钱400万贯。西北三路一年的养兵费用总计约3407万余贯。治平二年全国收入6000万贯,军费开支5000万贯,则西北军费支出占全国总收入的56.7%,占全国军费总开支的68%。当然,治平年间西北地区驻军是数量最多的时期,北宋大部分时间内都少于此数,军费自然也较少些。如熙宁时,王安石向宋神宗报告说,陕西"计一道半岁费钱银绸绢千二百万贯、匹、两",折缗钱为700余万贯⑥。则一年军费为1400余万贯,比治平时的推算数少了400万贯左右。总之,在北宋中期和后期,西北三路的军费每年平均约3000

---

① 王明清撰,燕永成整理:《挥麈录余话》卷一,《全宋笔记》第6编第2册,第25页。原作"入一倍二千六百余万","倍"误,当为"亿"。参见李焘:《续资治通鉴长编》卷一七二,皇祐四年正月辛亥纪事:"皇祐元年,入一亿二千六百二十五万一千九百六十四",第4129页。

② 《宋史》卷一七九《食货志下一》,第4351页。

③ 乐史撰,王文楚等点校:《太平寰宇记》卷一《开封府》,第3页。

④ 王存撰,王文楚、魏嵩山点校:《元丰九域志》卷一《东京》,第2页。

⑤ 陈襄:《古灵集》卷八《论冗兵札子》,《景印文渊阁四库全书》第1093册,第549页。

⑥ 《宋史》卷一七九《食货志下一》,第4355页。

万贯左右。

宋仁宗朝中期,有两组西北地区的收支账目,分别反映了宋夏大战前后的两个时期的收支情况。现列表如下①(单位当为贯、石、匹、束②):

表 5-1　宋仁宗朝宋夏战争前后西北地区收支变化表

地区	项目	时间		增减率
		宝元元年（1038）	庆历二年（1042）	
		数量		
陕西	收入	19780000	33900000	171
	支出	15510000	33630000	216
	结余	4270000	270000	6
河北	收入	20140000	27450000	136
	支出	18230000	25520000	139
	结余	1910000	1930000	101
河东	收入	10380000	11760000	113
	支出	8590000	13030000	151
	结余	1790000	-1270000	-71

以庆历二年为例,西北三路总收入为7311万单位,约占数年后皇祐时全国总收入的58%;总支出为7218万单位,约占皇祐时兵费总支出(以总收入的83%计,为10458万贯)的69%。与前边的推算数基本吻合。

上表说明,在宋夏战争爆发以前,西北三路财政收支都有结余。河北收入最多,支出也最多,然尚有9%的结余;陕西收入次之,而结余最多,达21%;河东收、支都是最少的,结余率为17%。这与当时各地经济状况、国防

---

① 李焘:《续资治通鉴长编》卷一四〇,庆历三年四月己未,第3366页。另,《宋史》卷一七九《食货志下一》(第4251—4352页);《文献通考》卷二四《国用考二》(第699—700页);陈均编,许沛藻、金圆、顾吉辰、孙菊园点校:《皇朝编年纲目备要》卷一二,庆历三年(第263—264页),都载此账,数字略有小异。

② 欧阳修著,李逸安点校:《欧阳修全集·河北奉使奏草》卷下《论河北财产上时相书》言:河北"岁支粮草钱帛二千四百四十万",第1826页。时为庆历四年,与庆历二年河北支出数接近,据此推知其单位相同。

局势和驻军数大体一致。大规模的边防战争爆发后,三路收支都增长了。陕西处于最前线,所以收支增长最多,河北支出增长也超过了收入的增长率。但这两路多少仍还有些结余,不至于亏空,唯河东出现了赤字。四年之间收支发生了如此剧烈变化,突出地显示了西北地区财政的另一特点——波动性强。

二、西北国防财政收入的来源与特点

现在要研究的关键问题是:西北财政收入来自哪里呢? 有多少是出自地方财政? 也就是说,如此浩大的军费支出,西北地区自身能承担多少呢? 这需要我们深入研究各地具体的财政状况。

(一)陕西

陕西平时的日常军费一般主要靠当地财政收入,各个时期有所不同。

北宋前期,陕西军费基本上都出自地方财政。宋太祖时,西部边患不严重,驻军有限,"西戎之患,多在环、庆……以二州租入之费御戎而有余"①。当时防边军队集中在环、庆二州,军费全靠当地赋税供应,还有结余,朝廷几乎没有支出。宋太宗末期,李继迁攻陷灵州等地,西北国防局势恶化,"朝廷调兵,军费多出于民,关内大扰"②。边防形势严峻,驻军增多,随之军费大增,正常赋税不能满足需要,便加重了对陕西的剥削,致使民众多受搜刮,但仍然没有从外地调拨军费。

宋真宗朝个别时期出现转折。咸平五年(1002),陕西"屯戍至广,经费实繁",朝廷派出两位最精明强干的财政能员,即著名的度支员外郎李仕衡、内殿崇班阁门祇候李溥,"诣陕西诸州增酒榷之课"。李仕衡认为"陕西榷酤,尚多遗利",强化了榷酒制,"由是岁增钱二十五万焉"③。但还是无法满足边防军费的需要:咸平六年,陕西"宿兵不下十万",军费紧张,"比约诸郡公钱充费,一年计七十万五千余贯。仍自去岁以来,诸州支发净尽",陕

---

① 李焘:《续资治通鉴长编》卷三六六,元祐元年二月丙子纪事,第8794页。
② 《宋史》卷二七八《雷孝先传》,第9463页。
③ 李焘:《续资治通鉴长编》卷五三,咸平五年十一月癸巳,第1162页。

西转运使刘综"累奏乞自京般钱三十万以给边费"①。本地经费实在难以应付军费了，只得向中央请求援助。自此，内藏库开始每年拨款 30 万贯："初，岁出内帑缗钱三十万，助陕西军费。"李仕衡出任陕西转运使后，"言岁计可自办，遂罢给"②。具体做法是："保任能吏数十，分掌榷酤，获遗利盖亿计，乃奏罢朝廷助边钱帛岁三十万。"③通过强化陕西的榷酒制，收入至少增长了 30 万贯，财政扭转了紧张局势，一得充裕，陕西地方财政便重新承担了全部日常军费。北宋前期陕西驻军较少，承担数十万或数百万军费是不足为奇的。

在驻军大增的北宋中期，除军装外，陕西地方也常常独自承担军费。如庆历末，陕西转运使即上言说：军费供应"本道藏廪足给，请罢都内所受钱，以资河朔"④。拒绝朝廷的军费支拨。皇祐元年（1049），朝廷将陕西 50 岁以上的保捷兵年及短弱不任役者归农，"凡放归者三万五千余人……在籍者尚五万余人……陕西缘边，计一岁费缗钱七十千养一保捷兵，自是岁省缗钱二百四十五万，陕西之民力稍苏"⑤。其军费出自地方财政，仅现有保捷军，就需每年支付 350 余万贯。熙宁初，朝廷经营熙河地区，王安石对宋神宗报告说："所费止三百万。他日，有西帅登对，上问之，帅曰：'除内帑所赐外，独本路应副殆千万。'上愕然，令退具实数奏来。"⑥西帅所言，似包括粮草；王安石所言，似仅指朝廷支付的钱贯，回避了这场拓边战争的军费主要出自陕西地方。元丰四年（1081），宋神宗言陕西财政"供四路军须约三十万人骑，不闻不足"⑦；不久又在一道批示中透露：陕西"向者兵屯虽解，完葺故坏，费用尚多，若不从今加意经营，深恐异时烦中都供馈"⑧。说明在陕西

① 李焘：《续资治通鉴长编》卷五四，咸平六年三月辛亥，第 1185 页。
② 《宋史》卷二九九《李仕衡传》，第 9936 页。
③ 范仲淹著，李勇先、王蓉贵校点：《范仲淹全集·范文正公文集》卷一三《宋故同州观察使李公神道碑铭》，第 307 页。
④ 张方平：《乐全集》卷三六《宋故龙图阁学士朝散大夫尚书工部侍郎提举南京鸿庆宫上柱国清河郡开国公食邑三千八百户户食实封八百户赐紫金鱼袋傅公神道碑铭》，《景印文渊阁四库全书》第 1104 册，第 414 页。
⑤ 李焘：《续资治通鉴长编》卷一六七，皇祐元年十二月壬戌，第 4023 页。
⑥ 李焘：《续资治通鉴长编》卷二一五，熙宁三年九月庚子注引赵伯山《中外旧事》，第 5239 页。
⑦ 李焘：《续资治通鉴长编》卷三一七，元丰四年十月乙丑，第 7677 页。
⑧ 李焘：《续资治通鉴长编》卷三一八，元丰四年十月己卯，第 7694 页。

地方有能力、有潜力供应日常军需的情况下,尽可能地"不烦中都供馈"。元丰七年(1084),据陕西转运副使范纯粹报告:"契勘本路沿边诸处,久来难得见钱。逐处岁计,除以本路课利所入应副支费外,其所少之数,并是于永兴、商、虢、华、陕等州钱监收积,及于近里诸处雇脚般运前去。"①日常军费的货币开支或出于地方课利,或出于当地钱监,仍基本上由本地承担。

　　元丰二年(1079),朝廷派员到陕西审计收支的账目,进一步反映了这个问题:"除比岁内实收应副实支外,尚有四十四万余贯不足年计,奉圣旨只令本司那融应副。"②陕西军费在地方财政支付后,仅有40多万贯的缺口。即使这一缺口,朝廷仍不愿拨款补助,"只令本司那融应副",何谓"那融"呢? 就是挪用、融资的意思,说白了就是皇帝让陕西地方自己想办法应付,则陕西财政收入的浩大与潜力可以想见。后来京东转运司上供羡余钱300万贯,朝廷遂欲拨给陕西,然而陕西转运判官范纯粹却满腔忧国忧民的情怀,"愀然谓其属曰:'吾部虽窘,岂忍取此膏血之余耶!'力辞讫费纳"③。拒不接受这笔巨款,说明地方财政还有潜力,能应付支撑。

　　具体到陕西驻军的粮草而言,绝大部分由地方承担(有十余万石粮曾由河东援助)。康定元年(1040),欧阳修分析陕西军队与地方经济的关系云:

　　　　四五十万之人,坐而仰食,然关西之地,物不加多,关东所有,莫能运致,掊克细碎,既已无益而罢之矣。至于鬻官入粟,下无应者,改法榷货而商旅不行,是四五十万之人,惟取足西人而已,西人何为而不困?④

即四五十万军队的粮草物资,是由陕西当地提供的,一部分来自赋税,一部分来自和籴。如渭州位于西北前沿,屯兵众多,"帅司岁市谷百万以实边"⑤。百万石军粮主要依赖本地人户。北宋中后期,凤州"当秦蜀孔道,而

---

① 李焘:《续资治通鉴长编》卷三四四,元丰七年三月癸丑,第8258—8259页。
② 李焘:《续资治通鉴长编》卷三四二,元丰七年正月丁未,第8221页。
③ 叶梦得撰,宇文绍奕考异,侯忠义点校:《石林燕语》卷七,第102页。
④ 李焘:《续资治通鉴长编》卷一二九,康定元年十二月乙巳,第3064—3065页。
⑤ 林摅:《宋故左朝议大夫致仕上柱国陇西县开国男食邑三百户赐紫金鱼袋吕公(大球)墓志铭》,郭茂育、刘继保:《宋代墓志辑释》,第425页。

河池为邑,地瘠民贫……邑之兵食不足",官府"则力为经营,仅以能赡"①。当地尽管农业不发达,也提供了全部的军粮。景祐元年(1034),三司使程琳曾说:"陕西岁费(粮刍——引按)千五百万,其赋入支十之五,自余悉仰京师。"②陕西二税的粮草收入约为750万,另一半并不是说自京师运来,而是由中央拨一部分钱,在陕西本地和籴。毕竟关山迢递,宋代历史中从未有过自关东运粮于陕西的记载,③即欧阳修所说的"关东所有,莫能运致"。这里要指出的是,中央拨款的数额中,包括陕西的解盐钱,因为解盐的财利不属于地方财政。在北宋中期,解盐每年平均收入二百万贯左右,据言可助陕西"边费十分之八"④。"余则责办本路转运司";所谓的十分之八,不是陕西总军费的十分之八,只是沿边九州军粮草的十分之八。⑤ 北宋末年李纲言:解盐岁入360万缗,"可以支陕右兵费五分之一"⑥。这里所说的五分之一,才是陕西总军费的比例(北宋末,陕西军费1800万贯,与前边推算数大致相符)。这样,即使在战争时期,陕西赋税加上解盐钱,能够维持全部军费的大半。所谓"陕西粮草,取具于转运、解盐司,时调中都以佐缓急"⑦。中央调拨钱物属于救急性质。

驻陕部队的军装衣料,常由四川提供。至嘉祐三年(1058)情况有所改善,陕西民间和地方财政承担了一部分:"两川和买绢以给陕西戍兵,而蜀人苦于重敛,都转运使曹颖叔为岁出本路缗钱五十万,以易军衣之余,遂纾两川之扰。"⑧当然,如长期开边、作战,军费大增,必须依靠中央财政,乃至于皇家的内藏库。如宋哲宗朝有朝廷老吏云:"然陕西粮草,旧三司亦不能

① 文安礼:《宋承议郎权知怀安军管勾神霄玉清万寿宫管勾学事兼管内劝农事借紫金鱼袋李公(晟)墓志铭》,郭茂育、刘继保:《宋代墓志辑释》,第473页。

② 李焘:《续资治通鉴长编》卷一一四,景祐元年五月乙丑,第2676页。

③ 参见苏辙撰,俞宗宪点校:《龙川略志》卷五《言水陆运米难易》,第29—30页。

④ 《宋史》卷一八一《食货志下三》,第4418页。

⑤ (清)徐松辑,刘琳、刁忠民、舒大刚、尹波等点校:《宋会要辑稿·食货》二三之四〇,第6510页。

⑥ 李纲著,王瑞明点校:《李纲全集》卷一四四《御戎论》,第1370页。

⑦ (清)徐松辑,刘琳、刁忠民、舒大刚、尹波等点校:《宋会要辑稿·食货》三九之三一,第6869页。

⑧ 李焘:《续资治通鉴长编》卷一八八,嘉祐十二月乙巳,第4536页。

供,盖恃内藏库时有拨赐耳。"①李心传也载,"仁宗后,西北事起,大率多取给于内藏"②。西北国防是宋朝国防,不是陕西一地的事务,必要时自当举国之力维持。

中央调拨的钱物固然占一定的比例,但在整体上是佐助应急的。毕竟从京师运送钱物路途遥远,很不方便。欧阳修曾指出:"前日陛下深恤有司之勤,内赐禁钱数十万以供西用,而道路艰远,辇运逾年,不能毕至。至于军装输送,多苦秋霖,边州已寒,冬服尚滞于路。其艰如此。"③由京师运送钱物既然如此之艰难,费时长达一年多,是难以依赖的。

以上我们研究了陕西财政的第一个大问题,即陕西财政收入绝大部分用于军费,能够承担陕西军费的大半。接着研究陕西财政的第二个大问题:即向外调拨钱物。我们不无惊奇地发现,在承担巨额军费的同时,陕西还常上供、外援大批物资。

陕西的上供钱物,长时间内对中央财政和京师供应起着重要作用。五代宋初,陕西是朝廷物资供应的主要基地之一。宋初"朝廷岁仰关中谷麦以给用"④,"宋兴,承周制,置集津之运,转关中之粟,以给大梁。故用侯赟典其任,而三十年间,县官之用无不足,及收东南之地"。宋初三十年间,京师粮食的主要来源之一是陕西,至收复东南地区以后,太平兴国初,"始漕江淮粟四百万石至汴"⑤。宋初陕西漕粮数没有记载,但据太平兴国四年(979)所定额为80万石,那么在以前的岁额当不会低于增加汴河漕运400余万石以后的此数。陕西凤翔每年造官船600艘,数量为全国第二,目的就是供应黄河漕运的。如前文所说过的那样,陕西漕粮曾中止过一段时间,但不久又有所恢复,岁漕30万石小麦上供。这是常规的上供粮斛。

此外,还有非常规的上供粮。如宋真宗至洛阳朝陵时,陕西即"进兵粮50万石"⑥。治平初,宋仁宗永昭陵工程需用粮食50万石为兵夫口粮,而三

①　苏辙撰,俞宗宪点校:《龙川略志》卷八《陕西粮草般运告竭可拨内藏继之》,第48页。
②　李心传撰,徐规点校:《建炎以来朝野杂记》甲集卷一七《内藏库(激赏库)》,第384页。
③　欧阳修著,李逸安点校:《欧阳修全集·居士案》卷四五《通进司上书》,第640页。
④　《宋史》卷二七四《侯赟传》,第9360页。
⑤　曾巩撰,陈杏珍等点校:《曾巩集》卷四九《漕运》,第675页。
⑥　范仲淹撰,李勇先、王蓉贵校点:《范仲淹全集·范文正公文集》卷一三《宋故同州观察使李公神道碑铭》,第307页。

司一时不能供应,陕西转运司"遂举所阙之数以献";四年后宋英宗永厚陵的费用,陕西"其助如永昭时",即又供应粮食五十万石。① 短短四年间,额外上供粮食 100 万石。

粮食之外,陕西也上供钱绢等物。如宣和元年(1119),常规上供钱物150790 贯匹两②。至于木材的上供量更大,已如前述。另外还上供兵器如弓弩:景祐二年(1035),朝廷曾"罢秦州所造上供弓弩三年"③。宋仁宗康定元年(1040),因宋夏双方正激烈交战,朝廷指示陕西"停诸州上供不急之物数十万"④。意味着平时还要上供诸多其他物资,而即使在战时,重要物资仍须继续上供,并不免除。

不仅如此,陕西财政还有余力援助外地。陕西官方援助外地的物资主要是粮食,如淳化五年(994)四川旱灾,适逢王小波、李顺聚众造反,官军入川镇压,当地难以供应军粮,便由临近的陕西支出:"时关中率民负粮,以饷川师,道路不绝。"⑤宋真宗、仁宗时,陕西多次援助京西粮食。如宋真宗时张傅为陕西转运使,"属西京奏兵食乏,因言冯翊、华阴积粟多,可运二十万石,由三门下济之"⑥。虽不知是否施行,但其实力已经显现。宋真宗时,"京西路乏粟",陕西运粮三十万石助之救灾。⑦ 明道年间王曾任西京留守时,逢大饥荒,得到陕西援助的粮食二十万石;景祐中,西京洛阳发生旱灾,地方官致书陕西转运司求援,遂又得三十万斛。⑧ 边防地区向内地提供经常的经济援助,非同寻常。

积极发展储备,是陕西财政的第三个大问题。前边讲过,为了备战备荒,西北地区对储备十分重视,陕西是国防前线,储备之事就更为重要。如

---

① 《宋史》卷三二八《薛向传》,第 10586 页。

② 马端临撰,上海师范大学古籍研究所、华东师范大学古籍研究所点校:《文献通考》卷二三《国用考一》,第 692 页。

③ 李焘:《续资治通鉴长编》卷一一六,景祐二年六月己巳,第 2738 页。

④ 李焘:《续资治通鉴长编》卷一二六,康定元年二月丁未,第 2979 页。

⑤ 韩琦:《故枢密直学士礼部尚书赠左仆射张公神道碑铭》,张咏著,张其凡整理:《张乖崖集》附录,第 153 页。

⑥ 《宋史》卷三〇〇《张傅传》,第 9975 页。

⑦ 范仲淹著,李勇先、王蓉贵校点:《范仲淹全集·范文正公文集》卷一三《宋故同州观察使李公神道碑铭》,第 307 页。

⑧ 李元纲撰,朱旭强整理:《厚德录》卷二、卷三,《全宋笔记》第 6 编第 2 册,第 254、260 页。

咸平六年（1003），陕西的严信、咸阳、任村、定武、渭桥等官仓，储存有粮食七十九万余石。[1]　天圣年间，薛奎在秦州发展农业生产，"为勤俭积蓄，教民水种……而秦之余粟积者三百万，征算之衍者三十万，核民旧隐田数百顷，所得刍粟又十余万"[2]。仅秦州一地，通过发展生产就能有三十万贯的钱以及三百余万石粮食的储备量，乃是东南六路漕运粮的一半。前文提到过的吕大忠在秦州一次即籴粮百余万石，正印证了这个问题。景祐时，"同、华、沿河州军，积粟至于红腐而不知用"[3]，盖亦多年积蓄之丰的反映。又如嘉祐末，凤翔"仓粟支十二年"[4]，治平初，渭州"积粟支十年"[5]，都是宋代史料中所见的储备实力最强的地方。宋神宗时，陕西战事频繁，地方财政一度很紧张，寻即在转运使蒋之奇的经营下，"经赋入以给用度，公私用足。比其去，库缗八十余万，边粟皆支二年"[6]。战火之后，很快即补充了一定的储备。宋徽宗时，仅绥德军中的绥德、怀宁、顺宁军等六城，就"储粟至三十万斛"[7]。按士兵每人日食二升计，足够二万余人吃两年。

从上可见，陕西既承担了巨额军费，又上供、外援大批物资，还拥有丰富的储备，其财政实力非常强大。这是问题的一面。陕西财政的第四个大问题，是接受中央和外地的大量援助。这一问题比较复杂，后文与西北三路统一再述。

（二）河北

自宋太宗雍熙北伐失败后，河北随即成为国防的热点："屯兵马，益将帅，刍粟之飞挽，金帛之委输，赡给赏赐，不可胜数。由是国之食货，匮于河朔矣。"[8]河北的军费供应，已经牵动并拖累了全国，引起朝廷财政危机。宋真宗景德元年（1004）澶渊之盟以后，战争的危险并没有彻底消除，宋

---

[1]　李焘：《续资治通鉴长编》卷五四，咸平六年正月壬寅，第1176页。

[2]　欧阳修著，李逸安点校：《欧阳修全集·居士集》卷二六《资政殿学士尚书户部侍郎简肃薛公墓志铭》，第402页。

[3]　李焘：《续资治通鉴长编》卷一一四，景祐元年五月丙寅，第2676页。

[4]　《宋史》卷二九八《陈希亮传》，第9921页。

[5]　《宋史》卷三二〇《王素传》，第10404页。

[6]　《宋史》卷三四三《蒋之奇传》，第10916页。

[7]　《宋史》卷三五〇《张蕴传》，第11087页。

[8]　李焘：《续资治通鉴长编》卷四四，咸平二年三月癸亥，第932页。

政府屯兵备战，未尝松懈。河北驻军的数量仅次于陕西，一般常保持在20万左右，军费开支仍是巨大的。宋仁宗庆历年间，据河北转运使欧阳修报告：

> 凡自河以北州军县寨一百八十有七城，主客之民七十万五千有七百户，官吏在职者一千二百余员，厢禁军马、义勇民兵四十七万七千人骑，岁支粮草钱帛二千四百四十五万，而非常之用不与焉。①

河北路的常规支出对象与数目大致如此。其中具体的驻军数量，据包拯皇祐元年（1049）言："河北屯兵，无虑三十余万。"②而军粮一项，包拯言："每月约支五十万石，一年约支七百万石，或缓急添屯军马，所费转多。"③也是正常情况下的军粮需求量。元丰三年（1080），中书报告："河北三州府，元计人三十万、骑六万三年粮食，今立定封桩式欲颁下。"④说明宋神宗时期河北仍有驻军30万之多。

河北的军费与陕西一样，主要也由地方负担，中央调拨的钱物只是小部分。其分工是这样的："祖宗之法，（河北——引按）塞下入粟，三司出茶、盐、香药、象牙、杂物称其值，号三税法。内郡则转运使以常赋充。"⑤也就是说，沿边州军的军费由中央支出一部分（购买军粮的资金），内地则由河北地方财政支出。为什么沿边地区的军粮不能自给，要由朝廷支出一部分呢？无他，因为沿边大面积的土地被改变了性质，为国防工程占用，不再生产粮食。宋人说得明白："河北缘边州郡，多是塘泺，地无所出，故朝廷支降钱本籴便司，和籴斛斗以给诸边。"⑥中央支出的数目，通常是每年二三百万贯，有时多达500万贯。如至和二年（1055）薛向说道："被边十四州，悉仰度支，岁费钱五百万缗，得米粟百六十万斛。"⑦这160万斛粮食，仅是供给沿边14州的军粮，是包拯所说的河北全路岁用军粮700万石的22.8%。此为

---

① 欧阳修著，李逸安点校：《欧阳修全集·河北奉使奏草》卷下《论河北财产上时相书》，第1526页。

② 李焘：《续资治通鉴长编》卷一六六，皇祐元年三月庚子，第3993页。

③ 包拯撰，杨国宜校注：《包拯集校注》卷二《请支拨汴河粮纲往河北》，第124页。

④ 李焘：《续资治通鉴长编》卷三〇九，元丰三年闰九月戊戌，第7494页。

⑤ 李焘：《续资治通鉴长编》卷一七〇，皇祐三年二月己亥，第4081页。

⑥ 徐梦莘：《三朝北盟会编》卷二九，靖康元年正月八日，第213页。

⑦ 李焘：《续资治通鉴长编》卷一八一，至和二年十一月丁巳，第4382页。

常规性的拨款,另外朝廷还时常赐钱帛于河北以补助军费,非常时期也曾调拨东南漕粮接济灾荒。

就整个河北而言,具体的军需物资,大部分由地方供应。明道元年(1032),"河北乏军费",宋仁宗派杜衍为河北都运使"往经度之,不增赋于民而用足"①。大概是通过调剂节流等财政手段,以河北之力保障了军费。范仲淹记载道:河北"列塞积兵,计粮为大,民租不能给,须重其谷价,募商以内之,县官苦其费"。河北转运使范雍经过调查,决意在本路内部挖潜调剂:"视德、博间地惟沃饶,菽粟易敛。又河渠通于塞下,大可致之。乃辇诸州缗钱,就以平籴,方舟顺流,集于边廪。自是河朔财用,周于供亿。"②史料表明,沿边地区的军粮也常由地方承担,而且河北财政并未因此而拮据。军粮以外,还要提供军装。大中祥符年间,河北转运使李士衡言:"本路诸军,岁给帛70万。当春时,民多匮乏,常假贷于豪右,方纳税租,又偿逋负,以故工机之利愈薄。请官预给帛钱,俾及期输送,民既获利,官亦足用。"宋真宗予以批准,并指示高价收购:"仍令优与其直。"③地方每年要支付七十万匹布帛。沿边赡军的匹帛、缗钱等经费主要也出自地方:"河北一路沿边州军,每年所用丝、绵、绸、绢、见钱等数目不少,并只出滨、沧、德、博四州,每遇边上州军少阙,即本司(转运司——引按)于此四州支拨,无有虚月。"④这四州是富庶之地,成为源源不断地供应沿边军费的基地。担任过河北转运使以及三司主官的包拯,曾以轻松的口气说过,河北18万乡兵所费粮32万石、盐7000余斤,"乃河北一州之赋耳"⑤。以河北38州郡的实力,供应日常军费并不大困难。

河北经济显性的雄厚表现于上供。河北经济发达,物产丰富,又邻近京师,上供中央的钱物,常多于其他地区,仅其常规性的上供就可举出三例:其一,如前所说,河北每年约上供内藏库精绢100万匹;其二,上供户部的钱

---

① 李焘:《续资治通鉴长编》卷一一一,明道元年正月乙亥,第2575页。

② 范仲淹著,李勇先、王蓉贵校点:《范仲淹全集·范文正公文集》卷一四《资政殿大学士礼部尚书赠太子太师谥忠献范公墓志铭》,第349页。

③ 李焘:《续资治通鉴长编》卷七三,大中祥符三年闰二月己未,第1657页。

④ 欧阳修著,李逸安点校:《欧阳修全集·河北奉使奏草》卷上《再乞不放两地供输人色役》,第1808页。

⑤ 李焘:《续资治通鉴长编》卷一六六,皇祐元年三月庚子,第3995页。

物，以宣和元年（1119）为例，有175464贯匹两①；其三，河北南部近京州县有些赋税是直接上交京师的，如富裕的怀州即是，京师有永济仓接受其每年的税赋②。

非时的上供也很多。如宋真宗大中祥符初，李仕衡为河北转运使，上任伊始，首先奏罢了内库资助河北的军费100万贯。不但不要中央援助，反而屡屡援助中央。当年宋真宗举行封禅泰山大典时，河北"献钱、帛、刍、粮各十万"；大中祥符三年（1010）祀汾阴时，"又助钱帛三十万"；大中祥符六年，"驾如亳州，又贡丝、绵、缣、帛各二十万"；大中祥符九年的南郊祭天典礼，又上供钱帛80万；"先是，每有大礼，仕衡必以所部供军物为贡，言者以为不实。仕衡乃条析所进六十万皆上供者，二十万即其羡余"。数年之间，河北财政扭亏为盈，上交中央财利达200余万之多。李仕衡是理财能臣，屡屡贡献，固然是取悦于朝廷，但他不能无中生有，也不能抽空地方财政而沽名钓誉。事实上，当时河北地方财政和储备也确实充裕，"集粟塞下，至钜万斛"便是证明。③ 再者，在大中祥符八年，李仕衡曾申报说河北在"管内诸军准备支用外"，有羡余钱40万贯，绢5000匹，丝3000两，布20万匹，请全部上供，朝廷只令本路贮存备用，没有接受。④ 则本路储备颇为丰富。前一条史料还说明一个问题：南郊大礼时所进的80万贯匹钱帛中，有60万是正常上供数，表明当时河北每年上供额至少是60万。如此看来，大中祥符年间河北上交中央的财物实际上比上述200余万更多。到宋徽宗时，河北仍有非时上供。如崇宁年间，河北转运司"顷漕计以奉上，至捐缗钱三百万市北珠以进"。崇宁年间诸路竞相上供羡余之风，就是从河北开始的。⑤ 宣和六年（1124），因战乱，"河北、京东路今岁年额上供及合起大礼金银、绸绢等，已

---

① 马端临撰，上海师范大学古籍研究所、华东师范大学古籍研究所点校：《文献通考》卷二三《国用考一》，第692页。

② 马端临撰，上海师范大学古籍研究所、华东师范大学古籍研究所点校：《文献通考》卷二五《国用考三》，第741页。

③ 《宋史》卷二九九《李仕衡传》，第9937页。

④ 李焘：《续资治通鉴长编》卷八四，大中祥符八年五月辛卯，第1929页。

⑤ 《宋史》卷二八五《梁子美传》，第9625页。

降指挥并皆减免"①。可见在此以前,尽管河北已千疮百孔,仍有上供年额和"大礼金银绸绢等"钱物的上供。另外,经常上供于京师的物资中还有数以万计的活羊②,供应朝廷食用。

河北也曾援助外地物资。如宋真宗时即"移五万斛济京西"③;熙宁四年(1071),河北转运司于邻近河东的州郡中调拨十万贯钱,运往太原以备军费。④ 两宋之际,朝廷还曾打算"起怀、卫二州常平粟输济州仓,以备军饷。……燕山军士张颐待哺,而辇怀、卫之粟,由京东转河北两路,二千里漕之燕山"⑤。怀卫两州的储备之丰厚可想而知。

与陕西一样,河北的物资储备颇丰盛,各类仓储众多。如瀛、定二州,元丰年间修建仓库六所,其后,瀛州(河间府)因"控扼冲要之地,兵屯既众",积贮增加,仅丰利、广富两仓就有2000余间,规模巨大;滨州也有南北两仓500余间;沧州宾嘉仓有储藏十年的白米,"别无损烂"⑥,存储技术相当高(现今真空包装的大米保质期仅为一年)。庆历年间,定州"中山一镇尚百八十万石"⑦,储粮十分丰富。在北京大名府,专设有左藏库,熙宁三年(1070)重建之后,有117楹,"金缯泉布之蓄,与夫每岁十七县常赋之入,海输而山委"⑧。是河北重要的储备之地。熙宁元年,瀛州有储粮130万石。⑨熙宁七年,据知大名府韩绛言,"本路安抚司累岁封桩绸绢,或致陈腐"⑩,则累年积贮绸绢之多,已成负担。次年,有诏令澶州贮粮315万石,北京大名

①　(清)徐松辑,刘琳、刁忠民、舒大刚、尹波等校点:《宋会要辑稿·食货》七〇之一八一,第8209页。

②　欧阳修著,李逸安点校:《欧阳修全集·河北奉使奏草》卷下《乞住买羊》,第1818页。

③　《宋史》卷二九九《李仕衡传》,第9937页。

④　(清)徐松辑,刘琳、刁忠民、舒大刚、尹波等校点:《宋会要辑稿·食货》三九之二三,第6864页。

⑤　孙觌:《鸿庆居士集》卷三五《宋故左中大夫直宝文阁致仕李公墓志铭》,《景印文渊阁四库全书》第1135册,第367页。

⑥　(清)徐松辑,刘琳、刁忠民、舒大刚、尹波等校点:《宋会要辑稿·食货》六二之五七至五九,第7581、7582页。

⑦　《宋史》卷四〇八《汪纲传》,第12307页。

⑧　强至:《祠部集》卷三二《重建左藏库记》,《景印文渊阁四库全书》第1091册,第369—370页。

⑨　曾巩撰,陈杏珍等点校:《曾巩集》卷一八《瀛州兴造记》,第302页。

⑩　(清)徐松辑,刘琳、刁忠民、舒大刚、尹波等校点:《宋会要辑稿·食货》三七之一八,第6815页。

府储粮 450 万石,限两年内完成。① 元丰七年(1084),沿边 17 州军"仓廪充实",现有人粮、马料多达 1176 万石之多,可支 6 年之用。② 这些丰厚的战略储备,巩固了国防,充分展现了河北的经济实力。

(三)河东

河东军费比河北、陕西都少。庆历年间,驻有厢、禁军十二三万人,"河东一路二十二州军,赡厢禁兵共十二三万,略计所阙不多"③。其军费开支,基本上出自地方财政。庆历三年(1043),河东都转运司的一个收支账目可说明这个问题:

> 都转运司一年支收钱数:实收诸杂课利、客便、卖盐、矾斗秤、夏秋税、出粜斛斗、卖匹帛丝锦银、进纳、杂收等钱二百一十七万二千二百三十贯;实支系随衣、添支、特支、料钱、旬设、公使、国忌、狱空、祭神、地里脚钱、买羊马粮草、客便、招军、人户和籴、矾本、杂支等钱一百九十九万八千四百一十四贯。④

该账实收钱数中,基本上是地方收入,支出钱中,则包括了日常主要赡军费用。供军、杂支之余,还有 17 万余贯的结余。当然,这一账目不是总收支数,只是货币,不包括实物,支出项目中,也不包括匹帛和南郊军赏。再者,按当时驻军 12500 人计,厢、禁军平均每人岁需 40 贯,则一年需 500 万贯,比上述支出多 300 余万贯。因此,有三点应做说明。

第一,上述收入中,不包括泽、潞、辽、绛四州的赋税收入。在庆历六年(1046)以前,这四州的赋税不归河东所有,而是"移饷河北"⑤,无疑是个不小的数字。

---

① 李焘:《续资治通鉴长编》卷二六〇,熙宁八年二月己卯,第 6343 页。
② 李焘:《续资治通鉴长编》卷三四三,元丰七年二月庚午,第 8234 页。
③ 欧阳修著,李逸安点校:《欧阳修全集·河东奉使奏草》卷上《乞罢铁钱札子》,第 1759 页。
④ 欧阳修著,李逸安点校:《欧阳修全集·河东奉使奏草》卷上《乞罢铁钱札子》,第 1757—1758 页。原标点有不妥处,本段为引者所标点。
⑤ 胡宿:《文恭集》卷三六《宋故宣徽北院使奉国军节度使明州管内观察处置等使金紫光禄大夫检校太保持节明州诸军事明州刺史兼御史大夫判并州河东路经略安抚使兼并代泽潞麟府岚石兵马都部署上柱国荥阳郡开国公食邑二千五百户食实封三百户赠太尉文肃郑公墓志铭》,《景印文渊阁四库全书》第 1088 册,第 936 页。

第二，实物支出没有折算。如军衣所需之匹帛，主要是四川、京师提供的，不列入收支账中。

第三，河东军粮的主要来源是和籴："河东十三州二税，以石计凡三十九万二千有余，而和籴数八十二万四千有余，所以岁凶仍输者，以税轻，军储不可阙故也。"但其和籴价格很低，每年籴粮82万余石，仅需付籴本钱八万贯①，每石支钱不足100文，大约是当时河北等地正常和籴价的十分之一。实际上已成为一种定额的常规赋税，也就是说，官方实支很少的钱，就可得很多的军粮，官方的军费支出因而有限。河东每年提供军粮120余万石，略少于淮南路上供的130万石。

总的来说，除军衣外，河东日常军费在缺少四州赋税收入的情况下基本上仍由地方财政承担。皇祐元年（1049），在河东转运使任颛上任时，宋仁宗曾打算赐钱50万贯以补助壮行，任颛推辞道："朝廷始命使委以经制财用，而遽乞金帛以往，非是。"遂不果赐②。说明地方财力基本上可以应付军费。

河东财政实力虽然不如河北、陕西那么雄厚，可是供军之余，竟也多有上供。河东未见有常规年额的上供钱物，但长期上供的物资有以下三种：其一，铁。朝廷铸造兵器所用的铁由河东供给。太原大通冶所产铁，专供国家制造兵器，"岁输铁，尚方铸兵器"，自太平兴国八年（983）起，为节省运费，将岁供原铁改为岁供半成品即成型的铸件，"铁先铸成器，俾（朝廷）官工淬治之"③。其二，木材。皇祐以前，"三司岁取河东木植数万上供"，后来由于"岩谷深险，趋河远，民力艰苦"而罢之。④ 但以后重又恢复，而且数量增多。如政和时，河东木植司运柱梁之木410500余条，组成205纲赴京上供。⑤ 其三，羊。宋仁宗至和以前，"绛州岁市羊数万供京师。"⑥此外，还有非时上

① 《宋史》卷一七五《食货志上三》，第4242页。
② 李焘：《续资治通鉴长编》卷一六六，皇祐元年五月丁酉，第3999页。
③ （清）徐松辑，刘琳、刁忠民、舒大刚、尹波等校点：《宋会要辑稿·食货》四一之三九，第6930页。
④ 韩琦：《韩魏公集》卷一三《家传》，《国学基本丛书》，商务印书馆1958年版，第200页。
⑤ 李埴撰，燕永成校正：《皇宋十朝纲要校正》卷一七，政和六年九月乙卯，中华书局2013年版，第490—491页。
⑥ 曾巩撰，陈杏珍等点校：《曾巩集》卷四三《司封员外郎蔡公墓志铭》，第585页。

供。如大中祥符三年（1010），河东转运司以所部缗钱、帛、刍粮十万助宋真宗祀汾阴①；天禧三年（1019），河东转运使又上贡朝廷钱 30 万贯，粮 120 万石②。

在援助外地方面，河东表现得也颇出色。以宋真宗天禧年间外调粮食最为突出。天禧元年（1017），京西路河阳、河北路怀州等地发生旱灾，朝廷调河东绛州粟 20 万石、泽州粟 5 万石救济；天禧二年，京西饥荒，又调绛州羡余粮 10 万石赈济③；天禧三年，滑州黄河决口，朝廷调夫堵塞，"计度于河东晋、绛州发粮储三（千）[十]万赴滑州"，因运输困难而没有实行。④ 连续三年从绛州一地出粮食 30 万石以上，其储蓄之丰厚可以想见。

还要特别提到的是，河东左提右携，援助陕西、河北粮食等物资的情况。

河东援助陕西军粮的事例很多。例如曾每年支援陕北前线鄜延路 10 万石粮食。太原府长官吕惠卿于元丰七年（1084）上书说："本路岁认谷十万石送鄜延路，支移太远，民不便之"，请求朝廷令陕西自行解决。但鄜延山区邻近河东，粮道比陕西内地便利，而且有保障。因而河东转运副使范纯粹上书，提出在战争期间继续承担这一任务："河东出粮至广，乞且令应副，候边事息，追还将兵，另自朝廷详酌指挥。"后来皇帝诏令河东、陕西各支付 5 万石。⑤ 则是以后河东仍然每年援助陕西军粮 5 万石。有时朝廷还在河东籴粮运往陕西。如大中祥符五年（1012）河东大丰收，朝廷诏令三司"乘时积谷，聚于陕西及缘河州军，以备歉岁"⑥。熙宁七年（1074），又以封桩钱 10 万贯于河东籴买军粮，运往陕西延州，比陕西本地"籴价甚有余息"⑦。加上运费，河东粮价仍比延州低贱。又如河东部分赋税输送于河北。在庆历六年（1046）以前的一段时间内，河东有四个州的赋税收入不列于地方财政，而是输往河北充军费，"旧制：泽、潞、辽、绛之赋，移饷河北"，庆历六年

---

① 李焘：《续资治通鉴长编》卷七四，大中祥符三年九月辛巳，第 1688 页。
② 李焘：《续资治通鉴长编》卷九三，天禧三年四月癸巳，第 2144 页。
③ 李焘：《续资治通鉴长编》卷八九，天禧元年四月己丑，第 2056 页；卷九一，天禧二年二月己卯，第 2101 页。
④ 李焘：《续资治通鉴长编》卷九四，天禧三年八月丙午，第 2165 页。原数作"三千万"，数大可疑，据《景印文渊阁四库全书》本校正，第 315 册，第 468 页。
⑤ 李焘：《续资治通鉴长编》卷三四六，元丰七年六月辛巳，第 8310 页。
⑥ 李焘：《续资治通鉴长编》卷七八，大中祥符五年八月丙午，第 1780 页。
⑦ 李焘：《续资治通鉴长编》卷二五〇，熙宁七年二月甲申，第 6097 页。

始停止。① 其数量和持续时间虽然不详,但无疑是笔很可观的财富。另外,遇河北有灾荒,也曾援助过粮食。如天禧元年(1017),怀州发生灾荒,泽州即调粮 5 万石以赈济之。②

从这些情况可看出,河东的粮食出产很丰富,范纯粹称"河东出粮至广",包拯言河东与河北"出产丝蚕、米麦最多"之语③,确属实际情况。这证明了河东大部分地区自然条件虽然不佳,但在劳动人民辛勤的努力下,农业经济取得了很大成绩,主观能动性胜过了客观环境,使之发挥出较高的作用。因而,河东虽然经济落后,但财政并不贫困。

(四)朝廷与外地对西北三路的资助

西北地区是宋代国防的重心所在,也是国家消费的重心所在,由于国防负担极为沉重,西北地区财政不能长期承担全部军费开支。国防是全国利益所在,是全国的大事,各地都有责任为国防建设做出贡献。因而,调动各地经济力量巩固国防,不但是必要的,也是当然的。西北地区不只是吐出而且也在吞噬大量物资,与中央、外地财政有着密切联系。

中央支拨于西北的军费,分别来自内藏库、三司(或户部)左藏库、榷货务、茶场司、司农寺、市易务等,绝大部分用于市籴粮草。《宋会要辑稿·食货》三九至四〇《市籴粮草》部分,集中记载了宋政府支拨于西北地区的军费,《续资治通鉴长编》一书也有详细的记载。笔者分别做了摘录统计,发现《续资治通鉴长编》所载的数目多于《宋会要辑稿·市籴粮草》所载,因为《续资治通鉴长编》所载不只是市籴粮草钱,还有其他军费。现将《续资治通鉴长编》所载的宋政府支拨于西北地区的军费统计汇总如下,而其缺失的年份则用《宋会要辑稿·市籴粮草》所载补上(单位:贯、匹、两,以钱贯为主)。

---

① 胡宿:《文恭集》卷三六《宋故宣徽北院使奉国军节度使明州管内观察处置等使金紫光禄大夫检校太保使持节明州诸军事明州刺史兼御史大夫判并州河东路经略安抚使兼并代泽潞麟府岚石兵马都部署上柱国荥阳郡开国公食邑二千五百户食实封三百户赠太尉文肃郑公墓志铭》,《景印文渊阁四库全书》第 1088 册,第 936 页。

② 李焘:《续资治通鉴长编》卷八九,天禧元年四月己丑,第 2056 页。

③ 包拯撰,杨国宜校注:《包拯集校注》卷二《言陕西盐法三》,第 135 页。

表 5-2　北宋朝廷支拨西北三路军费表

时代及历时		地区					
		河北		陕西		河东	
		总数	年均	总数	年均	总数	年均
宋太祖	16 年	—	—	—	—	—	—
宋太宗	21 年	—	—	—	—	—	—
宋真宗	25 年	1300000	52000	—	—	—	—
宋仁宗	41 年	10650000	259756	2800000	68292	1200000	29268
宋英宗	4 年	—	—	—	—	—	—
宋神宗	18 年	3150000	175000	41256000	2292000	3320000	184444
宋哲宗	15 年	2000000	133333	11000000	733333	2002000	133466
宋徽宗	20 年	4000000	200000	1000000	50000	—	—
宋钦宗	2 年	—	—	—	—	—	—

可以毫无疑问地说,上表所列数字,决不是中央财政支拨于西北军费的全部钱物,实际上会更多。如常规性的沿边入中粮草的价钱在宝元、康定年间,"在京支还交钞银钱物帛,一岁约支一千万贯以上"[1](当然,其中包括解盐价钱,还有部分有具体的支拨记载,已列入上表),而且自元祐六年(1091)以来,朝廷每年有固定的支援资金:"诏自元祐六年,每岁于内藏库支缗钱五十万,或以绸绢、金银相兼支兑,赴元丰库桩管,补助沿边军须等支费。"[2]此表的价值在于,可使我们对中央支拨于西北地区的军费,做个时间上和空间上的大致比较。

从时间上看,宋政府对西北的军费支拨并不是一贯性的,在宋初的几十年中,朝廷基本上不援助,依靠地方财政收入解决。自宋真宗以降,也不是每年都支拨,多是在战争时期和丰收年间支拨。这说明中央支拨的这部分军费是补助性质。

从空间上看,陕西所入最多,河北次之,河东最少,这与各地驻军的多少相一致。陕西、河东以宋神宗、哲宗两朝最多,则与当时主动进攻西夏的战

---

①　李焘:《续资治通鉴长编》卷二〇九,治平四年闰三月丙午,第 5059 页。
②　李焘:《续资治通鉴长编》卷四六六,元祐六年九月丁酉,第 11133 页。

局密切相关。

其他路分对西北的军需援助,为数也不少。外地援助的钱物,绝大多数是应上交中央的,但直接输往西北地区了,属于朝廷统一调拨的钱物。

四川邻近陕西,因而成为陕西等地军需的重要来源之一。宋神宗有诏明确指出:"移巴蜀羡财,市布帛储于陕西以备边,省蜀人输送及中都漕挽之费。"①将四川应上供的赋税就地购买布帛输往陕西,既缩短了应当运往京师开封的路程,又避免了朝廷再由开封运往陕西,有一举三得之便。实际上,四川提供的军费,不只是陕西,还有河北;不只是布帛钱物,还运茶于沿边买马;不只是税赋钱物,还有和买之物。

早在宋真宗时,陕西军队的衣料就是由四川供应的。天禧元年(1017)三月,陕西转运使段惟几言:"所部岁给诸军衣绢二百万,皆自川峡辇输而至。"②每年200万匹,数量相当大。四川地区向陕西等地输送物资是长期性的,但并不是每年都有,有时需要陕西请求才转输。如宝元二年(1039)宋夏战争期间,陕西都转运使张存上书,"请留川峡等路上供银绢于永兴军、凤翔府,以备边费"即是一例。③ 这些都属于中央财政调拨的上供钱物。

自宋神宗时起,四川与陕西的经济联系进一步密切,输送物资猛增。熙宁三年(1070)九月,宋神宗诏令三司:"除在京合支用金帛外,应两川四路上供金帛及四路卖度僧牒钱所变转物,并截留陕西转运司,令相度于永兴或凤翔府桩以备边费。"④所谓"桩"就是封桩储备的意思。同年十一月,又遣官到成都府路,意在摸清其家底,挖掘财政潜力,清查了熙宁元年地方财政的剩余钱物,凡有钱74万缗,绢19万匹,绸5万匹,布13万匹,丝6万两,绵46万两,银4900两,总计1634900贯匹等单位。诏令除地方经费年计外,"见在钱市物帛并余物,尽数发至陕西转运司变转,充西盐钞场本钱外,封桩以备边费"⑤。当时四川地方经费一年约30万缗⑥,则是130余万贯匹调往陕西。元丰五年(1082),朝廷又派员变运四川钱物赴陕西,凡有金银

---

① 《宋史》卷一七五《食货志上三》,第4234页。
② 李焘:《续资治通鉴长编》卷八九,天禧元年三月庚戌,第2049页。
③ 李焘:《续资治通鉴长编》卷一二三,宝元二年正月丁酉,第2892页。
④ 李焘:《续资治通鉴长编》卷二一五,熙宁三年九月庚戌,第5244页。
⑤ 李焘:《续资治通鉴长编》卷二一七,熙宁三年十一月己酉,第5281页。
⑥ 李心传撰,徐规点校:《建炎以来朝野杂记》乙集卷一六《四川桩管钱物》,第801页。

物帛 8161780 匹两，钱 346200 余贯①，合计竟多达 1162 万余，大大加强了陕西的军备。

陕西国防对四川经济的另一显著影响是茶马贸易，即由四川运茶于陕西秦州用于和西蕃换易马匹。自熙宁七年（1074）始，宋政府每年运输 4 万驮（400 万斤）茶叶以交换军马。因而，一直通商的川茶自此实行禁榷，在四川引起了不小的波动。②

总之，四川地区为陕西等地的国防做出了巨大的贡献，是其可靠的后方物资基地。

河北接受的外地援助军需物资，主要来自京东、东南等地。京东紧挨河北，交通方便，常有钱粮等财物运往河北。如皇祐末，包拯言京东曾向河北沧州运粮 35 万石。③ 熙宁四年（1071），京东封桩有绸绢 30 万匹、钱 10 万贯，专储以备河北军用。④ 从熙宁八年起，京东的上供粮不再折变钱，"依旧计置折变米，并于河北近水路州军封桩，以备边用。"⑤ 则是京东应当上供的粮食全部供应河北了。

东南六路的上供粮也曾运往河北。庆历八年（1048），因河北发生水灾，农业歉收，军储不足，"诏三司以今年江淮所运米二百万斛转给河北州军"⑥，但实际运到者仅有 70 余万石⑦。河北籴便司的本钱，多是中央调拨东南等地的钱物。如元丰五年（1082），"诏开封府界、诸路封桩禁军阙额钱除三路外，及淮、浙、江、湖等路增剩盐钱、江西卖广东盐、福建路卖盐息钱，并输措置河北籴便司"⑧。调集了全国的封桩禁军阙额钱和东南地区的盐利钱，统统运往河北作购买军粮的本钱。

---

① 李焘：《续资治通鉴长编》卷三三一，元丰五年十二月戊辰，第 7989 页。

② 参见漆侠：《宋代经济史》下册，《漆侠全集》卷四，第 765—768 页。

③ 包拯撰，杨国宜校注：《包拯集校注》卷二《请支拨汴河粮纲运往河北》，第 124 页。

④ （清）徐松辑，刘琳、刁忠民、舒大刚、尹波等校点：《宋会要辑稿·职官》二七之七，第 3712 页。

⑤ （清）徐松辑，刘琳、刁忠民、舒大刚、尹波等校点：《宋会要辑稿·食货》三九之二四，第 6865 页。

⑥ 李焘：《续资治通鉴长编》卷一六五，庆历七年九月丁巳，第 3968 页。

⑦ 《宋史》卷二九五《叶清臣传》，第 9855 页；李焘：《续资治通鉴长编》卷一六六，皇祐元年三月癸卯，第 3995 页。

⑧ 李焘：《续资治通鉴长编》卷三三二，元丰五年正月丙午，第 7768 页。

河东山路艰险,交通不便,但自入宋以来,仍有外地钱物输入。例如四川匹帛,宋真宗末年三司言:"其绢、布、绸、丝、绵来自益、梓、利、夔四路辖下州军每年买纳,除应副陕西、河东、京西转运司及本路州军衣赐支遣外,如有剩数,即令逐州军差人管押上京送纳。"[1]即河东驻军的衣料也是由四川提供的。直到靖康年间,"时西蜀输金帛助河东"[2]。偶尔还有金钱,如熙宁四年(1071)河北运钱10万贯于河东太原以充实军费[3],熙宁五年京东常平司援助过河东路50万缗钱[4]。

从上可看到,外地对西北地区的援助是大量的,仍是以陕西所入最多,河北次之,河东最少。时间也都集中在宋仁宗、神宗两朝。

(五)西北三路收支分析

看了上文,人们不禁会问:西北地区一方面大量输出物资,又一方面大量输入物资,表面上看似乎是矛盾的:既有能力输出,何必输入? 反之,既需输入,又何必输出? 实际上,仔细分析,二者并不矛盾。

第一,名义不同。以输入而论,由财政体制所决定,一些地方财利为中央掌管,如解盐课利、地方封桩钱物等即是。这样,表面上看是拨入地方了,实际并非输入,只是转账而已。以输出而论,如上供钱物,在一定程度上是政治上向心性的象征,是地方向中央必须履行的义务。

第二,时间不同。输入输出的钱物,在时间上是交叉的。一般规律是,在战争和灾荒年间,输入为多,平时输出为多;北宋前期输出为多,输入为少。

第三,种类不同。如河北,输出粮食很少而输入粮食很多,输出纺织品多而输入纺织品少;河东、陕西输出纺织品少而输入纺织品多,输出粮食最多,而极少从西北地区之外输入粮食。另如木材、羊、铁等地方特产,则只是输出。

---

[1]　(清)徐松辑,刘琳、刁忠民、舒大刚、尹波等校点:《宋会要辑稿·食货》四八之一四至一五,第7083页。

[2]　周必大撰,王瑞来校证:《周必大集校证》卷二九《京西北路制置安抚使孙公昭远行状》,第446页。

[3]　(清)徐松辑,刘琳、刁忠民、舒大刚、尹波等校点:《宋会要辑稿·食货》三九之二三,第6864页。

[4]　李焘:《续资治通鉴长编》卷二三〇,熙宁五年二月己卯,第5605页。

可见，西北地区的物资吞吐，在时间、空间、品种上有着调节机制。那么，输入与输出的性质有什么区别呢？输入物资，是援助国防军费，而不是援助地方经济，但输出物资，却是这一特殊地区地方经济实力的突出表现。元祐元年(1086)河东路转运司言："上供钱物，惟三路不起发，盖沿边费用常自朝廷应副，比之自京支降，可免往回船运之费。"[1]这一制度虽然合理，但最多是阶段性的，如上文所述，至少在该时期前后，三路都有上供钱物。

第二节　京东与京西财政状况与特点

宋代北方地区有两个内地路分，与西北财政性质有异，自身有着显著特点。

一、京　　东

内地沿海的京东不临边界，驻军仅数万人。以熙宁时部署在各地的禁军数字看，京东有 5 万人，与西北三路相比是少得多，但几乎是南方各路禁军数字的总和。[2] 所以京东的财政既与西北三路有区别，也与南方诸路有区别。也就是说，在财政状况上与南方诸路比较时，须切记其较多的军费支出一事。例如应天府宁陵县，即承担本县驻军的军装，"邑当东南，舟车之会冲，兵民浩穰……先是邑租岁输于府，兵屯万计，枉道授衣"，宋哲宗时，知府"就令县官事给纳，兵民利之"[3]。为节省运费，改由宁陵县承担。宋神宗时，就是因为"京东地腴赋羡，乃增置武卫军"42 指挥。[4] 这里农田丰腴，税粮富裕，便于养兵，故而特意设置该编制 2 万人左右的战略机动部队，以

---

①　李焘：《续资治通鉴长编》卷三九〇，元祐元年十月己亥，第 9476 页。

②　《宋史》卷一八七《兵志一》，第 4577 页。

③　石豫：《宋故奉议郎签书集庆军节度判官厅公事武骑尉太原王君(冒)墓志铭并序》，郭茂育、刘继保：《宋代墓志辑释》，第 401 页。

④　李焘：《续资治通鉴长编》卷二三六，熙宁五年闰七月甲戌，第 5753 页。

备河北边防。

有关京东的财政史料不多，未见其收支数目，只见其外调、上供钱物的一些情况。

宋初，同陕西一样，京东也是宋政府的主要经济支柱之一。建国伊始，即大力修浚京师至曹州的广济河，以通漕运。王曾说："国初，方隅未一，京师储廪仰给，唯京西、京东数路而已。河渠转漕，最为急务。京东自潍、密以西州郡，租赋悉输沿河诸仓，以备上供……岁漕百余万石。"京东大部分州郡的赋税收入，都通过广济河上供到开封。由于广济河容易淤淀，每年需要大兴工役疏浚，而且宋太祖要亲临工地以督促："太祖皇帝素知其事，尤所属意。至岁中兴役之际，必與驾亲临督课，率以为常。"①从岁运百余万石粮食的数量和对广济河的重视程度可看出，京东财富对宋王朝的立国起着重大作用。

南方统一后，汴河漕运减轻了京东的负担，广济河岁漕量减为 62 万石。以后增减不定。如徐起为京东转运使的一年多中，"移粟以赡河北、京西者，凡三百万（石）"②，数量巨大。嘉祐年间，广济河漕运积弊严重，石辂主持其事以后进行改革，"明年，东州之粟至京师者百万石"③，恢复到宋初的数量。

广济等河漕运量的大小，不取决于京东财政状况如何，而取决于河道本身的航行状况如何。熙宁七年（1074），提举汴河堤岸司有明确的说法："京东地富，谷粟可以漕运，但以河水浅涩，不能通舟。"④因缺少疏浚，河浅水少，船只难以载重也难以提高速度，使京东物资不能充分外运。但绝非不再上供，而是调整赋税结构，改为便于运输的缗钱了。同年十月，权发遣京东转运副使赵济言："辇运司以上供粮六十二万石，令认折斛钱三十六万

---

①　王曾撰，张其凡点校：《王文正公笔录·国初方隅未一》，中华书局 2017 年版，第 8—9 页。

②　《宋史》卷三〇一《徐起传》（第 10003 页）："徙江西。知徐州，就为转运使。募富室得米十七万斛，振饿殍，又移粟以赡河北、京西者，凡三百万。与安抚使刘夔不相能，徙京西。"据刘夔任京东安抚使时间考证，徐起任京东转运使"当在皇祐元年至三年间"（戴扬本《北宋转运使考述》，上海古籍出版社 2007 年版第 203 页）二人发生矛盾当积累一定时间，故徐起在京东转运使任上时间似不长，最多一年有余。

③　晁补之：《鸡肋集》卷六四《太常少卿分司西京石君墓志铭》，《景印文渊阁四库全书》第 1118 册，第 947 页。

④　马端临撰，上海师范大学古籍研究所、华东师范大学古籍研究所点校：《文献通考》卷二五《国用考三》，第 746 页。

缗。"①只需要运粮二十五分之一的船只就可以运输这些钱了。而熙宁五年，"诏赐京东路去年、今年上供年额粮斛八十七万缗，为在京市易务本钱"②。则是每年上供43万余贯。但是，并不能解决多余的粮食外运问题。就在同年，京东路察访邓润甫提出了一个外调粮食的海运方案："山东沿海州郡地广，一遇丰岁则谷价甚贱，可于沿边州郡濒海之地，募人为海运，则山东之粟可转之河朔以助军食。"后经京东、河北两路联合调查，大概因海运风险大，未能实现。③ 但在邻近河北的州郡，却有许多钱物源源不断地运往河北以助军费，因前边已经讲过，兹不赘言。

京东的上供除粮食外，还有丰富的钱物。天禧元年（1017），宋真宗"诏以京东灾伤，其上供物权罢"④。可知平常时期有上供。明道二年（1033），"以京东饥，出内藏库绢二十万下三司，代本路上供之数"⑤。则京东路每年至少上供绢20万匹。康定时宋朝对西夏用兵，宋政府财政紧张，京东转运司慷慨解囊，大力支持，"乃议校货布经费之赢者，以资乎军须，遂取千万以献。上以充国之供馈，下以纾民之赋敛"，因而受到朝廷的嘉奖。⑥ "千万"是概言数额巨大的意思，既不是按贯计的一千万贯，也不是按文计的一万贯，前者数字似嫌太大，而后者数字更嫌太小，不值得贡献，更不值得嘉奖。元丰末年，京东又上供羡余钱300万缗。⑦ 常规上供的数额同样很大。据元符初户部比较出的绍圣三年（1096）各路上供金帛钱物数量，"京东路最，两浙路殿"，宋哲宗诏京东转运司长官减磨勘二年以为嘉奖，而两浙有关官员则展二年磨勘以为惩处。⑧ 数字虽然不详，但可见京东上供量为诸路之

---

① 李焘：《续资治通鉴长编》卷二五七，熙宁七年十月丁卯，第6270页。
② 李焘：《续资治通鉴长编》卷二三三，熙宁五年五月壬辰，第5657页。
③ 李焘：《续资治通鉴长编》卷二四九，熙宁七年正月辛酉，第6071页。
④ 李焘：《续资治通鉴长编》卷九○，天禧元年十月己卯，第2084页。
⑤ 李焘：《续资治通鉴长编》卷一一三，明道二年十二月甲辰，第2647页。
⑥ 祖无择：《龙学文集》卷七《京东路转运使厅刻奖赐教记》，《景印文渊阁四库全书》第1098册，第821页。
⑦ 叶梦得撰，宇文绍奕考异，侯忠义点校：《石林燕语》卷七，第102页。
⑧ 李焘：《续资治通鉴长编》卷四九七，元符元年四月甲辰，第8018页。有学者认为这不是各路数量多少的比较，"应是以本路前后两年数量相比较，以其增减比例多寡来决定赏罚"（梁庚尧：《宋代南北的经济地位——评程民生著〈宋代地域经济〉》，《新史学》1993年第1期，第123页）。这一论断固然有新意，但并无材料证明，恐难以成立。即便按此，也说明京东路财政的增长态势最好。

最,远远超过两浙等地。这些情况都说明,京东财政在国家财政中具有举足轻重的地位。故而宋人有"齐鲁之富,甲于四方"之誉①,殆非虚言。

二、京　西

京西路位于京师、西京以及皇陵周围,财政自有其独特之处。熙宁年间苏辙言京西:

> 土广而民淳,斗讼简少,盗贼希阔,外无蛮夷疆场之虞,内无兵屯馈饷之劳,为吏者常闲暇无事。然其壤地瘠薄,多旷而不耕,户口寡少,多惰而不力。故租赋之入于他路为最贫……虽然,事止于自治,而无外扰,财止于自足,而无外奉,则虽贫而可以为富,虽急而可以为佚也②。

这段话有夸张之处,如言"租赋之入,于他路为最贫"即是不符合实际的。除此之外,大致能反映北宋中期的京西财政状况。收入较少,正常支出也较少,这是京西财改的特点。

然而这是相对西北三路而言的,并不是没有上供,也不是没有承担重大事务的费用支出。如"大河之防,陵寝之奉,视他路为剧,往往丐请于朝,或移用他司钱佐其乏"③。防修本路境内的黄河,工役费用浩大,又要负责应奉巩县的皇陵,都是额外的"横支"负担,不得不要求朝廷资助。以皇陵为例,宋仁宗去世后,"作治永昭陵,京西财赋褊迫,州县莫知所出",京西转运使吴充"优柔调度,民不知劳"④。说明建造皇陵,也需要京西地方付出财物劳役。宋神宗元丰六年(1083),京西转运司上书请求:本路"岁计上供外,横支钱共四十九万缗,才蒙给还十二万,乞尽给还"。宋政府诏京西北路提举常平司"更于坊场钱给五万缗"⑤。可见京西收入除地方日常经费之外,

---

① 苏辙著,陈宏天、高秀芳点校:《栾城集》卷三〇《侯利建京东漕并亮采河东漕》,第514页。

② 苏辙著,陈宏天、高秀芳点校:《栾城集》卷二三《京西北路转运使题名记》,第398页。

③ 孙觌:《鸿庆居士集》卷三四《宋故右中奉大夫直秘阁致仕朱公墓志铭》,《景印文渊阁四库全书》第1135册,第348—349页。

④ 李清臣著,杨倩描点校:《李清臣文集》卷一二《吴正宪公充墓志铭》,第157页。实际上其费用主要由朝廷负责。当时蔡襄"方为三司使,仁宗山陵,用度百出,而财用初甚窘迫,蔡凤夜经画,仅能给足,用是数被诘责"(魏泰撰,李裕民点校:《东轩笔录》卷一〇,第114页)。

⑤ 李焘:《续资治通鉴长编》卷三三三,元丰六年二月甲寅,第8018页。

全部上供朝廷,而非常之费(如河防、皇陵)每年平均约需 49 万缗,朝廷仅退还上供钱 12 万缗,后虽追加到 17 万,仍有 32 万贯的缺口,远不能应付"横支"费用,须京西自行筹办解决。这里说明的一个重要问题是:京西经费所谓"丐请于朝",根本不是要朝廷倒贴,实际是减少些上供而已。"本路岁入若免应奉陵寝,则不待逐所赐支赏自可充足"[1],所言正是这个问题,也即如果皇家陵墓相关费用全部由皇家或朝廷负担,而非由所在地京西路负担,京西本身财政是充足的。故而到元祐末,因知河南府李清臣所请,朝廷增拨了专款,"为岁给二十万缗,谓之陵寝钱,至今畿右赖之"[2]。虽然只比宋神宗时多了 3 万贯,仍有 29 万贯的缺口,但已使京西财政状况有所宽松。西京的大内,是一组庞大的建筑,维修费用也出自京西。元丰年间工部言:"知河南府韩绛乞修大内长春殿等,欲转运司支钱认买木钱万缗。"宋神宗予以批准。[3]

由于地处京师腹地的特殊政治地理环境,京西转运司调遣各州郡的税利比较困难,致使路级财政不如州级财政宽裕,这是京西财政的又一个特点。京西是"近地",州郡长官多是曾任宰执等的高官出任,职高位尊,根本不理睬低级别的转运司:"守将类多显人,怙贵不奉法,至辇金币署别籍储之。部使者(转运使——引按)造郡上谒,辞而去,无如之何。"而且另有一弊,"诸郡漕钱送吏,率贸易取赢,久逐成俗",即将应当交给转运使的钱物留下,给吏卒拿去从事免税的回图贸易,以赚取商业利润。宣和二年(1120),京西州郡应当上交转运司的钱而不交者达 80 万贯。新任转运使朱彦美决心改变"一路之赢而倒持之"的非常状况,"诣所属州,按簿书,穷株穴,得匹货百余万,释通负之在民者勿征,量缓急轻重所宜为施舍费出之节,于是上下赡足,赀聚沛然。岁竟,奏课为天下第一,锡名延阁,擢升三路,名动朝廷矣"[4]。他不畏权贵,以非凡的勇气一举扭转了财政状况。这就提醒我们:京西的整体财政状况实际上比上述情况充裕些。

---

① 李焘:《续资治通鉴长编》卷四六四,元祐六年八月癸巳,第 11073 页。
② 晁补之:《鸡肋集》卷六二《资政殿大学士李公行状》,《景印文渊阁四库全书》第 1118 册,第 928 页。
③ 李焘:《续资治通鉴长编》卷三四七,元丰七年七月辛丑,第 8321 页。
④ 孙觌:《鸿庆居士集》卷三四《宋故右中奉大夫直秘阁致仕朱公墓志铭》,《景印文渊阁四库全书》第 1135 册,第 348—349、350 页。

京西环抱京师，交通便利。一般经费外，财赋尽数上供。以粮食而论，东部六州要上缴到京师数十万石："由石塘、惠民河而至京师者，陈、颍、许、蔡、光、寿六州，皆有京朝官廷臣督之。"太平兴国六年（981），朝廷规定的京西漕运京师粮食的定额是"惠民河粟四十万石，菽二十万石"，共 60 万石，平均每州 10 万石。治平二年（1065），运到京师的"惠民河二十六万七千石"①，似是定额减少，或是连汴河漕运也常有的拖欠。

此外还时有羡余，并能外援。如宋太平兴国四年（979）攻伐北汉时，调发各路粮食供应大军，其中即有京西路的河南府、蔡、汝、唐、邓、滑等州储备粮赴太原，而河南府、蔡、汝州三地各被调发两次。② 七年以后的雍熙北伐时，京西仍多有调发。如邓州"约共出十万贯钱，乃可运二万硕粮至莫州"，农民负担沉重，因而"典桑卖牛，十闻六七，亦有鬻男女弃性命者"③。除了粮食本身价值不论，仅每石 5 贯的运费就令居民倾家荡产了。宋真宗景德元年（1004）的澶渊之役，京西又按户籍征调粮食，颍州学究段广按户等输粮 120 石于澶州，此外又献出 500 石④，一路的总数当是巨大的。皇祐年间，广西邕州发生动乱，调兵镇压，军费紧张，"峒獠钞二广，边用不给"，京西转运司以所部羡余钱 20 万缗助之。⑤ 熙宁九年（1076）交趾侵边，朝廷出兵广西，京西又调粮 20 万石支援。⑥ 宋哲宗元符年间，"方西面用兵，朝廷发京西之粟数百万以实边，自洛至（康定）军，车毂相连"⑦。因为居中且不临边防，京西好像宋政府的战略粮仓，无论南北，无论多远，凡有大的战事就调发其粮食。正常情况下也有物资外运，如时邦美之父为郑州牙校，"补军将吏，部差押纲至成都"，并携白金百星至蜀求妾，"至成都输纳毕，访牙侩"。⑧ 则

---

① 《宋史》卷一七五《食货志上三》，第 4251、4253 页。

② 李焘：《续资治通鉴长编》卷二〇，太平兴国四年正月壬寅、癸卯，三月丁亥，四月己酉，第 444、446、448 页。

③ 李焘：《续资治通鉴长编》卷二七，雍熙三年五月丙子，第 615 页。

④ 李焘：《续资治通鉴长编》卷五九，景德二年正月丁巳，第 1310 页。

⑤ 蔡襄著，吴以宁点校：《蔡襄集》卷三九《苏才翁墓志铭》，第 706 页。

⑥ （清）徐松辑，刘琳、刁忠民、舒大刚、尹波等校点：《宋会要辑稿·食货》三九之二四，第 6865 页。

⑦ 李瑞：《宋故康定军郿城县主簿刘先生（伯庄）墓铭并序》，郭茂育、刘继保：《宋代墓志辑释》，第 399 页。

⑧ 孙宗鉴撰，黄宝华整理：《西畬琐录·佚文》，《全宋笔记》第 3 编第 4 册，大象出版社 2008 年版，第 12 页。

是从郑州押运大批物资到成都。

总之,京西路的财政收支中,既为州郡所隐漏截留,又须上供,还要应付皇陵、河防等费用,转运司处于较尴尬的境地。但既不缺上供,更不缺州郡费用,还能外援,有一定的财政实力,不可轻视。

第三节 南方诸路财政状况与特点

北宋南方各地财政有一个共同特点,即地方开支不大,这样,其税利收入上供比例就比较大。

一、两浙和淮南

南宋初年,起居舍人卫肤敏曾言,"东南之地,繁华富庶,甲于天下"①,是当时北方残破且沦陷后的经济地理局势,"东南"主要就指两浙和淮南。

两浙路不存总收支账目,仅知货币年收入量:"祖宗盛时,两浙岁入钱三百三十余万缗,而盐、茶、酒、税十居其八,郡国支计皆在其间。"②不知留用、上供占多少。这笔收入,占宋神宗时全国总收入 6000 万贯的 5.5%,可养 66000 禁兵或 11 万厢兵。这是货币收入,其二税的粮食收入仅 80 万石,每年上供京师粮食的 150 万石数额,不足的 70 万石是和籴而来,籴本钱通常是发运司所付,不出自两浙地方经费。粮食之外,两浙上供有大批匹帛,以熙宁时为例,每年定额为 98 万匹③,南宋初增为 117 万匹。④ 总的来说,两浙的上供,北宋后期在中央财政中地位十分重要(个别时期除外)。如崇宁三年(1104)发运司报告说:"两浙路每年合起上供岁计粮斛钱帛万数浩

---

① 李心传编撰,胡坤点校:《建炎以来系年要录》卷九,建炎元年九月壬辰,第 241 页。
② 李心传撰,徐规点校:《建炎以来朝野杂记》甲集卷一四《两浙岁入数》,第 290 页。
③ 李焘:《续资治通鉴长编》卷二五一,熙宁七年三月庚戌,第 6116 页。
④ (清)徐松辑,刘琳、刁忠民、舒大刚、尹波等校点:《宋会要辑稿·食货》六四之三五,第 7751 页。

瀚，比之其他路分数目最多。"①又如宣和元年(1119)，两浙上供中央钱物达4435700余贯匹两，数量之多居全国第一位②，实力雄厚。

至南宋时，两浙财政地位更加重要："淳熙末，两浙岁输左、内藏库钱至千二百万缗(浙东四百二十八万，浙西七百五十余万)，而茶盐之利隶于朝廷者不与焉。"③是宣和年间数量的 2.7 倍，成为朝廷的主要财政支柱。

淮南是一个重要经济区，为宋政府的财政所依赖。如宋高宗所说："淮南利源甚博，平时一路上供内藏绸绢九十余万，其他可知。"④元丰元年(1078)，仅淮南东路官方就掌握有至少 800 万石粮食："收籴并折到斛斗，除准备外，所管约八百余硕。"⑤宣和年间，淮南转运判官向子諲报告："淮南岁租百三十万，上供额乃百五十万，别贡金帛又百五十万，而茶盐之利尽在榷货"⑥，所言上供粮数，与原定额 130 万石不符，当为新增之额；"别贡金帛"，当包括上贡内藏库的绢数，两者相加，是一个不小的数目。淮南的茶、盐之利极为丰厚，只是不属于地方财政，归朝廷管辖。淮南海盐产量最高，占全国海盐产量的三分之二，北宋中期，卖盐额钱 100 余万贯⑦，北宋末为800 万贯⑧，宣和初年甚至多达一千四五百万贯。⑨ 如把这些财利加上，淮南路的财政贡献甚至会超过两浙。

二、四　川

川蜀四路，许多经济方面的史料是混合不分的，财政史料尤其如此，所以这里通而论之。

四川地方财政史料比较多，但问题复杂，真假混淆。如四川梓州人文同

① (清)徐松辑，刘琳、刁忠民、舒大刚、尹波等校点：《宋会要辑稿·职官》四二之七，第4074页。

② 马端临撰，上海师范大学古籍研究所、华东师范大学古籍研究所点校：《文献通考》卷二二三《国用考一》，第692页。

③ 李心传撰，徐规点校：《建炎以来朝野杂记》甲集卷一四《两浙岁入数》，第290页。

④ 李心传编撰，胡坤点校：《建炎以来系年要录》卷一一九，绍兴八年五月丁未，第2224页。

⑤ 李焘：《续资治通鉴长编》卷二八八，元丰元年二月己酉，第7041页。

⑥ 胡宏著，吴仁华点校：《胡宏集》卷三《向侍郎行状》，中华书局1987年版，第168页。

⑦ 苏颂著，王同策、管成学、严中其等点校：《苏魏公集》卷二〇《奏乞减定淮南盐价》，第270页。

⑧ 李心传编撰，胡坤点校：《建炎以来系年要录》卷五〇，绍兴六年十二月辛巳，第1039页。

⑨ 吕颐浩：《忠穆集》卷二《上边事善后十册》，《景印文渊阁四库全书》第1131册，第272页。

言:"惟剑南西川,原野演沃,厎庶丰伙。金缯纻絮,天洒地发,装馈日报,舟浮辇去,以给中府,以赡诸塞,号居大农所调之半。"①成都人吕陶也言:"蜀之四隅,绵亘数千里,土衍物阜,赀货以蕃。财利贡赋,率四海三之一,县官指为外府。"②一个说上交财利占诸路所交的一半,一个说为全国的三分之一,如此看来,四川之富庶当为全国之最了。

果真如此吗?且看前边所列的二税额,川蜀四路总共才有 2567407 单位,而京东一地即 3000901 单位,则其二税额很少。李焘曾检阅旧账,得到了成都府路夏秋租税为 39 万贯③,数量也不大。宋神宗时,四川有一个总收支账目:

> 在熙、丰时,总益、利、梓、夔四路税苗茶盐之入,与夫场务正课之输,计以贯石疋两之属,通不过八百三十余万,而其费则止于七百四十余万,是一岁可得百万之赢矣。④

且不说其中缗钱是铁钱须打折计实值,四路所入仅是 20 余年前的皇祐年间全国总收入(宋神宗时无混合单位的总收入数,但肯定比皇祐年间多)的 6.58%,谈何"居大农所调之半""率四海三之一"?文同、吕陶大言自夸,颇为失实。南宋中期,"彼蜀之为蜀,虽为州五十四,其财赋擅吾国者百不十一,然而仅足以为五十四州军民之用"⑤。这条史料,也可为上述问题作佐证。南宋时因四川成为前线,剥削剧增,故在南方地区赋税收入中比例较之北宋时高些。

北宋时期,尽管四川赋税在全国范围内比较起来是少的,但地方财政消费也不多,尚有近百万之羡余,故而其财政状况是富余的。正因为这样,其上供、外援较多。李心传指出:

> 祖宗时,蜀中上供,正赋之外,唯有(西北)三路绢纲三十万匹,布纲七十万匹,每匹为直三百文,而茶、盐、酒皆未有管榷,是上供之外,一

---

① 文同:《丹渊集》卷二三《成都府运判厅燕思堂记》,第 192 页。
② 吕陶:《净德集》卷一四《成都新建备武堂记》,《景印文渊阁四库全书》第 1098 册,第 106 页。
③ 李焘:《比较图序》,袁说友等编,赵晓兰整理:《成都文类》卷二三,第 489 页。
④ 周必大撰,王瑞来校证:《周必大集校证》卷一二〇《试赴召胡晋臣》,第 1864 页。
⑤ 叶绍翁撰,沈锡麟点校:《四朝闻见录》乙集《函韩首》,第 76 页。

岁供于地方仅三十万缗也(绢直九万,布直二十一)。①
从不榷茶一事看,所言当为宋神宗以前的情况。正赋上供多少不详,此外另有匹帛 100 万匹,其中 30 万匹绢是常规性地调入西北地区(前文引用天禧元年陕西转运使段惟畿言岁入川蜀绢 200 万,当是临时性的数量)。这百万匹绢布不是无偿上供,是朝廷拨款购买的,尽管价格不高,但也有 30 万缗作为地方经费。另外,还有不少羡余,积累一段时间后,常也运往陕西,如前文所言,以宋神宗时最突出。

就北宋一朝而言,四川财政状况良好,甚至可谓优渥。到了南宋,四川成为前线,战争摧残以及屯兵作战,财政状况大异。南宋前期,四川制置使帅臣汪应辰说:"四川宿兵四十余年,赋敛禁榷之利,十倍于旧,仅能赡给","所在州郡财赋匮乏"。② 既说明了财政潜力巨大,也显示了南宋时期财政的紧张。此后越来越严重,详见后文。

三、其 他 地 区

江西路的财政状况,较为宽裕。典型如崇宁时,江西"今岁租百四十万斛,给中都百二十万,而官兵度五十万。使岁入如数,犹缺四(应为三——引按)十万。旧以盐利三十余万缗和籴,故虽凶岁不乏"③。一路岁收税粮 140 万石,其中 120 万上供朝廷,地方官员、驻军消耗 50 万石,不足的 30 万石用当地的盐课钱和籴弥补,仍是出自地方。南宋初张守载:"臣今略计江西一路十一州军,秋苗旧额一百六十余万石,上供年额一百二十六万余石,起发之外有,三十余万石以为州县岁计支用。自经兵火以来,人民凋散,田亩荒芜,诸县各有倚阁,税赋所纳苗米,仅能了足上供。"④比崇宁时都有增长,是宋徽

---

① 李心传撰,徐规点校:《建炎以来朝野杂记》乙集卷一六《四川桩管钱物》,第 801 页。
② 汪应辰:《文定集》卷一三《论存留田契税钱与执政书》,《乞以见任使臣管押马纲与宰执书》,第 130、131 页。
③ 汪藻:《浮溪集》卷二四《朝散大夫直龙图阁张公行状》,《四部丛刊初编》,上海书店出版社 1926 年版,第 9 页。
④ 张守撰,刘云军点校:《毗陵集》卷二《乞除豁上供充军粮札子》,上海古籍出版社 2018 年版,第 27 页。

宗后期所加的岁额。乾道年间，江西"本道上供米九十余万斛"①，大幅度减少。

湖南收支情况不详，仅有上供之数的记载。宋哲宗绍圣时，曾一岁起发上供现钱 667500 余贯，米 70 余万石，银、锡、绢、布、茶、蜡、杂物共 219360 斤两匹条。② 计 158 万余单位，就湖南而言，这是个不小的数目，反映的地方财政不能以困乏视之。

福建地方财政的特点是：地方二税等收入很少，不足以应付本来就不多的地方经费，要靠官卖盐钱来维持，也即把盐利列入地方收入。北宋中期韦骧言：福建"岁之用度以万计缗者百有二十，谷帛不与焉，而所入不足以枝其费"③。官府经费一年为 120 万贯，而各种赋税中的钱数尚不及 120 万缗，差额由盐利补充。北宋末，福建一般每年产盐 1100 万斤，"官般官卖，每年收盐课钱四十余万贯，转运司岁计、支给官兵及上供起发"④。加上这笔钱，才补足开支所需的 120 万贯，其上供没有粮食和纺织品，仅有和买银 27 万两。⑤ 40 余万贯扣除这笔开支，即便以 27 万贯计，余 10 多万贯补助经费，那么其赋税之钱约为 110 余贯。福建财政以维持自给为主，稍有节余上供，在中央财政以及全国国民经济中不占重要地位。但到南宋后期，情况有变，"大抵国家用度，多靡于瞻兵。四蜀、湖广、江淮之赋，类归四总领所，以饷诸屯。其送京者殆亡几，唯闽、浙悉输焉"⑥。各地军费开支日益增长，朝廷财政只好依赖于两浙，福建由于距离都城近且又无多少驻军，也要上供更多的钱物。

广西因为辖区辽阔，民族众多，地处西南沿边，有一定的国防压力，所以其财政特点是入不敷出，需要资助。在宋仁宗皇祐以前，地方经费尚可自

---

① 周必大撰，王瑞来校证：《周必大集校证》卷三四《直敷文阁致仕鲁公墓志铭》，第 510 页。

② 华镇：《云溪居士集》卷二六《湖南转运司申明茶事札子·小帖子》，《景印文渊阁四库全书》第 1119 册，第 589 页。

③ （明）解缙：《永乐大典》卷二六○六《漕台》引《韦骧集·福建漕台题名记》，第四册，第 1262 页。按《文渊阁四库全书》本韦骧《钱塘集》中无此文，盖漏辑也。

④ （清）徐松辑，刘琳、刁忠民、舒大刚、尹波等校点：《宋会要辑稿·食货》二五之三七，第 6554 页。

⑤ 廖刚：《高峰文集》卷一《投省论和买银札子》，《景印文渊阁四库全书》第 1142 册，第 315 页。

⑥ 潜说友：《咸淳临安志》卷八《左藏库》，《宋元方志丛刊》，中华书局 1990 年版，第 3434 页。

给,自皇祐年间侬智高叛乱以来,屯兵增多,军费开支为地方财政所无力承担。朝廷调整政策,采取诸多措施保障长期军备,以巩固西南边防。广西二税收入是全国最少的路分,其他酒税等方面的税利也很缺乏,如"广西无酒税商舶所入"①。于是,朝廷调集附近地区多方钱物来弥补:

> 广西土瘠民贫,并边多寇。自侬智高平,朝廷岁赐湖北衣绢四万二千匹,湖南绌一万五千匹,绵一万两,广东米一万二千石,提举司盐一千五百万斤,韶州涔水场铜五十万斤,付本路铸钱一十五万缗,总计诸处赡给广西,凡一百一十余万缗。祖宗盖以广右西南二边,接近化外,养兵积威,不可不素具,故使常有余力也。②

筹集的军需费用共 110 余万贯石,用以巩固西南国防。广西作为西南边防地区,屯兵比南方其他路为多,有数万人。景祐时广南东西两路就粮本城兵共 34000 余人,治平时增至 51000 余人③,广西所屯约有 30000 人。对经济落后的广西来说,这是无力供养的,所以朝廷拨钱物资助,并使之有余。但以后的情况并不多好,如元丰六年(1083)宋神宗言:"广西财利久苦窘乏,近岁军兴,尤觉不支。"④需要朝廷支援。作为地方财政应尽的义务,广西也须上供,但只上供很少的缗钱。天圣年间,每年为 8 万贯⑤,宣和年间也不足 10 万。这种上供的政治意义大于经济意义,属象征性,因为仅仅是朝廷资助钱物数额的 8%。

广东财政稍好于广西。当地农业落后,二税收入有限,南宋初,"广东一十五州,岁赋苗禾止有二十余万石"⑥。二税收入的粮食仅 20 余万石。财政收入主要靠盐利:"广南去中州绝远,土旷民贫,赋入不给,故漕司鬻盐,以其息什四为州用,可以粗给,而民无加赋。"⑦用卖盐课利的十分之四维持州郡日常费用,即广东地方政府靠盐利养活。由此大致可以管窥广东

---

① 范成大著,孔凡礼辑:《范成大佚著辑存》残篇一《日抄》奏札节文五,中华书局 1983 年版,第 44 页。

② 周去非著,杨武泉校注:《岭外代答校注》卷五《广西盐法》,第 182—183 页。

③ 文彦博著,申利校注:《文彦博集校注》卷一八《奏减广南东西路戍兵》,第 640 页。

④ 李焘:《续资治通鉴长编》卷三三五,元丰六年五月戊寅,第 8062—8063 页。

⑤ (清)徐松辑,刘琳、刁忠民、舒大刚、尹波等校点:《宋会要辑稿·食货》三七之一一,第 6810 页。

⑥ 胡寅著,尹文汉点校:《斐然集》卷一五《缴韶倅宋普括田产减年》,第 294 页。

⑦ 《宋史》卷一八三《食货志下五》,第 4467 页。

财政状况。至于矿冶和广州的市舶之利,属于朝廷,与地方财政无关。

湖北、江东路财政史料极少,但有上供粮额,已如前述。下文将再做一些补充。

第四节　上供钱物反映的各地财政辨析

宋因唐制,地方赋税等课利收入分为三个部分:上供、送使、留州。即除路、州地方经费外,其他财政收入一律上交中央,项目包括赋税收入、官营手工业产品、和买物品等。与唐代不同的是,宋政府为削弱地方势力,加强中央集权,特别注重地方财物的上供。早在乾德二年(964),宋太祖即接受赵普"收其钱谷"的建议,诏令"诸州自今每岁受民租及管榷之课,除度支给用外,凡缗帛之类,悉辇送京师"[1]。但由于各地政治、军事状况的不同,地方经费的留用比例大不相同,因而上供的比例和数额也就大不相同。这一差别,主要表现在南方与北方地区的差别。由于有了上述各地经济、财政状况及特点的研究,我们分析各地上供数额便有了立足点,不至于被上供额所迷惑。原则是:边防地区不能和内地做绝对数字的比较,而从内地各路的差别则可大致比较出其财政状况。

宋代诸路上供钱物之数(粮食除外),只有宋徽宗时有一个系统的统计。宣和元年(1119),户部尚书唐恪稽考了诸路上供数量的数据被保留下来,现按原顺序列表如下[2](单位:贯、疋、两。编号以数量多少为序)。

表5-3　宣和元年诸路上供数量表

地区	上供数量	位序	地区	上供数量	位序
湖南路	423229	8	京东路	772124	3
利州路	32518	17	广东路	188030	9

---

① 李焘:《续资治通鉴长编》卷五,乾德二年十二月,第139页。

② 马端临撰,上海师范大学古籍研究所、华东师范大学古籍研究所点校:《文献通考》卷二三《国用考一》,第691—692页。

续表

地区	上供数量	位序	地区	上供数量	位序
湖北路	427277	7	陕西路	150790	11
夔州路	120389	12	江西路	1276098	4
江东路	3920421	2	成都路	45725	16
福建路	722467	6	潼川路	52120	15
京西路	96351	13	两浙路	4435788	1
河北路	175464	10	淮南路	1111643	5
广西路	91980	14	总计	15042414	—

　　上供额起初不多,逐渐增长,"上供增额起于熙宁,虽非旧贯,犹未为甚。崇宁三年十一月,始立上供钱物新格,于是益重"。上列数额,当是以新格为准稽考出来的,"而斛斗地杂科不与焉"。再从排列顺序的不规则看,当是以供到为先后的,推此知为朝廷实际收到数。

　　从表中可看出,东南地区数量普遍较多,而以两浙为最;成都路、潼川路(即梓州路)、利州路最少;北方以京东最多,位居全国第三。

　　这里有三个特殊区域需要解释,即开封府、西北三路、川蜀四路。

　　开封府因是京师所在地,例不上供,所以无额,故不在表中。西北三路中,没有河东的上供,如不是遗漏,那就是其收入的金帛全部留用供应军队了。而河北、陕西在支付浩大军费之外仍能有30余万钱物上供,是难能可贵的,很能说明其经济和财政实力。若不顾其国防财政的特点,片面地以此数与其他各地相比较并得出结论,显然是不合理的。京东的经济实力稍弱于河北、陕西,那么以京东为坐标,可知这两路若无巨额军费支出,上供量决不会低于京东。这一问题不难理解,棘手的是四川地区。

　　四川地区上供额的特点有二:一是夔州路竟是四路中最多的一路,显然与各自的经济状况大不相符;二是四川数额太少,总数尚不及京东一地的14%。其经济虽不太发达,但四路的实力不至于如此微弱,很可能是向西北地区提供的物资占了本当上京数额的一部分。这也就可以解释由于夔州路不负担或少负担援助西北军费的任务,故上京物资相对多些。

　　其他诸路之间相互比较的可能性大些。两浙、江东、京东、淮南、江西等地为中央财政提供了1200多万贯匹两的钱物,占总数的83%,而两浙一路就占了 29%。这说明在这些地区中,两浙当时的财政状况最优良。必须说清楚的是,这只是指上供中央政府(不包括内藏库)的数量而言,而不是指各路总收入。因此只能说两浙等地是中央政府财政收入(维持日常经费)的主要来源,决不是全国总收入的主要来源。论者津津乐道的所谓"两浙之富,国用所恃"后,紧接着的是"岁漕都下米百五十万石,其他财赋供馈不可悉数"①,主要是百余万石大米,在东南六路岁漕 600 万石份额中只占 25%。再者,这只是宣和元年(1119)的上供量,并非常规的定额。如前所言,23 年前的绍圣三年(1096),上供量中两浙却是最少的,宣和元年以后也很少(后文再述),这一点也不能忽视。

第五节　经济政策的地域差异及影响

在各地经济发展不平衡的基础上,宋政府善于因地制宜,不强调一律,采取了不同的经济政策以适应、调节之。而地理位置的远近、历史的影响尤其是社会环境的不同,更促进了地域性经济政策的形成。因而,各地有关制度差距很大。如五等户籍划分的标准:"然而天下郡县所受版籍,随其风俗,各有不同。或以税钱贯百,或以地之顷亩,或以家之积财,或以田之受种,立为五等。"②又如据五等户籍确定的役法,"天下户籍,均为五等,然十七路、三百余州军、千二百余县,凡户之虚实,役之重轻,类皆不同"③。赋役政策根据当地的不同需要也有大的差异。由于这些区域性经济政策很复杂,这里只做大区域范围的概述。

一、二税额与结构的地域差异

二税是宋代基本赋税,其税额的地域差异有两个特点。

---

① 苏轼撰,孔凡礼点校:《苏轼文集》卷三二《进单锷吴中水利书状》,第 916—917 页。
② 李焘:《续资治通鉴长编》卷三七六,元祐元年四月末,第 9133—9134 页。
③ 李焘:《续资治通鉴长编》卷二二四,熙宁四年六月庚申,第 5446 页。

　　第一个特点,北方重,南方轻。这一点不必细说,只从前文所列的二税见催额表中就可知道,南方无论户数还是田数都比北方多,但二税额却少于北方488万余。北方每户平均纳二税6.5单位,南方户均仅1.8单位。

　　第二个特点,边远地区和新开发地区税额很少。如广西的一些地方根本不征税。咸平六年(1003),广西转运使冯瓅报告说:"廉、横、宾、白民田,相承耕垦,未尝输送,已命官检括,尽出常租。"宋真宗闻听后大为不满,反对说:"遐方之人,宜省徭役。""亟命罢之。"①在皇帝看来,治理边疆以安抚民众为中心,不求其赋税收入。湖北一些山区的少数民族聚居地也免征赋税。宋太宗时,辰州下辖的四个羁縻州"内属蛮",曾"相率诣州,愿比内地民输租税",但朝廷拒绝接受这一请求②,坚持免征赋役。四川在宋代属于边远地区,宋初统一后大力推行过减税政策。淳化二年(991),因"剑外赋税轻",曾遣监察御史张观按行四川各地,"因令稍增之"。张观却表示反对,进谏道:"远民易动难安,专意抚之,犹虑失所,况增赋以扰之乎? 设使积粟流衍,用输京师,愈烦漕挽之力,固不可也。"因为距离京师太远,即使多征粮食也难以运输过去,如此扰民得不偿失。一番分析说得宋太宗恍然大悟,深以为然,遂不实行③,四川仍纳轻税。京西南路的不少地区在北宋前期一直是土旷人稀,自宋仁宗时开始,掀起了开发高潮。为此实行了低税政策以鼓励之。如"唐州旧以土地瘠薄,人不耕佃。往年高赋知州,招集流民自便请射,依乡原例起税,凡百亩之田,以四亩出赋。自是稍稍垦治,殆无旷土"。到了元丰六年(1083),京西转运司认为农业开发已有成效,经济力量已经形成,才开始增税,"以土辟民庶,百亩之赋增至二十亩,民情骚然。且流民披臻开荒,乐于安土者,特幸税轻,有足自养"④。其税率原来仅为一般税率的4%,增长后也不过一般税率的20%,以北方平均每亩纳税一斗计,这里平均每亩仅纳四合或二升。实行这一特殊政策的目的,正是为了吸引流民,开发土地,而且也确实收到了良好的效果。

---

① 李焘:《续资治通鉴长编》卷五五,咸平六年十二月乙丑,第1219页。
② 李焘:《续资治通鉴长编》卷二四,太平兴国八年八月丁酉,第550页。
③ 李焘:《续资治通鉴长编》卷三二,淳化二年二月丁卯,第711页。
④ (清)徐松辑,刘琳、刁忠民、舒大刚、尹波等校点:《宋会要辑稿·食货》七〇之一五,第8108页。

赋税征收物品结构因地制宜,在各地都不尽相同。大致上可以说南方地区赋税中钱、匹帛等便于运输的物品比例较北方稍重。两浙一般是每亩纳税钱四文四分、米八升,或三文三分、米七升①,另外还有身丁钱,随夏税输纳,是二税的一部分。在实际征收中,又常将苗米折为钱绢。如庆历时,田况言:"今江、淮菽麦已登矣,而官责民输钱,数斗之费,不供一斗之价,物遂大贱而伤农。"②苏轼有《吴中田妇叹》诗云:"官今要钱不要米,西北万里招羌儿。"③说的都是折粮为钱,以便于送到西北养兵。西南地区同样如此,由于粮食紧张以及官方粮食消费量不大,加以运输不便,成都府路历来将苗米折为匹帛,"蜀民所输两税,皆以匹帛充折"④,发展趋势是越折越重。如宋哲宗时,"成都路转运司将百姓税米科折绢帛,折之者轻,取之者重"⑤,官方因而能获得更多的匹帛。

南方州郡二税之所以多折钱帛,有三个原因。一是其部分赋税须上供京师,折征钱帛便于运输。二是南方驻军少,本地不需太多的军粮军装,而京师也不需要南方提供太多的粮食,最需要钱帛供应军队。西北驻军的军粮,基本可在本地解决。三是南方多种经营发达,有的行业无法征收产品的实物地租,如渔业即是。又如四川茶农,"赋税一例折输,钱三百折绢一匹"⑥。不征收茶叶,一律折计为绢。

在北方各地,一般说比较侧重于征粮,该征钱的项目改为征粮。如京西陈州所纳二税之外,"复有盐钱一万五千八百有零,并夏秋沿纳钱……然此诸色钱常例,亦多用折纳斛斗,不悉输钱也"⑦。京东应天府有沿纳诸色杂税钱11万余贯,"然虽有钱数,实不纳钱,并系折纳谷帛"⑧。元祐年间,陕西一度打算"变民租为钱,意在收羡余以献",权转运副使游师雄坚决反对,

---

① 孙应时纂修,鲍廉增补,(元)卢镇续修,陈其弟校注:《至正重修琴川志》卷六《税》,第60页。

② 李焘:《续资治通鉴长编》卷一五四,庆历五年正月丙戌,第3743页。

③ 苏轼撰,(清)王文诰辑注,孔凡礼点校:《苏轼诗集》卷八《吴中田妇叹》,第404页。

④ 李焘:《续资治通鉴长编》卷一四,开宝六年六月,第302页。

⑤ 刘挚撰,裴汝诚、陈晓平点校:《忠肃集》卷五《乞体量成都漕司折科税米奏》,第107页。

⑥ 洪迈撰,孔凡礼点校:《容斋随笔·三笔》卷一四《蜀茶法》,第597页。

⑦ 张方平:《乐全集》卷二五《论免役钱札子》,《景印文渊阁四库全书》第1104册,第262页。

⑧ 张方平:《乐全集》卷二六《论率钱募役事》,《景印文渊阁四库全书》第1104册,第277页。

批驳道:"五路宿兵以待饷,反令输钱,钱可食乎?"终未实行①。

如此,南方和北方就形成了鲜明对照。这些政策导向,显然对各地经济产生重要影响,比如促进北方的粮食种植业,促进南方的商品经济。

二、役法的地域差异

宋代之役,大体分职役(差役)、徭役(夫役)、兵役(乡兵之役)三种。役量的多少轻重,取决于政府的政治、军事、经济、工程活动之多少。因而,宋代役法的分布以政治中心和军事重心所在的北方最繁重,南方较轻。

北方劳役之沉重,以西北三路为代表,尤以为国防服务的夫役最严重。如熙宁四年(1071),河东调夫30万建筑啰兀二寨,按居民户等配征,辽州上户以至于有配夫434人者,下户也配16人:"始调外郡稍远边城前后三十万夫,辽州最为穷僻,然犹上户配夫四百三十四,僦直计三千缗,下者十六人,其直十万。"②实际上可以出钱代役,上户多者缴纳雇佣劳力钱3000贯,贫穷的下户也要交10贯,远远超过了民户的实际承受能力,即使倾家荡产也难以完成。元丰年间宋军大举进攻西夏,河东路调发民夫11万人;陕西向前线运粮,调夫甚多,以至于"延州诸县丁夫发尽,已差及妇女"③。动用了民间大半劳动力,甚至迫不得已驱赶起从无劳役的妇女。更严重的是,在服役于前线时,大批民夫丧失了生命。如宋太宗至道时对李继迁的灵州之战,征调陕西百姓向前线运送粮草,死者多达十余万人。④ 在河北,既有边防之役,又有河防之役,宋辽使节往来也须民户服侍。张方平揭露河北"其弊有三:一曰厨传,二曰徭役,三曰河防"⑤,即指此而言。这使河北力役十

---

① 张舜民:《游公墓志铭》,(清)王昶:《金石萃编》卷一四一,第8页。
② 《宋史》卷三〇三《范祥传附子育传》,第10050页。
③ 李焘:《续资治通鉴长编》卷三一九,元丰四年十一月己酉、己丑,第7703、7709页。
④ 李焘:《续资治通鉴长编》卷四一,至道三年七月丙寅,第870页。
⑤ 张方平:《乐全集》卷二三《请减省河北徭役事》,《景印文渊阁四库全书》第1104册,第227页。

分沉重："河北系黄河行流、人使经由道路，每年人户应副工役，比于他处尤为劳费。昨因大河移改决溢，潴浸田庐，又累年饥荒，流移饿殍人数不少。"①因而王岩叟言：

> 伏以国家之势，倚以为重在三路，而三路常受天下之弊，臣窃以为叹息。试例近事一二，以明其偏。始初刺强丁为义勇，非百姓之乐也，而三路当之；后变义勇为保甲，教之以兵，人人之所共苦也，而三路当之。大兵西讨，深入绝境，陕西、河东之民身亡家破，室庐为空，而诸路不预也。大河横流，弥漫千里，河北之人，流离狼狈，独被大害，而诸路不预也。夫以天下之大，不能无非常之事，而非常之事常在于三路。②

对西北三路的灾难深重表示同情。这些情况，主要是特殊的自然地理环境和军事地理环境、社会环境造成的。王安石言："举天下之役，其半在于河渠堤埽"③，其中以北方的黄河、汴河、御河等役为主。

京东、京西、京畿等地因黄河、汴河穿境，河防之役也较重。京西即每年需征发河防夫 3 万人，沟河夫 18000 人。④ 由于临近西北，有时也被征发夫役。元丰四年（1081）宋夏大战，京西路"准朝旨于均、邓州共发夫三万，每五百人差官一员部押，赴鄜延路馈运"⑤。民夫要千里迢迢，远赴陕西沿边。皇家陵园位于京西，供奉劳役也颇繁重，如"初作永昭陵，近陵之邑，皆供其役"⑥。附近诸县民户比其他地方劳役更多。

南方地区的劳役，明显少于北方。国防之役当然不多，其他夫役也少。至和元年（1054）有臣僚指出：

> 京畿及京东、京西等路每岁初春差夫，多为民田所兴，逐县差官部押，或支移三百里外，工役罕有虚岁。伏知江淮并不点差夫役，当农隙

---

① 上官均：《上徽宗乞罢河北榷盐》，赵汝愚编，北京大学中国中古史研究中心校点整理：《宋朝诸臣奏议》卷一〇八，上海古籍出版社 1999 年版，第 1177 页。

② 李焘：《续资治通鉴长编》卷三九八，元祐二年四月己亥，第 9716 页。

③ 王安石著，王水照主编：《王安石全集·临川先生文全集》卷六二《看详杂议》，第 1145 页。

④ 《宋史》卷九三《河渠志三》，第 2316 页。

⑤ 李焘：《续资治通鉴长编》卷三二〇，元丰四年十一月辛丑，第 7720 页。

⑥ 范纯仁：《范忠宣集》卷一五《朝奉大夫知华州苏君墓志铭》，《景印文渊阁四库全书》第 1104 册，第 702 页。

之际，一向安闲，比之北地，实为优幸。①

即便与不沿边的京东、京西相比，江淮地区也很安闲，没有夫役，显得很幸运。皇帝在主观上也多有呵护，如太平兴国五年(980)，宋太宗曾问湖北转运使："荆湖累岁丰稔，又无徭役，民间苏否?"②可知荆湖地区也无徭役负担，或者是不常有徭役之扰。咸平四年(1001)张齐贤请求朝廷"募江、淮、荆湖丁壮八万，以益戍兵，广边备"。宋真宗却说："此不惟动摇人心，抑又使南方之人远戍西鄙，亦非便也。"不予批准。③元丰年间，宋神宗派使臣整治楚州新河，临行前当面叮咛道："东南不惯兴大役，卿且为朕爱惜兵民。"④偶而兴修水利工程调发劳役，还担心其不适应。

乡兵之役，更是以北方为重。请看保甲法实行以前的乡兵(包括少数民族之民兵——蕃兵、洞丁等)分布⑤：

表 5-4　宋神宗前各地乡兵种类表

地区	乡兵种类	数量
河北	忠顺　强人　强壮　义勇　弓箭社　忠烈　宣勇　神锐	8
陕西	保毅　强人　弓箭手　义勇　护塞　蕃兵　乡弓手　强人弓手	8
河东	强壮　弓箭手　义勇　蕃兵　神锐　忠勇　义兵	7
京东	弓箭社	1
京西	无	0
四川	土丁　义军　壮丁　巡遏将	4
荆湖	义军　土丁　弩手　刀弩手	4
广南	土丁　壮丁　洞丁　枪手	4
江西	枪仗手	1
福建	枪仗手	1
两浙	无	0
淮南	无	0

---

①　(清)徐松辑，刘琳、刁忠民、舒大刚、尹波等校点：《宋会要辑稿·食货》七之一三至一四，第 6121 页。

②　《宋史》卷二六七《李惟清传》，第 9216 页。

③　李焘：《续资治通鉴长编》卷四九，咸平四年十月己酉，第 1078 页。

④　朱彧撰，李伟国点校：《萍洲可谈》卷一，第 109 页。

⑤　(元)脱脱：《宋史·兵志》；参见王曾瑜：《宋朝兵制初探》，中华书局 1983 年版，第 73 页。

续表

地区	乡兵种类	数量
江东	无	0

北方为 24 种,南方仅 12 种。上表得出的结论是:乡兵之役,北方重于南方,以西北地区最重,东南地区最轻,两浙、淮南、江东以及北方的京西甚至没有乡兵。

熙宁以后实行的保甲法,重点也是北方,"诏行于永兴、秦凤、河北东西、河东五路,唯毋上番。余路止相保任,毋习武艺"①,西北三路以外,其他路的保甲不训练,不出勤。元丰七年(1084)五月,新任河中府长官范纯仁发现,"时督教保甲甚严,非老弱不许在家,农事皆废"。请求暂缓至收麦以后,但朝廷并没有批准。② 次年,司马光上书指出:"三四年来,又令河北、河东、陕西置都教场,无问四时,每五日一教。特置使者比监司,专切提举,州、县不得关预。每一丁教阅,一丁供送,虽云五日,而保正长以泥塓除草为名,日聚教场,得赂则纵之,不则留之,是三路耕耘收获稼穑之业,几尽废也。"③ 乡兵之役,占用了北方地区数十万的青壮劳力及大量劳动时间,固然有利于国防,但不利于经济的发展。此为西北地方经济为国防作出牺牲的又一事例。

宋代赋役制度中,有支移赋税的特点:"其输有常处,而以有余补不足,则移此输彼,移近输远,谓之'支移'。"④民户须将应交纳的税赋物品自行运往边防或驻军多的地区,本质上是一种附加的变相力役,官府剥削了民户的运输劳力和盘缠费用。这种负担之沉重,主要仍表现在北方。

王禹偁有首诗反映了河北民众支移的情况:

因思河朔民,输税供边鄙。车重数十斛,路遥几百里。

赢蹄冻不行,死辙冰难曳。夜来何处宿,门寂荒陂里。⑤

---

① 《宋史》卷一九二《兵志六》,第 4769 页。
② 李焘:《续资治通鉴长编》卷三四五,元丰七年五月辛酉,第 8289—8290 页。
③ 李焘:《续资治通鉴长编》卷三五五,元丰八年四月己丑,第 8494 页。
④ 《宋史》卷一七四《食货志上三》,第 4203 页。
⑤ 王禹偁:《小畜集》卷四《对雪》,《四部丛刊》初编,第 8 页。

从中看到农民在冰天雪地里挣扎跋涉,日夜向沿边支移军粮的艰难困苦。(由此再次看出,河北沿边州军的军粮有部分是内地州郡供应的,并不全是由中央拨款籴买。)

在河东山区,不但交通不便,支移路途也更远。如元祐初,晋州上二等民户,按规定须支移赋税于前线的葭芦、吴堡两寨:

> 自晋州至汾州二百四十里,稍通牛车。自汾州又三百六十里而至吴堡,三百九十里而至葭芦,并山路险狭,涧道阻深,不通牛车。及渡黄河,尤为艰厄。白米每斗,官估折钱伍拾文,而民间实费伍百文方了得一斗。往来凡一千四百余里,百姓不胜其苦,皆曰:“昨用兵之际,倾竭家产,以给军须,谓国家一时之事,事已则复可为生矣。不意罢兵之后,方岁岁输税,常若有急,不知何时当是休息,日引月长,何由堪命!”①

既越高山,又跨深涧,复渡黄河天险,还有数百里路连牛车都不通,那就只好用牲口驭或人力背负、担挑了。其路途所费,超过了税物本来价格的十倍之多,也即民众增加了十倍的经济负担,以至于倾家荡产。下等户的支移虽然没有上等大户那么遥远,但负担相对而言并不亚于彼。仍以晋州为例:第四等人户赋税,有的奉命移送太原及石州,“尽不下五百里,所费皆数倍”;第五等户的税物原来并不支移,自熙宁时起,也要移至外县,“则是一州五等之民皆受其弊”②,当地人民费时、费钱、费力,负担甚重。

陕西支移同样很沉重。如往鄜、延州边防支移,“最是辛苦,糜费数倍。盖是山陵道路不可通大车,只是小车并驴子般运。或遇晴明,则一月程仅可往还;或值雨雪,艰难寸进,至有离家四五十日,裹缠干粮并尽,却更那(即挪——引按)人归取盘缠”③。若以中人之家出一人一车一驴支移,则占全家劳力的一半,以平均 45 天计,则占全年劳动时间的九分之一;若是夏秋二税皆支移,则负担成倍增加。宋太宗末年灵州之役时,陕西“本户税租,互遣他州送纳,往返千里,费耗十倍,愁苦怨叹,充塞路歧,自春徂冬,曾无暂

---

① 李焘:《续资治通鉴长编》卷三九三,元祐元年十二月庚子,第 9558 页。原标点作“而民间实费伍百文方了得。一斗往来凡一千四百余里”,似不妥,今不取。
② 李焘:《续资治通鉴长编》卷二二四,熙宁四年六月庚申,第 9559 页。
③ 范之柔:《范文正公年谱补遗》,范仲淹著,李勇先、王蓉贵校点:《范仲淹全集》附录二,康定元年十二月,第 920 页。

息,糇粮乏绝,力用殚穷"①。以物力而论,所费十倍于应纳赋税,以时间而论,则断断续续占用了大半年。生产时间和资金大半耗费在支移上了。

京西位于京师腹地,并不临边,但也难免支移之苦:"京西旧不支移,崇宁中,将漕者忽令民曰:'支移所宜同,今特免;若地里脚费,则宜输。'"②按此,似乎崇宁以前京西没有支移,其实不然。早在宋太宗时已见有支移的情况,赵普言邓州"昨来差配,约共出十万贯钱,乃可运二万硕粮至莫州"③。莫州远在千里以外的河北。这显然是变相的支移——地里脚费了。又如宋仁宗时,颍州的"民税旧输陈、蔡"④,也说明有支移。崇宁后,京西大征支移之地里脚费,"斗为钱五十六,比元丰既当正税之数,而反复扭折,数倍于昔。民至鬻牛易产犹不能继",政和以后,才有所减轻⑤。

南方地区也有支移,但远不如北方繁重,这里就不多说了。

北方地区之役,或援军,或治河,或乡兵,或支移,在国防经济和军事、国民生活上做出了重大贡献和牺牲。北方比南方为宋代历史提供了更多的社会劳动,只是难以将这些力役地租折成经济指标。其消极影响在于:国家无偿占用了农民大量人力和物力,严重影响了当地人民的生产和生活,劳动力不能全员足时更多地从事物质财富的创造,家庭经济、地方经济受到削弱。也就是说,若无如此沉重的负担,北方经济本来可以更为发达。劳动力的社会分工之地域差别,是南北经济差异的重要形式之一。

三、其他地域性经济政策

对不同地区实行不同的经济政策,既有历史的必然性和时代的必要性,也是宋政府因地制宜的明智表现。这就使各地政策的地方特色更为明显。

宋神宗时实行的青苗法,即是因地而异的。如四川地区,仅实施于成都

---

① 《宋史》卷二七七《张锐传》,第 9417 页。
② 《宋史》卷一七四《食货志上二》,第 4211 页。
③ 李焘:《续资治通鉴长编》卷二七,雍熙三年五月丙子,第 615 页。
④ 《宋史》卷三一七《邵亢传》,第 10335 页。
⑤ 《宋史》卷一七四《食货志上二》,第 4211 页。

府路,其他三路初试即罢:"川峡四路与内地不同,刀耕火种,民食常不足,至种芋充饥……蜀民轻侈不为积蓄,万一岁俭不能偿官,适陷民于死地可哀。"①因而免去了梓、利、夔三路的青苗法。

对边远地区和贫困地区,往往有特殊的政策。以上贡而言,即多有免除。景德元年(1004)诏云:"川峡、广南、福建诸州,自今承天节,三千里内仍旧入贡,其外止具表以闻。"②离京3000里以远的州郡,虽然应当履行上贡的政治本分,但不必运送实物。嘉祐四年(1059)又诏:"益、梓、利、夔路州军进奉南郊、乾元节银,自今止令进空表。"③也不必上贡银两,只需要提交一份上贡的贺表就行了,扩大了免贡范围。这就意味着四川、广南、福建等地可多留些利税,少费些人力。

茶、盐、酒的禁榷制度,都有地区差别。如茶、盐分有禁榷区和通商区,禁榷区中又划分不同的产品销售区。这些政策的优惠之处,多施行于南方的四川、两广、福建。赵鼎言:朝廷"于川、广、福建之民,尤加优恤,以其疾苦赴诉,去朝廷特远,而变乱窃发,遽难救止,故凡盐酒之利,与民同之,而不之榷"④。即指四川不禁盐,两广不榷酒,四川、福建的一些州郡也不榷酒。福建享受到更多的优惠政策:"闽中之与诸道异者……以酒酤则无榷,以山园则不征,以邸肆营运则无和买。凡若是者,皆优于他道。圣朝之所为加惠者,岂非以其山谷多而腴田少,民力穷悴不可与诸道例论乎?"⑤显然,这些优惠政策是针对偏远贫困地区而制定的,照顾了福建的特殊情况,呵护其多种经营的谋生方式。

事实证明,四川、广东、广西、福建四地,因偏远等原因,享受宋政府的特别照顾最多。

本节的研究使我们发现,从大区域范围而言,北方地区以劳役地租、实物地租最重,南方地区的货币地租重于北方。这主要是基于军事地理和交

---

① 李焘:《续资治通鉴长编》卷二一四,熙宁三年八月辛巳,第5221页。
② (清)徐松辑,刘琳、刁忠民、舒大刚、尹波等校点:《宋会要辑稿·食货》四一之三六,第6928页。
③ 李焘:《续资治通鉴长编》卷一九〇,嘉祐四年十月癸酉,第5221页。
④ 赵鼎撰,李蹊点校:《忠正德文集》卷一《论福建两川盐法奏》,第25页。
⑤ 真德秀:《西山文集》卷二九《福建罢差保长条令本末序》,《景印文渊阁四库全书》第1174册,第449页。

通地理之上的区域性政策造成的。这一不得已而为之的地租形态,客观上弊大于利。以人而言,北方劳动人口本来就少于南方,又让劳役占去相当一部分,虽然整个社会劳动量并未减少,但劳动结构变化了,用于物质财富生产上的少了。以物而言,它可强化刺激北方的粮食生产,也可强化刺激南方的商品经济,迫使其将产品更多地投入市场,变实物为货币,或发展副业等商品生产,但却为南方带来了钱荒的不良后果。如熙宁年间司马光指出:"江淮之南,民间乏钱,谓之钱荒。而土宜秔稻,彼人食之不尽。若官不籴取以供京师,则无所发泄,必甚贱而伤农矣。"①元祐年间,苏轼进一步揭示这一现象:"两浙中自来号称钱荒,今者尤甚。百姓持银绢丝绵入市,莫有顾者。质库人户,往往昼闭,若得官钱三二十万,散在民间,如水救火。"②可见,多征货币超过了其实际发展阶段的承受力,不但没有能促进商品经济,反而起到反作用,既打击了农业生产,又造成了商业危机。而西北地区则相反,常出现"物重钱轻"的现象③,与东南地区殊途遥遥而同归,也不利于商业的发展。

本 章 结 语

宋代的财政收支、赋税结构、上供等,主要服务于国防军事。西北地区和京师,是北宋经济问题的焦点,是官方消费的主要地区。西北地区的财政是典型的国防军事财政,收入主要用于军费开支和战略储备,也有不少上供、外援物资。两浙、京东、淮南等东部地区,地方政府消费有限,所以须将相当一部分赋税上交中央,赡给朝廷。这样就形成了北宋的财政大格局:西北地区军费主要由当地供应,京师的朝廷和军队主要由东部诸路供应,四川等地的上供起辅助作用。

货币、物资如百川归海,倾注于京师和西北地区,是财政上、政治上向心性的表现,除西北地区之外,与地域经济发展状况关系不大。由此所造成的赋税结构差异和货币量、劳役量的分布不均,在一定程度上破坏了社

---

① 《宋史》卷一七五《食货志上三》,第 4244 页。

② 苏轼撰,孔凡礼点校:《苏轼文集》卷三〇《乞赈济浙西七州状》,第 851 页。

③ (清)徐松辑,刘琳、刁忠民、舒大刚、尹波等校点:《宋会要辑稿·职官》五八之二二,第 4626 页。

会经济的生态平衡和自然发展形态,可说是一种宏观上的超经济强制。而四川大部分州县、两广、福建这一下弦月形地区,因偏远、贫困,受此影响较小,且享优惠,可以较自由地发展,未尝不是宋政府因地制宜、扶持后进的关怀。

第 六 章

宋代地域经济的历史变化

以上对各地区经济状况的论述,为便于比较,主要是对相对静态的空间研究,是以北宋中后期为主的。但地域经济并非一成不变,而是在发展、波动之中,具有阶段性,有其各自的消长规律。现在我们转换视角,由空间比较转向时间的比较,研究宋代地域经济纵向的动态变化。

地域经济的时间波动,以北方地区最为频繁,自先秦以来即是如此,经常伴随着政治、军事形势而变化。南方地区相对稳定,然而也有出乎意料的变化。

第一节　北宋地域经济的演变

一、北宋前期(宋太祖、宋太宗两朝)

(一)北方地区

宋初两朝,大部分时间在进行南北统一战争。这时宋政府的经济区域,主要是北方的陕西、京东、河北、京西地区和河东部分州郡。这几地经过周世宗以来的恢复发展,大部分地区摆脱了被战乱摧残的破落状况,重新发展起来,为宋朝的立国和统一,在物力、人力上做出了巨大贡献。

宋初的陕西领土广大,包括灵夏地区。宋太祖任用姚内赟、董遵诲诸骁将长期驻守陕西,国防局势稳定,驻军少而精,"二人所统之兵,才五六千而已",①合计不过一万余人,经济上不成为朝廷负担。"国初西戎之患,多在环、庆,太祖皇帝择姚内赟、董遵诲二骁将以守,二州租赋之入,兵械之费,一切付之,而听其自为。西人畏之,不敢入寇……以二州租入之费御戎而有余。"②给予边防将领充分的信任和权力,实行的仍是藩镇制,拥有一州的军权、政权、财权,各将所辖军队自用本地的赋税,不仅自给自足还有结余,不需外地和中央援助。边防重点基本是防御备战,如董遵诲"在通远军凡十四年,安抚一面,夏人悦服。尝有剽略灵武进奉使鞍马、兵器者,遵诲部署帐下欲讨之。夏人惧,尽归所略,拜伏请罪,遵诲即慰抚令去。自是各谨封略,秋毫不敢犯"③。在没有大的战争情况下,陕西社会经济得以正常发展,向京师等地提供了大批粮食,"国初淮、浙未下之日,尝命陕、雍、晋、绛,岁漕粟以赴京师"④。为京师作出了支柱性的物质贡献。

宋太祖一朝的河北,没有发生过大规模的战争,间有外敌骚扰,也都予以有效的抗击,社会生产环境基本是安定的。早在建隆元年(960)时,如前文所言,河北就是连年丰收的富庶景象了,为宋代河北历史奠定了一个良好的开端。边防地区采取的政策与陕西一样,屯兵有限,不过数万人而已,皆可以用地方财力供养。如郭进驻守洺州时,"以郡之租赋,听其养士卒"⑤。沿边诸将的军费"皆富厚有余"⑥。国防巩固,经济发展,二者相辅相成,没有发生矛盾,这一局势持续了二十多年。到宋太宗雍熙北伐失败后,开始逆转,河北经济遭受到沉重的打击,"雍熙后数用兵,岐沟关、君子馆败衄之后,河朔之民,农桑失业,多闲田,且戍兵增倍"。⑦ 一面是经济残破,一面是驻军倍增,国防建设与经济发展出现矛盾。以后到澶渊之役的十几年中,河

① 李焘:《续资治通鉴长编》卷五〇,咸平四年十二月丁卯,第1098页。
② 李焘:《续资治通鉴长编》卷三六六,元祐元年二月丙子,第8794页。
③ 《宋史》卷二七三《董遵诲传》,第9343页。
④ 李元纲撰,朱旭强整理:《厚德录》卷二,《全宋笔记》第6编第2册,第253—254页。
⑤ 曾巩撰,王瑞来校证:《隆平集校证》卷一六《郭进传》,第489页。
⑥ 苏辙著,陈宏天、高秀芳点校:《栾城集》卷二一《上皇帝书》,第374页。
⑦ 马端临撰,上海师范大学古籍研究所、华东师范大学古籍研究所点校:《文献通考》卷七《田赋考七》,第163页。

北经济一直动荡不安。

河东在宋初分成两部分：南部的晋、绛、隰、潞等州原在后周境内，入宋即在比较安定的环境中，故而晋、绛等州有能力向京师提供粮食。但平潞州之叛、伐北汉等多次军事活动，也难免受到一定的不良影响。北部有大部分地区在北汉统治之中，经济已遭残酷剥削的摧残，加以统一战争使之饱经战火，进而宋政府又迁徙其人口、毁灭其中心城市，社会经济衰落到最低点。所以说宋代河东经济的时间特点是起点低、起步晚，整体上在北宋前期的全国国民经济以及国家财政中发挥的作用较小。

京东、京西则在较好的社会环境中发展，有能力为中央财政作出较大的贡献。"国初，方隅未一，京师储廪仰给，唯京西、京东数路而已"①，说的就是这一情况。

(二)南方地区

宋初的南方，不少地区在统一战争中受到破坏。宋政府采取了一系列怀柔政策，使东南经济有所恢复并逐步走向正常发展的道路。其中两浙和福建部分州郡是未经战争而统一的，很快即纳入宋朝社会经济序列，但尚未有大的发展。

宋初的四川统一之后，由于政策乖张，社会形势没有安定下来，反而先后引起全师雄、杜承褒、李仙等的叛乱。经济政策的失误，也引起严重的混乱：

> 先是，国家平孟氏之乱，成都府库之物，悉载归于内库。后来任事者兢功利，于常赋外更置博买务，禁商旅不得私市布帛。蜀地土狭民稠，耕稼不足以给，由是群众起而为乱。②

地方官为了向中央多输送匹帛，竟然实行禁榷，致使民众骚乱。经过一番调整平稳后，社会经济恢复发展，整体上很快出现富裕景象。地方长官张咏作诗记载：

> 蜀国富且庶，风俗矜浮薄。奢僭极珠贝，狂佚务娱乐。

---

① 王曾撰，张其凡点校：《王文正公笔录·国初方隅未一》，第8—9页。
② 李攸：《宋朝事实》卷一七《削平僭伪》，第273页。

> 虹桥吐飞泉,烟柳闭朱阁。烛影逐星沈,歌声和月落。
>
> 斗鸡破百万,呼卢纵大噱。游女白玉珰,骄马黄金络。
>
> 酒肆夜不扃,花市春渐作。禾稼暮云连,纨绣淑气错。
>
> 熙熙三十年,光景倏如昨。①

其富庶体现在农业"禾稼暮云连",手工业"纨绣淑气错",商业"酒肆夜不扃,花市春渐作",娱乐业"斗鸡破百万,呼卢纵大噱。游女白玉珰,骄马黄金络",以及居住环境和奢侈等方面。这30余年的发展势头,不久又遭到中断。朝廷对四川茶叶实行禁榷,茶农、茶贩均受其害,爆发了一场因"贩茶失职"引起的王小波、李顺武装民变,两川大乱。宋政府在镇压过程中,伤亡民众"不可胜计"②,四川经济惨遭破坏。这场战乱持续了四年才平息下来,但不久又有王钧之乱。总之,这一时期的四川经济是动荡与发展交织。

概括而言,处于调整、恢复中的南方地区经济,在当时宋朝的国民经济中尚未起重要作用。直到建国29年的端拱二年(989),王禹偁还说:

> 今郡县虽多,要荒且远,除河北备边之外,民力可用者惟东至登、莱,西尽秦、凤,南抵淮、泗而已。此数十州者,中土之根本,不可不惜也。③

淮河以北的北方经济,是宋政府赖以生存、统一的基础。而南方地区还没有什么大发展,即使是未经战乱的两浙,也还比较荒凉:"初,吴越归国,郡邑地旷人杀,占田无限,但指四至泾渎为界。"④一望无际的荒田任人指认占有。可见王禹偁所言南方大部分地区不能为朝廷提供人力、物力,不仅是"且远",还因为"要荒"。宋政府之所以能统一南方地区,不只是武力问题,还有着经济实力的因素,武力是以经济为基础的。范仲淹指出:"祖宗时,江、淮馈运至少,而养六军又取天下"⑤,并没有依赖南方地区的财富。这时虽然有"先南后北"的统一战略,目的之一是取得南方财富,事实上所取并不多,在四川收缴的后蜀和在金陵收缴的南唐府库之财,只是丰富内库的浮

---

① 张咏著,张其凡整理:《张乖崖集》卷二《悼蜀四十韵》,第8页。

② 《宋史》卷四六六《王继恩传》,第13603页。

③ 李焘:《续资治通鉴长编》卷三〇,端拱二年正月,第674页。

④ 张方平:《乐全集》附录,王巩:《张方平行状》,《景印文渊阁四库全书》第1104册,第518页。

⑤ 李焘:《续资治通鉴长编》卷一一二,明道二年七月甲申,第2623页。

财,用于储备而已。而东南地区四百万石粮食的通漕,已接近于统一战争的尾声了。

二、北宋中期(宋真宗—宋神宗四朝)

经过前期三十余年的动荡、恢复、调整之后,全国各地经济都走上了正常发展道路。这一时期的经济形势大致是:大多数地区在大部分时间内都迅速发展。地域之区别在于发展速度不尽相同,而西北地区的发展曾遭战争骚扰,波动较大;四川地区比较特殊,发展缓慢,并且还有衰退迹象。

(一)河北

河北经济的厄运持续了十余年,自宋真宗景德元年(1004)澶渊之盟以后得到解脱,地方经济迅速恢复,此后一百多年没有发生战争。景德初,河北的农田水利事业开始有大的发展,到景德四年,农业生产便有了大的转机,"顺安军西至定州,旷土尽辟,苗稼丰茂,民无差扰,物价甚贱"[①]。和平环境很快就显示出了对经济发展的积极作用,荒地全部开辟耕种,农作物长势良好,民众很少劳役干扰,得以专心生产经营,物质资料丰富,物价低贱。

以后,河北农业多次大丰收,宋辽边界的榷场贸易也得以恢复,经济逐步走向繁荣。驻军虽然比以前大有增多,财政状况却是优裕的,大中祥符年间的大批上供钱物,即是当时经济实力的突出反映。宋仁宗皇祐年间,吕公弼任河北转运使时大有作为,通御河,减戍兵,兴铁冶,"前后四年,除民之逋负凡数百万,省役之不时者又不可胜计。故一路财用饶,而民乐其生"[②]。四年间发展了交通水利,精减了驻军,兴办了铁冶,更主要的是蠲免了百姓大量负债和劳役,河北一路的生产、财政获得显著发展。自宋仁宗至宋神宗时期,农田水利建设有了飞跃的发展,达到了前所未有的高度,农业仅"大丰""比岁大稔""甚登""丰稔倍常"等大丰收的记载就多达八次。宋神宗时,河北二税见催额居全国首位,商税居全国第二位,有力地说明了河北经

---

① 李焘:《续资治通鉴长编》卷六七,景德四年十一月戊寅,第1505页。

② 范镇:《吕惠穆公弼神道碑》,杜大珪辑:《新刊名臣碑传琬琰之集》上集卷二六,北京图书馆出版社2003年版,第1页。

济发展的历史高度和其在全国的领先地位。

（二）陕西

陕西经济的波折比河东更大。自宋太宗末到宋真宗时，党项族势力发展，时叛时降，在灵夏地区打下了基础，形成割据局面。陕西则丧失了西北大片领土，如折一臂，既是国防的重大损失，也是经济的重大损失。随着驻军的日益增多，军费开支剧增。咸平六年（1003）的情况是："关中郡县，控接河西，远近宿兵不下十万，比约诸郡公钱充费，一年计以七十万五千余贯。仍自去岁以来，诸州支发净尽，刘综累奏乞自京般钱三十万以给边费。"[1]驻军达到 10 万人，年需 70 万余贯，地方储备用完后，希望朝廷资助 30 万贯。忽然而来的压力，迫使陕西经济必须同步发展以相适应，实际上也具备了较强的承受能力和上供能力。三司使张方平披露道：

> 检会景德二年敕："陕西转运司每年认定马料三十万石上京，所有细色斛斗如有剩数，即行搬运。"……臣看详景德二年，正是继迁骚扰，西陲用兵，陕右困弊之际，然犹漕运上供京师米，未尝废也。[2]

即便是西北战乱，困弊的陕西仍然坚持上供年度额定米粮。宋真宗一朝，中央对陕西军费援助很少，而陕西的上供、外援却不少，说明当时的经济实力颇为雄厚。

宋真宗景德以后至宋仁宗宝元以前，边防局势呈缓和状态，社会经济得以更好地发展。司马光言在宝元前的 40 多年间，"关中户口滋息，农桑丰富"[3]。刘述言自景德至宝元 30 年以来，"关右之人，无科率转饷之劳，安耕织生养之业，公私富实，朝野欢娱"[4]。反映的都是陕西社会太平，经济富实。苏轼也有同样的回顾，且比较具体：

> 往者宝元以前，秦人之富强可知也。中户不可以亩计，而计以顷。上户不可以顷计，而计以赋。耕于野者，不愿为公侯。藏于民家者，多

①　李焘：《续资治通鉴长编》卷五四，咸平六年三月辛亥，第 1185 页。

②　张方平：《乐全集》卷二三《论京师军储事》，《景印文渊阁四库全书》第 1104 册，第 230、231 页。

③　司马光撰，李文泽、霞绍晖校点：《司马光集》卷三八《横山疏》，第 863 页。

④　刘述：《上神宗不可伐表》，赵汝愚编，北京大学中国中古史研究中心校点整理：《宋朝诸臣奏议》卷一三七，第 1535 页。

于府库也。①

生产资料充足，居民储备丰厚，一派欣欣向荣的富庶景象。

宝元元年（1038），元昊叛宋独立，建西夏国。宋政府调集数十万兵马于陕西前线，战端大开，而且屡屡失败。陕西经济发展的势头骤然中止，陷入困境。既受战火摧残，又加重了赋役负担。"夏人初叛命，天下苦于兵，而自陕以西尤甚，吏缘侵渔，调发督迫，至民破产不能足，往往自经投水以死。"②如此，其繁荣的景象不复存在。以财富而言，如苏轼所云：

> 一经元昊之变，冰消火燎，十不存三四。今之所谓富民者，向之仆隶也。今之所谓蓄聚者，向之残弃也。③

苏轼所言的陕西经济状况，宝元前后不免都有所夸张，但前之富庶，后之残破却对比得很明白。具体如沿边的鄜延地区，"宝元用兵后，凋耗殆尽，其旷土为诸酋所有"④。连生产资料都损失不少。以民力而言，如司马光所说："西事以来，陕西困于科调，比于景祐以前，民力减耗三分之二。"⑤经济实力损失大半。以农业而言，如黄庶所说："关中自用兵逾十年，其地未尝俱大收。"⑥农业大丰收的景象消失了。以商业而言，则有张载谈到这一变化："陕西一路，射入之饶，商市之富，自来亦赖戎夷博易之便。自兴兵以来，盐弊亏损，议者皆知由边市不通、商旅不行所致。"⑦沿边与少数民族的互市等贸易停止，商品交流中断。显而易见，战争给陕西带来大灾难，使其经济跌进低谷。

宋夏这场战争持续七年，于庆历四年（1044）结束。陕西获得了相对的和平，但负担并没有减轻多少。数十万军队绝大多数再也撤不下来，长期附在陕西身上，吸吮其膏血。在此压力下，陕西地方上更加努力，顽强地发展

---

① 苏轼撰，孔凡礼点校：《苏轼文集》卷四八《上韩魏公论场务书》，第1393页。

② 欧阳修著，李逸安点校：《欧阳修全集·居士集》卷三一《太子太师致仕祁公墓志铭》，第468页。

③ 苏轼撰，孔凡礼点校：《苏轼文集》卷四八《上韩魏公论场务书》，第1393页。

④ 《宋史》卷三三二《赵峸传》，第10685页。

⑤ 李焘：《续资治通鉴长编》卷二〇三，治平元年十一月乙亥，第4916页。

⑥ 黄庶：《伐檀集》卷上《送杨侍读自长安至蜀》，《景印文渊阁四库全书》第1092册，第782页。

⑦ 张载著，章锡琛点校：《张载集·文集佚存·泾原路经略司论边事状》，中华书局1978年版，第362页。

着生产。如康定年间种世衡知青涧城,此地"逼近虏境,守备单弱,刍粮俱乏。世衡以官钱贷商旅使致之,不问所出入,未几,仓廪皆实。……比数年,青涧城遂成富强,于延州诸寨中,独不求益兵、运刍粮"[1]。通过发展商业增强经济,壮大守备力量,使青涧城在宋夏大战中崛起。庆历末年,陕西转运使即上报说:"本道仓廪足以给,请罢都内所受钱。"[2]可见其财政数年工夫已恢复正常状态,军费恢复自给自足,不要朝廷的援助。

官方为恢复发展陕西经济做了许多努力,以皇祐年间为例,有三件事比较重要。

其一,放免了60岁以上及体弱的保捷兵归农返家,"自是岁省缗钱二百四十五万,陕西之民力稍苏"[3]。既节省了巨额军费,又补充了民间劳动力。

其二,向民间贷款发展经济。皇祐初,陕西转运使李参为发展农业生产,"视民阙乏,时令自隐度谷麦之入,预贷以官钱,谷麦熟则偿,谓之青苗钱。数年,兵食常有余"[4]。解决了春耕资金不足问题,促进农业发展,并成为王安石青苗法的前身。庆历后期,黄庶言陕西:"今年夏秋,田高下尽丰……薄田今亦夏秋稔,窭窖饱满鸡猪肥。"[5]种植业、畜牧业双丰收。皇祐三年(1051)十二月,陕西转运使包拯上奏云:"陕西累岁丰熟,今秋又大稔",[6]即是农业生产大发展的表现。

其三,在农业发展的基础上调整财政经济政策,以增加沿边和籴的形式取代替入中粮草。即解盐由禁榷为通商,商人不再向沿边入中实物,改为入中缗钱,换取盐钞,到解池取盐贩卖。沿边则以所入钱就地籴粮,"悉留榷货务钱币以实中都。行之数年,猾商贪贾无所侥幸,关内之民得安其业,公私以为便。"[7]前提是陕西民间已有足够的余粮。如此,朝廷、地方、民间各得便利,可谓一举三得,社会经济协调发展。

---

① 司马光撰,邓广铭、张希清点校:《涑水记闻》卷九,中华书局1989年版,第171页。

② 张方平:《乐全集》卷三六《宋故龙图阁……傅公神道碑铭》,《景印文渊阁四库全书》第1104册,第414页。

③ 李焘:《续资治通鉴长编》卷一六七,皇祐元年十二月壬戌,第4023页。

④ 李焘:《续资治通鉴长编》卷一七四,皇祐五年四月庚午,第4204页。

⑤ 黄庶:《伐檀集》卷上《送杨侍读自长安至蜀》,《景印文渊阁四库全书》第1092册,第782页。

⑥ 李焘:《续资治通鉴长编》卷一七一,皇祐三年十二月戊戌,第4120页。

⑦ 李焘:《续资治通鉴长编》卷一六五,庆历八年十月丁亥,第3971页。

这样,陕西经济再度富庶。宋英宗治平末年,其中心城市的商业和物价就是一个标志:

> 长安钱多物贱,米麦斗不过百钱,粟豆半之。猪羊肉三四十钱一斤,鱼稻如江乡,四方百物皆有,上田亩不过二千。[1]

供应充沛,价格低廉。宋神宗时,刘攽在长安城南看到:"城南地去天尺五,杜曲田皆亩一金。源发清泉随种稻,租生修竹自成林。"[2]水土肥美,农业、畜牧业、商业都又呈现出繁荣景象。地方财政因之也充沛有余,多次上供财物于朝廷。

宋神宗熙宁中,朝廷开边经营熙河地区,陕西又进入战争状态,地方经济再次受到不良影响。到元丰年间,宋军两次大举讨伐西夏,陕西经济面临着更严峻的考验:"自军兴以来,关内人情震惮,多全室逃亡。"[3]然而,令人惊异的是其农业生产仍呈向前发展趋势。从《续资治通鉴长编》的记载中可看出,自熙宁九年(1076)到元丰七年(1084)这九年间,陕西竟获得五次丰收,再次显示了陕西经济强大的生命力。这期间陕西军费剧增,地方财政一度表现得很顽强。元丰三年(1080),朝廷诏令北方各地人户计资产买马养马,"坊郭家产及三千缗,乡村五千缗。若坊郭、乡村通及三千缗以上者,各养一马,增倍者马亦如之,至三匹止"。各地上报的数字中,"秦凤等路六百四十二,永兴路一千五百四十六"[4],陕西共2188匹,是除了开封府以外最多的路分。养马数意味着当地富户数量,陕西之富庶在北方数一数二,再次得到证明。

(三)河东

河东统一之后,宋政府做了大量恢复工作。首先减轻了当地税赋,"河东既下,减其租赋"[5]。并委任能吏主持恢复:"时河东以大兵之后,区境甚

---

① 李焘:《续资治通鉴长编》卷五一六,元符二年闰九月甲戌注,第12269页。

② 刘攽撰,逯铭昕点校:《彭城集》卷一五《长安城南》,第386页。

③ (清)徐松辑,刘琳、刁忠民、舒大刚、尹波等校点:《宋会要辑稿·食货》七〇之一七三,第8204页。

④ 马端临撰,上海师范大学古籍研究所、华东师范大学古籍研究所点校:《文献通考》卷一六〇《兵考一二》,第4784页。

⑤ 《宋史》卷一七五《食货志上三》,第4241页。

残,实资循良,以守方面",如派符昭愿出任并州长官,"公之颁政也,一岁而城池缉,再岁而仓廪实,三岁而府库完,复逋逃八千,增版籍三万,富庶成颂,皆公力焉。九年,单车来朝,宠赐弥厚。及期再典并门,从民请也"①。三年的时间即完全恢复。到了宋真宗朝,经济不但走出了低谷,而且有明显的发展,农业获得七次丰收,是同期各路中丰收次数最多的地区。上供、外援的钱物也以这一时期为最多,表明此时已奠定了雄厚的物质基础。煤炭业也因免税政策的实施而得到发展,进一步发挥了其经济优势。

宋仁宗宝元以后,河东经济开始有波动。时战争增多,剥削加重。韩琦在庆历时说:河东"自西事之兴,屯戍滋广,人疲远饷,户及横敛,重以和籴积欠而输窘,奸钱乱法而币轻"②。经济在重压、混乱中受到削弱。为应付新的压力,河东开始大力发展屯田,取得了良好的效果。如开放了宋初以来的边界禁地,在此招募弓箭手,"凡得户四千,垦地九千六百顷"③。宋神宗时,知太原府吕惠卿报告:"相度开麟、府、丰三州两不耕地,所收极厚,可助边计,乞推之陕西路。"④经济效益明显,大大增强了国防经济力量。宋政府还于至和二年(1055)调整政策,不再以植桑之数定户等,促进了桑蚕业的发展;嘉祐年间开展的水利建设,也相应地提高了农业生产的水平。由此可以看到,河东经济是在战争的颠簸中顽强向前发展着的。

宋神宗时,因对夏重开战端,河东经济又有凋敝,公私俱困,"时民力疲困,仓廪虚匮",朝廷遂派张景宪为河东都转运使,承担起恢复社会经济的重任。他从税收政策着手,采取了均平赋税措施,取得良好效果,"均其税赋,乘岁丰为储积,未逾年,民力遂宽,而兵食有羡。逮公之去,虽穷边小垒,皆有数年之蓄"⑤。在战争的间隙很快地恢复过来,财政扭亏为盈,储备饱满,充实了国防的需要。其首府太原,据熙宁五年(1072)路过的日本僧人

---

① 陈舜封:《大宋故推诚佐理功臣光禄大夫……赠镇东军节度使符公(昭愿)墓志铭并序》,郭茂育、刘继保:《宋代墓志辑释》,第95页。
② 韩琦:《安阳集》卷二六《并州谢上表》,《景印文渊阁四库全书》第1089册,第362页。
③ 李焘:《续资治通鉴长编》卷一七八,至和二年二月丙午,第4317页。
④ 李焘:《续资治通鉴长编》卷三四四,元丰七年三月庚申,第8263页。
⑤ 范纯仁:《范忠宣集》卷一六《大中大夫充集英殿修撰张公行状》,《景印文渊阁四库全书》第1104册,第713页。

成寻记载："府中殿舍广大，数百重重门楼，廊外矢仓，不可记尽，宛如京城。"①至少其城市建筑雄伟宽阔，仿佛东京城，彰显着雄厚的经济实力。

（四）京西

京西路经济在这一时期不受干扰地平稳发展，京西南路的唐、邓地区则有跳跃性的发展。"京西多旷土，宝元、康定间，特轻其赋，募民垦辟。岁久地无遗利，而民益富。"②通过优惠政策，带来生产发展和民众富裕。至嘉祐年间，知唐州赵尚宽大兴水利，招徕流民开垦荒田，改变了当地的荒凉面貌。宋神宗时高赋继任，进一步促进了唐州经济的发展，并带动了周边邓、汝等州的发展。唐、邓、襄、汝等州，"治平以前，地多山林，人少耕植。自熙宁中，四方之民辐凑开垦，环数千里，并为良田"③。数千里范围内化榛莽为良田，取得了根本性的进步。

（五）东南地区

与此同时，南方诸路经济普遍有了很大提高，特点是发展速度比北方快，尤其是东南地区经济地位迅速提高。突出表现是农田水利规模不断扩大，多种经营全面展开，太湖流域的浙西地区一跃而为全国经济最发达的地区之一，欧阳修有"吴越东南富百城"之语。④ 东南地区的上供量随之大增，成为中央财政的重要支柱，在经济领域的不少方面已经赶上或超过了北方地区。

这期间，东南经济也经历了一些波折。咸平二年（999），淮南、江南连发地震，"江南地震尤甚"；咸平二年至三年春，江南、两浙又发生大旱灾，尤以两浙为严重，"民饿者十八九"，杭州"饿死者不少，无人收拾，沟渠中皆是死人，却有一僧收拾埋葬，有一千人作一坑处，有五百人作一窖处。……越

---

① ［日］成寻著，王丽萍校点：《新校参天台五台山记》卷五，第 391 页。
② 周麟之：《海陵集》卷二三《葛文康公神道碑》，《景印文渊阁四库全书》第 1142 册，第 186 页。
③ （清）徐松辑，刘琳、刁忠民、舒大刚、尹波等校点：《宋会要辑稿·食货》九之一三，第 6181 页。
④ 欧阳修著，李逸安点校：《欧阳修全集·居士外集》卷七《送张吉老赴浙宪》，第 816 页。

州最甚,萧山县三千余家逃亡,死损并尽,今并无人,其余明、杭、苏、秀等州积尸在外沙及运河两岸不少……常、润等州死损之人,村保各随地分埋瘗"①。如此大面积的灾害,人口和农业经济损失惨重。在熙宁年间,浙西发生了一场特大自然灾害,人口大批死亡,其中杭州死者 50 余万,苏州死者 30 余万,"未数他郡"②。至少有 100 万人。本时期最严重的自然灾害发生在浙西,说明这里抗御自然灾害的能力不足。经此低谷之后,自元丰元年(1078)到三年,两浙、淮南连续三年大丰收,把农业经济发展的势头又推向高潮,十分引人注目。

江西、湖南等地经济虽然与前相比发展了,但仍然未摆脱贫困。皇祐年间平广西侬智高叛乱的战争中,孙沔为江西、湖南两路安抚使负责军需供应等事务,但仍感到底气不足,向朝廷要求再增加两路:"又乞兼安抚江南东、荆湖北两路,冀以四路共赡。盖向之两路,贫部也。"③他认为需集四路之财力,方能维持一场中等规模的战争,可见这些地区都属"贫部",财政实力薄弱。如南宋末文天祥言:"近日道州只供亿戍塞二百人钱粮,已自断续可忧。"④湖南的一个州,其财力连 200 个士兵也供应不起,承受能力很差。由此也可反衬出长期屯驻重兵、不断有战争发生的西北地区经济实力之强。

东南地区各种的经济发展程度虽不相同,但人口增长速度却都很快。两浙、江南、荆湖、福建诸路自宋太宗至宋神宗时,户口增长了 368%,淮南增长了 358%。这种增长固然是经济发展的结果,然而过快的速度也露出了危机的端倪。熙宁时,宋神宗问王安石:"东南民力如何? 安石言其窘急。上以为生齿多故也。"⑤所谓民力窘急,即指生产能力和生活状况不佳。其原因与赋税剥削加剧有关,而人口多、消费量大,难以提供更多的剩余产品,也已上升为重要原因,开始对社会经济产生不良影响。正确认识这点对现代中国人来说并不困难,人口在本来已密集的地方不断增多,不一定意味着

---

① 李焘:《续资治通鉴长编》卷四六,咸平三年三月丁未,第 1003 页。

② 李焘:《续资治通鉴长编》卷四六一,元祐六年七月己巳,第 11028 页。

③ 滕元发撰,黄纯艳整理:《孙威敏征南录》,《全宋笔记》第 1 编第 8 册,大象出版社 2003 年版,第 5 页。

④ 文天祥著,熊飞等校点:《文天祥全集》卷一二《授刑节制司与安抚司平寇循环历》,第 462 页。

⑤ 李焘:《续资治通鉴长编》卷二一四,熙宁三年八月丙子,第 5211 页。

经济发达,反而限制了经济的发展。

(六)西南地区

四川地区自宋真宗即位以来,社会动乱渐渐平息。地方官执政,以稳定为本,"守者务为安静",以至于连城墙也不敢修葺。[①] 百姓得以长期安居乐业,发展生产。宋神宗时知益州张方平有言:"锦里旧城,陆海千里,军屯整睦,民俗阜康,讼事不烦,邀嬉多暇。"[②]反映了成都府路的繁华。但中心地区成都府路人多地狭,限制了其经济的迅猛发展,因而其人口增长也慢。宋仁宗末年,文彦博曾说过这么一句话:"西川近年以来,生齿繁庶,比祥符中数倍。"[③]这又是过分夸饰之语。实际情况是,自宋太宗到宋神宗时,西川(成都府路、梓州路)户口增长率仅为154%,在全国各路中增长率最低,那么自宋真宗大中祥符末年到宋仁宗末年,增长率当然更低。所谓"数倍"之语,实属荒唐。从商税额看,宋神宗时比宋仁宗时大为下降,上供匹帛的数量宋神宗时也大为减少。元丰三年(1080)朝廷的诏书中指责道:"闻蜀中上供布比岁多阙,凡十年约六百余万匹"[④],平均每年缺少60万匹,如此看来,四川经济似乎还呈下降趋势,至少在财政上表现如此。

广南地区比以前大有发展。宋初"岭南多旷土,茅菅茂盛,蓄藏瘴毒",嘉祐年间,广西转运使李师中"募民垦田,县置籍,期永无税,以种及三十顷为田正,免科役。于是地稍开辟,瘴毒减息,而师中与牧坐擅除税不以闻,故蒙罚"[⑤]。该措施取得了良好效果,甚至改变了生态环境,惜为宋政府因政治原因中断。经数十年发展,广南各种数字都表明其增长率最高。无奈基础太差,起点太低,发展速度虽快,还远远赶不上其他地区。尤其是广西,经济地位仍在最下。

---

① 张方平:《乐全集》卷三六《宋故推诚保德功臣……程公神道碑铭》,《景印文渊阁四库全书》第1104册,第407页。

② 张方平:《乐全集》卷二八《益州谢上表》,《景印文渊阁四库全书》第1104册,第297页。

③ 文彦博著,申利校注:《文彦博集校注》卷一四《乞选差川峡州郡知州》,第595页。

④ 李焘:《续资治通鉴长编》卷三〇三,元丰三年三月辛未,第7365页。

⑤ 李焘:《续资治通鉴长编》卷一九七,嘉祐七年七月甲寅,第4768—4769页。

三、北宋后期(宋哲宗—宋钦宗三朝)

本期全国地域经济变迁的基本形势是:北方持续发展,其中西北地区在顽强地发展,到北宋末年从高峰下跌;西南稳定发展;东南在发展中出现衰落迹象。

(一)河北、河东、京东

河北经济持续发展到宋徽宗朝中期,此后便在极为沉重的军费压力下开始衰落。宣和年间,"河北衣被天下,而蚕织皆废"[1],纺织业的基础被摧毁,以往的优势丧失。尤其是宣和四年(1122)的燕山之役,负担剧增,成为河北经济崩溃的罅隙。据宋徽宗手诏自称:

> 河朔两路,根本之地。顷因河北、燕山通为一路,有司庶事取足河北,不复更恤百姓。科赋并下,调发频数。两路人户不得安业,盗贼窃发其间,所至骚动,北顾为之恻然。[2]

失地的收复与边界的扩展,不但没有给河北带来好处,反而带来了灾难。收复的燕山之地,实际上已是人财两空,驻守的军队主要靠河北供给:"盖科配既大,道阻且长,率费十余石至二十石始能至一石于燕山。民力不堪。"[3]仅供养郭药师的常胜军,每年就需要粮食360万石,钱1200万缗,加上人数更多的其他驻军,军费当数倍于此。"朝廷饷新边,岁籴粟麦亡虑三百万斛",提举措置河北燕山府路籴买公事李模,"稍下其估售之,为增谷价以受籴,不使一吏预其间。未几,粟麦坌至三百万斛,无斗升之负,而民不知劳,朝廷嘉之"。仍能完成供应任务。[4] 宣和末,燕山发生饥荒,"以燕山粮匮,

---

① 《宋史》卷一七九《食货志下一》,第4362页。

② (清)徐松辑,刘琳、刁忠民、舒大刚、尹波等校点:《宋会要辑稿·食货》六九之四三,第8069页。

③ 陈均编,许沛藻、金圆、顾吉辰、孙菊园点校:《皇朝编年纲目备要》卷二九,宣和六年六月,第753页。

④ 孙觌:《鸿庆居士集》卷三五《宋故左中大夫直宝文阁致仕李公墓志铭》,《景印文渊阁四库全书》第1135册,第366页。

自京师输米五十万斛以济之"①。竟然需要从开封千里迢迢运输粮食,足见河北已是搜刮一空了。因而,不堪剥削的农民造反队伍风起云涌,经济更加动荡。"河北之民力不能给,于是免夫之议兴",宋政府这才感到河北一地实在难以提供如此浩大的军费了,乃以免夫钱为名,让南北其他各路征钱助之②。这就可以再次证明,河北军费以往主要是本地承担的。宋人一再强调河北是天下的根本,如宋仁宗"河北天下根本"③,富弼"河北一路,盖天下之根本也"④,宋祁"天下根本在河北"⑤,等等。燕山地区的收复是圆梦式的虚假胜利,却把河北经济带进绝境,北部边防随之失守,实在是得不偿失。

河东、京东的情况与河北类似,都在北宋末期开始衰落。宣和时,"河东富人多弃产而入川蜀……山东频遭大水,而耕稼失时"⑥。天灾人祸造成人户破产、人口流失和生产停顿。燕山之役,河东、京东与河北一样都遭朝廷的人力物力调发,"才一年,而三路皆困"⑦。支撑北宋国防的是北方经济,北方经济在重压之下终于崩溃,宋政府的灭亡也就不可避免了。

(二)陕西

北宋后期的陕西经济,仍在与国防顽强地同步发展。自宋神宗以来国防战略转守为攻,陕西战争不断,领土扩大。先是得到熙、河州,后是湟、鄯、银、洮等州。与宣和时收复燕山导致了内外交困不同,陕西的开边取得了具有战略意义的胜利,既改变了边防格局,又增多了土地等资源和人口。

这一带就是唐代十分富裕的陇西,宋代时它依然是土地肥美之地,正如司马光所言"陇西土田肥美"⑧。如熙河地区有着肥沃的土地,"熙河路所占

---

① 陈均编,许沛藻、金圆、顾吉辰、孙菊园点校:《皇朝编年纲目备要》卷二九,宣和七年正月,第 757 页。

② 《宋史》卷一七五《食货志上三》,第 4248 页。

③ 李焘:《续资治通鉴长编》卷一八一,至和二年九月丁巳,第 4370 页。

④ 李焘:《续资治通鉴长编》卷一五三,庆历四年十二月乙卯,第 3729 页。

⑤ 李焘:《续资治通鉴长编》卷一七四,皇祐五年正月壬戌,第 4194 页。

⑥ 《宋史》卷一七九《食货志下一》,第 4362 页。

⑦ 陈均编,许沛藻、金圆、顾吉辰、孙菊园点校:《皇朝编年纲目备要》卷二九,宣和六年六月,第 753 页。

⑧ 司马光撰,邓广铭、张希清点校:《涑水记闻》卷一三,第 254 页。

西人良田极多"①,"熙河多美田"②,更有着发达的畜牧业,"熙河出马最多"③;还拥有富饶的林业资源,"洮、岷、叠、宕连青唐玛尔巴山,林木翳荟交道,狭阻不可行"④,"方今天下,独熙河山林久在羌中,养成巨材,最为浩瀚,可以取足",宋政府设有专官负责采伐。⑤ 通过经营和屯田开发,熙河经济发展很快。宋神宗时,刘攽作《熙州行》诗云:

> 岂知洮河宜种稻,此去凉州皆白麦。
>
> 女桑被野水泉甘,吴儿力耕秦妇织。
>
> 行子虽为万里程,居人坐盈九年食。⑥

白麦是小麦的一种,比普通小麦分蘖力强,抽穗快,植株茎秆粗壮,抗倒性强,适宜于西北地区。大面积的白麦以外,随着农田水利的开展新种植有水稻,粮食屡获丰收,桑蚕业兴起,积蓄丰厚,已是一派富庶景象。元祐中,游师雄在熙河借贷给汉蕃居民粮食和农具,并发展水田,效益居然超过了内地,"不数年,所收富于内地"。而且富有远见地"课边民种木,所在森蔚,其后公私材用皆取足焉"⑦。经济实力相当雄厚,还改善了植被和自然环境。

新收复的西部其他地区,由于长期人口稀少开发有限,且多为放牧的草地,相当丰腴,颇具资源优势,在经济上都是很有意义的。如"绥、兰之地皆并塞美田"⑧,原属兰州的定西一些地方,或"皆膏腴上田,有水泉可以灌溉,其收亩数斛",或在西夏统治时属于王室,"伪号御庄",是其"置仓积谷"的粮食生产基地⑨;"定西以东,平原大川,皆膏腴上田,其收亩十余斛"⑩。兰州西使城"川原地极肥美","熙河民兵惟北关最得力,又地接皋兰,岁入特

---

① 李焘:《续资治通鉴长编》卷四五四,元祐六年正月辛未,第 10882 页。

② 马端临撰,上海师范大学古籍研究所、华东师范大学古籍研究所点校:《文献通考》卷七《田赋考七》,第 166 页。

③ 李焘:《续资治通鉴长编》卷二五四,熙宁七年六月丁卯,第 6205 页。

④ 李焘:《续资治通鉴长编》卷二四七,熙宁六年十月庚辰,第 6022 页。

⑤ 李焘:《续资治通鉴长编》卷三一○,元丰三年十二月乙酉,第 7528 页。

⑥ 刘攽撰,逯铭昕点校:《彭城集》卷八《熙州行》,第 186 页。

⑦ 张舜民:《游公墓志铭》,(清)王昶:《金石萃编》卷一四一,第 7 页。

⑧ 李焘:《续资治通鉴长编》卷三六六,元祐元年二月丙子,第 8793 页。

⑨ 李焘:《续资治通鉴长编》卷四四四,元祐五年六月辛酉,第 10684 页。

⑩ 李焘:《续资治通鉴长编》卷四六○,元祐六年六月丙午,第 10998 页。

厚，刍粟充衍，人马骁勇"。① 兰州质孤、胜如等处有"良田凡数十余里"，"实西边第一等膏腴"②。兰州以及东邻会州北至灵州，都是膏腴之地，"兰会至灵州川原宽广，土脉膏腴"③。崇宁时收复了湟、鄯等地，开拓疆土幅员三千余里，户口70余万，④而且"其地滨河，多沃壤"⑤，劳动人口和土地、水利资源都很可观。叠州五角山"世传产铜甚广"，崇宁时地方官"命工凿山……山摧而铜矿出"⑥，得以重新开发。

陕西北部泾原路的开边也取得重大经济利益。如元祐年间占领的一片地区，"皆系膏腴，谍者传西人语，'唱歌作乐田地，都被汉家占却'，又云'夺我饭椀'"⑦。元符时新筑的定边城，"川原广阔，土脉饶沃，是旧日西夏储蓄之地。今投来之人，源源不绝"⑧。同期收复的南牟会建为西安州，"土壤衍沃，物产饶阜。故时山界聚落，内属者过半矣"⑨。其中的天都寨一带，"畜牧耕稼膏腴之地，人力精强，出产良马，夏人得此则能为国，失此则于兵于食皆有妨阙"⑩。该州还有处方圆30里的盐池，盛产颗盐，宋政府投入3000余人进行盐业生产，是解池劳工760人的4倍，"自熙、河、兰、鄯以西，仰给于此"⑪。为广大新收复地区提供了食盐，壮大了陕西的盐业生产和收益。以上这些经济状况的改善，尽管尚需整合才能形成财政力，但实力确实增强，是研究北宋后期陕西经济应该注意到的重要变化。

开边拓地不但增强了陕西经济的实力，还使原来处于边防的州军退缩为相对和平安全的近里州军，生产环境得到改善，许多过去难以耕种的土地也可以开发利用了。"在昔边土不耕，仰粟于内，故设支移之法。"元祐年

---

① 李焘：《续资治通鉴长编》卷三一六，元丰四年九月庚戌，第7652页。
② 李焘：《续资治通鉴长编》卷四五二，元祐五年十二月壬辰，第10850页。
③ 李焘：《续资治通鉴长编》卷三二一，元丰四年十二月戊寅，第7751页。
④ 李埴撰，燕永成校正：《皇宋十朝纲要校正》卷一六，崇宁三年四月己巳，第444页。
⑤ 《宋史》卷一九〇《兵志四》，第4718页。
⑥ 王允中：《宋故降授西上阁门使……郭公墓志铭》，四川大学古籍所编，曾枣庄、刘琳主编：《全宋文》第135册，第83页。
⑦ 李焘：《续资治通鉴长编》卷四八五，绍圣四年四月壬辰，第11524页。
⑧ 李焘：《续资治通鉴长编》卷五〇九，元符二年四月丁酉，第12125—12126页。
⑨ 王安中著，徐立群点校：《初寮集》卷一〇《定功继伐碑》，第505页。
⑩ 李焘：《续资治通鉴长编》卷五〇四，元符元年十二月己卯，第12010页。
⑪ 方勺撰，许沛藻、杨立扬点校：《泊宅编》卷三，第15页。

间,"今沿边之粟既多,籴之军食自足"①。就地取粮,不但减轻了内地民间支移和官方运输的负担,战略战术上也更有保障,更加便利。

这样,到宋徽宗朝,陕西的社会经济比以前大有发展。如屯田,这时达到了最盛时期,仅万顷以上者至少就有三处。庆州崇宁时屯田万顷:"筑安边城,归德堡,包地万顷,纵耕其中,岁得粟数十万(石)。"②渭州政和时屯田23000顷:"括隐地二万三千顷,分弓箭士耕屯,为三十一部,以省馈饷。"③岷州政和时屯田27000顷:何灌先是"引邈川水溉闲田千顷,湟人号广利渠。徙河州,复守岷,提举熙河兰湟弓箭手"。他恢复汉唐水渠引水灌田,"使田不病旱,则人乐应募,而射士之额足矣"。半年间就"得善田二万六千顷,募士七千四百人,为他路最"④。全国第一的政绩,使农业大发展,国防建设得以强化。三处总计6万余顷,比熙宁时陕西在籍田数447000余顷增加了13%。加上其他屯田面积,农业生产大为增长。

自元祐年间游师雄在陕西大兴水利后,陕西农业最突出的成就是大观年间修建的丰利渠,灌溉面积达3万余顷,强有力地促进了农业的发展。治平年间,陕西地价低廉,"上田亩不过二千"⑤,而到大观元年(1107),"今陕西土田中价计之,每顷可值五百余贯"。⑥即每亩5贯余,地价上涨1.5倍以上,说明土地可以增殖更多的财富。秦凤路的秦州一带,就颇为富饶,"距秦州数十里外皆平川,所谓秦原是也。承平时,四城周遭望之,巍巍一都会,邑屋甚壮"⑦。城内高大坚固的房屋建筑,象征着城市经济。游师雄在陕西时,曾兴文教,劝农桑,"新驿传四十余区,轮奂之美,甲于天下"⑧。全国一流的驿传,也是地方财政经济实力的体现。元符元年(1098)曾布说:"泾原并边,人物富庶,若贼马入境,所获不赀,为中国害不细,此诚不可忽,当更详戒边臣,为备御之计。"枢密院进而指出:"泾原路山前、山后堡寨

---

① 张舜民:《游公墓志铭》,(清)王昶:《金石萃编》卷一四一,第8页。
② 《宋史》卷三一七《钱即传》,第10351页。
③ 《宋史》卷三五〇《王恩传》,第11089页。
④ 《宋史》卷三五七《何灌传》,第11226页。
⑤ 李焘:《续资治通鉴长编》卷五一六,元符二年闰九月甲戌注,第12269页。
⑥ 杨仲良:《皇宋通鉴长编纪事本末》卷一三八《马政》,第4305页。
⑦ 员兴宗:《九华集》卷二四《秦州徙城北山》,《景印文渊阁四库全书》第1158册,第204页。
⑧ 张舜民:《游公墓志铭》,(清)王昶:《金石萃编》卷一四一,第7页。

不少,及静边一带,最系人户庄园物业繁富之处。"①虽处边防战区,社会经济富庶,保卫边防更具实际的地方经济利益。政和时,两浙人孙觌指出:"秦地披山带河,持戟百万,陆海之富,甲于四方。"②这些都说明陕西经济重振雄风,发展到了新的历史高度,经济地位依然非常重要,即使战争不断,仍是一派甲于四方的富庶景象。北宋后期陕西国防由被动防守转为主动进攻,从根本上讲,是陕西经济发展的结果。

伴随着经济发展而来的是剥削进一步加重。到宋徽宗后期,蓬勃发展的陕西经济终于中止并衰落了。"陕西上户多弃产而居京师"③,就是一个明显的信号。而其时童贯在陕西又兴战事,穷兵黩武,筑靖夏、制戎、伏羌等城,"穷讨深入,凡六七年。至宣和末,馈饷空乏,鄜延至不能支旬月"④。财政出现了严重的危机,严重的地方连支撑一个月的军需钱物都没有。"诸路所筑城砦皆不毛,夏所不争之地,而关辅为之萧条"⑤,为供应战争费用,陕西基本上是官私一空。然而陕西经济毕竟底气十足,尚未崩溃,故在南宋初,仍发挥着重要的战略作用。

(三)京西

北方地区突出变化是京西路发展很快,本期发展到了两宋最高峰。

京西南路长期土旷人稀,所以人口的增长便有重要意义。从第一章所列各地户数及增长率表中,可看出京西南路自元丰到宋徽宗朝的户数增长了150%,为同期全国最高的增长率。京西路的经济地位也大有提高。宋哲宗时,邓州"年谷屡登,闾里无事"⑥,就是其成效的体现。政和五年(1115),汝州"比岁丰登,珍祥屡发",因而被朝廷由防御州升格为节度州⑦。宋徽宗时的慕容彦逢说:

---

① 李焘:《续资治通鉴长编》卷五〇〇,元符元年七月戊辰、辛亥,第11899、11901页。

② 孙觌:《鸿庆居士集》卷二六《张深除龙图阁直学士京兆府路安抚使》,《景印文渊阁四库全书》第1135册,第267页。

③ 《宋史》卷一七九《食货志下一》,第4362页。

④ 《宋史》卷一七五《食货志上三》,第4248页。

⑤ 《宋史》卷四八六《夏国传下》,第14021页。

⑥ 陆佃:《陶山集》卷七《邓州谢上表》,《景印文渊阁四库全书》第1117册,第115页。

⑦ (清)徐松辑,刘琳、刁忠民、舒大刚、尹波等校点:《宋会要辑稿·方域》五之一,第9348页。

> 汝为州，当嵩山之阳，萦带汝水，土脉膏腴。旁近郡旱潦不登，汝辄丰稔。以故民力优裕……宾旅自远至，视其闾里，愉愉舒缓，谓之乐郊。①

已然一处肥沃富庶的乐园。京西土广人稀，最多的是荒地，紧缺的是劳动力，如其鲁山县，原来"境土多榛莱，民力不足"。宋神宗时，"河朔荐饥，诏许流民占垦"。地方官"诱掖安集，至者如归。未数月，年谷大登，百室熙饱，公上之输，数倍他邑"②。招徕了许多河北流民在鲁山安家耕种，解决了缺少人力的困境，农业很快获得丰收，税收大增。又如汝州叶县，北宋末期任梄为县令时，"招募流民，辟地一千余顷，桑枣十余万，添户五千有奇，考课为京西路诸邑之最"③。也是通过招募流民5000余户，新垦农田万余亩，种植桑枣树10余万棵，为经济进一步发展奠定了优良基础。宣和年间的葛胜仲，在《和若拙弟说汝州可居已约卜一丘韵》中，有"汝海膏腴人共说"之语，④足见其富裕已具有吸引力，且举世闻名，地方农业经济获得突飞猛进的发展。唐州社会经济已有很大发展，以其方城县为例，"最为诸路会口，井邑亦甚繁富"⑤。城市经济颇为繁荣。均州原来耕作粗放，"人惰农，不知灌溉之利"。崇宁年间地方官"出郊为之劝相，人始尽力。岁大稔，父老勒石道傍，为耕者之劝"⑥。农业有所促进。宣和元年(1119)，南辅颍昌府、西辅郑州以及滑州、河阳等地的卤咸之地，"悉垦为田"⑦，生产资料扩大，农业生产向前迈了一大步。时人言及京西财政状况时，口气因而大变："畿甸之右，都邑相望，赋入浩繁，雄视他路。"⑧如宣和年间，京西"上下赡足，资聚沛

---

① 慕容彦逢:《摛文堂集》卷一二《香山天宁观音禅院新塑大阿罗汉记》,《景印文渊阁四库全书》第1123册,第439页。

② 李昭玘撰,张祥云辑校:《乐静集辑校》卷二八《李奉议墓志铭》,齐鲁书社2021年版,第259页。

③ 谢悰:《宋故左中散大夫……任公墓志铭》,四川大学古籍所编,曾枣庄、刘琳主编:《全宋文》第122册,第220页。

④ 葛胜仲:《丹阳集》卷二〇《和若拙弟说汝州可居已约卜一丘韵》,第1127册,第615页。

⑤ 徐梦莘:《三朝北盟会编》卷八八,靖康二年三月二十九日,第655页。

⑥ 杨时撰,林海权校理:《杨时集》卷三四《陆少卿墓志铭》,第846页。

⑦ 《宋史》卷一八二《食货志下四》,第4434页。

⑧ 刘一止著,龚景瞿、蔡一平点校:《刘一止集》卷三九《宋辉复秘阁修撰除京西路转运副使》,浙江古籍出版社2012年版,第388页。

然",转运使在政绩考核中,名列全国第一。①可见京西已摆脱了落后局面,走向繁荣,俨然是个经济发达路分。

但到了北宋即将灭亡的宣和末期,京西经济随着国家命运一起衰落。宣和五年十一月的诏书中说道:"京西路累年灾伤,民力匮乏,州县失于措置,颇多逃移。今岁虽熟,若将积欠伴行催理,显见未易出办。"②所谓天灾,应当多有官员腐败的人祸在内。

(四)东南地区

这个时期,引人注目的东南经济发生了什么变化呢?

两浙在宋哲宗元祐年间,不幸又遭到沉重的打击。元祐五年(1090)至六年,浙西再次遭遇重大自然灾害,"浙西诸郡二年灾伤,而今岁大水,苏、湖、常三郡水通为一……父老皆言,耳目未曾见,流殍之势,甚于熙宁"③。接踵而来的是"饥疫大作,苏、湖、秀三州,人死过半,虽积水稍退,露出泥田,然皆无土可作田塍,有田无人,有人无粮,有粮无种,又种无牛,饿死之余,人如鬼腊。臣窃度此三州之民,朝廷加意惠养,仍须官吏得人,十年之后,庶可完复"④。这次大水灾的破坏损失程度远甚于熙宁之时,伤亡惨重,人口大减,"浙中州县,市井人烟比二十年前不及四五"⑤,需长期休养生息才能恢复。"父老皆言,此患所从来未远,不过四五十年耳,而近岁特甚。盖人事不修之积,非特天时之罪也。"⑥即从宋仁宗庆历年间开始,水灾渐多,愈演愈烈,所谓"人事不修"当是农田水利失修。两浙财富至此损耗殆尽:"二浙比年财用空竭,虽常平钱斛所存无几。"⑦元祐六年,曾任江淮发运使的王觌报告道:

---

① 孙觌:《鸿庆居士集》卷三四《宋故右中奉大夫直秘阁致仕朱公墓志铭》,《景印文渊阁四库全书》第1135册,第349页。

② (清)徐松辑,刘琳、刁忠民、舒大刚、尹波等校点:《宋会要辑稿·食货》六九之四三,第8069页。

③ 李焘:《续资治通鉴长编》卷四六一,元祐六年七月己巳,第11028页。

④ 苏轼撰,孔凡礼点校:《苏轼文集》卷三三《乞将上供封桩斛斗应副浙西诸郡接续粜米札子》,第931页。

⑤ 苏轼撰,孔凡礼点校:《苏轼文集》卷三四《再论积欠六事四事札子》,第971页。

⑥ 苏轼撰,孔凡礼点校:《苏轼文集》卷三二《进单锷吴中水利书状》,第916页。

⑦ 李焘:《续资治通鉴长编》卷四六一,元祐元年七月辛未,第11033页。

今东南财用，窘耗日甚，郡县鲜有兼岁之储。两浙今岁苏、湖、秀三州水灾，本路转运司及常平之物，不足以充赈粜，近取于江淮，远籴于荆湖，然后仅能苏三州之民，则无备可谓甚矣。淮南去岁皆无大灾伤，而转运使以军粮急阙诉于朝廷，每年冬借发运司米二十万以充军粮，不幸有方数千里之水旱，则何以为谋？臣近者备员发运使，在职岁余，所领六路，以上供钱粮不应期限而转运司官吏该勘劾者凡四路。非独今岁也，前次逐路欠数亦多，彼转运司官吏，岂不以失期冒法为惧哉？盖力既不足，虽重得罪，无所避也。缘此诸路但务为逃责浅近之计，而无暇及生财长久之道，深可嗟惜。①

东南地区财政危机，既完不成上供任务，又没有储备，反而还要向朝廷借粮赡军。此后，两浙财政跟跄而行，亏匮屡现。绍圣三年（1096），其上供钱物在各路中数量最少②。元符三年（1100），两浙"应旧欠朝廷及他司钱物斛斗总计六百五十余万"，③上供量大为减少。同年，两浙转运司向皇帝请求："本路因连年灾伤，赋入减耗，拖久朝省及他司钱[粮]三百五十余万贯石。"④单就上供粮而言，连定额也降低了。靖康时向子諲言："二十余年中，两浙漕臣，皆权幸姻旧，止以入京六十万较殿最"，只是原额150万石的40%，而且还呈下降趋势，"至宣和末得十万而已"⑤。又如其酒课收入，宋英宗治平时杭州都酒务岁收30万缗，到政和年间，"不过二十万"⑥，减少了三分之一。政和八年（1118），两浙转运副使言："二浙比岁不登"，"又多贫下户"，⑦农业生产连年歉收，穷人增多。据表2-7可知，宋徽宗一朝，两浙与淮南发生自然灾害次数为全国最多，均为6次。宣和末，杭州清湖"东西

---

① 李焘：《续资治通鉴长编》卷四六六，元祐六年九月甲寅，第11141—11142页。

② 李焘：《续资治通鉴长编》卷四九七，元符元年四月甲辰，第11836页。

③ 马端临撰，上海师范大学古籍研究所、华东师范大学古籍研究所点校：《文献通考》卷二七《国用考五》，第795页。

④ （清）徐松辑，刘琳、刁忠民、舒大刚、尹波等校点：《宋会要辑稿·食货》四九之二四，第7107页。

⑤ 汪应辰：《文定集》卷二一《徽猷阁直学右大中大夫向公墓志铭》，第231页。

⑥ 《宋史》卷一八五《食货志下七》，第4519页。

⑦ 程俱著，徐裕敏点校：《北山小集》卷三〇《朝散郎直秘阁赠徽猷阁待制蒋公墓志铭》，第543页。

两岸居民稀少,白地居多"①。也即还有不少荒地没有得到开发。

同时也要看到,宋政府十分关注并扶持两浙经济。宣和年间,朝廷在浙西专设水利机构:"宣和间,浙西置水利司。"②宣和元年(1119)八月,"提举专切措置水利农田所奏:'浙西诸县各有陂湖、沟港、泾浜、湖泺,自来蓄水灌溉,及通舟楫,望令打量官按其地名、丈尺、四至,并镌之石。'"并有在平江府"开一江、一港、四浦、五十八渎"的壮举。③

淮南的情况也不佳,据政和年间淮南转运使张根报告说:"臣所部二十州,一岁上供财三十万缗耳,曾不足给一第之用。"④平均每州仅能拿出一万余贯,与其"富庶"的名誉大不相称。

观两浙、淮南之叶,可知东南地区萧条之秋。整个东南地区的经济,自宋哲宗时就有衰弱之象,这从财政状况上可以看出来。元祐六年(1091)王觌言:"今东南财用,窘耗日甚,州县鲜有兼岁之储。"⑤因而对朝廷的上供量时多时少,除了宣和元年(1119)上供钱物较多外,其他时期常常缺少。如元祐六年(1091),东南六路上供粮 450 余万石⑥,比定额少 150 万石。绍圣元年(1094),据户部尚书蔡京报告,"本部岁计,皆藉东南漕运。今年上供物,至者十无二三"。⑦也即只有百余万石。建中靖国元年(1101),户部又抱怨"东南诸路钱帛纲运希少",发运副使也上书指责其"近年以来,多有拖欠"。⑧政和元年(1111),户部尚书许畿奏:"发运司两年合起上供额斛六百七十二万六千四百余石未到。"⑨每年只完成不到半数的上供数量。政和五年(1115),"东南路岁起上供布六十万匹,两次朝旨下发运司催赶,至今

---

① 王明清撰,朱菊如、汪新森校点:《玉照新志》卷三,第 73 页。
② 张守撰,刘云军点校:《毗陵集》卷一二《右通直郎曹君墓志铭》,第 174 页。
③ 《宋史》卷九六《河渠志六》,第 2388 页。
④ 《宋史》卷三五六《张根传》,第 11218 页。
⑤ 李焘:《续资治通鉴长编》卷四六六,元祐六年九月甲寅,第 11141 页。
⑥ 李焘:《续资治通鉴长编》卷四七五,元祐七年七月庚戌,第 11326 页。
⑦ 《宋史》卷九四《河渠志四》,第 2333 页。
⑧ (清)徐松辑,刘琳、刁忠民、舒大刚、尹波等校点:《宋会要辑稿·职官》四二之三〇,第 4086 页。
⑨ (清)徐松辑,刘琳、刁忠民、舒大刚、尹波等校点:《宋会要辑稿·职官》四二之三四,第 4088 页。

未尽数到京"①。应上供的布帛屡催而不能如数完成。政和末,"东南歉收,御笔下诸路,许留上供米四十万石赈饥人"②。宣和二年(1120)二月,户部尚书唐恪又言:朝廷"直仰汴渠之运,以养百万之师。而纲运自去秋绝不至"③,东南地区大半年间没有任何上供。由此,也可见其宣和元年的上供量并非一贯性的。汴河漕运改行直达纲以后,上供量就更少了,"如大江东西、荆湖南北有终岁不能行一运者,有押米万石欠七八千石,有抛失舟船、兵梢逃散、十不存一二者"④。东南上供持续减少,不绝如缕,聊胜于无。

以上可见,东南漕运在北宋后期不是发展了,而是衰退了。上供量的减少,既说明了东南经济的衰落迹象,也说明了宋政府对东南地区依赖的减轻,大批物资可以在北方取得,反衬了北方经济在这一时期的发展。

(五)西南地区

西南地区于北宋后期进入了黄金时期,在优良的社会环境中有了发展。四川地区的情况,据成都府路人李新言:

> 某走匝天下,及还西南,乃觉风俗恬熙,人物洁丽,饮食居寝,几华胥氏之国也。民垂白不见兵甲,老死不知飞挽,无蝗虫害稼,无蠚贼含沙;过雨不言涝,亢阳不言旱,大田有年,人安土旷,俗无流徙。⑤

可见其社会安定,生产、生活都呈良好状态。与周边相比,简直就是理想国度了。

两广地区经济也有所发展,尤以宋徽宗朝的广东为突出。广东于宋徽宗崇宁中,开辟了近万顷的荒田:广南东路转运判官王觉,"以开辟荒田几及万顷,诏迁一官"⑥。因扩大了农业生产规模而升迁。在当时王涣之担任

---

① (清)徐松辑,刘琳、刁忠民、舒大刚、尹波等校点:《宋会要辑稿·食货》四七之一一,第7057页。

② 程俱著,徐裕敏点校:《北山小集》卷三〇《朝散郎直秘阁赠徽猷阁待制蒋公墓志铭》,第543页。

③ 陈均编,许沛藻、金圆、顾吉辰、孙菊园点校:《皇朝编年纲目备要》卷二九,宣和二年二月,第736页。

④ 《宋史》卷一七五《食货志上三》,第4259页。

⑤ 李新:《跨鳌集》卷二二《上席徽猷书》,《景印文渊阁四库全书》第1124册,第581页。

⑥ 《宋史》卷一七三《食货志上一》,第4168页。

广南东路经略安抚的三年内,"一路之广,周环万里,岁丰人和,盗贼衰息"①。至大观年间,曾有"广东路十五州军,财富丰足"之说,并割出贺州划归广西,以壮大其经济力量②。

第二节　南宋南方经济的衰退趋势

建炎南渡后,南方成为宋朝全部经济区域,面临着一个新的社会环境。政治中心、经济重心、文化重心、军事重心都南移了,淮河一线,由过去的后方变为前方。像北宋时的西北三路一样,南方大部分地区经济转变为国防经济。地域经济随之发生重大变化,有发展,有衰退,因时、因地、因行业而不同,本节着重研讨其衰退的趋势,并不否认有局部或阶段性的发展繁荣。

一、南宋经济衰退的表现

(一)南宋经济衰退的一般趋势

自北宋后期已见衰弱迹象的南方经济,经方腊暴动及宋军镇压的破坏、金兵南侵的摧残、钟相杨么暴动及镇压的打击,衰退之象豁然明显。为了便于说明这一趋势在时间上的连续性,先请看下列不同时期的社会经济情况。

方腊暴动被镇压后,"江南由是凋瘵,不复昔日之十一矣。迨建炎南渡,经费多端,愈益穷困,不可复支"③。基础残破,官方经费剧增,江南经济从南宋一开始就陷入严重的困窘之中。

宋孝宗乾道年间,王质写道:

　　长老所传,承平未乱之时,虽拙者犹能从容,闲暇有办而无趣,退食

----

① 程俱著,徐裕敏点校:《北山小集》卷三〇《宝文阁直学士中大夫致仕太原郡开国侯食邑一千四百户食实封一百户赠正议大夫王公墓志铭》,第539页。

② (清)徐松辑,刘琳、刁忠民、舒大刚、尹波等校点:《宋会要辑稿·方域》七之一三至一四,第9412页。

③ 方勺撰,许沛藻、杨立扬点校:《泊宅编》附《青溪寇轨》,第113页。

之余赏心乐事,销太平之景。以余所见距此三数年,太守亦或闲庭几,而府库仓廪闻其充,未闻其竭也,有时而竭,亦有时而充,未闻其不可复充也。独八九年来,为吏者至不可终朝。余往来兵间,所历殆遍东南,平时丰州壮县,气象变改,月异而岁不同。诸公所忧,方隅乏佳政之吏,田野少欢声之民。①

这种变化,就是由丰壮而贫弱的萎缩,其衰败的速度和程度是显而易见的。

宋宁宗时,吴泳又揭示道:"昔号某州为殷富者,今则为空穷州矣;昔称某邑为壮大者,今则为凋敝邑矣。上户折为中户,中户变为下户。"②从州到县,从上户到下户,都在走向凋敝困乏。嘉定年间袁燮也指出:

今日吾民之困甚矣,征敛太繁,而已输者责其再纳;逋负日积,而已蠲者不免复催。有追胥之扰,有鞭棰之严,惟命是从,民财安得而不匮?重以贪吏肆虐,政以贿成,监司牧守更相馈遗,戎帅所驻交贿尤腆,而诸司最多之处,抑又甚焉。见得忘义,习以成风。于是乎昔日优裕之郡,今皆凋敝矣;昔日欢乐之民,今皆愁叹矣。③

二人不约而同,揭示了经济下滑趋势。

宋理宗时,袁甫在一首奏札中专门谈到这一趋势:

臣窃怪比年以来,百物日渐衰耗,小民愁苦,大不聊生。臣滥叨麾节,十有余年。其在江东也,即目击凋残穷悴之态。易守富沙(引按:指福建建州),所见尤甚于江东。旋被奏事之命,道经三衢(引按:指两浙衢州),视臣七八年前(引按:即宝庆时)假守之时,气象大异。犹可诿曰:寇实使然。及抵四明(引按:指两浙明州),则萧条之状,与三衢同,人人嗟咨,家家叹息,耋耄之人亦云前此未见。臣心甚骇之,天地生物,何有终穷?今物耗且贵,气象萧条……岂气数至此而微,有非人力所可挽回欤?④

可见,经济萧条的情况是普遍的,江东、福建、两浙一地甚于一地;而且衰败

---

① 王质:《雪山集》卷六《去思楼记》,《景印文渊阁四库全书》第1149册,第396页。
② 吴泳:《鹤林集》卷一七《论郡县人心疏》,《景印文渊阁四库全书》第1176册,第160页。
③ 袁燮:《絜斋集》卷三《论国家宜明政刑札子》,《景印文渊阁四库全书》第1157册,第30页。
④ 袁甫:《蒙斋集》卷四《秘书少监上殿第二札子》,《景印文渊阁四库全书》第1175册,第378—379页。

的速度也加快了，一年快似一年。严重的衰败，使官员们感到恐慌和绝望。

真德秀在给宋理宗讲读时说：

> 臣犹记绍熙年间，所在公私充裕，民物熙熙。迨庆元间，渐不如绍熙矣。顷年以来，民人愁叹，盗贼蠭起，皆由权臣大开贿赂之门。为监司郡守者极意掊克，以充苞苴，于是民穷至骨；为将帅者亦极意掊克，以充苞苴，于是兵穷至骨矣。①

从宋宁宗朝开始，官场腐化堕落，肆意搜刮，以致军兵士民都穷苦至骨。宋理宗时的林希逸也言："南郡久闻非旧比，民贫甚矣吏奸深。"②社会经济继续延续着衰退势头。

宋度宗时，黄震对皇帝陈述道："当时之大弊，曰民穷，曰兵弱，曰财匮，曰士大夫无耻。"③四大弊病中，民穷、财匮占半数，都是经济问题，原因是士大夫无耻，结果是兵弱。民间百姓对此感触更深，反应十分悲痛："（野人）未语涕先集：昔盛今全衰。"④切肤之感，溢于言表。

以上是南宋经济衰败气象的趋势概观，可知宋人普遍有今不如昔的哀叹，深深地认识到了"今日之东南，亦非祖宗之东南矣"⑤这一历史性的变化。然而我们并不忙于下断语，可再深入一步，考察具体地区、具体部门的状况。

（二）两浙

先看号称最为富庶的核心地区两浙路的整体状况。

淳熙二年（1175），周必大言："两浙所部，旧皆富州，故转运司最号财赋之渊薮。比闻储蓄颇罄，不免遣官假贷于诸郡。仅有应付一二千缗者……两浙尚尔，外路可知。"⑥路、州两级都出现财政危机。这还是在南宋经济状

---

① 真德秀：《西山文集》卷一八《讲筵进读手记（二十七日）》，《景印文渊阁四库全书》第1174册，第282页。
② 林希逸：《竹溪鬳斋十一稿续集》卷三《送刘漳倅》，《景印文渊阁四库全书》第1185册，第683页。
③ 《宋史》卷四三八《黄震传》，第12992页。
④ 张侃：《张氏拙轩集》卷一《记野人语》，《景印文渊阁四库全书》第1181册，第373页。
⑤ 方岳：《秋崖集》卷一八《代范丞相》，《景印文渊阁四库全书》第1182册，第339页。
⑥ 周必大撰，王瑞来校证：《周必大集校证》卷一三七《论任官理财训兵三事》，第2131页。

况最好的宋孝宗时期，迁延至宋理宗朝，更是每况愈下。即使在自然条件最优良的浙西地区，也是两次"大水为灾，浙西之民死者数百千万。连年旱暵，田野萧条，物价翔跃，民命如线"①。水旱交替，灾害接踵，生计艰难。

再看几个有代表性的州郡。

临安：建炎初期，尚有"杭州富实甲东南"之语，②在东南地区属于最富庶的都会。但实力还比不上北方大城市，南宋初，"临安府自累经兵火之后，户口所存，裁十二三，而西北人以驻跸之地，辐辏骈集，数倍土著。今之富室大贾，往往而是"③。可见当地的富户实力有限，反映的是城市经济实力有限。定为行都以后，情况又发生了很大变化。陈亮在宋孝宗时上书指出：临安"一隅之地本不足以容万乘，而镇压且五十年，山川之气盖亦发泄而无余矣。故谷粟桑麻丝枲之利岁耗于一岁，禽兽龟鳖草木之生日微于一日"④。也就是说，临安的环境容量原本不足以建都，故而南渡五十年来地力渐尽，农林牧渔等行业全面衰退，物产日益减少，生态环境出现危机，经济状况萧条不已。嘉定年间袁燮言：

> 行都之建垂九十年，生齿虽繁，衣食未裕，其故何哉？盖自楮币更新，而蓄财之多者顿耗；盐策屡变，而藏钞之久者遽贫。比年水旱，民无余赀，物货积滞，商旅不行，故大家困竭，而小民焦嗷；市井萧条，而官府匮乏，势之所必至也。……京辇之下，人心不宁，殆孔子所谓"吾恐季孙之忧，不在颛臾而在萧墙之内"也。⑤

纸币、盐法的危害，天灾的打击，商业的萧条，民众在困苦中挣扎，人心惶惶。杜范在宋宁宗嘉定年间居住临安时，尚以为"市井喧阗，文物富丽"，但"人谓已非淳熙之旧"；到宋理宗绍定、端平间，"耳目所接，景象萧条，又非嘉定之旧"；及嘉熙四年（1240）五月又入临安，"得于所见，又非端平之旧"；四个

---

① 《宋史》卷四〇九《高斯得传》，第 12326—12327 页。

② 李心传编撰，胡坤点校：《建炎以来系年要录》卷八，建炎元年八月戊午，第 224 页。

③ 李心传编撰，胡坤点校：《建炎以来系年要录》卷一七三，绍兴二十六年七（九）月丁巳，第 3320 页。本书本系年，六月后为"秋九月"，然下卷为八月，且史籍无"秋九月"之说，实为"秋七月"之误。标点本失校。

④ 陈亮著，邓广铭点校：《陈亮集（增订本）》卷一《上孝宗皇帝第一书》，中华书局 1987 年版，第 7 页。

⑤ 袁燮：《絜斋集》卷三《论国家宜明政刑札子》，《景印文渊阁四库全书》第 1157 册，第 31 页。

月后，"视初至之时，抑又大异矣"①。衰败速度之快，实在骇人听闻，显然是临安城市经济衰退的虚脱症状。同年的杜范又指出："旱暵荐臻，人无粒食。楮券猥轻，物价腾踊。行都之内，气象萧条，左浙近辅，殍死盈道。流民充斥，未闻安辑之政，剽掠成风，已开弄兵之萌，是内忧既迫矣。"②已然是病入膏肓的症状。

湖州：湖州是宋代经济最发达地区之一，曾有"苏湖熟，天下足"的艳称，"在于平时，最为乐土"。③但南宋时的实际状况并不佳，"湖州虽号出米之地，苗米仅数万石，不及姑苏二十分之一，不及嘉兴十分之一"，而且"岁才凶歉，即便阙食"④。底气不足，经不起一点自然灾害，哪里还有富州的底气呢？与苏州、秀州的经济状况相距甚远。到宋理宗时，景象更为荒凉，如卫宗武有诗云：

　　一年两到吴兴郡，梦想往时云锦乡。

　　败堞颓垣尚围绕，雕梁画栋总凄凉。

　　萧萧适际风寒候，黯黯全无山水光。⑤

往日的云锦之乡，这时毫无生气，一派凄凉。南宋末，据黄震言，"颇闻湖、秀等田元租亩收一石者已十不能五六"⑥，意味着亩产量大多下降，农业生产的衰退可以想见。

平江府：南宋初，知府张守就有"地名富庶而帑藏屡空，岁幸丰登而莩亡载道"之叹，⑦受战争摧残，开局不良。宋度宗咸淳年间，昆山县"巨家上室，公私交困，率多替徙，市井萧索"。与淳祐时"时异事殊"，许多风俗活动因而名存实亡或消失。⑧淳祐时，地方志"所载三十二坊，仅逾二年，而废者大半"⑨。城市的衰败速度惊人。

---

① 杜范：《清献集》卷一〇《八月己见札子》，《景印文渊阁四库全书》第1175册，第693页。

② 《宋史》卷四〇七《杜范传》，第12283页。

③ 程俱著，徐裕敏点校：《北山小集》卷二四《汪藻龙图阁直学士知湖州》，第439页。

④ 王炎：《双溪类稿》卷二三《申宰执拨米赈粜札子》，《景印文渊阁四库全书》第1155册，第694页。

⑤ 卫宗武：《秋声集》卷三《过安吉城》，《景印文渊阁四库全书》第1187册，第685页。

⑥ 黄震著，张伟、何忠礼主编：《黄震全集·黄氏日抄》卷八四《与叶相公》，第2284页。

⑦ 张守撰，刘云军点校：《毗陵集》卷六《谢除知平江府到任表》，第80页。

⑧ 边实：《咸淳玉峰续志·风俗》，《宋元方志丛刊》，中华书局1990年版，第1099页。

⑨ 边实：《咸淳玉峰续志·坊市》，第1100页。

台州：自建炎以来，台州社会经济即不断受到官吏、军队的侵蚀，"官吏丛脞，兵旅绎骚，民生产作业益艰"。加以残酷的赋税剥削，搞垮了经济底子，到宋宁宗时，"故昔号羡余，今称寡匮"①。走的也是一条下坡路。

温州：这里的变化似乎更糟些，"向者家给人足，素号乐土"，宋光宗时，"今兹木饥火旱，适遭歉年"②。如果说这尚属于短期的自然灾害造成的，那么到宋理宗时，据知州赵汝腾言："独是迩年，大异昔者。闾阎困瘁，几不聊生；庾帑空虚，殆无以立。"③公私俱困，大不如昔，社会经济生活到了难以维持的地步。

常州：宋度宗咸淳时的常州财政与过去相比，收入下降，支出依旧，"所入非昔比，而所出不减于昔"。宝祐年间税收额与前相比明显减少，其中上供绢少 1808 疋，绵少 3022 两，上供折帛钱少 28026 贯，秋苗少 40408 石，大麦少 44667 石，小麦少 1983 石。④ 共减少 119900 余。又如所部无锡县，原每年收入赋税钱 50900 贯，到宋孝宗时仅能收 39000 贯⑤，减少了 23%。与其他州郡相比，数据很具体，但下降幅度并不是很大。

越州：陈振孙记载，越州在宋太宗时多有牡丹："越之所好尚惟牡丹，其绝丽者三十二种，始乎郡斋，豪家名族，梵宇道宫，池台水榭，植之无间。来赏花者，不间亲疏，谓之看花局。……越在国初繁富如此，殆不减洛中。"至南宋后期，"今民贫至骨，种花之风遂绝。何今昔之异耶？其故有二：一者镜湖为田，岁多不登；二者和买白著，数倍常赋。势不得不贫也"⑥。水利设施的毁坏与官府盘剥的加剧，农业衰弱，人民贫困，奔命于衣食温饱，毫无种花的闲情逸致。

秀州：宋宁宗时，监石门酒库的黄榦在一首诗中言：

世言苏湖熟，霈丐及四方。自我来石门，触目何凄凉……

① 陈耆卿：《嘉定赤城志》卷三七《土俗》，第 7572 页；卷一六《财赋门》，第 7412 页。

② 吴泳：《鹤林集》卷一六《知温州到任谢表》，《景印文渊阁四库全书》第 1176 册，第 155 页。

③ 赵汝腾：《庸斋集》卷三《温州到任谢表》，《景印文渊阁四库全书》第 1181 册，第 266 页。

④ 史能之：《咸淳毗陵志》卷二四《财赋》，第 3168—3171 页。

⑤ 袁燮：《絜斋集》卷一二《端明殿学士通议大夫签书枢密院事……罗公行状》，《景印文渊阁四库全书》第 1157 册，第 157 页。

⑥ 陈振孙撰，徐小蛮、顾华美点校：《直斋书录解题》卷一〇《越中牡丹花品》，上海古籍出版社 1987 年版，第 297 页。

父老称近年,十载尝九荒。聚落成丘虚,少壮争逃亡。[①]

秀州曾是仅次于苏、湖州的经济发达地区,但这时已是破落不堪了。十年九荒,反映了农田水利设施的荒废,对自然灾害缺乏基本的抵抗能力;劳动力的大批流散,又使残破的经济难以恢复。秀州石门是产酒要地,酒课旧额五六万缗,此后逐渐下降,到开禧年间常常不足一万。所以如此者,"民户减于昔,产业减于昔"。主管官员黄榦因此发出哀叹:"今也辙环四方,未有饥穷困苦如浙西之民者焉。"[②]号称最富庶的浙西,竟沦为最贫穷者。具体表现是秀州上供数额不断减少:"嘉禾一郡岁输之数,为缗钱二十五万,既以匮告而宽减三万矣,又请止输一十九万。使此数登足,犹之可也,而两年之间,凡亏一十五万,则一岁之输不及元额之半。"[③]原额岁输 25 万贯,后屡屡告乏,宋理宗朝为之宽减 3 万,但秀州请求只输 19 万,而后来实际上供仅 11 万贯,只是原额的 44%。岁额与实际上供入库的数目有相当大的差距,这在南宋财政中是普遍现象,研究地方财政时应引起注意。

婺州:以其首县金华为代表,经济衰退幅度也是很大的。宋理宗时王柏言:"金华今日之贫,与三十年前亦不可并称……昔之为富家巨室者,尚有数年之储,今无兼岁之蓄矣。"[④]富家巨室尚且如此困窘,更何况贫苦农民呢? 足见物产大减。

(三)江南地区

抚州:北宋后期的抚州,"于江西为富州,其田多上腴,有陂池川泽之利,民饱稻鱼,乐业而易治"[⑤]。水土皆佳,鱼稻丰足。可到了南宋前期,据张孝祥说:"乃眷临川,号称古郡,户乏中人之产,府无经月之储。贫(引按:

---

① 黄榦:《勉斋集》卷四〇《石门》,《景印文渊阁四库全书》第 1168 册,第 493 页。

② 黄榦:《勉斋集》卷六《石门拟与两浙陈通判》,《景印文渊阁四库全书》第 1168 册,第 73 页。

③ 徐鹿卿:《清正存稿》卷一《四年丁酉六月轮对第二札子》,《景印文渊阁四库全书》第 1178 册,第 813 页。

④ 王柏:《鲁斋集》卷七《赈济利害书》,《景印文渊阁四库全书》第 1186 册,第 114—115 页。

⑤ 谢逸、谢薖撰,上官涛校勘:《〈溪堂集〉〈竹友集〉校勘》卷八《狄守祠堂记》,中山大学出版社 2011 年版,第 393 页。

似应为贪)吏干没,既不哀杼柚之空;齐民无聊,皆去为囊橐之盗。"①宋宁宗时的知州陈蓍寿也抱怨:"本州土瘠民贫,秋苗之数不多"②;咸淳年间的知州黄震所言更为凄惨,"本州最多荒山野地",田间"野草反多于苗"③。两宋前后变化之大,仿佛两地。

吉州:宋理宗时,当地人欧阳守道说:"庐陵凋瘵之极,不幸犹蒙富州之名;民不幸十室九空,而公家犹意其储蓄。"④吉州原本属于富州,至此名存实亡,凋敝不堪了。

隆兴府:此地是江西首府,也在没落之中。吴泳在宋宁宗时指出:"向也物华民富,今焉地大国贫。苗催一十五万石,而所支尚欠一月之粮;税管五十七万钱,而所收不满终岁之用。"⑤经济衰退与财政危机并行交困。他又说:"隆兴旧号佳郡,近岁地气转移",乃至于渐有瘴气发生。⑥ 这意味着土地的大面积荒芜,生态环境恶化。

建昌军:北宋时的建昌军首县南城,"土地衍沃,宜稻桑麻。无大水旱,飞蝗所不至,故其人足衣食"⑦。但至南宋末的咸淳四年(1268),"窃惟本郡山多田少,素非富饶"⑧。居然长期沦为贫困地区。

江州:江州素号名郡,"讼简财裕,可以卧治",但宋孝宗以降,也发生了重大变化,"大异故时,帑藏不盈万缗,而负诸司之钱几二十万,官兵俸给,亦积至万五千"⑨。既欠上交的利税,又欠官兵的薪俸,赤字达 20 万贯,而库中只有不到 1 万贯。地方财政亏欠累累,深刻说明了经济危机的严重

---

① 张孝祥著,徐鹏校点:《于湖居士文集》卷二三《抚州陈知府》,第 233 页。

② (清)徐松辑,刘琳、刁忠民、舒大刚、尹波等校点:《宋会要辑稿·食货》六八之一〇二,第8009 页。

③ 黄震著,张伟、何忠礼主编:《黄震全集·黄氏日抄》卷七八《咸淳九年春劝农文》《咸淳八年春劝农文》,第 2224、2222 页。

④ 欧阳守道:《巽斋文集》卷六《上徐守书》,《景印文渊阁四库全书》第 1183 册,第547 页。

⑤ 吴泳:《鹤林集》卷一六《知隆兴府到任谢表》,《景印文渊阁四库全书》第 1176 册,第153 页。

⑥ 吴泳:《鹤林集》卷二四《知隆兴府丐祠申省状》,《景印文渊阁四库全书》第 1176 册,第234 页。

⑦ 李觏撰,王国轩点校:《李觏集》卷三一《处士饶君墓表》,第 355 页。

⑧ (元)刘埙:《水云村稿》卷一四《代申省乞蠲租免徭状》,《景印文渊阁四库全书》第 1195册,第 495 页。

⑨ 楼钥撰,顾大朋点校:《楼钥集》卷一一〇《知江州注公墓志铭》,第 1909 页。

性——贪婪的官吏已无从搜刮了。到宋宁宗嘉定时，据知州袁燮说，当地"土瘠民贫"，即使逢丰收之年，常赋收入也仅仅能维持本州官方的日常经费①，平常的财政更加困难。

饶州：北宋时，"饶之为州，壤土肥而养生之物多，其民家富而户羡，蓄百金者不在富人之列"。然而到了南宋，情况就大不一样了。洪迈对比以上状况，十分感慨地指出南宋时的变异，"今之饶民，所谓家富户羡，了非昔时"②。全然没有过去那种富庶气象了。淳熙时，赵蕃在从饶州至洪州的路途中，足之所历，断桥败船，目之所击，荒田废陂，因有诗云："极目荒陂十里余，坏塍依约旧犁锄。问言业薄无牛力，更说州家催积租。"③由诗中可看到当时农田荒废，农民穷困的情况。饶州景德镇是产瓷重地，而自南宋中期以后，瓷器质量下降，经营连年亏损，"镇之巨商今不如意者十八九"，官方税收也大幅度下降④。瓷都的地位日趋没落。

宁国府：这里的衰败也很明显。蔡幼学言："宣城本号乐土"，宋宁宗以来，"日以凋弊"⑤。曾任知府的高斯得，在一首劝农文中披露：

> 太守始至，颇闻而农治田，失之卤莽。其始种也，耕之不熟，地力不尽；苗既殖矣，不耨不耘，稂莠并兴。陂塘不修，圩埂不固，旱不知备，涝不知防……是以虽号乐土，连岁不登⑥。

可见这里自然条件虽好，但农业经营方式十分落后，耕作粗放，农民缺乏生产积极性，故导致连年歉收，经济落后。即使是圩田，也同样沦于荒废。宋宁宗时杜范指出：宁国"素为江左佳郡，自近以来，水潦荐臻，圩田无收，税籍散亡，苗赋失陷，版曹、总漕之积逋，无可输解……问其帑藏，则帑藏空竭，无一月之聚粮；阅其市井，则市井萧条，无一钱之贸易"⑦。真是农商俱废，气血两亏。众所周知，宁国府的圩田是很著名的，但连能够旱涝保收的圩田

---

① （明）黄淮、杨士奇编：《历代名臣奏议》卷三一九，袁燮奏，上海古籍出版社1989年版，第4136页。

② 洪迈撰，孔凡礼点校：《容斋随笔·四笔》卷五《饶州风俗》，第683页。

③ 赵蕃：《淳熙稿》卷一九《自安仁至豫章途中杂兴十九首》，《景印文渊阁四库全书》第1155册，第309页。

④ 参见刘新园：《蒋祈〈陶记〉著作时代考辨》上、下，《文史》第18、19期，中华书局1983年。

⑤ 蔡幼学：《育德堂奏议》卷三《缴林祖洽知宁国府旨挥状》，中华书局1987年版，第23页。

⑥ 高斯得：《耻堂存稿》卷五《宁国府劝农文》，《丛书集成初编本》，第99页。

⑦ 杜范：《清献集》卷八《便民五事》，《景印文渊阁四库全书》第1175册，第673页。

也荒废到没有收成的地步,可见其穷困情况何等严重。嘉定年间,真德秀做过较全面的比较:

> 盖其疆埸之广袤,生齿之蕃庶,地望之雄重,大抵亚于金陵,故为亲王执政偃藩均佚之地。而自十数年间,乃有凋郡之目。臣尝博访士大夫,皆言此邦本自富实,顷缘郡守不尽得人,或廉隅不立而封殖其私,或用度亡节而靡于浮费,故其事体浸不逮昔……臣窃闻士大夫之论,或以宁国为破落州郡。①

自从宋宁宗以来,宁国府发生了严重的逆转,经济、财政状况持续下滑。

太平州:北宋时为江左重镇,"号为乐土"。②宋孝宗时朱熹言:"当涂民淳事简,旧为乐土,而至年调发,凋瘵特甚。"③官府的盘剥无度,造成了经济萧条,已与乐土无缘。嘉定十三年(1220),其属县繁昌的经济状况,真德秀有载:

> 其人穷馁困瘠,甚于他邑。其市区列肆,荒凉岑寂,有淮甸之风。予窃异之曰:岂岁凶使然耶?父老愀然曰:"吾邑在承平时几万家,田利之入需乎其有余,鱼虾竹苇柿栗之饶以自给,无不足者,南丰曾公之记具存,可核也。建炎盗起,邑刳于兵,开禧之后,旱蝗相乘,天实为之,尚奚咎。若夫无旱蝗,无兵盗,而吾蚩蚩之氓常若不安其生,何哉?赋有常期,唾掌争先,敛有常目,以羡为贤。馋涎如川,猛令如虎,火犹可遏,饕吏杀我。"余闻而太息曰:"赋敛之苛惨于兵盗,贪虣之威烈于旱蝗,宜其昔以繁昌名,而今以穷悴告也。"④

"繁昌"不再,正如农民指出的那样,是贪官污吏造成了人们的贫困,经济问题是政治造成的。

---

① 真德秀:《西山文集》卷一二《奏乞将新知宁国府陈广寿寝罢新命》,《景印文渊阁四库全书》第 1174 册,第 187—188 页。

② 程俱著,徐裕敏点校:《北山小集》卷二二《九月二十三日三省同奉圣旨郭伟依已降指挥再任》,第 402 页。

③ 朱熹撰,郭齐、尹波点校:《朱熹集》卷八八《龙图阁直学士吴公神道碑》,第 4526 页。

④ 真德秀:《西山文集》卷二七《送汤仲能之官繁昌序》,《景印文渊阁四库全书》第 1174 册,第 423 页。

（四）东南其他地区

僻在海隅的福建，经济状况同样在衰落之中。试看泉州，据真德秀在宋理宗时言："本郡年来民穷财匮，大非昔比……今之泉州，乃真不可为也。盖由根本戕伐之已尽，生意萧索而无余……常赋之入大亏。"①又言："泉虽闽镇，古号乐郊。其奈近岁以来，浸非昔日之观。征榷太苛而蛮琛罕至，涝伤相继而农亩寡收……粟生于地者几何？日伺邻邦之转饷。"②泉州本是士大夫心目中的乐土，南宋时却由于外国商船很少来往，外贸衰落，农业生产也连年歉收。内外交困，公私皆乏，有赖于外地的粮食应付居民口粮。福建的另一大郡建宁府，赋税甚少，地方财政全靠官卖盐所获之利维持。宋宁宗以来，其利税又不断被上级部门剥夺，"由是郡计空匮，遂成陋邦"③。经济发展无从谈起，只能愈加贫困。即使著名的北苑茶，产量也大大下降。建茶始兴于唐末，极盛于北宋，但"南渡后，地产日益凋耗，减额至三分之二"④。推此也可想见其他了。

淮南路在北宋时，是朝廷财赋的渊薮之一，到了南宋发生逆转：

> 淮南在承平时，盛丽甲天下。兵兴逾六十年，无事益久，而城池涂巷，学社官府，凡州县之制度，与夫疆理图籍、生聚教训之政，圮废苟简，十居七八。吏往往工于自谋，刻日待满，问所当为，辄委曰难。平皋沃壤，荐灌莽榛，率数十里无居人。其居者苇屋土床，虽名为富人大贾，亦不事墙屋林园，为乐生宁处之计。吏媮民疑，形气寒凉，岂其数之未复欤。⑤

建炎以来，因为处于宋金战争的主战场和最前沿，淮南所受兵火破坏最为严重，大片土地荒废，大批人口流亡，萧条残破之境况，远过于其他路分。除了

----

① 真德秀：《西山文集》卷一七《申南安知县梁三聘札》，《景印文渊阁四库全书》第1174册，第247页。

② 真德秀：《西山文集》卷一七《知泉州谢表》，《景印文渊阁四库全书》第1174册，第256页。

③ （清）徐松辑，刘琳、刁忠民、舒大刚、尹波等校点：《宋会要辑稿·食货》二三之三五，第6484页。

④ 熊禾：《勿轩集》卷三《北苑茶焙记》，《景印文渊阁四库全书》第1188册，第794页。

⑤ 孙应时：《烛湖集》卷九《泰州石庄明僖禅院记》，《景印文渊阁四库全书》第1166册，第631页。

绍兴和议之后的一段时间内有所恢复外,①整体上一蹶不振:"今淮南往往为斥候之郊,罕复种植。"②宋孝宗时,淮南地方官仲并报告说:

> 兵息既久,而疮痍或尚存;年丰虽屡,而啼号或未免。……市井号为繁富者,才一二郡,大概如江浙一中下县尔;县邑至为萧条者,仅有四五十家,大概如江浙一小小聚落尔。③

举目一派荒凉,所谓最富的州仅相当于江浙的中下县。人力资源如是,畜力资源也是:"两淮之地,承平之际畜马成群,开禧之后靡有孑遗。今马之价数倍江南,而人之畜马者绝少。"④以蕲州为例,过去"素称乐土",北宋末有人口12万,宋孝宗初不及2万;原有垦田12万顷,宋孝宗初仅3000余顷而已:"户以口计昔为十有二万,今主客之数不过二万,是犹十分之一;田以顷计昔亦十有二万,今耕凿之数仅逾三千,是为百分之三。市井之间,居民未复,郊野之外,人迹犹稀。"⑤北宋时,淮南每年上供内库绸绢90余万匹,绍兴末仅8000匹,"淮南平时,一路上供内藏䌷绢九十万匹有奇,至绍兴末年,才八千匹尔"⑥。足见无论是人口、垦田面积、农业、手工业还是商业,都全面地衰退了。淮南地方官曾言:"二淮荐经兵火,公私扫地。滁小州,尤为穷陋,独有上供钱尚著版籍中,户部移文督索无虚月,积二十年终不得一钱,徒费纸札耳。有诏蠲之。"⑦长期无力上供钱财。淮南的经济地位与北宋时相比,真可谓一落千丈。在整个南宋时代,淮南屯兵众多,战争间发,始终没有恢复元气。这一点是众所周知的事实,⑧无须赘言。

---

① 许起山:《江南与江北的互动——绍兴和议后宋廷对北部沿边地区的开发和治理》,《暨南学报(哲学社会科学版)》2020年第8期。

② 苏籀:《双溪集》卷九《务农札子》,《丛书集成初编本》,中华书局1985年北京新1版,第122页。

③ 仲并:《浮山集》卷四《蕲州任满陛对札子》,《景印文渊阁四库全书》第1137册,第819页。

④ 黄榦:《勉斋集》卷一八《代胡总领论保伍》,《景印文渊阁四库全书》第1168册,第203页。

⑤ 仲并:《浮山集》卷五《蕲州到任谢表》,第1137册,第834页。

⑥ 李心传编撰,胡坤点校:《建炎以来系年要录》卷一五四,绍兴十五年七月戊午,第2905页。

⑦ 孙觌:《鸿庆居士集》卷三七《宋故右大中大夫敷文阁待制赠正议大夫蒋公墓志铭》,《景印文渊阁四库全书》第1135册,第395页。

⑧ 韩茂莉先生在《宋代农业地理》一书的淮南部分中,有专目《农业生产走向衰落的南宋时期》,第79—89页。王曾瑜先生在《宋元时代的淮南经济述略》一文中,也专列《南宋淮南经济的衰退》一目,用了万余字篇幅作有详细论述。

　　湖北在北宋是经济比较落后地区，在南宋前期个别地方曾有所发展。以醴州、鼎州为例，自建炎三年（1129）钟相、杨么暴动以后，残破的地方经济很快得到恢复，如绍兴十三年（1143），"荆湖岁稔，米斗六七钱，乃就籴以宽江、浙之民"①。至淳熙九年（1182），"未问府县人民生齿，安居乐业，繁伙熙熙，至如龙阳县上、下沚江乡村，民户无虑万家，比屋连檐，桑麻蔽野，稼穑连云，丁黄数十万"②。但随着军费增多、剥削加重，财政出现危机。主要是由北宋时期的内地变成边防，屡经兵火，经济又趋落后。宋孝宗时，任湖北转运副使的李焘言：湖北"今田多荒芜，赋亏十八"③，农业收入下降了80%。以荆南为例，"平时米、麦、麻、豆岁输于府者合十四万有奇，今财七之一"④。北宋时岁赋粮食14万余石，南宋时才能得到2万石。绍熙三年（1192），陆九渊言："前者所闻荆门郡，计不至窘束，至此大异所闻。蕞尔小垒，频岁送迎，势不能堪。疆土虽稍广阔，然山童田芜，人踵希少，户口不能当江浙小县。"⑤也有财政上明显的危机变化。总之，在新的历史环境中，湖北经济更落后了。

　　湖南在北宋时，每年尚能上供65万石粮食，而到南宋，据转运司说："湖南漕司，岁计所入甚少，比江西才十之三四，比湖北才十之五六，曾不足以支本司一年之经用。"⑥全路各州郡的收入，连转运司的日常经费也无法维持，自身难保了。其中心潭州，就是"非昔康裕比"⑦，较过去贫困了。又如衡州，据南宋末文天祥云："开庆、景定间，衡以中州，不得免于难。今城郭室庐，公私文物，犹草创绵蕞云尔。"⑧在残破后草草重建。按说仍是内地的湖南，时代环境优于临边的湖北，其整体衰败只能归咎于官府搜刮加重了。

　　两广地区在南宋初由于北方流民的大批到来，劳动人口大增，社会经济

---

　　① 《宋史》卷一七五《食货志上三》，第4249页。

　　② 岳珂编，王曾瑜校注：《鄂国金佗稡编续编校注·续编》卷二六《鼎澧逸民叙述杨么事迹二》，中华书局2018年版，第1708页。

　　③ 《宋史》卷三八八《李焘传》，第11916页。

　　④ 张孝祥著，徐鹏校点：《于湖居士文集》卷一四《荆南重建万盈仓记》，第142页。

　　⑤ 陆九渊著，钟哲点校：《陆九渊集》卷一七《与丰叔贾》，第216—217页。

　　⑥ 叶适著，刘公纯、王孝鱼、李哲夫点校：《叶适集》卷一《上宁宗皇帝札子二》，第2页。

　　⑦ 陈元晋：《渔墅类稿》卷五《潭州州学先贤堂记》，《景印文渊阁四库全书》第1176册，第809页。

　　⑧ 文天祥著，熊飞等校点：《文天祥全集》卷九《衡州上元记》，第345页。

得到大发展。同时也产生新的困境："广南两路自潮州而南,居民鲜少,山荒甚多。前此惟土人仰食,故岁计租赋,一皆赡足。自中原兵火,西北工商士庶散处,其地以鲜少之种,供亿兆之用,又官司科调,四时有之,以此民颇困乏。"①人口与赋税剧增,居民无力供应。如广东惠州,据宋理宗时的王迈记载："此郡旧富饶,广中号乐土。年来困军须,炎火无冷釜。邻盗阚其藩,烧痕未全补。嘘枯待仁风,醒喝仰膏雨。"②原来的富庶乐土,在官府苛捐杂税和盗贼的双重冲击下,一片萧肃。但在南宋后期的淳祐年间方大琮知广州时,当地情况有所改善："郡计素窘,公简俭节缩,为备安四库,各积缗十万。先是杨公长孺尝会州用岁少数万,至公岁羡十万。改创清海军门楼,钜丽为诸道冠。城楼橹、郡苑囷堂榭皆出新意,营缮华好如中州,而民不知役。四库外羡钱尚十余万。公儒者,未尝行巧取豪夺之政,亦莫知其何以致此也。"③个人执政能力之外,主要当为发展生产所致。

(五)四川地区

四川经济与东南一样,未能逃脱衰退的厄运,而且影响深远。南宋四川财政与中央、与东南联系不很密切,由于成为南宋边防前线和西部主战区,其税赋收入基本上都用于当地屯驻守边的军队。所以"蜀中财用之困,始于炎、兴"④,即宋高宗时浩大的军费,抽空了四川财富,压垮了四川经济。

蔡幼学言："蜀中州郡,地狭民贫。建炎以来列屯境上,用度日迫,苛敛渐增。虽绍兴息兵,时有蠲减,而较诸全盛之日,迥然不同。流弊因循,民力难复。"⑤对此,宋孝宗时的李焘有具体论述:

> 今则虚张布帛之直,而多敛其钱,民斯重困矣。且右护军之戍蜀门者,一岁所费为钱几二千三百万,其物色以足两及石计者皆不与焉。或

---

① 曹勋:《松隐集》卷二三《上皇帝书十四事》,《景印文渊阁四库全书》第 1129 册,第 468 页。

② 王迈:《臞轩集》卷一二《寄惠州陈史君真卿》,《景印文渊阁四库全书》第 1178 册,第 624 页。

③ 刘克庄撰,王蓉贵、向以鲜校点:《后村先生大全集》卷一五一《铁庵方阁学墓志铭》,第 3883—3884 页。

④ 吴昌裔:《论救蜀四事疏》,傅增湘原辑,吴洪泽补辑:《宋代蜀文辑存校补》卷八四,重庆大学出版社 2014 年版,第 2761 页。

⑤ 蔡幼学:《育德堂奏议》卷二《应诏言事状》,第 20—21 页。

因旧加取,或创新抑纳,其条目具之别图。而成都一路,岁所入遽至九百七十七万四千六百有奇,其实固未登此数,而名额具在。符移督迫,不肯暂弛,欲民力之不凋耗,其可得乎?况此数特以赡军,而系省犹不与焉。今姑摭系省一二大者言之:夏秋租税,昔为钱三十九万者,今为三百五十四万矣;吏兵之禄,昔为一十七万者,今为五十二万三千矣;昔为二十万七千八百者,今为四十万二千三百矣。其他不可遍举,大抵有增无损。民力雕耗,未能复太平之旧者,其本原岂不在此?①

沉重的军费负担,使赋税增长数倍,民力消耗殆尽,迫使四川经济日趋衰退。周辉曾指出:"巴蜀风物之盛,或者言过其实。东南士大夫自彼归,皆有'土旷人稀'之语。"②也即南宋时四川的实际状况与记载、传言的过去风物之盛大不一样了,不是人多物伙,而是土旷人稀,以至于怀疑过去的传言并非事实。如宋宁宗时,利州路"大兵之后,田多荒莱",具体如洋州、金州一些地方,"大率昔为膏腴,今成荒弃"③。宋理宗时的汪元量有诗言利州道:

城因兵破悭歌舞,民为官差失井田。

岩谷搜罗追猎户,江湖刻剥及渔船。

酒边父老犹能说,五十年前好四川。④

歌舞停歇,农民被征赋役没人种田,连猎人和渔民也难逃官府的盘剥,老人们十分怀念50年前的四川。

最为典型的例子是四川腹心之地的成都府。庆元年间,知成都府袁说友因主持修纂《成都志》,发现了这里由盛入衰的显著变化:

昔也风土之阜繁,民生之富庶,考之志可见已。今间阎无巨室,田野无饶民,商者多乏绝,耕者半转徙。公不能以裕私,下不足以供上,嗷嗷然销膏以火而不自知也。⑤

对比出来的明显差距,说明成都府已是元气大伤,在危机中挣扎。赵汝愚也说道:"成都一路素号繁华,缘自军兴以来,困于支移折变,日朘月削,寖不可

---

① 袁说友等编,赵晓兰整理:《成都文类》卷二三,李焘:《比较图序》,第488—489页。
② 周辉撰,刘永翔、许丹整理:《清波别志》卷上,《全宋笔记》第5编第9册,第145页。
③ (清)徐松辑,刘琳、刁忠民、舒大刚、尹波等校点:《宋会要辑稿·食货》六之三三,第6103页。
④ 汪元量著,孔凡礼辑校:《增订湖山类稿》卷四《利州》,第140页。
⑤ 袁说友:《东塘集》卷一八《成都志序》,《景印文渊阁四库全书》第1154册,第372页。

支。"①财政已经难以支撑了。另如隆州,同样如此:"官逼税粮多作孽,民穷田土尽抛荒。年来士子多差役,隶籍盐场与锦坊。"②土地摞荒,连士子也被征发服役。在以后的多年中,更是每况愈下,乃至这个夙称物产富饶有如"陆海"的地方,竟有了尘土飞扬的惊人评语:"惟成都夙称陆海,海以近于扬尘;而益部旧号使星,星今同于陨石。"③有历史美誉的使星,竟然成为坠落的陨石。而宋蒙战争以来,四川"根本尽竭,又非前日比矣",公府之财帛空,私室之民力空④。直到元代,四川经济一直是在全面下降。

以上所述事实,为了避免偶然性,我们没有引用短期的自然灾害和战火之后的大量记载,同时为了能有所鉴别,尽量采取比较方式,并尽可能地引用同一材料的比较论述。以往论述南宋经济发展者,所引材料多是孤立的、静止的现状,没有与北宋比较,没有看到事物变化的前期状况,因此得出的结论难免有片面性。通过以上现状与历史的比较,我们看到无论原来是富庶之地,还是贫困地区,经济状况在南宋时期都有比较明显的衰退。

（六）手工业的衰退

考察了地区性的"块块",再看行业性的"条条"。在经济衰退这一历史趋势中,南宋官营手工业也在劫难逃。

表现最为突出的,是矿冶业。现据《宋史》卷一八五《食货志下七》,将两宋三个时期的矿产课额等列表如下(单位:斤):

表 6-1　两宋各期矿产课额表

时代	品名							金冶（座）	银冶（座）
	铜		铁		铅		锡		
	数目及增减率/%								
元丰年间	14605969	100	5501097	100	9197335	100	2321898	100		

---

① （明）黄淮、杨士奇编:《历代名臣奏议》卷一六九,第2227页。

② 汪元量著,孔凡礼辑校:《增订湖山类稿》卷四《隆州》,第150页。

③ 李刘:《四六标准》卷八《除成都漕谢李制置》,《景印文渊阁四库全书》第1177册,第216页。

④ 吴昌裔:《论救蜀四事疏》,傅增湘原辑,吴洪泽补辑:《宋代蜀文辑存校补》卷八四,第2762页。

续表

时代	品名										
	铜		铁		铅		锡		金冶（座）		银冶（座）	
	数目及增减率/%											
绍兴年间	7057260	48	2162140	39	3213620	35	761200	33	267	100	174	100
乾道年间	263160	1.8	880300	16	191240	2	20650	0.9	125	47	90	51

以元丰时的矿产课额为基数,绍兴时铜课额为48%,乾道时铜课额为1.8%;绍兴时铁课额为39%,乾道时铁课额为16%;绍兴时铅课额为35%,乾道时铅课额为2%;绍兴时锡课额为33%,乾道时锡课额仅为0.9%。以绍兴时为基数,乾道时金冶为47%,银冶为51%。

以上可见,南宋时的矿冶生产全面大幅度下降。宋代铁矿资源主要分布在北方地区,绍兴年间铁产量的下降,主要原因是失去了北方领土,是客观条件造成的资源性相对下降。但乾道年间仅为绍兴时的41%,则属绝对下降。其他有色金属矿产铜、银、锡等,原来即主要在南方,如铜,"广南、福建路最系产铜去处",①其产量的大幅度下降,显然不是矿藏分布问题而是生产能力问题了。

矿冶生产的萎缩,严重影响了社会生产和生活,削弱了手工业的基础。另一直接后果是金属货币铸造量的下降,导致严重的钱荒。北宋如治平年间每年铸造铜钱量为170万贯,而南宋历朝岁铸量都不过数十万贯②。故而周必大感叹不已:"钱之弊极于今矣。九路置使,以鼓铸为职,而岁入不及旧额之一二……且鼓铸之不充,由铜之不继也。"③为了解决铸钱原材料短缺问题,南宋政府曾在民间强力搜刮铜器,乃至"生民器用,一扫而空"④。无疑是剜肉补疮的做法。金属货币的奇缺,导致纸币会子的滥印,又造成恶劣的通货膨胀,市场混乱,社会经济大受其害。

南宋官营手工业衰退的另一例子,是军器制造业的规模远不如北宋。

---

① 杨仲良:《皇宋通鉴长编纪事本末》卷一三六《当十钱》,第4251页。
② 《宋史》卷一八〇《食货志下二》,第4382、4397页。
③ 周必大撰,王瑞来校证:《周必大集校证》卷一三《家塾策问十二首》,第158页。
④ 王质:《雪山集》卷二《论庙谟疏》,《景印文渊阁四库全书》第1149册,第358页。

绍兴初,御前军器所仅有兵匠 1000 人,后有所增多,加上地方差充的工匠总共有 4500 人,而绍兴二十六年(1156)又减至 2500 人。[1] 与北宋神宗时的 8700 人相比,仅及三分之一。宋孝宗时稍增至 3700 人,加上地方差充的工匠 1000 余人[2],仍不到宋神宗时的半数。

(七)商业的衰退与财政危机

农业、手工业的衰落,釜底抽薪般削弱了商业的基础。除了前边所引史料中间有提及之外,这里再举二例。

先看酒税。两浙原有坊场 1224 所,每年有净利 84 万缗。由于经济的衰败和官府盘剥加剧,迄至宋孝宗淳熙中,"合江、浙、荆湖人户扑买坊场才一百二十七万缗而已,盖败阙者众故也"[3]。总合六路之坊场净利,才比两浙一路原收数多出 43 万缗。足见衰败幅度之大。

再一突出例子是南宋后期对外贸易的衰落。在南宋新的历史环境中,泉州港的地位到南宋后期超过了广州港,成为第一大外贸口岸。然而这并不能说明泉州港的发展。南宋前期,泉州港岁收舶税百万贯左右,到宋宁宗嘉定年间,所收才 10 万余贯,至宋理宗绍定四年(1231),仅收 4 万余贯[4]。外贸的急剧下降,与国内经济衰退相表里。另一方面,宋政府财政的危机,使之加重了关税的征收,外商因此感到无利可图,不愿再来贸易。嘉定时臣僚指出:"泉、广舶司日来蕃商浸少,皆缘克剥太过,既已抽分和市,提举监官与州税务又复额外抽解和买。"[5]这种杀鸡取卵的做法,适得其反。泉州外贸尚且如此,广州等地自然衰败更甚。

---

[1] 李心传撰,徐规点校:《建炎以来朝野杂记》甲集卷一八《御前军器所》,第 433 页。

[2] 楼钥撰,顾大朋点校:《楼钥集》卷二五《论军器所冗费》,第 471 页。有学者提出不同意见,认为:"当时军器所有工匠五千七百人,又从诸州作院再差一千余人入所,两项合计当可达七千人,和宋神宗时的差距并不如作者所强调之大。"(梁庚尧:《宋代南北的经济地位——评程民生著〈宋代地域经济〉》,《新史学》1993年第 1 期,第 126 页)此为版本不同所致。本书所引《楼钥集》作"三千",四库本、武英殿本作"五千",更俟详考。关键在于本书所比较的是中央政府制造军器的工匠,不包括地方,否则,北宋时京东、河北、河东、京西诸路的都作院、作院,合计人数更多。

[3] 李心传撰,徐规点校:《建炎以来朝野杂记》甲集卷一四《东南酒税》,第 308 页。

[4] 真德秀:《西山文集》卷一五《申尚书省乞拨降度牒添助宗子请给》,《景印文渊阁四库全书》第 1174 册,第 233 页。

[5] (清)徐松辑,刘琳、刁忠民、舒大刚、尹波等校点:《宋会要辑稿·食货》三八之二四,第 6839 页。

最后,再考察由财政危机所表现的经济衰退状况。财政紧张,如同日益严重的慢性病一样,几乎贯穿整个南宋时期。宋孝宗乾道年间,汪应辰就说过"财用不足,今日之大患"①。这是与北宋相比的,若与以后相比,还是令人羡艳不已的。如嘉定十一年(1218),曹彦约上奏指出:"今日财用之弊……问之朝廷则窘于应办,问之州县则窘于支遣。以为在总饷欤?则今日总饷非昔比也","臣始守汉阳军,当湖北最窘处,适敌骑入境,催科缩手,犹且支遣解发,不改常度……是十年以前,州郡犹可为也。越二年而摄事湖广总饷,乃见其不可为矣……截短补长,支撑数月,仅不废事。及正官交割后,其用益窘,有请于朝,久无画降,其人至投缳自杀,以救得免……是十年以前总饷已不可为矣"。此后曹氏又知潭、利、洪州,财政状况一地难于一地:"被旨巡边,有回避戍卒支犒,以葬妻为名,迂行小路者。是数年来,不特州郡不可支遣,戎司亦有穷陋至甚者矣……取财之道比前日为苛也,民力极矣,不可以增赋矣,上下煎熬,一至于此,将何以救之哉?"②征收财税是南宋政府的急务,其官吏都是聚敛老手,然而竟有聚财不足而自杀者,这决不是其为民请命,实在是无可搜刮了。端平元年(1234),刘克庄说道:

> 臣窃惟财用不足,今日不可药之病也。先朝或出内藏库数百万以佐大农,今内帑有无,外廷不得而会矣。前世或税于农,或榷于商贾,今税榷俱重,不可复加,桑弘羊、宇文融复生,其术穷矣。于是日造楮十六万以给调度,楮贱如粪土而造未已。士大夫献议盈廷,工于词病而拙于处方者,皆是也。③

财政危机已成不治之症,唯有滥发纸币,如同饮鸩止渴。

总之,南宋经济呈日趋衰落之势,直至最后的崩溃。正如宋理宗初年吴潜揭示的那样:"军国空虚,州县罄竭……耕夫无一勺之食,织妇无一缕之丝,生民熬熬,海内汹汹。天下之势,譬如以漓胶腐纸粘辍破坏之器,而置之几案,稍触之则应手坠地而碎耳。"④这是南宋后期经济状况的生动写照。

---

① 汪应辰:《文定集》卷一五《与陈枢密·又》,第 160 页。

② (明)黄淮、杨士奇编:《历代名臣奏议》卷二七二,第 3557、2558 页。

③ 刘克庄撰,王蓉贵、向以鲜校点:《后村先生大全集》卷五一《备对札子·三》,第 1332—1333 页。

④ 吴潜:《许国公奏议》卷一《奏论都城水灾乞修省以消变异》,《丛书集成初编》,中华书局 1985 年版,第 2 页。

二、南宋经济衰退的原因

《宋史·食货志序》在总叙南宋经济时指出："高宗南渡,虽失旧物之半,犹席东南地产之饶,足以裕国。然百五十年之间,公私粗给而已。"[1]南宋地处自然条件优良的南方地区,有着比较优越的社会经济基础,本足以使南宋富饶,沿着北宋经济发展的势头前进,然而,为何仅仅是"公私粗给而已"? 不但未有多大发展,在许多方面和时期,反而是在衰退中挣扎? 前代的历史基础,优良的自然条件,都未发挥应有的作用,这是个值得深思的重大问题。

一切事物都是在运动变化中存在。历史是发展着、进步着的,这是大方向,但不是直线上升,方向不代表具体演变过程。经济发展趋势如同历史一样,不是简单地上升,而是曲折的;不是随时间前进而发展,有时也会倒退。经济状态的演变,受政治、军事状态的制约。在不同的社会环境和生产关系中,同一自然环境会有不同的经济效果。下面,我们对南宋经济衰退的原因做一探讨。

(一)战争的破坏

无论何时何地,对经济破坏最惨烈的总是战争。南宋初金兵多次南侵,对南方地区破坏极为严重。经过烧杀掠夺,长江以北城市在南宋初基本上成为一片废墟,长江南岸也深受侵害。绍兴五年(1135)有官员指出："荆湖、江南与两浙上腴之田,弥亘数千里,无人以耕,则地有遗利。"[2]不少地区经过多年战争,"民去本业,十室而九,其不耕之田,千里相望"[3]。人民被大批杀害、虏走或逃亡,劳动人口短缺,使这些地区从根本上丧失了恢复经济的能力。京西、淮南、湖北等地的残破,即是典型例子。绍兴和议之后,宋金维持了几十年的冷战局面,然边防地区屯兵备战之事仍很繁重,恢复工作难

---

① 《宋史》卷一七三《食货志上一》,第4156页。

② 李心传编撰,胡坤点校:《建炎以来系年要录》卷八六,绍兴五年闰二月壬戌,第1643—1644页。

③ 李心传编撰,胡坤点校:《建炎以来系年要录》卷四〇,建炎四年十二月丁酉,第885页。

以正常进行。以后战端重开,不久又与蒙古进行了长达四十余年的争战,社会经济陷入更大的困境。整个南宋,基本处于战时状态。这些情况众所周知,兹不赘言。

(二)剥削的加剧与官吏的残暴

战争表面是人的打仗,实质上背后的支撑是财政经济。历时长久、范围广大的战争,意味着军费的持续增长,当然也是对民众搜刮盘剥的加剧,乃至于竭泽而渔,使南宋经济在困窘的泥坑里越陷越深。更何况南宋统治集团日益腐败,兵官皆冗,开支极大,所以对人民的剥削不断加重。南宋的税赋名目繁多,单是新增的主要项目就有"经总制钱""月桩钱""版帐钱""僧道免丁钱""两川激赏钱""称提钱""二税加耗"等。如江西"月桩之输殆七百万,大半皆无名之征。中兴以来逾五十年,几倍于昔者之赋"①。而且不仅只是实物剥削加剧,劳役剥削也更严重。如"凡官私之须,莫不出于农",如"接送官吏之上下,农也;在任者给亲朋之负重,农也。递兵不足而般运官纲,亦农也;一方有警,而负兵器、赍行粮,亦农也"②。把农业生产劳动力转变为非生产性劳动力,使农业生产遭到进一步的削弱。在这种竭泽而渔的剥削下,人民几乎丧失了再生产的能力,社会生产无法承受过重的负担,经济势必衰退。

叶适曾指出:由于剥削过重,往日的富庶之地,至南宋丧失殆尽,"百计罔民,日月消削。盖昔之号为壮县富州者,今所在皆不复可举手"③。事实正是如此。如平江府(苏州)在绍兴时,仅每年支付归正、添差等官员岁用,就需5万缗,至宋孝宗时更增数倍,因此"支移折变之数日有所增,齐民安得不困?"④广州也是这方面的典型例子。据广州人李昴英说,自嘉定至淳祐间30年来,广州日趋没落:"吾州全盛,巨舶衔尾笼江……民以饶侈,使家赋额足以周兵额而羡,故用溢而储实。"后来不少官兵、士人因战功"人人得累

---

① 彭龟年:《止堂集》卷一四《贺江西尤漕启》,《丛书集成初编》,第166页。
② 李心传编撰,胡坤点校:《建炎以来系年要录》卷一○三,绍兴六年七月末,第1951页。
③ 叶适著,刘公纯、王孝鱼、李哲夫点校:《叶适集·水心别集》卷一一《经总制钱二》,第776—777页。
④ 楼钥撰,顾大朋点校:《楼钥集》卷九九《少傅观文殿大学士致仕益国公赠太师谥文忠周公神道碑》,第1735页。

资级,给倍无艺,竭其有共亿而州骤贫。余三十年所目击,公私气象,由丰美入狭啬,岁甚一岁也"①。这些寄生虫,把广州吃空榨干了。

统治集团为解救财政危机而广增关卡,暴征商税。绍兴十四年(1144),吴苪对宋高宗言:"江浙昔号粒米狼戾,虽歉岁,斗直二百,今岁丰反倍之。盖由州县重征税,监官觊羡赏,巡栏利掊取。若蠲其筹,价自平矣。"②与北宋时期相比,南宋重税征商导致粮价大幅上涨,人为地制造粮食紧缺、市场动乱,以至于同一地区的粮价,丰收时反而成倍高于以往歉收时。襄阳境内短短的 20 里路途中,竟有三个税场,③每六七里就要经过一次征税。这样带来两个恶果:一是阻滞了商旅,二是抬高了物价。如从衢州到临安有税场七处,每处即使按三十税一率总共抽税七次,商品到达临安后也必须加价十分之二才能补偿税费,"此商旅所以不通,百货之直所以久而不能平也"④。朝廷虽曾多次颁布放宽征税的诏令,但到基层都未能贯彻实行,官吏们反而愈加贪婪。他们不但多设关卡乃至私设关卡,连商旅随身携带的缗钱、服装、薪粮、菜果也按商品征税,甚至"空身行旅,亦白取百金",使不少商旅"倒囊而归矣"。这哪里是征商,简直是拦路抢劫!因而南宋人把税场视为杀人的"法场"⑤。经商如此艰难,商品流通不能不受到严重阻碍,商品生产也难以发展。另一点需指出的是,农具买卖自北宋真宗时起已免征商税,南宋发生逆转,"与其他器用一例科税"⑥。这一政策自然不利于生产工具的制造和流通,不利于生产力的发展。

剥削加剧的必然结果,就是统治的残暴,对整个社会都是强力的摧残。南宋统治集团对外妥协求和,对内残酷压榨,统治日益黑暗,社会矛盾日益激化,各类民变风起云涌,继而又遭到血腥镇压,使生产力遭到极大的破坏。

① 李昂英撰,杨芷华点校:《文溪存稿》卷一《广州新创备安库记》,暨南大学出版社 1994 年版,第 20 页。
② 周必大撰,王瑞来校证:《周必大集校证》卷五五《吴康肃公苪湖山集并奏议序》,第 812 页。
③ (清)徐松辑,刘琳、刁忠民、舒大刚、尹波等校点:《宋会要辑稿·食货》一八之二八,第 6387 页。
④ 陈渊:《默堂先生文集》卷一二《十二月上殿札子》,第 242—243 页。
⑤ 《宋史》卷一八六《食货志下八》,第 4547 页。
⑥ (清)徐松辑,刘琳、刁忠民、舒大刚、尹波等校点:《宋会要辑稿·食货》一八之二七至二八,第 6387 页。

真德秀言：由于官吏残暴，“民大怨矣，江湖、闽广、三衢之盗相挺而起，生灵荼毒几千万人，户口减少，殆什七八。幸而无盗者，又以官吏争自为盗，田里荒寂，州县萧条，亦无异于绿林、黑山之所蹂躏轹也”①。统治集团对农民的屠杀和压迫掠夺，也直接造成了广大东南地区的萧条。

（三）土地兼并加剧

南宋的土地兼并达到两宋的白热化时期，“至于吞噬千家之产业，连亘数路之阡陌，岁入号百万斛，则开辟以来未之有也。亚乎此者又数家焉”②。大批农民或沦为佃农，或流离失所，使大片良田荒废。如“二广之地广袤数千里，良田多为豪猾之所冒占，力不能种。湖北路平原沃壤十居六七，占者不耕，耕者复相攘夺，故农民多散于末作。淮西安丰军田之荒闲者，视光、黄为尤多，包占之家与吏为市，故包占虽多，而力所不逮”。在淮南，“沿淮之境，闲田旷土，豪民上户凭陵占据……贫困游手之民欲得寸田尺土，服垦垦辟，受制于豪民，不容耕佃”③。问题就在这里：一面是农民无地，一面是地主占地不耕，兼并不但使荒田和破产农民剧增，社会矛盾激化，还使劳动力不能发挥作用，土地无法增殖财富，社会浪费极大，社会财富自然要减少。再者是重新分配了社会财富，兼并使社会财富集中到大地主官僚手中，不但人民深受其害，也加剧了政府的财政危机。福建泉州在宋宁宗以前，田赋尚称充足，号为富州，然而此后 30 年来，官私田产多为地主兼并，“而民间交易，率减落产钱而后售”。日朘月削，泉州七县产钱原计 34700 余贯，到宋理宗末年，失陷 1600 余贯，更主要的是“常赋所入，大不如昔”，遂由富州变为穷州。④

① 真德秀：《西山文集》卷一三《召除户书内引札子一》，《景印文渊阁四库全书》第 1174 册，第 204—205 页。

② 刘克庄撰，王蓉贵、向以鲜校点：《后村先生大全集》卷五一《备对札子·三》，第 1333 页。

③ （清）徐松辑，刘琳、刁忠民、舒大刚、尹波等校点：《宋会要辑稿·食货》六之二九至三〇，第 6102 页。

④ 真德秀：《西山文集》卷一五《申尚书省乞拨降度牒添助宗子请给》，《景印文渊阁四库全书》第 1174 册，第 233 页。

（四）生产关系倒退

剥削与兼并的加剧，引起了阶级关系的变化。

首先是自耕农数量的减少和地位的下降。在古代社会中，自耕农形态最适应当时的生产力条件，北宋经济之所以超过前代，自耕农数量之多是一个重要因素。南宋自耕农大批破产，幸存者也由"上户折为中户，中户折为下户"。漆侠先生的研究表明，北宋时，列入第四等户的自耕农约有物力五六十千，也即有五十亩左右的土地，而南宋的第四等户仅有十亩左右的土地。[①] 自耕农的经济力量大大下降，甚者乃至"贴妻卖子，至无地可容身者……尚何以生财为哉？"[②]连简单再生产尚且难以维持，扩大再生产更无从谈起，无法创造社会财富。足见自耕农阶层的衰落，是南宋社会再生产能力下降、经济萎缩的一个重要的内在因素。

其次是佃农的增多和地位的下降。陆九渊言："所谓农民者，非佃客庄，即佃官庄，其为下户自有田者亦无几。"[③]与自耕农阶层数量减少、经济力量下降的不同之处是，佃农数量增多而社会地位下降。早在绍兴初，南宋政府即规定地主打死佃农，"只配本城"，"由此人命浸轻，富人敢于专杀"[④]。杀人不偿命，仅服轻役，比北宋有关法规更落后。这种情况严重地打击、阻碍了生产力的发展，压抑了农民的生产积极性。宋宁宗时有臣僚报告：

> 江浙号为泽国，田悉腴润，远非瘠地之比。然旱乾为害，视他处特甚，每以惰农苟安，为备不素，固应尔耳。盖耕田之民，田非己有，方春播种，满意秋成，猝罹旱暵，已馘始望，饥号相逼，自救不赡，皇恤苗槁？不过倚锄仰天叹息而已……贫民困矣，为富民之有田者独不能出力贷资，以为农民救旱之助乎？[⑤]

润田变成常旱之田，正是因为土地所有权与劳动者相脱离，农民既缺乏生

---

① 漆侠：《宋代经济史》上册，《漆侠全集》卷三，第322—323页。
② 汪藻：《浮溪集》卷一《行在越州条其时政》，《四部丛刊》初编，第7页。
③ 陆九渊著，钟哲点校：《陆九渊集》卷八《与陈教授书》，第108页。
④ 李心传编撰，胡坤点校：《建炎以来系年要录》卷七五，绍兴四年四月丙午，第1436—1437页。
⑤ （清）徐松辑，刘琳、刁忠民、舒大刚、尹波等校点：《宋会要辑稿·瑞异》二之二九，第2639页。

产、救灾的积极性,也无力兴修水利。陈亮有一段话,进一步说明了南宋农民生产积极性的下降:

> 昔之为农月也,用其力甚勤……今农之惰亦甚矣,方春无事,宜可以用其力,而陂池不塞,湖泺不治,委天之泽,若不足急。四月之间,田有青草,浅耕而易种之。耘耔不虔,嘉种不达,幸其与青草俱活也,指为有秋之望。①

不修水利设施,不精耕细作,不选育良种,完全是听天由命、敷衍了事的生产态度,经济怎能不衰退?透过这一现象,我们看到了农民对剥削压迫的消极反抗,另一方面也反映了农民在赋役剥削下,没有资金、没有能力发展生产。这一生产现象的政治实质,是落后的生产关系阻碍了生产的发展。

手工业的衰退,也与统治腐败、生产关系落后密切相关。其在矿冶业中的表现,主要有两点。

一是官府剥削加重。宋神宗时实行了二八抽分制,即冶户将采掘冶炼的产品十分之二作为矿税缴给政府,其余十分之八自行出卖。南宋时改变了这种适应采掘冶炼业发展性质的制度,如建宁府松溪县的瑞应场,所产银官方与坑户三七分成;所产铅既要卖给官方,又须纳税,"不啻半取矣"②。这已是三七抽分和五五抽分了。更有甚者,处州龙泉县库山坑银是六四抽分,即"六分给官,四分给业主"③。矿税既增二三倍,又没有支配自己产品的自由,矿冶手工业者的生产积极性备受挫伤,矿冶生产又怎能不败落呢?即便是官买矿产,也是低价收买。淳熙十二年(1185),铅山"每岁所得铜数,比往昔十无一二",铜产减少的原因是:

> 昔系是招集坑户就貌平官山凿坑,取垢淋铜,官中为置炉烹炼,每一斤铜支钱二百五十。彼时(引按:指北宋时)百物俱贱,坑户所得有赢,故常募集十余万人昼夜采凿,得铜铅数千万斤……数十年以来,百物翔贵,官不增价收买,坑户失利,散而之他,而官中兵匠不及四百人,

---

① 陈亮著,邓广铭点校:《陈亮集(增订本)》卷三〇《广惠王祈雨文》,第402—403页。
② 赵彦卫撰,傅根清点校:《云麓漫钞》卷二,第28页。
③ (清)徐松辑,刘琳、刁忠民、舒大刚、尹波等校点:《宋会要辑稿·职官》四三之一六八,第4195页。

止得铜八九万斤。①

可见,沉重的剥削、落后的产品分配形式,是矿冶生产衰落的主要原因。

二是官吏压迫严酷。矿冶司"属吏贪残,积成蠹弊,诸处检踏,官吏大为民殃,有力之家悉务辞逊,遂致坑源废绝,矿条湮闭。间有出备工本,为官开浚,元佃之家施工用财,未享其利,而哗徒诬胁,甚至黥配估籍,冤无所诉,此坑冶所以失陷也"②。官吏的残暴贪婪,恶化了与坑户在生产中的关系,致使坑户消极抵抗,不再从事生产活动。官方不思改进生产关系,反而强征民户采炼。蕲州进士冯杰家被强迫指定为炉户后,因官府诛求日增,全家竟被相继迫害而死。③

在其他手工业部门中,也存在着强制性劳役。被征工匠无人身自由,工资微薄,被迫从事繁重的劳役,"比之私家用工,极为劳苦"④。为了反抗,工匠们便采取消极怠工、浪费工料、拒不发挥技术水平等方式,企图使官府不再雇用,"其入役也,苟简纯拙,务阙其技巧,使人之不已知;务夸其工料,使人之不愿为,而亟其斥",这种现象,当时称为"官作"⑤。南宋官营手工业萎缩的重要原因之一即在于此。强征工匠既然不能生产出又多又好的产品,于是又有了强征手工业产品的制度。如"某州竹扇名字著,织扇供官困追捕……供输不办棰楚频,一朝赴水将谁诉?"⑥对名牌产品的强征和对手工业者的残暴压榨,显然破坏了商品生产。

（五）水利设施的废坏

统治的腐败,兼并及大地产的发展,使南宋许多水利设施趋于荒废,直接损害了农业经济。论者多认为南宋水利事业发达,因为这个时期掀起了

---

① （清）徐松辑,刘琳、刁忠民、舒大刚、尹波等校点:《宋会要辑稿·食货》三四之二七,第3746—3747 页。

② 马端临撰,上海师范大学古籍研究所、华东师范大学古籍研究所点校:《文献通考》卷一八《征榷考五》,第 525 页。

③ 《宋史》卷四一《理宗纪一》,第 796 页。

④ 王炎:《双溪类稿》卷二二《上宰执论造甲》,《景印文渊阁四库全书》第 1155 册,第680 页。

⑤ 岳珂撰,许沛藻、刘宇整理:《愧郯录》卷一三《京师木工》,《全宋笔记》第 7 编第 4 册,第140 页。

⑥ 周辉撰,刘永翔、许丹整理:《清波别志》卷上,《全宋笔记》第 5 编第 9 册,第 154 页。

一个废湖为田和围田的高潮，并以围田、湖田的单位亩产量高来说明农业的发展。但我们若用科学的态度去认识这一问题，就会发现上述观点是只见树木，不见森林。事实恰恰相反。

先看湖田。著名的绍兴府鉴湖，水利泽及四方数百年，自北宋末年以来，渐渐为权势之家侵耕强占，变湖为田，乃至鉴湖不复存在，当地自此"水旱灾伤之患，无岁无之矣"①。明州的广德湖，原来能够灌溉七个乡的土地，沿湖的沃壤亩产高达六石，然而自从废湖为田以来，"所收不及前日之半，以失湖水灌溉之利也"②。湖田的发展，严重地破坏了地区的自然水系，使农业蒙受了巨大损失。盲目地改湖造田，不但在战术上得不偿失，在经济战略上更是严重失误，这一行为破坏了生态平衡，必然受到生态经济规律的惩罚。

再看围田。围田的经济效益，有微观与宏观之分。从微观上看，围田能够旱涝保收，稳产高产。有计划地、因地制宜地修建少量的围田是有利可图的。单纯从自然经济角度讲是这样，但在南宋大土地所有制下，性质就发生了变化。围田大多是豪强地主和官府所有，他们为了牟取暴利，大肆围湖造田，遂致宏观失控，把围田之利建立在牺牲附近农田水利基础之上。卫泾曾痛陈道：

> 隆兴、乾道之后，豪宗大姓，相继迭出，广包强占，无岁无之，陂湖之利，日朘月削，已亡几何，而所在围田则遍满矣。以臣耳目所接，三十年间，昔之曰江、曰湖、曰草荡者，今皆田也。③

这样，围田就成了大地主、官府与民争利或壑邻图利的行为。如常州"北滨大江，南连太湖，运河贯其中，两旁支港接续联络，今皆埋塞。傍湖本皆良田，豪民巨室谋取大利，乃于水面围筑成田，则傍湖之水利皆废矣"④。浙西原仰太湖水利，自濒湖围田，数州水利都受到破坏，导致水系紊乱，水路壅塞

---

① 王十朋著，梅溪集重刊委员会编：《王十朋全集·文集》卷二三《鉴湖说》上，第971页。

② （清）徐松辑，刘琳、刁忠民、舒大刚、尹波等校点：《宋会要辑稿·食货》六一之一一〇，第7519页。

③ 卫泾：《后乐集》卷一三《论围田札子·又》，《景印文渊阁四库全书》第1169册，第654页。

④ 黄榦：《勉斋集》卷三七《朝奉郎尚书吏部右曹郎中王公行状》，《景印文渊阁四库全书》第1168册，第433—434页。

的恶劣后果。旱时民田不沾太湖水利而成旱灾，涝时又不能排水入湖而成涝灾，"而民田尽没"。江东路著名的永丰圩，在南宋时不断修缮，结果"自此水患及于宣、池、太平、建康"四州。该圩岁收不过 2 万余石，"而四州岁有水患，所失民租何翅十倍？"①民间损失的产量，则又不下百倍。足见围田是种只顾局部不顾整体，只顾眼前不看长远的错误行为，对南宋的农业经济产生了不良影响。

（六）生态环境的破坏与灾害增多

这方面主要表现在乱砍滥伐对林木造成的毁灭。如临安地区自南宋定都以后，人口剧增，"山林之广，不足以供樵苏。虽佳花美竹，坟墓之松楸，岁月之间，尽成赤地。根柢之微，斫撅皆遍，芽蘖无复可生"②。绿色植被扫劫一空，并殃及根芽，对于保持土壤肥力、涵养水源和水分的循环极为不利。如此恶劣的生态环境和社会环境，势必形成恶性循环。又如两浙明州，"昔时巨木高森，沿溪平地竹木蔚然茂密，虽遇暴水湍激，沙土为木根盘固，淤下不多"。南宋中期以后，"斧斤相寻，靡山不童，而平地竹木亦为之一空"，造成"沙随流而下，淤塞溪流"③。开山伐林，不但破坏植被，雨季还会形成山洪；不但水土流失，并且淤塞下游水路，危及农田水利。至于由此引起的小气候变化、生态失衡等连锁反应对农业经济的不良影响，则是难以估量的。

水利的失修、生态环境的破坏，必然使自然灾害增多。黄榦指出："国家频年以来，常苦旱暵……江西之田，瘠而多涸，非藉陂塘井堰之利，则往往皆为旷土。比年以来，饥旱荐臻，大抵皆陂塘不修之故。"④江西如此，两浙更有过之而无不及。据杭州大学地理系编《浙江水旱灾年表》统计，两浙地区在北宋时期有水灾 28 次，每百年为 19 次，而南宋时则有 49 次，每百年为 34 次；旱灾北宋时有 27 次，每百年为 18 次，南宋时则有 39 次⑤，每百年为

---

① 马端临撰，上海师范大学古籍研究所、华东师范大学古籍研究所点校：《文献通考》卷六《田赋考六》，第 149、147 页。

② 庄绰撰，萧鲁阳点校：《鸡肋编》卷中，第 77 页。

③ 魏岘：《四明它山水利备览》卷上《淘沙》，《丛书集成初编》，中华书局 1985 年版，第 4 页。

④ 黄榦：《勉斋集》卷二五《代抚州陈守·五陂塘》，《景印文渊阁四库全书》第 1168 册，第 272—273 页。

⑤ 杭州大学地理系编：《浙江水旱灾年表》，油印本，第 7—20、82—86 页。

27 次。足见两浙在南宋时的自然灾害远多于北宋时。社会经济,就是处于这种频繁的摧残中。

以上种种情况足以表明,南宋经济势必衰退。南宋末年经济的崩溃,是南宋灭亡的根本原因。

三、两点补充说明

现在我们面临着两个必须解决的问题:一、既然南宋经济是衰退的,而且版图也大大小于北宋,为什么北宋最高的岁入数(宋神宗时)是 6000 万贯,而南宋孝宗时岁入数却是 6500 余万贯,不是高于北宋的岁入数吗? 二、南宋人口不是大有增长吗? 这是论述南宋经济发展者的重要论据。然而,窃以为这里面有假象。

(一)岁入数目问题

南宋财政收入数高于北宋,一方面是剥削加重的结果,这在前边已经谈过。关键在于另一个主要原因必须认识到,即表示这一数字的货币比价问题,也即其中的通货膨胀因素。吴咏言:"一斗之米,向者百钱,今九倍其值矣;一疋之绢,向者三千,今五倍其价矣。"[1]这一方面说明货币大大贬值,一方面说明社会生活资料产量的不足。叶适所说的两浙物价变化是典型事例:"米粟布帛之值三倍于旧,鸡豚菜茹、樵薪之鬻五倍于旧,田宅之值十倍于旧,其便利上腴争取而不置者数十百倍于旧。"[2]关于这方面的材料很多,这里就不列举了。考虑到物价上涨,货币大大贬值,那么南宋政府的岁入数目(其中相当部分是钱、会子,总数目也是以缗钱计算的),就不能与北宋时的岁入数目等价相比。只看表面的绝对值,不看其内在的相对值,显然不能说明问题。

我们当然不能把南宋岁入数目数十倍或数倍地打折。有学者指出:南宋时期"以铜钱标示的物价,或未见明显上涨,或有上涨,但上涨幅度也未超过一倍。考察南宋与物价相关的情况,因时局动荡、政治腐败造成的生产

---

① 吴泳:《鹤林集》卷三九《宁国府劝农文》,《景印文渊阁四库全书》第 1176 册,第381 页。
② 叶适著,刘公纯、王孝鱼、李哲夫点校:《叶适集》卷二《民事中》,第654 页。

衰坏、成本低而面额大的铜钱的铸行等,是促使物价上涨的重要原因。但我们也应看到还存在遏止以铜钱标示的物价上涨的因素,例如,铜钱铸行量的大幅度下跌(南宋铜钱年铸行量从未超过十五万贯,有时则少到只有数万贯),铜钱大量流向海外及被储藏、销毁等,都是对以铜钱标示的物价的上涨起阻碍作用的"[1]。也即如按宋人实际购买能力,南宋比北宋价格尚未达到翻一番的地步。笔者的研究也表明,具有货币职能的银价,南宋时期也比较稳定。北宋前期银价一般是每两一贯,南宋中后期银价一般是每两三贯余,仅上涨三倍多。[2] 如此看来,南宋岁入的实际价值,应当打折扣,估计不会超过北宋岁入的总值。

(二)人口增长问题

南宋有关户口总数字约 36 个,现将几个时期的代表性数字列举如下。

表 6-2　南宋户数变化趋势表

年代	户数	说明	资料来源
绍兴二十九年 (1159)	11091885	南宋第一个户数	徐松:《宋会要辑稿·食货》一一之二八,第 6226 页
淳熙十六年 (1189)	12907438[3]	宋孝宗时最高户数	徐松:《宋会要辑稿·食货》一一之三〇,第 6228 页
绍熙元年 (1190)	12355800	宋光宗时最高户数	王应麟:《玉海》卷二〇《宝元历代户数》,第 406 页
嘉定十六年 (1223)	12670801	宋宁宗时最高户数	马端临:《文献通考》卷一一《户口考二》,第 306 页
德祐二年 1276	11746000	南宋最后一个户数[4]	胡祗遹:《紫山大全集》卷一一《效忠堂记》,《景印文渊阁四库全书》第 1196 册,第 212 页

① 汪圣铎:《南宋晚期物价考论》,《文史》2004 年第 1 辑。
② 程民生:《宋代物价研究》,第 273、284 页。
③ 原文作:"一千二百九十七千四百三十八",漏一"万"字。参考上年数据为"一千一百八十七万六千三百七十三",将"万"字补至"一千二百九十"后,庶几接近。
④ 原版此处以景定五年人口数为南宋最后一个户数,然该数据并不可信,先后受到梁庚尧先生(梁庚尧:《宋代南北的经济地位——评程民生著〈宋代地域经济〉》,《新史学》1993 年第 1 期,第 129—130 页)和吴松弟先生(吴松弟:《中国人口史》第三卷《辽宋金元时期》,复旦大学出版社 2000 年版,第 145—148 页)的指正,现予更正,并致感谢。

北宋末年南方户数有多少呢？据《宋史·地理志》统计，约为11418528户。从数字看，南宋中期户数是北宋南方户数的110%，约增长百万户左右。但这里有些虚假成分在内。

其一，北宋末南方户数实际上高于《宋史·地理志》的统计。首先，在《宋史·地理志》的户口记载中，多数是崇宁户口数，而广东、广西、夔州三路却是元丰时的户数。也就是说有个时间差，这三路20年间的增长户数没有列入统计，当有数万户的差额。

其二，南宋版图比北宋时南方范围大。虽说淮南失去了亳、宿二州，但多了原是北方的襄、随、房、均、郢、金、洮、岷、阶、成、凤州和光化、信阳军、秦州天水县14地。其中洮州、光化军无户数，估计约各有万户左右；天水县户数在秦州总数中，秦州总户数48648户，天水为四县之一的首县，当有万余户。据《宋史·地理志》统计，上列11州军在北宋末的总户数为390244户，减去失陷的亳、宿二州户数221602户，仍有168642户的差额，再加上估计的洮州、光化军、天水县户数3万左右，当有19万余户的差额。也就是说，将北宋末和南宋户口做绝对数比较时，南宋户数应减去19万余户。

其三，南宋户数的增长，相当一部分是北方人户大规模南迁造成的。北宋末至南宋是我国历史上人口第二次大规模南迁的时代，从金兵第一次围开封、靖康南渡直到蒙古南侵，北方人口源源不断地涌向南方逃避战乱。靖康至绍兴和议17年间，随着北方沦陷，宋室南渡，北方士族、百姓如潮水般涌向南方，北方不少地方竟是"州县皆空"[1]，乃至数百里不见人烟。接着金兵两次渡江，"中原士民，扶携南渡，不知几千万人"[2]，乃至"江、浙、湖、湘、闽、广，西北流寓之人遍满"[3]。南宋后期，又是一个长期南迁的高峰。由此可知，南宋人口的增长，一定程度上不是自然增殖，部分是从外部长期、大量流入的。

以上可见，南宋户数的自身增长率也是应当打折扣的。

如果我们把两宋户数增长率做一比较，上述论断就更确切了。从前列数字看，绍兴二十九年（1159）户数为11091885户，宋宁宗嘉定十六年

---

① 《宋史》卷二三《钦宗纪一》，第430页。
② 李心传编撰，胡坤点校：《建炎以来系年要录》卷八六，绍兴五年闰二月壬戌，第1644页。
③ 庄绰撰，萧鲁阳点校：《鸡肋编》卷中，第36页。

（1223）为 12670801 户,64 年间增长率为 114%。而北宋的户数增长率则高得多。宋初第一个全国总户数为 6108635 户①,那么,同样是 64 年后的庆历八年(1048),总户数为 10723695 户,增长率为 175%;再以庆历八年户数为准,62 年后的大观四年(1110)也是北宋的最后一个户数为 20882258 户,增长率为 194%。北宋的两个户口增长率分别比南宋多出 61 个和 80 个百分点。

为了更清楚地看清南宋户口的实际状况及历史地位,让我们把视野扩大,了解一下从东汉到明代前期的户数递增率。

表 6-3　东汉到明代前期的户数升降表

时期				起年户数	止年户数	年平均增长率	资料来源
朝代	起年	止年	中间年数				
东汉	建武中元二年(57)	本初元年(146)	90	4279634	9348227	8.72‰	《后汉书·郡国五》注文,中华书局 1987 年版,第 3534 页
唐朝	武德年间(618—626)(取其中为622)	天宝十四年(755)	133	2000000	8914709	1122‰	杜佑:《通典》卷七《食货七》,第 148、153 页
北宋	太平兴国五年至端拱二年(980—989)(取其中为984)	大观三年(1109)	125	6108635	20882258	9.9‰	起年据乐史:《太平寰宇记》,梁方仲:《中国历代户口、田地、田赋统计》甲表 35,中华书局 2008 年版,第 188 页;止年据《宋史》卷八五《地理志一》,第 2095 页
南宋	绍兴三十一年(1161)	嘉定十六年(1223)	63	11364372	12670801	1.73‰	起年据《建炎以来系年要录》卷一九五,绍兴三十一年十二月末,第 3847 页;止年据马端临:《文献通考》卷一一《户口考二》,第 306 页

① 梁方仲:《中国历代户口、田地、田赋统计》甲表 32 据《太平寰宇记》统计。该书所记系以太平兴国五年至端拱二年(980—989)的版图范围内的户口,这里折中作 984 年。

续表

时期			起年户数	止年户数	年平均增长率	资料来源
朝代	起年	止年	中间年数			
金朝	大定元年(1161)	金朝末年(1234年亡)	以70年计	3000000	9939000	17.17‰	起年据《金史》卷四六《食货志一》,中华书局1975年版,第1035页;止年据嵇璜等撰:《钦定续文献通考》卷一二《户口一》按语,浙江古籍出版社2000年版,第2886页
元朝	至元二十七年(1290)	至顺元年(1330)	41	13196206	13400699	0.38‰	《元史》卷五八《地理志一》,第1346页
明朝	洪武十四年(1381)	永乐元年(1403)	23	10654362	11415829	3.01‰	起年据《明太祖实录》卷一四〇,洪武十四年十一月庚辰,"中央"研究院历史语言研究所1962年校印本,第2216页;止年据《明太宗实录》卷二六,永乐元年十二月壬寅,第488页

说明:本表原为高树林先生所作,转引自《中国史研究》1986年第2期《金朝户口问题初探》。该文刊登时,户数年平均增长率千分比被误排为百分比。本表北宋一栏为笔者重作计算,资料来源一栏等为笔者按现在规范完善并复核。

上表足以说明,在前后近千年的历史中,南宋的户口增长率已降低到了低谷的边缘,而从前边的论述看,其增长率实际上比上表更低。这就再次表明,从南宋到元朝,社会经济是在不断衰退之中。漆侠先生对此早有敏锐的察觉:"如说在封建时代人口的增加和减少,是生产发展与否的一个标志,那么,就两宋而论,一般地说北宋的生产是上升的,而南宋则显得有些迟滞。"[1]

通过以上论述,我们应当对南宋经济有一个较为合乎实际的认识,不宜估计过高。当然,南宋有关史料不免夸大其词,过分强调,也不可否认南宋时期的南方经济有一定时期的(如宋孝宗朝)繁荣,以后也有局部的、个别

---

[1] 漆侠:《两宋政治经济问题》,《漆侠全集》卷八,第424页。

的可喜发展,如临安等城市经济繁荣,个别地区亩产量有所提高,商品经济有所进步、造船量有所增长等。只是这些不能代表整体和总趋势。北宋时,社会生产的发展处于主流,剥削、压迫、兼并等消极因素所造成的阻碍经济发展的一面处于次要地位。但这一消极因素在增长着,到南宋时渐渐成为主要方面。如果说北宋社会摆脱了国有土地制的羁绊,取得了经济量的剧增的话,那么,南宋社会则是陷入了大土地私有制的泥坑,出现了经济质的深化,使南方经济发展受到阻碍。

本 章 结 语

在三百余年的两宋历史中,由于地理环境的差异、历史背景和时代环境不同,全国各地的经济状况千差万别,而且在时间上消长变化多端。从宏观上动态考察宋代地域经济,可以看到以下大势:北宋前期,北方经济很快恢复并向中央提供主要的钱物供应,经济状况至北宋中后期达到新的高峰,北宋末期在朝廷剥削的重压下破产。南方经济在北宋中期开始有了明显的加速发展,至北宋后期历史性地赶上了北方经济,成为中央政府财政的主要来源。靖康以后北方地区纳入金朝,南宋仅有南方一地,虽有一定程度的发展,但多种因素使之呈现出衰退趋势。南宋岁入的实际价值应当打折扣,估计不会超过北宋岁入的总值。南宋的户口增长率在前后近千年的历史中,已降低到了低谷的边缘。

总　论
宋代地域经济特征及地位

一、地域经济的基本特征

　　横向考察宋代地域经济的布局,可看到经济发达和较发达的地区如果从西向东南数的话,那就是成都府路、陕西、河北、开封府、京东、淮南、两浙、江东等地,在版图上略呈"7"字形或上弦新月形。基本特征大体是北强、东富、西南弱。

　　从纵的方面看,与唐代相应地域相比,北方大部分地区在大部分时间内都有新的发展,南方大部分地区都比唐代有显著的发展。北方地区的发展起点较高,南方地区的发展起点较低;北方的发展大体上是持续上升的,南方的发展在北宋中后期达到高峰,以后则放慢了脚步。

　　宋代地域经济还有一个重要特征,即中南部一些地区——指京西路南部、淮南西部、湖北三地的部分地区,与前代相比,整体上地位下降了。宋太宗时,度支判官陈尧叟等人指出:"自汉、魏、晋、唐以来,于陈、许、邓、颍暨蔡、宿、亳至于寿春,用水利垦田,陈迹具在。"①这就表明,京西、淮南的一些地方,此时有不少抛荒地,农业生产落后于前代。宋仁宗时,张方平又说:"今淮扬、许昌、汝南之域,入稀土旷,地力不尽。"②经济状况仍没有多少改

---

　　① 李焘:《续资治通鉴长编》卷三七,至道元年元月,第806—807页。
　　② 张方平:《乐全集》卷一四《食货论·屯田》,《景印文渊阁四库全书》第1104册,第113页。

变。到宋神宗时，除了京西的一些州县有所发展外，荆湖、淮南的一些地方仍然比较落后。王安石说："荆湖、淮南固有地不辟，兼陂塘失修治，或修治不完固，或沟洫圩岸废坏，州县吏失提辖，此地利所以未尽也。"①一直到北宋末年，这种状况依然存在："江、淮、荆、汉间，荒瘠弥望，率古人一亩十钟之地，其堤阏、水门、沟浍之迹犹存。"②开发的浪潮，始终没有遍及这些地方。唐州南邻随州以及西南的金州，熙宁年间甚至废为县。③

下面再看几个具体州郡的实例。如湖北安州，据北宋中期的郑獬说：

> 异时汉溪多鱼矣，不售则反弃诸河，今财充釜而已，是山泽不足以胜纲罟；异时南山多薪矣，凡民得樵矣，今相斗于丛薄间，是山林不足以胜斧斤；异时梦泽多稻矣，邻里不相求，今持券而往，无所货矣，是田畴不足以胜食。④

可见安州的自然资源大为减少，生产衰退。淮南的黄州，唐代有 2 万户，税钱征收 3 万贯；宋真宗时，户数不满 1 万，税钱只有 6000 贯，"虽久乐升平，尚未臻富庶"⑤。与唐代有相当大的差距。再如京西襄州，据北宋后期的陈师道言："襄阳承唐乱，地荒民散，林篁翳塞。"⑥也是不如唐代。

淮南扬州地位的衰落更为明显，洪迈对比其变化说：

> 唐世盐铁转运使在扬州，尽斡利权……商贾如织，故谚称"扬一益二"，谓天下之盛，扬为一而蜀次之也……自毕师铎、孙儒之乱，荡为丘墟。扬行密复葺之，稍成壮藩，又毁于显德。本朝承平百七十年，尚不能及唐之什一。今日真可酸鼻也。⑦

扬州的鼎盛，经唐末之乱而一蹶不振，北宋时的扬州远远赶不上唐代。张舜民于元丰年间看到："大率今之所谓扬州者，视故地东南一角，无虑四分之一尔。其唐室故地皆榛莽也。"⑧城区面积只是唐代的四分之一，从城市规

---

① 李焘：《续资治通鉴长编》卷二一四，熙宁三年八月丙子，第 5211 页。

② 《宋史》卷九六《河渠志六》，第 2388 页。

③ 李攸：《宋朝事实》卷一八《升降州县一》，第 280 页。

④ 郑獬：《郧溪集》卷一七《虎说》，《景印文渊阁四库全书》第 1097 册，第 274—275 页。

⑤ 王禹偁：《小畜集》卷二二《黄州谢上表》，《四部丛刊》初编，第 9 页。

⑥ 陈师道撰，李伟国校点《后山谈丛》卷三，第 42 页。

⑦ 洪迈撰，孔凡礼点校：《容斋随笔》卷九《唐扬州之盛》，第 123—124 页。

⑧ 张舜民撰，黄宝华整理：《郴行录》卷上，《全宋笔记》第 8 编第 10 册，第 274 页。

模方面具体地说明了衰败程度。到南宋则更为残破，达到令人视之心酸的地步。

中南部这些地区的衰弱，多是前代已造成的局势，而宋代没有能够恢复。就扬州而言，一是与政治地理的变迁有关，如扬州地位由真州取代；二是两浙等地经济的迅速发展，使这些地区失去了吸引力。

综观全局，传统的北方经济仍有优势，并有新的发展；东南大部分地区发展很快，在北宋中期已形成又一个经济重心，但是一跃之后，没有进一步发展，局部反而有所衰退。福建、广东、广西等地发展迅速，只是原有基础差，还不能赶上北方和东南地区。以成都府路为中心的四川地区也有发展，甚至有"蜀自秦以来，更千余年，无大兵革。至于本朝，侈繁巨丽，遂甲于天下"①之语，但经济地位却没有提高，唐代所谓的"扬一益二"——成都府富庶天下第二的地位也不复存在。中南部的一些地区整体上发展不大，有的州郡还落后于前代。总的来说，宋代地域经济发展的大势是：周边发展，中间迟滞，呈盘状形态。

二、各地收入所反映的经济状况及地位

要对各地区经济地位做一个精确的排列，由于史料的限制是不可能的。但通过对各地财政收入的考察，则可以大致看出其经济状况和地位。因此，我们以宋神宗时期为定点，将当时各路的六项赋税收入数字列表如下。

表1　宋神宗时各地主要赋税数目表

地区	二税（贯石匹两等）	商税（贯）	盐税（贯）
开封府①	4055087	555180	—
京东路	3000901	787198	180140
京西路	4063870	431272	—
河北路	9152000	854785	238900
陕西路	5805114	742021	177939

---

① 文天祥著，熊飞等校点：《文天祥全集》卷九《衡州上元记》，第345页。

地区	二税 （贯石匹两等）	商税（贯）	盐税（贯）
河东路	2372187	262933	103989
淮南路	4223784	781276	1355686
两浙路	4799122	867714	1117720
江东路	3963169	361811	1107685
江西路	2220625	248520	1414556
湖北路	1756078	188313	939130
湖南路	1816612	178298	806795
福建路	1010650	264897	263067
广东路	765715	249803	513520
广西路	438618	139846	93976
成都路	926732	362907	—
梓州路	834187	174177	53280③
利州路	665306	181696	—
夔州路	141182	115488	—
资料来源	马端临:《文献通考》卷四《田赋考四》,第103—106页	徐松:《宋会要辑稿·食货》一五至一七,第6293—6349页	徐松:《宋会要辑稿·食货》二二、二三,第6463—6497页

说明:①包括东京。②原为铁钱,此数已折为铜钱。③未注明是铁钱,此按铜钱计。

地区	酒税 （以贯为主）	茶税（贯）	免役钱 （贯石匹两等）	序列
开封府	241636①	86273	112953	8
京东路	1524044	52814	586051	6
京西路	1118350	47939	283962⑤	7
河北路	1916609	59233	1136917	1
陕西路	2489699	39770	1367554	2
河东路	709121	13327③	525372	10
淮南路	1261955	63903	843030	4
两浙路	1897063	51009	805844	3
江东路	450691	14983	386856	5

续表

地区	酒税 （以贯为主）	茶税（贯）	免役钱 （贯石匹两等）	序列
江西路	212778	10231	390661	9
湖北路	481914	14761	318664	11
湖南路	141467	6055	395883	12
福建路	46177	2109	374398	14
广东路	—	477	230354	15
广西路	—	942	206396	18
成都路	96096 ②	20134 ④	2066818	13
梓州路	48351	4846	1454907	16
利州路	22794	5064	1295835	17
夔州路	—	2572	498178	19
资料来源	徐松：《宋会要辑稿·食货》一九，第6391—6416页	徐松：《宋会要辑稿·食货》二九之一五至一六，第6684页	—	—

说明：①此为卖曲钱。②④原为铁钱，此数已折为铜钱。③其中原有铁钱1744贯，按1.5∶1折为铜钱。⑤仅有京西南路数字，京西北路数字缺漏。

在上表数字中，北方地区六地总数为45095140单位，南方地区十三地总数为45811325单位，南方多出71万余。但北方的免役钱中缺漏了京西北路的钱数，若比照京西南路数字，至少当有30万左右的数字补添，四川地区的二税和免役钱中所含钱数是铁钱，因不知具体数目无法抽出折算，但在估计时应打折扣。如此，南北双方的数字当不相上下。

史学界所说的宋代"经济重心南移"，确切地讲是指移往东南地区，即两浙、淮南、江东、江西、湖南、湖北。这六路总数为35884642单位，比北方地区少920万余，仅是北方数字（如上所述，不是总数）的79.6%。

各地绝对数字的排列，大体可反映出各地在某些方面的地位。现代经济学越来越注重国民人均产值，被认为是能真正反映各地经济状况和实力的标尺。宋代当然没有这类概念和数据，但看一下宋代户均赋税值，当也有相似的意义。南北方绝对经济数字的多少，除了幅员不同外，还有自然环境等因素在内，但户均多少，则反映了社会经济的优势。现将上表得出的总数与元丰初的户数统计如下。

表2　各路赋税数与户数比较表

地区	赋税数	户数	户均	序列
开封府	5051129	235599	21.4	1
京东路	6131148	1359666	4.5	10
京西路	5945393	916640	6.49	5
河北路	13358444	1232659	10.8	2
陕西路	10622097	1355844	7.8	3
河东路	3985929	576189	6.9	4
淮南路	8529634	1357064	6.2	6
两浙路	9538472	1778953	5.3	9
江东路	6285195	1127311	5.5	8
江西路	4497371	1287136	3.49	13
湖北路	3698860	657583	5.6	7
湖南路	3345110	871214	3.83	12
福建路	1961298	1043889	1.8	19
广东路	1759869	579253	3.03	16
广西路	879778	259382	3.4	14
成都路	2066818	864403	2.3	17
梓州路	1454907	478171	3.04	15
利州路	1295885	336248	3.85	11
夔州路	498178	254361	1.9	18

这样一来,各路的地位就发生了大变化。北方地区除开封府情况特殊外,京东与河东交换了位置,河北、陕西地位仍位居前列。东南地区的地位则大降,两浙由收入第三位降至第九位。福建由第十四位降至最后一位。北方地区户均7.9赋税单位,南方地区户均4.2赋税单位。当然,这也不可能是很客观的地位排列,但有一定的参考价值,使我们得到一些新的启示。

还要说明的是,号称陆海的成都府路,水土肥美,物产富饶,手工业发达,转运使的地位仅次于西北三路,远高于两浙等东南诸路。但其有关数据却排在两广之后,恐怕不是经济状况和财政实力的客观事实,而是宋政府主观的政策优惠所致,似有"藏富于蜀"的战略意图。尽管由于人口压力,有

"蜀人丰年乃得米食,平时但食豆芋等"之说,①但居民生活舒适,幸福指数高,有关评价不应被具体数字迷惑。再者,由于北方地区剥削率高于南方地区,所以上述北方的数字与实际经济状况有所不同,会稍低些。但上列数字只反映了地方经济,不是地区经济,不包括在地方经营的官营手工业和官营畜牧业,而这两项产业在北方地区有绝对的优势,其产值当大大加强北方的经济地位。同样,淮南有最大的官营盐场,广东韶州有最大的冶铜基地,其地区经济地位也相应有所提高。

综合上述情况,可大致排列出三个类型的地区。

经济发达地区:河北路、陕西路、两浙路、淮南路、京东路、江东路、开封府、成都府路。

经济一般地区:江西路、河东路、湖北路、湖南路、福建路、广东路、梓州路、京西路。

经济落后地区:利州路、广西路、夔州路。

三、地域经济的四种形态

宋代一京十八路,经济状况各异,但大区域间还是有共同规律可循的,主要从财政角度而言,大致可分为四种经济形态。

1.国防经济。河北、陕西、河东三路,地处边防,经济活动受国防局势制约,财政为军队服务。西北三路大部分地区是历史上的经济发达区,有着优良的生产传统和雄厚的经济基础。虽然战火频仍,有相当部分劳动力和劳动时间消耗于战争之中,一些土地因国防关系不能充分利用,但劳动力素质和生产率高,大部分地区土地肥沃,宋政府注重发展其经济,所以能在战场的边沿和战争的间隙顽强地发展生产。农业、手工业、商业、畜牧业都较为发达,为宋代历史发展提供了最多和较多的人力、物力,为宋代国防奠定了雄厚的物质基础,并使战争局限在西北地区,保障了内地社会经济的正常发展,这是难以用价值单位来估算的巨大贡献。西北地区经济的突出特点,就是具有很强的负重力和再生力。可谓隐形发展。

---

① 杨仲良:《皇宋通鉴长编纪事本末》卷六八《青苗法上》,第2210页。

2. 供应经济。两浙、淮南、京东、江东、江西、成都府路等地,为经济发达和较发达之地。两浙、淮南、京东三路的大部分地区土地肥沃,水源充足,自然条件和社会环境优良,劳动力比较充沛,物产丰富,农业、手工业、商业都是发达或较发达的。加以驻军少,地方负担比较轻,能提供大量的上供物资,成为中央财政的重要支柱。江南路虽不算发达,但劳动力充足,地方负担轻,也能向中央提供一定数量的钱物。可谓显形发展。

3. 自给经济。梓州路、福建、荆湖南北、京西南北、广东等地,地方经济实力一般,在全国国民经济中不占重要地位。基本上是自给自足,因地而异,既有一定的上供物资,也有需要外地粮食补助者(如福建)。可谓缓性增长。

4. 落后经济。广西、利州路、夔州路,或土旷人稀,或穷山恶水,劳动力缺乏,生产力低下,生产方式落后,满足于低层次的温饱,消费有限,开发程度很低。虽然也尽上供义务,但数量很少,财政经济意义不大。可谓静态保持。

前两种经济形态与后两种经济形态的区别,是发展程度的差别;前两种经济形态之间的区别,是财政方面的差别,也就是说,国防经济区的财政收入是吸收消化型的,供应经济区的财政收入是外流上供型的。北方经济主要是国家消费、军事消耗、战争毁坏突出,东南及成都府路主要是民间消费突出。所以说,北方经济有消耗型的特点,南方经济有消费型的特点。是为社会历史的地域经济分工所致。

开封府作为京师所在,有其独特的经济形态。这里是手工业、商业最集中、最发达之地,是金融的中心,适应京城需要的多种经营也较发达。而农业历来不是京郊发展的主要内容,故无突出之处。开封府在经济上的地位和作用,高于任何其他地区,正所谓秤砣虽小压千斤。其经济形态,可称作大都市经济。

四、南北经济比较及经济重心问题

站在史料的高坡上,我们观南看北,可以就北宋地域经济做一大致的宏观比较。

我们看到,当南方经济血气方刚之时,北方经济正老当益壮,南方经济的朝晖和北方经济的晚霞同样辉煌壮丽。北方的昌盛之光并未消失,只是蒙上一层战火的硝烟,加以南方朝霞的映照,不再那么引人注目了。南方昌盛的光辉以新鲜而悦目,但在北宋末和南宋时期却为阴云所遮盖,不再那么灿烂了。北方代表了传统经济的优势,南方代表了经济发展的方向。从社会环境角度而言,北方经济前进的步伐伴随着雄壮悲怆的旋律,南方经济前进的步伐伴随着轻快流畅的旋律。如果说北方经济是由平台开始爬坡,那么南方经济是由低地开始爬坡。北方经济发展速度慢,南方经济发展速度快,但发展速度不等于经济现状,由于起点不同,北宋时期的东南经济只是接近或赶上了北方的高度,还未能在整体上超过。以太湖流域为代表的东南经济特点是密集,北方则相对松散,但普遍水平较高,可以说北方经济是高原和平地,南方经济是山脉,有高峰,也有低谷,不平衡性很突出,整体就比较弱。即使在东南地区,在两浙、淮南,经济发展也是很不平衡的。

之所以说宋代是经济大发展的时代,在地域经济上就表现为南方经济的强劲崛起和北方经济的尚未没落,所以能左右逢源,而绝不只是建立在东南经济基础之上的。如按经济重心南移、北方经济衰弱而言,那么一发展一衰弱,宋代经济的大发展岂不是互相抵消了吗?北方地区只是由于疆域的缩小削弱了经济区,由此带来的最大损失是畜牧业的衰落,而在其他方面还都有不同程度的发展,不但与汉唐之盛有连续性,而且克绍箕裘,不少方面还达到了新的高度。北方经济的发达,是在地理环境、社会环境不如南方的背景下实现的,充分说明其发挥的是传统优势和人的主观能动性优势。

概括而言,北宋时期南北经济各有特色。经济重心从发展趋势上看正在加快南移,但从历史现状上看还未完成。东南经济只能与北方经济平分秋色,而不能独占鳌头。中国古代经济由北方的独唱,到由南方的伴唱,最终到宋代与南方合唱。经济重心在南移的历史过程中,要受到政治、经济中心和军事重心的牵制,也受到地域经济的传统牵制。宋代的经济活动重心在北方,北方经济地位也受此强化。忽视当时的社会环境和历史基础,忽视西北地区的国防经济形态,就难以对宋代的地域经济做出客观的评价。

事实上,以经济重心为主线的南北经济比较,长期以来不但没有人做过深入系统的对比,而且也是在不平等条件下论述的,也就是说,是在南方地区幅员比北方大得多的情况下比较的。即使是这样,我们的研究大致也能说明北宋时期经济重心的南移还没有完成,东南地区的经济也还没有超过北方。如果扩大视野,以现今的版图而论,加上当时的辽、夏两地区,对比情况就会更明显一些,在我国历史中经济重心的天平上,当时会向北方倾斜。

2019. 3. 30 第一稿

2019. 8. 28 第二稿

2020. 4. 11 第三稿

2020. 4. 17 第四稿

2020. 7. 18 第五稿

2020. 12. 30 定稿

附　录

宋今地名对照表

（以宋代地名首字拼音为序）

说明：1.本表地名仅限于本书出现者。2.所有地名均指治所。3.除个别特殊地点外，宋地名仅列州县两级，今地名列省市或省县两级，唯宋县今地改为城市建制区者，则列省市区三级。4.宋州县治所与今不同者，今地名仅标注所在方位。5.州治所在县单出者，今地另出。6.县名非单字及少数民族自治县者，省略县字。

宋代地名	现代地名
A	
安平	河北安平
安吉州	浙江湖州
安庆府	安徽潜山
安肃军	河北保定徐水区
安溪	福建安溪
安州	湖北安陆

B

巴西	四川绵阳
巴州	四川巴中
霸州	河北霸州
白马	河南滑县
白水	陕西白水
白土镇	安徽萧县南
板桥镇	山东胶州
褒城	陕西汉中北
宝丰	河南宝丰
保安军	陕西志丹
保州	河北保定
贝州	河北清河
邠州	陕西彬州
宾州	广西宾阳
博州	山东聊城

C

蔡州	河南汝南
沧州	河北沧州东南
曹州	山东菏泽南
岑水	广东翁源西北
澶州	河南濮阳
昌化	海南儋州西北
昌州	重庆大足区
长溪	福建霞浦
长乐	福建福州长乐区
长社	河南许昌
长垣	河南长垣南

常熟	江苏常熟
常州	江苏常州
潮州	广东潮州
郴州	湖南郴州
辰州	湖南沅陵
陈留	河南开封东南
陈州	河南周口淮阳区
成都府	四川成都
成武	山东成武
成州	甘肃成县
池州	安徽贵池
楚州	江苏淮安
处州	浙江丽水
春州	广东阳春
崇安	福建武夷山
崇阳	湖北崇阳
慈溪	浙江慈溪
慈州	山西吉县
磁州	河北磁县

D

达州	四川达州
大安军	陕西宁强西北
大名府	河北大名
大宁监	重庆巫溪
大冶	湖北大冶
代州	山西代县
丹阳	江苏丹阳
儋州	海南儋州
砀山	安徽砀山

宕州	甘肃宕昌东南
道州	湖南道县
德安	湖北安陆
德化	福建德化
德顺军	宁夏隆德
德兴	江西德兴
德州	山东德州
邓城	湖北襄阳北
邓州	河南邓州
登州	山东蓬莱
棣州	山东惠民
叠州	甘肃迭部东南
定边城	陕西定边
定西	甘肃定西
定州	河北定州
端州	广东肇庆

E

峨眉	四川峨眉山
鄂州	湖北武汉

F

方城	河南方城
坊州	陕西黄陵
房州	湖北房县
汾州	山西汾阳
分宁	江西修水
丰州	山西河曲西
封州	广东封开
凤翔府	陕西凤翔

凤州　　　　　陕西凤县

奉化　　　　　浙江宁波奉化区

奉新　　　　　江西奉新

符离　　　　　安徽宿州埇桥区

鄜州　　　　　陕西富县

涪州　　　　　四川涪陵

符文镇　　　　四川乐山西南

福清　　　　　福建福清

福州　　　　　福建福州

府州　　　　　陕西府谷

复州　　　　　湖北天门

富平　　　　　陕西三原北

富阳　　　　　浙江杭州富阳区

G

赣州　　　　　江西赣州

高陵　　　　　陕西高陵

高阳　　　　　河北高阳东

高邮　　　　　江苏高邮

高州　　　　　广东高州

藁城　　　　　河北石家庄藁城区

缑氏　　　　　河南偃师东南

谷城　　　　　湖北谷城

巩州　　　　　甘肃陇西

共城　　　　　河南辉县

馆陶　　　　　河北馆陶

管城　　　　　河南郑州

光化军　　　　湖北老河口北

光州　　　　　河南潢川

广德军　　　　安徽广德

广济军	山东定陶北
广平	河北广平
广都	四川成都天府新区
广信军	河北保定徐水区西
广州	广东广州
归州	湖北秭归
贵州	广西贵县
桂阳	湖南桂阳
桂阳军	湖南桂阳
桂州	广西桂林
崞县	山西原平北
虢州	河南灵宝
果州	四川南充

H

海陵	江苏泰州
海州	江苏连云港
解州	山西运城
汉阳军	湖北武汉汉阳区
汉阴	陕西汉阴西南
汉州	四川广汉
杭州	浙江杭州
濠州	安徽凤阳北
合州	重庆合川区
和州	安徽和县
河阳	河南孟州南
河阴	河南孟津东
河中府	山西永济西
河州	甘肃临夏回族自治州
贺州	广西贺州

衡州	湖南衡阳
洪州	江西南昌
湖州	浙江湖州
鄠县	陕西西安鄠邑区
华亭	上海松江
华州	陕西华县
滑州	河南滑县
化州	广东化州
怀安军	四川金堂东南
怀州	河南沁阳
寰州	山西朔州东
黄陂	湖北黄陂
黄岩	浙江台州黄岩区
黄州	湖北黄冈黄州区
湟州	青海乐都
徽州	安徽歙县
会州	甘肃靖远
惠州	广东惠州
火山军	山西府谷北
获鹿	河北鹿泉
虹县	安徽泗县

J

积石军	青海贵德
吉阳军	海南三亚
吉州	江西吉安
集州	四川巴中
济源	河南济源
济州	山东巨野
稷山	山西稷山

绩溪	安徽绩溪
冀州	河北衡水市冀州区
葭芦寨	陕西佳县
嘉州	四川乐山
简州	四川简阳
建昌军	江西南城
建州	福建建瓯
江都	江苏扬州
江陵府	湖北荆州
江宁府	江苏南京
江州	江西九州
将乐	福建将乐
绛州	山西新绛
阶州	甘肃陇南武都区
介休	山西介休
金华	浙江金华
金乡	山东金乡
金州	陕西安康
晋州	山西临汾
京兆府	陕西西安
泾县	安徽泾县西北
泾阳	陕西泾阳
泾州	甘肃泾川北
荆门军	湖北荆门
荆南	湖北荆门
井研	四川井研
靖安	河北深州南
靖州	湖南靖州苗族侗族自治县
均州	湖北丹江口
筠州	江西高安

钜鹿	河北巨鹿

K

开封府	河南开封
开州	重庆开州区
夔州	重庆奉节

L

莱芜	山东济南莱芜区东北
莱州	山东莱阳
朗州	湖南常德
雷州	广东海康
耒阳	湖南耒阳
黎阳	河南浚县
黎州	四川汉源北
澧州	湖北澧县
醴泉	陕西礼泉东
醴陵	湖南醴陵
利州	四川广元
栎阳	陕西西安阎良区
连州	广东连州
涟水军	江苏涟水
廉州	广西合浦
辽山	山西左权
临安县	浙江杭州临安区
临安府	浙江杭州
临江军	江西清江
临淮	江苏泗洪南
麟州	陕西神木
灵河	河南滑县西南

灵州	宁夏灵武
陵州	四川仁寿
柳州	广西柳州
六合	江苏南京六合区
龙泉	浙江龙泉
龙州	四川平武东南
隆德府	山西长治
陇州	陕西陇县
庐陵	江西吉安
庐州	安徽合肥
泸州	四川泸州
鲁山	河南鲁山
潞州	山西长治
洛阳	河南洛阳
隆州	四川仁寿

M

茂州	四川茂汶羌族自治县
眉州	四川眉山
梅州	广东梅州
郿县	陕西眉县
孟州	河南孟州南
密县	河南新密
密州	山东诸城
绵州	四川绵阳
岷州	甘肃岷县
明州	浙江宁波
洺州	河北永年东
睦州	浙江建德东

N

南安军	江西大余
南城	江西南城
南恩州	广东阳江
南剑州	福建南平
南康军	江西庐山
南林	浙江湖州南浔区
南陵	安徽南陵
南皮	河北南皮
南雄州	广东南雄
南阳	河南南阳
宁化军	山西静乐北
宁陵	河南宁陵西
宁州	甘肃宁县

P

潘原	甘肃平凉东
彭州	四川彭州
蓬州	四川营山西北
毗陵	江苏常州
郫县	四川成都郫都区
平定	山西平定
平江府	江苏苏州
平阳	浙江平阳
平阴	山东平阴
冯翊	陕西大荔
萍乡	江西萍乡
莆田	福建莆田
蒲圻	湖北蒲圻

蒲州	山西永济西
濮州	山东甄城北
普州	四川安岳

Q

郪县	四川三台
齐州	山东济南
蕲州	湖北蕲春东北
乾宁军	河北青县
汧阳	陕西千阳西北
虔州	江西赣州
钦州	广西钦州
秦州	甘肃天水
清河	河北清河西
青涧城	陕西清涧
青堂	青海西宁
青州	山东青州
邛州	四川邛崃
琼州	海南海口
朐山	江苏连云港西南
渠州	四川渠县
衢州	浙江衢州
曲沃	山西曲沃
全州	广西全州
泉州	福建泉州

R

穰县	河南邓州
饶阳	河北饶阳
饶州	江西波阳

戎州	四川宜宾东北
荣州	四川荣县
容城	河北容城
容州	广西容县
融州	广西融水苗族自治县
汝州	河南汝州
芮城	山西芮城
瑞州	江西高安
润州	江苏镇江

S

三原	陕西三原北
沙县	福建沙县
沙河	河北沙河
山阳	江苏淮安
陕州	河南三门峡
鄯州	青海西宁
商洛	陕西商洛
商州	陕西商洛商州区
上党	山西长治
上饶	江西上饶
上元	江苏南京
韶州	广东韶关
邵武军	福建邵武
邵州	湖南邵阳
深泽	河北深泽
深州	河北深州南
嵊县	浙江嵊州
施州	湖北恩施土家族苗族自治州北
石门镇	浙江嘉兴石门

石泉军	四川北川羌族自治县
石州	山西离石
松溪	福建松溪
寿州	安徽凤台
舒州	安徽潜山
蜀州	四川崇州
顺安军	河北高阳东
朔州	山西朔州
水洛城	甘肃庄浪
汜水	河南荥阳西
泗州	江苏盱眙
苏州	江苏苏州
苏稽镇	四川乐山西北
睢阳	河南商丘
随州	湖北随州
遂州	四川遂宁

T

台州	浙江台州
太湖	安徽太湖
太平	安徽黄山市黄山区
太平州	安徽当涂
太原	山西太原
泰和	江西太和
泰州	江苏泰州
潭州	湖南长沙
唐州	河南唐河
洮州	甘肃临潭
藤州	广西藤县东北
天台	浙江天台

汀州	福建长汀
通利军	河南浚县东北
通远军	甘肃陇西
通州	江苏南通
同州	陕西大荔
铜山	四川三台西南
潼川府	四川三台

W

宛亭	山东菏泽西南
万安	海南万宁
万州	重庆万州区
王屋	河南济源西
韦城	河南滑县东
潍州	山东潍坊
卫州	河南卫辉
尉氏	河南尉氏
渭南	陕西渭南
渭州	甘肃平凉
魏州	河北大名
温州	浙江温州
乌程	浙江湖州
武德	河南沁阳
巫山	重庆巫山
无为军	安徽无为
吴堡寨	陕西吴堡
吴山	陕西宝鸡陈仓区
梧州	广西梧州
武岗军	湖北武冈
武宁	江西武宁

婺州	浙江金华

X

西安州	宁夏海原
西宁州	青海西宁
熙州	甘肃临洮
歙州	安徽歙县
隰州	山西隰县
峡州	湖北宜昌
咸平	河南通许
咸阳	陕西咸阳东北
宪州	山西静乐
相州	河南安阳
襄城	河南襄城
襄邑	河南睢县
襄州	湖北襄阳
祥符	河南开封
小溪	四川遂宁
忻州	山西忻州
新息	河南息县
新州	广东新兴
行唐	河北行唐
信州	江西上饶
邢州	河北邢台
兴国军	湖北阳新
兴化军	福建莆田
兴元府	陕西汉中
兴州	陕西略阳
雄州	河北雄县
秀州	浙江嘉兴

徐州	江苏徐州
许州	河南许昌
叙州	四川宜宾东北
宣州	安徽宣城
洵阳	陕西旬阳北
浔州	广西桂平
循州	广东龙川
浚州	河南浚县

Y

崖州	海南三亚崖州区
雅州	四川雅安
鄢陵	河南鄢陵
延州	陕西延安
兖州	山东兖州
扬州	江苏扬州
阳城	山西阳城
阳谷	山东阳谷
阳翟	河南禹州
洋州	陕西洋县
耀州	陕西铜川耀州区
叶县	河南叶县
宜春	江西宜春
仪州	甘肃华亭
沂州	山东临沂
宜城	湖北宜城
宜州	广西宜山
伊阳	河南嵩县西南
弋阳	江西弋阳
易州	河北易县

益州	四川成都
银州	陕西米脂西北
瀛州	河北河间
郢州	湖北钟祥
颍州	安徽阜阳
应州	山西应县
邕州	广西南宁
雍丘	河南杞县
雍州	陕西西安
永春	福建永春
永康军	四川都江堰
永宁	河南洛宁
永新	江西永新
永兴军	陕西西安
永州	湖南永州
禹城	山东禹城
盂县	山西盂县
渝州	重庆
郁林州	广西玉林
沅州	湖南芷江侗族自治县
垣曲	山西垣曲东南
袁州	江西宜春
原州	甘肃镇原
岳州	湖南岳阳
越州	浙江绍兴
云阳	陕西三原西
云州	山西大同
郓城	山东郓城东
郓州	山东东平

Z

漳州	福建漳州
昭州	广西乐平
赵城	山西洪洞北
赵州	河北赵县
柘城	河南柘城北
珍州	贵州正安西北
真定府	河北正定
真州	江苏仪征
镇戎军	宁夏固原
镇州	河北正定
正平	山西新绛
郑州	河南郑州
忠州	重庆忠县
诸暨	浙江诸暨
朱阳	河南灵宝西南
资州	四川资中
淄州	山东淄博南
梓州	四川三台

参 考 文 献

1.（汉）司马迁：《史记》，中华书局 1982 年版。

2.（汉）氾胜之著，万国鼎辑释：《氾胜之书辑释》，农业出版社 1980 年版。

3.（唐）杜佑撰，王文锦、王永兴、刘俊文、徐庭云、谢方点校：《通典》，中华书局 1988 年版。

4.（唐）李肇：《唐国史补》，上海古籍出版社 1979 年版。

5.（唐）刘恂著，鲁迅校勘：《岭表录异》，广东人民出版社 1983 年版。

6.（后晋）刘昫：《旧唐书》，中华书局 1975 年版。

7.（宋）包拯撰，杨国宜校注：《包拯集校注》，黄山书社 1999 年版。

8.（宋）毕仲游撰，陈斌点校：《西台集》，中州古籍出版社 2005 年版。

9.（宋）边实：《咸淳玉峰续志》，《宋元方志丛刊》，中华书局 1990 年版。

10.（宋）不著撰人，张珍玉、韩成仁、周仕明点校：《调燮类编》，人民卫生出版社 1990 年版。

11.（宋）不著撰人：《两朝纲目备要》，《景印文渊阁四库全书》，台湾商务印书馆 1986 年版。

12.（宋）蔡絛撰，冯惠民、沈锡麟点校：《铁围山丛谈》，中华书局 1983 年版。

13.（宋）蔡襄著，吴以宁点校：《蔡襄集》，上海古籍出版社 1996 年版。

14.（宋）蔡幼学：《育德堂奏议》，中华书局 1987 年版。

15.（宋）曹勋：《北狩见闻录》，《丛书集成初编》，中华书局 1991 年版。

16.（宋）曹勋：《松隐集》，《景印文渊阁四库全书》，台湾商务印书馆 1986 年版。

17.（宋）曾丰：《缘督集》，《景印文渊阁四库全书》，台湾商务印书馆 1986 年版。

18.（宋）曾巩撰，陈杏珍等点校：《曾巩集》，中华书局 1984 年版。

19.（宋）曾巩撰，王瑞来校证：《隆平集校证》，中华书局 2012 年版。

20.（宋）曾敏行著，朱杰人标校：《独醒杂志》，上海古籍出版社 1986 年版。

21.（宋）晁补之：《鸡肋集》，《景印文渊阁四库全书》，台湾商务印书馆 1986 年版。

22.（宋）陈淳：《北溪大全集》，《景印文渊阁四库全书》，台湾商务印书馆 1986 年版。

23.（宋）陈傅良著，周梦江点校：《陈傅良先生文集》，浙江大学出版社 1999 年版。

24.（宋）陈景沂编辑，祝穆订正，程杰、王三毛点校：《全芳备祖》，浙江古籍出版社 2014 年版。

25.（宋）陈均编，许沛藻、金圆、顾吉辰、孙菊园点校：《皇朝编年纲目备要》，中华书局 2006 年版。

26.（宋）陈亮著，邓广铭点校：《陈亮集（增订本）》，中华书局 1987 年版。

27.（宋）陈宓：《复斋先生龙图陈公文集》，《续修四库全书》第 1319 册，上海古籍出版社 2002 年版。

28.（宋）陈耆卿：《嘉定赤城志》，《宋元方志丛刊》，中华书局 1990 年版。

29.（宋）陈师道：《后山居士文集》，上海古籍出版社 1984 年版。

30.（宋）陈师道撰，李伟国校点：《后山谈丛》，中华书局 2007 年版。

31.（宋）陈思：《海棠谱》，《丛书集成初编》，中华书局 1991 年版。

32.（宋）陈襄：《古灵集》，《景印文渊阁四库全书》，台湾商务印书馆 1986 年版。

33.（宋）陈岩肖：《庚溪诗话》，《丛书集成初编》，中华书局 1985 年版。

34.（宋）陈与义：《陈与义集》，中华书局 2007 年版。

35.（宋）陈郁撰，赵维国整理：《藏一话腴》，《全宋笔记》第 7 编第 5 册，大象出版社 2016 年版。

36.（宋）陈渊：《默堂先生文集》，《四部丛刊》三编，上海书店出版社 1936 年版。

37.（宋）陈元晋：《渔墅类稿》，《景印文渊阁四库全书》，台湾商务印书馆 1986 年版。

38.（宋）陈元靓：《岁时广记》，《丛书集成初编》，中华书局 1985 年版。

39.（宋）陈造：《江湖长翁集》，《景印文渊阁四库全书》，台湾商务印书馆 1986 年版。

40.（宋）陈长方撰，许沛藻整理：《步里客谈》，《全宋笔记》第 4 编第 4 册，大象出版社 2008 年版。

41.（宋）陈振孙撰，徐小蛮、顾华美点校：《直斋书录解题》，上海古籍出版社

1987 年版。

42.（宋）陈著：《本堂集》，《景印文渊阁四库全书》，台湾商务印书馆 1986 年版。

43.（宋）程珌：《洺水集》，《景印文渊阁四库全书》，台湾商务印书馆 1986 年版。

44.（宋）程大昌：《北边备对》，《丛书集成初编》，中华书局 1991 年版。

45.（宋）程大昌撰，徐培藻、刘宇整理：《演繁露续集》，《全宋笔记》第 4 编第 9 册，大象出版社 2008 年版。

46.（宋）程公许：《沧州麈缶编》，《景印文渊阁四库全书》，台湾商务印书馆 1986 年版。

47.（宋）程颢、程颐著，王孝鱼点校：《二程集》，中华书局 2004 年版。

48.（宋）程俱著，徐裕敏点校：《北山小集》，人民文学出版社 2018 年版。

49.（宋）程颐撰，赵维国整理：《家世旧事》，《全宋笔记》第 2 编第 1 册，大象出版社 2006 年版。

50.（宋）传为丁谓撰，虞云国、吴爱芬整理：《丁晋公谈录》，《全宋笔记》第 1 编第 4 册，大象出版社 2003 年版。

51.（宋）戴复古撰，吴茂云校笺：《戴敏集戴复古集》，浙江大学出版社 2016 年版。

52.（宋）单锷：《吴中水利书》，《丛书集成初编》，中华书局 1985 年版。

53.（宋）邓肃：《栟榈集》，《景印文渊阁四库全书》，台湾商务印书馆 1986 年版。

54.（宋）董弅撰，唐玲整理：《闲燕常谈》，《全宋笔记》第 9 编第 2 册，大象出版社 2018 年版。

55.（宋）窦仪等详定，岳纯之校正：《宋刑统校正》，北京大学出版社 2015 年版。

56.（宋）杜大珪辑：《新刊名臣碑传琬琰之集》，北京图书馆出版社 2003 年版。

57.（宋）杜范：《清献集》，《景印文渊阁四库全书》，台湾商务印书馆 1986 年版。

58.（宋）度正：《性善堂稿》，《景印文渊阁四库全书》，台湾商务印书馆 1986 年版。

59.（宋）范成大著，富寿荪标校：《范石湖集》，上海古籍出版社 2006 年版。

60.（宋）范成大著，孔凡礼辑：《范成大佚著辑存》，中华书局 1983 年版。

61.（宋）范成大撰，孔凡礼点校：《范成大笔记六种》，中华书局 2003 年版。

62.（宋）范成大撰，陆振岳校点：《吴郡志》，江苏古籍出版社 1999 年版。

63.（宋）范纯仁：《范忠宣集》，《景印文渊阁四库全书》，台湾商务印书馆 1986

年版。

64.(宋)范镇撰,汝沛点校:《东斋记事》,中华书局 1980 年版。

65.(宋)范致明撰,查清华、潘超群整理:《岳阳风土记》,《全宋笔记》第 2 编第 7 册,大象出版社 2006 年版。

66.(宋)范仲淹著,李勇先、王蓉贵校点:《范仲淹全集》,四川大学出版社 2002 年版。

67.(宋)范祖禹:《范太史集》,《景印文渊阁四库全书》,台湾商务印书馆 1986 年版。

68.(宋)方大琮:《宋宝章阁直学士忠惠铁庵方公文集》,《中国基本古籍库》,明正德八年方良节刻本。

69.(宋)方逢辰:《蛟峰文集》,《景印文渊阁四库全书》,台湾商务印书馆 1986 年版。

70.(宋)方勺撰,许沛藻、杨立扬点校:《泊宅编》,中华书局 1983 年版。

71.(宋)方岳:《秋崖集》,《景印文渊阁四库全书》,台湾商务印书馆 1986 年版。

72.(宋)冯山:《安岳集》,《景印文渊阁四库全书》,台湾商务印书馆 1986 年版。

73.(宋)傅肱:《蟹谱》,《丛书集成初编》,中华书局 1985 年版。

74.(宋)高晦叟撰,孔凡礼整理:《珍席放谈》,《全宋笔记》第 3 编第 1 册,大象出版社 2008 年版。

75.(宋)高斯得:《耻堂存稿》,《丛书集成初编》,中华书局 1991 年版。

76.(宋)葛胜仲:《丹阳集》,《景印文渊阁四库全书》,台湾商务印书馆 1986 年版。

77.(宋)顾文荐:《负暄野录》,(明)陶宗仪纂:《说郛》,北京市中国书店 1986 年版。

78.(宋)郭彖撰,张剑光整理:《睽车志》,《全宋笔记》第 9 编第 2 册,大象出版社 2018 年版。

79.(宋)韩驹:《陵阳集》,《景印文渊阁四库全书》,台湾商务印书馆 1986 年版。

80.(宋)韩琦:《安阳集》,《景印文渊阁四库全书》,台湾商务印书馆 1986 年版。

81.(宋)韩琦:《韩魏公集》,《国学基本丛书》,商务印书馆 1958 年版。

82.(宋)韩维:《南阳集》,《景印文渊阁四库全书》,台湾商务印书馆 1986 年版。

83.(宋)韩元吉:《南涧甲乙稿》,《丛书集成初编》,中华书局 1991 年版。

84.（宋）何薳撰,张明华点校:《春渚纪闻》,中华书局 1983 年版。

85.（宋）贺铸著,王梦隐、张家顺校注:《庆湖遗老诗集校注》,河南大学出版社 2008 年版。

86.（宋）洪慧撰,黄宝华整理:《冷斋夜话》,《全宋笔记》第 2 编第 9 册,大象出版社 2006 年版。

87.（宋）洪迈撰,何卓点校:《夷坚志》,中华书局 2006 年版。

88.（宋）洪迈撰,孔凡礼点校:《容斋随笔》,中华书局 2005 年版。

89.（宋）洪适、洪遵、洪迈撰,凌郁之辑校:《鄱阳三洪集》,江西人民出版社 2011 年版。

90.（宋）胡宏著,吴仁华点校:《胡宏集》,中华书局 1987 年版。

91.（宋）胡宿:《文恭集》,《景印文渊阁四库全书》,台湾商务印书馆 1986 年版。

92.（宋）胡寅著,尹文汉点校:《斐然集·崇正辩》,岳麓书社 2009 年版。

93.（宋）华岳撰,马君骅点校:《翠微南征录北征录合集》,黄山书社 1993 年版。

94.（宋）华镇:《云溪居士集》,《景印文渊阁四库全书》,台湾商务印书馆 1986 年版。

95.（宋）化振红:《〈分门琐碎录〉校注》,巴蜀书社 2009 年版。

96.（宋）黄朝英撰,陈金林整理:《缃素杂记》,《全宋笔记》第 3 编第 4 册,大象出版社 2008 年版。

97.（宋）黄榦:《勉斋集》,《景印文渊阁四库全书》,台湾商务印书馆 1986 年版。

98.（宋）黄公度:《知稼翁集》,《景印文渊阁四库全书》,台湾商务印书馆 1986 年版。

99.（宋）黄裳:《演山集》,《景印文渊阁四库全书》,台湾商务印书馆 1986 年版。

100.（宋）黄庶:《伐檀集》,《景印文渊阁四库全书》,台湾商务印书馆 1986 年版。

101.（宋）黄庭坚著,刘琳、李勇先、王蓉贵校点:《黄庭坚全集》,四川大学出版社 2001 年版。

102.（宋）黄庭坚撰,黄宝华整理:《宜州家乘》,《全宋笔记》第 2 编第 9 册,大象出版社 2006 年版。

103.（宋）黄休复撰,赵维国整理:《茅亭客话》,《全宋笔记》第 2 编第 1 册,大象出版社 2006 年版。

104.（宋）黄震著,张伟、何忠礼主编:《黄震全集》,浙江大学出版社 2013

年版。

105.（宋）江少虞：《宋朝事实类苑》，上海古籍出版社 1981 年版。

106.（宋）江休复撰，储玲玲整理：《江邻几杂志》，《全宋笔记》第 1 编第 5 册，大象出版社 2003 年版。

107.（宋）金君卿：《金氏文集》，《景印文渊阁四库全书》，台湾商务印书馆 1986 年版。

108.（宋）孔平仲：《谈苑》，《全宋笔记》第 2 编第 6 册，大象出版社 2006 年版。

109.（宋）孔偁：《宣靖妍化录》，（明）陶宗仪纂：《说郛》，北京市中国书店 1986 年版。

110.（宋）孔文仲、孔武仲、孔平仲著，孙永选校点：《清江三孔集》，齐鲁书社 2002 年版。

111.（宋）乐史撰，王文楚等点校：《太平寰宇记》，中华书局 2007 年版。

112.（宋）黎靖德编，王星贤点校：《朱子语类》，中华书局 1986 年版。

113.（宋）李曾伯：《可斋续稿》，《景印文渊阁四库全书》，台湾商务印书馆 1986 年版。

114.（宋）李复著，魏涛点校整理：《李复集》，西北大学出版社 2015 年版。

115.（宋）李纲著，王瑞明点校：《李纲全集》，岳麓书社 2004 年版。

116.（宋）李觏撰，王国轩点校：《李觏集》，中华书局 2011 年版。

117.（宋）李洪：《芸庵类稿》，《景印文渊阁四库全书》，台湾商务印书馆 1986 年版。

118.（宋）李刘：《四六标准》，《景印文渊阁四库全书》，台湾商务印书馆 1986 年版。

119.（宋）李流谦：《澹斋集》，《景印文渊阁四库全书》，台湾商务印书馆 1986 年版。

120.（宋）李昂英撰，杨芷华点校：《文溪存稿》，暨南大学出版社 1994 年版。

121.（宋）李弥逊：《筠溪集》，《景印文渊阁四库全书》，台湾商务印书馆 1986 年版。

122.（宋）李清臣著，杨倩描点校：《李清臣文集》，《燕赵文库》，河北大学出版社 2017 年版。

123.（宋）李焘：《续资治通鉴长编》，中华书局 2004 年版。

124.（宋）李心传编撰，胡坤点校：《建炎以来系年要录》，中华书局 2013 年版。

125.（宋）李心传撰，徐规点校：《建炎以来朝野杂记》，中华书局 2000 年版。

126.（宋）李新：《跨鳌集》，《景印文渊阁四库全书》，台湾商务印书馆 1986 年版。

127.（宋）李攸：《宋朝事实》，中华书局 1955 年版。

128.（宋）李元纲撰，朱旭强整理：《厚德录》，《全宋笔记》第 6 编第 2 册，大象出版社 2013 年版。

129.（宋）李昭玘撰，张祥云辑校：《乐静集辑校》，齐鲁书社 2021 年版。

130.（宋）李正民：《大隐集》，《景印文渊阁四库全书》，台湾商务印书馆 1986 年版。

131.（宋）李之仪：《姑溪居士前集》，《景印文渊阁四库全书》，台湾商务印书馆 1986 年版。

132.（宋）李埴撰，燕永成校正：《皇宋十朝纲要校正》，中华书局 2013 年版。

133.（宋）廉布：《清尊录》，《全宋笔记》第 4 编第 3 册，大象出版社 2008 年版。

134.（宋）梁克家：《淳熙三山志》，《宋元方志丛刊》，中华书局 1990 年版。

135.（宋）廖刚：《高峰文集》，《景印文渊阁四库全书》，台湾商务印书馆 1986 年版。

136.（宋）廖行之：《省斋集》，《景印文渊阁四库全书》，台湾商务印书馆 1986 年版。

137.（宋）林希逸：《竹溪鬳斋十一稿续集》，《景印文渊阁四库全书》，台湾商务印书馆 1986 年版。

138.（宋）刘攽撰，逯铭昕点校：《彭城集》，齐鲁书社 2018 年版。

139.（宋）刘敞：《公是集》，《景印文渊阁四库全书》，台湾商务印书馆 1986 年版。

140.（宋）刘斧：《青锁高议》，上海古籍出版社 1983 年版。

141.（宋）刘克庄撰，王蓉贵、向以鲜校点：《后村先生大全集》，四川大学出版社 2008 年版。

142.（宋）刘跂：《学易集》，《景印文渊阁四库全书》，台湾商务印书馆 1986 年版。

143.（宋）刘弇：《龙云集》，《景印文渊阁四库全书》，台湾商务印书馆 1986 年版。

144.（宋）刘一止著，龚景瓙、蔡一平点校：《刘一止集》，浙江古籍出版社 2012 年版。

145.（宋）刘宰：《漫塘集》，《景印文渊阁四库全书》，台湾商务印书馆 1986 年版。

146.（宋）刘挚撰，裴汝诚、陈晓平点校：《忠肃集》，中华书局 2002 年版。

147.（宋）楼钥撰，顾大朋点校：《楼钥集》，浙江古籍出版社 2010 年版。

148.（宋）陆佃：《陶山集》，《景印文渊阁四库全书》，台湾商务印书馆 1986 年版。

149.（宋）陆九渊著，钟哲点校：《陆九渊集》，中华书局 1980 年版。

150.(宋)陆游著,钱仲联、马亚中主编:《陆游全集校注》,浙江教育出版社2011年版。

151.(宋)陆游撰,李昌宪整理:《入蜀记》,《全宋笔记》第5编第8册,大象出版社2002年版。

152.(宋)陆游撰,李剑雄、刘德权点校:《老学庵笔记》,中华书局1979年版。

153.(宋)罗濬:《宝庆四明志》,《宋元方志丛刊》,中华书局1990年版。

154.(宋)罗愿撰,石云孙点校:《尔雅翼》,黄山书社1991年版。

155.(宋)罗愿撰,萧建新、杨国宜校注,徐力审订:《〈新安志〉整理与研究》,黄山书社2008年版。

156.(宋)吕陶:《净德集》,《景印文渊阁四库全书》,台湾商务印书馆1986年版。

157.(宋)吕颐浩撰,燕永成整理:《燕魏杂记》,《全宋笔记》第2编第8册,大象出版社2006年版。

158.(宋)吕祖谦编,齐治平点校:《宋文鉴》,中华书局1992年版。

159.(宋)马纯撰,程郁整理:《陶朱新录》,《全宋笔记》第5编第10册,大象出版社2012年版。

160.(宋)马永卿撰,查清华、顾晓雯整理:《懒真子》,《全宋笔记》第3编第6册,大象出版社2008年版。

161.(宋)毛滂著,周少雄点校:《毛滂集》,浙江古籍出版社2012年版。

162.(宋)梅尧臣著,朱东润编年校注:《梅尧臣集编年校注》,上海古籍出版社2006年版。

163.(宋)孟元老著,伊永文笺注:《东京梦华录笺注》,中华书局2006年版。

164.(宋)米芾著,黄正雨、王心裁辑校:《米芾集》,湖北教育出版社2002年版。

165.(宋)慕容彦逢:《摛文堂集》,《景印文渊阁四库全书》,台湾商务印书馆1986年版。

166.(宋)欧阳守道:《巽斋文集》,《景印文渊阁四库全书》,台湾商务印书馆1986年版。

167.(宋)欧阳修著,李逸安点校:《欧阳修全集》,中华书局2001年版。

168.(宋)欧阳修撰,李伟国点校:《归田录》,中华书局1981年版。

169.(宋)庞元英撰,金圆整理:《文昌杂录》,《全宋笔记》第2编第4册,大象出版社2006年版。

170.(宋)彭□辑撰,孔凡礼点校:《墨客挥犀》,中华书局2002年版。

171.(宋)彭龟年:《止堂集》,《丛书集成初编》,中华书局1991年版。

172.(宋)钱康公:《植跋简谈》,《全宋笔记》第10编第12册,大象出版社2018

年版。

173.（宋）钱若水修，范学辉校注：《宋太宗皇帝实录校注》，中华书局 2012
年版。

174.（宋）潜说友：《咸淳临安志》，《宋元方志丛刊》，中华书局 1990 年版。

175.（宋）强至：《祠部集》，《景印文渊阁四库全书》，台湾商务印书馆 1986
年版。

176.（宋）强至撰，黄纯艳整理：《韩忠献公遗事》，《全宋笔记》第 1 编第 8 册，
大象出版社 2003 年版。

177.（宋）秦观著，徐培均笺注：《淮海集笺注》，上海古籍出版社 2000 年版。

178.（宋）邵伯温撰，李剑雄、刘德权点校：《邵氏闻见录》，中华书局 1983
年版。

179.（宋）沈括著，杨渭生新编：《沈括全集》，浙江大学出版社 2011 年版。

180.（宋）沈括撰，胡静宜整理：《梦溪笔谈》，《全宋笔记》第 2 编第 3 册，大象
出版社 2006 年版。

181.（宋）沈辽：《云巢编》，《四部丛刊》三编，上海书店出版社 1936 年版。

182.（宋）沈作宾修，施宿等纂：《嘉泰会稽志》，《宋元方志丛刊》，中华书局
1990 年版。

183.（宋）施德操：《北窗炙輠录》，《全宋笔记》第 3 编第 8 册，大象出版社 2008
年版。

184.（宋）石介著，陈植锷点校：《徂徕石先生文集》，中华书局 1984 年版。

185.（宋）史能之：《咸淳毗陵志》，《宋元方志丛刊》，中华书局 1990 年版。

186.（宋）释大观：《物初剩语》，许红霞辑著：《珍本宋集五种》，北京大学出版
社 2013 年版。

187.（宋）释惠洪著，［日本］释廓门贯彻注，张伯伟、郭醒、章岭、卞东波点校：
《注石门文字禅》，中华书局 2012 年版。

188.（宋）司马光：《资治通鉴》，中华书局 1956 年版。

189.（宋）司马光撰，邓广铭、张希清点校：《涑水记闻》，中华书局 1989 年版。

190.（宋）司马光撰，李文泽、霞绍晖校点：《司马光集》，四川大学出版社 2010
年版。

191.（宋）佚名编，司义祖整理：《宋大诏令集》，中华书局 1962 年版。

192.（宋）宋敏求撰，辛德勇、郎洁点校：《长安图志》，三秦出版社 2013 年版。

193.（宋）宋祁：《景文集》，《景印文渊阁四库全书》，台湾商务印书馆 1986
年版。

194.（宋）宋祁：《益部方物略记》，《景印文渊阁四库全书》，台湾商务印书馆
1986 年版。

195.（宋）苏过著,舒大刚、蒋宗许等校注:《斜川集校注》,巴蜀书社1996年版。

196.（宋）苏轼撰,（清）王文诰辑注,孔凡礼点校:《苏轼诗集》,中华书局1982年版。

197.（宋）苏轼撰,孔凡礼点校:《苏轼文集》,中华书局1986年版。

198.（宋）苏轼撰,孔凡礼整理:《东坡志林》,《全宋笔记》第1编第9册,大象出版社2003年版。

199.（宋）苏舜钦著,沈文倬校点:《苏舜钦集》,上海古籍出版社2011年版。

200.（宋）苏颂编撰,尚志钧辑校:《本草图经》,学苑出版社2017年版。

201.（宋）苏颂著,王同策、管成学、严中其等点校:《苏魏公集》,中华书局1988年版。

202.（宋）苏洵著,曾枣庄、金成礼笺注:《嘉祐集笺注》,上海古籍出版社1993年版。

203.（宋）苏易简著,朱学博整理校点:《文房四谱》,上海书店出版社2015年版。

204.（宋）苏辙著,陈宏天、高秀芳点校:《栾城集》,中华书局1990年版。

205.（宋）苏辙撰,俞宗宪点校:《龙川略志》,中华书局1982年版。

206.（宋）苏籀:《双溪集》,《丛书集成初编》,中华书局1985年版。

207.（宋）孙觌:《鸿庆居士集》,《景印文渊阁四库全书》,台湾商务印书馆1986年版。

208.（宋）孙觌:《内简尺牍》,《景印文渊阁四库全书》,台湾商务印书馆1986年版。

209.（宋）孙升撰,赵维国整理:《孙公谈圃》,《全宋笔记》第2编第1册,大象出版社2006年版。

210.（宋）孙应时:《烛湖集》,《景印文渊阁四库全书》,台湾商务印书馆1986年版。

211.（宋）孙应时纂修,鲍廉增补,（元）卢镇续修,陈其弟校注:《至正重修琴川志》,方志出版社2013年版。

212.（宋）孙宗鉴:《西畬琐录》,《全宋笔记》第3编第4册,大象出版社2008年版。

213.（宋）太平老人:《袖中锦》,《丛书集成初编》,中华书局1985年版。

214.（宋）谈钥撰,湖州市方志办点校:《嘉泰吴兴志》,浙江古籍出版社2018年版。

215.（宋）唐慎微等撰,陆拯、郑苏、傅睿等校注:《重修政和经史证类备用本草》,中国中医药出版社2013年版。

216.（宋）陶谷撰，郑树声、俞钢整理：《清异录》，《全宋笔记》第 1 编第 2 册，大象出版社 2003 年版。

217.（宋）滕元发撰，黄纯艳整理：《孙威敏征南录》，《全宋笔记》第 1 编第 8 册，大象出版社 2003 年版。

218.（宋）汪应辰：《文定集》，学林出版社 2009 年版。

219.（宋）汪元量著，孔凡礼辑校：《增订湖山类稿》，中华书局 1984 年版。

220.（宋）汪藻：《浮溪集》，《四部丛刊初编》，上海书店出版社 1926 年版。

221.（宋）汪藻著，王智勇笺注：《靖康要录笺注》，四川大学出版社 2008 年版。

222.（宋）王安石著，秦克、巩军标点：《王安石全集》，上海古籍出版社 1999 年版。

223.（宋）王安石著，王水照主编：《王安石全集》，复旦大学出版社 2017 年版。

224.（宋）王柏：《鲁斋集》，《景印文渊阁四库全书》，台湾商务印书馆 1986 年版。

225.（宋）王曾撰，张其凡点校：《王文正公笔录》，中华书局 2017 年版。

226.（宋）王偁撰，孙言诚、崔国光点校：《东都事略》，齐鲁书社 2000 年版。

227.（宋）王存撰，王文楚、魏嵩山点校：《元丰九域志》，中华书局 1984 年版。

228.（宋）王得臣撰，俞宗宪点校：《麈史》，上海古籍出版社 1986 年版。

229.（宋）王巩撰，戴建国整理：《闻见近录·佚文》，《全宋笔记》第 2 编第 6 册，大象出版社 2006 年版。

230.（宋）王珪：《华阳集》，《丛书集成初编》，中华书局 1991 年版。

231.（宋）王迈：《臞轩集》，《景印文渊阁四库全书》，台湾商务印书馆 1986 年版。

232.（宋）王明清撰，燕永成整理：《挥麈录余话》，《全宋笔记》第 6 编第 2 册，大象出版社 2013 年版。

233.（宋）王明清撰，朱菊如、汪新森校点：《玉照新志》，上海古籍出版社 2012 年版。

234.（宋）王辟之撰，吕友仁点校：《渑水燕谈录》，中华书局 1981 年版。

235.（宋）王十朋著，梅溪集重刊委员会编：《王十朋全集》，上海古籍出版社 2012 年版。

236.（宋）王象之编著，赵一生点校：《舆地纪胜》，浙江古籍出版社 2012 年版。

237.（宋）王炎：《双溪类稿》，《景印文渊阁四库全书》，台湾商务印书馆 1986 年版。

238.（宋）王应麟：《玉海》，江苏古籍出版社、上海书店 1987 年版。

239.（宋）王禹偁：《小畜集》，《四部丛刊初编》，上海书店出版社 1926 年版。

240.（宋）王之道著，沈怀玉、凌波点校：《相山集点校》，北京图书馆出版社

2006 年版。

241.(宋)王之望:《汉滨集》,《景印文渊阁四库全书》,台湾商务印书馆 1986 年版。

242.(宋)王质:《雪山集》,《景印文渊阁四库全书》,台湾商务印书馆 1986 年版。

243.(宋)王灼:《糖霜谱》,李木田:《中国制糖三千年》附录,华南理工大学出版社 2016 年版。

244.(宋)卫泾:《后乐集》,《景印文渊阁四库全书》,台湾商务印书馆 1986 年版。

245.(宋)卫宗武:《秋声集》,《景印文渊阁四库全书》,台湾商务印书馆 1986 年版。

246.(宋)魏了翁:《鹤山集》,《景印文渊阁四库全书》,台湾商务印书馆 1986 年版。

247.(宋)魏泰撰,李裕民点校:《东轩笔录》,中华书局 1983 年版。

248.(宋)魏岘:《四明它山水利备览》,《丛书集成初编》,中华书局 1991 年版、1985 年版。

249.(宋)文天祥著,熊飞等校点:《文天祥全集》,江西人民出版社 1987 年版。

250.(宋)文同:《丹渊集》,《四部丛刊初编》缩本,商务印书馆 1936 年版。

251.(宋)文彦博著,申利校注:《文彦博集校注》,中华书局 2016 年版。

252.(宋)吴曾:《能改斋漫录》,上海古籍出版社 1979 年版。

253.(宋)吴处厚撰,李裕民点校:《青箱杂记》,中华书局 1985 年版。

254.(宋)吴炯撰,黄宝华整理:《五总志》,《全宋笔记》第 5 编第 1 册,大象出版社 2012 年版。

255.(宋)吴潜:《许国公奏议》,《丛书集成初编》,中华书局 1985 年版。

256.(宋)吴泳:《鹤林集》,《景印文渊阁四库全书》,台湾商务印书馆 1986 年版。

257.(宋)夏竦:《文庄集》,《景印文渊阁四库全书》,台湾商务印书馆 1986 年版。

258.(宋)谢采伯撰,李伟国整理:《密斋笔记》,《全宋笔记》第 7 编第 8 册,大象出版社 2016 年版。

259.(宋)谢枋得:《叠山集》,《景印文渊阁四库全书》,台湾商务印书馆 1986 年版。

260.(宋)谢深甫编,戴建国点校:《庆元条法事类》,黑龙江人民出版社 2002 年版。

261.(宋)谢逸、谢薖撰,上官涛校勘:《〈溪堂集〉〈竹友集〉校勘》,中山大学出版社 2011 年版。

262.（宋）熊禾:《勿轩集》,《景印文渊阁四库全书》,台湾商务印书馆 1986 年版。

263.（宋）熊克:《皇朝中兴纪事本末》,北京图书馆出版社 2005 年版。

264.（宋）徐度撰,朱凯、姜汉椿整理:《却扫编》,《全宋笔记》第 3 编第 10 册,大象出版社 2008 年版。

265.（宋）徐鹿卿:《清正存稿》,《景印文渊阁四库全书》,台湾商务印书馆 1986 年版。

266.（宋）徐梦莘:《三朝北盟会编》,上海古籍出版社 1987 年版。

267.（宋）许景衡:《横塘集》,《景印文渊阁四库全书》,台湾商务印书馆 1986 年版。

268.（宋）许应龙:《东涧集》,《景印文渊阁四库全书》,台湾商务印书馆 1986 年版。

269.（宋）薛季宣:《浪语集》,《景印文渊阁四库全书》,台湾商务印书馆 1986 年版。

270.（宋）薛居正:《旧五代史》,中华书局 1976 年版。

271.（宋）阳枋:《字溪集》,《景印文渊阁四库全书》,台湾商务印书馆 1986 年版。

272.（宋）杨简著,董平校点:《杨简全集》,浙江大学出版社 2016 年版。

273.（宋）杨傑撰,曹小云校笺:《无为集校笺》,黄山书社 2014 年版。

274.（宋）杨潜修,朱端常、林至、胡林卿纂:《云间志》,《宋元方志丛刊》,中华书局 1990 年版。

275.（宋）杨时撰,林海权校理:《杨时集》,中华书局 2018 年版。

276.（宋）杨万里撰,辛更儒笺校:《杨万里集笺校》,中华书局 2007 年版。

277.（宋）杨彦龄撰,黄纯艳整理:《杨公笔录》,《全宋笔记》第 1 编第 10 册,大象出版社 2003 年版。

278.（宋）杨亿:《武夷新集》,《景印文渊阁四库全书》,台湾商务印书馆 1986 年版。

279.（宋）杨亿口述,黄鑑笔录、宋庠整理,李裕民辑校:《杨文公谈苑》,上海古籍出版社 2012 年版。

280.（宋）杨仲良:《皇宋通鉴长编纪事本末》,《宛委别藏》,北京图书馆出版社 2003 年版。

281.（宋）姚宽撰,汤勤福、宋斐飞整理:《西溪丛语》,《全宋笔记》第 4 编第 3 册,大象出版社 2008 年版。

282.（宋）姚勉著,曹诣珍、陈伟文校点:《姚勉集》,上海古籍出版社 2012

年版。

283.（宋）叶梦得撰，徐时仪整理：《避暑录话》，《全宋笔记》第 2 编第 10 册，大象出版社 2008 年版。

284.（宋）叶梦得撰，宇文绍奕考异，侯忠义点校：《石林燕语》，中华书局 1984 年版。

285.（宋）叶绍翁撰，沈锡麟点校：《四朝闻见录》，中华书局 1989 年版。

286.（宋）叶适著，刘公纯、王孝鱼、李哲夫点校：《叶适集》，中华书局 2010 年版。

287.（宋）佚名编，汝企和点校：《续编两朝纲目备要》，中华书局 1995 年版。

288.（宋）佚名撰，黄宝华整理：《中兴御侮录》，《全宋笔记》第 5 编第 1 册，大象出版社 2012 年版。

289.（宋）佚名撰，孔学辑校：《皇宋中兴两朝圣政辑校》，中华书局 2019 年版。

290.（宋）佚名撰，燕永成整理：《东南纪闻》，《全宋笔记》第 8 编第 6 册，大象出版社 2017 年版。

291.（宋）余靖：《武溪集》，《广东丛书》，商务印书馆 1946 年版。

292.（宋）员兴宗：《九华集》，《景印文渊阁四库全书》，台湾商务印书馆 1986 年版。

293.（宋）袁甫：《蒙斋集》，《景印文渊阁四库全书》，台湾商务印书馆 1986 年版。

294.（宋）袁说友：《东塘集》，《景印文渊阁四库全书》，台湾商务印书馆 1986 年版。

295.（宋）袁说友等编，赵晓兰整理：《成都文类》，中华书局 2011 年版。

296.（宋）袁文著，李伟国校点：《瓮牖闲评》，上海古籍出版社 1985 年版。

297.（宋）袁燮：《絜斋集》，《景印文渊阁四库全书》，台湾商务印书馆 1986 年版。

298.（宋）岳珂撰，吴企明点校：《桯史》，中华书局 1981 年版。

299.（宋）岳珂撰，许沛藻、刘宇整理：《愧郯录》，《全宋笔记》第 7 编第 4 册，大象出版社 2015 年版。

300.（宋）张邦基撰，孔凡礼点校：《墨庄漫录》，中华书局 2002 年版。

301.（宋）张端义撰，梁玉玮校点：《贵耳集》，中州古籍出版社 2005 年版。

302.（宋）张方平：《乐全集》，《景印文渊阁四库全书》，台湾商务印书馆 1986 年版。

303.（宋）张津：《乾道四明图经》，《宋元方志丛刊》，中华书局 1990 年版。

304.（宋）张侃：《张氏拙轩集》，《景印文渊阁四库全书》，台湾商务印书馆 1986 年版。

305.（宋）张耒撰，李逸安、孙通海、傅信点校：《张耒集》，中华书局 1990 年版。

306.（宋）张齐贤撰，俞钢整理：《洛阳搢绅旧闻记》，《全宋笔记》第 1 编第 2 册，大象出版社 2003 年版。

307.（宋）张世南撰，张茂鹏点校：《游宦纪闻》，中华书局 1981 年版。

308.（宋）张守撰，刘云军点校：《毗陵集》，上海古籍出版社 2018 年版。

309.（宋）张舜民撰，汤勤福整理：《画墁录》，《全宋笔记》第 2 编第 1 册，大象出版社 2006 年版。

310.（宋）张孝祥著，徐鹏校点：《于湖居士文集》，上海古籍出版社 1980 年版。

311.（宋）张咏著，张其凡整理：《张乖崖集》，中华书局 2000 年版。

312.（宋）张载著，章锡琛点校：《张载集》，中华书局 1978 年版。

313.（宋）张仲文撰，吴晶、周膺点校：《白獭髓》，当代中国出版社 2014 年版。

314.（宋）张镃撰，吴晶、周膺点校：《南湖集》，当代中国出版社 2014 年版。

315.（宋）章甫：《自鸣集》，《景印文渊阁四库全书》，台湾商务印书馆 1986 年版。

316.（宋）赵鼎臣：《竹隐畸士集》，《景印文渊阁四库全书》，台湾商务印书馆 1986 年版。

317.（宋）赵鼎撰，李蹊点校：《忠正德文集》，上海古籍出版社 2018 年版。

318.（宋）赵蕃：《淳熙稿》，《景印文渊阁四库全书》，台湾商务印书馆 1986 年版。

319.（宋）赵令畤撰，孔凡礼点校：《侯鲭录》，中华书局 2002 年版。

320.（宋）赵汝腾：《庸斋集》，《景印文渊阁四库全书》，台湾商务印书馆 1986 年版。

321.（宋）赵汝愚编，北京大学中国中古史研究中心校点整理：《宋朝诸臣奏议》，上海古籍出版社 1999 年版。

322.（宋）赵希鹄著，尹意点校：《洞天清禄》，浙江人民美术出版社 2016 年版。

323.（宋）赵彦卫撰，傅根清点校：《云麓漫钞》，中华书局 1996 年版。

324.（宋）真德秀：《西山文集》，《景印文渊阁四库全书》，台湾商务印书馆 1986 年版。

325.（宋）郑刚中：《北山集》，《景印文渊阁四库全书》，台湾商务印书馆 1986 年版。

326.（宋）郑侠：《西塘集》，中国文史出版社 2018 年版。

327.（宋）郑獬：《郧溪集》，《景印文渊阁四库全书》，台湾商务印书馆 1986 年版。

328.（宋）仲并：《浮山集》，《景印文渊阁四库全书》，台湾商务印书馆 1986 年版。

329.(宋)周必大撰,王瑞来校证:《周必大集校证》,上海古籍出版社 2020年版。

330.(宋)周辉撰,刘永翔、许丹整理:《清波别志》,《全宋笔记》第 5 编第 9 册,大象出版社 2012 年版。

331.(宋)周辉撰,刘永翔校注:《清波杂志校注》,中华书局 1981 年版。

332.(宋)周麟之:《海陵集》,《景印文渊阁四库全书》,台湾商务印书馆 1986年版。

333.(宋)周密撰,吴企明点校:《癸辛杂识》,中华书局 1988 年版。

334.(宋)周去非著,杨武泉校注:《岭外代答校注》,中华书局 1999 年版。

335.(宋)周紫芝:《太仓稊米集》,《景印文渊阁四库全书》,台湾商务印书馆1986 年版。

336.(宋)周紫芝:《竹坡诗话》,《丛书集成初编》,中华书局 1985 年版。

337.(宋)朱弁撰,孔凡礼点校:《曲洧旧闻》,中华书局 2002 年版。

338.(宋)朱松:《韦斋集》,《四部丛刊续编》,上海书店出版社 1985 年版。

339.(宋)朱熹著,郭齐、尹波点校:《朱熹集》,四川教育出版社 1996 年版。

340.(宋)朱彧撰,李伟国点校:《萍洲可谈》,中华书局 2016 年版。

341.(宋)朱长文:《吴郡图经续记》,《宋元方志丛刊》,中华书局 1990 年版。

342.(宋)祝穆撰,(宋)祝洙增订,施和金点校:《方舆胜览》,中华书局 2003年版。

343.(宋)庄绰撰,萧鲁阳点校:《鸡肋编》,中华书局 1983 年版。

344.(宋)宗泽:《宗泽集》,浙江古籍出版社 1984 年版。

345.(宋)邹浩:《道乡集》,《景印文渊阁四库全书》,台湾商务印书馆 1986年版。

346.(宋)祖无择:《龙学文集》,《景印文渊阁四库全书》,台湾商务印书馆1986 年版。

347.(元)元好问撰,常振国点校:《续夷坚志》,中华书局 2006 年版。

348.(元)孛兰肹等著,赵万里校辑:《元一统志》,中华书局 1966 年版。

349.(元)郝经:《陵川集》,《景印文渊阁四库全书》,台湾商务印书馆 1986年版。

350.(元)刘埙:《水云村稿》,《景印文渊阁四库全书》,台湾商务印书馆 1986年版。

351.(元)费著:《笺纸谱》,(明)杨慎编,刘琳、王晓波点校:《全蜀艺文志》,线装书局 2003 年版。

352.(元)陆友著,朱学博整理校点:《墨史》,上海书店出版社 2015 年版。

353.(元)马端临撰,上海师范大学古籍研究所、华东师范大学古籍研究所点校：《文献通考》，中华书局 2011 年版。

354.（元）陶宗仪：《南村辍耕录》，中华书局 1959 年版。

355.（元）脱脱：《宋史》，中华书局 1977 年版。

356.（元）王桢：《王桢农书》，中华书局 1956 年版。

357.（元）无名氏撰，金心点校：《湖海新闻夷坚续志》，中华书局 1986 年版。

358.（明）储珊：《正德新乡县志》，《天一阁藏明代方志选刊》，上海古籍书店 1963 年版。

359.（明）崔铣辑：《嘉靖彰德府志》，《天一阁藏明代方志选刊》，上海古籍书店 1964 年版。

360.（明）高汝行：《嘉靖太原县志》，《天一阁藏明代方志选刊》，上海古籍书店 1963 年版。

361.（明）黄淮、杨士奇编：《历代名臣奏议》，上海古籍出版社 1989 年版。

362.（明）李贤等：《明一统志》，《景印文渊阁四库全书》，台湾商务印书馆 1986 年版。

363.（明）杨慎编，刘琳、王晓波点校：《全蜀艺文志》，线装书局 2003 年版。

364.（明）解缙：《永乐大典》，中华书局 1986 年版。

365.（清）董诰等编：《全唐文》，中华书局 1983 年版。

366.（清）陈棨仁：《闽中金石略》，《石刻史料新编》，新文丰出版公司 1982 年版。

367.（清）顾燮光辑：《袁州石刻记》，《石刻史料新编》，新文丰出版公司 1979 年版。

368.（清）胡聘之：《山右石刻丛编》，《石刻史料新编》，新文丰出版公司 1982 年版。

369.（清）厉鹗：《宋诗纪事》，上海古籍出版社 1983 年版。

370.（清）廖必琦：《兴化府莆田县志》，《中国方志丛书》，台北成文出版社 1966 年版。

371.（清）陆增祥编：《八琼室金石补正》，文物出版社 1985 年版。

372.（清）阮元：《两浙金石志》，《石刻史料新编》，新文丰出版公司 1982 年版。

373.（清）沈涛：《常山贞石志》，《石刻史料新编》，新文丰出版公司 1982 年版。

374.（清）田文镜：《雍正河南通志》，《景印文渊阁四库全书》，台湾商务印书馆 1986 年版。

375.（清）王昶：《金石萃编》，中国书店 1985 年版。

376.（清）萧应植：《济源县志》，《中国方志丛书·华北地方》，台北成文出版社 1968 年版。

377.（清）谢启昆编：《粤西金石略》，《石刻史料新编》，新文丰出版公司 1979

年版。

378.(清)徐松辑,刘琳、刁忠民、舒大刚、尹波等校点:《宋会要辑稿》,上海古籍出版社 2014 年版。

379.(清)张埙:《吉金贞石录》,《石刻史料新编》,新文丰出版公司 1982 年版。

380.(清)黄以周等辑注,顾吉辰点校:《续资治通鉴长编拾补》,中华书局 2004 年版。

381.(民国)傅增湘原辑,吴洪泽补辑:《宋代蜀文辑存校补》,重庆大学出版社 2014 年版。

382.(民国)武善树编:《陕西金石志》,《石刻史料新编》,新文丰出版公司 1982 年版。

383.(民国)张维编:《陇右金石录》,《石刻史料新编》,新文丰出版公司 1982 年版。

384.[日]成寻著,王丽萍校点:《新校参天台五台山记》,上海古籍出版社 2009 年版。

385.陈国灿:《宋代江南城市研究》,中华书局 2002 年版。

386.程民生:《宋代地域文化》,河南大学出版社 1997 年版。

387.程民生:《宋代物价研究》,人民出版社 2008 年版。

388.关履权:《宋代广州的海外贸易》,广东人民出版社 2013 年版。

389.郭茂育、刘继保编:《宋代墓志辑释》,中州古籍出版社 2016 年版。

390.何新所编著,赵振华审订,晁会元统筹:《新出宋代墓志碑刻辑录(北宋卷)》,文物出版社 2019 年版。

391.贾大泉:《宋代四川经济述论》,四川省社会科学院出版社 1985 年版。

392.江天健:《北宋陕西路商业活动》,花木兰文化出版社 2010 年版。

393.郎国华:《从蛮裔到神州:宋代广东经济发展研究》,广东人民出版社 2006 年版。

394.李详耆、张厚璜:《巨鹿宋器丛录》,天津博物院 1923 年版刊。

395.林文勋:《宋代四川商品经济史研究》,云南大学出版社 1994 年版。

396.刘旭:《中国古代火药火器史》,大象出版社 2003 年版。

397.龙登高:《宋代东南市场研究》,云南大学出版社 1994 年版。

398.米玲:《宋代以来定州经济发展研究》,人民出版社 2017 年版。

399.闵宗殿、董凯忱、陈文华编著:《中国农业技术发展简史》,农业出版社 1983 年版。

400.漆侠:《漆侠全集》,河北大学出版社 2009 年版。

401.[日]斯波义信著,方健、何忠礼译,虞云国校:《宋代江南经济史研究》,江苏人民出版社 2001 年版。

402. 四川大学古籍所编，曾枣庄、刘琳主编：《全宋文》，上海古籍出版社 2007 年版。

403. 王一胜：《宋代以来金衢地区经济史研究》，社会科学文献出版社 2007 年版。

404. 吴慧：《中国历代粮食亩产研究》，农业出版社 1985 年版。

405. 吴松弟：《中国人口史（第三卷·辽宋金元时期）》，复旦大学出版社 2000 年版。

406. 杨天宇：《仪礼译注》，上海古籍出版社 1994 年版。

407. 于海平：《宋代江南手工业发展研究》，中国矿业大学出版社 2014 年版。

408. 俞垣泸：《北宋前期太湖流域财税之研究》，中国文化大学出版部 1988 年版。

409. 曾昭璇、曾宪珊：《宋代珠玑巷迁民与珠江三角洲农业发展》，暨南大学出版社 1995 年版。

410. 张家驹：《两宋经济重心的南移》，湖北人民出版社 1957 年版。

411. 张显运：《十至十三世纪生态环境变迁与宋代畜牧业发展响应》，科学出版社 2015 年版。

412. 中国硅酸盐学会编：《中国陶瓷史》，文物出版社 1982 年版。

413. 中国农业百科全书总编辑委员会畜牧业卷编辑委员会：《中国农业百科全书·畜牧业卷》上，农业出版社 1996 年版。

414. 朱建路：《巨鹿宋城的发现与研究》，秦进才主编：《巨鹿历史文化研究》，天津古籍出版社 2016 年版。

415. 朱重圣：《北宋茶之生产与经营》，台湾学生书局 1985 年版。

416. 安廷瑞：《河南禹县神垕镇北宋煤矿遗址的发现》，《考古》1989 年第 8 期。

417. 曹隆恭、咸金山：《我国北方旱地用养结合的历史经验》，《中国农史》1985 年第 4 期。

418. 陈北朝：《当阳峪〈土山德应侯百灵庙记·江南提举程公作歌并序〉解析》，《焦作大学学报》2006 年第 1 期。

419. 陈国灿：《宋代两浙路的市镇与农村市场》，《浙江师范大学学报》2001 年第 2 期。

420. 程龙：《北宋粮食筹措与边防——以华北战区为例》，商务印书馆 2012 年版。

421. 程民生：《论宋以来北方人口素质的下降》，《史学集刊》2005 年第 1 期。

422. 程民生：《宋代僧道数量考察》，《世界宗教研究》2010 年第 3 期。

423. 程民生：《北宋商税统计及简析》，《河北大学学报》1988 年第 3 期。

424. 方如金、赵瑶丹：《试论宋代两浙路社会经济的发展及其在全国的领先地位》,《温州大学学报》2002 年第 3 期。

425. 冯先铭:《三十年来我国陶瓷考古的收获》,《故宫博物院院刊》1980 年第 1 期。

426. 郭茹星、王社教:《论唐代岭南地区的渔业》,《中国农史》2015 年第 6 期。

427. 河南省文化局文物工作队:《河南鹤壁市古煤矿遗址调查简报》,《考古》1960 年第 3 期。

428. 华德公:《我国古代人民对柞蚕的认识和改造》,中国古代农业科技编纂组编纂:《中国古代农业科技》,农业出版社 1980 年版。

429. 黄冕堂:《论唐代河北道的经济地位》,《山东大学学报(人文科学)》1957 年第 1 期。

430. 梁庚尧:《宋代南北的经济地位——评程民生著〈宋代地域经济〉》,《新史学》1993 年第 1 期。

431. 刘新园:《蒋祈〈陶记〉著作时代考辨(上、下)》,《文史》第 18、19 期,中华书局 1983 年版。

432. 孙继民:《鹿泉牧羊人题记:宋代罕见的"草根"摩崖石刻》,《光明日报》2014 年 3 月 12 日。

433. 汪圣铎:《南宋晚期物价考论》,《文史》2004 年第 1 辑。

434. 许起山:《江南与江北的互动——绍兴和议后宋廷对北部沿边地区的开发和治理》,《暨南学报(哲学社会科学版)》2020 年第 8 期。

435. 杨德泉、苟西平:《北宋关中社会经济试探》,邓广铭等主编:《宋史研究论文集》(1984 年年会编刊),浙江人民出版社 1987 年版。

436. 袁震:《宋代户口》,《历史研究》1957 年第 3 期。

437. 张会武、郓凤霞:《910 年前巨鹿宋城建筑遗存"重见天日"》,《燕赵都市报》2018 年 10 月 11 日。

438. 赵德芳:《河南焦作出土北宋李从生墓志》,《中国历史文物》2006 年第 2 期。

后　记

　　当年出本书原版时没有经验，既没有序言，也没有后记，光秃秃的，有点不像话，我戏之为"裸书"。既然增订了，自然都要增上订上。

　　正式起修订之念头，是2018年的下半年，开始时则是2019年的2月下旬。第一稿主要是把新史料补充进去，删去一些文字，内容调整一下，等等。接着，用了四个月的时间核对史料（原书没有此项程序），边核边改的工作量最大，也是最艰难的。

　　本书引用的全部2100余条史料，自己逐一核对。只有20多条所在古籍比较难找，委托博士生孟泽众、硕士生朱永清等代为核对。他们很老练，迅速就把核对的史料和原书页码照片整好发来。刚刚毕业的硕士生宁欧阳、闻轩轩，则帮我把"宋今地名对照表""参考文献"按拼音和朝代为序排列一番。排序工作，本不忍心多用学生，最初是送到电脑打印社让其按序排列的，哪知"整了两天也没弄好"，只好麻烦他两位，却是半天就好了。至少在新技术上，后生可畏！书中个别数据、表格，麻烦的是侯军伟、程丽夫妇帮我核算、调整等。

　　若云校书如扫落叶，那么修订增补书则如造林。落叶犹有竟时，入冬就完了吧？改稿子，则永无止境。初版改了三稿，历时一年半；本书则通改了六稿，历时一年十个月。第二、三、四稿的修改主要是史实、学理的梳理和细节的深究；第五稿原意是精雕细刻，不料却发现许多新问题，改动更大。后来又通读一遍《续资治通鉴长编》，补充了数十条史料，相应的删改、调整也比较多。此后一直到交稿，阅读集部、子部、史部等书百余种，张网以待，增订仍然很多。每次都感到收获很大,进步较多,实在是令人愉快的事,治学之乐,或在此乎?

尽管如此耗费精力,本书仍不敢说有多大提高。谬误之处不说了,史料、论述、章节、文字等方面的问题,想亦不少。唯望读者诸君多多谅解,多多指教,共同把宋代地域经济的研究向前推进,是为至盼。

特别要感谢的,是人民出版社的杨美艳、翟金明两位编辑。虽远隔千里,未曾谋面,但早已感知他们待人真诚,工作主动,十分负责,万分细致。本书荣幸忝列《人民文库》之中出版,主要是他们的努力,而书稿的编辑、改错等等,更是煞费苦心。丑女嫁出,全靠美装,全靠了两位好裁缝!

2022 年 2 月 22 日于汴京